Kamen Troller

Grundzüge des schweizerischen Immaterialgüterrechts

Der Autor

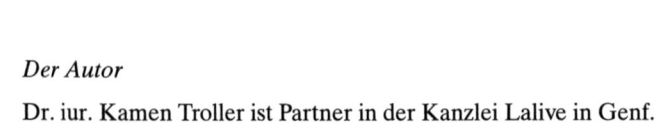

Dr. iur. Kamen Troller ist Partner in der Kanzlei Lalive in Genf.

Kamen Troller

Grundzüge des schweizerischen Immaterialgüterrechts

Zweite, überarbeitete Auflage

HELBING & LICHTENHAHN
Basel · Genf · München

Bibliographische Information Der Deutschen Bibliothek

Die Deutsche Bibliothek verzeichnet diese Publikation in der Deutschen Nationalbibliographie; detaillierte bibliographische Daten sind im Internet unter http://dnb.de abrufbar.

Dieses Werk ist weltweit urheberrechtlich geschützt. Das Recht, das Werk mittels irgendeines Mediums (technisch, elektronisch und/oder digital) zu übertragen, zu nutzen oder ab Datenbank sowie via Netzwerk zu kopieren und zu übertragen oder zu speichern (downloading), liegt ausschliesslich beim Verlag. Jede Verwertung in der genannten oder in anderen gesetzlich zugelassenen Fällen bedarf deshalb der vorherigen schriftlichen Einwilligung des Verlags.

ISBN 3-7190-2357-5
© 2005 by Helbing & Lichtenhahn Verlag, Basel

Vorwort zur zweiten Auflage

Die erste Auflage der «Grundzüge» war eine Übersetzung meines französischen Précis; als mich der Verlag bat, eine zweite Auflage vorzubereiten, habe ich die Gelegenheit genutzt, das neue Buch in deutscher Sprache zu schreiben, was zur Folge hat, dass nunmehr die zweite Auflage des «Précis» zum Teil eine Übersetzung aus dem Deutschen ist.

Den Grundaufbau, die vergleichende Darstellung des Rechtsschutzes der Immaterialgüter, habe ich beibehalten. Verschiedene Kapitel wurden vollständig überarbeitet, einige neu eingefügt – namentlich eine kurze Darstellung der Grundlagen des Sortenschutzes, der Domainnamenregelung sowie der die Ausübung der Immaterialgüterrechte beschränkenden Bestimmungen des neuen Kartellgesetzes. Des Weiteren habe ich mich bemüht, die wichtigsten Entscheide des Bundesgerichts und der eidgenössischen Rekurskommission von 2000 bis anfangs 2005 vollständig zu verarbeiten und eine möglichst vollständige Auflistung der (zahlreichen) Monografien und Aufsätze zum schweizerischen Immaterialgüter- und Internetrecht zusammenzustellen.

Um die Querbezüge zum «Manuel du Droit Suisse des Précis Immatériels» nicht zu erschweren (was allerdings wohl eher die Leser des «Précis» interessieren wird), habe ich die Paragraphennummerierung beibehalten und die dem Sortenschutz gewidmeten Paragraphen mit «a» ausgesondert.

Mein herzlicher Dank geht an die Mitarbeiter der Kanzlei Lalive, die am Zustandekommen des Buches aktiv beteiligt waren – die Kollegen Jonathan Curci-Staffler, der eine erste Sichtung der zahlreichen in der Zeitschrift «sic!» veröffentlichten Entscheidungen der Rekurskommission und des Bundesgerichts vornahm, und Sylvie Jørgensen-Cavaleri, die nicht nur die Übersetzung der neuen Texte in die französische Sprache vornahm, sondern auch das deutsche Sachregister aufarbeitete, an meine Sekretärin, Rose-Marie Haemmerlé, die den redaktionellen Teil der Arbeit mit viel Geduld und Akribie erfolgreich meisterte, sowie, last but not least, an meine Partner von Lalive, die einen Teil meiner täglichen Arbeit übernahmen und es mir so ermöglichten, das Buch nicht nur ausserhalb der normalen Arbeitszeit zu schreiben.

Ich hoffe, dass auch die neue Auflage der «Grundzüge» ihrer Zweckbestimmung als Einführung in das Gebiet für den Neuling und als Gedächtnisstütze oder erste Informationsquelle für den erfahrenen Praktiker gerecht werden kann.

Genf, im November 2005

Vorwort zur ersten Auflage

Das vorliegende Werk ist die deutsche Übersetzung meines gleichzeitig erscheinenden «Précis du droit suisse des biens immatériels». Dieses wiederum ist die Kurzfassung meines 1996 erschienen «Manuel du droit suisse des biens immatériels». Das «Précis» füllt eine Lücke; die letzte Kurzdarstellung des gesamten schweizerischen Immaterialgüterrechts in französischer Sprache war die 1978 von meinem damaligen Partner V. Vésely und mir verfasste Übersetzung des Kurzlehrbuchs meines verehrten Vaters, Professor Alois Troller; sie war infolge der neuen Gesetzgebung und Rechtsprechung völlig überholt.

War es aber zweckmässig, das «Précis» auch auf Deutsch zu übersetzen, wo doch das vor zwei Jahren erschienene «Immaterialgüter- und Wettbewerbsrecht» der Autoren M. Pedrazzini, R. v. Büren und E. Marbach das gleiche Gebiet behandelt, und nachdem derselbe Verlag zwei Reihen publiziert, die über das schweizerische Immaterialgüterrecht erschöpfende Auskunft in deutscher Sprache geben?

Während jedoch die genannten Werke Fachbücher sind, die die verschiedenen geschützten Immaterialgüter jedes für sich behandeln, bemüht sich die vorliegende Übersicht – dem von meinem Vater vorgezeichneten Wege folgend (und auch seine grundsätzlichen Gedanken, die noch alle gültig sind, übernehmend) – die gesamte Domäne der Immaterialgüter in vergleichender Gegenüber- und Zusammenstellung auszuleuchten. Diese Darstellungsweise gestattet es dem Leser, zu erkennen, dass Immaterialgüterschutz nichts anderes ist als Schutz der geistigen Leistung, sei sie nun technischer Natur (Erfindungen, Topographien, Computerprogramme) oder künstlerischer Art (literarische oder graphische Werke, Tonwerke, andere sinnlich wahrnehmbare Werke und deren Aufzeichnungen [Bildhauerei, Fotografien, Filme, Tonträger], Darbietungen der ausübenden Künstler usw.) oder kommerziellen Zwecken zugedient (Marken, Muster und Modelle, Werke der angewandten Kunst).

Eine derartige vergleichende Gesamtschau erscheint gerade in der heutigen Zeit sinnvoll, wo einerseits immer mehr neue geistige Leistungen erbracht werden, die (noch?) nicht zum Numerus clausus der geschützten Immaterialgüter gehören (Merchandising, Franchising, Arbeitsmethoden und anderes Ordnen von Arbeitsabläufen, vor allem mit Hilfe von elektronischen Datenverarbeitungsmitteln), für die der Erbringende jedoch gerne einen gesetzlich verankerten Anspruch auf Exklusivität und/oder Vergütung hätte, und anderseits der Schutz auch der althergebrachten Immaterialgüter mehr in Frage gestellt wird, sei es durch internationale Erschöpfung, sei es aufgrund kartellrechtlicher oder anderer antimonopolitischer Überlegungen, oder infolge des immer mehr um sich greifenden Freibeutertums im Internet (mit Hilfe spezialisierter Programme wie «Napster» usw.).

Die vorliegende Übersicht ist jedoch nicht nur als Basis für die obgenannten grundsätzlichen Überlegungen gedacht, sondern vor allem als praktische Kurzinformation für alle jene, die sich in das Immaterialgüterrecht einarbeiten wollen oder jene, die eine erste Antwort auf bestimmte Einzelfragen suchen, d.h. Studenten, Praktikanten, Rechtskonsulenten in Firmen sowie am Gebiet interessierte Unternehmer, aber auch Richter und praktizierende Anwälte. Jene, die eine ausführlichere Auskunft wünschen, finden diese im «Manuel»; zu diesem Zweck habe ich die Numerierung der Paragraphen und der Untertitel des «Manuel» beibehalten (was auch die zwei Doppelparagraphen erklärt).

Die Rechtsprechung des Bundesgerichts und grundlegende Entscheidungen der Eidgenössischen Rekurskommission für geistiges Eigentum sind bis zum ersten Trimester 2000 nachgeführt.

Ich möchte Frau Sandra Gasser für den Entwurf der Übersetzung und der Lektorin des Verlags, Frau Irène Kalt, für ihre sorgfältige Arbeit herzlich danken.

Genf, im September 2000

Inhaltsübersicht

Vorwort V
Inhaltsverzeichnis XI

Erster Teil
Allgemeines 1

1. Kapitel: Rechtsquellen 3
2. Kapitel: Geschichtlicher Überblick 9
3. Kapitel: Allgemeine dogmatische Betrachtungen 15

Zweiter Teil
Materielle Grundlagen der Ausschliesslichkeitsrechte an Immaterialgütern 37

4. Kapitel: Die Erfindung 39
5. Kapitel: Marke, Herkunftsangabe, Unternehmenskennzeichen 61
6. Kapitel: Urheberrecht und verwandte Schutzrechte 129
7. Kapitel: Werke im Bereich der Informatik 153
8. Kapitel: Design 161
9. Kapitel: Andere schützenswerte Geistesleistungen 171
10. Kapitel: Wechselwirkungen zwischen den einzelnen Immaterialgüterrechten .. 179

Dritter Teil
Formelle Grundlagen der Ausschliesslichkeitsrechte an Immaterialgütern 185

11. Kapitel: Allgemeine Bemerkungen zum System des Registereintrages 187
12. Kapitel: Der Registereintrag 197

Vierter Teil
Rechte 221

13. Kapitel: Rechte an Immaterialgütern 223
14. Kapitel: Nichtigkeit und Erlöschen der Immaterialgüterrechte 265

Fünfter Teil
Verfügungen über Immaterialgüter 279

15. Kapitel: Übertragung und Belastung der Immaterialgüterrechte 281
16. Kapitel: Kartellrechtliche Beschränkungen betreffend Verfügungen über Immaterialgüter 313

Inhaltsübersicht

Sechster Teil
Rechtswidrige Handlungen im Immaterialgüterrecht 323

17. Kapitel: Verletzungen gesetzlich geschützter Ausschliesslichkeitsrechte 325
18. Kapitel: Beeinträchtigung des ausgewogenen Marktes und des wirksamen Wettbewerbs 343

Siebter Teil
Rechtsstreit über Immaterialgüter 373

19. Kapitel: Gesetzliche Sanktionen 375
20. Kapitel: Der Prozess im Bereich des Immaterialgüterrechts und des unlauteren Wettbewerbs 397

Achter Teil
Internationales Recht 425

21. Kapitel: Internationales Immaterialgüterrecht 427

Abkürzungsverzeichnis 447
Bibliographie 451
Sachverzeichnis 481

Inhaltsverzeichnis

Vorwort V
Inhaltsübersicht IX

Erster Teil
Allgemeines

1. Kapitel
Rechtsquellen

§ 1 Gesetzessystematik 3

§ 2 Gesetze und Staatsverträge 4

2. Kapitel
Geschichtlicher Überblick

§ 3 Ausländische und internationale Entwicklung des
     Immaterialgüterrechts 9
1. Nationale Rechte 9
2. Internationale Abkommen 10

§ 4 Entstehung und Entwicklung des schweizerischen
     Immaterialgüterrechts 12

3. Kapitel
Allgemeine dogmatische Betrachtungen

§ 5 Stellung der Immaterialgüter im Privatrechtssystem 15
1. Immaterialgüter als Rechtsobjekte 15
    1.1. Definition der Immaterialgüter 15
    1.2. Die geistige Natur der Immaterialgüter 16
    1.3. Immaterialgüter und Persönlichkeitsrecht 17
2. Eigentum an Immaterialgütern (geistiges Eigentum im engeren Sinn) 18
3. Herrenlose Immaterialgüter 18
4. Unerlaubte Handlungen 19

§ 6 Als Rechtsobjekt anerkannte Immaterialgüter 20
1. Allgemeine Betrachtungen 20

2.	Der Numerus clausus der geschützten Immaterialgüter		20
	2.1.	Literarische, wissenschaftliche und künstlerische Werke; Design	21
	2.2.	Technische Geistesschöpfungen als Anleitung zur Benutzung der Naturkräfte	22
	2.3.	Grenzgebiete des Schutzes technischer Geistesschöpfungen	22
		2.3.1. Computerprogramme	22
		2.3.2. Topographien von Halbleitererzeugnissen	23
		2.3.3. Biotechnologische Entwicklungen	23
		2.3.4. Biologisches Material	23
	2.4.	Kennzeichen	23
		2.4.1. Personengebundene Kennzeichen	23
		2.4.2. Unternehmenskennzeichen	24
		2.4.3. Warengebundene Kennzeichen und Dienstleistungskennzeichen	25
3.	Geschützte Interessen		25
	3.1.	Materielle Interessen	25
	3.2.	Ideelle Interessen	26

§ 7 Ausschliesslichkeitsrechte an den Immaterialgütern 26
1. Eigentliche Ausschliesslichkeitsrechte 26
2. Unvollkommene Ausschliesslichkeitsrechte 27

§ 8 Besitz der Immaterialgüter 28
1. Besitzesschutz 28
2. Die Übertragung des Besitzes 29
3. Zukünftige Entwicklungen 30

§ 9 Entstehung, Befristung und räumliche Schranken der Immaterialgüterrechte 30
1. Entstehung der Immaterialgüterrechte 30
2. Gründe für die Befristung der Immaterialgüterrechte 31
   - 2.1. Dauer des Patentschutzes 31
   - 2.2. Schutzdauer für literarische und künstlerische Werke 32
   - 2.3. Schutzdauer für verwandte Schutzrechte 32
   - 2.4. Schutzdauer für Computerprogramme und Topographien von Halbleitererzeugnissen 32
   - 2.5. Schutzdauer für Design 33
   - 2.6. Die unbefristeten Markenrechte 33
3. Räumliche Schranken der Immaterialgüter 33

Zweiter Teil
Materielle Grundlagen der Ausschliesslichkeitsrechte an Immaterialgütern

4. Kapitel
Die Erfindung

§ 10 Der Begriff der Erfindung	39
1. Das Wesen der Erfindung	39
2. Erfindung und Entdeckung	39
3. Bereich der Technik	40
4. Anweisungen an den menschlichen Geist	41
§ 11 Die Merkmale der patentfähigen Erfindung	42
1. Die gesetzlichen Erfordernisse	42
2. Die Definition der Erfindung	42
3. Der Stand der Technik	43
3.1. Gesetzliche Definition	43
3.2. Der Öffentlichkeit zugänglich	44
4. Die Neuheit	45
4.1. Materielle Neuheit – formelle Neuheit	45
4.2. Die formelle Neuheit	45
4.3. Identität der zum Stand der Technik gehörenden Regel	46
5. Wiederholbarkeit und gewerbliche Anwendbarkeit	47
6. Die erfinderische Tätigkeit	48
6.1. Stand der Technik	48
6.2. Fachmann	48
6.3. Nichtnaheliegen	50
6.4. Indizien für das Vorliegen einer erfinderischen Tätigkeit – Indizien für das Nicht-Naheliegen	51
6.4.1. Bereicherung der Technik	51
6.4.2. Überwundene Vorurteile	51
6.4.3. Die Aufgabenstellung	52
6.4.4. Patentierung im Ausland	52
6.5. Indizien für das Fehlen der erfinderischen Tätigkeit, für das Naheliegen – Äquivalente	52
6.6. Sonderfälle der erfinderischen Tätigkeit	53
6.6.1. Anwendungs- und Übertragungserfindungen	53
6.6.2. Kombinationserfindungen	53
6.6.3. Abhängige Erfindungen	53
6.6.4. Analogieverfahren	54
6.6.5. Neue Verwendung bekannter Stoffe	54
6.6.6. Unzutreffende Beurteilung durch den Erfinder	54
7. Zusammenfassung der Fragen betreffend erfinderische Tätigkeit	55

§ 12 Ausschluss von der Patentierung	55
§ 13 Sortenschutz	56
1. Der Begriff der Sorte	56
2. Die gesetzlichen Schutzvoraussetzungen	57
2.1. Die Neuheit	57
2.2. Die Beständigkeit	57
2.3. Die Homogenität	58
3. Die Sortenbezeichnung	58
3.1. Neue Bezeichnungen	58
3.2. Im Ausland eingetragene Bezeichnungen	59
3.3. Die Benützungspflicht	59
4. Verwendung von Marken	59

5. Kapitel
Marke, Herkunftsangabe, Unternehmenskennzeichen

§ 14 Merkmale der Marke	61
1. Wesen der Marke	61
1.1. Unabhängigkeit der Marke vom Recht	61
1.2. Marke als einheitliche Vorstellung von Zeichen und Ware oder von Zeichen und Dienstleistung	61
2. Funktionen der Marke	62
2.1. Zeichen, Ware und Unternehmen	62
2.2. Zeichen, Ware und Qualität	62
3. Marken-Kategorien	63
3.1. Einteilung nach der Form	63
3.1.1. Wortmarke	63
3.1.2. Familiennamen	64
3.1.3. Bildzeichen und Farbmarken	64
3.1.4. Raumformen	64
3.1.4.1. Die dreidimensionale Marke	64
3.1.4.2. Formmarke	65
3.1.4.3. Hologramme	66
3.1.5. Buchstaben- und Zahlenmarken	66
3.1.6. Kombinierte Marke	66
3.1.7. Positionsmarken	66
3.1.8. Akustische und Geruchsmarke	66
3.1.9. Bewegungsmarken	67
3.1.10. Telle-quelle-Marke	67
3.2. Unterscheidung nach Funktion	67
3.2.1. Fabrik-, Produkt- oder Handelmarken	67
3.2.2. Garantiemarken	68
3.2.3. Vorratsmarken	68
3.2.4. Serienzeichen	68
3.2.5. Exportmarken	69

3.2.6.	Herkunftsbezeichnungen	69
3.2.7.	Produzentenkennzeichen/Verantwortlichkeitsmarken	69
3.2.8.	Die Internationale Marke (IR)	69
3.2.9.	Unternehmenskennzeichen	70
3.2.10.	Enseigne und Handelsnamen	70
3.3.	Einteilung nach der Person des Berechtigten	70
3.3.1.	Einzelmarke	71
3.3.2.	Kollektivmarke	71
3.3.3.	Konzernmarke	71
3.4.	Einteilung nach dem Bekanntheitsgrad der Marke	72
3.4.1.	Notorisch bekannte Marke	72
3.4.2.	Durchgesetzte Marke	72
3.4.3.	Berühmte Marke	73
3.4.4.	Berühmtes Unternehmenskennzeichen	73

§ 15 Gesetzliche Definition, Entstehung, Wahrung und Dauer des Rechts an der eingetragenen Marke ... 74

1.	Gesetzliche Definition der Marke	74
2.	Erwerb des Rechts an der Marke	74
2.1.	Erwerb des Rechts an einer schweizerischen Marke	74
2.2.	Erwerb des Rechtes auf eine internationale Marke	76
3.	Die Bedeutung des Gebrauchs der Marke zur Wahrung des Rechts oder zur Schaffung besonderer Rechte	76
3.1.	Begriff des Gebrauchs	76
3.2.	Gebrauch der Marke durch (befugte) Dritte	78
3.3.	Besondere Rechte auf Grund eines intensiven Gebrauchs	79
3.3.1.	Durchgesetzte Marken	79
3.3.2.	Berühmte Marken	80
3.4.	Folgen des Nichtgebrauchs	81
3.4.1.	Verlust des Markenrechtes	81
3.4.2.	Die Rechtfertigung des Nichtgebrauchs der Marke	82
4.	Gültigkeitsdauer der Eintragung der nationalen und der internationalen Marke	82

§ 16 Die relativen Ausschlussgründe des Markenschutzgesetzes – Die Verwechslungsgefahr ... 83

1.	Allgemeines	83
2.	Die gesetzlichen Grundlagen	83
2.1.	Identische Marken, Waren oder Dienstleistungen	84
2.2.	Gleichartige Marken	84
2.3.	Gleichartige Waren und Dienstleistungen	85
2.4.	Ältere Marken	86
3.	Die Verwechslungsgefahr	86
3.1.	Definition	86
3.2.	Intensität der Verwechslungsgefahr	87
3.3.	Erinnerungsbild	90
3.4.	Kundenkreis	90

	3.5.	Der Sinngehalt der Marke	91
	3.6.	Falsche Zuordnung zu einem Unternehmen	92
	3.7.	Schuldhaftes Verhalten – Verwechslungsabsicht – fahrlässiges Verursachen der Verwechslung	92
4.	Unterscheidungskriterien für verschiedene Markenkategorien		92
	4.1.	Wortmarken	92
	4.2.	Bildmarken	92
	4.3.	Kombinierte Marken	92
	4.4.	Formmarken	93
	4.5.	Notorische und berühmte Marken	93
	4.6.	Serienzeichen	94
5.	Unterscheidungskriterien bei Firmen und anderen Unternehmenskennzeichen		94
	5.1.	Firmenkennzeichen	94
	5.2.	Domainnamen	95
6.	Verwechslungsgefahr bei Gleichnamigen (Homonyme)		97
	6.1.	Verwechslungsgefahr bei Verwendung des gleichen Eigennamens als Marke	97
	6.2.	Verwechslungsgefahr zwischen Einzelfirmen und Gesellschaftsfirmen und/oder Domainnamen mit gleichem Eigennamen	98
7.	Rechtsprechung zur Verwechslungsgefahr		98
	7.1.	Verwechslungsgefahr bejaht	99
	7.2.	Verwechslungsgefahr verneint	101

§ 17 Die absoluten Schutzausschlussgründe für Marken und Firmen ... 102

1.	Zum Gemeingut gehörende Zeichen		102
	1.1.	Beschaffenheitsangaben	102
	1.1.1.	Marken	102
	1.1.2.	Firmen	105
	1.2.	Elementare Zeichen und Formen	105
	1.3.	Freizeichen (degenerierte Zeichen)	106
	1.4.	Alleinstehende geographische Angaben	107
2.	Vom Schutz ausgeschlossene Formen		107
	2.1.	Formen, die das Wesen der Ware ausmachen	108
	2.2.	Technisch notwendige und technisch bedingte Formen	110
3.	Täuschende Zeichen		111
	3.1.	Täuschende Marke	111
	3.2.	Täuschende Firmen	112
4.	Zeichen, die gegen die öffentliche Ordnung, die guten Sitten oder geltendes Recht verstossen		113
	4.1.	Zeichen, die gegen die öffentliche Ordnung verstossen	113
	4.2.	Sittenwidrige Zeichen	113
	4.3.	Gegen geltendes Recht verstossende Zeichen	114
	4.3.1.	Verstoss gegen internationale Abkommen	114
	4.3.2.	Verstoss gegen Bundesrecht	114
	4.3.2.1.	BG zum Schutz von Namen und Zeichen der Organisation der Vereinten Nationen und anderer zwischenstaatlicher Organisationen	115

	4.3.2.2. BG zum Schutz öffentlicher Wappen und anderer öffentlicher Zeichen (WSG)	115
5.	Rechtsprechung zu den absoluten Ausschlussgründen	116
	5.1. Beschaffenheitsangaben	116
	5.2. Nicht beschreibende Zeichen	119
	5.3. Werbemarken	119
	5.4. Irreführende Marken	119

§ 18 Herkunftsangaben und geographische Bezeichnungen im Allgemeinen .. 120

1. Begriff der Herkunftsangabe 120
2. Gesetzliche Definition der Herkunftsangabe 121
   2.1. Herkunftsangaben für Waren 122
   2.2. Herkunftsangaben für Dienstleistungen 122
   2.3. Herkunftsbezeichnung im Rebbau 123
3. Herkunftsangaben und täuschende geographische Bezeichnungen 123
4. Geographische Bezeichnung als Marke oder Firma 124
5. Geographische Bezeichnung als Fantasiemarke 125
6. Geographische Bezeichnung und Beschaffenheitsangabe 125
7. Schutz der Ursprungsbezeichnung «Schweiz» 126
   7.1. Benutzung des Schweizernamens für Uhren 126
   7.2. Benutzung der Bezeichnung «Schweiz» 126
8. Nicht als Herkunftsangaben geltende Bezeichnungen 127

6. Kapitel
Urheberrecht und verwandte Schutzrechte

§ 19 Begriff, gesetzliche Definition und Schutz des Werkes 129

1. Begriff, Umsetzung und Inhalt des Werkes 129
   1.1. Mitteilungsträger und Umsetzung der Idee 129
   1.2. Form und Inhalt 130
   1.3. Werk und Stil 131
   1.4. Individuelle Substanz und Gemeingut 131
2. Gesetzliche Definition des literarischen oder künstlerischen Werkes 131
   2.1. Werk als geistige Schöpfung 131
   2.2. Werk als Schöpfung mit individuellen Charakter 132
   2.2.1. Individualität oder Originalität 132
   2.2.2. Statistische Einmaligkeit 133
   2.3. Unvollendete Werke und Werkteile 134
   2.4. Werke zweiter Hand 134
   2.5. Werksaufführungen 135
   2.6. Sammelwerke 136
   2.7. Gemischte Werke 136
3. Die geschützten Werke und Leistungserbringer 136
   3.1. Schutzobjekt 136
   3.2. Entstehung des Schutzes 137

Inhaltsverzeichnis

4. Für die Schutzwürdigkeit unerhebliche Eigenschaften 137
   4.1. Nützlichkeit 137
   4.2. Dauer der sinnlichen Wahrnehmbarkeit 137
   4.3. Objektive Neuheit 138
   4.4. Rechts- oder Sittenwidrigkeit 138
5. Schutzunfähige Werke 138
6. Übergangsrecht 138

§ 20 Die Werkkategorien 139
1. Sprachwerke 139
   1.1. Erstausgaben und kritische Ausgabe 139
   1.2. Werktitel 139
   1.3. Briefwechsel und Tagebücher 139
   1.4. Berichterstattungen 140
   1.5. Wissenschaftliche Sprachwerke 140
2. Werke der Musik und andere akustische Werke 141
   2.1. Melodien 141
   2.2. Angewandte akustische Werke 141
3. Werke der bildenden Kunst 141
4. Werke mit wissenschaftlichem oder technischem Inhalt 142
5. Werke der Baukunst 142
6. Werke der angewandten Kunst 142
   6.1. Modeschöpfungen 143
   6.2. Werke der Gebrauchsgraphik 143
   6.3. Parfums und Kochrezepte 144
7. Werke der Werbung 144
   7.1. Werke der Werbung als solche 145
   7.2. Werbeprogramme 145
8. Aufnahmen von visuellen Wahrnehmungen 146
   8.1. Geschützte fotografische Werke 146
   8.2. Aufzeichnungen bewegter Bilder 147
9. Choreographische Werke und Pantomimen 148

§ 21 Verwandte Schutzrechte 149
1. Definition der verwandten Schutzrechte 149
2. Schutzobjekt 150
   2.1. Leistungen der ausübenden Künstler 150
   2.2. Leistung der Hersteller von Ton- und Tonbildträgern 151
   2.3. Leistung der Sendeunternehmen 151

7. Kapitel
Werke im Bereich der Informatik

§ 22 Software 153
1. Begriffsklärung 153
2. Begriff des Computerprogramms 153

3. Urheberrechtlicher Schutz der Software 154
   3.1. Eigenschaften der schutzwürdigen Programme 154
   3.2. Individueller Charakter des schutzwürdigen Programms 155
   3.3. Entstehung des Schutzes der Software 156

§ 23 **Topographien von Halbleitererzeugnissen** 156
1. Begriff der Topographie 156
2. Schutzvoraussetzungen für Topographien 157
   2.1. Festlegung der Topographien 157
   2.2. Neuheit der Topographien 158
   2.3. Geistige Arbeit 158
   2.4. Entstehung des Schutzes 159
3. Kategorien der durch das ToG geschützten Topographien 159

8. Kapitel
Design

§ 24 **Der Begriff des «Design»** 161
1. Grundbegriffe 161
2. Gesetzliche Definition 161

§ 25 **Merkmale des schutzwürdigen Design** 162
1. Ästhetische Funktion und Nützlichkeit eines Design 162
2. Die Schutzvoraussetzungen für das Design 163
   2.1. Der Ursprung des Design 163
   2.2. Die Neuheit des Design 164
   2.3. Die Eigenartigkeit des Design 165
   2.4. Design als Vorbild für die gewerbliche Herstellung 166
3. Vom Schutz ausgeschlossene Design 166

§ 26 **Unterscheidung zwischen Design einerseits und den übrigen zwei- und dreidimensionalen Gebrauchsgegenständen anderseits** 167
1. Sogenannte Gebrauchsmuster 167
2. Design und Ausstattung 167
3. Design und Werke der angewandten Kunst 168
4. Design und Formmarke 168

9. Kapitel
Andere schützenswerte Geistesleistungen

§ 27 **Vom Schutz durch subjektive Exklusivrechte ausgeschlossene Immaterialgüter** 171
1. Ausdehnung der Kategorie der geschützten Immaterialgüter 171
2. Neue Immaterialgüter 171
   2.1. Beratertätigkeit 171

	2.2.	Neue Methoden zur Verwertung von Immaterialgütern	172
	2.2.1.	Franchising	172
	2.2.2.	Merchandising	173
	2.2.3.	Das Sportbild	173
3.	Lösung de lege ferenda		174

§ 28 Durch unvollkommene Ausschliesslichkeitsrechte geschützte Immaterialgüter ... 175

1.	Geheimnis		175
	1.1.	Begriff	175
	1.2.	Know-how	176
2.	Ausstattung		177
3.	Handelsname		178

10. Kapitel
Wechselwirkungen zwischen den einzelnen Immaterialgüterrechten

§ 29 Kumulierter Rechtsschutz ... 179

§ 30 Unechte Wechselbeziehungen ... 179

1.	Technisch bedingte und aus ästhetischen Gründen gewählte Formen	179
2.	Technisch bedingte Form und Marke oder Ausstattung	180
3.	Ästhetische Form, Ausstattung und Formmarke	180
4.	Firma, Handelsname, Marke und Recht am Namen	182

Dritter Teil
Formelle Grundlagen der Ausschliesslichkeitsrechte an Immaterialgütern

11. Kapitel
Allgemeine Bemerkungen zum System des Registereintrages

§ 31 Zuständige Behörden ... 187

1.	Schweizerische Behörden		187
2.	Für europäische Patente zuständige Behörden		188
3.	Für Gemeinschaftsmarken zuständige Behörden		189

§ 32 Bedeutung der Eintragung ... 190

1.	System des rechtsvollendenden Formalaktes		190
	1.1.	Patenterteilung	191
	1.2.	Hinterlegung des Design	191
	1.3.	Eintragung der Topographien	191

		1.4.	Markeneintragung	191
		1.5.	Sortenschutzrechtregistrierung	192
	2.	Konkurrenz der aus dem Registereintrag abgeleiteten und der davon unabhängigen Rechte		192
		2.1.	Patentrecht	192
		2.2.	Designrecht	193
		2.3.	Topographierecht	193
		2.4.	Markenrecht	193
		2.5.	Sortenschutz	193
	3.	Registereintrag und Verfügungsrecht		194
	4.	Registereintrag und Rechtsvermutung		194
	5	Priorität		195

12. Kapitel
Der Registereintrag

§ 33	**Patenterteilung und Patenteintragung**		197
1.	Begriff des Patentes		197
2.	Inhalt des Patentes		197
3.	Form der Patentanmeldung		199
	3.1.	Form der Patentanmeldung gemäss PatG	199
	3.2.	Form der Patentanmeldung gemäss EPÜ	200
	3.3.	Form der Patentanmeldung gemäss PCT	200
4.	Umwandlung einer europäischen Patentanmeldung und Kollision von schweizerischen, internationalen und europäischen Patenten		201
5.	Verschiedene Bestimmungen über das europäische Patent		201
6.	Prüfung der Patentanmeldung		201
	6.1.	Verschiedene Patenterteilungssysteme	201
	6.2.	Schweizerisches Vorprüfungssystem	202
	6.3.	Recherche zur nationalen Patentanmeldung	202
	6.4.	Vorprüfung und Einspruchsverfahren und Beschwerden im Rahmen des EPÜ	202
	6.5.	Vorprüfung gemäss PCT	203
7.	Die Eintragung im Patenregister von Änderungen bezüglich des Rechts am Patent, der sich daraus ergebenden Rechte und von Lizenzen		204
	7.1.	PatG	204
	7.2.	EPÜ	204
8.	Ergänzende Schutzzertifikate für Arzneimittel (ESA)		204
9.	Vertreter		205
	9.1.	Beim IGE	205
	9.2.	Beim Europäischen Patentamt	205
	9.3.	Internationale Patentanmeldung	206
10.	Fristen und Weiterbehandlung		206
11.	Gebühren		207

§ 33a Erteilung und Eintragung des Sortenschutzes 207
1. Sortenschutzschein 207
2. Eintragungsverfahren 207
3. Prüfung der Anmeldung 208
4. Einwendungen 208
5. Sortenschutzregister und Akteneinsicht 208
6. Vertreter 208
7. Gebühren 209
8. Beschwerden 209

§ 34 Eintragung der Marke 209
1. Zur Eintragung berechtigte Personen 209
2. Eintragungsverfahren 210
3. Prüfung der Anmeldung 210
4. Widerspruch 211
5. Verlängerung der Markeneintragung 212
6. Akteneinsicht 212
7. Weiterbehandlung 213
8. Vertretung 213
9. Gebühren 213
10. Beschwerde bei der Rekurskommission 213
11. Internationale Markeneintragung 214
12. Eintragung von Firma und Enseigne 214
    12.1. Zuständige Behörden und Register 214
    12.2. Firma 215
    12.3. Enseigne 215

§ 35 Hinterlegung von Design 215
1. Form der Hinterlegung 215
2. Hinterlegungsverfahren – Prüfung 216
3. Übertragung von Rechten 216
4. Dauer der Hinterlegung und Wiederherstellung bei Fristversäumnis 216
5. Vertretung 217
6. Gebühren 217
7. Internationale Hinterlegung 217

§ 36 Eintragung der Topographien 218
1. Wirkung der Eintragung 218
2. Eintragungsverfahren 218
3. Prüfung des Gesuchs 218
4. Register 219
5. Vertretung 219
6. Gebühren 219

Vierter Teil
Rechte

13. Kapitel
Rechte an Immaterialgütern

§ 37 Zusammenfassung der allgemeinen Grundsätze 223
1. Schutz der schöpferischen Person 223
2. Die subjektiven Rechte der Schöpfer 224
3. Subjektive Rechte an Schöpfungen von Arbeitnehmern 224

§ 38 Patentrecht: Rechte, Rechtsbeschränkungen und Berechtigte 225
1. Die Rechte des Eigentümers der Erfindung 226
    1.1. Das Recht auf das Patent 226
    1.2. Anspruch auf Erfindernennung 226
    1.3. Recht auf Abtretung der Erfindung 226
2. Rechte aus dem Patent 227
    2.1. Entstehung des Rechtes aus dem Patent 227
    2.2. Inhalt des Rechtes aus dem Patent 227
3. Beschränkungen der Ausschliesslichkeitsrechte 228
    3.1. Private Benützung 228
    3.2. Benützung zu Versuchszwecken 228
    3.3. Vorbenützung der Erfindung 228
4. Berechtigte im Patentrecht 229
    4.1. Mehrere Berechtigte 229
    4.2. Berechtigte an Forschungsarbeiten 230
    4.3. Arbeitnehmererfindungen 230
        4.3.1. Erfindungen, die in Erfüllung einer vertraglichen Verpflichtung gemacht werden 230
        4.3.2. Andere Arbeitnehmererfindungen 231

§ 38a Sortenschutz: Rechte und Berechtigte 232
1. Das Recht auf den Sortenschutz 232
2. Die sich aus dem Sortenschutz ergebenden Rechte 232
3. Beschränkungen der Rechte 233

§ 39 Marken-, Herkunftsangaben- und Firmenrecht: Rechte und Berechtigte 233
1. Recht auf die Marke 233
2. Die sich aus der Marke ergebenden Rechte 234
    2.1. Recht auf Gebrauch 234
    2.2. Lizenznehmer 235
    2.3. Territoriale Beschränkung 235
    2.4. Recht auf Auskunft 235
    2.5. Weiterbenützungsrecht 235

2.6.	Berühmte Marke		235
2.7.	Durchgesetzte Marke		236
2.8.	Nicht genehmigte Eintragung		236

3. Berechtigte ... 236
4. Rechte im Bereich der Herkunftsangaben ... 237
5. Rechte und Berechtigte an Firma und Handelsname ... 237
    5.1. Recht an der Firma ... 237
    5.2. Recht am Handelsnamen ... 238

§ 40 Urheberrecht, verwandte Schutzrechte und Recht an der Software: Rechte, Rechtsbeschränkungen und Berechtigte ... 239

1. Absolutes Recht ... 239
2. Individuelle Rechte ... 240
    2.1. Persönlichkeitsrecht des Urhebers ... 240
    2.2. Verfügungen über das Werk ... 241
    2.3. Verhältnis zwischen Urheber und Eigentümer des Werkexemplars ... 243
3. Beschränkungen der Rechte der Urheber von literarischen und künstlerischen Werken ... 244
    3.1. Beschränkungen zugunsten von Gemeininteressen, insbesondere der sogenannte Eigengebrauch ... 244
    3.2. Beschränkungen zugunsten einzelner Benutzerkategorien ... 246
    3.2.1. Hersteller von Tonträgern ... 246
    3.2.2. Verwertungsgesellschaften ... 246
    3.3. Beschränkungen aufgrund der Konkurrenz von mehreren subjektiven Rechten ... 246
4. Rechte der Urheber von Computerprogrammen ... 247
5. Beschränkungen des Urheberrechts im Bereich der Computerprogramme ... 248
6. Rechte der Inhaber von verwandten Schutzrechten ... 249
    6.1. Rechte der ausübenden Künstler ... 249
    6.2. Rechte der Hersteller von Ton- und Tonbildträgern ... 250
    6.3. Rechte der Sendeunternehmen ... 250
7. Berechtigte im Urheberrecht ... 251
    7.1. Urheber im Sinne des URG ... 251
    7.2. Urheber von eidgenössischen Karten ... 252
    7.3. Urheber von Komputerprogrammen ... 252
    7.4. Miturheberschaft ... 252
8. Berechtigte an den verwandten Schutzrechten ... 254
    8.1. Ausübende Künstler ... 254
    8.2. Hersteller von Ton- und Tonbildträgern ... 254
    8.3. Sendeunternehmen ... 255
9. Verwaltung der Urheberrechte durch Verwertungsgesellschaften ... 255

§ 41 Rechte und Berechtigte im Design ... 257

1. Recht auf Design ... 257
2. Rechte am Design ... 257
3. Berechtigte im Muster- und Modellrecht ... 258

§ 42 Recht und Berechtigte am Geschäftsgeheimnis 259
1. Recht auf Geheimnis 259
2. Beschränkungen für einzelne Geheimnisträger 259
3. Geheimnisschutz gemäss Gesetz gegen den unlauteren Wettbewerb und TRIPS-Abkommen 261

§ 43 Rechte und Berechtigte an Topographien und integrierten Schaltungen 261
1. Recht auf die Topographie 261
2. Recht an der Topographie 261
3. Rechtsbeschränkungen 262
   3.1. Mit Topographien ausgerüstete Objekte 262
   3.2. Forschung und Unterricht 262
   3.3. Reverse Engineering 262
4. Berechtigte 263

14. Kapitel
Nichtigkeit und Erlöschen der Immaterialgüterrechte

§ 44 Nichtigkeit des Patentes, der Eintragung von Marken, Design und Topographien von integrierten Schaltungen 265
1. Rechtsschein und Wirklichkeit 265
2. Nichtigkeit des Patentes 265
   2.1. Materielle Nichtigkeitsgründe 265
   2.2. Formelle Nichtigkeitsgründe 266
   2.3. Teilnichtigkeit 266
   2.4. Massgebender Zeitpunkt 267
3. Nichtigkeit der Markeneintragung 268
   3.1. Nichtigkeitsgründe 268
   3.2. Massgebender Zeitpunkt 269
4. Nichtigkeit der Hinterlegung des Design 269
5. Nichtigkeit der Registereintragung der Topographie 270
6. Nichtigkeit des Sortenschutzes 270
   6.1. Die Nichtigerklärung der Eintragung 270
   6.2. Die Aufhebung des Schutzes 271

§ 45 Erlöschen der Immaterialgüterrechte aufgrund von Fristen 271
1. Gesetzliche Dauer der Immaterialgüterrechte 271
   1.1 Patente 271
   1.2. Design 271
   1.3. Marken 271
   1.4. Topographien 271
   1.5. Uhreberrechte 272
      1.5.1. Audiovisuelle Werke 272
      1.5.2. Anonyme Werke 272
      1.5.3. Software 273

1.5.4.	Nachbarrechte	273
1.6.	Sortenschutz	273
2.	Erlöschen der Rechte an Immaterialgütern wegen Nichtwahrung der Fristen	273

§ 46 Erlöschen der Immaterialgüterrechte durch Verzicht, Nichtgebrauch oder Erschöpfung ... 274
1. Verzicht auf Ausschliesslichkeitsrechte ... 274
   1.1. Patentrecht ... 274
   1.2. Markenrecht ... 274
   1.3. Designrecht ... 274
   1.4. Topographierecht ... 275
   1.5. Sortenschutz ... 275
2. Verzicht auf bestimmte Vorrechte ... 275
3. Erlöschen und Verlust der Rechte durch Nichtgebrauch ... 275
4. Erlöschen durch Erschöpfung der Rechte ... 276

Fünfter Teil
Verfügungen über Immaterialgüter

15. Kapitel
Übertragung und Belastung der Immaterialgüterrechte

§ 47 Verfügungen über Immaterialgüter im Allgemeinen ... 281
1. Allgemeine Bemerkungen ... 281
2. Verschiedene Arten der Übertragung und Belastung ... 281
3. Haftung bei Verfügungen über Immaterialgüter oder Immaterialgüterrechte . 282
4. Form der Verfügung und der Verpfändung ... 283

§ 48 Übertragung und Verpfändung von Immaterial- güterrechten ... 284
1. Patentrecht ... 284
2. Designrecht ... 285
3. Geschäftsgeheimnis (technische und kommerzielle Geheimnisse) ... 285
4. Topographierecht ... 285
5. Markenrecht ... 286
6. Urheberrecht ... 286
7. Sortenschutz ... 287

§ 49 Verlagsvertrag ... 288
1. Objekt des Verlagsvertrags ... 288
2. Rechte und Pflichten des Urhebers ... 289
3. Rechte und Pflichten des Verlegers ... 290
4. Honorare und andere Entschädigungen ... 291
5. Beendigung des Verlagsvertrages ... 291

§ 50 Wesentliche Merkmale und Rechtsnatur des Lizenzvertrages ... 292
1. Objekt des Lizenzvertrages ... 292
2. Rechtsnatur des Lizenzvertrages ... 293
3. Ausschliessliche und einfache Lizenz ... 293
4. Wirkungen des Lizenzvertrages ... 294
5. Rechte und Pflichten des Lizenzgebers ... 294
6. Lizenzgebühren ... 295
7. Rechte und Pflichten des Lizenznehmers ... 296
8. Dauer und Beendigung des Lizenzvertrages ... 297
9. Zwangslizenz ... 298

§ 51 Die verschiedenen Lizenzvertragstypen ... 299
1. Patentlizenz ... 299
2. Lizenz an Know-how und anderen Geschäftsgeheimnissen ... 300
3. Lizenzen an Marken ... 301
   3.1. Die Markenlizenz ... 301
   3.2. Verträge über die Abgrenzung des Markengebrauchs ... 302
4. Designlizenz ... 302
5. Urheberrechtliche Lizenz ... 302
6. Softwarelizenz ... 302
7. Lizenzen für Topographien von integrierten Schaltungen ... 303

§ 52 Dienstleistungsverträge für Immaterialgüter ... 303
1. Franchisevertrag ... 303
2. Merchandisingvertrag ... 304
3. Werbevertrag ... 305
4. Fotografievertrag ... 306
5. Architektenvertrag ... 306
6. Verträge zum Schutz technischer Dienstleistungen ... 307
   6.1. Forschungsvertrag ... 307
   6.2. Vertrag zur Entwicklung eines technischen Produktes ... 308

§ 53 Zwangsvollstreckung an Immaterialgütern und den daraus abgeleiteten Rechten ... 308
1. Zwangsvollstreckung von Rechten an Erfindungen ... 308
2. Zwangsvollstreckung an Design ... 309
3. Zwangsvollstreckung von Rechten an Marken ... 309
4. Zwangsvollstreckung an Kunstwerken, verwandten Schutzrechten, Werken der angewandten Kunst und Software ... 309
5. Zwangsvollstreckung an Topographien von integrierten Schaltungen ... 310
6. Zwangsvollstreckung an faktischen Ausschliesslichkeitsrechten ... 311
7. Enteignung von Immaterialgütern ... 311

16. Kapitel
Kartellrechtliche Beschränkungen betreffend Verfügungen über Immaterialgüter

§ 54 Schweizerische Massnahmen gegen Wettbewerbsbeschränkungen 313
1. Allgemeines 313
2. Parallelimporte 313
3. Kartellrechtliche Beschränkungen der Verfügungsfreiheit über Immaterialgüterrechte 313
    3.1. Immaterialgüterrechte und Wettbewerb 313
    3.2. Missbräuchliche Nutzungen 314
    3.3. Die schweizerischen Regeln 314
    3.3.1. Die Grundsätze 314
    3.3.2. Die Lizenzvertragsklauseln 315

§ 55 Europäische Gemeinschaft – Bedeutung des Vertrages von Rom für die Verwertung von Immaterialgütern 318

Sechster Teil
Rechtswidrige Handlungen im Immaterialgüterrecht

17. Kapitel
Verletzungen gesetzlich geschützter Ausschliesslichkeitsrechte

§ 56 Patentrechtsverletzungen 325
1. Rechtswidrige Benützung der Erfindung 325
2. Weitere rechtswidrige Handlungen 328
3. Mitwirkung an Patentverletzungen 328

§ 56a Verletzung von Sortenschutz 329
1. Verletzung des Sortenschutzes 329
2. Verletzung der Sortenbezeichnung 330

§ 57 Verletzung von Kennzeichenrechten (Markenrechten, Herkunftsangaben, Firmen und Handelsnamen) 331
1. Markenrechtsverletzung 331
2. Gebrauch von Herkunftsangaben, die eine Verwechslungsgefahr schaffen 333
3. Verletzung des Rechts an der Geschäftsbezeichnung 334

§ 58 Verletzung von Design 335

§ 59 Urheberrechtsverletzungen 336
1. Verletzung der Rechte des Schöpfers von Werken der Literatur und Kunst ... 336
2. Verletzung der Rechte des Schöpfers von Software 339

3. Verletzung verwandter Schutzrechte 339
4. Rechtsverletzungen im Bereich der kollektiven Verwertung der
   Urheberrechte 340

§ 60 Verletzung der Rechte an Topographien von Halbleitererzeugnissen 340

18. Kapitel
Beeinträchtigung des ausgewogenen Marktes und des wirksamen Wettbewerbs

§ 61 Sittenwidrige Handlungen im Geschäftsverkehr – unlauterer Wettbewerb 343
1. Zweck des Gesetzes – der lautere und unverfälschte Wettbewerb 343
2. Räumlicher Geltungsbereich des UWG 345
3. Generalklausel und Schutz des guten Glaubens 346
4. Beteiligte Personen 348
   4.1. Konkurrenten (Mitbewerber) 348
   4.2. Verbraucher 348
   4.3. Dritte 349
5. Katalog der unlauteren Verhaltensweisen 349
6. Unlautere Methoden 349
   6.1. Herabsetzung 349
   6.2. Irreführende Angaben über sich oder sein Unternehmen –
        irreführende Werbung 351
   6.3. Täuschung über Lebensmittel 353
   6.4. Verwendung unzutreffender Titel oder Berufsbezeichnungen 354
   6.5. Verwechslung und Verwechslungsgefahr 354
   6.6. Verwechslung vor dem Verkauf und nach dem Verkauf
        (Presale – Postsale Confusion) 357
   6.7. Vergleichende Werbung 359
   6.8. Lockvogelpreise 360
   6.9. Zugaben und Wettbewerbe 360
   6.10. Besonders aggressive Verkaufsmethoden 361
   6.11. Täuschung durch Verschleierung 362
7. Verleitung zur Vertragsverletzung oder -auflösung 362
8. Verletzung von Geheimnissen 363
9. Verwertung fremder Leistung 364
   9.1. Verwertung einer Leistung unter Verletzung eines
        Vertrauensverhältnisses 364
   9.2. Verwertung einer unbefugt erworbenen Leistung 365
   9.3. Verwertung des Arbeitsergebnisses durch technische
        Reproduktionsverfahren 366
10. Nichteinhaltung von Arbeitsbedingungen 367
11. Verwendung missbräuchlicher Geschäftsbedingungen 368

§ 62 Massnahmen zur Gewährleistung der Konsumenteninformation 369
1. Gesetzgebung 369
2. Mindestangaben für Abzahlungskäufe und Kleinkredite 369
3. Regeln für die Preisangabe 370

Siebter Teil
Rechtsstreit über Immaterialgüter

19. Kapitel
Gesetzliche Sanktionen

§ 63 Zivilrechtliche Rechtsmittel 375
1. Allgemeine Feststellungsklage 375
2. Nichtigkeitsklage und Abtretungsklage 376
3. Unterlassungsklage und Leistungsklage 377
4. Klage auf Beseitigung des rechtswidrigen Zustandes, auf Einziehung oder Zerstörung der rechtswidrigen Erzeugnisse oder Einrichtungen 378
5. Klage auf Mitteilung und Urteilsveröffentlichung 380
6. Klage auf Auskunfterteilung (Angabe der Herkunft rechtswidriger Gegenstände) 381
7. Schadenersatzklagen 382
    7.1. Schadenersatzklage 382
    7.1.1. Rechtswidrige Handlung 382
    7.1.2. Verschulden 382
    7.1.3. Adäquater Kausalzusammenhang 383
    7.1.4. Schaden 384
    7.2. Herausgabe des Gewinns gemäss den Grundsätzen der Geschäftsführung ohne Auftrag 386
    7.3. Genugtuung 386
    7.4. Information über Umfang der Benutzung, Höhe des Gewinns und Rechnungslegung 387

§ 64 Strafrechtliche Sanktionen 388
1. Strafbare Handlungen 388
2. Voraussetzungen der strafrechtlichen Verfolgung 390
3. Strafen und Massnahmen 390

§ 65 Hilfeleistung der Zollverwaltung 391

§ 66 Verjährung und Verwirkung der zivil- und strafrechtlichen Klagen 392
1. Die Verjährung von Unterlassungs- und Feststellungsklagen 392
2. Verjährung der Schadenersatzklage 393
3. Verjährung der Klage auf Herausgabe des Gewinns 393
4. Verjährung der Abtretungsklage 393
5. Verjährung der Vergütungsansprüche der Verwertungsgesellschaften 394

6. Stillstand und Unterbrechung der Verjährung 394
7. Verjährung der Strafklagen 394
8. Verwirkung der Zivil- und Strafklagen 395

20. Kapitel
Der Prozess im Bereich des Immaterialgüterrechts und des unlauteren Wettbewerbs

§ 67 **Aktiv- und Passivlegitimation** 397
1. Die Aktivlegitimation für Leistungsklagen 397
2. Aktivlegitimation für Feststellungs- und Nichtigkeitsklagen 398
3. Passivlegitimation 400
4. Aktivlegitimation des im Ausland wohnenden Inhabers eines
   schweizerischen Rechtes 401

§ 68 **Örtliche Zuständigkeit der Gerichte** 401
1. Zivilprozess 401
   1.1. Grundsätze 401
   1.2. Klagen betreffend den Bestand des Rechtes 403
   1.2.1. Schweizerische Streitfälle 403
   1.2.2. Internationale Streitfälle 404
   1.2.3. Feststellung der Gültigkeit ausländischer Rechte 404
   1.3. Klagen betreffend die Verletzung eines Rechtes oder wegen
        unlauteren Handlungen 405
   1.3.1. Schweizerische Streitfälle 405
   1.3.2. Internationale Streitfälle 405
   1.4. Widerklagen 406
   1.5. Massgebliches Datum 407
   1.6. Klagen bezüglich im Anstellungsverhältnis geschaffener
        Immaterialgüter 407
2. Vorläufige Massnahmen 407
3. Strafprozess 408

§ 69 **Sachliche und funktionelle Zuständigkeit der Gerichte** 408
1. Zuständigkeit der kantonalen Gerichte 408
2. Zuständigkeit des Bundesgerichtes als Berufungsinstanz in Zivilsachen 409
   2.1. Streitwert 409
   2.2. Endentscheid, Vorentscheid und Zwischenentscheid 409
   2.3. Tat- und Rechtsfrage 410
   2.4. Besonderheiten des Patentprozesses 412
   2.5. Liechtensteinische Entscheide 413
3. Zuständigkeit der Schiedsgerichte 413
4. Zuständigkeit der Eidgenössischen Rekurskommission für geistiges
   Eigentum (RKGE) 414

§ 70 Verfahren	415
1. Beweisverfahren	415
1.1. Beweislast	415
1.2. Beweismittel	416
1.3. Wahrung geheimer Tatsachen	417
2. Vorsorgliche Massnahmen	417
2.1. Gegenstand der vorsorglichen Massnahmen	417
2.2. Voraussetzungen für den Erlass vorsorglicher Massnahmen	418
2.2.1. laubhaftmachen der Rechtswidrigkeit	418
2.2.2. Nicht leicht wiedergutzumachender Nachteil	419
2.2.3. Dringlichkeit	420
2.3. Superprovisorische Massnahmen	421
2.4. Schutzschrift	421
2.5. Zweckmässigkeit und Verhältnismässigkeit der vorsorglichen Massnahme	421
2.6. Dauer der vorsorglichen Massnahme	422
2.7. Richterliche Zuständigkeit	422
2.8. Sicherheitsleistung	422
2.9. Schadenersatz für unbegründete Massnahmen	423
2.10. Einschreiten der Zollverwaltung	423

Achter Teil
Internationales Recht

21. Kapitel
Internationales Immaterialgüterrecht

§ 71 Grundlagen des internationalen Rechts	427
1. Die internationale Natur des Immaterialgüterrechts	427
2. Begriff «internationales Immaterialgüterrecht»	427
§ 72 Schweizerisches internationales Immaterialgüterprivatrecht	428
1. Zuständigkeitsregeln	428
2. Das auf Immaterialgüter anwendbare Recht (mit Ausnahme von Firmen und Unternehmenskennzeichen)	428
2.1. Die gesetzliche Regel – das Territorialitätsprinzip	428
2.2. Ausnahmen vom Territorialitätsprinzip	429
2.2.1. Ausländerschutz – Voraussetzung des Gegenrechts	429
2.2.2. Verweisung auf ausländische Eintragungen	429
2.2.2.1. Europäische Patente	429
2.2.2.2. Sogenannte internationale Marken	429
2.2.2.3. Telle-quelle Marke	430
2.2.3. Verweisung auf dem ausländischen Recht unterstellte Tatsachen	430
2.2.3.1. Notorisch bekannte Marken	430
2.2.3.2. Arbeitnehmererfindungen	430
2.3. Auswirkungen der Anwendung des Rechts des Schutzlandes	431

3. Wahl des anwendbaren Rechts für Firmen und andere Unternehmenskennzeichen (Handelsname, Enseigne usw.) 431
   3.1. Anwendbares Recht für eingetragene Bezeichnungen 431
   3.2. Anwendbares Recht für nicht eingetragene Unternehmenskennzeichen 432
4. Das auf den unlauteren Wettbewerb anwendbare Recht 433
5. Das auf Verträge über Immaterialgüter anwendbare Recht 434
6. Das auf Verletzungen von Persönlichkeitsrechten anwendbare Recht 435
7. Anerkennung ausländischer Entscheidungen 436

§ 73 Internationale Übereinkommen für Immaterialgüter 437
1. Ziel und Geltungsbereich der internationalen Übereinkommen 437
2. Allgemeine Übereinkommen 438
   2.1. Die Pariser Verbandsübereinkunft zum Schutze des gewerblichen Eigentums (PVÜ) 438
   2.2. GATT-Abkommen vom 15. April 1994 über die handelsbezogenen Aspekte des geistigen Eigentums 439
   2.3. Übereinkommen zur Errichtung der Weltorganisation für geistiges Eigentum (OMPI oder WIPO) 439
3. Internationale Übereinkommen im Bereich der Erfindungspatente 440
   3.1. Übereinkommen zur Vereinheitlichung gewisser Begriffe des materiellen Rechtes der Erfindungspatente (Strassburger Übereinkommen) 440
   3.2. Vertrag über die internationale Zusammenarbeit auf dem Gebiet des Patentwesens (PCT) 440
   3.3. Europäisches Patentübereinkommen (EPÜ) 440
4. Internationale Übereinkommen auf dem Gebiet der Fabrik- und Handelsmarken 440
   4.1. Madrider Abkommen über die internationale Registrierung von Marken, mit Protokoll von 1989 und Ausführungsreglement von 1992 (MMA) 441
   4.2. EWG-Verordnung von 1994 über die Gemeinschaftsmarke (VGM) 441
   4.3. Abkommen über die Klassifikation von Marken 441
5. Internationale Übereinkommen auf dem Gebiet der Herkunftsangaben und Ursprungsbezeichnungen 442
   5.1. Schutz durch PVÜ und TRIPS 442
   5.2. Madrider Übereinkommen von 1891 betreffend das Verbot falscher Herkunftsangaben auf Waren 442
   5.3. Internationales Abkommen von 1951 über den Gebrauch der Ursprungsbezeichnungen und Benennungen für Käse (Stresa) 442
6. Internationale Übereinkommen auf dem Gebiet des Urheberrechtes und der verwandten Schutzrechte 442
   6.1. Berner Übereinkunft von 1886 zum Schutz der Werke der Literatur und Kunst (BÜ) 443
   6.2. Welturheberrechtsabkommen von 1952 (WUA) 443

	6.3.	Internationales Abkommen von 1961 zum Schutz der ausübenden Künstler, der Hersteller von Tonträgern und der Sendeunternehmen (Abkommen von Rom, AR) 444
	6.4.	Übereinkommen von 1971 von Genf zum Schutz der Hersteller von Tonträgern gegen unerlaubte Vervielfältigungen ihrer Tonträger (GÜ) 444
	6.5.	Das Brüsseler Übereinkommen von 1974 über die Verbreitung der durch Satelliten übertragenen programmtragenden Signale (BrüÜ) .. 445
	6.6.	Das WIPO copyright Treaty von 1996 (WCT) 445
	6.7.	Das WIPO Performances and Phonograms Treaty von 1996 (WPPT) 446
7.		Haager Abkommen von 1925 betreffend die internationale Hinterlegung der gewerblichen Muster und Modelle (HA) 446
8.		Übereinkommen zum Schutz von Pflanzenzüchtungen 446

Abkürzungsverzeichnis 447

Bibliographie 451
Immaterialgüterrecht allgemein 451
Designrecht 455
Internetrecht 456
Markenrecht 457
Patentrecht 463
Urheberrecht 467
Unlauterer Wettbewerb 475

Sachverzeichnis 481

Erster Teil
Allgemeines

1. Kapitel
Rechtsquellen

§ 1 Gesetzessystematik

Das Immaterialgüterrecht umfasst das Patentrecht, das Recht der Topographien von Halbleitererzeugnissen, das Recht der Marken und Unternehmenskennzeichen (Marke, Ausstattung, Firma), das Designrecht (Muster und Modelle) und das Urheberrecht, das auch Bestimmungen über den Schutz gewisser technischer Geistesschöpfungen (z.B. Computerprogramme) enthält. Wir werden des Weiteren auch die Bestimmungen gegen den unlauteren Wettbewerb behandeln.

Im Urheber-, Patent- und Designrecht sowie im Recht der Computerprogramme geht es um Geistesschöpfungen. Zudem unterstehen das Geschäftsgeheimnis, das Fabrikationsgeheimnis und weitere wirtschaftliche Leistungen dem Schutz der Bestimmungen gegen den unlauteren Wettbewerb.

Ohne notwendigerweise Geistesschöpfungen zu sein, gehören die Unternehmenskennzeichen auch zu den Immaterialgütern, d.h. sie sind ebenfalls geistige Objekte. Erfindungen, Unternehmenskennzeichen und Warenzeichen, Muster und Modelle, Computerprogramme sowie Werke der Literatur und Kunst werden im wirtschaftlichen Wettbewerb eingesetzt.

Alle diese Bereiche können als Kreise verstanden werden, welche sich zum Teil überschneiden und ausgedehnte gemeinsame Sektoren aufweisen, ohne sich aber ganz zu decken. Diese Gemeinsamkeiten würden ein einziges Gesetz rechtfertigen, welches den jeweiligen Eigenheiten Rechnung trägt.

In der Vergangenheit haben die meisten nationalen Gesetzgeber – soweit sie in diesem Gebiet Gesetze geschaffen haben – eine Unterteilung in Patentrecht, Markenrecht, Recht der Muster und Modelle (neuerdings Designrecht genannt), Bestimmungen gegen den unlauteren Wettbewerb und Urheberrecht vorgenommen. Neuerdings werden jedoch auch Gesetze erlassen, welche den gesamten Bereich des Immaterialgüterrechts decken. Anlässlich des Erlasses der neuen Gesetze hat sich auch der Schweizer Gesetzgeber bemüht, die Bestimmungen der verschiedenen Gesetze in Einklang zu bringen.

In den internationalen Übereinkommen, insbesondere in der Pariser Verbandsübereinkunft, wurden die verschiedenen Bereiche des gewerblichen Eigentums (Patente, Marken, Muster und Modelle und unlauterer Wettbewerb) zusammengefasst.

Um dem Leser und der Leserin einen Überblick zu verschaffen, befasst sich das vorliegende Lehrbuch vorerst mit den Gemeinsamkeiten aller Bereiche des geistigen Eigentums und zeigt dann anhand der Systematik jedes Gesetzes die Eigenheiten der einzelnen Gebiete auf.

Wenn Studenten, Praktiker oder Gelehrte, die sich mit dem Immaterialgüterrecht befassen, dessen grundsätzliche Einheit im Auge behalten, wird es ihnen leichter fallen, die Verbindung mit den anderen Teilen der Rechtsordnung herzustellen.

§ 2 Gesetze und Staatsverträge

1. Schweizerische nationale Gesetze und Verordnungen
1.1. Bundesgesetz vom 9. Oktober 1992 über das Urheberrecht und verwandte Schutzrechte (Urheberrechtsgesetz, URG) (SR 231.1).
1.2. Verordnung vom 26. April 1993 über das Urheberrecht und verwandte Schutzrechte (Urheberrechtsverordnung, URV) (SR 231. 11).
1.3. Bundesgesetz vom 28. August 1992 über den Schutz von Marken und Herkunftsangaben (Markenschutzgesetz, MSchG) (SR 232.11).
1.4. Markenschutzverordnung vom 23. Dezember 1992 (MSchV) (SR 323 111), geändert am 17. September 1997.
1.5. Verordnung vom 26. April 1993 über die vollständige Inkraftsetzung des Markenschutzgesetzes (SR 232 110).
1.6. Verordnung vom 23. Dezember 1971 und vom 1. Mai 1995 über die Benutzung des Schweizer Namens für Uhren (SR 231 119).
1.7. Verordnung vom 28. Mai 1997 über den Schutz von Ursprungsbezeichnungen und geographischen Angaben für landwirtschaftliche Erzeugnisse und verarbeitete landwirtschaftliche Erzeugnisse (SR 910.12).
1.8. Bundesbeschluss vom 19. Juni 1992 über den Rebbau (SR 916 140.1).
1.9. Bundesgesetz vom 5. Juni 1931 zum Schutz öffentlicher Wappen und anderer öffentlicher Zeichen (SR 232.21).
1.10. Vollzugsverordnung des Gesetzes vom 5. Juni 1931 zum Schutz der öffentlichen Wappen und anderer öffentlicher Zeichen (SR 232211).
1.11. Bundesgesetz vom 25. März 1954 betreffend den Schutz des Zeichens und des Namens des Roten Kreuzes (SR 232.22).
1.12. Bundesgesetz vom 15. Dezember 1961 zum Schutz von Namen und Zeichen der Organisation der Vereinten Nationen und anderer zwischenstaatlicher Organisationen (SR 232.23).
1.13. Bundesgesetz vom 5. Oktober 2001 über den Schutz von Design (Designgesetz, DesG).
1.14. Verordnung vom 8. März 2002 über den Schutz von Design (Designverordnung, DesV).
1.15. Bundesgesetz vom 25. Juni 1954 über die Erfindungspatente (Patentgesetz, PatG) (SR 232.14).

1.16. Verordnung vom 19. Oktober 1977 über die Erfindungspatente (Patentverordnung, PatV) (SR 232 141).
1.17. Bundesgesetz vom 9. Oktober 1992 über den Schutz von Topographien von Halbleitererzeugnissen (Topographiegesetz, ToG) (SR 231.2).
1.18. Verordnung vom 26. April 1993 über den Schutz von Topographien von Halbleitererzeugnissen (Topographieverordnung, ToV) (SR 231.21).
1.19. Verordnung vom 1. Januar 1998 über die Gebühren des Eidgenössischen Instituts für Geistiges Eigentum (IGE-GebV); (SR 232 148).
1.20. Bundesgesetz vom 20. März 1975 über den Schutz von Pflanzenzüchtungen (Sortenschutzgesetz) (SR 232.16).
1.21. Sortenschutzverordnung vom 11. Mai 1977 (SR 232 161).
1.22. Bundesgesetz vom 10. Dezember 1986 gegen den unlauteren Wettbewerb (UWG) (SR 241).
1.23. Verordnung vom 11. Dezember 1978 über die Bekanntgabe von Preisen (Preisbekanntgabeverordnung, PBV) (SR 942 211).
1.24. Verordnung vom 17. Februar 1993 über das Klagerecht des Bundes im Rahmen des Bundesgesetzes gegen den unlauteren Wettbewerb (SR 241.3).
1.25. Bundesgesetz vom 6. Oktober 1990 über die Information der Konsumentinnen und Konsumenten (Konsumenteninformationsgesetz, KIG) (SR 944.0).
1.26. Verordnung vom 14. Dezember 1987 über die Streitwertgrenze in Verfahren des Konsumentenschutzes und des unlauteren Wettbewerbs (SR 944.8).

2. Internationale Übereinkommen
2.1. Allgemeine Übereinkommen
2.1.1. Übereinkommen vom 14. Juli 1967 zur Errichtung der Weltorganisation für geistiges Eigentum (OMPI) (SR 0230).
2.1.2. Pariser Verbandsübereinkunft zum Schutze des gewerblichen Eigentums, revidiert in Brüssel am 14. Dezember 1900, in Washington am 2. Juni 1911, in Den Haag am 6. November 1925, in London am 2. Juni 1934, in Lissabon am 31. Oktober 1958 und in Stockholm am 14. Juli 1967 (PVÜ) (SR 0232.01–0232.04).
2.1.3. GATT-Abkommen vom 15. April 1994 über die handelsbezogenen Aspekte des geistigen Eigentums (TRIPS).
2.2. Erfindungspatente
2.2.1. Vertrag vom 19. Juni 1970 über die internationale Zusammenarbeit auf dem Gebiet des Patentwesens (PCT) (SR 0 232 141.1).
2.2.2. Übereinkommen vom 27. November 1963 zur Vereinheitlichung gewisser Begriffe des materiellen Rechts der Erfindungspatente (Strassburger Übereinkommen, CEUB) (SR 0 232 142.1).
2.2.3. Übereinkommen vom 5. Oktober 1973 über die Erteilung Europäischer Patente (Europäisches Patentübereinkommen, EPÜ) (SR 0 232 142.2).
2.2.4. Strassburger Abkommen vom 24. März 1971 über die internationale Klassifikation der Erfindungspatente (IPC) (SR 0 232 143.1), revidiert in den Jahren 1979 und 1982.

2.2.5. Budapester Vertrag vom 28. April 1977 über die internationale Anerkennung der Hinterlegung von Mikroorganismen für die Zwecke von Patentverfahren (SR 0 232 145.1).
2.2.6. Ausführungsverordnung vom 19. Juni 1970 zum Vertrag über die internationale Zusammenarbeit auf dem Gebiet des Patentwesens (SR 0 232 141.11).
2.2.7. Ausführungsverordnung vom 5. Oktober 1973 zum Übereinkommen über die Erteilung europäischer Patente (SR 0 232 142.21).
2.3. Pflanzenzüchtungen
Internationales Übereinkommen vom 2. Dezember 1961 zum Schutz von Pflanzenzüchtungen, revidiert in Genf am 10. November 1962, am 23. Oktober 1978 und am 19. März 1991 (SR 0 232 162).
2.4. Gewerbliche Muster und Modelle
2.4.1. Haager Abkommen vom 6. November 1925 betreffend die internationale Hinterlegung der gewerblichen Muster und Modelle, revidiert in London am 2. Juni 1934 und in Den Haag am 28. November 1960 (SR 0 232 121.1 und 0 232 121.2).
2.4.2. Zusatzvereinbarung von Monaco vom 18. November 1961 und Stockholmer Ergänzungsvereinbarung vom 14. Juli 1967 (SR 0 232 121.11 und 0 232 121.12).
2.4.3. Zusatzvereinbarung von Genf vom 6. Juli 1999.
2.4.4. Abkommen von Locarno vom 8. Oktober 1968 zur Errichtung einer internationalen Klassifikation für gewerbliche Muster und Modelle, revidiert in den Jahren 1979 und 1981 (SR 0 232 121.3).
2.4.5. Ausführungsverordnung vom 1. Oktober 1985 zum Haager Abkommen über die internationale Hinterlegung gewerblicher Muster und Modelle (SR 0 232 121.14).
2.5. Fabrik- und Handelsmarken
2.5.1. Madrider Abkommen vom 14. April 1891 über die internationale Registrierung von Marken, revidiert in Brüssel am 14. Dezember 1900, in Washington am 2. Juni 1911, in Den Haag am 6. November 1925, in London am 2. Juni 1934, in Nizza am 15. Juni 1957 und in Stockholm am 14. Juli 1967 (Madrider Abkommen) (SR 0 232 112.2 und 0 232 112.3).
2.5.2. Ausführungsordnung vom 22. April 1988 zum Madrider Abkommen über die internationale Registrierung von Marken.
2.5.3. Protokoll vom 27. Juni 1989 zum Madrider Abkommen über die internationale Registrierung von Marken.
2.5.4. Abkommen von Nizza vom 15. Juni 1957 über die internationale Klassifikation von Waren und Dienstleistungen für die Eintragung von Marken, revidiert in Stockholm am 14. Juli 1967, in Genf am 13. Mai 1977, in den Jahren 1979 und 1982 (SR 0 232 112.8 und 0 232 112.9).
2.5.5. Wiener Abkommen vom 12. Juni 1973 zur Errichtung einer internationalen Klassifikation der Bildelemente von Marken, geändert im Jahr 1985 (die Schweiz ist nicht Vertragsstaat dieses Abkommens).
2.5.6. Vertrag von Nairobi vom 26. September 1981 über den Schutz des olympischen Symbols (die Schweiz ist nicht Vertragsstaat).

2.5.7. Markenrechtsvertrag vom 27. Oktober 1994 (mit Ausführungsordnung, SR 0232112.1).
2.5.8. Gemeinsame Ausführungsordnung vom 18. Januar 1996 zum Madrider Abkommen über die internationale Registrierung von Marken und zum Protokoll zu diesem Abkommen (SR 0232112.21).
2.6. Herkunftsangaben
2.6.1. Madrider Übereinkommen vom 14. April 1891 betreffend das Verbot falscher Herkunftsangaben auf Waren, revidiert in Washington am 2. Juni 1911, in Den Haag am 6. November 1925, in London am 2. Juni 1934, in Lissabon am 31. Oktober 1958, ergänzt durch eine Zusatzvereinbarung vom 14. Juli 1967 (SR 0232111.12–0232111131).
2.6.2. Internationales Abkommen vom 1. Juni/18. Juni 1951 (Stresa und Den Haag) über den Gebrauch der Ursprungsbezeichnungen und Benennungen für Käse (SR 0817142.1).
2.7. Urheberrecht
2.7.1. Berner Übereinkunft vom 9. September 1886 zum Schutze von Werken der Literatur und Kunst, ergänzt in Paris am 4. Mai 1896, revidiert in Berlin am 13. November 1908, ergänzt in Bern am 20. März 1914, revidiert in Rom am 2. Juni 1928, in Brüssel am 26. Juni 1948, in Stockholm am 14. Juli 1967 und in Paris am 24. Juli 1971 (RBÜ) (SR 0231.11–0231.14).
2.7.2. Welturheberrechtsabkommen vom 6. September 1952, revidiert in Paris am 24. Juli 1971 (WUA) (SR 0231.0).
2.7.3. Europäisches Übereinkommen vom 22. Januar 1965 zur Verhütung von Rundfunksendungen von Stationen ausserhalb nationaler Hoheitsgebiete (SR 0784404).
2.7.4. Internationales Abkommen von Rom vom 26. Oktober 1961 über den Schutz der ausübenden Künstler, der Hersteller von Tonträgern und der Sendeunternehmen.
2.7.5. Übereinkommen von Genf vom 29. Oktober 1971 zum Schutz der Hersteller von Tonträgern gegen unerlaubte Vervielfältigungen ihrer Tonträger.
2.7.6. Übereinkommen von Brüssel vom 21. Mai 1974 über die Verbreitung der durch Satelliten übertragenen programmtragenden Signale.
2.7.7. Europäisches Übereinkommen vom 5. Mai 1989 über das grenzüberschreitende Fernsehen.

3. Bilaterale Abkommen
3.1. Übereinkommen vom 13. April 1892 zwischen der Schweiz und Deutschland betreffend den gegenseitigen Patent-, Muster- und Markenschutz; Abkommen vom 26. Mai 1902 zwischen der Schweiz und dem Deutschen Reich über die Abänderung des Übereinkommens vom 13. April 1892 betreffend den gegenseitigen Patent-, Muster- und Markenschutz (SR 0232149136).
3.2. BRB vom 28. Januar 1908 über die Anwendung des Bundesgesetzes über Erfindungspatente (Gegenrecht mit den Vereinigten Staaten von Amerika betreffend Löschung von Patenten).

3.3. BRB vom 26. September 1924 betreffend Gegenrecht zwischen der Schweiz und den Vereinigten Staaten von Amerika über das Urheberrecht an Werken der Literatur und Kunst (SR 231.5).
3.4. Vertrag vom 29. März 1923 zwischen der Schweiz und Liechtenstein über den Anschluss des Fürstentums Liechtenstein an das schweizerische Zollgebiet.
3.5. Vertrag vom 22. Dezember 1978 zwischen der Schweizerischen Eidgenossenschaft und dem Fürstentum Liechtenstein über den Schutz der Erfindungspatente (Patentschutzvertrag) (SR 0 232 149 514).
3.6. Vertrag vom 7. März 1967 zwischen der Schweizerischen Eidgenossenschaft und der Bundesrepublik Deutschland über den Schutz der Herkunftsangaben und anderer geografischer Bezeichnungen (SR 0 232 111 191.36).
3.7. Handels- und Zahlungsabkommen vom 25. November 1957 zwischen der Schweizerischen Eidgenossenschaft und der Republik Argentinien, Art. 2.
3.8. Abkommen vom 23. November 1972 über den Wirtschaftsverkehr zwischen der Schweizerischen Eidgenossenschaft und der Volksrepublik Bulgarien, Art. 5 Abs. 3.
3.9. Handelsabkommen vom 2. September 1950 zwischen der Schweizerischen Eidgenossenschaft und den Vereinigten Staaten von Mexiko.
3.10. Erklärung vom 6. November 1880 zwischen der Schweizerischen Eidgenossenschaft und Grossbritannien zum gegenseitigen Schutz der Fabrik- und Handelsmarken.
3.11. Vertrag vom 16. November 1973 zwischen der Schweizerischen Eidgenossenschaft und der Sozialistischen Tschechischen Republik über den Schutz der Herkunftsangaben, der Ursprungsbezeichnungen und anderer geographischer Bezeichnungen.
3.12. Vertrag vom 9. April 1974 zwischen der Schweizerischen Eidgenossenschaft und dem Staat Spanien über den Schutz der Herkunftsangaben, der Ursprungsbezeichnungen und ähnlicher Bezeichnungen.

2. Kapitel
Geschichtlicher Überblick

§ 3 Ausländische und internationale Entwicklung des Immaterialgüterrechts

1. Nationale Rechte

In der Antike und im Mittelalter wurden bedeutende technische Ideen entwickelt. Es gibt aber keine Anhaltspunkte dafür, dass die Schöpfer dieser Ideen deren Benutzung durch Dritte verbieten konnten.

Die Schöpfer von literarischen, musikalischen und künstlerischen Werken mussten somit die Wiedergabe und Verbreitung ihrer Werke widerspruchslos hinnehmen. Griechischen und römische Quellen ist jedoch zu entnehmen, dass sich die Urheber gegen die Verstümmelung ihrer Werke oder die Anmassung der Urheberschaft (Plagiat) wehren konnten.

Als zu Beginn der Neuzeit die Serienherstellung (Weberei, Buchdruck) technisch möglich wurde, wandten sich die Schöpfer von technischen Ideen oder literarischen und künstlerischen Werken an die Behörden und verlangten den Schutz vor Plagiaten. Zur gleichen Zeit waren sie, aufgrund des Zunftsystems, gezwungen, um die Bewilligung zur Auswertung ihrer Leistungen zu ersuchen. Solchen Gesuchen wurde zuerst in England (1331), dann in Mailand, Venedig und schliesslich in allen Teilen des heutigen Europa stattgegeben. Schutz und Benutzungsbewilligung wurden dem Erfinder, Urheber oder Drucker für eine technische Idee oder ein bestimmtes Werk und für bestimmte Dauer als Privileg gewährt. In der Liste der Gesuchsteller finden sich berühmte Namen wie Ariost, Dürer, Galilei, Rabelais und Tizian.

Im Jahr 1474 wurde in Venedig das erste Patentgesetz erlassen; es gewährte allen Personen, welche eine neue erfinderische Vorrichtung ausgearbeitet hatten, das Recht, Dritten die Benutzung der gleichen oder einer ähnlichen Vorrichtung während zehn Jahren seit dem Zeitpunkt zu verbieten, in welchem die Erfindung nutzbar geworden war. Die wesentlichen Bestandteile der heute geltenden Bestimmungen über die Patente sind in diesem Gesetz schon enthalten; es sah sogar eine einfache Form der Patentanmeldung und Patentprüfung sowie die Androhung von Schadenersatzforderungen und Zerstörung des rechtswidrig hergestellten Gegenstandes vor. Im englischen «Statute of Monopolies» von 1624 wurde der Schutz neuer Erzeugnisse oder Herstellungsverfahren für eine Dauer von vierzehn Jahren geregelt. Dann folgten im Jahr 1790 Gesetze in den Vereinigten Staaten und in Frankreich; anschliessend wurden auch in den übrigen europäischen und in zahlreichen aussereuropäischen Staaten Patentgesetze erlassen.

1709 führte England die Gesetzgebung über das Urheberrecht ein, 1791 garantierte Frankreich den gesetzlichen Schutz des Urhebers und im 19. Jahrhundert folgten die übrigen europäischen und aussereuropäischen Länder.

In Frankreich wurde im 18. Jahrhundert der Schutz von Mustern und Modellen durch Verordnungen gewährleistet, welche Napoleon 1806 kodifizierte. Weitere europäische Länder mussten diesem Beispiel notgedrungen folgen.

Unternehmens- und Warenkennzeichen wurden seit der Antike verwendet und auf verschiedene Art und Weise gesetzlich geschützt. Marken- und Wettbewerbsrechte im heutigen Sinne entwickelten sich jedoch erst im 19. Jahrhundert.

Zu Ende des 19. und im 20. Jahrhundert erfolgte eine stetige Entwicklung der Rechte am geistigen Eigentum im Sinne von Patent, Fabrik- und Handelsmarke, Muster und Modell sowie Urheberrecht. Von Dienstleistungsmarke spricht man seit Mitte des 20. Jahrhunderts, als Folge der Entwicklung des tertiären Wirtschaftssektors. Ende des 20. Jahrhunderts wurden auch Pflanzenzüchtungen gesetzlich geschützt und ihr Schutz dem Immaterialgüterrecht zugeordnet.

Die Rechte derjenigen Personen, welche die geistigen Schöpfungen wahrnehmbar machen (ausübende Künstler, Hersteller von Ton- und Tonbildträgern, Sendeunternehmen), werden durch die sogenannten «Nachbarrechte» geschützt.

Seit den achtziger Jahren entstanden in Berücksichtigung der wachsenden Bedeutung der Elektronikindustrie zwei neue Kategorien von Immaterialgütern, nämlich jene der Computerprogramme und der Topographien von Halbleitererzeugnissen.

2. Internationale Abkommen

Immaterialgüter und Wettbewerb gehören zu den wesentlichen Bestandteilen zahlreicher internationaler wirtschaftlicher Transaktionen. Wer eine Erfindung gemacht hat, möchte diese in möglichst vielen Ländern als geschütztes Gut benützen können. Dies gilt auch für Urheber von literarischen und künstlerischen Werken, für Schöpfer von Mustern, Modellen oder Software. Firmen, Handelsnamen und Marken verbinden auf dem Markt gehandelte Waren oder angebotene und irgendwo erbrachte Dienstleistungen mit einem bestimmten Unternehmen in einem bestimmten Land. Dieses Unternehmen will die Kontrolle über solche Waren und Dienstleistungen behalten und gleichzeitig deren wirtschaftlichen Wert nutzen können.

Einflussbereich und Verbreitungsradius der Immaterialgüter, d.h. ihre potentielle geographische Ubiquität (gleichzeitige weltweite Präsenz) kennt keine Grenzen und wird allenfalls nur durch das Gesetz von Angebot und Nachfrage beschränkt.

In der zweiten Hälfte des 19. Jahrhunderts beschlossen die interessierten Kreise (Industrie, Grosshandel, Urheberverbände und Spezialisten des Immaterialgüterrechts) an Fachkongressen, sich in Staatsverträgen gegenseitig zu verpflichten. Solche Verträge sollten von möglichst vielen Staaten unterzeichnet werden, so dass die Angehörigen eines Mitgliedstaates in allen anderen Vertragsstaaten den gleichen Schutz ihrer Immaterialgüter geniessen konnten wie die Angehörigen jedes einzelnen Staates aufgrund dessen nationaler Gesetze; ein gleicher Schutz sollte auch gegen den unlauteren Wettbewerb bestehen (Grundsatz der Gleichbehandlung oder Assimilation von Inländern und Ausländern). Gleichzeitig wurde versucht, durch Konventionsbestimmungen das Immaterialgüterrecht zu vereinheitlichen.

Im Jahr 1883 unterzeichneten elf europäische und lateinamerikanische Staaten in Paris die Pariser Verbandsübereinkunft zum Schutz des gewerblichen Eigentums (PVÜ). Im November 1999 gehörten ihr 156 Länder aus allen Teilen der Welt an. Im Rahmen der PVÜ wurden mehrere Abkommen über besondere Teilfragen geschlossen.

Im Jahr 1886 schufen sieben europäische Staaten und ein nordafrikanischer Staat in Bern die Berner Übereinkunft, welche mehrmals revidiert und ergänzt wurde (RBÜ). Im November 1999 gehörten ihr 140 Länder an.

Parallel zu diesen beiden multinationalen Verträgen, welche eine Vorreiterrolle spielten, kamen im Bereich des Immaterialgüterrechts pan- und interamerikanische multilaterale Abkommen zustande, welche allerdings eher unbedeutend sind.

Nach dem Zweiten Weltkrieg entstanden eine Reihe neuer Staatsverträge, insbesondere das Welturheberrechtsabkommen von 1952 (WUA), das Europäische Patentübereinkommen (EPÜ), der Vertrag von 1970 über die internationale Zusammenarbeit auf dem Gebiet des Patentwesens (PCT), das Internationale Übereinkommen von 1961 zum Schutz von Pflanzenzüchtungen, der Budapester Vertrag von 1977 über die internationale Anerkennung der Hinterlegung von Mikroorganismen für Zwecke der Patentverfahren, das Europäische Übereinkommen von 1965 zur Verhütung von Rundfunksendungen von Stationen ausserhalb nationaler Hoheitsgebiete.

Das Europäische Übereinkommen von 1989 über das grenzüberschreitende Fernsehen bezweckt in erster Linie eine Harmonisierung der Bestimmungen über die Fernsehwerbung und den Schutz der übrigen Medien (Presse, Radio, Kino).

Mit Inkrafttreten des neuen URG konnte die Schweiz zwei wichtige Abkommen unterzeichnen, nämlich das Internationale Abkommen von Rom von 1961 über den Schutz der ausübenden Künstler, der Hersteller von Tonträgern und der Sendeunternehmen, sowie das Genfer Übereinkommen von 1971 zum Schutz der Hersteller von Tonträgern gegen unerlaubte Vervielfältigung ihrer Tonträger.

1961 wurde das Internationale Übereinkommen zum Schutz von Pflanzenzüchtungen (UPOV) geschaffen.

Der andauernde Erfolg des europäischen Patentes und neuerdings auch, allerdings in etwas geringerem Masse, der Gemeinschaftsmarke zeugen von einer Annäherung der nationalen Gesetzgebungen. Man stellt erfreut fest, dass die Internationalisierung der Märkte Gesetzgeber und Gerichte beeinflusst und dass die wirtschaftliche Vernetzung zu einer mehr oder weniger einheitlichen Auslegung der Patentgesetze führt (wozu allerdings zu bemerken ist, dass die jahrelangen Verhandlungen betreffend ein europäisches Gemeinschaftspatent noch zu keiner Vereinbarung geführt haben.

Die Annäherung der nationalen Gesetzgebungen über die Immaterialgüter wird noch verstärkt durch die Anwendung des TRIPS-Abkommens (GATT-Abkommen über die handelsbezogenen Aspekte des geistigen Eigentums, einschliesslich des Handels mit Fälschungen), dem Ende 2003 148 Staaten beigetreten waren.

Unabhängig von der Frage eines allfälligen Beitritts zur EU muss sich die Schweiz selbstverständlich nach den neuen «europäischen Rechten» richten. Auch wenn der Entscheid über eine politische Integration in die EU noch offen bleiben kann, ist die gegenseitige Abhängigkeit der Schweiz und der übrigen europäischen Länder in Handel, Industrie, Finanzen und anderen Diensten eine Tatsache. Die Schweiz kann sich den neuen wirtschaftlichen Tendenzen und modernen Grundsätzen, welche im europäischen Raum Rechtsprechung und Gesetzgebung beherrschen, nicht verschliessen.

§ 4 Entstehung und Entwicklung des schweizerischen Immaterialgüterrechts

Im Jahr 1531 schützte Basel die Herausgeber während drei Jahren gegen das Kopieren ihrer Bücher.

Im Übrigen waren jedoch die geistigen Schöpfungen in weiten Teilen der Schweiz nicht geschützt. Erst der ausländische Einfluss führte schliesslich gegen Ende des 19. Jahrhundert dazu, dass die Schweizer Schöpfer zu ihrem Recht kamen.

Immerhin ist zu erwähnen, dass einzelne Schweizer Kantone seit 1534 Privilegien bezüglich technischer Neuerungen und Verbesserungen und seit 1659 Privilegien gewährten, welche das Kopieren von Büchern und Musikalien untersagten.

Im Jahr 1799 wurde in der Helvetischen Republik ein Patentgesetz nach französischem Vorbild erlassen; es blieb bis 1802 in Kraft. Im Jahr 1827 übernahm Genf die französische Regelung des Urheberrechtes; 1835 erliess das Tessin ein Patent- und Urheberrechtsgesetz. Basel nahm 1837 einige Bestimmungen über Immaterialgüter in sein Strafrecht, Solothurn 1847 in sein Privatrecht auf. Der Thurgau sah in seiner Verfassung von 1869 vor, dass der Kanton im Rahmen seiner Kompetenzen den Schutz des literarischen, künstlerischen und gewerblichen Eigentums garantiert. Zwölf Kantone und ein Halbkanton schlossen 1854 ein Konkordat über den Schutz des literarischen und künstlerischen Eigentums. Obgleich die Schweiz

1864 mit Frankreich einen Vertrag über den Schutz der literarischen und künstlerischen Werke, der Muster und der Fabrik- und Handelsmarken schloss und diesem Vertrag bis 1869 weitere Abkommen mit mehreren Staaten folgten (der Schutz der Erfindung wurde wegen starker Opposition der interessierten Kreise nicht einbezogen), erhielt der Bund erst 1874 die Gesetzgebungskompetenz im Bereich des Urheber- und des Markenrechtes. Das Urheberrechtsgesetz trat 1874, das Markengesetz 1889 in Kraft. 1887 erhielt der Bund die Gesetzgebungskompetenz im Bereich des Schutzes von Erfindungen, Mustern und Modellen. Diese Kompetenzzuweisung war, wegen des Beitritts der Schweiz zur Pariser Verbandsübereinkunft (PVÜ), höchst dringlich geworden, da sich die Schweiz damit verpflichtet hatte, den Angehörigen der übrigen Mitgliedstaaten einen solchen Schutz zu gewähren. Das erste Patentgesetz trat 1888, dasjenige über Muster und Modelle 1889 in Kraft.

Dem ersten Patentgesetz folgten diejenigen von 1907, 1954 (revidiert 1978) und 1995.

Die Revision des Patentgesetzes ist weit fortgeschritten und sollte bald zur Abstimmung gelangen. Die Neuerungen betreffen die Ratifizierung von drei internationalen Übereinkommen auf dem Gebiet des Patentrechts, Exportlizenzen für patentgeschützte Arzneimittel, Massnahmen zur Bekämpfung von Fälschung und Piraterie, den Schutz biotechnologischer Erfindungen, sowie die Regelung des Standes der Patentanwälte und die Schaffung eines Bundespatentgerichts.

Das Muster- und Modellgesetz wurde 1900 revidiert, und die interessierten Kreise lebten während 100 Jahren gut mit diesem Gesetz; am 1. Juli 2002 trat ein neues Gesetz über das Design in Kraft, das, ausser der Namensänderung im Titel, nicht viel wesentlich Neues gebracht hat.

Die Arbeiten zur Revision des Marken- und des Urheberrechtsgesetzes dauerten über zwanzig Jahre.

Das Bundesamt für geistiges Eigentum hatte schon 1968 den ersten Vorentwurf eines neuen Markenschutzgesetzes vorbereitet. Weitere Entwürfe folgten und schliesslich gelang einer Expertenkommission der Entwurf eines Markenschutzgesetzes (MSchG) vom 15. August 1988, der Entwurf zu einem neuen Gesetz führte, welches am 1. April 1993 in Kraft trat.

Im Bereich des Urheberrechtes wurde 1963 eine erste Expertenkommission mit der Ausarbeitung des Entwurfes eines neuen Urheberrechtsgesetzes beauftragt; nach mehreren fruchtlosen Versuchen erarbeitete eine neue Expertenkommission (EK III) einen Entwurf; dieser wurde Gegenstand der Botschaft des Bundesrates vom 19. Juni 1989 zu einem Bundesgesetz über das Urheberrecht und verwandte Schutzrechte (Urheberrechtsgesetz, URG), zu einem Bundesgesetz über den Schutz von Topographien von integrierten Schaltungen (Topographiegesetz, ToG) sowie zu einem Bundesbeschluss über verschiedene völkerrechtliche Verträge auf dem Gebiet des Urheberrechts und der verwandten Schutzrechte. Die neuen Gesetze traten am 1. Juli 1993 in Kraft.

Am 20. März 1987 trat in der Schweiz das Bundesgesetz über den Schutz von Pflanzenzüchtungen, allgemein als Sortenschutzgesetz bezeichnet, in Kraft. Obwohl die Gesetzessystematik dieses Gesetz dem Immaterialgüterrecht zuordnet, wird es nicht vom IGE verwaltet, sondern vom Büro für Sortenschutz des BLW.

Der unlautere Wettbewerb wurde von den Kantonen mittels Strafrechtsbestimmungen geahndet. Das OR behandelte ihn in Art. 48 in einer Generalklausel, welche eine anerkannte Rechtsprechung schon aufgrund des aOR Art. 50 präzisiert hatte.

Im Jahr 1945 wurde diese zu kurz gefasste Generalklausel durch ein erstes Gesetz über den unlauteren Wettbewerb ersetzt. 1986 entstand ein neues Gesetz gegen den unlauteren Wettbewerb, welches am 1. März 1988 in Kraft trat.

Zudem regelt das Gesetz über das Internationale Privatrecht (in Kraft seit dem 1. Januar 1989, IPRG) die Frage des auf internationale Immaterialgüterrechtsverhältnisse anwendbare Recht (vgl. hinten, § 72).

3. Kapitel
Allgemeine dogmatische Betrachtungen

§ 5 Stellung der Immaterialgüter im Privatrechtssystem

1. Immaterialgüter als Rechtsobjekte

1.1. Definition der Immaterialgüter

Die Rechtsträger (Rechtssubjekte) und die Sachen und Leistungen (Rechtsobjekte) sind die konstituierenden Bestandteile der Rechtsordnung.

Die Rechtsobjekte des Immaterialgüterrechts unterscheiden sich von anderen Rechtsobjekten in erster Linie dadurch, dass sie geistige Sachen sind. Diese Eigenheit beeinflusst das gesamte Immaterialgüterrecht.

Bevor wir uns diesem Thema zuwenden, ist auf eine grundsätzlichen Frage des Immaterialgüterrechts einzugehen, über welche sowohl bei Juristen als auch bei Laien zu wenig Klarheit herrscht. Es geht um die Unterscheidung zwischen den Gütern im Allgemeinen und den Rechtsgütern.

Güter im Allgemeinen sind empirisch wahrnehmbare Objekte, welche der Mensch beherrschen oder sich aneignen will.

Als Rechtsgüter bezeichnet man Güter, an welchen man auf grund der Rechtsordnung Rechte erwerben kann. Als Rechtsobjekte bezeichnet man Leistungen, d.h. rechtlich relevante Handlungen der Rechtssubjekte sowie körperliche und unkörperliche Sachen, die durch die Rechtsordnung geschützt werden.

Die Rechtsordnung hat sich seit jeher mit den körperlichen Sachen befasst und sie als Rechtsobjekte anerkannt, indem sie entweder dem Einzelnen die Möglichkeit des Eigentums oder des (ausschliesslichen) Besitzes an ihnen zugestand oder diese Möglichkeit der Gemeinschaft vorbehielt.

Im Gegensatz zu den körperlichen wurden die unkörperlichen Sachen vom Recht vernachlässigt. Eng miteinander verwandte Rechte, beispielsweise die private und die berufliche Ehre, werden vom Recht nicht im gleichen Masse geschützt. Gegen die berufliche Ehre, deren höchster Grad der Ruhm ist, sind alle Angriffe möglich, soweit sie nicht aufgrund ihrer besonderen Natur als widerrechtliche Handlungen einzustufen sind.

Die meisten Immaterialgüter, mit welchen wir uns hier befassen, haben als Wort- oder Formschöpfungen und als technische Ideen das menschliche Dasein seit jeher bereichert und seit Jahrtausenden Leistungen und Waren gekennzeichnet. Ein Blick in die Geschichte zeigt aber, dass ihre Schöpfer keinen Schutz dafür zu erlangen vermochten: Solche Schöpfungen waren Güter, aber keine Rechtsgüter. Auch heute noch wird letztere Eigenschaft nur klar definierten Kategorien und nur für eine bestimmte Frist zugestanden.

Das Immaterialgüterrecht hat in erster Linie zu definieren, welche (künstlerischen, erfinderischen oder sonstwie schöpferischen) Leistungen und Zeichen (deren Eigenschaft als Gut feststeht, da sie von vielen benutzt und beansprucht werden) als Rechtsobjekte in allgemeinen Kategorien geschützt sind, nach Massgabe der Eigenheit jedes Objektes und aufgrund formeller und materieller gesetzlicher Erfordernisse.

Die rechtstheoretische Unterteilung der Immaterialgüter in nicht schützenswerte und in rechtlich relevante Güter ist für den Praktiker von unmittelbarem Interesse. Zudem muss er im Bereich der technischen Leistungen seinen Klienten unablässig erklären, warum die Patentierbarkeit ihrer Erfindungen fraglich ist. Auch wenn beispielsweise ein psychologischer Test, eine Vorkehrung zur Verkehrsregelung und eine wissenschaftlich bedeutende Entdeckung von beträchtlichem Wert und Interesse sind, kann ihnen der gesetzliche Schutz nicht gewährt werden, und dem Laien ist unverständlich, dass er zwar etwas Wertvolles geschaffen hat, dessen Nutzung durch jeden beliebigen Dritten aber tatenlos hinnehmen muss.

1.2. Die geistige Natur der Immaterialgüter

Als Schutzobjekte des Rechtes des gewerblichen Eigentums und des Urheberrechtes decken sich die Immaterialgüter nicht mit den «res incorporales» des römischen und des germanischen Rechtes. Unmittelbarer Hintergrund dieser «res incorporales» sind körperliche oder analoge Sachen, wie Geld oder gewisse Leistungen (beispielsweise die Arbeit), und sie verleihen Rechte an vorbestehenden körperlichen Sachen. Die «res incorporales», als abgekürztes Konzept oder als Rechtsausdruck, kamen somit nur aufgrund einer rechtlichen Abstraktion zu dieser Bezeichnung. Alle mit diesem Ausdruck bezeichneten Güter, von der persönlichen Dienstbarkeit bis zur Lehrtätigkeit eines Professors oder der Leitung eines Orchesters (sofern man diese Tätigkeiten als solche nimmt, unabhängig vom eigenständigen Wert der geistigen Schöpfung, auf der sie beruhen), unterstehen den Gesetzen der körperlichen Welt; sie sind örtlich und zeitlich begrenzt.

Der Ausdruck «Immaterialgüter» passt uneingeschränkt für literarische und musikalische Werke, Erfindungen, Topographien, Computerprogramme, Fabrikationsgeheimnisse, kaufmännische Geheimnisse und Kennzeichen. Sie alle sind geistiger Natur und konzeptionell und rechtstechnisch weder auf körperliche Sachen noch auf vorbestehende Leistungen bezogen. Auf die Eigenheiten dieser Kategorien wird weiter hinten, anlässlich der Besprechung der materiellen Grundlage des gesetzlichen Schutzes eingegangen. Ihnen allen gemeinsam ist die Schöpfung durch einen oder mehrere Menschen, die Neuheit (d.h. kein Vorbekanntsein) und die Unabhängigkeit von Zeit und Raum; das letztere Merkmal verschafft ihnen ihre potentielle Ubiquität.

Die geistige Natur der Immaterialgüter, welche unabhängig von ihrer körperlichen Fixierung und ihrer Benutzung besteht, verschafft ihnen eine besondere Stellung im Bereich der Herstellung und des Verkaufs von Gütern. Eine Erfindung kann in jedem Land als technische Regel zur unbegrenzten Herstellung einer Ware oder zur Ausübung einer Tätigkeit dienen. Ein literarisches oder künstlerisches Werk kann an verschiedenen Orten gleichzeitig aufgeführt werden. Die Verwendung eines Unternehmens- oder Warenkennzeichens wahrt und stärkt seine Hinweis- und Individualisierungsfähigkeit. Alle Immaterialgüter können Grundlage einer quantitativ, räumlich und zeitlich endlos wiederholten Benutzung sein. Sie sind deshalb wertvolle geistige Güter, welche ohne Substanz- oder Qualitätseinbusse überall, jederzeit und beliebig häufig mit Hilfe sinnlich wahrnehmbarer Zeichen oder Tätigkeiten wiedergegeben und benutzt werden können.

1.3. Immaterialgüter und Persönlichkeitsrecht

Die charakteristischen Merkmale eines literarischen und künstlerischen Werkes, einer Topographie, einer Erfindung, eines Modells werden von ihrem Urheber geschaffen. Durch die Schöpfung, welche eine höchstpersönliche Leistung darstellt, oder durch die Schaffung des Kennzeichens für ein Unternehmen oder eine Ware entstehen zwischen dem Urheber des Immaterialgutes und seiner Schöpfung engere persönliche Verknüpfungen als im Allgemeinen zwischen Eigentümer und den ihm gehörenden körperlichen Objekten.

Dennoch sind Immaterialgüter und die Person, welche sie geschaffen hat oder benutzt, voneinander losgelöst. Die Herrschaft wird über die geistige Sache als unabhängiges Objekt ausgeübt und hat nichts mit Eigenheiten oder Stand einer Person zu tun.

Die Regeln, die für die Persönlichkeitsrechte gelten, können nicht unbesehen auf die Immaterialgüterrechte angewandt werden.

Persönlichkeitsrechte (Recht auf Freiheit, Recht auf körperliche Unversehrtheit) können nicht oder nur in unbedeutendem Ausmasse übertragen werden; sie sind prinzipiell unverzichtbar (Recht auf Ehre, Recht auf Namen – wir sind gesetzlich zur Führung eines Namens verpflichtet). Immaterialgüter können dagegen abgetreten oder sonstwie übertragen werden (Lizenz, Arbeitsvertrag, Verkauf eines Immaterialgutes); man kann auch auf sie verzichten (z.B. durch Unterlassen der Erneuerung oder der Zahlung eines Jahresbeitrages); auch Legalzession ist möglich (Nachlass).

Im Zusammenhang mit dem Schutz der ideellen Interessen des Urhebers an seinem Werk (Recht auf Bezeichnung als Urheber, Verhinderung einer Veränderung, Zerstörung, Veröffentlichung usw.) sollte man nicht vom Schutz seiner Persönlichkeit sprechen (a. A. BGE 30. 5. 2001, 4C.38/2001).

Wir werden sehen, dass die ideellen Interessen des Urhebers häufig unlösbar mit seinen materiellen Interessen verbunden sind. Indem er die absolute Herrschaft über sein Werk ausübt und bestimmt, wann und wie dieses verwendet werden darf, verteidigt er beide Interessenkategorien.

2. Eigentum an Immaterialgütern (geistiges Eigentum im engeren Sinn)

Das Eigentum ist die absolute Verfügungsbefugnis über eine Sache im Rahmen der Rechtsordnung.

Immaterialgüter sind unkörperliche Sachen. Der Rechtsträger besitzt die Herrschaft über sie auf Grund der ausschliesslichen Rechte, welche ihm die Rechtsordnung zugesteht. Diese Art der Herrschaft richtet sich nach dem Wesen der Immaterialgüter und bezweckt die Wahrung der materiellen und geistigen Interessen des Rechtsträgers.

Die Gesetze über die Immaterialgüter verleihen dem Rechtsträger eine zeitlich und inhaltlich mehr oder weniger beschränkte Herrschaft über die unkörperliche Sache. In dieser Beschränkung liegt ein grundsätzlicher Unterschied zwischen materiellen und immateriellen Gütern.

Immaterialgüter werden durch den Geist geschaffen, sie sind geistiger Natur. Deshalb ist der Ausdruck «geistiges Eigentum» angebracht.

Der Eigentümer eines geistigen Gutes kann Dritten dessen Nutzung (auch gleichzeitig in mehreren Ländern) leichter zugänglich machen, als dies bei körperlichen Sachen der Fall ist. Das Eigentum an Immaterialgütern umfasst sowohl deren vermögensrechtlichen als auch deren persönlichen Aspekt. Beide Aspekte sind untrennbar miteinander verbunden und werden vom gleichen Recht geschützt.

3. Herrenlose Immaterialgüter

Die Immaterialgüter sind geistige Sachen. Sie stehen zu Beginn in einer besonders engen Verbindung zu ihrem Schöpfer.

Verschwindet der Eigentümer oder Inhaber eines Immaterialgutes ohne Hinterlassung von Erben oder anderen Nachfolgern, so wird dieses zu einer herrenlosen Sache.

Dies geschieht öfter als man annehmen mag. Man denke beispielsweise an eine Gesellschaft, welche Eigentümerin einer Marke oder eines Patentes ist und nach einem Konkurs verschwindet. Auch wenn die Eintragung der Marke oder des Patentes nach Verschwinden des Rechtsträgers nichtig wird, existiert das ihr zu Grunde liegende Immaterialgut, das Kennzeichen oder die Erfindung, weiterhin.

Oder man deute an einen nicht in der Schweiz wohnhaften Autor eines Romans, der in der Schweiz stirbt und weder Erben noch Testament hinterlässt. Wem gehört das in einem Manuskript materialisierte Werk, welches er einem Schweizer Herausgeber zur Prüfung überlassen hat? Oder der ausländische Ingenieur oder Architekt, ohne Wohnsitz in der Schweiz, welcher in der Schweiz ein Büro zur Ausarbeitung eines Brücken- oder Spitalprojektes eröffnet hat, und ohne Hinterlassung von Erben und Testament stirbt. Wem gehören die Rechte an diesen Projekten, wer darf sie benützen oder verändern?

In einem solchen Fall sind u.E. die Bestimmungen über den Erwerb einer herrenlosen Sache analog anwendbar. Herrenlose Immaterialgüter können durch Ersitzung erworben werden.

Erklärt der Mitarbeiter des Ingenieurs, er übernehme das Projekt und nehme es mit der Absicht in Besitz, dessen Eigentümer zu werden, so erwirbt er daran Eigentum. Was geschieht aber, wenn die Gemeinde, für welche das Projekt bestimmt war, dieses aus nicht rückzahlbaren Mitteln teilweise finanziert, aber keinen Werkvertrag abgeschlossen hat und nun erklärt, sie werde das Projekt mit eigenen Mitteln ausführen?

Wer ist Eigentümer des Manuskriptes, welches der verstorbene Autor drei Schweizer Freunden gesandt hatte mit der Bitte, es kritisch zu lesen, und jeder der drei Freunde erklärt nun, er werde das Manuskript gemäss Art. 718 ZGB in Besitz nehmen?

Handelt es sich um Ersitzung, wenn der Mitarbeiter das Architekturprojekt während fünf Jahren in einer Schublade aufbewahrt und anschliessend vorlegt?

4. Unerlaubte Handlungen

Das Immaterialgüterrecht besitzt ein eigenes System der unerlaubten Handlungen und der Bestimmungen über ihre Verhütung und die Wiedergutmachung ihrer Folgen. Gestützt auf das Obligationenrecht, aber unter Berücksichtigung der verschiedenen Immaterialgüter haben Rechtsprechung und Lehre besondere Regeln entwickelt. Sie betreffen die Haftung aus Geschäftsführung ohne Auftrag im Bereich der rechtswidrigen Benutzung von literarischen, musikalischen und künstlerischen Werken, von Mustern, Modellen und patentierten Erfindungen, nicht aber von Geheimnissen oder Kennzeichen. Zusätzlich zu den zivilrechtlichen Vorschriften besteht ein allgemeiner strafrechtlicher Schutz.

Der zivil- und strafrechtliche Schutz der Immaterialgüter und der Schutz gegen den unlauteren Wettbewerb sind in hohem Masse unabhängig vom ordentlichen Zivil- und Strafrecht. Diese Autonomie des Immaterialgüterrechts hat zu unerwünschten Abweichungen von den Vorschriften des ordentlichen Obligationen- und Strafrechtes sowie zu Unterschieden in den verschiedenen Bereichen des Immaterialgüterrechts geführt, besonders auch in Bezug auf die Verjährung. Der

Schweizer Gesetzgeber bemüht sich, diese Mängel zu beheben. UWG, PatG, MSchG und URG richten sich nach den deliktrechtlichen Bestimmungen des OR aus und vereinheitlichen diese im Bereich des Immaterialgüterrechts.

Im System des Schutzes der Immaterialgüter muss zwischen der Beeinträchtigung der Immaterialgüter als solcher und den Delikten des unlauteren Wettbewerbes unterschieden werden. Die Letzteren sind keine Verletzungen der subjektiven Rechte, sondern sittenwidrige Handlungen in Form von unlauterem Vorgehen.

§ 6 Als Rechtsobjekt anerkannte Immaterialgüter

1. Allgemeine Betrachtungen

Das Recht wählt aus einem grösseren Kreis ähnlicher Erscheinungen diejenigen Immaterialgüter aus, welche als Rechtsobjekte anerkannt werden, und zwar nur innerhalb der von Gesetz, Rechtsprechung und Lehre gezogenen Grenzen.

Der im Bereich des Immaterialgüterrechts tätige Jurist sollte ein gutes Verständnis für technische Fragen, für kaufmännische Überlegungen und für die Eigenheiten der geistigen Schöpfungen haben. Nur unter dieser Voraussetzung kann er Zugang finden zu den materiellen Grundlagen und den Erscheinungsformen, auf Grund derer Gesetze und Gerichte einer Person die ausschliessliche Herrschaft am Immaterialgut übertragen.

In diesem Zusammenhang muss darauf hingewiesen werden, dass einzig die konkrete Darstellung, die Verkörperung einer Idee und eines technischen oder künstlerischen Konzeptes als Rechtsobjekte anerkannt werden. Die Idee für sich genommen bleibt persönliches Eigentum desjenigen, der sie denkt; sie ist der unmittelbare Ausdruck seines Intellekts; sie ist nur geistiger Natur und deshalb nicht konkret schützbar.

2. Der Numerus clausus der geschützten Immaterialgüter

Das Urheberrecht schützt grundsätzlich Werke, deren einziges Ziel ihre eigene Existenz ist; ihr Zweck liegt darin, als Konkretisierung einer schöpferischen Idee (das Werk) wahrgenommen zu werden.

Dadurch unterscheidet sich das Urheberrecht von den anderen Bereichen des Immaterialgüterrechts. Erfindungen, Topographien, Marken, Design und Software dienen nicht in erster Linie dazu, wahrgenommen zu werden, sondern sie sind Mittel zur Erreichung eines gewerblichen oder kommerziellen Zieles, wie des Baus von Maschinen, der Herstellung von Kleidern, Möbeln oder anderen Gegenständen, der Funktionstüchtigkeit von Computern. Eine Marke kann nicht losgelöst vom Hersteller oder Händler, dessen Ware sie kennzeichnet, existieren; eine

Erfindung ist wertlos, wenn sie nicht ausgeführt wird; die Software dient einzig dazu, dem Eigentümer eines Computers dessen Benützung zu ermöglichen.

Muster und Modelle (Design) haben dagegen zwei Aspekte. Sie sind einerseits Schöpfungen, welche von einer ästhetischen Anstrengung zeugen, und sie könnten als Werke im urheberrechtlichen Sinne behandelt werden; andererseits wurden sie aber zu einem nützlichen Zweck geschaffen, nämlich um als Prototyp für die Herstellung vieler identischer Gegenstände zu dienen.

Aber auch urheberrechtlich geschützte Schöpfungen können einem Nützlichkeitszweck dienen; des Weiteren können die graphischen Darstellungen einer Marke oder eines Musters oder die in einem Patent enthaltenen Zeichnungen so individuell und so von der Persönlichkeit ihres Urhebers geprägt sein, dass sie als Kunstwerk urheberrechtlich schützenswert sind.

Gegenstand der geschützten Ausschliesslichkeitsrechte sind literarische, wissenschaftliche und künstlerische Werke (Urheberrecht), Computerprogramme (Urheberrecht), gewerbliche und handwerkliche Schöpfungen (Designrecht, Recht der Topographien von Halbleitererzeugnissen), technische Regeln zur Benutzung der Naturkräfte (Patentrecht) und Kennzeichen (Markenrecht).

2.1. Literarische, wissenschaftliche und künstlerische Werke; Design

Die eben erwähnten geistigen Schöpfungen zeichnen sich dadurch aus, dass ihr Ziel, d.h. die Vermittlung von Ideen, Gefühlen oder Empfindungen, dadurch erreicht wird, dass ihr Adressat sie sinnlich wahrnimmt. Sie erfüllen ihren Zweck durch ihre Existenz, dadurch, dass sie vom Leser, Hörer, Zuschauer oder Benutzer sinnlich wahrgenommen werden.

Die durch Wahrnehmung bewusst gewordene Mitteilung ist als Form, als Disposition, als auf eine bestimmte Weise wahrnehmbar gemachter Inhalt geschützt, wohingegen dieser selbe Inhalt gegen eine Benutzung in anderer Form nicht geschützt ist. Jedoch ist der sinnlich wahrnehmbare Inhalt eines Werkes auch geschützt, wenn er nicht unmittelbar wahrnehmbar ist, sondern lediglich durch Kommunikationsmittel (Sprache, Bild, Ton) wahrnehmbar gemacht wird, wenn beispielsweise das Hören eines Theaterstückes oder die Lektüre eines Romans eine Bilderfolge auslöst, welche zur Schöpfung gehört, aber unabhängig ist von der Form der Mitteilung; oder wenn die Wahrnehmung einer Bilderfolge beim Zuschauer zu einer Handlungsbeschreibung in Worten führt.

Bei den technischen Mustern (Design) kann die sinnlich wahrnehmbare (und somit schützenswerte) Mitteilung ohne weiteres von der in ihr enthaltenen (nicht schützenswerten) Idee getrennt werden. Soweit Muster Mitteilungen in einer individuellen Form darstellen oder ausnahmsweise eine technische Struktur bewusst machen, gehören sie zu den (geschützten) künstlerischen Werken; die in ihnen enthaltene technische Lehre, welche die Anweisung für eine praktische Tätigkeit enthält, bleibt dagegen ausserhalb des Schutzbereiches.

Der durch einen Künstler geschaffene Stil kann frei benutzt werden und ist nicht geschützt. Die Ausdrucksweise eines Malers, der besondere Stil eines Romanschriftstellers, die neue Façon eines Modeschöpfers sind zwar geistige Schöpfungen, welche aber nicht unmittelbar wahrnehmbar sind. Die Façon als Methode muss vom individuellen Werk getrennt werden und dient als Beispiel für die Schaffung weiterer Werke. Der Stil besteht in einer aus mehreren Werken (ausnahmsweise auch aus einem einzigen Werk) abgeleiteten Regel, als Anleitung zur Schaffung von Werken der gleichen oder einer ähnlichen Kategorie. Der Stil wird von den Sinnen nicht unmittelbar wahrgenommen; er wird aufgrund einer geistigen Analyse des Wahrgenommenen verständlich gemacht und dadurch zur Regel erhoben.

2.2. Technische Geistesschöpfungen als Anleitung zur Benutzung der Naturkräfte

Technik ist die vom Menschen beherrschte Nutzung der Naturkräfte. Technische Geistesschöpfungen und Anweisungen an den menschlichen Geist sind Regeln, die vom Verstand erfasst und zu einem bestimmten Zweck verwendet werden.

Das Immaterialgüterrecht schützte lange Zeit einzig jene technischen Geistesschöpfungen, welche unmittelbar die Benutzung der Naturkräfte lehren. Erkenntnisse über das Wesen der Naturkräfte, d.h. über unabhängig von menschlichen Tätigkeiten entstandene Naturschöpfungen, lagen ausserhalb des Schutzbereiches. Solche Entdeckungen bereiten oft die technische Nutzung der Naturkräfte vor; sie sind häufig unentbehrliche Grundlage, ohne aber selbst Erkenntnisse über die Nutzung dieser Kräfte zu verschaffen. Es wird seit langem als stossend empfunden, dass Forscher, welchen die Menschheit viel zu verdanken hat, kein Vorrecht an ihren wissenschaftlichen Entdeckungen besitzen und von den Dritten keine Entschädigung für deren Benutzung verlangen können.

Nicht zur Technik gehören Verhaltensregeln, welche den Menschen lehren, was er mit seinen geistigen oder körperlichen Kräften ohne Rückgriff auf die Naturkräfte tun kann; wir denken dabei an Musiknoten, Buchhaltungs- und Stenographiesysteme, psychologische Tests, Spielregeln usw.

2.3. Grenzgebiete des Schutzes technischer Geistesschöpfungen

2.3.1. Computerprogramme

Computerprogramme sind gestützt auf ein Grundelement, den Algorithmus, entwickelte gruppierte Angaben. Diese Angaben werden im Computer geladen und bewirken, dass dieser Daten entgegennimmt, aufnimmt, sie wirken lässt und ein Ergebnis produziert.

Computerprogramme könnten demzufolge den Erfindungen gleichgesetzt werden und entweder als Verfahren zur Benutzung eines Computers oder als Teil des Letzteren betrachtet werden, denn ein Computer ohne Programme ist lediglich eine nutzlose und unbrauchbare Maschine. Im Gegensatz zu den Erfindungen lehren

Computerprogramme allerdings nicht die Benutzung der Naturkräfte, sondern die Benutzung einer von Menschen geschaffenen Maschine.

Vom Fachmann direkt lesbare Programme in ihrer materialisierten Form sind literarische oder bildliche Werke. Sie können deshalb den urheberrechtlich geschützten Werken gleichgesetzt werden. Im Gegensatz zu den literarischen und künstlerischen Werken ist ihre Zweckbestimmung jedoch nicht die sinnliche Wahrnehmung durch den Menschen, sondern die Benutzung in einer Maschine.

2.3.2. Topographien von Halbleitererzeugnissen

Integrierte Schaltungen («Chips») sind mikro-elektronische Erzeugnisse, welche ein dreidimensionales Muster, die Topographie, enthalten. Die geistige Leistung ihrer Schöpfer besteht in der Spezifizierung des Erzeugnisses, d.h. in der Definition der Aufgabe, welche der Chip erfüllen muss, und in der Wahl des Schaltschemas, welches die dreidimensionale Form der Topographie bestimmt.

Die Spezifizierung des Erzeugnisses und das Schaltschema werden schriftlich oder mit Hilfe von Zeichnungen festgelegt. Handelt es sich hierbei um eine originale Darstellung, ist sie urheberrechtlich schützenswert; vollendete Topographien könnten den Erfindungen gleichgesetzt werden (als Teil des Computers). Auf der internationalen Ebene werden die Topographien seit 1984 sonderrechtlich geschützt; das Schweizer Gesetz ist 1992 in Kraft getreten.

2.3.3. Biotechnologische Entwicklungen

Den Erfindungen angenähert werden auch biotechnologische Entwicklungen. Pflanzen können über das Sortenschutzgesetz (s. unten, § 13) geschützt werden. Soweit biotechnologische Verfahren und ihre Ergebnisse reproduziert werden können, können Pflanzen auch patentiert werden (s. unten, § 10, Ziff. 3).

2.3.4. Biologisches Material

Nach Ansicht gewisser moderner Lehren sollte auch die Entdeckung oder Isolierung einer embryonalen Stammzelle wenigstens dann zu einer patentfähigen Erfindung führen, wenn nicht nur aufgezeigt wird, wie die Stammzelle dank Einsatz technischer Mittel bereitgestellt werden kann, sonder wenn zusätzlich noch der damit erreichbare technische Effekt erklärt wird[1].

2.4. Kennzeichen

2.4.1. Personengebundene Kennzeichen

Der Name eines Schriftstellers, eines Musikers, eines Künstlers oder jener eines erfolgreichen Sportlers ist untrennbar mit seinen Werken, Leistungen und Erfolgen

---

[1] F. Addor/L. Bühler, Die Patentierung menschlicher embryonaler Stammzellen, sic! 2004, 383 ff.

ist untrennbar mit dessen Werk verbunden. Sein privater Name, welcher ihn als Individuum in einer Gemeinschaft kennzeichnet, tritt gegenüber der Kennzeichnungskraft seines Künstler- oder Sportlernamens in den Hintergrund. Das Publikum ist nicht an der Person, sondern an seinem Werk oder an seiner Leistung interessiert; für die Person interessiert es sich bisweilen nicht nur wegen seiner Leistungen, sondern auch aus Neugier. Der Künstlername ist somit ein eigenes Gut. Unabhängig von der Person und ihrem Schicksal, aber an das Werk gebunden, kann er Jahrzehnte, ja Jahrhunderte überdauern. Er verkörpert jedoch nicht nur einen ideellen Wert. Der berühmte Name eines Autors erhöht die Aufnahmebereitschaft des Publikums für alle seine Werke, unabhängig von deren Natur, oder für Waren, die er individualisiert.

Demzufolge könnte man davon ausgehen, dass der mit einer Leistung verbundene Name als Rechtsobjekt anzuerkennen ist, weil er auf eine künstlerische, sportliche, aber auch technische, wissenschaftliche, politische oder philanthropische Tat hinweist. Als solche gesetzlich geschützt ist jedoch nur die private Ehre, nicht aber die berufliche oder das auf Grund anderer öffentlicher Handlungen erworbene Ansehen (diese sind jedoch gegen unlautere Angriffe geschützt, wie alle anderen Wirtschaftsgüter ebenfalls). Die Leistungen des Künstlers, des Gelehrten, des Politikers können aufs heftigste angefochten und kritisiert werden.

Der Anspruch, als Urheber einer Leistung anerkannt zu werden, wird nur dem Schöpfer literarischer, musikalischer und künstlerischer Leistungen und – sehr beschränkt – dem Erfinder technischer oder dem Erbringer sportlicher Leistungen zugestanden.

2.4.2. Unternehmenskennzeichen

Die drei bedeutendsten Unternehmenskennzeichen sind häufig eng an die Person des Berechtigten gebunden, aber dennoch von ihr lösbar. Es handelt sich um Firma, Handelsname und Enseigne.

Die Firma ist der Name, der ein Rechtssubjekt im Geschäftsleben bezeichnet.

Muss die Firma Waren, Werke oder andere Leistungen individualisieren und dient sie nicht zur Kennzeichnung der Person, sondern als Symbol für deren Leistungen, so wird sie zum wichtigsten Werbeelement eines Unternehmens; mit ihr verbindet der Kunde eine bestimmte Vorstellung von Leistungsfähigkeit und Vertrauenswürdigkeit; sie ist ein kostbarer Teil des Unternehmens und ein Immaterialgut.

Ausser der Firma anerkennt das Schweizer Recht als Immaterialgüter noch den Handelsnamen, als bekannte und in der Schweiz gebräuchliche Bezeichnung eines nicht im Handelsregister eingetragenen ausländischen Unternehmens, und die Enseigne oder das Logo, als gebräuchliche Bezeichnung von Geschäftsräumlichkeiten (Name oder Bildsymbol von Hotels, Gaststätten, Kinos, Boutiquen).

Diese Kennzeichen unterscheiden sich auf der gesetzlichen Ebene dadurch voneinander, dass die im Handelsregister eingetragene Firma unter den besonderen

Schutz der OR Art. 946, 951 Abs. 2 und 956 fällt, was für den Handelsnamen und die Enseigne nicht zutrifft.

Firmen und Handelsname unterstehen der Rechtsordnung als vom Unternehmen unabhängige Werte; sie sind Rechtsobjekte.

2.4.3. Warengebundene Kennzeichen und Dienstleistungskennzeichen

Nur selten sind die Hersteller der Waren den Konsumenten persönlich bekannt. Diese achten nicht auf die Beziehungen zwischen den Unternehmen, sondern auf die Qualität und den Preis der Ware. Der Warenaustausch erfolgt anonym. Er wird vor allem durch die Symbolkraft der Marken geprägt (Fabrik- und Geschäftsmarken sowie die Ausstattung der Ware), welche sich einprägen und dank ihrer Bekanntheit anstelle von Beschreibungen über die Besonderheit des angebotenen Produktes Auskunft geben. Wären die Produkte nicht durch Marken voneinander unterscheidbar und würden sie dem Publikum nicht anhand der Marken als individuelle, mit gewissen kennzeichnenden Qualitäten ausgestattete Produkte vorgelegt, so vermöchte der Markt die unübersehbare Vielzahl ähnlicher Produkte nicht geordnet anzubieten.

Solche Marken können nur in Verbindung mit den Waren, welche sie kennzeichnen, von Bedeutung sein. Sie sind bestimmten Warenkategorien zugeordnete Güter, erfüllen eine Aufgabe im Wettbewerb und sind deshalb als Rechtsobjekte anerkannt. Rechtsobjekt ist somit weder das Wort, noch das Bild, noch die Form. Jedermann kann das Wort, das Bild oder die Form zu irgendeinem Zweck verwenden, solange dies nicht für ein gleichartiges Produkt wie dasjenige des Berechtigten geschieht.

Das Gleiche gilt für die Dienstleistungsmarken.

Berühmte Marken geniessen einen gesteigerten Schutz, der nicht auf einzelne Produktekategorien beschränkt ist; somit wird dem allgemeinen Symbolcharakter dieser Marken Rechnung getragen.

3. Geschützte Interessen

3.1. Materielle Interessen

Während Jahrhunderten bestand die Belohnung des Erfinders und des Urhebers einzig in der Genugtuung, eine geistige Tat vollbracht zu haben. Bisweilen verschaffte ihm dies die Achtung (oder die Verachtung) seiner Mitbürger (Platon, Sokrates, Michelangelo), und in seltenen Fällen wurde er vom Staatsoberhaupt belohnt.

Heute sind Immaterialgüter in erster Linie zu einer Einnahmequelle geworden. Sie erfüllen unterschiedliche wirtschaftliche Aufgaben. Literarische, musikalische und künstlerische Werke, Muster, Modelle und Topographien von Halbleitererzeugnissen sind als solche gefragt. Software dient zur Benutzung der Computer, technische Regeln (Erfindungen und Fabrikationsgeheimnisse) zur Herstellung von Konsumgütern, deren Verkauf gewinnbringend ist. Kennzeichen unterstützen als einprägsame Unterscheidungssymbole das Warenangebot.

3.2. Ideelle Interessen

Ideelle Interessen sind Interessen, welche den Schöpfern eines immateriellen Gutes, unabhängig von einem allfälligen materiellen Gewinn, an diesem Gut teilhaben lassen. Es handelt sich insbesondere um die Freude am Gelingen eines Werkes, den Stolz, dessen Urheber zu sein, oder den Willen zur Wahrung eines Geheimnisses.

Man könnte zwar die ideellen Beziehungen des Erfinders zu seiner technischen Erfindung vom finanziellen Erfolg trennen, den diese ihm verschafft. Aber auch wenn der Erfinder die Nutzungsrechte an seiner Erfindung ganz abgetreten hat, will er weiterhin als Erfinder gelten und seine Erfindung möglichst uneingeschränkt ausgeführt sehen. In einem solchen Fall ist das Interesse, weiterhin als Erfinder dieses spezifischen Artikels genannt zu werden, auch materieller Natur, da dies sein berufliches Fortkommen fördern kann.

Seit jeher wurden die ideellen Interessen der Urheber von literarischen, musikalischen und künstlerischen Werken berücksichtigt und besonders behandelt. Auch sind sie häufig untrennbar mit den materiellen Interessen verbunden; man denke beispielsweise an die Erstveröffentlichung, das Veränderungs- oder Verstümmelungsverbot, die Benutzung eines Werkes zu kommerziellen oder politischen Zwecken. In solchen Fällen sind die Zonen des materiellen und des ideellen Interesses nicht ohne weiteres voneinander abgrenzbar.

§ 7 Ausschliesslichkeitsrechte an den Immaterialgütern

1. Eigentliche Ausschliesslichkeitsrechte

Ausschliesslichkeitsrechte verschaffen dem Berechtigten die Befugnis, die Benutzung eines Immaterialgutes zu untersagen, soweit diese Befugnis nicht durch gesetzliche Ausnahmen beschränkt oder durch wirtschaftliche oder politische Vorschriften ihres Kerngehalts entleert wird.

Wie schon erwähnt ist die natur- und somit bestimmungsgemässe Benutzung der Immaterialgüter je nach Kategorie unterschiedlich:
– Erfindungen werden zur Herstellung von Gütern benutzt.
– Software und Halbleitererzeugnisse werden dazu verwendet, einen Computer benutzbar zu machen; sie bilden deren integrierender Bestandteil.
– Marken kommen im Wettbewerb zur Anwendung, um Waren und Dienstleistungen voneinander zu unterscheiden. Sie können nur in Verbindung mit Waren und Dienstleistungen verwendet werden.

– Firmen kennzeichnen Unternehmer und Unternehmen, deren Leistungen und Waren.
– Gewerbliche Muster und Modelle dienen als Beispiel für die Herstellung von Gegenständen.
– Literarische, künstlerische und musikalische Werke werden unmittelbar hörbar und sichtbar gemacht durch Worte und Sätze, Noten und Töne, Linien, Oberflächen, Formen und Körperbewegungen (Pantomimen, choreographische Werke).

Die erwähnten Benutzungsarten sind der Inhalt der Ausschliesslichkeitsrechte. Gegenstand des Schutzes sind die patentierte technische Lehre, die eingetragene Marke oder Firma, das hinterlegte Muster oder Modell, das literarische oder künstlerische Werk, das Computerprogramm und das Halbleitererzeugnis.

Die Gesetze haben somit im Rahmen der schützenswerten Immaterialgüter eine Auswahl getroffen und restriktiv festgelegt, welche von Gesetzes wegen Gegenstand absoluter subjektiver Rechte sind. Andere Immaterialgüter (Handelsname, Enseigne, Ausstattung und Geheimnis, Sportbild) werden nur indirekt über Persönlichkeitsrechte und/oder die Bestimmungen gegen den unlauteren Wettbewerb geschützt.

Die Ausschliesslichkeitsrechte sind subjektive Rechte. Der Berechtigte kann über seine Immaterialgüter innerhalb der Schranken seines objektiven Rechtes verfügen. Er kann die Rechtslage verändern (die Benutzung untersagen oder erlauben – solange der Berechtigte die Benutzung nicht gestattet hat, ist sie rechtswidrig). Er kann seine Rechte Dritten abtreten oder ihren Geltungsbereich beschränken. Bei Verletzung seiner Rechte kann der Berechtigte Schadenersatz und die Vernichtung rechtswidrig hergestellter Objekte fordern.

2. Unvollkommene Ausschliesslichkeitsrechte

Der Urheber eines literarischen, musikalischen oder künstlerischen Werkes erwirbt durch die Schöpfung ein vollgültiges Ausschliesslichkeitsrecht an seinem Werk, ohne dass die Erfüllung irgendeiner Formalität durch den Berechtigten oder ein staatliches Organ erforderlich ist.

Die Entwicklung und Vervollkommnung einer Erfindung, die Skizze eines Design, der erste Gebrauch einer Marke oder einer Topographie, versetzen dagegen die Betreffenden lediglich in eine Rechtslage, in welcher sie eine Anwartschaft auf das Ausschliesslichkeitsrecht haben.

Durch die Vornahme gesetzlich vorgeschriebener Handlungen (Geheimhaltung einer Erfindung, eines Design, gefolgt vom Einreichen eines Patentgesuchs oder der Hinterlegung des Design, Anmeldung und Eintragung der Marke), können die Berechtigten die Verwirkung des Anwartschaftsrechts verhindern. Auch wenn sie anfänglich die Benutzung durch Dritte nicht allgemein untersagen können, bleibt das künftige Schicksal des Immaterialgutes in ihrer Hand. Die noch unvollkommene Verfügungsmacht über diese Immaterialgüter wird durch die Eintragung der Rechte im Register gestärkt und dadurch ausschliesslich. Die Rechte entstehen nicht durch die Eintragung, sondern bleiben an die materielle Voraussetzung der Existenz eines schutzfähigen Immaterialgutes gebunden; die Eintragung bestätigt aber nicht lediglich eine vorbestehende Rechtslage, sondern sie vollendet diese.

Somit sind unvollkommene Ausschliesslichkeitsrechte als noch nicht eingetragene Rechte zu definieren, welche nur beschränkt verteidigt werden können und deshalb leicht verletzbar sind.

Auch für den Besitzer eines Geheimnisses, einer Ausstattung (individualisierende Form- oder Farbgestaltung einer Ware oder ihrer Verpackung), einer Enseigne oder eines Handelsnamens ist die ausschliessliche Benutzung möglich.

Beim Geheimnis liegt die Ausschliesslichkeit vor allem darin, dass nur der Geheimnisträger diese Kenntnis besitzt. Doch das Gesetz gibt ihm auch Verteidigungsmöglichkeiten gegen Übergriffe unbefugter Dritter und deren Benutzung des geheimen Wissens (Persönlichkeitsrechte, UWG). Seine Position ist aber nicht sehr solide. Solange das Geheimnis gewahrt bleibt, geniesst der Geheimnisträger ein faktisches, vom Recht jedoch nicht anerkanntes, sondern nur teilweise geschütztes Ausschliesslichkeitsrecht. Deshalb spricht man von einem unvollkommenen Ausschliesslichkeitsrecht am Geheimnis.

Die ausschliessliche Benutzung eines Handelsnamens oder einer Enseigne wird dem Inhaber durch das Persönlichkeitsrecht und das UWG gegenüber Konkurrenten gewährleistet, welche sich unlauterer Mittel bedienen; das UWG schützt in diesem Umfang auch den Inhaber einer Ausstattung. Dieser verfügt nicht über ein Ausschliesslichkeitsrecht als subjektives Recht, sondern über eine rechtliche Verteidigungsmöglichkeit, die jener des Inhabers einer Marke recht nahe kommt. Die beiden Rechte unterscheiden sich hauptsächlich bezüglich ihrer territorialen Ausdehnung und durch die als rechtswidrig qualifizierten Beeinträchtigungen; der Inhaber einer Marke kann den Gebrauch der Marke jedem Dritten im ganzen Hoheitsgebiet des Staates untersagen, auf welchen sich die Eintragung bezieht, wohingegen der Inhaber eines Handelsnamens oder einer Ausstattung deren Benutzung nur in dem Umkreis untersagen kann, in welchem eine Verwechslungsgefahr besteht, d.h. grundsätzlich im Tätigkeitsbereich des Unternehmens.

§ 8 Besitz der Immaterialgüter

1. Besitzesschutz

Als «tatsächliche Gewalt über eine Sache» kann der Besitz auch im Immaterialgüterrecht eine gewisse Bedeutung haben. Allerdings ist der Besitz wegen der potentiellen Ubiquität der Immaterialgüter, deren Möglichkeit, sich gleichzeitig an unkontrollierbar vielen Orten zu befinden, verletzlicher und schwieriger zu verteidigen als derjenige einer körperlichen Sache, die ohne weiteres lokalisiert werden kann. Der Besitz beschränkt sich aber nicht nur auf die körperliche Gewalt über eine Sache. Andernfalls könnte der Besitz der Immaterialgüter nicht geschützt werden; denn jedermann kann ein ihm anvertrautes Geheimnis verraten, eine Marke gebrauchen oder ein Werk verwenden.

Der Besitz umfasst aber neben der körperlichen Herrschaft auch noch die aufgrund einer bestimmten Rechtslage sich ergebende wirtschaftliche Gewalt. Sogar der Anschein eines Rechtsverhältnisses kann genügen, denn heutzutage ist sich wohl jeder in der Wirtschaft Tätige bewusst, dass er seinem rechtlichen Umfeld Rechnung tragen muss, und er wird daher auch dem Anschein eines Rechtes (vorläufigen) Tribut zollen.

Ist der berechtigte Besitz einmal durchbrochen, ist die körperliche Rückgabe angesichts der Immaterialität der fraglichen Güter bedeutungslos oder sogar unmöglich. Wer rechtswidrig von einem Geheimnis Kenntnis erhalten hat, kann nicht gezwungen werden, dieses wieder zu vergessen.

Deshalb beschränkt sich die Rückgabe im Sinne des ZGB Art. 927 darauf, den Verletzer zu verpflichten, das Immaterialgut auf keine Art und Weise mehr zu benutzen.

Der Besitz geheimer technischer Kenntnisse ist im Zusammenhang mit patentierten Erfindungen von grösster Bedeutung. Er kann vom Besitz eines Kommunikationsmittels (Rezept, Beschreibung eines Verfahrens oder einer Fabrikationsanlage), d.h. vom Besitz einer körperlichen Sache, abhängig sein.

Der Begriff des Besitzes einer Erfindung spielt eine wichtige Rolle im Zusammenhang mit der Abtretung einer Erfindung oder der Patentanmeldung sowie für den Beweis der früheren gutgläubigen Benutzung (PatG Art. 29, 35; ZGB Art. 927 Abs. 1).

Auch ein gebrauchtes, aber nicht eingetragenes Kennzeichen kann besessen werden. Dieser Besitz wird jedoch nicht durch analoge Anwendung der Bestimmungen über den sachenrechtlichen Besitzesschutz, sondern, wie erwähnt, aufgrund des Persönlichkeits- und Wettbewerbsrechtes verteidigt.

2. Die Übertragung des Besitzes

Das Recht an einem Patent, Design, einer Marke oder Topographie kann durch einfache Erklärung (und Vormerkung im entsprechenden Register) ohne gleichzeitige Übergabe des zugrunde liegenden Immaterialgutes übertragen werden, d.h. ohne dass der Erwerber durch ein Kommunikationsmittel (Beschreibung der Erfindung, Manuskript, Zeichnung, mündliche Mitteilung usw.) in dessen Besitz kommt.

Das Urheberrecht (einschliesslich des Rechtes an Software) untersteht (noch) keiner Eintragungspflicht. Seine Übertragung erfolgt durch die einfache Erklärung, dass ein Werksträger übertragen wird.

Das Geheimnis kann einem anderen nur insoweit übertragen werden, als dieser das geheime Wissen in Besitz nimmt. Handelsname, Ausstattung und Enseigne können nur mittels Übergabe der tatsächlichen Gewalt, d.h. des Besitzes, übertragen werden, da hier keine übertragbaren Rechte existieren.

Kauft ein Privater gutgläubig das Original eines Kunstobjekts von einem bösgläubigen Besitzer oder von einem Dieb, welcher vorgibt, der Schöpfer bzw. Eigentümer des Werkes zu sein, so wird er Eigentümer (ZGB Art. 714 Abs. 2).

3. Zukünftige Entwicklungen

Die Rechtsprechung hat bis anhin dem Problem des Besitzes von Immaterialgütern wenig Beachtung geschenkt. Mit den modernen weltweiten Kommunikationsmitteln (Internet und andere interaktive Kommunikationsnetze), welche die elektronische Übertragung jeglicher Information ermöglichen (und damit den Zugriff auf jede Information und die Usurpation und/oder Manipulation der vermittelten Daten erleichtern), hat die Gefahr der rechtswidrigen Verbreitung eines Immaterialgutes in beunruhigendem Ausmass zugenommen. Um dieser Gefahr zu begegnen, müssen Mittel gefunden werden, welche eine rasche und wirksame Bekämpfung der Usurpation des Besitzes von Immaterialgütern erlauben.

§ 9 Entstehung, Befristung und räumliche Schranken der Immaterialgüterrechte

1. Entstehung der Immaterialgüterrechte

Die Immaterialgüterrechte sind Ausschliesslichkeitsrechte an unkörperlichen Sachen. Sie entstehen erst, wenn die Sache zu existieren beginnt, mit der Schaffung des Geisteswerks, über das sie dem Berechtigten die Herrschaft verleihen. Wie vorn in § 5 dargelegt wurde, können nur an bestimmten Immaterialgütern Ausschliesslichkeitsrechte erworben werden. Deshalb genügt es nicht, dass ein beliebiges Immaterialgut geschaffen wird. Es muss sich um eine Erfindung, ein literarisches oder künstlerisches Werk, ein Muster oder Modell, ein Computerprogramm, um die Topographie eines mikroelektronischen Halbleiters oder eine Fabrikations-, Handels- oder Dienstleistungsmarke handeln.

Die Handlung, durch welche ein Immaterialgut entsteht, ist rechtlich neutral. Deshalb können Minderjährige und Urteilsunfähige Erfindungen machen, literarische und künstlerische Werke, Software, Topographien oder Muster und Modelle schaf-

§ 9 Entstehung, Befristung und räumliche Schranken der Immaterialgüterrechte

fen und als Urheber Rechte daran erwerben. Es obliegt jedoch ihren gesetzlichen Vertretern, das Patentgesuch einzureichen oder das Muster zu hinterlegen.

Das Urheberrecht entsteht bereits vollumfänglich mit der künstlerischen Schöpfung oder mit der Entwicklung und der Realisierung einer Software. Hingegen stellen Erfindung, Topographie, Design sowie ein mit einer Ware in Verbindung gesetztes Kennzeichen lediglich die materielle Grundlage für den Erwerb des Rechtes dar. Es braucht zusätzlich die Registereintragung, auf welche wir im Kapitel über die formellen Grundlagen zurückkommen werden. An dieser Stelle wird nur grundsätzlich festgestellt, dass die wichtigste und unentbehrlichste Grundlage des geistigen Eigentums ein rechtlich als solches qualifiziertes Immaterialgut ist, und dass der gesetzliche Schutz der Immaterialgüter formelle Handlungen voraussetzt, sofern es sich nicht um den urheberrechtlichen Schutz und den Schutz von Software handelt. Die Registereintragung allein genügt nicht zur Entstehung des Rechtes, sie muss sich auf ein den gesetzlichen Vorschriften entsprechendes Immaterialgut beziehen.

2. Gründe für die Befristung der Immaterialgüterrechte

Mit Ausnahme des Rechtes an Firma und Marke erlöschen die Immaterialgüterrechte nach Ablauf einer gesetzlich festgelegten Höchstdauer. Die Eintragung der Marke kann beliebig erneuert werden, diejenige der Firma bleibt von der Eintragung im Handelsregister bis zu ihrer Löschung bestehen.

2.1. Dauer des Patentschutzes

Die Erfindung entsteht durch die schöpferische Tätigkeit des Erfinders. Da er das geistige Gut geschaffen hat, gehört es ihm faktisch und rechtlich. Obgleich seine Leistung anerkannt wird, gebührt der Verdienst nicht alleine ihm. Jede Erfindung setzt einen gewissen technischen Fortschritt voraus. Die meisten Erfindungen wären wahrscheinlich in absehbarer Zeit gemacht worden, da der Stand der Technik fast notwendigerweise zu den ihnen zu Grunde liegenden Ideen führen musste. Ein Teil des Verdienstes an jeder Erfindung kommt den Forschern und Technikern zu, welche früher oder gleichzeitig im gleichen oder ähnlichen Bereich tätig waren oder sind. Es ist deshalb recht und billig, dass derjenige, welcher die Erfindung für sich beansprucht, nicht behandelt wird, als hätte er die Erfindung ohne jeden Einfluss von Dritten gemacht und dass sein ausschliessliches Benutzungsrecht daher nicht so lange dauert wie beispielsweise jenes eines Urhebers (der zwar auch oft auf Vorgeschaffenes zurückgreift). Des Weiteren ist festzuhalten, dass die rechtliche Schutzdauer sich nach einer durchschnittlichen Leistung richten muss, denn jede, auch die bedeutendste Erfindung wird schliesslich durch den technischen Fortschritt überholt.

Damit die Öffentlichkeit an der Erfindung teilnehmen kann, muss eine Schutzfrist festgelegt werden, welche endet, bevor die Erfindung uninteressant geworden ist.

Zugleich muss aber der Erfinder gefördert und belohnt werden, da er die Technik bereichert hat.

Zahlreiche Erfindungen werden nach Ablauf der Schutzfrist nicht mehr benutzt; nur vereinzelte Erfindungen werden während Jahrzehnten oder gar Jahrhunderten verwendet (Dampfmaschine, Glühbirne). Deshalb ist die übliche Schutzdauer (fünfzehn oder zwanzig Jahre seit der Patentanmeldung oder, in den USA, siebzehn Jahre seit der Patenterteilung,) nicht zwingend begründbar. Diese Schutzfristen wurden deshalb ohne eigentliche Rechtfertigung ihrer Dauer festgesetzt. Angesichts der Zeit, welche verstreicht, bis sich die Erfindung praktisch bewährt und auf dem Markt durchgesetzt hat, erscheint die Frist eher kurz bemessen.

Für Arzneimittelwirkstoffe kann die Schutzdauer um fünf Jahre verlängert werden (s. hinten, § 33, Ziff. 8).

2.2. Schutzdauer für literarische und künstlerische Werke

Als allgemeine Regel besteht das ausschliessliche Recht an der Benutzung eines Werkes während der Lebenszeit seines Urhebers und für eine bestimmte Zeit nach dessen Tod. Die meisten Länder sehen die von der Berner Übereinkunft angesetzte Frist von fünfzig Jahren vor. Die Schweiz hat sich für eine Dauer von siebzig Jahren entschieden.

Noch weniger als im Patenrecht sind diese Fristen rational begründbar.

Einerseits wäre ein unbefristeter Schutz vertretbar, da literarische und künstlerische Werke, im Gegensatz zur Erfindung, der Gesellschaft nicht unmittelbar nützen und keinen gewerblichen oder technischen Fortschritt mit sich bringen. Andererseits kann auch der Urheber, wie der Erfinder, auf schon bestehende Werke zurückgreifen und Stil, Art und Geist seiner Epoche aufgreifen.

2.3. Schutzdauer für verwandte Schutzrechte

Die verwandten Schutzrechte sind seit Ausführung oder Entstehung der Leistung während fünfzig Jahren geschützt. Man kann sich fragen, ob der Gesetzgeber mit dieser im Vergleich zu den Kunstwerken kürzeren Schutzfrist eine qualitative Beurteilung zum Ausdruck bringen wollte.

2.4. Schutzdauer für Computerprogramme und Topographien von Halbleitererzeugnissen

Das Mustergesetz des OMPI (WIPO) schlägt eine Schutzdauer von zwanzig Jahren seit der ersten Benutzung oder Inbetriebsetzung eines Programms, jedoch höchstens fünfundzwanzig Jahre seit seiner Schöpfung vor. Das URG setzt die Dauer auf fünfzig Jahre nach dem Tod des Urhebers fest.

Bezüglich der Schutzdauer der Halbleitererzeugnisse stützte sich der Gesetzgeber auf die amerikanischen und deutschen Gesetze und sah eine Dauer von zehn Jah-

§ 9 Entstehung, Befristung und räumliche Schranken der Immaterialgüterrechte

ren seit dem Eintragungsgesuch oder der ersten Verbreitung vor, falls diese vorher erfolgte. Der Schutz endet spätestens fünfzehn Jahre nach der Schöpfung der Topographie.

Angesichts der raschen Entwicklung in diesem Bereich ist eine kurze Schutzfrist sicher angezeigt, um den Fortschritt nicht zu behindern; es ist aber zu bedenken, dass auf die Pionierzeit eine Periode der Perfektionierung folgen wird, in welcher Neues seltener und schwieriger zu schaffen, neue Produkte aber langlebiger sein werden.

2.5. Schutzdauer für Design

Die Schutzfrist für Design beträgt fünf Jahre ab Hinterlegung; der Schutz kann um vier weitere Perioden von 5 Jahren verlängert werden. Da Designs oft kurzlebig sind (vor allem Modedesigns), ist die Möglichkeit, alle 5 Jahre auf eine Weiterführung des Schutzes zu verzichten, sicher sinnvoll.

Mustern und Modellen, welche auch Ausstattung sind, wird durch das Wettbewerbsrecht ein unbefristeter Quasi-Schutz gewährt (siehe hinten, § 30 Ziff. 3. und § 61 Ziff. 6.4.2.–6.4.4. und 9.).

2.6. Die unbefristeten Markenrechte

Überall kann die Eintragung von Marken nach Ablauf der Schutzfrist erneuert werden. Der Inhaber der Marke verliert sein Recht an der Marke nicht, solange er diese gebraucht und die Eintragung erneuert. Eine Befristung stände im Widerspruch zum Zweck des Markenrechtes. Das Symbol der Waren eines Unternehmens wird im Laufe der Zeit stets wertvoller und behält seinen Wert als individuelles Kennzeichen. Die Benutzung durch mehrere Personen zerstört die kennzeichnende Kraft eines Zeichens und dadurch dessen Eigenschaft als Immaterialgut. Deshalb wäre es – anders als für Erfindungen und ästhetische Werke – sinnlos, für Marken eine gleichzeitige Benutzung durch jedermann zu erlauben.

Wird allerdings ein Produkt unter einer Marke so populär, dass diese als einzige Bezeichnung dieses Produktes bekannt wird, so besteht die Gefahr, dass das Zeichen nicht mehr als individuelles Zeichen, sondern als Hinweis auf eine bestimmte Warenkategorie betrachtet wird (Beschaffenheitsangabe).

3. Räumliche Schranken der Immaterialgüter

Die Rechte an Erfindungen, literarischen und künstlerischen Werken, Mustern, Modellen und Geheimnissen, d.h. an allen Immaterialgütern, werden durch die Gesetze der einzelnen Länder autonom und im Allgemeinen unabhängig von den ausländischen Rechten über das gleiche Immaterialgut festgelegt. Diese Rechte verleihen dem Berechtigten die Herrschaft über ein Immaterialgut im Hoheitsgebiet eines bestimmten Landes. Deshalb gilt ein Immaterialgüterrecht in einem Land nicht schon als erworben, wenn der Berechtigte vorher im Ausland ein Ausschliesslichkeitsrecht an diesem Gut erlangt hat; er besitzt ein solches Recht nur, wenn ihm durch das Gesetz desjenigen Landes, in welchem er die Herrschaft über dieses Immaterialgut ausüben will («Schutzland»), aufgrund seiner tatsächlichen Beziehung zu diesem Gut eine besondere Rechtsstellung gewährt wird.

Wer in einem Land eine körperliche Sache kauft, wird auf Grund dieses Erwerbstitels auch in den anderen Ländern als deren Eigentümer anerkannt. Das durch Kauf erworbene Eigentumsrecht ist über die Grenzen hinaus wirksam und passt sich lediglich inhaltlich dem Recht des Landes der gelegenen Sache an. Die in einem Land durch Vertrag oder unerlaubte Handlung erworbene Forderung wird als solche auch in anderen Ländern anerkannt und oft auf Grund eines Verweises gemäss den Bestimmungen des internationalen Privatrechts auch inhaltlich übernommen.

Auf diese Art in einem Land erworbene Rechte werden im Ausland anerkannt und verleihen deshalb dem Berechtigten die Herrschaft über eine bewegliche Sache oder den Anspruch auf eine zu erbringende Leistung (Anerkennung der wohlerworbenen Rechte).

Für Immaterialgüterrechte gilt dies nicht. Die Tatsache, dass jemand in einem bestimmten Land ein Ausschliesslichkeitsrecht an einem Immaterialgut erworben hat, wird im Ausland für dieses bestimmte Land anerkannt, führt jedoch nicht zur Anerkennung dieses Rechtes in anderen Ländern. Dem Erwerber eines Ausschliesslichkeitsrechtes in der Schweiz wird in anderen Ländern als dem des Inhabers eines Patentes, einer Marke, eines Musters, Modells oder eines Urheberrechtes nicht das gleiche Recht am gleichen Objekt zugestanden. Er kann zwar dort ein Ausschliesslichkeitsrecht am gleichen Immaterialgut erwerben, indem er sich auf eine im Ausland vorgenommene schöpferische Handlung beruft. Dieser Rechtserwerb erfolgt jedoch unabhängig von einem solchen Erwerb in anderen Ländern und nur deshalb, weil die Gesetze des betreffenden Schutzlandes dieses Recht an die Beziehung zwischen Erwerber und Immaterialgut knüpfen (Erfinder, Urheber, Erstgebraucher oder -eintrager einer Marke oder deren Rechtsnachfolger). Diese Beziehung betrifft die materiellen Grundlagen des Rechtserwerbes. In allen Ländern sind jedoch zudem die nötigen Formalitäten zur Erreichung des Schutzes von Patenten, Marken und Modellen zu erfüllen.

Somit liegt dem Erwerb der gleiche Tatbestand zu Grunde (Fern- und Breitenwirkung des immaterialgüterrechtlichen Tatbestandes), aber die in den verschiedenen Ländern daraus entstehenden Rechte sind unabhängig voneinander. Dem Tatbestand kommt selbstverständlich in jedem Land diejenige Bedeutung zu, welche ihm durch das Gesetz gegeben wird. Die Patentfähigkeit einer Erfindung muss in jedem Land im Lichte der dortigen Gesetze und Rechtsprechung geprüft werden. Zudem kann sich der Tatbestand durch in einem Schutzland eingetretene Ereignisse verändern, d.h. durch die Vorbenutzung einer Erfindung, welche deren Neuheitscharakter schädigt, durch vorher erfolgte Patentanmeldungen, durch den Vorgebrauch einer Marke usw.

Da der Erwerb von Rechten an Erfindungen, Marken, Design von der Patentanmeldung, der Markeneintragung oder der Hinterlegung eines Design abhängt und mit beträchtlichen Kosten verbunden ist, hängt die Zahl der Länder, in welchen jemand den gesetzlichen Schutz seiner Erfindung erwirbt, vom Umfang seines Geschäftsbereiches oder auch von seinen finanziellen Möglichkeiten ab. Deshalb wird das Immaterialgut unter Umständen in anderen Ländern frei benützbar oder Gegenstand des Ausschliesslichkeitsrechtes anderer Personen. Dies trifft nicht zu für das Urheberrecht, welches in den meisten Ländern ohne weitere Formalitäten auf Grund des geschaffenen Werkes entsteht und deshalb vom Urheber stets in vielen Ländern gleichzeitig erworben wird.

Rechtsprechung und Lehre bezeichnen diese Rechtslage als «Territorialprinzip» oder «Schutzlandprinzip» (vgl. IPRG Art. 110).

Laut dem Territorialprinzip:
a) werden die Ausschliesslichkeitsrechte an einem Immaterialgut in jedem Land unabhängig vom gesetzlichen Schutz in anderen Ländern erworben;
b) können solche Rechte allen Personen, einschliesslich Personen mit Wohnsitz oder Sitz ausserhalb des Schutzlandes, entgegengehalten werden. Die Rechte betreffen jedoch lediglich Handlungen, welche im Schutzland vorgenommen wurden oder sich auf in diesem Land gewährte Rechte auswirken;
c) kann von in einem Land an Immaterialgütern bestehenden Rechten nicht auf die Existenz paralleler Rechte in einem anderen Land geschlossen werden (ausser im Urheberrecht). Hingegen ist die Vermutung zulässig, solche Rechte seien anderswo ebenfalls erworben worden;
d) bestimmen die Gesetze jedes Landes selbständig über Entstehung, Inhalt und Umfang der Immaterialgüter.

Die Vereinheitlichung der Immaterialgütergesetze durch multilaterale Abkommen und die Schaffung einheitlicher Schutzgebiete unter Einbezug mehrerer Länder (Skandinavien, Benelux, EU-Patent- oder Markengesetze) verstossen nicht gegen das Territorialprinzip. An die Stelle des Gesetzes und des Hoheitsgebietes eines einzelnen Landes tritt das gemeinschaftliche oder supranationale Recht, welches ein mehrere Länder umfassendes regionales Schutzgebiet abdeckt. Das im Schutzgebiet geltende Immaterialgüterrecht steht zum Recht der nicht zum Schutzgebiet gehörenden Länder im gleichen Verhältnis wie die in den verschiedenen Ländern erworbenen Immaterialgüterrechte untereinander.

Zweiter Teil
Materielle Grundlagen der Ausschliesslichkeitsrechte an Immaterialgütern

4. Kapitel
Die Erfindung

§ 10 Der Begriff der Erfindung

1. Das Wesen der Erfindung

Wie die anderen Immaterialgüter, welche Gegenstand der Gesetze über das gewerbliche Eigentum sind, ist auch die Erfindung eine geistige Schöpfung, das Ergebnis einer geistigen Anstrengung.

Sie unterscheidet sich von den übrigen Immaterialgütern durch ihre Zugehörigkeit zum Bereich der Technik und mehr noch durch ihre Zweckbestimmung. Nach moderner Lehre wird die Erfindung als *«Lehre zum planmässigen Handeln unter Einsatz beherrschbarer Naturkräfte zur unmittelbaren Erreichung eines kausal übersehbaren Erfolgs»* bezeichnet (BGE vom 31. Juli 1996, sic! 1997, 77).

Die patentierte Maschine ist keine Erfindung, sondern deren Ergebnis.

Die Erfindung im Sinne des Patentgesetzes ist eine Anleitung zur Benutzung und Beherrschung der Naturkräfte (BGE vom 17. August 2001, sic! 2001, 749), eine technische Regel, durch welche körperliche Kräfte, Chemikalien oder andere natürliche Stoffe und Bestandteile derart eingesetzt werden, dass eine neue technische Wirkung erreicht wird.

Der im Patentrecht benutzte Begriff der Erfindung ist somit ein rechtliches Konzept.

2. Erfindung und Entdeckung

Der Mensch befasst sich auf zwei verschiedene Arten mit den Naturkräften:

Enthüllt er beim Studium der Naturkräfte bisher unbekannte Elemente, so deckt er etwas Bestehendes auf, d.h. er «entdeckt». Oft erbringt er damit eine wichtige geistige Leistung, welche einzig seiner intuitiven Wahrnehmung des Wesens der Dinge und Kräfte zu verdanken ist, und bereitet somit den Grund für ein patentfähige Erfindung vor.

Analysiert der Mensch die Naturkräfte, um etwas Neues zu schaffen, so macht er dann eine Erfindung, wenn er diese Kräfte auf eine Art und Weise verwendet, wie es bis zu jenem Zeitpunkt weder Menschen noch die Natur selbst getan haben. Die

Erfindung ist nicht Entdeckung, sondern Schöpfung. Die Entdeckung beschreibt die Natur, die Erfindung bedient sich ihrer, um ein bestimmtes Resultat zu erreichen. Oder, auf einen einfachen Nenner gebracht:

«Eine Entdeckung bereichert das menschlichen Wissen, eine Erfindung das menschliche Können.»[2]

Entdeckungen können patentiert werden, wenn die erkannten Naturgesetze beziehungsweise die in der Natur vorkommenden Stoffe in den Dienst eines kontrollierten technischen Handelns gestellt werden (BGE vom 31. Juli 1996, sic! 1997, 77).

3. Bereich der Technik

In der Umgangssprache wird der Ausdruck «Technik» in zweifachem Sinne verwendet. Einerseits bezeichnet er den Einsatz der Naturkräfte, andererseits beschreibt er den Ablauf einer Handlung (Skitechnik, Klaviertechnik, Rechtstechnik usw.). Die Erfindung gehört zur Technik im engsten Sinn. Sie lehrt, wie durch Einsatz der Naturkräfte ein technisches Ergebnis erlangt werden kann. Das Ergebnis kann in einem Objekt oder einem Verfahren bestehen, wobei eine Verfahrenserfindung auch die durch das Verfahren unmittelbar hergestellten Objekte umfasst, sogar wenn diese als solche nicht schützbar sind (BGE 121 III 125). Es handelt sich um eine Regel, welche angibt, aus welchen Bestandteilen ein Gegenstand, aus welchen Schritten ein Verfahren besteht, wie ein Gegenstand zusammenzusetzen, ein Verfahren anzuwenden ist.

Die Benutzung, für welche der Gegenstand der Erfindung bestimmt ist, beeinflusst die Frage, ob letztere zum Bereich der Technik gehört. Einerseits ermöglichen technische Regeln unter Umständen die Herstellung ästhetischer oder praktischer, beispielsweise kulinarischer Objekte, andererseits können nicht-technische Anweisungen an den menschlichen Geist bisweilen ein technisches Ziel verfolgen (BGE 74 II 127ff.). Dies zeigt sich klar bei Software gestützten Erfindungen. Reine Software ist, auch wenn sie einen technischen Bereich betrifft, nicht patentierbar (s. hinten, § 22, Ziff. 3); wenn damit jedoch direkt ein irgendwie gearteter materieller (z.B. physischer oder chemischer) Effekt erzielt wird, so ist das Verfahren, das zu diesem Effekt führt, patentierbar, einschliesslich der integrierten Software).

Geschäftsmethoden gehören zum nicht-technischen Bereich und können daher auch nicht patentiert werden, sogar wenn dabei technische Hilfsmittel eingesetzt werden – so z.B. bei computergeschützten Verwaltungsmethoden für Pensionskassen. Nach Ansicht des europäischen Patentamtes fehlt die für eine Patenterteilung notwendige Technizität, weil mit der Vorrichtung keine technische Aufgabe gelöst wird (s. dazu Christoph Müller, Patentierbarkeit von Geschäftsverfahren und

---

[2] F. Addor/L. Bühler, a.a.O., 386 (s. oben, § 6, Fn. 1).

Computerprogrammen in Europa, sic! 2002, 723). Die europäische Haltung deckt sich also diesbezüglich mit der schweizerischen.

Erfindungen, die Einfluss nehmen auf den menschlichen oder tierischen Körper oder die Schönheitspflege betreffen, sowie Pflanzenzüchtungen oder die Entwicklung von Tierarten gehören zum Bereich der Technik, soweit sie Naturkräfte einsetzen und nicht nur nicht-technische Anweisungen an den menschlichen Geist sind (BGE 72 I 369).

Anders als früher wird heute davon ausgegangen, dass die Schöpfung lebender Organismen zum Bereich der Technik im patentrechtlichen Sinne gehört. Seit Jahrzehnten werden mikrobiologische Verfahren patentiert. Ihre Patentfähigkeit ergibt sich aus PatG Art. 1 lit. a und EPÜ Art. 53 lit. b. Die Entwicklung geht in Richtung eines erweiterten Schutzes biotechnologischer Erfindungen unter Beachtung des Verbots der Patentierung von Pflanzensorten (PatG Art. 1a; BGE 121 III 125 – soweit ihre Herstellung regelmässig wiederholt werden kann, können Pflanzen schon heute als unmittelbares Ergebnis eines Verfahrens durch ein Verfahrenspatent geschützt werden) und von Eingriffen in den menschlichen Körper oder in einzelner seiner Teile in allen Phasen seiner Entwicklung, sowie von Verfahren zur Verwendung menschlichen Keimgutes (siehe unten, § 12).

4. Anweisungen an den menschlichen Geist

Anweisungen an den menschlichen Geist können technischer und nicht-technischer Natur sein.

Nicht-technische Anweisungen sind jene, «die dem Menschen ein bestimmtes Verhalten vorschreiben und die einen bestimmten Erfolg herbeiführen, ohne dass dabei Naturkräfte unmittelbar eingesetzt werden» (BGE 98 Ib 399; PMMBl 1975, 30; BGE 95 I 579).

Solche Anweisungen sind beispielsweise Buchhaltungs-, Stenografie- oder Unterrichtssysteme, Werbemethoden, Anweisungen für Verkehrsregelungen, psychologische Tests, Spielregeln, Kursbuchsysteme, Managementkonzepte. Sie werden durch einfaches (geistiges, körperliches oder kombiniertes) menschliches Handeln, ohne Verwendung der Naturkräfte, ausgeführt (BGE 98 Ib 399).

Erfindungen hingegen stützen sich auf technische Anweisungen an den menschlichen Geist.

PatG und EPÜ zählen lediglich die Voraussetzungen der Patentfähigkeit einer Erfindung auf.

EPÜ Art. 52 Abs. 2 weist auf eine Reihe geistiger Schöpfungen hin, welche nicht als patentfähige Erfindungen zu betrachten sind. Im Lichte der erwähnten allgemeinen Grundsätze ist diese Aufzählung wohl richtig, jedoch nicht abschliessend:

a) Entdeckungen sowie wissenschaftliche Theorien und mathematische Methoden;
b) ästhetische Formschöpfungen;
c) Pläne, Regeln und Verfahren für gedankliche Tätigkeiten, für Spiele oder für geschäftliche Tätigkeiten sowie Programme für Datenverarbeitungsanlagen;
d) die Wiedergabe von Informationen.

§ 11 Die Merkmale der patentfähigen Erfindung

1. Die gesetzlichen Erfordernisse

Laut PatG Art. 1 Abs 1 werden Erfindungspatente für neue gewerblich anwendbare Erfindungen erteilt.

Es ergibt sich aus Vorstehendem, dass eine Erfindung drei Eigenschaften haben muss, um patentfähig zu sein:
– sie muss neu sein;
– sie muss gewerblich anwendbar sein;
– sie muss eine Erfindung sein, d.h. das Ergebnis einer erfinderischen Tätigkeit.

PatG Art. 1 Abs. 2, stellt ein weiteres Erfordernis auf: keine patentfähige Erfindung ist, was sich in naheliegender Weise aus dem Stand der Technik ergibt.

Auch gemäss EPÜ müssen die Erfindungen auf einer erfinderischen Tätigkeit beruhen. Nach EPÜ Art. 52 Abs. 1 werden Europäische Patente für Erfindungen erteilt, die neu sind, auf einer erfinderischen Tätigkeit beruhen und gewerblich anwendbar sind. Auch nach EPÜ gilt eine Erfindung als auf einer erfinderischen Tätigkeit beruhend, wenn sie sich für den Fachmann nicht in naheliegender Weise aus dem Stand der Technik ergibt (EPÜ Art. 56).

Wie wir noch feststellen werden, ist der Stand der Technik der eigentliche Schlüsselbegriff für die Feststellung der Patentfähigkeit einer Erfindung, sei es um deren Neuheit nachzuweisen, sei es um die ihr zu Grunde liegende erfinderische Tätigkeit von Tätigkeiten nicht erfinderischer Art abzugrenzen.

2. Die Definition der Erfindung

Aus Obstehendem ergibt sich, dass das PatG die Erfindung nicht definiert.

Auf Grund des bisher Festgestellten kann man die im Sinne von PatG und EPÜ patentfähige Erfindung umschreiben als eine gewerblich anwendbare Lehre zur planmässigen Anwendung von Naturkräften, die zum Zeitpunkt ihrer Anmeldung neu war im Vergleich zu anderen Patenten und zum Stand der Technik, aus welchem sie sich auch nicht auf eine für den Fachmann naheliegende Weise ergab.

Zur Bestimmung der patentfähigen Erfindung werden u.a. die folgenden Begriffe verwendet, die in diesem Zusammenhang eine ganz bestimmte Bedeutung haben und daher auslegungsbedürftig sind:
– Stand der Technik
– Neuheit
– naheliegende Weise
– Fachmann
– gewerbliche Anwendbarkeit.

Wir werden nachtstehend diese Begriffe im Sinne des PatG und der diesbezüglichen Rechtsprechung und Lehre auszulegen versuchen.

3. Der Stand der Technik

Der patentrechtliche Begriff des Standes der Technik ist ein theoretischer Rechtsbegriff. Er umfasst nicht alle Schöpfungen und Entdeckungen im Bereich der Technik.

3.1. Gesetzliche Definition

PatG Art. 7 Abs. 2 definiert den Stand der Technik wie folgt: «*Den Stand der Technik bildet alles, was ... der Öffentlichkeit durch schriftliche oder mündliche Beschreibung, durch Benützung oder in sonstiger Weise zugänglich gemacht worden ist.*»

Diese Definition deckt sich wörtlich mit derjenigen des EPÜ Art. 54 Ziff. 2.

Der Stand der Technik ist in seiner Gesamtheit zu betrachten. Alle der Öffentlichkeit zugänglichen Lehren (ob technischer oder nicht technischer Natur) sind miteinander als der technische Erfahrungsschatz anzusehen, der dem mit normaler Kombinationsgabe ausgestatteten Fachmann bzw. Fachteam für die Lösung der Aufgabe zur freien Auswertung zur Verfügung gestanden hat. Die Kombination von Einzelelementen findet aber dort ihre Grenze, wo sie zu einer künstlichen ex-post-Betrachtung in Kenntnis der neuen Lösung führen würde (vgl. BGE 18. März 2003, sic! 2003, 603).

Der Stand der Technik beinhaltet die gesamten Erkenntnisse irgendwo auf der Welt. Dazu gehören auch schriftliche oder mündliche Mitteilungen in einer in Europa weitgehend unbekannten Sprache sowie der öffentliche Gebrauch in abgelegenen Regionen oder die Veröffentlichung in Zeitschriften, welche in Vergessenheit geraten sind (vgl. BGE 117 II 480).

Durch diese sehr weitgefasste Umschreibung wird der Stand der Technik praktisch zur Fiktion, da niemand alles kennen kann, was irgendwo, irgendwann, auf irgendeine Weise realisiert wurde.

Das Gesetz trug dieser Tatsache Rechnung und beschränkte den Begriff des Standes der Technik auf das der Öffentlichkeit Zugängliche.

3.2. Der Öffentlichkeit zugänglich

Was ist unter dem Begriff «Öffentlichkeit» zu verstehen?

Nach der Rechtsprechung des Bundesgerichts geht es um die schweizerische Öffentlichkeit. Demzufolge muss die Kenntnisnahme in der Schweiz möglich sein (vgl. BGE vom 24. Juli 1991, SMI 1993, 144, 146).

Die modernen Kommunikationsmittel eröffnen den direkten Zugang zu fast allen Orten der Welt. Von jedem mit einem Computer versehenen Arbeitsplatz aus können über Fax oder direkt über Modem alle wichtigen Datenbanken der Industrieländer angezapft werden. Die Frage, ob daraus auf eine weltweite Zugänglichkeit aus der Schweiz zu schliessen ist, muss für die auf dem Internet zugänglichen Daten daher wohl bejaht werden.

Wird eine technische Kenntnis durch deren praktische Anwendung verbreitet, so genügt die Kenntnisnahme durch mehrere, nicht unter Geheimhaltepflicht stehende Personen.

Kenntnisse können durch schriftliche Veröffentlichung, aber auch durch beliebige andere Wiedergabemittel offenkundig gemacht werden, sofern ein solches Mittel der Öffentlichkeit den Zugang ermöglicht. Die auf einer Diskette gespeicherte Lehre, welche nur mittels eines vertraulichen Schlüsselwortes zugänglich ist, kann wohl nicht als der Öffentlichkeit zugänglich betrachtet werden, auch wenn die Diskette an eine gewisse Anzahl von Ausgewählten verteilt wird.

Gemäss Rechtsprechung des Bundesgerichtes ist massgeblich, ob reicht es aus, wenn die Erfindung objektiv unkontrolliert zugänglich ist. Unter diesem Blickwinkel kann selbst ein einziger Verkauf oder ein einmaliges Vorzeigen des Gegenstandes, welcher die Information verkörpert oder enthält (z.B. die Zurverfügungstellung eines Prototyps) oder die Weitergabe an eine einzige, nicht zur Geheimhaltung verpflichtete, Person die Offenkundigkeit herbeiführen (BGE 18. März 2003, sic! 2003, 603).

Verstösst ein Geheimnisträger gegen seine Schweigepflicht und gibt er seine Kenntnis über die Erfindung einer nicht zur Geheimhaltung verpflichteten Person weiter, so wird die Erfindung dadurch der Öffentlichkeit zugänglich (vgl. BGE 117 II 480).

Die Öffentlichkeit kann aus Laien und Fachleuten bestehen. Eine ausschliesslich aus Laien bestehende Öffentlichkeit, welche die ihr zugänglich gemachte technische Regel nicht verstehen kann, ist allerdings keine Öffentlichkeit im patentrechtlichen Sinn (PMMBl 1977, 88; SMI 1978, 12). Nicht zum Stand der Technik gehören nicht öffentlich zugänglich gemachte individuelle Kenntnisse von als Experten befragten Fachleuten oder von Richtern (BGE 95 II 363).

4. Die Neuheit

4.1. Materielle Neuheit – formelle Neuheit

Der Begriff «neu» hat in der Umgangssprache mehrere Bedeutungen. Er zieht erstens die Grenze zwischen Bekanntem und Unbekanntem. Er bezeichnet zweitens ein Objekt, welches sich vom bisher Bekannten unterscheidet. Drittens kann das Eigenschaftswort «neu» auf eine bekannte, aber noch nicht verwendete Sache hinweisen.

Eine Schöpfung ist notwendigerweise neu, da sie von ihrem Urheber geschaffen wurde. In diesem Sinne ist jede Erfindung als geistige Schöpfung neu. Wir bezeichnen diese Neuheit als materielle Neuheit.

Im PatG wird die materielle Neuheit als subjektive Neuheit behandelt. Sie spielt eine Rolle in PatG Art. 26 Ziff. 6, welcher das Recht am Patent dem Erfinder oder seinem Rechtsnachfolger, dem Schöpfer der Erfindung, dem Urheber einer materiell neuen Sache, vorbehält (s. hinten, § 44, Ziff. 2.1).

Indem das PatG aber fordert, dass Patente nur für neue Erfindungen erteilt werden, spielt es offensichtlich nicht (nur) auf diese materielle Neuheit an.

Die vom Gesetz vorgesehene Neuheit ist ein rechtliches Konzept, welches die Zeit und die Veröffentlichungen Dritter berücksichtigt. Wir bezeichnen sie als formelle Neuheit.

4.2. Die formelle Neuheit

Gemäss PatG Art. 7, Abs. 1 und 2 gilt eine Erfindung als neu, «wenn sie ... nicht vor dem Anmelde- oder Prioritätsdatum der Öffentlichkeit durch schriftliche oder mündliche Beschreibung, durch Benützung oder in sonstiger Weise zugänglich gemacht worden ist» (und daher nicht zum Stand der Technik gehört). EPÜ Art. 52, Abs. 2 enthält eine praktisch identische Vorschrift.

Ob ein wissenschaftliches Referat neuheitsschädigend ist bzw. eine Lehre naheliegend macht, beurteilt sich nach der Frage, wie dieses vom fachkundigen Publikum verstanden wurde; dies ist eine Auslegungsfrage (BGE vom 31. Januar 2002, sic! 2002, 534, E. 3).

Zur Feststellung, ob eine Erfindung neu ist, muss der Stand der Technik mit einem zeitlichen Begriff verbunden werden. Das entscheidende Datum ist das Datum der Anmeldung bei der Eintragungsbehörde.

Die Offenbarung einer Erfindung vor der Patentanmeldung zerstört jedoch die Neuheit nicht in jedem Fall, z.B. wenn die Offenbarung missbräuchlich geschah oder bei Vorstellung auf gewissen Messen[3].

---

[3] Siehe PatG Art. 7b: Wenn eine Erfindung innerhalb von 6 Monaten vor dem Anmelde- oder Prioritätsdatum der Öffentlichkeit zugänglich gemacht worden, so zählt diese Offenbarung nicht zum Stand der Technik, wenn sie unmittelbar oder mittelbar zurückgeht

Hingegen können nicht veröffentlichte Patentanmeldungen neuheitsschädlich sein, ohne zum Stand der Technik zu gehören. Gemäss PatG Art. 7 a ist eine Erfindung nicht neu, obwohl sie nicht zum Stand der Technik gehört, wenn sie gleich lautet wie ein gültiges Patent, das auf Grund einer früheren oder einer prioritätsälteren Anmeldung für die Schweiz erteilt wurde, zum Zeitpunkt der schweizerischen Patentanmeldung noch geprüft wurde und noch nicht veröffentlicht war. Nach Massgabe des schweizerischen Rechts kommt es für die Feststellung der Neuheitsschädlichkeit nicht auf den Inhalt des früheren oder prioritätsälteren Patentes an, sondern auf den Wortlaut dessen Patentansprüche. Im Vergleich zur EPÜ schränkt somit der Schweizer Gesetzgeber die Tragweite der früheren Patente ein, was auf Grund von Art. 6 des Strassburger Übereinkommens möglich ist. Anders als in der Schweiz gehören zum Stand der Technik gemäss EPÜ Art. 54 Abs. 3 auch Beschreibungen, Zeichnungen, Auszüge und weitere Patentelemente («whole contents gegen «prior claims» approach)[4].

4.3. Identität der zum Stand der Technik gehörenden Regel

Neuheitsschädlich ist nur eine identische Regel mit allen grundsätzlichen Merkmalen einer Erfindung.

Im Gegensatz zum Nichtnaheliegen (s. unten, Ziff. 6.3) stellt sich hier die Frage, ob die Erfindung mit allen ihren Merkmalen als Regel in ein und derselben Veröffentlichung, die zum Stand der Technik gehört, zu finden ist (BGE 114 II 82). Jede vorhandene Veröffentlichung muss mit der zu prüfenden Erfindung verglichen werden. Eine Vorveröffentlichung ist nur dann neuheitsschädlich, wenn in ihr die gleiche Aufgabe gestellt und das Problem in allen Punkten, deren der Fachmann für eine Wiederholung bedarf, auf identische Weise gelöst wird (BGE vom 18. März 2003, sic! 2003, 603).

Es ist jedoch oft schwierig zu entscheiden, ob das Bundesgericht bei der Prüfung von Erfindungen betreffend neue Verwendungen bekannter Materialien und Verfahren oder deren Übertragung auf andere Bereiche den Begriff «neu» im Zusammenhang mit der formellen Neuheit oder mit der erfinderischen Tätigkeit verwendet.

---

a) auf einen offensichtlichen Missbrauch zum Nachteil des Patentbewerbers oder seines Rechtsvorgängers oder

b) auf die Tatsache, dass der Patentbewerber oder sein Rechtsvorgänger die Erfindung auf einer offiziellen oder offiziell anerkannten internationalen Ausstellung im Sinne des Übereinkommens vom 22. 11. 1928 über die internationalen Ausstellungen zur Schau gestellt hat, und er dies bei der Einreichung des Patentgesuches erklärt und durch einen genügenden Ausweis rechtzeitig belegt hat.

[4] Siehe HG Bern vom 10. Dezember 1996, INGRES-NEWS VOM 8. Dezember 1997); für mehr Einzelheiten, s. Bericht der schweizerischen Landesgruppe der AIPPI «Gegenwärtige Standards für Offenbarungen im Stand der Technik bei der Beurteilung der Voraussetzungen der Neuheit und der Erfindungshöhe», sic! 2002, 215.

5. Wiederholbarkeit und gewerbliche Anwendbarkeit

Der Erfindung als Regel, als Anweisung für eine technische Tätigkeit, entspricht das Erfordernis der wiederholbaren Anwendung. Die Lehre ist nur dann eine Regel, wenn ihr Erfolg nicht nur mit mehr oder weniger grosser Wahrscheinlichkeit, sondern regelmässig eintritt (BGE 120 II 312, 314). Allerdings müssen Wiederholbarkeit und gewerbliche Anwendbarkeit getrennt geprüft werden, denn unter gewissen Voraussetzungen kann eine technische Regel gewerblich anwendbar sein, ohne dass sie regelmässig zum erhofften Erfolg führt (BGE 79 I 82).

Eine Erfindung im patentrechtlichen Sinn ist nur die endgültige Lösung eines technischen Problems, die fertige Erfindung, «der offenbarte ursächliche Zusammenhang zwischen den angewandten Mitteln und der erzielten Wirkung» (BGE vom 31. Juli 1997, sic! 1997,77). Blosse Hinweise auf Lösungsmöglichkeiten oder Aufgabenstellungen sind nicht schützbar. Die Aufgabenstellung kann eine technische Regel im patentrechtlichen Sinn darstellen, aber nur selten, da sie sich im Allgemeinen aus den Kenntnissen des Fachmanns ergibt (BGE 114 II 82; BGE vom 17. 9. 1979, PMMBl 1979, 62; vgl. auch hinten, Ziff. 6.4.).

Damit eine Erfindung wirklich angewendet werden kann, muss sie in der Patentschrift genügend offenbart, d.h. so dargestellt sein, dass der Fachman sie ausführen kann. Es handelt sich hier bei um ein Gültigkeitserfordernis des Patentes (s. dazu hinten, § 44, Ziff. 2.2).

Die Offenbarung mindestens eines Weges zur Ausführung in der Patentschrift ist erforderlich, aber auch ausreichend, wenn sie die Ausführung der Erfindung im gesamten beanspruchten Bereich ermöglicht; entscheidend ist, dass der Fachmann in die Lage versetzt wird, im Wesentlichen alle in den Schutzbereich der Ansprüche fallenden Ausführungsarten nachzuarbeiten (BGE 18. März 2003, sic! 2003, 603).

Ist der Gegenstand der Erfindung regelmässig wiederholbar oder besteht sie in einem mit Sicherheit wiederholbaren Verfahren, so wird die gewerbliche Anwendbarkeit vermutet. Im gegenteiligen Fall fehlt es an der technischen Brauchbarkeit, einem weiteren Element der gewerblichen Anwendbarkeit (BGE vom 31. Juli 1996, sic! 1997, 77). Hingegen müssen weder ein technischer noch ein wirtschaftlicher Erfolg nachgewiesen werden.

Gemäss Art. 57 EPÜ gilt eine Erfindung als gewerblich anwendbar, wenn ihr Gegenstand in irgend einem gewerblichen Bereich, einschliesslich der Landwirtschaft, hergestellt oder benutzt werden kann (RKGE vom 25. März 2004, sic! 2004, 791). Das PatG definiert den Begriff der gewerblichen Anwendbarkeit nicht. Es ist deshalb davon auszugehen, dass dieser in PatG Art. 1 Abs. 1 verwendete Ausdruck demjenigen des EPÜ Art. 57 entspricht.

PCT Art. 33, Ziff. 4 gibt eine ausführlichere Definition der «gewerblichen Anwendbarkeit»: [Eine Erfindung] «... gilt als gewerblich anwendbar, wenn ihr

Gegenstand dem Wesen der Erfindung nach auf irgendeinem gewerblichen Gebiet hergestellt oder (im technischen Sinne) benutzt werden kann. Der Begriff «gewerbliches Gebiet» ist entsprechend der PVUe im weitesten Sinne zu verstehen ...»

6. Die erfinderische Tätigkeit

Wie wir festgestellt haben, darf die den Patentinhalt bildende technische Lehre dem Fachmann in Kenntnis des Standes der Technik nicht nahegelegen haben.

Wann ist davon auszugehen, dass sich eine Lehre in naheliegender Weise aus dem Stand der Technik ergibt?

Um dies zu erfahren, müssen drei Rechtsbegriffe interpretiert werden:
der Stand der Technik
das Nichtnaheliegen
der Fachmann.

Dies drei Begriffe sind eng miteinander verbunden. Die Frage nach dem Naheliegen einer Erfindung kann (meistens – s. BGE 125 III 29) nur unter Beizug des Begriffs des Fachmanns beantwortet werden. Es ist somit im Normalfall zu prüfen, ob ein (hypothetischer) Fachmann aufgrund des Standes der Technik (der praktisch ebenfalls hypothetisch ist, da er alle zugänglichen Kenntnisse umfasst) die Erfindung ohne besondere Mühe realisieren könnte.

6.1. Stand der Technik

Diesen Begriff haben wir vorne (Ziff. 3) erläutert.

6.2. Fachmann

Wer ist nun der Fachman, dem die patentierte Regel nicht nahegelegen haben darf?

Es muss von Fall zu Fall, nach Massgabe der Besonderheiten eines Bereiches, entschieden werden, wer ein Fachmann ist. Der Fachmann hat die dem Bereich entsprechende Ausbildung genossen und besitzt die durchschnittlichen Kenntnisse, Fähigkeiten und Vorurteile. Seine Kenntnisse beschränken sich auf den betreffenden Bereich. Er überblickt nicht den gesamten Stand der Technik. Als Fachmann ist zu betrachten, wer normalerweise als Hersteller des Gegenstandes, welchen die Erfindung auszuführen erlaubt, in Frage käme oder wer für die Lösung eines Problems angegangen würde. Der Fachmann muss zum Kreis derjenigen, an welche sich die Lehre des Patentes richtet, d.h. zu deren Benutzern gehören. (BGE 120 II 71).

Der Fachmann besitzt normale logische Fähigkeiten; er hat die Fähigkeiten eines Konstrukteurs und nicht die eines Erfinders.

«Der durchschnittlich gut ausgebildete Fachmann ist weder Experte des betreffenden technischen Sachgebiets noch Spezialist mit hervorragenden Kenntnissen. Er muss nicht den gesamten Stand der Technik überblicken, jedoch über fundierte Kenntnisse und Fähigkeiten, über eine solide Ausbildung und ausreichende Erfahrung verfügen und so für den in Frage stehenden Fachbereich gut gerüstet sein. Bei der Bestimmung der erforderlichen Qualifikationen ist den Besonderheiten des technischen Zweiges Rechnung zu tragen. Es sind insbesondere die gewerbliche Zielsetzung und die in einem bestimmten Bereich übliche Art, Fachleute einzusetzen zu berücksichtigen (BGE 123 III 485 E. 2b S. 491; 120 II 71 E. 2 mit Hinweisen).» (BGE vom 18. Dezember 2002, 4C. 300/2002).

Der Fachmann ist nicht unbedingt eine Einzelperson mit Kenntnissen in einem einzigen Bereich der Technik. Stützt sich eine Erfindung auf Techniken aus verschiedenen Bereichen, so können die Kenntnisse einer Gruppe von Personen mit entsprechenden Kenntnissen in den verschiedenen Bereichen massgebend sein (BGE 120 II 71).

Der Fachmann kann das Nichtnaheliegen nicht einzig auf Grund seines Wissens oder seiner Arbeitsmethoden beweisen; ist er ein in seinem Bereich hochqualifizierter Spezialist, darf er sich nicht auf seine gesamten Kenntnisse, sondern nur auf dasjenige Wissen stützen, welches der (theoretisch durchschnittliche) Fachmann hätte, wenn er den gesamten Stand der Technik überblicken würde (SMI 1973, 126, 128). Die Kenntnisse des massgebenden Fachmanns sind nicht mit den erforderlichen Fachkenntnissen zur Erstellung eines Gerichtsgutachtens zu verwechseln (BGE vom 18. Dezember 2002, sic! 2003, 600).

Man hat sich den Fachmann in seiner Berufsumgebung und bei seiner normalen Tätigkeit vorzustellen, mit dem Stand der Technik zur Lösung der konkreten Aufgabe vor Augen. Experten begehen häufig den Fehler, die Frage des Nahliegens auf Grund eines Stands der Technik zu beantworten, welchen sie im Lichte der Erfindung vertieft studiert und analysiert haben. Mit einem solchen Vorgehen verkennt der Experte die Rolle des Fachmanns. Nicht die Kenntnisse des Experten, sondern diejenigen des Fachmanns müssen berücksichtigt und die Lehre muss geprüft werden, welche der Fachmann (theoretisch) dem Stand der Technik entnommen hätte, um dann zu entscheiden, ob es für ihn anhand dieser Lehren nahelag, die vom Patent aufgeworfenen Fragen zu stellen und sie wie im Patent zu beantworten (s. BGE vom 18. Dezember 2002, sic! 2003, 600).

Das Wissen des Fachmanns, dessen Kenntnisse ausschlaggebend sind, deckt sich nicht mit den Kenntnissen des Erfinders; es ist dabei unerheblich, ob sie für diesen auf der Hand lag, ob die Erfindung das Ergebnis seiner plötzlichen Eingebung oder langer, schwieriger und kostspieliger Versuche war.

Bezüglich des planmässigen Forschens gewisser (grosser) Unternehmen muss zwischen deren Stand der internen Technik und dem einem Fachmann zur Verfügung stehenden Stand der externen Technik unterschieden werden.

4. Kapitel: Die Erfindung

Auf der internen Ebene wurde die Lösung vielleicht nach zahlreichen Schritten gefunden, von denen jeder einzelne naheliegend war. Dennoch ist die endgültige Lösung unter Umständen nicht naheliegend, wenn der Fachmann die technische Regel allein nicht hätte entwickeln können, weil er entweder nicht über die spezialisierten Kenntnisse des Unternehmens verfügte, oder weil seine Forschungs- und Entwickungsmittel ungenügend waren (BGE 102 II 370).

6.3. Nichtnaheliegen

Das Nichtnaheliegen ist die klarste Bezeichnung des Kriteriums, welches die Erfindung, gemeinsam mit der Neuheit und der gewerblichen Anwendbarkeit, patentfähig macht. Leider weichen der französische und der deutsche Wortlaut des Gesetzes voneinander ab. Der französische Text des PatG (und des EPÜ) spricht von «non évident», also nicht von «nicht naheliegend», sondern von «nicht offensichtlich».

Das Bundesgericht hat sich zu Gunsten des deutschen Textes ausgesprochen und erklärt, eine Erfindung sei patentfähig und demzufolge «nicht naheliegend», wenn sie sich nicht aus dem Stand der Technik ergebe (vgl. BGE 120 II 312).

Das Bundesgericht hat in einem neueren Entscheid den Begriff des Erfinderisches und damit des Nicht-Naheliegens mit treffenden Worten so präzisiert, dass sich weitere Ausführungen dazu eigentlich erübrigen – s. BGE vom 18. Dezember 2002, sic! 2003, 600:

«2.1. Gemäss der Rechtsprechung des Bundesgerichts beginnt der Begriff des Erfinderischen erst jenseits der Zone, die zwischen dem vorbekannten Stand der Technik und dem liegt, was der durchschnittlich gut ausgebildete Fachmann des einschlägigen Gebiets gestützt darauf mit seinem Wissen und seinen Fähigkeiten weiterentwickeln und finden kann. Diese für die Patenterteilung vorausgesetzte erfinderische Tätigkeit umschreibt Art. 1 Abs. 2 PatG entsprechend Art. 56 EPÜ mit dem Begriff des Nichtnaheliegens. Entscheidend ist danach, ob ein gut ausgebildeter Fachmann nach all dem, was an Teillösungen und Einzelbeiträgen den Stand der Technik ausmacht, schon mit geringer geistiger Anstrengung und einfachen praktischen Experimenten auf die Lösung des Streitpatentes kommen kann oder ob es dazu eines zusätzlichen schöpferischen Aufwandes bedarf (BGE 123 III 485 E. 2 a S. 488; 121 III 125 E. 5 b S. 137 mit Hinweisen).»

Zur Ermittlung der erfinderischen Tätigkeit müssen die Gewohnheiten im betreffenden technischen Bereich, insbesondere der Umstand, ob üblicherweise Spezialisten beigezogen werden, berücksichtigt werden (BGE 123 III 491).

Die objektiv richtige Beantwortung der Frage über das Naheliegen wird erschwert durch die subjektive Kenntnis der Erfindung und das persönliche Wissen des Richters oder des Experten und durch die Weiterentwicklung der Technik seit der Patent- oder Prioritätsanmeldung. Richter und Experten müssen sich bemühen, ihren Entscheide nicht durch ihre persönlichen Kenntnisse und durch die Weiterentwicklung der Technik zu verfälschen. Bei ihrer Suche nach der richtigen Antwort sollten Richter und Experten von der Erfindung Abstand nehmen und prüfen, ob sich der Fachmann im Rahmen der Weiterentwicklung seines Wissens die vom umstrittenen Patent vorgeschlagenen Fragen ohne weiteres stellen und sie ohne weiteres beantworten würde (SMI 1988, 139).

6.4. Indizien für das Vorliegen einer erfinderischen Tätigkeit – Indizien für das Nicht-Naheliegen

Scheuchzer nennt folgende Indizien für das Nichtnaheliegen einer technischen Regel:

Kommerzieller Erfolg; überwundene Schwierigkeiten; lange empfundenes Bedürfnis; fruchtlose Versuche durch Spezialisten; verbesserte Leistungen; grössere Produktivität; wirtschaftlichere Methoden und Produktion; Vereinfachung der Maschinen; Konstruktionen; Herstellungsetappen; bedeutender technischer Fortschritt; Leiterfindung; überwundene Vorurteile; neues und unerwartetes Ergebnis; Erteilung von Lizenzen; Patentfälschung oder -verletzung durch Konkurrenten; Umgehungserfindung; Urteil der Fachleute; langdauernde Forschung; hohe Entwicklungskosten; Berücksichtigung des Patenterteilungsverfahrens; einen seit lange bestehenden Stand der Technik; besonders glückliche Wahl unter vielen Möglichkeiten.

Dieser Indizien sind allerdings nur beschränkt beweiskräftig; sie werden zum Nachweis des Nichtnaheliegens einer technischen Regel nur unter besonderen Voraussetzungen und nach Prüfung im Lichte des Standes der Technik zum Zeitpunkt der Einreichung der Patentanmeldung herangezogen (BGE 120 II 320).

6.4.1. Bereicherung der Technik

Der technische Fortschritt wird als Indiz für das Nichtnaheliegen anerkannt, wenn eine technische Methode einem technischen, ästhetischen oder anderen Bedürfnis besser entspricht als die bisher bekannten Methoden, wenn die neue Methode «die Technik sprunghaft bereichert» (BGE 123 III 490).

6.4.2. Überwundene Vorurteile

Unter Umständen bleiben technische Probleme während Jahren ungelöst, weil die Fachleute bis zum Auftreten des Erfinders der Ansicht waren, die von diesem entwickelte Regel könne gar nichts zur Lösung des betreffenden Problems beitragen, sie sei unzweckmässig oder sogar undurchführbar. Falsche Vorstellungen oder Vorurteile sind die Folgen eines Werturteils der Fachleute über den Stand der Technik. Die falsche Vorstellung oder das Vorurteil muss technischer Natur sein, und die Widerlegung muss ein Konzept betreffen, welches bis anhin als grundlegend gegolten hat; sie muss eine technische Lösung vorschlagen, welche bis anhin als ausgeschlossen oder als zum Scheitern verurteilt galt (PMMBl 1977, 87; 1979, 63).

6.4.3. Die Aufgabenstellung

Es kommt vor, dass es der Fachwelt nicht bewusst war, dass ein Produkt oder das Verfahren zu seiner Herstellung in technischer Sicht oder mit Bezug auf die Kosten für seine Herstellung/Benutzung stark verbesswürgfähig war; als das Problem einmal festgestellt war, lag die technische Lösung auf der Hand. Ausnahmsweise können solche Aufgabenstellungen als Erfindungen geschützt werden (PMMBl 1981, 89). Das Bundesgericht vertrat auch die gegenteilige Ansicht, jedoch ist die Begründung nicht sehr überzeugend (BGE 114 II 82).

6.4.4. Patentierung im Ausland

Der Erfinder kann beim Versuch, seine Erfindung in der Schweiz patentieren zu lassen, nicht zu seinen Gunsten geltend machen, diese sei im Ausland durch ein Patent geschützt worden; das Bundesgericht hält sich diesbezüglich streng an das Territorialitätsprinzip (BGE 114 II 82).

6.5. Indizien für das Fehlen der erfinderischen Tätigkeit, für das Naheliegen – Äquivalente

Man spricht von Äquivalenten, wenn zur Lösung eines Problems zwar andere Mittel verwendet werden, diese aber die gleiche Aufgabe, die gleichen technischen Auswirkungen haben oder auf gleiche Weise zur Lösung des gleichen Problems beitragen oder zum gleichen Ergebnis führen. Die Voraussetzungen der gleichen Aufgaben und der gleichen Wirkung oder des gleichen Ergebnisses müssen kumulativ gegeben sein.

Zur Feststellung des Naheliegens müssen die gesamten im Patentanspruch dargestellten Merkmale, der mit der Erfindung verfolgte, in der Patentbeschreibung zum Ausdruck gebrachte Zweck und der umstrittene Gegenstand gewürdigt werden.

Die Verwendung von Äquivalenten ist ein Indiz für das Naheliegen; bei Nachahmung bedeutet sie eine Patentverletzung.

Zur feststellung der Äquivalenz muss man sich an den Wortlaut der Patentansprüche halten – wenn daher gewisse Mittel ausdrücklich genannt sind, so ist die Verwendung wesentlich anderer Mittel (z.B. von Mitteln mit einer anderen technischen Funktion) oder das Weglassen dieser Mittel ein Zeichen mangelnder Äquivalenz. Aufnahmen von Zahlen angaben in einen Ausspruch bedeutet, dass ein äquivalentes Mittel denselben Zahlen entsprechen muss[5].

---

[5] Siehe zu dieser Fragen auch den Bericht der Schweizerischen Landesgruppe der AIPPI: «Die Rolle der Äquivalente und des Erteilungsverfahrens bei der Bestimmung des Schutzbereichs von Patenten (Q175)», sic! 2003, 380.

6.6. Sonderfälle der erfinderischen Tätigkeit

6.6.1. Anwendungs- und Übertragungserfindungen

Das Bundesgericht hat wiederholt die Anwendung von Verfahren oder Vorrichtungen als erfinderische Tätigkeit anerkannt, obgleich sie schon in einem anderen Bereich der Technik verwendet wurden, sofern dadurch eine neue technische Wirkung erzielt werden konnte: «Eine Erfindung kann auch in der erstmaligen Auswahl eines an sich bekannten Stoffes für eine an sich bekannte Vorrichtung bestehen» (BGE 69 II 190). Es handelt sich hierbei aber um Ausnahmefälle, da solche Anwendungen für den Fachmann meistens naheliegend sind (BGE 70 II 241).

6.6.2. Kombinationserfindungen

Der Begriff der Kombinationserfindung bezeichet hinsichtlich der Beurteilung des Naheliegens einen Sonderfall.

Eine Kombination liegt vor, wenn mehrere Verfahren oder Arbeitsmittel zur Erreichung eines bestimmten Zweckes miteinander verbunden werden. Die einzelnen Mittel können bekannt oder unbekannt sein. Besteht die Kombination nicht in einem blossen Aneinanderreihen bekannter Mittel, sondern führt sie zu einer funktionellen Einheit, welche eine technischen Identität und eine neuen Funktion schafft, so handelt es sich um eine erfinderische Tätigkeit (BGE 120 II 312).

Kombinationserfindungen unterstehen den allgemeinen Grundsätzen der Patentfähigkeit. Es stellt sich stets die Frage, ob die Kombination der Elemente, welche eine neue Wirkung hervorruft, für den Fachmann naheliegend war. Sind die einzelnen Bestandteile der Kombination im Stand der Technik für gleiche oder analoge Zwecke verwendet worden, allenfalls auch im Rahmen anderer Kombinationen, muss Naheliegen aufgrund der funktionellen Gleichheit eher bejaht werden. «Geschützt ist die erfinderische Verknüpfung verschiedener Merkmale, die technisch betriebliche, funktionelle Bestimmung der Elemente in der Gesamtkombination und ihre Eignung gerade für diese» (BGE 121 III 138). Normalerweise sollte die Kombination eine Synergiewirkung hervorrufen. Auf diese kann jedoch verzichtet werden, wenn die Erfindung aus anderen Gründen nicht naheliegend ist (BGE 120 II 316).

Die Kombination von Einzelelementen aus dem Stand der Technik zur Begründung des Naheliegens findet aber jedenfalls dort ihre Grenze, wo sie zu einer künstlichen ex-post-Betrachtung in Kenntnis der neuen Lösung führen würde; eine Kombinierung von Entgegenhaltungen ist nur zulässig, wenn dafür Anregungen im Stand der Technik vorhanden waren (BGE vom 18. März 2003, sic! 2003, 603).

6.6.3. Abhängige Erfindungen

Eine Erfindung wird als abhängig bezeichnet, wenn ein Teil ihrer technischen Regel Gegenstand eines früher erteilten Patentes ist oder wenn eine technische Regel nur unter teilweiser oder ganzer Mitbenutzung einer anderen geschützten technischen Regel verwendet werden kann (BGE vom 18. Januar 1990, SMI 1991, 198, 205).

Die Nutzungsrechte des Inhabers des zweiten Patentes sind selbstverständlich begrenzt; er kann allenfalls eine gesetzliche Lizenz am ersten Patent erhalten (vgl. unten, § 38, Ziff. 3., § 50, Ziff. 9).

6.6.4. Analogieverfahren

Als analoge Verfahren kann man solche bezeichnen, die mit einem geschützten Verfahren wirkungsgleich sind dank bloss unwesentlichen Veränderungen in ihren Funktionen, Zwecken, Brauchbarkeiten und Vorteilen (BGE 122 III 85). Eine derartige Abänderung eines Verfahrens (oder auch eines Erzeugnisses) liegt in der Regel dem Fachmann nahe, und ist daher nicht patentierbar.

Die Patentfähigkeit des Analogieverfahrens kann jedoch durch die Eigenschaften des Endprodukts bewirkt werden, wenn z.B. das veränderte Erzeugnis überraschende und sehr vorteilhafte Eigenschaften aufweist, die für den Fachmann nicht vorhersehbar waren (BGE 121 III 138).

6.6.5. Neue Verwendung bekannter Stoffe

PatG Art. 7c regelt gewisse Verwendungsarten bekannter Stoffe wie folgt:

«Stoffe und Stoffgemische, die als solche, aber nicht in bezug auf ihre Verwendung in einem chirurgischen, therapeutischen oder diagnostischen Verfahren nach Art. 2 Bst.b zum Stand der Technik gehören oder Gegenstand einer älteren Rechtes sind, gelten als neu, soweit sie nur für eine solche Verwendung bestimmt sind.»

Laut dieser Bestimmung kann der Erfinder eines neuen Arznei- oder Diagnostikmittels, welches als Substanz oder in einer Zusammensetzung mit einem völlig anderen Verwendungszweck schon bekannt ist oder Gegenstand eines älteren Rechtes bildet, für diese Substanz hinsichtlich eines neuen Zwecks ein Patent erhalten. Eine weitere Anwendung (sog. Zweite Indikationen) im Bereich von Therapie oder Diagnostik wird jedoch nicht mehr als neu beurteilt (PMMBl 1978, 37). Unter der zweiten Indikation ist die Anwendungsregel eines für einen bestimmten therapeutischen Zweck bekannten Stoffes zu einer neuer Verwendung mit unerwarteten Heilwirkungen zu verstehen. Das IGE hat zweite Indikationen als nicht schützenswert erklärt (PMMBl 1984, 53).

6.6.6. Unzutreffende Beurteilung durch den Erfinder

Eine unzutreffende Beurteilung der erfinderischen Elemente der patentierten technischen Regel durch den Erfinder ist bedeutungslos. Das Patent muss lediglich objektiv gültig sein und allen gesetzlichen Anforderungen genügen (BGE vom 24. Juli 1991, SMI 1993, 144, 147).

7. Zusammenfassung der Fragen betreffend erfinderische Tätigkeit

Die Erfindung kann sich in naheliegender Weise aus dem Stand der Technik ergeben, wenn

7.1 sie diesen in identischer Weise enthält – es fehlt ihr dann an Neuheit;
7.2 der Stand der Technik die Mittel anbietet, um die gestellten Aufgaben anders, aber unter Anwendung der gleichen funktionellen Grundsätze zu lösen (Problem der Äquivalente im weiten Sinn);
7.3 der Stand der Technik Kenntnisse enthält, welche den Fachmann, der die Technik im betreffenden Gebiet weiterentwickeln will, in naheliegender Weise zu dieser Aufgabe und deren konkreten Lösung führen (Problem der fehlenden erfinderischen Tätigkeit).

Das zuletzt erwähnte Problem wird auch weiterhin der Stolperstein des Patentrechtes bleiben; seine Lösung wird auch in Zukunft von der Art und Weise abhängen, wie die Gerichte die Rechtsbegriffe Nahliegen, Fachmann und Stand der Technik auslegen.

§ 12 Ausschluss von der Patentierung

Der Gesetzgeber hat beschlossen, gewisse Erfindungen von der Patentierung auszuschliessen, obgleich sie alle wesentlichen und gesetzlichen Voraussetzungen erfüllen. Er tat dies aus Gründen des öffentlichen Wohls. Er wollte vermeiden, dass erstens die schweizerische Öffentlichkeit getäuscht oder missbraucht wird und dass zweitens die sich aus dem Patent ergebende Ausschliesslichkeit zur Verteuerung gewisser Produkte von öffentlichem Nutzen beiträgt.

Nach Massgaber von PatG Art. 1a werden «*für Pflanzensorten und Tierarten und für im wesentlichen biologische Verfahren zur Züchtung von Pflanzen oder Tieren keine Patente erteilt; jedoch sind mikrobiologische Verfahren und die damit gewonnenen Erzeugnisse patentfähig*» (s. dazu oben, § 10, Ziff. 3; s. auch BGE 121 III 125).

Der neue Text von PatG Art. 2 gemäss Stammzellenforschungsgesetz vom 25. Juni 2004 (im Kraft seit dem 1. März 2005) lautet wie folgt:

«*1. Von der Patentierung ausgeschlossen sind Erfindungen, deren Verwertung gegen die öffentliche Ordnung oder die guten Sitten verstossen würde. Insbesondere werden keine Patente erteilt für:*
a. Verfahren zum Klonen menschlicher Lebewesen und die damit gewonnenen Klone;
b. Verfahren zur Bildung von Chimären und Hybriden unter Verwendung menschlicher Keimzellen oder menschlicher totipotenter Zellen und die damit gewonnenen Wesen;

c. Verfahren der Parthenogenese unter Verwendung menschlichen Keimguts und die damit erzeugten Parthenoten;
d. Verfahren zur Veränderung der in der Keimbahn enthaltenen genetischen Identität des menschlichen Lebewesens und die damit gewonnenen Keimbahnzellen;
e. unveräderte menschliche embryonale Stammzellen und Stammzellinien.
2. Von der Patentierung ebenfalls ausgeschlossen sind Verfahren der Chirurgie, Therapie und Diagnostik, die am menschlichen oder tierischen Körper angewendet werden.»

Gemäss Ziff. 1 sind Erfindungen sittenwidrig, welche gegen die Moral im Allgemeinen verstossen, indem sie beispielsweise eine Täuschung zur Folge haben (BGE 96 I 403); ausgeschlossen sind nicht nur Erzeugnisse, sondern ebenso Verfahren (BGE 121 III 132).

Unter Verfahren der Diagnostik sind nicht nur Diagnosen im engen Sinn, wie beispielsweise die reine Schlussfolgerung und die Auslegung einer Analyse oder anderer Daten, sondern auch die Phase der Beschaffung der Angaben und deren Prüfung zu verstehen (BGE 108 II 222)[6].

Mit Bezug auf die therapeutischen oder chirurgischen Verfahren sind nur jene von der Patentierung ausgeschlossen, die die Gesundheit des Menschen beeinflussen oder die direkt am Körper ausgrübt werden; alle übrigen Methoden und Apparate, welche den menschlichen Körper nur indirekt zum Gegenstand haben, können patentiert werden, sofern sie die gesetzlichen Voraussetzungen erfüllen (BGE 72 I 369), so z.B. chirurgische Verfahren, die nicht der Heilung dienen (BAGE in PMMBl 1995, 63).

§ 13 Sortenschutz

1. Der Begriff der Sorte

Unter dem Kürzel «Sorte» versteht man gewisse Pflanzenzüchtungen. Als Sorten gelten Zuchtsorten, Klone, Linien, Stämme und Hybriden, egal ob das Ausgangsmaterial, aus dem sie geschaffen wurden resp. entstanden sind, natürlichen oder künstlichen Ursprungs ist (SortG Art. 1).

---

[6] Diese schon recht alte Rechtsprechung des Bundesgerichts ist auch im Lichte der beim europäischen Patentamt anhängigen Diskussion zu überprüfen, ob ein Verfahren nur dann als Diagnostizierverfahren vom Patentschutz ausgeschlossen werden soll, falls es alle Schritte umfasst, die zur Stellung einer medizinischen Diagnose notwendig sind (z.B. Entscheid der technischen Beschwerdekammer des europäischen Patentamtes T 385/86), oder ob bereits jedes Verfahren ausgeschlossen werden soll, wenn es auch nur Bezug zu einem Diagnostizierzweck aufweist oder für eines solches nützlich ist (Entscheid der technischen Beschwerdekammer des europäischen Patentamtes T 964/99).

Damit eine Pflanzenzüchtung als Sorte bezeichnet werden kann, muss sie homogen, beständig und sortenidentisch, d.h. unterscheidbar sein. Durch die Sortenprüfung wird garantiert, dass diese Kriterien erfüllt sind (SortV Art. 28 ff).

2. Die gesetzlichen Schutzvoraussetzungen

Damit einer Sorte der Schutz des SortG zukommt, muss sie neu, beständig und hinreichend homogen sein; sie muss des weiteren zu einer Art oder Gattung gehören, die in dem vom Bundesrat erlassenen Artenverzeichnis aufgeführt ist (SortG Art. 5 Ziff. 1).

2.1. Die Neuheit

Eine Sorte ist neu, wenn sie sich durch ein oder mehrere charakteristische Merkmale, die sowohl morphologischer als auch physiologischer Art sein können, von jeder anderen im Zeitpunkt der Anmeldung allgemein bekannten Sorte unterscheidet.

Allgemein bekannt ist eine Sorte, z.B. wenn sie vorveröffentlicht oder in einem öffentlichen Register aufgeführt wird, oder wenn sie laufend oder in einer Vergleichssammlung angebaut wird, oder wenn der Sorteninhaber Versuchsmaterial oder anderes Erntegut direkt oder indirekt gewerbsmässig vertrieben oder angeboten hat. Diese Beispiele sind nicht erschöpfend – die Allgemeinbekanntheit der Sorte kann sich auch auf andere Weise ergeben (SortG Art. 5 Ziff. 2–3, SortV Art. 10).

Eine allgemein bekannte Sorte gilt als neu, wenn sie im Zeitpunkt der Anmeldung in der Schweiz noch nicht – mit Zustimmung des Züchters oder des Rechtinhabers – angeboten oder gewerbsmässig vertrieben worden ist. Im Ausland erfolgte Angebote oder Inverkehrsetzungen sind nur dann schädlich, wenn sie seit mehr als vier Jahren stattfanden. Diese Frist kann vom Bundesrat für einzelne Arten oder Gattungen auf höchstens sechs Jahre verlängert werden (SortG Art. 5 Ziff. 3).

2.2. Die Beständigkeit

Eine Sorte ist hinreichend beständig, wenn sie nach jeder Vermehrung in ihren wesentlichen Merkmalen dem beschriebenen Typus entspricht. Wenn die Vermehrung einen ganzen Zyklus erfordert, dann muss die Charakteristikakonstanz nach Durchlaufen des Zyklus gegeben sein (SortV Art. 12).

Das Gesetz spricht von «wichtigsten» Merkmalen. Da im schweizerischen Immaterialgüterrecht der Ausdruck wesentlich vielerorts verwendet wird (Aequivalenz, Formmarken usw.) haben wir den Begriff «wichtigst» durch «wesentlich» ersetzt – es ist in der Tat schwer vorzustellen, das ein Merkmal zu den wichtigsten gehört, ohne gleichzeitig auch wesentlich zu sein. Dies entspricht auch dem französischen Text, der von «particularités essentielles» spricht.

2.3. Die Homogenität

Eine Sorte ist hinreichend homogen, wenn die zur Sorte gehörenden Pflanzen untereinander nicht mehr abweichen als dies für die betreffende Art charakteristisch ist; ein zusätzliches Merkmal für die ausreichende Homogenität besteht darin, dass die Abweichungen der Sorten, die zum Vergleich angebaut wurden, sowohl physiologisch wie auch morphologisch gleichwertig sind, d.h. dass sie gleiche organische Funktionen sowie gleiche Strukturen aufweisen.

Bei fremd- oder selbstbefruchtenden oder bei vegetativ vermehrten Arten und Hybridsorten sind deren Eigenheiten zu berücksichtigen (SortV Art. 11).

3. Die Sortenbezeichnung

Im Gegensatz zu Marken (s. unten, Ziff. 4) ist die Sortenbezeichnung eine Sachbezeichnung. Sie muss aus Wörtern bestehen, die leicht aussprechbar, einprägsam und geeignet sind, als Sachbezeichnung verwendbar zu sein (SortV Art. 13 Ziff. 1).

3.1. Neue Bezeichnungen

Die Bezeichnung darf nicht ausschliesslich aus Zahlen bestehen (SortG Art. 6 Ziff. 2 lit.c). Sie darf nicht verwechselbar sein mit einer Bezeichnung, die in der Schweiz oder in einem Verbandstand der UPOV (s. unten, §73, Ziff. 8) für eine Sorte derselben botanischen oder einer verwandten Art angemeldet oder eingetragen ist (SortG Art. 6 Ziff. 2 lit. a und SortV Art. 13 Ziff. 2 lit. b).

Wie im Marken- und Patentrecht sind auch beim Sortenschutz Bezeichnungen verboten, die gegen die guten Sitten, die öffentliche Ordnung, Bundesrecht oder Staatsverträge verstossen.

Ebenso sind, wie im Markenrecht, irreführende Bezeichnungen vom Schutz ausgeschlossen, vor allem solche, die aus den botanischen- oder landesüblichen Namen einer anderen Art bestehen, oder die falsche Vorstellungen über die Herkunft, die Eigenschaften oder den Wert der Sorte, über den Züchter oder den Sorteninhaber erwecken könnten (SortV Art. 13 Ziff. 2 lit. c).

3.2. Im Ausland eingetragene Bezeichnungen

Ist die Bezeichnung einer Sorte in einem Verbundsstaat der UPOV schon angemeldet oder eingetragen, so muss diese Bezeichnung auch für die schweizerische Eintragung übernommen werden, ausser die Bezeichnung sei für die Eintragung in der Schweiz ungeeignet (z.B. weil sie in keiner der Landessprachen leicht ausgesprochen werden kann) oder weil die vorstehend genannten Schutzausschlussgründe gegeben sind, oder weil in anderen Verbandsstaaten ein besseres Recht eines Dritten besteht (SortV Art. 13 Ziff. 3).

3.3. Die Benützungspflicht

Vermehrungsmaterial einer geschützten Sorte muss unter der Sortenbezeichnung angeboten oder vertrieben werden, sogar nachdem der Sortenschutz abgelaufen ist (SortG Art. 8, SortV Art. 16).

4. Verwendung von Marken

Da die Sortenbezeichnung eine Sachbezeichnung ist, ist es logisch, dass der Inhaber einer Sortenbezeichnung für diese Sorte auch eine anderslautende Marke verwenden darf (SortG Art. 7).

Kann die Sortenbezeichnung mit der für eine andere Sorte der gleichen oder einer botanisch verwandten Art verwendeten Marke verwechselt werden, so können die Rechte aus der Marke für diese Sorte vom Zeitpunkt der Erteilung des Sortenschutzes an nicht mehr geltend gemacht werden. Dies gilt auch für im Artenregister aufgeführte Sorten, die in einem anderen Verbandsstaat geschützt (SortV Art. 15 Ziff. 1). Der Sortenschutzbewerber muss anlässlich der Anmeldung der Sortenbezeichnung die Einhaltung dieser Vorschrift schriftlich bestätigen (SortV Art. 15 Ziff. 3).

5. Kapitel
Marke, Herkunftsangabe, Unternehmenskennzeichen

§ 14 Merkmale der Marke

1. Wesen der Marke

1.1. Unabhängigkeit der Marke vom Recht

Marken wurden schon in der Antike als Kennzeichen für Waren verwendet. Sie dienten seit jeher dazu, die Herkunft der Waren aus einer bestimmten Stadt oder Manufaktur anzugeben oder die Ware von derjenigen eines Konkurrenten zu unterscheiden, unabhängig davon, ob sich Gesetzgeber und Gerichte mit dieser Frage befassten und ob sie die Inhaber solcher Kennzeichen schützten. Das Anbringen von Marken entsprach der Entwicklung der Gesellschaft, von Warenverkehr und Dienstleistungen. Wie andere Immaterialgüter ist auch die Marke in Wesen und Existenz unabhängig vom Gesetz.

1.2. Marke als einheitliche Vorstellung von Zeichen und Ware oder von Zeichen und Dienstleistung

Wir befassen uns in erster Linie mit der Verbindung von Zeichen und Ware. Diese Ausführungen gelten jedoch auch für die Verbindung von Zeichen und Dienstleistung.

Was ist der Inhalt einer Marke, woraus besteht sie? Zur Illustration der Frage mag der folgende Satz dienen: *Nachdem der Künstler Jean Paul Cartier sein neuestes Bild vollendet hatte, signierte er es J P Cartier, blickte auf seine Cartier®-Uhr und zündete sich eine Cartier®-Zigarette an.*

In diesem Satz wird die Bezeichnung Cartier in vier verschiedenen Zusammenhängen verwendet, nämlich als Familienname, als Urheberzeichen und als Uhrensowie als Zigarettenmarke. Im Bewusstsein des Lesers verbindet sich das Wort Cartier mit vier resp. drei verschiedenen Objekten (mit einer Person als solcher und als Urheber und mit zwei Gegenständen). Das Wort Cartier ist ein Eigenname. Er kann eine unbestimmte Zahl voneinander unabhängiger Personen bezeichnen (im konkreten Fall die natürliche Person Jean Paul Cartier und das weltberühmte Cartier-Unternehmen). Zudem kann das Wort Cartier den Schöpfer eines (urheberrechtlich geschützten oder nicht geschützten) Werkes bezeichnen. Die juristische

Eigenschaft als Marke wird ihm aber nur durch seine Zuordnung zu einer Ware oder Dienstleistung verliehen. Diese Zuordnung erfolgt im menschlichen Bewusstsein. Es gibt keine natürliche, ursprüngliche Verbindung zwischen dem Zeichen (Wort, Bild oder Kombination) und der Warenliste im Markenregister. Der Mensch, welcher von der Eintragung einer Marke Kenntnis nimmt, verbindet diese nur aufgrund einer geistigen Anstrengung mit den Waren, die sie deckt.

Wir sprechen in diesem Paragraphen vom Waren- oder Dienstleistungskennzeichen im allgemeinen, und bezeichnen es der Einfachheit halber als Marke.

Im juristischen Sinne kann man jedoch nur das in einem Markenregister eingetragene Kennzeichen als Marke bezeichnen. Den Schutz des Markengesetzes geniessen nur eingetragene Kennzeichen; nicht eingetragene sind aber ebenfalls gegen gewisse unlautere Verwendungen oder Nachahmungen geschützt (s. unten, § 61, Ziff. 6.2, 6.5).

2. Funktionen der Marke

2.1. Zeichen, Ware und Unternehmen

Rechtlich gesehen dient die Marke in erster Linie zur Unterscheidung der Waren oder Dienstleistungen eines Unternehmers von anderen identischen oder gleichartigen Waren oder Dienstleistungen anderer Unternehmer, oder, wie es das Bundesgericht sagt:

«[es] *entspricht dem alleinigen rechtlich geschützten Zweck der Marke, die gekennzeichneten Waren zu individualisieren und von anderen Waren zu unterscheiden, um die Verbraucher in die Lage zu versetzen, ein einmal geschätztes Produkt in der Menge des Angebots wiederzufinden.*» (BGE 129 III 514).

Die Marke ordnet die Waren einem Unternehmer oder einer Unternehmensgruppe zu. Sie individualisiert Waren nach Massgabe ihrer Herkunft (BGE 122 III 383). Diese Funktion ist unentbehrlich in einem Wirtschaftssystem, in welchem der Konsument zwischen gleichartigen Waren verschiedener Hersteller zu wählen hat.

2.2. Zeichen, Ware und Qualität

Im Allgemeinen ist sich der Konsument, der eine Marke sieht, nicht nur des Bildes der Ware oder Leistung bewusst. Er erinnert sich zudem an die Besonderheiten der Ware oder Leistung, welche für ihn mit dem Zeichen verbunden sind. Solche Qualitätsvorstellungen können ungenau und von Person zu Person verschieden sein. Sie werden von der eigenen Erfahrung der Person, von den Äusserungen anderer Kunden, von der Werbung usw. beeinflusst. Die Einheit Zeichen-Ware-Qualität bewirkt im Allgemeinen, dass andere Waren, die diese Erwartung nicht erwecken, ausgeschieden werden (BGE 129 III 514).

Die höchste Wirksamkeit der Marke ist erreicht, wenn die Einheit Bedürfnis-Zeichen-Ware = Befriedigung des Bedürfnisses bedeutet. Wer regelmässig Bally-Schuhe trägt oder Davidoff-Zigarren raucht, sieht Schuhe und Zigarren nur im Zusammenhang mit diesen Zeichen. Wenn jemand «Rivella» liebt, weiss er oft gar nicht, dass es sich um ein Milchserumgetränk handelt (BGE vom 18. Juli 2000 – Rivella III). Die Marke tritt so sehr in den Vordergrund, dass sie beim Auftreten eines diesbezüglichen Bedürfnisses die Aufmerksamkeit derart rasch und ausschliesslich auf sich lenkt, dass alle anderen Waren, auch wenn es sich um Markenartikel handelt, sogleich ausgeschieden werden.

Eine Marke ist unbesehen der besseren oder schlechteren Qualität der von ihr bezeichneten Waren gültig. Das MSchG schützt weder die Garantie- noch die Werbefunktion der Marke (BGE vom April 2002, sic! 2002, 605).

In Wirklichkeit ist die Garantiefunktion jedoch nicht ohne Bedeutung. Der Konsument erwartet beim Kauf eines bestimmten Markenproduktes, dass er eine Ware bestimmter Qualität mit gleichbleibenden Eigenschaften erwirbt (BGE 129 III 514).

Garantiefunktion und Qualitätsfunktion sind typische Merkmale der Garantie- und der Kollektivmarken (s. unten, Ziff. 3.2.2.).

3. Marken-Kategorien

Wir weisen im Folgenden kurz auf einige Begriffe und Unterscheidungen hin, um die Leser mit dem Konzept der Marke vertrauter zu machen.

Man kann die Marken nach ihrer Form, nach ihrer Funktion, nach der Person des Berechtigten oder nach dem Bekanntheitsgrad des Zeichens einteilen.

Das IGE unterscheidet in neuerer Zeit zwischen konventionellen und nicht-konventionellen Marketypen (s. Erläuterungen des IGE zum Entwurf für Richtlinien in Markensachen vom 7. Februar 2005).

Zu den ersten gehören die Wort- und Bildmarken sowie deren Kombination. Alle anderen Marken betrachtet das IGE als nicht-konventionelle Marken, vor allem Warenformen, Farben oder Muster, d.h. alles Zeichen, die der Ware, die sie kennzeichnen, nicht beigefügt sind, sondern die einen Teil des Ware selbst bilden, sodass sie der Konsument anders wahrnimmt als ein der Ware beigefügtes Wort oder Bild.

3.1. Einteilung nach der Form

3.1.1. Wortmarke

Die meisten Marken bestehen aus Worten. Sie können aus dem Wortschatz irgendeiner Sprache stammen oder originelle Kombinationen sein (z.B. CIBA, LEGO, TIMBERLAND). Nicht nur einzelne Wörter, sondern auch Wortverbindungen sind möglich.

Marken können auch aus kurzen Sätzen bestehen. Das IGE hat zahlreiche Slogans als Marken zugelassen (z.B. «En un éclair un café du tonnerre»; «Sunfruit, chaque fruit un sourire»; «Katzen würden Whiskas kaufen»; «Making your business world your single world»).

Als Marke eingetragen werden auch Titel von Zeitschriften oder Zeitungen (BGE 129 III 353).

3.1.2. Familiennamen

Schon immer haben Unternehmenseigentümer ihren Eigennamen zur Individualisierung ihres Unternehmens und/oder dessen Waren benutzt.

Im Allgemeinen ist die Verwendung eines in der Schweiz bekannten Familiennamens als Marke unzulässig (BGE 118 II 74). Unter gewissen Voraussetzungen lässt jedoch das Bundesgericht die Benutzung eines Familiennamens als Marke zu (BGE 116 II 614; 130 III 113).

3.1.3. Bildzeichen und Farbmarken

Das Bildzeichen besteht aus einer flächenhaften Form, welche mittels Linien und/oder Farben einen geschlossenen Eindruck vermittelt (BGE vom 18. Juni 1975, PMMBl 1975, 70). Man verlangt vom Bildzeichen eine gewisse Unabhängigkeit von Ware und Verpackung. Es darf nicht als Bestandteil der Ware wirken, sondern muss ein die Ware begleitendes Kennzeichen sein (BGE 111 II 508).

Grundfarben können nicht als Marke monopolisiert werden; dagegen können originelle Farben und Farbnuancen Bildzeichen sein (RKGE vom 5. Februar 2002, sic! 2002 4, 243). In ihrem Entscheid vertritt die RKGE die Auffassung, Grundfarben, nämlich alle im Wirtschaftsleben gängigen Farben, seien für Waren des allgemeinen Konsums zwingend freihaltebedürftig, nicht aber für von Fachleuten gekaufte Spezialwaren sowie für Dienstleistungen. Daher sei die Farbe «gelb» für postalische Dienste zulässig, nicht jedoch für Papeteriewaren.

Zu den Bildzeichen gehören auch originelle Darstellungen einzelner Buchstaben oder ganzer Wörter (BGE 121 III 377).

Des weiteren können Bilder von bekannten Personen des öffentlichen Lebens (Politiker oder eher Sportler oder Filmstars) als kennzeichnende Marken verwendet werden, sowie das Sportbild als solches (zum Sportbild s. unten, § 27, Ziff. 2.2.3).

3.1.4. Raumformen

3.1.4.1. Die dreidimensionale Marke

Dreidimensionale Zeichen sind Gegenstände, welche der durch sie gekennzeichneten Ware beigefügt sind.

Dreidimensionale Marken können unabhängig von der Ware sein, welche sie individualisieren (z.B. Mercedesstern), oder mit dieser eine untrennbare körperliche Einheit bilden (z.B. in Weinflaschen oder Parfumflaschen eingeschmolzenes Wappensiegel).

Eine dreidimensionale Marke, die aus einer sich wiederholenden an und für sich banalen Form besteht, kann genügend Kennzeichnungskraft besitzen, um als Marke hinterlegbar zu sein (RKGE vom 6. Juli 2004, sic! 2004, 853).

Damit eine Marke als dreidimensionale geschützt wird, muss ihre Dreidimensionalität im Eintragungsgesuch vermerkt werden (MSchV Art. 10 Abs. 4) (s. unten, § 34, Ziff. 2).

3.1.4.2. Formmarke

Die individualisierende Form oder Verpackung der Ware kann diese ebenfalls kennzeichnen. Deshalb sind laut MSchG Form und Verpackung der Waren als Marken schutzfähig (MSchG Art. 1 Ziff. 2 und Art. 2 lit. a).

Die Formmarke ist keine Marke im herkömmlichen Sinne; sie ist kein angefügtes Zeichen, kein Zusatz, um Waren voneinander zu unterscheiden. Das äussere Erscheinungsbild der Ware dient als Kennzeichen; dies kann zu Konflikten und/oder zur Schutzkumulierung gemäss MSchG, DesG und UWG führen (Schutz gegen die unlautere Nutzung der Ausstattung; vgl. unten § 29 und § 61, Ziff. 6.4.2.–6.4.4.).

Formmarken sind schutzfähig, wenn sie durch ihre Eigenschaften auffallen, vom Gewohnten und Erwarteten abweichen und dadurch im Gedächtnis der Abnehmer haften bleiben (s. unten, § 16, Ziff. 4.4).

Als Marke monopolisierbar ist nur die Form, welche nicht zum eigentlichen Wesen der Ware gehört und zur Erreichung des durch die Ware beabsichtigten Ergebnisses nicht unentbehrlich und technisch nicht notwendig ist (s. unten, § 17, Ziff. 2). Hingegen muss jedes dreidimensionale Element geschützt werden, welches das äussere Erscheinungsbild der Ware oder ihrer Verpackung bestimmt und Unterscheidungskraft besitzt (RKGE vom 24. März 1998, sic! 1998, 399). Dabei genügt es, dass das betreffende Element oder eine Kombination mehrerer Elemente zur Individualisierung der Ware beziehungsweise zu deren Unterscheidung von anderen gleichartigen Artikeln geeignet ist (BGE 131 III 121)[7].

---

[7] Zu den manigfachen Problemen der Formmarken, s.u.a.: RUTH ARNET, Markenschutz für Formen: Erkenntnisse zu den Schutzausschlussgründen, in: sic! 2004, 829 ff.; PETER HEINRICH/ANGELIKA RUF, Die Formmarke nach Lego III, Swatch Uhrenarmband und Katalysatorträger, in: sic! 2005, 253 ff.; THOMAS RITSCHER, Formmarken und andere Markenformen. Zur Frage der Kategorien von Marken – ein Diskussionsbeitrag und ein Nachtrag zu den «Binsenwahrheiten des Immaterialgüterrechts», in: sic! 2002, 456–457; s. auch unten, § 17, Ziff. 2.

3.1.4.3. Hologramme

Hologramme, d.h. die Wiedergabe des räumlichen Bildes eines oder mehrerer Gegenstände, aber auch von Worten oder von Bildern, können ebenfalls als Marken eingetragen werden, wenn ihre Erscheinungsform Kennzeichnungskraft besitzt.

3.1.5. Buchstaben- und Zahlenmarken

Diese Marken werden vom MSchG ausdrücklich erwähnt (Art. 1 Abs. 2). Sie bestehen entweder aus aneinandergereihten Buchstaben, welche nicht den Eindruck eines Fantasiewortes erwecken, aber als Buchstabenfolge wirken (BBC, BMW, IBM), oder aus mehreren Zahlen (4711) oder einer Kombination von Buchstaben und Zahlen (K2R) oder in beschreibenden Worten («ZET» für den Buchstaben «Z»). Nach Ansicht des RKGE sind Buchstabengruppen eintragungsfähige Marken und bezüglich Unterscheidungskraft wie andere Marken zu behandeln (RKGE vom 6. April 2001, sic! 2001, 325, E. 5b).

Eine Kombination von Buchstaben oder Buchstaben und Zahlen ist u.E. nur schutzwürdig, wenn sie zumindest wie ein Kurzwort oder eine Abkürzung ausgesprochen oder wenigstens rhythmisch buchstabiert werden kann. Sie muss daher im Normalfall aus mindestens drei Zahlen oder Buchstaben bestehen (dazu s. auch unten, § 17, Ziff. 1.2.).

3.1.6. Kombinierte Marke

Sie entstehen aus der Verbindung einer Wortmarke mit einer Bildmarke. Jedes Element muss eine eigene Unterscheidungskraft besitzen (BGE 128 III 441). Andernfalls handelt es sich nur um eine Wortmarke oder eine Bildmarke mit einem nicht schutzwürdigen Zusatz, welcher markenrechtlich unerheblich ist (RKGE vom 18. August 2004, sic! 2004, 865; Cour de Justice de Genève vom 19. März 2004, sic! 2004, 859). Jedoch können auch gemeinfreie Bestandteile den Gesamteindruck einer Marke beeinflussen (s. unten, § 16 Ziff. 2.1.; BGE vom 15. Oktober 1996, sic! 1997, 45).

3.1.7. Positionsmarken

Positionsmarken sind dadurch charakterisiert, dass ein Kennzeichen an immer der selben Warenposition (normalerweise auf einer Verpackung) in stets gleichem Grössenverhältnis angebracht wird. Die Position erlangt nur durch die Wiederholung Kennzeichnungskraft – daher muss in der Regel das Zeichen unterscheidungskräftig sein. Der Umstand, dass es sich um eine Postionsmarke handelt, muss in der Eintragung ausdrücklich erwähnt sein.

3.1.8. Akustische und Geruchsmarke

Tonfolgen oder Gerüche mit Unterscheidungskraft können geeignet sein, Waren oder Dienstleistungen zu individualisieren (z.B. versprüht eine Supermarktkette im Eingangsbereich der Geschäfte einen bestimmten Geruch, oder ein Unternehmen lässt alle Anrufer, die auf eine interne Verbindung warten, immer die gleiche Melodie hören). Gemäss MSchG sind solche Marken zulässig, sofern sie graphisch dargestellt werden können[8].

3.1.9. Bewegungsmarken

Das kennzeichnende Element ist der Bewegungsablauf – es kann sich um die Bewegung der Ware selber oder einer zwei- oder dreidimensionalen Graphik oder anderen Kennzeichens handeln.

Werden an oder mit der Ware Bewegungen ausgeführt, die zum Wesen dieser Ware gehören, fehlt es der Bewegung an Kennzeichnungskraft.

3.1.10. Telle-quelle-Marke

Die Telle-quelle-Marke ist ein im Ausland eingetragenes Zeichen, dessen Eintragung gemäss Art. $6^{quinquies}$ PVÜ verlangt wird. Wenn es mit der im Herkunftsland eingetragenen Marke vollständig übereinstimmt, darf seine Eintragung nicht aus formellen Gründen verweigert werden. Die Abweisungsgründe sind in Art. $6^{quinquies}$ lit. b abschliessend aufgezählt. Sie entsprechen den MSchG in Art. 2 genannten Schutzverweigerungsgründen (s. unten, § 17; BGE vom 4. Juni 1997, nicht publiziert, 4C.516/1996, S. 7f.). Die materiellrechtlichen Aspekte bezüglich Wesen und Funktion der eingetragenen Marke müssen gemäss den Gesetzesbestimmungen des Landes gelöst werden, in welchem der Schutz beansprucht wird (BGE 100 II 159).

3.2. Unterscheidung nach Funktion

Wie schon ausgeführt, besteht die grundlegende Funktion einer Marke darin, Waren und/oder Dienstleistungen eines Unternehmens von den Waren und/oder Dienstleistungen eines anderen Unternehmens zu unterscheiden.

3.2.1. Fabrik-, Produkt- oder Handelmarken

Marken können des weiteren noch einen Hinweis auf die Art des Unternehmens enthalten, dessen Güter- oder Dienstleistungen sie unterscheiden, je nachdem ob dieses ein Fabrikations- oder ein Handelsunternehmen ist.

Diese weiteren wirtschaftlichen Funktionen des Kennzeichens zu Werbe-Profilierung- oder Kommunikationszwecken geniessen keinen markenrechtlichen Schutz (BGE vom 30. Januar 2002, sic! 202, 434; BGE 122 III 469).

---

[8] Nach Ansicht des IGE sind Melodien ohne Text in der Regel nicht unterscheidungskräftig, da eine musikalische Untermalung in der Werbung häufig vorkommt und sie daher für den Konsumenten keinen Hinweis auf eine betriebliche Herkunft darstellt (s. Newsletter 2005/06 der Markenabteilung des IGE). Dies bedeutet u.E. nicht, dass sich solche Melodien nicht als Kennzeichen durchsetzen können (s. unten, Ziff. 3.4.2.).

3.2.2. Garantiemarken

Marken können auch eine Garantiefunktion ausüben, indem mehrere Unternehmen sich verpflichten, gewiss Produkte oder Dienste in einer bestimmten Qualität oder mit gewissen anderen Charakteristika anzubieten, und diese Einheitlichkeit durch ein Kennzeichen kundtun (MSchG Art. 21, Abs. 1). Das Einhalten der Verpflichtung muss durch ein drittes, unabhängiges Unternehmen kontrolliert werden, das Inhaberin der Garantiemarke sein muss (MSchG Art. 21, Abs. 2).

3.2.3. Vorratsmarken

Wenn ein Unternehmen neben der von ihm für eine Ware oder eine Dienstleistung gebrauchte Marke noch weitere, ähnliche Zeichen hinterlegt, ohne jedoch unter diesen bestimmte Waren oder Dienstleistungen auf den Markt zu bringen, so spricht man von Vorratszeichen. Da jedoch Marken an und für sich nur geschützt sind, wenn sie für die von ihnen umfassten Waren oder Dienstleistungen gebraucht werden, ist die Gültigkeit von Marken, die ohne Gebrauchsabsicht eingetragen werden, zu verneinen (BGE vom 1. Mai 2003, sic! 2004, 325) – nach Ablauf der fünfjährigen «Schonfrist» sind sie dann ohnehin potentiell ungültig (s. unten, § 15, Ziff. 3.4).

Wenn jemand eine Marke, in Kenntnis der kurz bevorstehenden Beanspruchung desselben Zeichens durch einen Konkurrenten, ohne eigene Benutzungsabsicht hinterlegt, fehlt der Wille zur markenrechtlichen Benutzung; die Eintragung ist nichtig (BGE 127 III 160).

3.2.4. Serienzeichen

Unternehmen wählen bisweilen für verschiedene Produkte Zeichen, die einen gemeinsamen Bestandteil enthalten (meistens eine Stammsilbe eines Wortes), wobei sie die Kennzeichen durch die restlichen Bestandteile voneinander unterscheiden. Die Stammsilbe hat den Zweck, auf die Zugehörigkeit der Produkte zum gleichen Betrieb hinzuweisen; die zusätzlichen Merkmale bezeichnen die einzelnen Produkte. Zum Beispiel die Marken der Firma Nestlé: Nescafé, Nescao, Nesquick etc. oder von L'Oréal: Neutria, Neutrolia, Neutrol, Neutraya, Neutraia. Der kennzeichnende Teil einer Serienmarke kann sich ebensogut am Anfang wie am Ende des Wortes befinden (RKGE vom 14. Oktober 1996, sic! 1997, 63).

Die Zugehörigkeit zu einer Serie hinterlässt im Erinnerungsbild für alle Marken, die das Stammelement aufweisen, einen gemeinsamen Eindruck. Daher muss sich eine Drittmarke von sämtlichen Marken einer Serie so unterscheiden, wie wenn sie ihnen einzeln gegenübergestellt würde (RKGE vom 1. Mai 1997, sic! 1997, 298).

Ein erhöhter Bekanntheitsgrad und eine grosse Kennzeichnungskraft steigern die Wahrscheinlichkeit, dass ähnliche Drittmarken als Serienzeichen angesehen würden (Fürstliches Landgericht Vaduz vom 8. Juli 2002, sic! 2002, 848).

3.2.5. Exportmarken

Viele Schweizer Unternehmen (wenn auch weniger oft als früher) produzieren nur für den Export. Sie hinterlegen die Marke in der Schweiz und in den Ziellländern. Der Export der mit der Marke versehenen Waren gilt auch als Gebrauch der Marke (MSchG Art. 11, Abs. 2) – diese Marken sind daher mit Bezug auf die Schutzvoraussetzungen und alle anderen Fragen genau gleich zu behandeln wie Marken, die in der Schweiz gebraucht werden (BGE vom 20. Juli 2000, sic! 2000, 611).

3.2.6. Herkunftsbezeichnungen

Obwohl die Herkunftsbezeichnungen im MSchG ausführlich behandelt werden (MSchG Art. 47 ff), sind sie keine Marken. Sie geben Auskunft über und bezeugen die Herkunft eines Produktes (oder einer Dienstleistung) aus einer bestimmten Gegend oder dessen Herstellung unter Verwendung bestimmter Materialien oder nach gewissen Methoden. Wir widmen dem Herkunftsangaben ein besonderes Kapitel (s. unten, § 18).

3.2.7. Produzentenkennzeichen/Verantwortlichkeitsmarken

Die Verantwortlichkeitsmarken (Punzen) sind zwar zwingend einem bestimmten Hersteller zugeordnet, sind aber keine Marken, da sie nicht der Individualisierung eines Produktes, sondern der Garantie dessen Edelmetallgehalts dienen. Ihre Verwendung ist daher im Edelmetallkontrollgesetz geregelt[9]. Früher mussten sie als Marken eingetragen werden; seit Inkrafttreten des MSchG ist die Eintragung nicht mehr obligatorisch.

Die vor dem 1. April 1993 erfolgten Eintragungen ins Markenregister sind während 20 Jahren gültig[10].

Seither müssen die Punzen beim Zentralamt für Edelmetallkontrolle eingetragen werden (EMKG, Art. 11 und EMKV, Art. 70).

Punzen dienen vor allem der Kennzeichnung von Uhren, wo ihre Verwendung obligatorisch ist[11].

3.2.8. Die Internationale Marke (IR)

Die internationale Marke ist eine in einigen oder allen Mitgliedstaaten des sogenannten Madrider Systems eingetragene Marke. Jede natürliche oder juristische Person, die einen der Vertragsstaaten angehört oder dort ihnen Wohnsitz oder

---

[9] EMGK, Art. 9.
[10] Siehe Newsletter 2004/04 des IGE.
[11] Siehe MSchV, Art. 53. Siehe auch das Reglement des Verbands der schweizerischen Uhrenindustrie FH vom 26. August 1993.

einen wirklichen Geschäftsbetrieb hat, und die in einem Vertragsstaat eine Marke hinterlegt hat, kann über das Registeramt dieses Vertragsstaates eine internationale Marke hinterlegen lassen[12].

3.2.9. Unternehmenskennzeichen

Unternehmenskennzeichen sind keine Marken. Sie bezwecken, wie es der Begriff sagt, die Individualisierung eines Unternehmens. Sie können Marken sein, d.h. unmittelbar auf ein Produkt oder eine Dienstleistung der betreffenden Firma hinweisen. Es können unterscheidungskräftige Firmennamen sein, oder graphische Darstellungen, seltener Farben oder Slogans. Hat sich die Marke eines Produktes sehr durchgesetzt, übernimmt sie das Unternehmen in die Firma (Coca Cola, Swatch), oft sind Firma und Marke des Hauptproduktes auch gleichlautend (Ferrari, Breitling).

3.2.10. Enseigne und Handelsnamen

Enseigne und Handelsnamen sind eine Art von Unternehmenskennzeichen; sie dienen nicht (vor allem) der Produktidentifikation.

Die Enseigne werden in Art. 48 der HRVo als «*besondere Bezeichnungen des Geschäftslokals*» definiert.

Es handelt sich daher um ein ortsbezogenes Unternehmenskennzeichen. Obwohl es im Handelsregister eingetragen werden kann, geniesst es nicht den Schutz von OR Art. 956.

Der Handelsname ist eine weder im Marke – noch im Handelsregister eingetragene Bezeichnung, unter der ein Unternehmen im geschäftlichen Verkehr auftritt. Handelsnamen können eine grosse geschäftliche Bedeutung erlangen, hauptsächlich im internationalen Verkehr. Deshalb hat schon die PVUe ihre Angehörigen seit jeher verpflichtet, ausländischen Handelsnamen den Inländerschutz zu gewähren (BGE 114 II 106)[13]. Der Schutz geht jedoch nicht über jenen hinaus, den Namensschutz und Schutz gegen unlauteren Wettbewerb gewähren (BGE vom 6. November 2001, sic! 2002, 162).

3.3. Einteilung nach der Person des Berechtigten

Diese Einteilung wird unten, anlässlich der Darstellung der Personen, die Markenrechte erwerben können, ausführlicher gestaltet werden (§ 39 Ziff. 4.). Vorderhand begnügen wir uns mit einem kurzen Überblick.

---

[12] Zur Hinterlegung der internationale Marke s. unten, § 15, Ziff. 2.2; zum Madridersystem s. unten, § 73, Ziff. 4.1.
[13] PVÜ Art. 8, s. unten, § 28, Ziff. 3; § 39, Ziff. 5.2.

3.3.1. Einzelmarke

Die meisten Marken gehören einzelnen natürlichen Personen oder Unternehmen, deren Waren, Leistungen oder andere Dienste sie kennzeichnen.

3.3.2. Kollektivmarke

Unter bestimmten Voraussetzungen können Körperschaften mit Rechtspersönlichkeit eine Marke hinterlegen und deren Gebrauch ihren Mitgliedern abtreten (MSchG Art. 22). Die Kollektivmarke unterscheidet die von den Mitgliedern einer Vereinigung oder eines Konzerns hergestellten oder kommerzialisierten Waren oder Dienstleistungen von gleichartigen, durch Nichtmitglieder auf den Markt gebrachten Waren oder Dienstleistungen. Wie die Einzelmarke bezweckt auch die Kollektivmarke die Individualisierung von Waren. Da sie jedoch nicht auf die Herkunft aus einem einzigen Unternehmen hinweist, muss sie gemeinsame Eigenschaften der von ihr gedeckten Waren, beispielsweise die Herkunft aus der gleichen Gegend, besondere Herstellungsmethoden, eine besondere Qualitätskontrolle oder die Verwendung einheitlicher Rohstoffe kennzeichnen. Der Inhaber der Kollektivmarke muss beim IGE ein Reglement über den Gebrauch der Marke, über die daran Berechtigten und über die Markmale ihrer Waren oder Dienstleistungen einreichen (MSchG Art. 21).

Die Kollektivmarke muss das Publikum nicht notwendigerweise über weitere Einzelheiten orientieren; sie hat nicht die Funktion einer Qualitätsgarantie. Dennoch versucht die Körperschaft selbstverständlich, den Absatz zu fördern, indem sie aufgrund der oben erwähnten Kriterien eine bestimmte Vorstellung über die durch die Mitglieder angebotenen Waren schafft und auf diese Weise eine gewisse Verantwortung für deren gleichbleibende Qualität übernimmt. Betreibt die Körperschaft zudem auch ein eigenes Unternehmen, kann sie das Zeichen gleichzeitig als Kollektivmarke für die Waren ihrer Mitglieder und als Einzelmarke für ihre eigenen Waren eintragen lassen (BGE 99 II 104) – dies im Gegensatz zur Garantiemarke (s. oben, Ziff. 3.2.2).

Keine Kollektivmarken sind Etiketten (Gütesiegel), die durch Vereinigungen ausgestellt und/oder angebracht werden, welche die Verkaufsbedingungen bestimmter Waren regeln, deren Preis festsetzen und eine bestimmte Qualität gewährleisten. Sie sind Vorgänger der Garantiemarke (z.B. Armbrust oder die Marken «Dorin» oder «Viti» für Qualitätsweine aus dem Waadtland oder Tessin) (s. auch oben, Ziff. 3.2.7).

3.3.3. Konzernmarke

Konzernmarken sind identische Zeichen, welche durch eng miteinander verbundene Firmen hinterlegt und gebraucht werden und gleichartige Waren bezeichnen. Sie individualisieren nicht die Waren der einzelnen beteiligten Firmen, sondern die Waren des Konzerns (BGE 95 II 360).

3.4. Einteilung nach dem Bekanntheitsgrad der Marke

3.4.1. Notorisch bekannte Marke

Die notorisch bekannte Marke ist eine in einem Mitgliedstaat der PVÜ eingetragene Marke, welche auch in anderen Ländern als Kennzeichen der Waren des Inhabers bekannt ist, ohne dort eingetragen zu sein. Gemäss PVÜ Art. 6bis müssen die Behörden des anderen Landes einem Dritten die Eintragung und den Gebrauch dieser Marke verweigern. Diese Lösung bildet eine Ausnahme vom Territorialitätsprinzip (RKGE vom 22. September 1997, sic! 1997, 581).

Für die Notorietät einer Marke sind folgende Kriterien massgebend: der Bekanntheitsgrad der Marke in den betroffenen Verkehrskreisen, die Dauer, der Umfang und die geografische Ausdehnung des Markengebrauchs und der Markenbewerbung, die Dauer und die geografische Ausdehnung erfolgter oder beantragter Markenregistrierungen, der bisherige Schutz des Markenrechts (BGE 130 III 267).

Für ihren Schutz in der Schweiz genügt es, dass die Marke in der Schweiz bekannt ist; sie muss nicht in der Schweiz gebraucht werden (BGE 120 II 145). Die Bekanntheit muss jedoch ausser Frage stehen (mindestens in einem der relevanten Verkehrkreise, z.B. bei den Händlern, die gleichartige Waren verkaufen). Sie muss eine sichere und dauerhafte sein. Um als notorisch zu gelten, sollte eine Marke bei über 50% der Angehörigen der massgebende Verkehrskreise bekannt sein (BGE 130 III 267); wenn sie nur auf Reklame in ausländischen Zeitschriften beruht, so müssen diese wenigstens in der Schweiz regelmässig verkauft werden (RKGE vom 27. November 1997, sic! 1998, 52).

Die Annahme der notorischen Eigenschaft einer Marke muss zurückhaltend erfolgen, da es sich um eine Ausnahme vom Eintragungsprinzip handelt (BGE vom 19. Februar 2001, sic! 2001, 317, MSchG 3, Ziff. 2, lit. b).

Da die PVÜ nur Fabrik- und Handelsmarken betrifft, kommen notorische Dienstleistungsmarken an und für sich nicht in den Genuss von Art. 6bis. Die Mitgliedstaaten können jedoch die Dienstleistungsmarken in den Schutzbereich einbeziehen. Das MSchG schützt u.E. auch die notorischen Dienstleistungsmarken.

Nach Massgabe des TRIPS Abkommens (s. unten, § 73, Ziff. 2.2 und 5.1), Art. 16 Ziff. 3, wird der Schutz von PVÜ Art. 6bis auf Waren oder Dienstleistungen ausgedehnt, die denen der notorisch bekannten Marke nicht ähnlich sind, wenn die Benutzung der notorischen Marke im Zusammenhang mit den unähnlichen Waren oder Dienstleistungen auf eine Verbindung zwischen dem Benutzer und dem Inhaber der notorischen Marke hinweisen würde, und wenn den Interessen des Inhabers der notorischen Marke durch eine derartige Benutzung wahrscheinlich Schaden zugefügt würde.

3.4.2. Durchgesetzte Marke

Der durchgesetzten Marke fehlte ursprünglich die für eine Marke erforderliche Unterscheidungskraft oder sie gehörte zum Gemeingut (beschreibende Kennzeichen); sie hat sich aber durch einen langjährigen Gebrauch für bestimmte Waren oder Dienstleistungen im Verkehr so stark durchgesetzt, dass sie nunmehr schutzwürdig geworden ist (BGE 122 III 385).

Das MSchG lässt die durchgesetzten Zeichen zur Eintragung zu; sie erwerben somit den gleichen Schutz wie jede andere Marke (MSchG Art. 2 lit. a). Die Marke muss sich in der Schweiz durchgesetzt haben; ihre Durchsetzung im Ausland genügt nicht (BGE 120 II 144). Betreffend die Anforderungen, um als durchgesetzt zu gelten, s. unten, § 15, Ziff. 3.3.1 und § 18, Ziff. 18.6.

3.4.3. Berühmte Marke

Das Bundesgericht hat die berühmte Marke schon seit langem als Symbol angesehen, als Synonym des Unternehmens, dessen Firma sie praktisch ersetzt (BGE vom 4. November 1976, SMI 1976, 61; BGE vom 21. Dezember 1994, SMI 1995, 273).

In neuerer Zeit hat das Bundesgericht seine Auffassung dahingehend präzisiert, dass die berühmte Marke eine Marke sei, die sich bei einem breiten Publikum allgemeiner Wertschätzung erfreut und daher einen in den verschiedensten Bereichen nutzbaren Wert darstellt (BGE vom 21. Januar 2005, sic! 2005, 390). Ob die berühmte Marke sich nur auf ein ganz bestimmtes Produkt bezieht (Coca-Cola®) oder auf eine ganze Warengattung (SHELL® für Rohölprodukte) oder sogar auf Waren verschiedener Gattungen (Nestlé® für Nahrungsmittel und Getränke aller Art [BGE 130 III 748]), ist nicht sehr wichtig; wenn die Marke einmal auf dem Berühmtheitspodest steht, ist sie praktisch waren- und unternehmensunabhängig. Sie stellt dann einen Eigenwert dar wie das Matterhorn, der Eiffelturm oder die Freiheitsstatue. Wenn sie wie in den oben erwähnten Beispielen gleichzeitig der Name des Unternehmens ist, bildet sie mit diesem eine Einheit. Es kann jedoch auch anders sein, wie z.B. im Falle von SWATCH®, wo wohl wenige der weltweiten Kunden wissen, dass dahinter die Firma SMH steht, und wohl noch weniger, was dieses Kürzel bedeutet.

Die berühmte Marke wird vor allem durch ihre durchschlagende Werbekraft gekennzeichnet, die dazu führt, dass sie sich nicht nur im angestammten Waren- oder Dienstleistungsbereich nutzen lässt, sondern darüber hinaus auch für alle möglichen anderen Waren und Dienstleistungen, ja sogar als Eigenwert für PR oder auch allgemein humanitäre oder andere Aktionen verwendet werden kann (BGE vom 8. November 2004, sic! 2005, 200).

Betreffend die Anforderungen zur Erlangung des Berühmtheitsstatus s. hinten, § 15 Ziff. 3.3.2.

3.4.4. Berühmtes Unternehmenskennzeichen

Obgleich Firma, Handelsname oder Enseigne nicht dem Grundsatz der Spezialität unterstehen, beschränkt sich ihr Schutz im Allgemeinen auf die Art der Tätigkeit oder den Wirtschaftssektor, zu welchem das Unternehmen gehört. Das Unternehmenskennzeichen kann berühmt werden wie eine Marke (BGE 122 III 369). In einem solchen Fall geniesst es den gleichen erweiterten Schutz (BGE 130 III 748).

§ 15 Gesetzliche Definition, Entstehung, Wahrung und Dauer des Rechts an der eingetragenen Marke

1. Gesetzliche Definition der Marke

MSchG Art. 1 Abs. 1 definiert die Marke folgendermassen: «Die Marke ist ein Zeichen, das geeignet ist, Waren oder Dienstleistungen eines Unternehmens von solchen anderer Unternehmen zu unterscheiden.» Indem das MSchG vorsieht, dass die Marke dazu dient, die Waren eines Unternehmens von denjenigen eines anderen Unternehmens zu unterscheiden, hat es die Unterscheidungskraft zum hauptsächlichen Element erklärt; die Funktion als Herkunftsangabe hat heutzutage nurmehr eine untergeordnete Bedeutung (RKGE vom 14. Februar, 1997, sic! 1997, 178).

Das Gesetz zählt nicht abschliessend auf, was eine Marke sein kann: «Marken können insbesondere Wörter, Buchstaben, Zahlen, bildliche Darstellungen, dreidimensionale Formen oder Verbindungen solcher Elemente untereinander oder mit Farben sein.» Der Ausdruck «insbesondere» weist darauf hin, dass weitere kennzeichnende Elemente Marken darstellen können, wie wir im vorgehenden Paragraphen dargelegt haben. Auch ein Domainname kann als Marke angesehen werden, wenn er unterscheidungsfähig ist, und wenn auf der entsprechenden Website gewerbliche Leistungen angeboten werden (RKGE vom 19. September 2000, sic! 2000, 711).

2. Erwerb des Rechts an der Marke

2.1. Erwerb des Rechts an einer schweizerischen Marke

Gemäss MSchG steht das Markenrecht demjenigen zu, der die Marke zuerst zwecks Eintragung im Register anmeldet (MSchG Art. 5 und 6).

Die Eintragung hat konstitutive Wirkung. Sie verleiht dem Berechtigten nebst dem subjektiven Recht zum ausschliesslichen Gebrauch der Marke das Recht, Dritten den Gebrauch von Zeichen zu untersagen, die mit einem relativen Ausschlussgrund behaftet sind (MSchG Art. 3 Abs. 1); er kann weitere zivilrechtliche Ansprüche sowie auch strafrechtlichen Schutz geltend machen; dies alles jedoch erst ab jenem Tag, an dem die Marke im Register eingetragen wurde (MSchV Art. 40 Abs. 1 lit. i; sic! 1997, 397 – s. hinten, § 32, Ziff. 1.4).

§ 15 Gesetzliche Definition, Entstehung, Wahrung und Dauer

Da einzig die Eintragung das Ausschliesslichkeitsrecht an der Marke verleiht und durch die Anmeldung nur das Prioritätsdatum bestimmt und dem Inhaber die Anwartschaft auf das Recht an der Marke verliehen wird, das Eintragungsverfahren jedoch aus Gründen, die vom Willen des Anmeldenden unabhängig sind, lange dauern kann (z.B. wegen Überlastung des IGE), muss man sich fragen, über welche Verteidigungsmöglichkeiten der Anmelder in der Zwischenzeit gegenüber Dritten verfügt, welche eine identische oder gleichartige Marke gebrauchen (nachdem sie diese ebenfalls angemeldet haben oder sogar ohne irgendwelche Formalitäten). Es kann in der Tat dem Erstanmelder nicht zugemutet werden, dass er untätig zuschaut, wie sich ein Dritter auf dem Markt festsetzt und die hinterlegte Marke trotz Mahnung usurpiert. Der Erstanmelder muss seinen Konkurrenten unter Berufung auf die Bestimmungen über den unlauteren Wettbewerb daran hindern können.

Das Ausschliesslichkeitsrecht desjenigen, welcher die Marke zuerst eingetragen hat, erleidet eine Ausnahme zugunsten des Dritten, der vor der Hinterlegung ein identisches oder gleichartiges Zeichen gebraucht hat. Der Dritte darf das Zeichen im bisherigen Umfang weiter gebrauchen (MSchG Art. 14). Der «bisherige Umfang» schränkt den Gebrauch sowohl räumlich als auch bezüglich Warenkategorien ein. Die Ausnahme bezweckt den Schutz des kleinen Unternehmers, welcher angesichts des geographisch oder mengenmässig beschränkten Gebrauchs die Kosten für die Hinterlegung seiner Marke scheute. Eine Benutzung muss ernsthaft sein, um ein Weiterbenutzungsrecht zu begründen. Lokale Benutzung kann ausreichen (BGE vom 7. Juni 2001, sic! 2002, 47).

In Ausnahmefällen kann der Gebrauch eines Kennzeichens als nicht eingetragene Marke (z.B. als kennzeichnende Ausstattung (s. unten, § 28, Ziff. 2) dem Berechtigten den Anspruch verleihen, den Gebrauch einer neu eingetragenen Marke zu untersagen. Beeinträchtigt nämlich das Inverkehrbringen von mit der neueingetragenen Marke gekennzeichneten Artikeln die Wettbewerbslage des Vorbenützers, der das Zeichen nicht eingetragen hatte, in einer gegen die guten Sitten verstossenden Weise (indem es zu Verwechslungen zwischen den Waren und ihren Herstellern/Verkäufern führt oder den auf dem Markt erworbenen guten Ruf des Vorbenützers missbräuchlich ausnützt usw.), so kann der letztere die Bestimmungen des UWG anrufen. Er kann zwar die Eintragung als Marke nicht verhindern, aber den Inhaber verpflichten, sich beim Gebrauch der Marke an die Bestimmungen über den lauteren Wettbewerb zu halten und den unverfälschten Wettbewerb zu garantieren (UWG Art. 3, lit. d; vgl. unten, § 61 Ziff. 1.2., 4. und 6.4.) (BGE 129 III 353).

Das Ausschliesslichkeitsrecht desjenigen, welcher eine Marke in der Schweiz zuerst hinterlegt hat, kann auch in Konflikt geraten mit dem Prioritätsrecht gemäss PVÜ oder mit der Priorität, welche sich aus dem Gebrauch der Marke auf einer anerkannten internationalen Ausstellung ergibt (vgl. hinten, § 39, Ziff. 1.3.).

2.2. Erwerb des Rechtes auf eine internationale Marke

Das Recht auf eine internationale Marke wird durch deren Eintragung bei der WIPO erworben (MMA Art. 4). Die Eintragung kann nur Waren und Dienstleistungen betreffen, welche im Ursprungsland eingetragen sind.

Die internationale Marke gewährt dem Inhaber in jedem genannten Land den gleichen Schutz wie der nationalen Marke. Die internationale Eintragung entfaltet jedoch keine Wirkung im Ursprungsland.

Der aus der internationalen Eintragung erwachsende Schutz hängt während fünf Jahren von der Gültigkeit der nationalen Prioritätseintragung ab. Wird diese im Laufe dieser fünf Jahre hinfällig oder nach einem Nichtigkeitsverfahren gelöscht, so kann der Schutz aus der internationalen Eintragung in keinem der betroffenen Länder mehr geltend gemacht werden (vgl. Leitfaden der WIPO zum MMA, Ziff. 24 und 25).

Nach Ablauf der fünfjährigen Frist verliert die internationale Eintragung ihre Abhängigkeit von der nationalen Eintragung im Ursprungsland. In jedem Land, in welchem der Schutz beantragt wurde, wird die internationale Marke wie eine nationale Marke behandelt (ausgenommen bezüglich Dauer der Marke).

Nach der internationalen Eintragung der Marke kann die räumliche Wirkung der Eintragung auf jedes Land des Madrider Abkommens erstreckt oder auf einige dieser Länder beschränkt werden, und zwar für alle Waren und Dienstleistungen oder nur für einen Teil derselben (s. BGE vom 4. Juni 1997, nicht publiziert, 4C.516/1996).

Die Klassifizierung der Waren und Dienstleistungen in der internationalen Eintragung bindet die einzelnen Länder nicht (Leitfaden der WIPO zum MMA, Ziff. 20).

Die internationale Marke kommt in den Genuss der durch die nationale Hinterlegung im Ursprungsland (oder allenfalls vorher in einem anderen PVÜ-Land) erlangten Priorität, sofern die internationale Eintragung bei der WIPO innert sechs Monaten nach der ersten nationalen Hinterlegung angemeldet wurde (Leitfaden der WIPO zum MMA, Ziff. 22).

3. Die Bedeutung des Gebrauchs der Marke zur Wahrung des Rechts oder zur Schaffung besonderer Rechte

3.1. Begriff des Gebrauchs

Der Gebrauch des Kennzeichens hat für die Entstehung des Markenrechts an Bedeutung verloren; er bleibt aber Voraussetzung für die Wahrung des Markenrechts.

Der markenrechtliche Schutz wird nur gewährt, soweit die Marke tatsächlich im Zusammenhang mit den Waren oder Dienstleistungen gebraucht wird, für welche die Eintragung beansprucht wurde (MSchG Art. 11 Abs. 1).

Der Gebrauch muss in der Schweiz erfolgen (RKGE vom 24. Juni 2004, sic! 2004, 868). Dieses Prinzip erleidet eine Ausnahme – auf Grund eines (ur)alten Staatsvertrages mit Deutschland (vom 13. April 1892) gilt der Gebrauch einer Marke auch als rechtserhaltend für die Schweiz – was als Gebrauch anzusehen ist, entscheidet sich allerdings auch in diesem Fall nach Schweizer Recht (RKGE vom 17. Oktober 2002, sic! 2003, 138).

Der Gebrauch kann direkt auf der Ware oder der Verpackung oder indirekt auf Briefpapier oder Werbeunterlagen ausgeübt werden. Es genügt, wenn die Marke auf einem Objekt angebracht wird, welches mit der Ware so verbunden ist, dass über die Zugehörigkeit der Marke kein Zweifel bestehen kann.

Eine Marke gilt auch als gebraucht, wenn das mit der Marke gekennzeichnete Objekt Bestandteil einer anderen Ware wird, aber an dieser markenmässig individualisiert erscheint (BGE 83 II 467).

Für Dienstleistungen gilt als Gebrauch der Marke deren Verwendung in Prospekten, Offerten, Rechnungen und in der Werbung, im Zusammenhang mit der angebotenen Dienstleistung (BGE vom 20. Juli 2000, sic! 2000, 611).

Wurde die Marke für mehrere Warenklassen hinterlegt und während der gesetzlichen Frist nur für einzelne Klassen gebraucht, so wird sie für diejenigen Klassen nichtig, für welche sie nicht gebraucht wurde, sofern sie nicht zur besonderen Kategorie der berühmten Marken gehört (MSchG Art. 15; vgl. oben, § 14, Ziff. 3.2.3.).

Die Partei, welche den Gebrauch ihrer Marke glaubhaft machen will, hat die zulässigen Beweismittel bezüglich jedes Produkts oder jeder Dienstleistung beizubringen, für welche die Marke eingetragen ist (RKGE vom 11. Juli 2001, sic! 2001, 646). Glaubhaftmachen bedeutet, dem Gericht den Sachverhalt dermassen zu belegen und darzustellen, dass es auf Grund objektiver Anhaltspunkte den Eindruck erhält, die in Frage stehende Tatsache sei wahrscheinlich (BGE vom 1. Mai 2003, sic! 2004, 325).

Die Marke muss so gebraucht werden, wie sie im Markenregister eingetragen ist. Gestattet ist das Weglassen nebensächlicher Bestandteile einer Marke (ev. das Weglassen der graphischen Verzierung einer Wortmarke, aber nicht das Weglassen des unterscheidungskräftigen bildlichen Teils einer kombinierten Wort/Bildmarke) oder die Modernisierung der Schreibweise (RKGE vom 17. September 2003, sic! 2004, 106).

Marken, die nicht dazu bestimmt sind, im Geschäftsverkehr gebraucht zu werden, und deren Hinterlegung lediglich bezweckt, die Eintragung eines Parallelzeichens durch einen Dritten zu verhindern oder den Schutzbereich eines gebrauchten Zeichen zu erweitern, werden nicht geschützt (Defensivzeichen, s. oben, § 14, Ziff. 3.2.3; unten, § 34, Ziff. 1; § 39, Ziff. 3).

Als rechtlich gültiger Gebrauch gilt nur der ernsthafte Gebrauch im Einklang mit dem Geschäftsgebrauch im betreffenden Handelszweig. Es genügt aber auch ein geringer Warenumsatz, sofern der Inhaber seinen ernsthaften Willen zum Ausdruck bringt, der Marktnachfrage zu genügen (RKGE vom 4. März 2003, sic! 2004, 38; RKGE vom 24. Juni 2004, sic! 2004, 868). Dies trifft nicht zu für den symbolischen Gebrauch oder den Gebrauch ausschliesslich zu Werbezwecken.

So gilt z.B. ein von einer Hotelkette einer bestimmten Marke herausgegebenes Verzeichnis eigener Hotels nicht als aufrechterhaltender Gebrauch dieser Marke für Drucksachen (RKGE vom 6. September 2002, sic! 2002, 758).

Für Massenartikel wird eine intensiviere Benutzung gefordert als für Luxusgüter. Der Verkauf von zwei resp. vier Uhren der mittleren Preisklasse innert drei Jahren stellt keinen gültigkeitserhaltenden Umsatz dar (RKGE vom 17. September 2003, sic! 2004, 107).

Der Ausdruck «kommerzieller Gebrauch» muss im weiten Sinn verstanden werden; es genügt jeder ernsthafte Gebrauch zu kommerziellen Zwecken, auch wenn ein Artikel nicht auf dem üblichen Weg verkauft wird. Als kommerzieller Gebrauch (und Gebrauch als Marke) gilt auch die unentgeltliche Verteilung der Ware an treue Kunden (BGE 116 II 463).

Die Verwendung einer Marke im Zusammenhang mit den Waren oder Dienstleistungen, für die sie hinterlegt ist, im Internet oder auf Webseiten, aber auch als Domain Name, sowie als Metatag oder Frame stellt ebenfalls einen kommerziellen Gebrauch dar.

Ein Domainname gilt als ab seiner Eintragung in ein Internetregister als gebraucht – weil durch die Registrierung Dritten die Möglichkeit entzogen werden, diesen Namen als Internetadresse zu gebrauchen (BGE vom 2. September 2003, sic! 2004, 109). Diese an und für sich logische Schlussfolgerung hat das Bundesgericht allerdings in einem jüngeren Entscheid widerrufen (BGE vom 8. November 2004, sic! 2005, 200, 203, Erw. 4.2.).

Das Anbringen einer Marke in der Schweiz auf Waren, deren Verpackung oder im Zusammenhang mit Dienstleistungen, welche ausschliesslich für die Ausfuhr bestimmt sind, gilt als Gebrauch der Marke in der Schweiz (MSchG Art. 11 Abs. 2 – BGE vom 20. Juli 2000, sic! 2000, 611).

3.2. Gebrauch der Marke durch (befugte) Dritte

Die Marke muss, damit sie gültig bleibt, nicht unbedingt durch die im Markenregister eingetragene Person gebraucht werden. Wird die Marke, beispielsweise im Rahmen eines Lizenzvertrages, durch einen Dritten gebraucht, so erwirbt dieser kein selbständiges Recht an der Marke, sondern ihr Gebrauch wirkt sich zu Gunsten des Inhabers der Marke aus, wie wenn sie von diesem selbst gebraucht worden wäre.

Dazu muss der Dritte die Marke allerdings für Waren gebrauchen, welche durch die Eintragung gedeckt sind (BGE vom 28. Oktober 1985, SMI 1987, 51).

Der Gebrauch der Marke einer Holdinggesellschaft durch eine Tochtergesellschaft wird der ersten angerechnet (BGE 75 I 340); der Gebrauch durch eine wirtschaftlich eng mit der Markeninhaberin verbundene Gesellschaft, eine Lizenznehmerin oder eine Alleinvertreterin, ebenfalls (RKGE vom 4. März 2003, sic! 2004, 38, E. 7).

Dies gilt auch für Kollektivmarken. In Ermangelung eines eigenen Unternehmens kann die Kollektivität die Marke selbstverständlich nicht gebrauchen. Deshalb wahrt der Gebrauch durch ein Mitglied der Kollektivität die Gültigkeit der Marke.

Da der Gebrauch einer Marke durch Drittpersonen zur Beschreibung (nicht jedoch zur Kennzeichnung) ihrer Waren oder Dienstleistungen nicht als verletzender Gebrauch gilt (BGE vom 30. Januar 2002, sic! 2002, 434), kann man wohl davon ausgehen, dass es sich um einen (wenn auch nicht ausdrücklich) befugten Gebrauch handelt; geschieht dies mit einer gewissen Intensität, müsste dies zur Rechtserhaltung eigentlich auch genügen, sogar wenn der Markeninhaber seine Marke selber nicht gebraucht.

3.3. Besondere Rechte auf Grund eines intensiven Gebrauchs

3.3.1. Durchgesetzte Marken

Wie wir schon festgehalten haben, können an und für sich schutzunfähige Marken sich im Verkehr so durchsetzen, dass sie schutzwürdig werden (s. vorne, § 14 Ziff. 3.4.2.).

Gemäss der Rechtsprechung der RKGE zu MSchG Art. 2 lit. a muss ein gemeinfreies Zeichen, um als durchgesetzt zu gelten, während mindestens zehn Jahren dauernd im Geschäftsverkehr in der Schweiz gebraucht worden sein, und zwar bevor es als Marke angemeldet wurde. Eine später erfolgte Werbung ist unerheblich. Es ist jedoch denkbar, dass auf Grund besonders aufwendiger und intensiver Werbekampagnen eine Marke sich in wenigen Monaten durchsetzen könnte, doch sind dies Ausnahmefälle (RKGE vom 30. Januar 1997, sic! 1997, 161; RKGE vom 23. Juli 1997, sic! 1997, 475).

Damit ein Zeichen als durchgesetzt gilt, muss es die Kennzeichnungskraft in allen Landesteilen und Sprachgebieten der Schweiz erlangt haben (BGE 130 III 119; s. auch BGE 127 III 33). Es muss von den beteiligten Verkehrskreisen in Alleinstellung als Marke erkannt und verstanden werden, als «Herkunftsmerkmal aus einem bestimmten Unternehmer (BGE 130 III 328).

Die Durchsetzung eines Zeichens wegen Durchsetzung eines seiner Bestandteile ist nur möglich, wenn es sich um einen wesentlichen Bestandteil handelt (RKGE vom 1. Dezember 2000, sic! 2001, 129). Eine kombinierte Wort/Bildmarke gewährt nur Schutz gegen die Verwendung der Kombination, nicht für den Wortteil allein (BGE vom 3. September 2004, sic! 2004, 929).

Gemäss der Auffassung des Bundesgerichts eignen sich demoskopische Umfragen für die Feststellung der Durchsetzung (BGE 130 III 328) – im Gegenteil zur Beurteilung der Verwechslungsgefahr (s. unten, § 16, Ziff. 3.1).

Direkte geografische Herkunftsangaben können sich im Verkehr auch ohne einen langen unangefochtenen Gebrauch durchsetzen. Für landwirtschaftliche Produkte ist die Durchsetzung von Herkunftsangaben indes an besonders hohe Anforderungen geknüpft. Assoziieren mehr als zwei Drittel der Befragten mit der Herkunftsangabe Produkte der Zeicheninhaberin, ist die Verkehrsdurchsetzung zu bejahen (BGE 128 III 441)[14].

Um ein Zeichen als durchgesetzt beim IGE eintragen zu lassen, genügt es, die Durchsetzung glaubhaft zu machen; wird das eingetragene Zeichen jedoch nachträglich angefochten, so muss der Zeicheninhaber die Durchsetzung beweisen (BGE 130 III 748).

3.3.2. Berühmte Marke

Wir haben vorstehend bereits eine Definition der berühmten Marke gegeben (s. vorne, § 14 Ziff. 3.3.3.).

Wie wir feststellten, ist eine Marke dann berühmt, wenn es ihrem Inhaber gelungen ist, ihr eine derart überragende Verkehrsgeltung zu verschaffen, dass ihr Ruf allgemein genutzt werden kann, losgelöst von spezifischen Produkten, ja sogar vom Unternehmen, dem sie gehört. Berühmtheit setzt voraus, dass die Marke sich bei einem breiten Publikum allgemeiner Wertschätzung erfreut (BGE 130 III 748).

Solange nur auf bestimmte Produkte begrenzte Abnehmerkreise die Marke kennen und schätzen, ist sie noch nicht berühmt im Sinne von MSchG Art. 15. Dies hat das Bundesgericht in einem Entscheid vom 6. November 2001, sic! 2002, 162 (Audi) bestätigt und noch präzisiert, dass es nicht genügt, wenn eine Marke auch von einem grossen Käuferkreis nur bezogen auf ein einziges Produkt (*in casu* Audi-Autos) sehr geachtet wird – die Wertschätzung müsse eine allgemeine sein (*«synonyme de qualité et de prestige»*). Wenn diese Wertschätzung fehlt, dann genügt auch ein sehr hoher Bekanntheitsgrad nicht, um diese sehr bekannte Marke in den Kreis der berühmten Marken aufsteigen zu lassen.

Hingegen muss die berühmte Marke nicht unbedingt eine Alleinstellung innehaben – eine relative Exklusivität genügt (BGE 130 III 748). Vereinzelte, sogar ältere Drittmarken beeinträchtigen in der Regel die Verkehrsgeltung der berühmten Marke nicht (BGE 124 III 279ff.). In diesem Fall fand das Bundesgericht, dass sich die Marke «Nike» sowohl bei Aktiv- wie bei Passivsportlern und damit in breiten Bevölkerungskreisen einer allgemeinen Wertschätzung erfreue und dass sie deshalb eine überragende Wertschätzung im Sinne einer berühmten Marke geniesse.

---

[14] Zur Wertung von demoskopischen Umfragen s. MARTIN SCHNEIDER.

Die unterschiedliche Behandlung des Kriteriums der «allgemeinen Wertschätzung» im «Nike» und im GAudi» Entscheid besticht nicht durch ihre Logik – wenn die Wertschätzung in den Kreisen von aktiven und passiven Sportlern ausreicht, um als in «breiten Bevölkerungskreisen» abgestützt zu gelten, so ist nicht einzusehen, weshalb dies anders sein soll, wenn Autofahrerkreise diese Wertschätzung entgegenbringen. Es gibt gewiss ebensoviele passive und aktive Autofahrer wie Sportler!

3.4. Folgen des Nichtgebrauchs

3.4.1. Verlust des Markenrechtes

Wie erwähnt, kann nur Inhaber einer Marke werden, wer sie gebraucht oder zumindest zu gebrauchen beabsichtigt. Die blosse Absicht genügt aber nicht; es muss ihr ein tatsächlicher Gebrauch folgen. Der Inhaber einer Marke verfügt über eine Frist von fünf Jahren seit Ablauf der Einspruchsfrist oder seit Beendigung des Widerspruchsverfahrens («Gebrauchsschonfrist»), um einen kommerziellen Gebrauch der Marke im Zusammenhang mit den Waren oder Dienstleistungen zu machen, für welche sie eingetragen wurde (BGE 130 III 371). Stellt eine Marke die abgeleitete Fassung einer Basismarke dar, und läuft ein Widerspruchs- oder Nichtigkeits verfahren gegen die Basismarke, so läuft die Gebrauchsschonfrist für die abgeleitete Marke erst ab dem Zeitpunkt, an welchem über den Bestand der Basismarke entschieden wurde (BGE 130 III 379 f.).

Nach Ablauf der Schonfrist kann der Markeninhaber sein Markenrecht nicht mehr geltend machen (MSchG Art. 12 Abs. 2). Dieser Verfall bewirkt zweierlei: Erstens kann der Inhaber Dritte nicht mehr am Gebrauch seiner Marke hindern, und er verliert seine diesbezüglichen zivil- und strafrechtlichen Rechtsmittel; zweitens können Dritte den Nichtgebrauch geltend machen, um ihren eigenen Gebrauch einer identischen oder sehr ähnlichen Marke zu rechtfertigen und sogar deren Eintragung vornehmen. Der Dritte, der eine identische Marke später als die Erstmarke eintragen liess, geniesst nunmehr die markenrechtliche Priorität (auch wenn der spätere Eintrag während der 5 jährigen Schonfrist geschah). Wenn jedoch zwischen dem Dritten und dem Markeinhaber ein Vertragsverhältnis bestand, kann der Dritte seine markenrechtliche Priorität eventuell nicht geltend machen (BGE 129 III 353).

Diese Nichtigkeit der nicht gebrauchten Marke ist jedoch lediglich virtuell. Nimmt nämlich der Inhaber der Marke den Gebrauch, auch nach Ablauf der fünf Jahresfrist, aber bevor ein Dritter den Nichtgebrauch geltend gemacht hat, wieder auf, so lebt auch sein Markenrecht wieder auf. Es ist allerdings keine Auferstehung, da es gar nie unterging. Der Zauberstab des MSchG (MSchG Art. 12 Abs. 2) lässt es ganz einfach mit Wirkung seit dem ursprünglichen Prioritätsdatum wieder voll gültig werden.

Wer den Nichtgebrauch einer Marke geltend machen will, muss ein schutzwürdiges Interesse nachweisen. Ein solches besteht dort, wo der Einsprecher die Marke selber gebrauchen will oder Ansprüche auf Abtretung oder Schadenersatz geltend machen kann. Wer am Gebrauch der Marke verhindert ist (weil er beispielsweise durch eine Konkurrenzverbotsklausel gebunden ist, weil seine Tätigkeit nicht die Kommerzialisierung der durch die Marke gedeckten Ware betrifft oder weil die nicht gebrauchte Marke eine berühmte Marke ist), kann sich nicht auf ein ausreichendes Rechtsinteresse berufen. Als schutzwürdiges Interesse gilt dagegen die Absicht des Klägers, die Unsicherheit über ein Rechtsverhältnis zu beheben, welche den Abschluss eines Geschäftes verhindert (BGE 116 II 201).

Wer Nichtgebrauch geltend macht, hat diesen nachzuweisen; der Nachweis des Gebrauchs obliegt in diesem Falle dem Inhaber (RKGE vom 18. Juni 2003, sic! 2003, 913).

Wurde die Marke für einzelne Waren und Dienstleistungen nicht, für andere aber wohl gebraucht, so wird die Marke nur für die nicht gebrauchten Kategorien nichtig (RKGE vom 27. August 1997, sic! 1997, 579).

3.4.2. Die Rechtfertigung des Nichtgebrauchs der Marke

Liegen wichtige Gründe für den Nichtgebrauch vor, kann die Gebrauchsfrist verlängert werden (MSchG Art. 12 Abs. 1).

Als wichtige Gründe gelten Enteignung des Unternehmens, lang dauernde Krankheit des Inhabers, kriegerische Ereignisse, lange Dauer des Eintragungsverfahrens für ein Medikament, Einfuhrverbot usw.

Unter gewissen Umständen kann der Ersteintragende auch nach Ablauf der Schonfrist dem neuen Eintragenden untersagen, die Marke zu verwenden (BGE 129 III 353).

4. Gültigkeitsdauer der Eintragung der nationalen und der internationalen Marke

Die Eintragung ist zehn Jahre gültig, ab dem Tage, an dem die Anmeldung vom IGE eingetragen wurde. Sie kann jeweils für zehn Jahre verlängert werden (MSchG Art. 10 Abs. 1 und 2).

Das Anmeldedatum wird gemäss MSchG Art. 29 festgesetzt.

Die Gültigkeitsdauer der internationalen Eintragung dauert zwanzig Jahre; sie kann jeweils für weitere zwanzig Jahre verlängert werden (MMA Art. 6 Abs. 1).

§ 16 Die relativen Ausschlussgründe des Markenschutzgesetzes – Die Verwechslungsgefahr

1. Allgemeines

Im vorliegenden Paragraphen untersuchen wir die Kriterien, nach welchen eine jüngere Marke oder Firma von einer älteren Marke oder Firma unterschieden wird.

Im Paragraphen 17 werden wir uns mit jenen Merkmalen befassen, welche jede Marke, unabhängig von ihrem Verhältnis zu einer anderen Marke, besitzen muss, um nicht als Gemeingut, als sittenwidrig, täuschend oder technisch unentbehrlich und demzufolge als markenrechtlich nicht schutzwürdig zu gelten.

Anschliessend werden wir uns im Paragraphen 18 nochmals mit der Unterscheidungskraft von Kennzeichen und der Verwechslungsgefahr, die zwischen ihnen bestehen kann, befassen; dannzumalen jedoch unter dem Gesichtspunkt der Ursprungs- oder Herkunftsangaben.

2. Die gesetzlichen Grundlagen

Das MSchG sieht zwei Kategorien von relativen Schutzausschlussgründen vor: solche, die nur bei Vorliegen einer Verwechslungsgefahr zur Anwendung kommen, und solche, bei denen der Schutz sogar ohne Verwechslungsgefahr verweigert wird.

Die zweite Situation liegt dann vor, wenn die mit einer älteren Marke identische Marke für identische Waren und Dienstleistungen bestimmt ist.

Die erste Situation ist dann gegeben, wenn keine Identität, sondern nur eine teilweise oder völlige Gleichartigkeit vorliegt, d.h. wenn mit einer älteren Marke identische Marken für gleichartige Waren und Dienstleistungen oder gleichartige Marken für identische oder gleichartige Waren oder Dienstleistungen angemeldet werden (MSchG Art. 3 Abs. 1 lit. b; BGE 123 III 191).

Bei identischen Marken wird die Warengleichartigkeit mit strengeren Massstäben gemessen und beurteilt (BGE vom 4. April 2001, sic! 2001, 408), und umgekehrt muss die Gleichartigkeit der Marken kritischer betrachtet werden, wenn sie für identische Waren und Dienstleistungen eingetragen sind.

Die Gründe gemäss MSchG Art. 3 sind in dem Sinne relativ, als sie einzig vom Inhaber der älteren Marke und nicht von jedem Interessierten geltend gemacht werden können (MSchG Art. 3 Abs. 3).

Um die Vorschriften des MSchG Art. 3 anwenden zu können, wollen wir zuerst feststellen, was das Gesetz unter «identischen Marken oder Waren/Dienstleistungen», «gleichartigen Marken oder Waren/ Dienstleistungen», und «unter ältere Marke» versteht.

Anschliessend werden wir versuchen, den Begriff «Verwechslungsgefahr» zu analysieren und die Kriterien aufzudecken, die bei der Feststellung der Verwechslungsgefahr zwischen zwei Kennzeichen anzuwenden sind.

2.1. Identische Marken, Waren oder Dienstleistungen

Die rechtliche Bedeutung der Begriffe «Identität» und «Gleichartigkeit» kann nicht genau definiert werden; sie unterscheiden sich lediglich durch den Grad der Gleichartigkeit. «Identität» bedeutet vollständige Übereinstimmung einer Bezeichnung, Form oder Sache mit einer anderen, ohne dass sie ein und dasselbe sind; Gleichartigkeit weist auf eine mehr oder weniger ausgeprägte Ähnlichkeit hin, welche von der Quasi-Übereinstimmung bis zur Ungleichartigkeit reicht.

Eine Marke wird als identisch betrachtet, wenn sie die gleiche Form und den gleichen Inhalt hat wie die ältere Marke. Eine Wortmarke muss aus dem gleichen Wort bestehen. Die Verwendung der Mehrzahl allein entzieht dem Wort seine Identität mit der Einzahl des gleichen Wortes nicht. Eine graphische Marke muss das gleiche Sujet darstellen, die gleichen geometrischen Formen, die gleichen Farben aufweisen (sofern diese Unterscheidungskraft besitzen); eine rein massstäbliche Veränderung der Grösse hat keinen Einfluss auf die Identität.

Gemäss dem Bundesgericht kann die Identität nicht abstrakt und generell definiert werden – man muss von Fall zu Fall unter Berücksichtigung sämtlicher Einzelelemente entscheiden (BGE vom 6. November 2001, sic! 2002, 162).

So befriedigen z.B. Biere, Mineralwasser und andere nicht alkoholische Getränke einerseits und alkoholfreie Tafelgetränke andererseits dasselbe Bedürfnis und sind daher praktisch identisch (RKGE vom 6. Dezember 2000, sic! 2001, 37).

2.2. Gleichartige Marken

Um zu entscheiden, ob zwei Marken im Sinne von MSchG Art. 3 ähnlich sind, kann man (oder muss man bisweilen) mehrere allgemeine und objektive Kriterien anwenden (Anzahl und Reihenfolge der Buchstaben oder Zahlen, Vokalfolgen, Silbenzahl und -kadenz, (graphisches) Erscheinungsbild, Sinngehalt).

Die Marken müssen so verglichen werden, wie sie eingetragen wurden, unabhängig von der allenfalls abweichenden Form, in der sie der Inhaber im Geschäftsverkehr gebraucht, und von der Ausstattung der Waren, welche sie individualisieren (BGE 119 II 473; RKGE vom 7. Juni 2000, sic! 2001, 133).

Eine Wortmarke (für identische Waren) kann in eine kombinierte Wortbildmarke übernommen werden, sofern die graphische Armsgestaltung der jüngeren Marke so fantasievoll ist, dass sie eine klare Unterscheidung von der älteren Marke erlaubt (RKGE vom 18. August 2004, sic! 2004, 865).

Der Wortanfang bzw. Wortstamm und die Endung finden in der Regel grössere Beachtung als dazwischen geschobene, unbetonte weitere Silben (BGE 122 III 382).

Markenähnlichkeit ist bereits dann zu bejahen, wenn sich auch nur auf einer der drei Ebenen Wortklang/Erscheinungsbild/Sinngehalt eine Verwechslungsgefahr ergibt (RKGE vom 7. Juni 2000, sic! 2001, 133 E. 2–3).

2.3. Gleichartige Waren und Dienstleistungen

Waren und Dienstleistungen sind gleichartig, wenn sie den gleichen Zweck verfolgen oder gleiche Bedürfnisse befriedigen oder sich auf dem Markt konkurrieren (BGE vom 19. Dezember 2001, sic! 2002, 428).

Laut Bundesgericht können einerseits unähnliche Waren oder Dienstleistungen nicht gänzlich abweichender Natur sein, anderseits wurden sehr verschiedene Produkte noch als ähnlich betrachtet (BGE 123 III 191). Bei Betrieben mit mehreren unabhängigen Fabrikationsabteilungen sind die Letzteren entscheidend. Ein Unternehmen, welches Schallplatten und Glühbirnen herstellt oder Sicherungen und Röntgenapparate, fabriziert verschiedenartige Waren. Es kommt nicht darauf an, dass der Kunde nicht weiss, dass die verschiedenen Waren vom gleichen Unternehmen hergestellt werden, sondern auf die Fabrikationshergänge.

Waren sind gleichartig, wenn der Konsument auf den Gedanken kommen könnte, die Waren, unter Berücksichtigung ihres üblichen Herstellungsortes, dem gleichen Unternehmen oder zumindest miteinander verbundenen Betrieben zuzuordnen (RKGE vom 11. August 2004, sic! 2004, 863).

Für die Beurteilung der Warengleichartigkeit ist nur der Registereintrag, nicht aber die tatsächliche Art und Weise der Verwendung der Marken massgebend.

Einen weiteren Hinweis auf Gleichartigkeit liefert die Tatsache, dass die Waren oder Dienstleistungen durch das gleiche Verteilernetz verkauft oder angeboten werden (RKGE vom 14. Oktober 1996, sic! 1997, 62; RKGE vom 15. Juli 1999, sic! 1999, 566). Dieser Hinweis genügt jedoch für sich allein nicht, es müssen noch weitere Ähnlichkeiten dazu kommen (RKGE vom 16. August 2004, sic! 2004, 863).

Zur Gleichartigkeit genügt es nicht, dass die Waren oder Dienstleistungen den gleichen allgemeinen Zweck erfüllen. Auch wenn diesbezügliche Gemeinsamkeiten bestehen, wird Gleichartigkeit bei völlig ungleichem Erscheinungsbild oder Kundenkreis verneint (RKGE vom 27. August 1997, sic! 1997, 580).

Die Tatsache, dass die eine Marke für ein teures Luxusprodukt, die andere für ein billiges Erzeugnis verwendet wird, schliesst die Verwechslungsgefahr nicht aus.

Zwischen Rohstoffen einerseits und halb oder ganz fertigen Waren anderseits besteht grundsätzlich keine Gleichartigkeit (RKGE vom 2. Oktober 1997, sic! 1997, 569).

Uhren, welche ausschliesslich für den Einbau in Autos bestimmt sind, sind in erster Linie Autoersatzteile bzw. Autozubehör und nur subsidiär Zeitmessinstrumente; sie sind mit Armband- und Standuhren nicht substituierbar und daher zu diesen auch nicht warengleichartig (BGE vom 4. April 2001, sic! 2001, 408). Für weitere Unterscheidungsmerkmale s. unten, Ziff. 3.2.

2.4. Ältere Marken

Das Gesetz definiert den Begriff der älteren Marke. Es handelt sich um hinterlegte oder eingetragene Marken, welche Priorität geniessen (MSchG Art. 3 Abs. 2), sowie um notorische Marken (vgl. vorne, § 14 Ziff. 3.4.1.)[15].

In diese Kategorie gehört auch die berühmte Marke. Sie berechtigt den Inhaber, Dritten deren Gebrauch nicht nur für die eingetragenen, sondern für alle Waren und Dienstleistungen zu verbieten. Somit ist die berühmte Marke für alle Waren und Dienstleistungen wie eine ältere Marke im Sinne des MSchG Art. 3 Abs. 2 zu behandeln, und ihr Inhaber kann sie als Ablehnungsgrund geltend machen.

3. Die Verwechslungsgefahr

3.1. Definition

Das Bundesgericht definiert die Verwechslungsgefahr wie folgt: «Die Gefahr der Verwechslung bedeutet, dass ein Kennzeichen in seinem Schutzbereich durch gleiche oder ähnliche Zeichen in seiner Funktion der Individualisierung ... gefährdet wird» (BGE vom 30. Januar 2002, sic! 2002, 434).

Die Verwechslungsgefahr kann unmittelbar sein, wenn jüngere oder sonst wie schlechter berechtigte gleiche oder ähnliche Zeichen Fehlzurechnungen derart verursachen, dass die Konsumenten die gekennzeichneten Gegenstände oder Dienste (unmittelbar) für jene halten, die mit dem älteren oder besser berechtigten Zeichen individualisiert sind. Eine mittelbare Verwechslungsgefahr besteht dann, wenn die Konsumenten die Zeichen zwar unterscheiden, wegen ihrer Ähnlichkeit aber falsche Zusammenhänge vermuten (BGE vom 30. Januar 2002, sic! 2002, 434; BGE 127 III 160).

Ob zwei Marken sich ausreichend unterscheiden, ist nicht auf Grund eines nur objektiven Vergleichs der beiden Zeichen zu beurteilen, sondern in Beachtung der gesamten Umstände (BGE vom 19. Dezember 2001, sic! 2002, 428; BGE 128 III 401).

Damit eine Verwechslungsgefahr ausgenommen wird, müssen nicht tatsächlich Verwechslungen erfolgt sein (BGE 128 III 410), wie auch vorgekommene Verwechslungen nicht zwingend eine rechtlich relevante Verwechslungsgefahr begründen (BGE 126 III 315).

---

[15] Zur Frage der Priorität s. unten, § 32, Ziff. 5 und § 34, Ziff. 4.

Demoskopische Umfragen sind zu stark durch die Fragestellung beeinflussbar, um eine brauchbare tatsächliche Basis für die Prüfung des Vorliegens einer Verwechslungsgefahr zu bilden (BGE 126 III 315) – dies im Gegensatz zur Feststellung des Verkehrsdurchsetzung (s. oben, § 15, Ziff. 3.3.1).

Die erwartete Qualität einer Ware kann bei der Beurteilung der Verwechslungs- oder Täuschungsgefahr einer Marke von Bedeutung sein und die Individualisierung der Ware resp. den Hinweis auf deren Herkunft ermöglichen (BGE vom 11. April 2002, sic! 2002, 605).

Welche Umstände vor allem berücksichtigt werden müssen, wollen wir im folgenden untersuchen.

Allerdings – und dies wird oft zu wenig beachtet – schränken jüngere Marken, welche mit einer älteren Marke verwechselbar sind, deren Schutzumfang nicht unbedingt ein. Die Tatsache, dass die jüngere Marke lange Zeit geduldet wurde, erlaubt ihrem Inhaber, eine Verwirkungseinrede zu erheben; einem Dritten steht dieses Rechtsmittel nicht zu (BGE vom 28. Januar 1986, SMI 1986, 257 – s. unten, § 66, Ziff. 8).

3.2. Intensität der Verwechslungsgefahr

3.2.1. Ähnlichkeit von Waren-Dienstleistungen-Zeichen

Identität oder mindestens Ähnlichkeit der Zeichen hinsichtlich Wortlaut, Form oder Bild ist für die Verwechslungsgefahr erforderlich, jedoch nicht ausreichend. Massgebend ist, ob aufgrund der Ähnlichkeit Fehlzurechnungen zu befürchten sind, welche das besser berechtigte Zeichen in seiner Individualisierungsfunktion gefährden. Wenn die unter identischen Zeichen tatsächlich angebotenen Waren gleichartig sind, ist die Verwechslungsgefahr zu bejahen (BGE vom 4. April 2001, sic! 2001, 408).

Die Waren und Dienstleistungen müssen auch in dem Sinn identisch sein, dass sie identische Bedürfnisse der Konsumenten oder Kunden befriedigen; Zigaretten sind keine Feuerzeuge, Waschmittel keine Seifen. Eine rechteckige Seife ist dagegen mit einer runden oder ovalen Seife identisch, sofern die Form für die Ware keine entscheidende Rolle spielt und nicht als Marke hinterlegt ist; hingegen sind Strassenschuhe keine Ski- oder Golfschuhe. Die Dienstleistungen eines Anwaltes sind grundsätzlich nicht identisch mit denjenigen eines Treuhänders, auch wenn beide bei einem Klienten konkurrieren können, indem sie ihm eine Steuerberatung anbieten, eine Gesellschaft für ihn gründen oder ihm bei der Vermögensverwaltung beistehen.

Zwischen praktisch identischen Marken für Uhren einerseits und Lederwaren und Brillen andererseits besteht keine Verwechslungsgefahr (BGE 128 III 96).

Laut IGE müssen die wirtschaftlichen Funktionen der Waren und ihre kommerzielle Einstufung durch die Öffentlichkeit berücksichtigt werden; Waren oder Dienstleistungen, welche gemäss der Klassifikation von Nizza in die gleiche Klasse gehören, dürfen nicht automatisch als identisch oder gleichartig behandelt werden; umgekehrt sind unter Umständen auch Waren unterschiedlicher Klassen gleichartig (Entscheid des BAGE vom 1. Juli 1994, PMMBl 1994, 53, 54).

Für identische Waren ist die Verwechslungsgefahr strenger zu beurteilen; bei verschiedenartigen Waren wird eine gewisse Ähnlichkeit der Zeichen geduldet (BGE 128 III 441), oder, mit anderen Worten, an die Warenverschiedenheit wird ein umso strengerer Masstab angelegt, je ähnlicher die Marken sind (BGE vom 4. April 2001, sic! 2001, 408).

3.2.2. Starke und schwache Zeichen

Die Marken können in schwache Zeichen, d. h. solche, die sich eng an Sachbegriffe des allgemeinen Sprachgebrauchs anlehnen, oder die graphische Darstellungen oder Formen aufweisen, die alltäglich sind, und in starke Zeichen, die auf Grund ihres fantasievollen Gehalts auffallen oder aber sich im Verkehr durch gesetzt haben, unterschieden werden (BGE vom 29. August 2002, sic! 2003, 32). Schwache Zeichen ähneln Drittzeichen viel eher als starke Zeichen; daher genügen schon bescheidene Abweichungen, um eine hinreichende Unterscheidbarkeit zu schaffen (BGE vom 25. März 2002, sic! 2002, 522)[16].

Nach der allgemeinen Regel muss derjenige, welcher ein schwaches Zeichen wählt (z. B. ein Zeichen, welches einer Beschaffenheitsangabe gleicht, oder einen Familiennamen), die Folgen seiner Wahl tragen, d. h. er muss die Verwendung von ähnlichen Zeichen zulassen, die sich nur geringfügig von seinem Zeichen unterscheiden (BGE 122 III 383). Dies gilt auch für die schutzunfähigen Teile einer Marke (RKGE vom 7. April 1998, sic! 1998, 403).

Schwach ist eine Marke auch, wenn sie sich aus einem spezifischen Begriff für Waren oder Dienstleistungen ableitet, oder wenn ihre Unterscheidungskraft durch den häufigen Gebrauch von identischen oder gleichartigen Zeichen für solche Waren oder Dienstleistungen gemindert worden ist (RKGE 30 März 2001, sic! 2001, 418). Mit anderen Worten, wenn ein Zeichen seinem Sinngehalt nach beschreibenden Charakter hat, stellt es eine schwache Marke dar (BGE vom 25 März 2002, sic! 2002, 522).

Ein Zeichen mit anfänglich nur geringer Unterscheidungskraft kann sich beim Publikum aufgrund eines häufigen Gebrauchs und einer ausgedehnten Werbung dennoch durchsetzen (durchgesetzte Marke; s. oben, § 14 Ziff. 3.3.2.).

---

[16] S. auch unten, Ziff. 3.5.

3.2.3. Gemeinfreie Zeichen

Erschöpft sich die Übereinstimmung zweier Zeichen in gemeinfreien Elementen, so entfällt zum vornherein jede markenrechtlich relevante Verwechslungsgefahr (RKGE vom 16 August 2000, sic! 2000, 706).

Bei der Prüfung des Gesamteindruckes müssen auch Bestandteile berücksichtigt werden, welche nicht unter den gesetzlichen Schutz fallen. Beruht aber die Gleichartigkeit ausschliesslich auf solchen Elementen, so besteht keine Verwechslungsgefahr im Sinne des MSchG (RKGE vom 16. Januar 2001, sic! 2001, 208). Für die Kennzeichnung der Ware unentbehrliche Bestandteile können von jedermann frei verwendet werden (RKGE vom 15. Juli 1997, sic 1997, 477). Laut Bundesgericht muss derjenige, welcher als Marke ein einer frei verwendbaren Beschaffenheitsangabe analoges Zeichen wählt und dadurch eine sogenannt schwache Marke schafft, die Konsequenzen seiner Wahl selber tragen (BGE 122 III 385).

3.2.4. Gesamteindruck

Entscheidend für die Beurteilung des Ähnlichkeitsgrades zweier Marken ist ihr Gesamteindruck (BGE vom 11. April 2002, sic! 2002, 605). Die Zeichen müssen nicht in ihre Bestandteile zerlegt und diese einander gegenübergestellt werden (BGE 112 II 362). Allerdings kann einem herausragenden Bestandteil, welcher aufgrund seines Klanges, Rhythmus oder Sinnes besonders auffällt, erhöhte Bedeutung zukommen (BGE 118 II 322).

Der Gesamteindruck wird bei Wortmarken durch den Klang, das Schriftbild und den Sinngehalt bestimmt (BGE 127 III 160).

Zudem muss auch auf die Aussprache, d.h. beispielsweise darauf geachtet werden, ob des «a» in einem englischen Wort «a» oder «ei» ausgesprochen wird, ob sich «o» oder «u» deutlich voreinander unterscheiden, ob ein «r» gerollt wird oder nicht.

Zur Beurteilung des Gesamteindrucks der fraglichen Marken ist der Grad der Unterscheidungskraft der älteren Marke zu berücksichtigen.

Eine geringe Verwechslungsgefahr genügt nicht. Es muss wahrscheinlich sein, dass der durchschnittliche Konsument einen falschen Eindruck gewinnt (BGE 121 III 379).

3.3. Erinnerungsbild

Ausschlaggebend für die Beurteilung des Vorliegens einer Verwechslungsgefahr ist nicht der zeitgleiche Vergleich der Marken, sondern das von diesen hinterlassene Erinnerungsbild (BGE 127 III 160). Man stützt sich dabei auf das Erinnerungsvermögen des Durchschnittskäufers, wobei eine Sicherheitsmarge für gedächtnisbedingte Abweichungen einberechnet wird (BGE 122 III 388). Je intensiver die

Werbung mittels einer Marke betrieben wird, desto grösser wird das Unterscheidungsvermögen des Publikums bezüglich gleichartiger Zeichen (BGE 119 II 473). Je grösser die Unterscheidungskraft der Marke ist, desto strenger ist die Verwechslungsgefahr zu beurteilen; denn ein starkes Zeichen hinterlässt im Gedächtnis des Konsumenten tiefere Eindrücke (IGE vom 1. Juli 1994, PMMBl 1994, 53, 54).

Der von einer sehr originellen, mit einer grossen Unterscheidungskraft versehenen Marke hinterlassene Eindruck darf nicht mit demjenigen verwechselt werden, den eine bekannte oder berühmte Marke hinterlässt. Das originelle Zeichen mit gesteigerter Unterscheidungskraft hinterlässt beim Käufer oft einen starken, aber wenig genauen Eindruck; es werden in erster Linie die wichtigsten originellen Elemente zurückbehalten (z.B. ungewöhnliche Kombination von Farben und Form), was eine Verwechslung mit anderen Zeichen zur Folge haben kann, welche gleichartige ungewöhnliche Elemente verwenden, jedoch nicht mit solchen, die ihr nur in den anderen Elementen gleichen (BGE 122 III 386). Paradoxerweise besteht eine geringere Verwechslungsgefahr zwischen einer sehr bekannten Marke und einem gleichartigen Zeichen. Da der Käufer die notorische oder berühmte Marke häufig gesehen hat, behält er sie (vielleicht unbewusst) genau in Erinnerung und achtet auf die Unterschiede zwischen ihr und gleichartigen Zeichen. Trotzdem besteht die Gefahr, dass er die bemerkte Variante dem Inhaber des bekannten Zeichens zuordnet oder irrtümlicherweise glaubt, das ähnliche Zeichen werde mit Zustimmung des Inhabers der bekannten Marke verwendet (s. auch unten, Ziff. 4.5).

3.4. Kundenkreis

Laut ständiger Rechtsprechung des Bundesgerichtes entscheidet die Meinung des letzten Abnehmers, ob eine Gefahr besteht, dass die Waren dem gleichen Unternehmen zugeordnet werden (BGE 121 III 378). Seine diesbezüglichen Fähigkeiten und sein Normalverhalten sind zu berücksichtigen (BGE vom 6. November 2001, sic! 2002, 162).

Je nach Art der Ware wird vom Konsumenten mehr oder weniger Aufmerksamkeit und Unterscheidungsfähigkeit erwartet. Im allgemeinen beschafft sich der Käufer Gegenstände des täglichen Bedarfs, ohne ihren Marken grosse Aufmerksamkeit zu schenken (BGE 122 III 388). Das Bundesgericht hat sogar billige Golduhren (BGE 82 II 539), nicht aber elegante Herrenanzüge zu den Gegenständen des täglichen Gebrauchs gezählt (BGE 121 III 381). Mit einer besonderen Aufmerksamkeit des Kunden darf beim Erwerb von Berufsutensilien und Objekten, welche nur vom Spezialisten gekauft werden (z.B. Arzneimittel), gerechnet werden; dies gilt jedoch nicht für rezeptpflichtige Arzneimittel, welche der Patient später ohne erneute Vorweisung des Rezeptes erhält (BGE 105 II 297; 101 II 290). Mit einer erhöhten Verwechslungsgefahr ist bei Telephongesprächen zu rechnen (BGE 91 II 15).

Im allgemeinen hat der Kunde jedoch keinerlei Kenntnis über den Fabrikationsablauf und die gegenseitige Abhängigkeit von Industrien. Wie soll der Landwirt oder

Rechtsanwalt wissen, ob ein Unternehmen, welches Arzneimittel herstellt, auch Dünger fabriziert, oder ob Türschlösser und Küchenwaagen vom gleichen Betrieb hergestellt werden. Können die Kunden solche Fragen nicht selbst beantworten, muss sich der Richter an die tatsächlichen Gegebenheiten in der betreffenden Industrie halten (BGE 122 III 388).

Die Rechtsprechung hat sich bemüht, die mangelnden Kenntnisse des Kunden durch andere Kriterien, wie Angebot der Waren in gleichartigen Läden oder Kauf der Ware durch den gleichen Kundenkreis, auszugleichen (BGE vom 25. März 2002, sic! 2002, 522).

3.5. Der Sinngehalt der Marke

Wenn zwei Zeichen einen identischen Sinngehalt haben, ist die Verwechslungsgefahr nicht auszuschliessen (BGE vom 5. Oktober 2001, sic! 2002, 99).

Demzufolge müssen bei der Würdigung der Verwechslungsgefahr nicht nur die bildlichen und klanglichen Ähnlichkeiten, sondern auch die Gedankenassoziationen berücksichtigt werden (BGE 121 III 379).

Die Marke bewirkt im Bewusstsein eine Einheit von Zeichen und individualisierter Ware. Die meisten Personen reagieren übereinstimmend. Dennoch können Worte oder Bilder je nach der Lebenserfahrung einer Person zu unterschiedlichen Assoziationen führen. Beim Hören des Wortes Isola denken die einen an eine Insel, die andern an Isolierung. Solche Assoziationen spielen bei der Beurteilung der Verwechslungsgefahr eine wesentliche Rolle.

3.6. Falsche Zuordnung zu einem Unternehmen

Gemäss ständiger Rechtsprechung besteht eine Verwechslungsgefahr, wenn Marken und/oder Waren wegen ihrer Gleichartigkeit dem falschen Unternehmen zugeordnet werden (BGE vom 19. Juli 2001, sic! 2002, 38), weil der Konsument fälschlicherweise den Eindruck gewinnt, zwei konkurrierende Waren würden vom gleichen Unternehmen hergestellt oder vertrieben oder einer der beiden Artikel ersetze den anderen oder es handle sich um Serienzeichen (vgl. vorne, § 14 Ziff. 3.2.4), beispielsweise bei Verwendung des gleichen Wortstammes (BGE 129 III 353), oder wenn sonst wie falsche Zusammenhänge vermutet werden (BGE 128 III 401).

3.7. Schuldhaftes Verhalten – Verwechslungsabsicht – fahrlässiges Verursachen der Verwechslung

Die Verwechslungsabsicht ist zwar kein unentbehrliches Element, aber ein Indiz für die Verwechslungsgefahr. Falls der Inhaber der zweiten Marke keine Anstrengungen unternimmt, um sein Zeichen von einer älteren Marke zu unterscheiden, ist besondere Strenge angezeigt (BGE 95 II 469).

Will ein Konkurrent das einer älteren Marke gleichende Zeichen verwenden, muss er die Verwechslungsgefahr durch Anbringen eines unterscheidungskräftigen Elementes beseitigen (BGE 122 III 390).

3.8. Zusammenfassung

Zusammenfassend halten wir fest: eine Verwechslungsgefahr besteht nicht nur, wenn sich die massgebenden Verkehrskreise betreffend der Herkunft der Waren oder Dienstleistungen täuschen (unmittelbare Verwechslungsgefahr), sondern auch, wenn das Publikum, obschon es die Marken auseinander halten kann, aus ihrer Ähnlichkeit auf nicht vorhandene Verbindungen schliesst (mittelbare Verwechslungsgefahr). Die Umstände des konkreten Falls, insbesondere die Nähe der in Frage stehenden Waren, sind massgebend. Der Schutzbereich einer Marke hängt von ihrer Kennzeichnungskraft ab (BGE vom 8. September 2004, sic! 2005, 221). Während eine bescheidene Abweichung genügt, um eine Verwechslungsgefahr mit einer schwachen Marke, deren Elemente hauptsächlich beschreibend sind, auszuschliessen, rechtfertigt sich ein erweiterter Schutzbereich – bei gleichzeitig strengeren Erfordernissen – bei starken Marken, die phantasievoller oder im Wettbewerb bekannt sind, in dem Ausmass, wie diese missbräuchlichen Annäherungsversuchen besonders ausgesetzt sind. Bei der Beurteilung der Verwechslungsgefahr sind dem Beginn des Wortes, dem Wortstamm sowie der Endung eine grössere Bedeutung beizumessen als den unbetonten Silben, die dazwischen liegen.

4. Unterscheidungskriterien für verschiedene Markenkategorien

4.1. Wortmarken

Der Gesamteindruck von Wortmarken wird durch die Silbenfolgen, durch die Wortlänge, durch den Klang und das Schriftbild bestimmt. Den Klang prägen vor allem die Aufeinanderfolge der Vokale und die Aussprachekadenz. Das Schriftbild wird in erster Linie durch die Wortlänge und eventuelle Besonderheiten der verwendeten Buchstaben geprägt. Wortanfang oder die Endsilbe werden meisten mehr beachtet als die sich dazwischen befindenden Wortteile (s. auch oben, Ziff. 3.2).

4.2. Bildmarken

Reine Bildzeichen sind leichter von einander zu unterscheiden. Die Form eines Bildzeichens ist frei wählbar. Verwechslungsgefahr liegt vor, wenn sich das charakteristische Element in einem neuen Zeichen wiederfindet. Auch wenn dieses mehrfach vewendet wird, ist eine Verwechslungsgefahr nicht ausgeschlossen (BGE vom 28. Januar 1986, SMI 1986, 257).

4.3. Kombinierte Marken

Gemäss der Rechtsprechung des Bundesgerichtes wird der von kombinierten Marken (Wortmarken und Bildzeichen) hinterlassene Gesamteindruck hauptsächlich durch das Wortelement bestimmt, da sich der Durchschnittskonsument vor allem an Worte erinnert (BGE vom 4. April 1984, SMI 1985, 67). Dominiert jedoch das Bildelement, so hat es Vorrang vor dem Wort (RKGE vom 17. Juli 1997, sic! 1997, 478; RKGE vom 21. Juli 1997, sic! 1998, 48).

4.4. Formmarken

Wie wir noch darlegen werden, sind gewisse an und für sich originelle Formen vom Rechtsschutz ausgeschlossen, weil sie technisch notwendig sind (s. unten, § 17, Ziff. 2).

Formen, die das Publikum auf Grund ihrer Funktion voraussetzt, sind nicht unterscheidungskräftig.

Formen von Waren gehören besonders oft zum Gemeingut, weil der Konsument die betreffende Waren in einer ähnlichen Form schon gesehen hat, und die Form nicht vom Erwarteten und Gewohnten abweicht (BGE 129 III 514).

Damit Formen unterscheidungskräftig sind, dürfen sie nicht «banal» sein (BGE 130 III 328). Die Form gewöhnlicher Zahnpastastränge ist für Zahnputzmittel nicht unterscheidungskräftig. Die Verwendung verschiedener Farben und farbiger Einschlüsse ändert daran nichts, zumal diese als Hinweis auf Wirkstoffe und nicht als Unterscheidungsmerkmale wahrgenommen werden (RKGE vom 30. April 2003, sic! 2003, 805).

Indem eine Form, um schutzfähig zu sein, vom «Erwarteten» abweichen muss, muss ein Vergleich mit den anderen, schon existierende Formen angestellt werden.

Damit die Form der Ware als Marke geschützt werden kann, muss der Käufer die Form im Wahrnehmungsprozess von der Ware treuen können; der durch die Form vermittelte Sinneseindruck muss einen kennzeichnungsmässigen Überschuss über die reine Form der Ware hinaus beinhalten.

4.5. Notorische und berühmte Marken

Wie wir schon festgestellt haben (s. oben, Ziff. 3.3 und § 14, Ziff. 3.4.3), sind notorische oder berühmte Marken so stark im Gedächtnis der Konsumenten eingeprägt, dass diese sie sehr wohl von anderen, wenn auch sehr ähnlichen Marken unterscheiden können. Aber gleichzeitig sind diese Konsument versucht, ähnliche Marken dem Inhaber der notorischen oder berühmten Marke zuzuordnen, weil sie denken werden, es handle sich um eine Art Seriezeichen, oder weil sie die ähnliche Marke halb unbewusst für die berühmte halten, weil letztere eben über ihr eigenes Wortbild hinaus ähnliche Zeichen beschattet.

Sobald jedoch eine Gedankenassoziation mit dem berühmten Zeichen hergestellt wird, führt dies automatisch zur Rufausbeutung der berühmten Marke.

Wegen dieser mittelbaren Verwechslungsgefahr müssen daher Zeichen, die in den Strahlenkreis der berühmten Marke geraten könnten, sich durch deutliche Zusätze von dieser abheben (BGE 122 III 390; BGE vom 21. Januar 2005, sic! 2005, 390).

4.6. Serienzeichen

Im Bereich der Serienzeichen ist die Verwechslungsgefahr besonders gross, da die Verwendung des gleichen Wortstamms in einer Serie von Marken bewirkt, dass alle Zeichen mit diesem Stamm automatisch dem Inhaber des Serienzeichens zugeordnet werden (BGE 122 III 384; BGE vom 25. März 2002, sic! 2002, 522).

Allerdings kann sich der Inhaber einer älteren Einzelmarke der Verwendung des gleichen Wortstamms durch einen Konkurrenten nicht mit der Begründung widersetzen, der Konsument werde zur Annahme verleitet, es handle sich um ein Serienzeichen (BGE 129 III 353).

Sofern der Wortstamm einer Serienmarke ein Gattungsbegriff ist, kann daraus keine Verwechslungsgefahr im Sinne des MSchG abgeleitet werden (RKGE vom 1. Mai 1997, sic! 1997, 298).

5. Unterscheidungskriterien bei Firmen und anderen Unternehmenskennzeichen

Die Ausführungen zur Verwechslungsgefahr für Marken gelten im Wesentlichen auch für die Firmen und übrigen Unternehmenskennzeichen (BGE 122 III 369), wie z.B. Domainnamen (BGE 128 III 353, 401).

Man darf aber nicht übersehen, dass Firmenrecht und Markenrecht einen verschiedenen Schutzumfang verleihen. Eine Firma geniesst zwar einen brauchenüberschreitenden Schutz, jedoch nur gegen den firmenmässigen Gebrauch, währendem eine Marke (ausgenommen die berühmte) zwar nur für die Waren oder Dienstleistungen, für die sie eingetragen ist, Schutz geniesst, aber gegen jeden kennzeichenmässigen Gebrauch (BGE 127 III 160).

Laut ständiger Rechtsprechung des Bundesgerichtes sind an die Verschiedenheit von Firmen oder Domainnamen keine höheren Ansprüche zu stellen als an die Verschiedenheit von Marken (BGE 127 III 160). Wir beschränken uns deshalb im Folgenden auf die Darstellung einiger Besonderheiten aus dem Firmenrecht.

5.1. Firmenkennzeichen

Im Firmenrecht beschränkt sich das Erfordernis einer deutlichen Unterscheidbarkeit nicht auf Konkurrenzunternehmen. Es ist grundsätzlich unabhängig von der

Art der von den betroffenen Unternehmen ausgeführten Tätigkeit (BGE vom 7. Juni 2001, sic! 2002, 47). Die Firma einer Aktiengesellschaft muss sich von jeder in der Schweiz bereits eingetragenen Firma deutlich unterscheiden (OR Art. 951 Abs. 1 und 956 Abs. 2). Die Verwechslungsgefahr muss jedoch strenger beurteilt werden, wenn es sich um Konkurrenzunternehmen oder Unternehmen, die gemäss Statuten in der gleichen Branche tätig sind, handelt (BGE 127 III 160; BGE vom 16. Juli 2002, sic! 2003, 142). Verwechslungsgefahr wird ohne weiteres bejaht, wenn ein neues Unternehmen den Eindruck erweckt, es bestünden rechtliche oder wirtschaftliche Verbindungen mit einer älteren Firma (BGE vom 16. Juli 2002, sic! 2003, 142).

Gelegentlich vorkommende Verwechslungen können ein Indiz für das Vorliegen einer Verwechslungsgefahr sein (BGE 118 II 326). Jedoch muss, im Gegensatz zum Markenrecht, im Firmenrecht nicht jegliche entfernte Möglichkeit einer Verwechslung ausgeschlossen werden, sondern nur jene, der der Firmenadressat mit einer gewissen Wahrscheinlichkeit ausgesetzt ist (BGE 122 III 373).

An reine Fantasiefirmen werden bezüglich Unterscheidbarkeit besonders hohe Forderungen gestellt (BGE 122 III 369). Enthalten zwei Firmen deutlich unterscheidbare Familiennamen (Lacoste gegenüber Keller), genügt die Tatsache, dass beide eine eindrückliche Fantasiebezeichnung verwenden (Krokodil), nicht zur Schaffung einer Verwechslungsgefahr (BGE 114 II 432).

Wer seine Firma nur aus beschreibenden Ausdrücken bildet, muss in Kauf nehmen, dass sie nur geringe Unterscheidungskraft (und daher auch nur einen bescheidenen Schutzumfang) geniesst (BGE 122 III 371; BGE 127 III 160). Sachbezeichnungen, die schon in älteren Firmen verwendet werden, dürfen in jüngere nur zusammen mit weiteren unterscheidungskräftigen Bezeichnungen aufgenommen werden (BGE vom 17. Februar 1998, sic! 1998, 416; BGE 128 III 224).

Das besondere Schriftbild einer Firma genügt nicht, um sie von einer anderen mit der gleichen Buchstabenfolge zu unterscheiden (BGE 118 II 322).

Die Zweigniederlassung einer ausländischen Gesellschaft kann im Schweizer Handelsregister nur eingetragen werden, wenn ihre Firma den zwingenden Vorschriften des Schweizer Rechts, insbesondere bezüglich Unterscheidungskraft entspricht (BGE 128 III 224).

Die Verwechslungsgefahr wird vom Handelsregisterführer nur auf Ersuchen einer interessierten Partei überprüft (BGE 123 III 226).

5.2. Domainnamen

Nach Ansicht des Bundesgerichts sind Domainnamen nicht nur die Adresse einer Webseite, sondern bezeichnen bei geeigneter Ausgestaltung oder genügender Bekanntheit (Durchsetzung) auch die hinter dem Domainnamen stehende Person, Firma, Sache oder Dienstleistung; sie sind in diesen Fällen einem Namen, einer Firma oder einer Marke gleichzusetzen (BGE vom 21. Januar 2005, sic! 2005,

390) – das Bundesgericht will diese Gleichstellung nur «als Kennzeichen» gewähren; diese Einschränkung ist u.E. nicht gerechtfertigt – ein Domainname kann (und soll) unter gewissen Umständen wenigstens teilweise wie ein Name oder eine Marke oder eine Firma geschützt werden.

Es besteht Verwechslungsgefahr in Bezug auf einen Domainnamen, wenn ein gegenüber dem Namensträger schlechter Berechtigter durch die Verwendung eines ähnlichen oder gleichlautenden Namens für seine Website die Gefahr von Fehlzurechnungen schafft oder dadurch falsche Zusammenhänge vermutet werden (BGE 128 III 401).

Für die Beurteilung der von einem Domainnamen ausgehenden Verwechslungsgefahr ist nicht der Inhalt oder die Gestaltung der damit bezeichneten Website entscheidend, sondern der Domainname selbst. Die Verwechslungsgefahr entsteht bereits im Moment, in dem der Internetbenutzer sich an einem Domainnamen orientiert und in ihm Assoziationen sowie das Interesse geweckt werden, darunter bestimmte Informationen zu finden (BGE vom 2. September 2003, sic! 2004, 109). Damit ein Domainname auf Grund einer früheren Markeneintragung angegriffen werden kann, muss er unter einem der relativen Ausschlussgründe von MSchG Art. 3 leiden – d.h. der Domain muss für ähnliche oder gleichartige Waren verwendet werden (BGE vom 8. November 2004, sic! 2005, 200).

Im Bereich des Namensschutzes ist es notwendig, in jedem Einzelfall die vorhandenen Interessen gegeneinander abzuwägen, um eine möglichst angemessene Lösung zu erreichen (BGE vom 8. November 2004, sic! 2005, 200; BGE vom 7. November 2002, sic! 2003, 438). Derjenige, der als erster seinen Namen als Domainnamen unter einem geographischen TLD angemeldet hat, hat nicht notwendigerweise den Vorrang gegenüber irgendeinem Gleichnamigen, der ebenfalls einen Domainnamen unter seinem Namen mit dem selben TLD registrieren möchte (BGE 128 III 353).

Es besteht im Internet die weit verbreitete Gepflogenheit, dass sich Gemeinwesen unter isolierter Verwendung ihres Namens präsentieren. Im Fall der Gleichnamigkeit zwischen Kantonen und ihrem Hauptort, wie im Fall Luzern, hat sich zudem die Praxis herausgebildet, dass die Kantone ihren Domainnamen aus zwei Buchstaben bestehenden Abkürzungen bilden. Gleichnamigkeit von bekannten Städten und Unternehmen, wie im Fall der Städte Zürich und Winterthur und der gleichnamigen bekannten Versicherungen, kann eine namensrechtliche Pattsituation herbeiführen (BGE 128 III 401).

Das Interesse des Namensinhabers an der Registrierung einer Website mit seinem eigenen Namen als Internet-Adresse ist bei den Körperschaften des öffentlichen Rechts besonders stark; daher soll eher derjenige, der sich den geschützten Namen anmasst, gezwungen werden, seiner Internet-Adresse einen Zusatz hinzuzufügen, um eine Verwechslungsgefahr zu vermeiden.

6. Verwechslungsgefahr bei Gleichnamigen (Homonyme)

Da nur wenige Leute einen einmaligen Familiennamen führen, tauchen auf dem Markt früher oder später Konkurrenten mit dem gleichen Familiennamen auf, welche diesen im Geschäftsleben verwenden wollen. Zu Beginn des Industriezeitalters wurde Gutgläubigkeit des Trägers des gleichen Namens vermutet; die gilt heute nicht mehr, da von jedem neuen Konkurrenten erwartet werden kann, dass er sich zuerst über bestehende ältere Rechte (an Marken oder anderen Unternehmenskennzeichen) informiert. Der neue gleichnamige Konkurrent löst jedoch in jedem Fall einen Interessenkonflikt aus.

Das Bundesgericht bejahte schon vor hundert Jahren das Recht jedes Einzelnen, seinen Familiennamen im Geschäftsleben zu verwenden, auch wenn ein Gleichnamiger dies schon vorher getan hat (BGE 30 I 123). Der neuere Gleichnamige kann jedoch seinen Namen nicht ohne weiteres verwenden. Er muss alle geeigneten Massnahmen ergreifen, um die aus der Gleichnamigkeit erwachsende Verwechslungsgefahr zu verringern. Er kann seinen Namen nur in einer Form und mit Zusätzen verwenden, welche eine klare Unterscheidung seiner Marke oder Firma oder Domainnamens (BGE 128 III 401) von derjenigen des ersten Verwenders des gleichen Namens erlauben (BGE 125 III 91; BGE vom 21. Januar 2005, sic! 2005, 390).

6.1. Verwechslungsgefahr bei Verwendung des gleichen Eigennamens als Marke

Laut früheren Bundesgerichtsentscheiden ging in Konflikten zwischen als Marken verwendeten, gleichen Eigennamen das Recht auf den Namen dem Recht auf die Verwendung des Namens als Marke vor, unter Vorbehalt des Rechtsmissbrauchs.

Heute nimmt das Bundesgericht eine nuanciertere Haltung ein. Hat die ältere Eigennamenmarke eine derartige Unterscheidungskraft erlangt, dass das Publikum Erzeugnisse mit diesem Namen dem Unternehmen des Markeninhabers zuordnen lässt (Suchard für Schokolade, Coca-Cola für alkoholfreie Getränke), auferlegt das Bundesgericht dem gleichnamigen Konkurrenten Einschränkungen für die Verwendung seines eigenen Namens (BGE 128 III 353 – Montana).

Im Falle einer Kollision der gleichen absoluten Rechte kann der Inhaber einer Marke, die grosse Unterscheidungskraft erworben hat, dem Inhaber einer jüngeren Marke untersagen, seinen Namen als kennzeichnendes Element zu verwenden, sobald es sich um das einzig geeignete Mittel zur Vermeidung einer Verwechslungsgefahr handelt (BGE 128 III 353).

Bei einer allfälligen Verwendung seines Namens im Geschäftsleben muss er verhindern, dass die Käufer eine Verbindung mit dem bekannten Unternehmen vermuten. Er darf keinen ungebührlichen oder parasitären Vorteil aus dessen Ruf ziehen. Der Zusatz eines Vornamens und/oder eines anderen Logos genügt in der Regel nicht (BGE 116 II 614).

6.2. Verwechslungsgefahr zwischen Einzelfirmen und Gesellschaftsfirmen und/oder Domainnamen mit gleichem Eigennamen

In gewissen Fällen schreibt das Gesetz die Aufnahme des Familiennamens in die Einzel- oder Gesellschaftsfirma vor (OR Art. 945 und 947), in anderen Fällen lässt es dies fakultativ zu (OR Art. 949). Die Verwendung des Namens eines «Strohmannes» in einer Firma ist seit jeher rechtswidrig (BGE 30 I 125; 37 II 370, 376).

Bei frei wählbaren Firmen, insbesondere für Aktiengesellschaften (Art. 950 OR) muss eine nicht immer einfache Interessenabwägung vorgenommen werden, wenn Firmen identische Eigennamen (Homonyme) enthalten (BGE 112 II 59).

Wie bei der Verwendung von gleichen Eigennamen für Marken kann einem Namensträger die Verwendung seines Namens in der Firma untersagt werden, wenn sich eine homonyme Firma oder eine im Wesentlichen identische Marke auf dem Markt für gewisse Erzeugnisse durchgesetzt hat (BGE 128 III 353). Ist jemand gesetzlich zur Aufnahme seines Namens in die Firma verpflichtet (z.B. Einzelfirma), so muss er genügend starke Unterscheidungselemente beifügen (BGE 122 III 371). Zusätze, welche einzig auf den Tätigkeitsbereich oder die Rechtsform des Unternehmens Bezug nehmen, wenden die Verwechslungsgefahr nicht ab (BGE vom 29. März 1988, SMI 1989, 38, 40).

Die zum Firmenrecht entwickelte Rechtssprechung gilt auch sinngemäss im Bereich der Domainnamen (BGE 128 III 353, 401, BGE vom 21. Januar 2005, sic! 2005, 390) (s. dazu auch oben, Ziff. 5.2.).

7. Rechtsprechung zur Verwechslungsgefahr

Trotz der zahlreichen Entscheide ist es nur selten möglich, die Lösung einem Präzedenzfall zu entnehmen. Man ist oft unsicher, wie man Marken beurteilen soll, die zwar einen sehr ähnlichen Wortklang, jedoch eine völlig verschiedene graphische Darstellung aufweisen, oder die aus ähnlichen beschreibenden oder Gattungsbegriffen bestehen, oder wenn ein starker gemeinsamer Sinngehalt oder eine Serie ähnlicher Elemente vorliegt, und vor allem wenn, wie das meistens der Fall ist, mehrere dieser Faktoren in Betracht zu ziehen sind.

Die Prozessparteien versuchen den Richter von der für sie günstigeren Lösung zu überzeugen. Der Richter hat jedoch nicht nach seiner eigenen Wahrnehmungs- und Unterscheidungsfähigkeit zu entscheiden. Die Zeichen liegen ihm nebeneinander zum Vergleich vor. Er muss auf das Bild abstellen, das dem Konsumenten in Erinnerung bleibt. Hat der Richter in der Analyse solcher Zeichen eine gewisse Übung erworben und fallen ihm demzufolge Unterschiede eher auf, so hat er von dieser erhöhten Wahrnehmungskraft abzusehen und die Wirkung des Zeichens auf den Endabnehmer im normalen Geschäftsablauf zu beurteilen (Wahl der Ware in einem Laden). Der Richter muss, entweder aufgrund seiner eigenen Meinung oder nach Rücksprache mit Dritten, eine diesbezügliche Abstraktion vornehmen). Deshalb ist der Ausgang eines Rechtsstreites über die Verwechslungsgefahr oft unsicher.

Wir erwähnen im Folgenden Beispiele von Entscheiden über Marken, bezüglich welcher eine Verwechslungsgefahr bejaht oder verneint wurde.

7.1. Verwechslungsgefahr bejaht

Für die folgenden Marken wurde das Vorliegen einer Verwechslungsgefahr bejaht:

AESCULAP und AESKULAP (sic! 2002, 609)
ANNABELLE und ANNETTE (BGE 102 II 125)
AQUASANT und AQUASANA (SMI 1980, 135)
ARC All Risk Consulting (fig.) und ARCSTAR (fig.) (sic! 2002, 529)
AUDEMARS PIGUET und JACKY AUDEMARS GENEVE (SMI 1972, 65)
AVIVA und AZIZA (SMI 1967, 135)
BALL TOP JEANS und BALLY (SMI 1985, 62)
BALLY und BALL (sic! 2003, 756)
BBC und BBT (SMI 1977, 156)
BIG JOHN und St-JOHN (sic! 2001, 421).
BOLEX INTERNATIONAL S. A. und FOLEX DR. H. SCHLEUSSNER AG (SMI 1980, 140)
BONHOMME (fig.) und BONHOMME (fig.) (sic! 2003, 969)
BRANDY TERRY und SHERRY DRY TERRY (SMI 1975, 61)
BRISEMARINE und BLUE MARINE (BGE 93 II 265)
CANAL PLUS und CABLE PLUS (sic! 1997, 577)
CARTOON und CARTOON NETWORK (fig.) (sic! 2003, 906)
CINZANO und SWISSANO (SMI 1977, 161)
COLUMBUS und ELEKTRO-BOHNER KOLUMBUS (SMI 1974, 119)
COLUX und POLLUX (BGE 91 II 15)
COSYL und SYNTOSIL (BGE 92 II 275)
DOGO und DO & CO (sic! 2001, 207, E. 4)
ELCODE und ELCODE (sic! 2001, 415, E. 2–5)
ELISABETH ARDEN, ARDEN und ARDENA und ARLEM (BGE 95 II 385)
ELSIE (fig.) und ELSA (fig.) (sic! 2001, 322, E. 2–3, 5)
ESSO und ESSENCE (SMI 1982, 140)
FEMME und PRENOM FEMME (PMMBl 1994, 66)
GENESIS (fig.) und GENESIS (fig.) (sic! 2002, 347)
GLAS-SHOT und SCHOTTGLAS (BGE 96 II 257)
GOURMET HOUSE und FIDECO GOURMET HOUSE (sic! 1997, 177)
GREYHOUND und GREYHOUND (fig.), (sic! 2003, 592)
HERO und AERO SALAMICO (SMI 1984, 284)
JEVER und JUVER (SMI 1987, 237)

JOKER (fig.) und JOKER (fig.) et al. (sic! 2002, 524)
KAMILLOSAN und KAMILLON, KAMILLAN (BGE 122 III 382)
KANZ und KANZ Independent (fig.) (sic! 2002, 528)
KISS und SOFT-KISS (sic! 2003, 907)
LEMO und LEM (sic! 2001, 208, E. 4–9)
LES PAGES JAUNES und PAGES-JAUNES.CH (sic! 2001, 639)
LUWA und LUMATIC (BGE 98 II 142)
LUX und SOGE LUX (sic! 1998, 303)
LYCRON und LYCRA (SMI 1967, 85)
MAXIM'S und MAXIM (SMI 1974, 134)
M-CELL (fig.) und M (fig.) (sic! 2003, 813)
MEN'S CLUB und EDEN CLUB (BGE 96 II 404)
MOBILAT und MOBIGEL (sic! 2003, 345)
MONA und MONO (sic! 2002, 527).
MONTEGO und MONTEGA (sic! 2003, 341, E. 2)
MPC BY TENSION (fig.) und MDC (sic! 2001, 651)
NICOPATCH und NICO-FLASH (sic! 1997, 294)
Ô DE LANCÔME und OH! JOHN RAY (sic! 2004, 29)
ODEON und NICKELODEON (sic! 1997, 61)
OLYMPIC GAMES und TCARD OLYMPICS 8 (fig.) (sic! 2001, 326, E. 2–5)
OLYMPIC und RUS-OLYMPIC (sic! 2002, 430)
PRETON und PREBETON (fig.) (sic! 2003, 971)
RASTCORE, RASTQUICK, RASTCAO, RASTCAFE, NOXMEL und NESCORE, NESQUICK, NESCAO, NESCAFE, CHOCMEL (SMI 1972, 125)
REB BULL und BLUEBULL (sic! 2003, 815)
RICARD und COGNAC RICARD (SMI 1975, 81)
RIVOTRIL und RIMOSTIL (sic! 2003, 500)
555 und S55 (sic! 2002, 248)
SADOLIN/SADOTOP und SADOVAL, SADOSUISSE (IMP TEX) (SMI 1984, 283)
SCOTT und SHOT RACING (sic! 1997, 59)
SECRET PLEASURES und PRIVATE PLEASURES (sic! 1998, 194)
SEITZ-VENTICE, SEITZ-CONTROL und SEITZ (SMI 1971, 189)
7SEVEN und SEVEN PICTURES (sic! 2003, 904)
SILVA THINS und SILVA (BGE 99 II 118)
SMIRNOFF und SMIRNOV (sic! 2002, 169).
STOXX und STOCKX (fig.) (sic! 2002, 99)
SWATCH und L'AS WATCH (SMI 1987, 45)
S.W.I.F.T. (fig) und SWIX (sic! 2001, 204, E. 4–8)
TARGA und TARGA (fig.) (sic! 2003, 709)
THERMATIC und THERMATIQUE THERMA; THERMADUR und THERMAPLAN (SMI 1987, 235)
TORRES, LAS TORRES und BARON DE LA TORRE (sic! 1998, 197)
VALVOLINE und HALVOLINE (BGE 96 II 240)
VIALETTO (fig.) und VIALETTO (fig.) (sic! 2002, 437)

VISA und JET-SET VISA (RKGE vom 7. Mai 2002, sic! 520)
VISART und VISARTE (sic! 2003, 343, E. 3–5)
VIVIL und VICOL (SMI 1973, 165)
WODSTONE und MOONSTONE (sic! 2001, 649)
YELLO und YELLOW ACCESS AG (fig.) (sic! 2005, 123)
YOUNET und Y Younet (fig.), (sic! 2003, 714)
ZAHRA und ZARA (sic! 1997, 176).

7.2. Verwechslungsgefahr verneint

Für die folgenden Marken wurde die Verwechslungsgefahr verneint:
ACTIVIA und ACTEVA (sic! 2002, 522)
BALLY und BILLI (sic! 1997, 182)
BLAUER BOCK und BOCKSTEIN und SPRINGBOCK (BGE 96 II 255)
BOSS und BOKS (BGE 121 III 377)
COLLUNOVAT und COLLUNOSOL (SMI 1968, 74)
CRUNCH und SNICKERS CRUNCHER I (sic! 2003, 230).
CYREL und CYRA (sic! 2003, 136)
DR.MARTENS und DRTERMANS (sic! 1997, 479)
ECOLINE und DECOLINE (sic! 1997, 180)
ELLE (fig.) und NATUR ELLE COLLECTION (fig.) (sic! 1998, 403)
EVER-PLAST und EVERCARE (RKGE vom 12. Juli 2002 (sic! 2002, 679)
KABA und KAPRA CAFE (SMI 1972, 63)
LABMED (fig.) und LABMED SCHWEIZ SUISSE SVIZZERA (sic! 2002, 348)
LE MERIDIEN und MERIDIANI (sic! 2002, 758)
LEGO und LOGI (SMI 1985, 67 ff., 74 ff.)
NEUTRIA, NEUTROLIA, NEUTROL, NEUTRAYA, NEUTRAIA et NEUTROGENA (sic! 1997, 298)
ORFINA (fig.) und ORFINA (BGE 128 III 96, Keine Gleichartigkeit zwischen Uhren und Lederwaren bzw. Brillen)
POND'S und RESPOND (BGE 97 II 80)
PRIMAPHENICOL und PHARMAPHENICOL (SMI 1972, 125)
PUSCHKIN und MUSTRIN (SMI 1975, 78)
RADION und RADOMAT (BGE 119 II 473)
REVAL und RAVE (sic! 2003, 40)
SANPELLEGRINO und SANPELLEGRINO MOZZARELLA (fig.) (sic! 2002, 432)
SCHOKO-BONS und TIBI CHOCO BONBON (sic! 1998, 402)
SCHWIP SCHWAP und SCHWEPPES (SMI 1976, 55)
SECCOLINO und ESCOLINO (BGE 112 II 362)
SULOX und OSLOX (sic! 1997, 300)
SWISSAIR (fig.) und SWISS (sic! 2002, 250)
TOBLER MINT und POLAR MENTHE (BGE 95 II 194)
VALSER und VALQUELLA (sic! 1997, 389)
YELLO und YELLOW (fig.) (sic! 2004, 778)

§ 17 Die absoluten Schutzausschlussgründe für Marken und Firmen

Gemäss MSchG sind vom Schutz ausgeschlossen:
- Zeichen im Gemeingut, sofern sie sich nicht als Marke für die Waren und Dienstleistungen durchgesetzt haben, für welche sie beansprucht werden (MSchG Art. 2 lit. a);
- Formen, die das Wesen der Ware ausmachen, und technisch notwendige Formen (Art. 2 lit. b);
- irreführende Zeichen (Art. 2 lit. c);
- sowie Zeichen, die gegen die öffentliche Ordnung, die guten Sitten oder geltendes Recht verstossen (Art. 2 lit. d).

Diese Schutzausschlussgründe (ausser die letzte Kategorie) wiederspiegeln die Bemühungen des IGE, Zeichen, die keine konkrete Unterscheidungskraft haben oder für die aus einem anderen Grund ein Freihaltebedürfnis besteht, von niemandem monopolisieren zu lassen.

1. Zum Gemeingut gehörende Zeichen

Man kann vier Kategorien von Zeichen im Gemeingut unterscheiden:
1.1 Beschaffenheitsangaben, d.h. Zeichen, welche die Ware auf irgendeine Art und Weise beschreiben (Angaben über Besonderheiten oder Eigenschaften der Ware, Sachbezeichnungen);
1.2 Elementare Kennzeichen ohne Unterscheidungskraft, d.h. einfache Zahlen, Buchstaben Farben und Formen;
1.3 Degenerierte Zeichen (Freizeichen), d.h. Zeichen, welche Kennzeichen waren, aber durch allgemeinen Gebrauch zu Beschaffenheitsangaben geworden sind;
1.4 Alleinstehende geographische Angaben.

Ein zum Gemeingut gehörendes Zeichen kann, wie erwähnt (s. oben, § 14, Ziff. 3.4.2), als Marke eingetragen werden, wenn es sich für die betreffende Ware oder Dienstleistung im Handel durchgesetzt hat (BGE vom 29. August 2002, sic! 2003, 32).

1.1. Beschaffenheitsangaben

1.1.1. Marken

Gemäss MSchG Art. 2 lit. a sind Zeichen, die Gemeingut sind, vom Markenschutz ausgeschlossen, sofern sie sich nicht im Verkehr als Marke für bestimmte Waren oder Dienstleistungen durchgesetzt haben.

Als Gemeingut gelten nach ständiger Praxis Hinweise auf Eigenschaften, die Beschaffenheit, die Zusammensetzung, die Zweckbestimmung oder die Wirkung der

Ware oder Dienstleistung, welche die Marke kennzeichnet. Unter Gemeingut kann nicht einfach all das subsumiert werden, was irgendwie verständlich ist, sondern nur das, was wirklich zum Sprachschatz der Allgemeinheit gehört, weil sie es tagtäglich zur Bezeichnung von Waren oder Dienstleistungen oder zur Beschreibung von deren Merkmalen gebraucht.

Dass die Marke Gedankenassoziationen weckt oder Anspielungen enthält, die nur entfernt auf die Ware oder Dienstleistung hindeuten, reicht freilich nicht aus, sie zur Beschaffenheitsangabe werden zu lassen. Der gedank- liche Zusammenhang mit der Ware oder Dienstleistung muss vielmehr derart sein, dass der beschreibende Charakter der Marke ohne besonderen Aufwand an Fantasie zu erkennen ist (BGE 116 II 609 E. 1; 114 II 371 E. 1 S. 373). Dabei genügt, dass das Zeichen in einem einzigen Sprachgebiet der Schweiz als beschreibend verstanden wird (BGE 127 III 160; 128 III 447; BGE vom 11. Juli 2000, sic! 2001, 123).

Die Zugehörigkeit zum Gemeingut und der beschreibende Charakter einer Bezeichnung ist ausschliesslich aufgrund des Eindrucks zu beurteilen, der dieser in der Schweiz beigemessen wird. Die Tatsache, dass eine Bezeichnung im Ausland als Marke eingetragen wurde, ist nur eines von vielen Elementen, das in Betracht gezogen werden kann (BGE 129 III 225); vor diesem Entscheid vom 7. Februar 2003 (Masterpiece für Finanzdienstleistungen) hatte die RKGE am 9. September 2002 festgehalten, dass die Bezeichnung «Cool action» für Körperpflegemittel beschreibend sei und hat in diesem Zusammenhang ausgeführt, dass der Umstand, dass eine englische Marke in den deutschsprachigen Ländern Deutschland und Österreich eingetragen worden sei, für die mehrsprachige Schweiz kein Präjudiz darstellen dürfe; wenn eine Marke klar beschreibend sei, würden ausländische Entscheide nicht einmal als Indiz taugen (RKGE vom 9. September 2002, sic! 2003, 134).

Der beschreibende Charakter einer an und für sich viel- oder mehrdeutigen Bezeichnung kann sich aus den zu individualisierenden Waren oder Dienstleistungen ergeben (Firemaster für flammenhemmende Erzeugnisse – BGE vom 25. November 2004, sic! 2005, 278).

Bei Wortverbindungen wie FITMORE wird zuerst die Bedeutung der einzelnen Elemente geklärt, um dann den Sinn ihrer Kombination zu ermitteln (RKGE vom 24. Juni 2003, sic! 2004, 27). Der Ausdruck «Ready & Quick» ist für gekochtes Obst und Gemüse unmittelbar verständlich und eindeutig und somit nicht eintragungsfähig (RKGE vom 1. Dezember 2000, sic! 2001, 129).

Die Wortkombination «Minibon» enthält keine unmittelbar verständliche Aussage in Bezug auf die beanspruchten Back- und Konditoreiwaren, sie ist eine mehrdeutige Wortneuschöpfung, daher gehört sie nicht zum Gemeingut (RKGE vom 29. August 2002, sic! 2003, 36).

Das Bundesgericht entscheidet anhand der in der Schweiz gebräuchlichen Ausdrücke (BGE 129 III 225); doch kann sich der Richter in Grenzfällen bisweilen an der ausländischen Praxis orientieren (BGE 128 III 401; 130 III 113). Es genügt, dass das Zeichen in einer der vier Landessprachen oder in einer mehr oder weniger bekannten Fremdsprache beschreibend ist (BGE vom 19. Juli 2001, sic! 2002, 38). Englisch darf nicht ohne weiteres als vierte Landessprache angesehen werden (RKGE vom 29. November 1996, sic! 1997, 60), auch wenn wohl mehr Leute Englisch verstehen als z.B. Italienisch. Sind die Waren oder Dienstleistungen für eine in der Schweiz ansässige ausländische Kundschaft bestimmt, so ist deren Verständnis ausschlaggebend. Demzufolge können Marken, die aus dem grössten Teil der Bevölkerung völlig unbekannten Worten bestehen, dennoch Gemeingut sein (BGE 120 II 144).

Auch die ungebräuchliche Kombination an sich bekannter Elemente kann beschreibend sein, wenn der sich daraus ergebende Ausdruck von den beteiligten Verkehrskreisen als Aussage über bestimmte Eigenschaften von Waren oder Dienstleistungen aufgefasst wird (RKGE vom 17. August 2000, sic! 2000, 703).

Sogar neue, bisher ungebräuchliche, sprachunübliche oder regelwidrig gebildete Ausdrücke können beschreibend sein, wenn sie nach dem Sprachgebrauch oder den Regeln der Sprachbildung von den beteiligten Verkehrskreisen als Aussage über bestimmte Eigenschaften der Ware oder Dienstleistung aufgefasst werden (RKGE vom 4. Oktober 2000, sic! 2000, 796; RKGE vom 6. Oktober 2000, sic! 2001, 28).

Nicht nur die Beschreibung der typischen Eigenschaften einer Ware, sondern auch die allgemein gehaltene Bestätigung ihrer Qualität kann eine Beschaffenheitsangabe darstellen (BGE 118 II 181), auch wenn sie offensichtlich der Werbung dient (BGE vom 14. Juli 1983, PMMBl 1983, 82); ebenso sind direkte Hinweise auf den Destinatärskreis für sich allein nicht schutzfähig (BGE vom 20. August 1996, sic! 1997, 160).

Es wird anhand der Ansicht des letzten Abnehmers entschieden, ob ein Zeichen eine Beschaffenheitsangabe ist. Ist ein Erzeugnis für den Fachmann bestimmt, so sind dessen Umgangssprache und Verständnis der Sprache ausschlaggebend, denn ein Zeichen ist dann schon Gemeingut, wenn es für einen bestimmten Kreis verständlich und üblich ist (RKGE vom 19. Juli 2001, sic! 2002, 38).

Das Bundesgericht scheint bezüglich Marken, welche die Verpackung betreffen, recht grosszügig zu sein. Das Zeichen wird als Gemeingut betrachtet, wenn es auf die Art oder Form der Verpackung verweist, kann aber gültige Marke sein, wenn es um die graphische oder farbliche Gestaltung einer Verpackung geht, da dafür den Konkurrenten zahlreiche Möglichkeiten zur Verfügung stehen (BGE 116 II 609).

Beschaffenheitsangaben sind u.a. die sog. INN (International Nonproprietary Names), die pharmazeutische Substanzen definieren, nach einer von der WHO seit 50 Jahren geführten Liste (WHA 3.11 – World Health Assembly Resolution).

1.1.2. Firmen

Im Gegensatz zur Regelung für Marken verbietet OR Art. 944 nicht, Zeichen im Gemeingut als wesentlichen Bestandteil der Firma zu verwenden. Jede Firma kann, neben dem gesetzlich vorgesehenen wesentlichen Inhalt, Angaben zur Natur des Unternehmens enthalten, sofern diese wahr sind und nicht zu Täuschungen Anlass geben (BGE vom 25. Januar 2001, sic! 2001, 327; BGE 123 III 225). Eine Firma kann auch Begriffe von eindeutig reklamehaftem Charakter aufweisen (BGE vom 17. Februar 1998, sic! 1998, 417). Bei aller Grosszügigkeit hat das Bundesgericht jedoch keinen Zweifel gelassen, dass Ausdrücke aus dem allgemeinen Sprachgebrauch durch deren Aufnahme in eine Firma nicht monopolisiert werden dürfen (vorzitierter BGE, 419).

Gemäss der gesetzlichen Vorschrift, wonach sich jede Firma von den in der Schweiz bereits eingetragenen Firmen deutlich unterscheiden muss (OR Art. 951 Abs. 2), hat der Inhaber der jüngeren Firma, welche beschreibende Ausdrücke enthält, die zu einer Verwechslung mit schon für eine andere Firma eingetragenen Ausdrücken führen können, diese Ausdrücke mit unterscheidungskräftigen Zusätzen zu versehen, welche eine klare Unterscheidung der beiden Firmen erlauben (BGE 118 II 319).

Kann eine Firma frei gewählt werden, so sind hohe Anforderungen an ihre Unterscheidungskraft zu stellen; die Unterscheidbarkeit wird zudem strenger beurteilt, wenn zwei Unternehmen nach ihren Statuten im Wettbewerb stehen können oder sich an dieselben Kundenkreise wenden (BGE 127 III 160).

Allerdings kann auch für eine im Wesentlichen aus einer gemeinfreien Sachbezeichnung bestehende Firma ein weitergehender Schutz beansprucht werden, als er sich aus markenrechtlichen Grundsätzen ergibt. Zwar werden Sachbegriffe des Gemeingebrauchs – mit der gleichen Begründung wie im Markenrecht – nicht mehr als alleiniger Inhalt einer Firma zugelassen, doch können die unter alter Praxis zugelassenen und ins Handelsregister eingetragenen reinen Sachfirmen nach wie vor firmenrechtliche Exklusivität beanspruchen (BGE 128 III 224).

Auf die Rechtsform oder den Tätigkeitsbereich einer Unternehmung hinweisende, beschreibende Zusätze vermögen eine aufgrund der prägenden Bestandteile der Firmen bestehende Verwechslungsgefahr nicht zu beseitigen (BGE vom 16. Juli 2002, sic! 2003, 142).

Steht eine Beschaffenheitsangabe in keinem Zusammenhang mit der Tätigkeit des Unternehmens, so muss sie als Fantasiename mit erhöhter Unterscheidungskraft betrachtet werden (BGE vom 13. Dezember 1988, SMI 1990, 54).

1.2. Elementare Zeichen und Formen

Einfache geometrische Figuren oder Formen oder blosse Zahlen oder Buchstaben haben keine Unterscheidungskraft und gehören zum Gemeingut (BGE 128 III 455; s. auch oben, § 14, Ziff. 3.1.5).

Nicht als blosse Aneinanderreihung von Buchstaben gelten Kombinationen von Vokalen und Konsonanten, welche als Fantasienamen ausgesprochen werden können. Allgemeine Aussagen wie «c'est bon la vie» können nicht monopolisiert werden da ihnen die Unterscheidungskraft völlig abgeht (BGE vom 2. März 2005, sic! 2005, 463).

Zum Gemeingut gehören Formen, die weder in ihren Elementen noch in ihrer Kombination von dem im betreffenden Warensegment Erwarteten und Gewohnten abweichen und daher mangels Originalität im Gedächtnis des Abnehmers nicht haften bleiben. Einerseits müssen unübliche Formen, nur weil sie neu sind), nicht immer unterscheidungskräftig sein (vor allem wenn sie funktional, durch den Herstellungsvorgang oder den Gebrauchszweck, bedingt sind; andererseits können an und für sich banale Formen, in Wiederholung dargestellt, genügend unterscheidungskräftig sein (RKGE vom 6. Juli 2004, sic! 2004, 853). Der blosse Umstand, dass eine bestimmte Form nur von einem Unternehmern verwendet wird, schliesst nicht aus, dass diese Form zum Gemeingut hört (BGE vom 24. Februar 2004, sic! 2004, 569).

Auch Grundfarben dürfen nicht als Marken für bestimmte Waren monopolisiert werden (RKGE vom 12. Februar 1998, sic! 1998, 300). Werden solche Zeichen jedoch graphisch originell dargestellt oder werden zwei gemeinfreie Zeichen auf unerwartete Weise kombiniert, so können sie als Marke zulässig sein (BGE vom 29. August 1996, sic! 1997, 57).

Triviale Farben (im vorliegenden Fall Weiss und Blau) sind für Reinigungs- und Abwaschmittel für die Geschirrspülautomaten nicht kennzeichnungskräftig. Die verschiedenen Farben haben weniger ästhetische Gründe, sondern sollen auf das Vorhandensein verschiedener Wirkstoffe hinweisen (RKGE vom 18. Februar 2003, sic! 2003, 499).

Solche Zeichen können auch ohne originelle Gestaltung gültige Marken werden, wenn es einem Unternehmen gelingt, Gruppen von Buchstaben oder von Zeichen oder auch von deren Kombination im Verkehr als Kennzeichen so durchzusetzen, dass der Kunde bei deren Anblick an bestimmten Unternehmen, Waren oder Leistungen denkt. Dies gilt beispielsweise für berühmte Zeichen wie ABB, BMW, IBM, 4711. Es handelt sich dies falls um durchgesetzte Zeichen (s. oben, § 15, Ziff. 3.3.1).

1.3. Freizeichen (degenerierte Zeichen)

Freizeichen sind ursprünglich unterscheidungsfähige Marken, welche ihre Unterscheidungskraft völlig verloren haben, weil sie von verschiedenen Unternehmen unabhängig voneinander für Waren der gleichen Kategorie verwendet wurden und schliesslich nicht mehr auf bestimmte Hersteller oder Vertreiber, sondern nur noch auf eine bestimmte Warengattung hinweisen. Ausschlaggebend ist die ungehinderte, langdauernde Benutzung durch Unternehmen, welche in keiner Weise, beispielsweise als Konzern oder Lizenznehmer, miteinander verbunden sind (BGE 130 III 117).

Laut Bundesgericht ist die Umwandlung einer eingetragenen oder geschützten Marke in ein Freizeichen etwas Aussergewöhnliches, das nur eintritt, wenn sich keiner der in Betracht fallenden Verkehrskreise (Hersteller, Vertreiber und Publikum) mehr des Schutzes bewusst ist (BGE 114 II 171). Dem gegenüber wird ein nicht eingetragenes Zeichen schon dann zum Freizeichen, d.h. zur Sachbezeichnung, wenn nur ein bestimmter Kreis, z.B. die Konkurrenten oder die Kunden, das Zeichen als Gattungsbegriff verwenden (BGE 130 III 119).

Aber auch wenn sich kein Benutzer und kein Vertreiber (Detaillist, Verkäufer) mehr daran erinnert, dass das Zeichen eine geschützte Marke ist, und es von allen als Beschaffenheitsangabe (Frigidaire, Plexiglas, Eternit) verwendet wird, bleibt die Marke solange geschützt, als die Konkurrenten wissen, dass der Inhaber sein Markenrecht verteidigt (BGE 130 III 113). Der Inhaber kann die Umwandlung in ein Freizeichen verhindern, indem er von Dritten, welche die Marke als Beschaffenheitsangabe verwenden, die Aufgabe dieser Praxis fordert. Aber auch wenn er eine solche Benutzung durch Dritte verhältnismässig lange geduldet hat, bedeutet dies nicht gezwungenermassen, dass er auf den Schutz verzichtet und die Degenerierung der Marke zulässt; wenn auch nur noch einige seiner Konkurrenten von seiner Absicht wissen, den Schutz weiterhin zu beanspruchen, bleibt das Zeichen geschützt (BGE 52 II 324).

Auch Familiennamen können, wie Marken, zu beschreibenden Zeichen degenerieren und als solche für die betreffende Warengattung Gemeingut werden.

1.4. Alleinstehende geographische Angaben

Als Gemeingut und deshalb schutzunfähig gelten geographische Namen, soweit sie nicht als Fantasiemarken anzusehen sind oder sich in der Schweiz im Geschäftsverkehr für ein bestimmtes Unternehmen durchgesetzt haben (BGE 117 II 327; RKGE vom 23. Juni 1999, sic! 1999, 643).

Wir werden uns in § 18 eingehend mit der Möglichkeit, geographische Angaben als Marken zu beanspruchen, befassen (§ 18, Ziff. 4, 5 und 8).

2. Vom Schutz ausgeschlossene Formen

Das MSchG schliesst Formen, welche das Wesen der Ware ausmachen, sowie die technisch notwendige Form der Waren oder Verpackungen vom Schutz aus (MSchG Art. 2 lit. b).

Der Ausschlussgrund des Gemeingutes gilt auch bei Formmarken; diese müssen sich vom einfachen, gewöhnlichen Formenschatz unterscheiden. Für die Eintragbarkeit ist dagegen nicht entscheidend, ob sich die Formmarke ausreichend von anderen existierenden Formen unterscheidet. Die Kombination gemeinfreier Elemente in überraschender Weise kann eine unterscheidungskräftige Gesamtwirkung ergeben. Die Form einer Blume oder Blüte ist für Käse weder üblich noch gebräuchlich; zudem weicht sie vom Erwarteten und Gewohnten ab und weist daher einen charakteristischen und unterscheidungskräftigen Gesamteindruck auf, der auch im Gedächtnis haften bleibt. Im Übrigen besteht kein Freihaltebedürfnis des Verkehrs an der Form einer Blume für Käse (RKGE vom 7. Februar 2002, sic! 2002, 345).

Die Schutzausschlussgründe von MSchG 2b gelten nur für Form-, nicht für Bildmarken. Die Rechtmässigkeit der Praxis des IGE gemäss Ziff. 4.5.5 der Richtlinien für die Markenprüfung von naturgetreuen bildlichen Darstellungen eines dreidimensionalen Objekts bleibt offen. Die massgebenden Verkehrskreise für die Beurteilung der Unterscheidungskraft eines Zeichens für Reinigungs- und Abwaschmittel für Geschirrspülautomaten sind primär die Endverbraucher. Die Form eines einfachen Quaders, mit zumindest oben abgeschrägten Kanten und vier abgerundeten Ecken, ist im Zusammenhang mit Waschmitteln nicht unterscheidungskräftig (RKGE vom 18. Februar 2003, sic! 2003, 499).

Die für Waren und Verpackung notwendigen Formen sind, wie erwähnt, leichter definierbar. Es kommen die gleichen Kriterien wie für schutzunwürdige Design zur Anwendung. Wir verweisen deshalb auf, § 25 Ziff. 1.2.

In einem neuen Entscheid betreffend Lego Bausteine (BGE 129 III 514) hat das Bundesgericht grundsätzliche Ausführungen zur Schutzfähigkeit von Formmarken gemacht. Wenn man ihm u.E. nicht ganz folgen mag, wenn es sagt, dass Formen, die das Publikum auf Grund der Funktion eines Produktes voraussetze, das Wesen dieser Ware ausmachen (solche Formen gehören wohl eher zum Gemeingut – s. oben, Ziff. 1.1.1), so werden die Unterscheidungen in technisch notwendige, technisch bedingte und technisch mitbeinflusste Formen sowohl dem IGE wie den kantonalen Gerichten hoffentlich Anstoss sein, in Zukunft technisch wirkenden Formen in weiterem Umfang Markenschutz zu gewähren.

Die Form der hinterlegten Formmarke hat sich vom Gewohnten und Erwarteten abzuheben; indessen darf nicht schon jedes funktionell sinnvolle Formelement als vom Publikum erwartet gelten (RKGE vom 4. Juli 2000, sic! 2000, 701).

Im Gegensatz zu Zeichen in Gemeingut können schutzunwürdige Formen nicht auf Grund ihrer Durchsetzung im Verkehr schutzfähig werden (RKGE vom 24. März 1998, sic! 1998, 400).

2.1. Formen, die das Wesen der Ware ausmachen

Das Wesen der Ware im Sinne von MSchG Art. 2 lit. b machen Formen aus, welche aufgrund der Funktion eines Produkts unerlässlich sind, und daher wohl zu einem grossen Teil vom Publikum erwartet werden. Es gibt jedoch technische Notwendigkeiten, die das Publikum nicht kennt, und die zu Formen zwingen, die das Publikum aus Unkenntnis gar nicht erwarten konnte. Setzt sich eine Form nicht ausschliesslich aus solchen Elementen zusammen, fällt sie nicht unter MSchG Art. 2 lit. b. Während die Quader-Form eines Lego-Bausteins den Erwartungen des Publikums an einen Spiel-Baustein entspricht, trifft dies für zusätzlich vorhandene Klemmvorrichtungen nicht zu (BGE 129 III 514).

Sobald eine Form durch die Materialien bedingt ist, aus denen die mit der Marke versehene Ware besteht, oder durch deren Gebrauchszweck, sobald die Form zur Erfüllung einer praktischen Aufgabe unerlässlich ist, stellt sie die Form aller Objekte dar, die der gleichen Aufgabe dienen, oder die aus den gleichen Materialien hergestellt und mit den gleichen Risiken behaftet sind. Eine solche Form darf nicht auf unbestimmte Zeiten durch den Inhaber einer einzigen Marke monopolisiert werden; sofern sie den Anforderungen des PatG, des DesG oder des URG genügt, geniesst sie möglicherweise für eine gemäss diesen Gesetzen befristete Zeit eine Monopolstellung.

Der Käufer muss bei der Wahrnehmung der Ware die Form von der Ware trennen können – der durch die Form vermittelte Sinneseindruck muss einen kennzeichnungsmässigen Überschuss über die Form der Ware als solche hinaus beinhalten[17]. Dabei ist unmassgeblich, ob das Publikum diesen Überschuss als Kennzeichen versteht – entscheidend ist, ob er individualisierend wirkt und dem Publikum die Unterscheidung des betreffenden Produktes von einem anderen erlaubt.

Die Form stellt nicht das Wesen der Ware dar, wenn letztere ihre Form erst nach ihrer Schöpfung (mit oder ohne Farben) zur Unterscheidung von anderen gleichartigen Waren erhalten hat (RKGE vom 12. Februar 1998, sic! 1998, 300). In solchen Fällen ist die ausschliesslich aus ästhetischen Gründen erteilte Form oft unterscheidungskräftig und kann als Marke geschützt werden. Hat dagegen das Erzeugnis keine praktische Aufgabe zu erfüllen, sondern nur eine ästhetische Wirkung auszuüben (z.B. eine Skulptur), so erschöpft sich das Wesen der Ware in der ästhetischen Wirkung, und ihre Form ist nicht als Marke schützbar (BGE 131 III 121: «Eine Form kann nur Markenschutz geniessen, wenn sie sich von den funktionell oder ästhetisch notwendigen Elementen des Produktes abhebt. Eine Form, die nur aus solchen Elementen besteht, kann nicht geschützt werden» [Übersetzung durch den Autor]).

Würde man die unabhängige Kennzeichnungsfunktion der Warenform nicht als absolute Voraussetzung für deren Schutz als Marke vorschreiben, so wäre damit der missbräuchlichen Hinterlegung von rein ästhetischen Gegenständen (Schmuck, Skulpturen) die Tür geöffnet, wodurch das Designgesetz und das URG umgangen werden könnten. Reine Ziergegenstände sollten daher i.d.R. nicht als

---

[17] Zur Frage der Schutzfähigkeit von Formmarken s. RUTH ARNET, Markenschutz für Formen, in: sic! 2004, 829; PETER HEINRICH/ANGELIKA RUF, Markenschutz für Produktformen?, in: sic! 2003, 405.

Formmarken geschützt werden können, da ihre Form ihr ganzes (und ausschliessliches) Wesen ausmacht.

Das Bundesgericht hat schon früher zwischen Formen mit praktischer Zweckbestimmung, unterscheidungskräftigen Formen und ausschliesslich der Ästhetik dienenden Formen unterschieden (BGE 110 IV 102); es hat präzisiert, dass das MSchG nicht zur Umgehung der Bestimmungen über das MMG und das URG missbraucht werden dürfe (BGE 120 II 309).

Einfache Formen (Würfel, Zylinder, Kugel) können nicht monopolisiert werden, da sie Gemeingut sind (BGE 116 II 196). Um schützbar zu sein, darf eine Form dem Publikum nicht als rein zweckdienlich erscheinen, sie muss vom Gewohnten abweichen, durch ihre Besonderheiten auffallen und deswegen im Gedächtnis der Abnehmer haften bleiben (BGE 120 II 309).

Auch (banale) Verpackungsformen für Waren, die an sich keine eigene feste Form haben (Flüssigkeiten, gasförmige Waren [Sprays], Pulver) zählen ebenfalls zum Wesen der Ware, falls ihre wesentlichen Formmerkmale aus rein generischen Elementen bestehen.

2.2. Technisch notwendige und technisch bedingte Formen

Technisch notwendig im Sinne von MSchG Art. 2 lit. b ist eine Form dann, wenn dem Konkurrenten für ein Produkt der betreffenden Art (technisch) überhaupt keine alternative Form zur Verfügung steht oder wenn ihm eine andere Gestaltungsmöglichkeit im Interesse eines funktionierenden Wettbewerbs nicht zugemutet werden kann; nicht zumutbar ist eine weniger praktische, eine weniger solide oder eine mit grösseren Herstellungskosten verbundene Ausführung (BGE vom 7. Juli 2004, sic! 2004, 854; BGE 131 III 121).

Von der technisch notwendigen Form im Sinne von MSchG Art. 2 lit. b zu unterscheiden ist die technisch bedingte Form, die, falls sie nicht aufgrund ihrer Originalität unterscheidungskräftig ist oder sich im Verkehr als Kennzeichen durchgesetzt hat, mangels Unterscheidungskraft Gemeingut im Sinne von MSchG Art. 2 lit. a ist. Von der technisch notwendigen und der technisch bedingten Form zu unterscheiden ist die technisch mitbeeinflusste Form. Falls sie sich nicht in Formen des Gemeinguts erschöpft, ist sie grundsätzlich als Marke schutzfähig ist (BGE 129 III 514).

Wir können daher den Grundsatz festhalten: Eine Form ist technisch notwendig, wenn sie durch die Aufgabe des Objektes gegeben und zur Erreichung des durch das Objekt angestrebten Zweckes unentbehrlich ist.

Wie das Bundesgericht schon vor längerer Zeit festgehalten hat, ist es unzulässig, dass ein Konkurrent, unter Zuhilfenahme des Markenrechtes, die technisch sinnvollste, einfachste und in der Herstellung wirtschaftlichste Form monopolisiert (BGE 116 II 609).

3. Täuschende Zeichen

Wer im Rahmen seiner Geschäftstätigkeit Massnahmen ergreift, die geeignet sind, Marktteilnehmer in die Irre zu führen und Verwechslungen mit Waren und Dienstleistungen eines anderen hervorzurufen, oder wer täuschende Mittel verwendet, verstösst gegen das Gesetz über den unlauteren Wettbewerb (UWG Art. 3 lit. d und i; vgl. unten, § 61 Ziff. 6.4. und 6.9.) Das MSchG verbietet die Verwendung täuschender Zeichen nicht, verweigert ihnen jedoch den Schutz.

Die Täuschungsgefahr beurteilt sich nach den Umständen in der Schweiz (RKGE vom 17. April 1998, sic! 1998, 475).

Ausschlaggebend für das Vorliegen einer Täuschungsgefahr ist die Meinung des letzten Abnehmers, da er weniger aufmerksam prüft als der Fachmann. Die Gründe, aus welchen das Zeichen gewählt wurde, werden nicht berücksichtigt; dem Inhaber der Marke muss keine Täuschungsabsicht nachgewiesen werden (BGE 93 I 575; vgl. auch oben, § 16 Ziff. 3.7).

Ob eine Täuschungsgefahr vorliegt, ist nicht abstrakt, sondern anhand der besonderen Umstände des Einzelfalles zu beurteilen (BGE 123 III 226).

3.1. Täuschende Marke

Eine Täuschungsgefahr besteht, sobald eine Marke beim Käufer eine Erwartung erweckt, der die im Warenverzeichnis genannten Waren nicht entsprechen (RKGE vom 17. April 1998, sic! 1998, 475). Die Täuschung kann auch die Geschäftsbeziehungen des Inhabers des Zeichens (BGE 98 Ib 10) oder die geographische Herkunft der Ware betreffen (mit letzterer werden wir uns in § 18 befassen). Von sachkundigen Abnehmern darf man ein gegenüber dem breiten Publikum geschärftes Unterscheidungsvermögen erwarten (RKGE vom 7. Mai 1997, sic! 1997, 301).

Eintragung und Schutz sind auch ausgeschlossen, wenn die Täuschungsgefahr nur in einem Sprachgebiet der Schweiz besteht (BGE 114 II 171). Auch einer Fremdsprache oder toten Sprache entnommene Worte können irreführend sein (BGE vom 2. August 1994, PMMBl 1994, 76), da angenommen wird, dass in der Schweiz lebende Personen gute Fremdsprachenkenntnisse besitzen.

Unrichtige Hinweise auf Eigenheiten eines Erzeugnisses können ganz allgemein falsch oder lediglich bezüglich einiger Warengattungen irreführend sein (RKGE vom 29. September 1997, sic! 1997, 561). In ständiger Praxis hat das IGE die Endsilben «lin» nur für Leinen, «lan» nur für Wolle und «seda» oder «seta» nur für reine Seide zugelassen (BGE 93 I 577).

Die Täuschungsgefahr ist, wie die Verwechslungsgefahr, unabhängig von der Ausstattung der Ware und anderen Zusätzen zu beurteilen, welche in der Praxis eine Täuschung ausschliessen könnten. Es wird aufgrund des eingetragenen Zeichens sowie des Warenverzeichnisses entschieden; wie und wofür die Marke tatsächlich gebraucht wird, ist ohne Bedeutung (RKGE vom 30. April 1998, sic! 1998, 478).

Im Gegensatz zur fehlenden Unterscheidungskraft macht der ständige ausschliessliche Gebrauch des irreführenden Zeichens und dessen Durchsetzung im Verkehr dieses nicht gültig. Die Durchsetzung einer Marke im Verkehr beseitigt die Täuschungsgefahr nicht, sondern erhöht sie (BGE 122 III 386).

Gemäss ständiger Rechtsprechung des Bundesgerichtes kann das Publikum durch die Aufnahme eines Familiennamens in die Marke über die Geschäftsbeziehungen des Markeninhabers irregeführt werden, da ein solcher Name den Käufer zur Herstellung einer Verbindung zwischen der durch den Familiennamen individualisierten Ware und dem Namensträger oder dessen Geschäftsbeziehungen veranlassen kann (BGE vom 21. Januar 1992, PMMBl 1992, 49, 50).

Täuschend sind Marken, welche eine fiktive Firma, beispielsweise einen Familiennamen mit Vornamen und einem Partikel wie «by», «création» oder «und Co» enthalten (BGE 118 II 74).

3.2. Täuschende Firmen

Auch die Verwendung einer Firma, welche den Bestimmungen des Obligationenrechts über die Bildung von Geschäftsfirmen nicht widerspricht, untersteht dem Lauterkeitsrecht; gestützt darauf kann die Darstellung einer im Handelsregister eingetragenen Firma, in denen einzelne Firmenbestandteile ungleich gestaltet sind, verboten werden. Die Firmengebrauchspflicht besteht darin, die Firma unverändert, so wie der Inhaber sie angenommen hat, zu gebrauchen, soweit dies zur Vermeidung der Gefahr einer Täuschung des Publikums über erhebliche Tatsachen erforderlich ist. Mit der isolierten Verwendung lediglich eines Teils der eingetragenen Firma kann sowohl die Pflicht zum Gebrauch der Firma, wie auch die Pflicht, für eine deutliche Unterscheidung von anderen Firmeninhabern zu sorgen, verletzt werden (BGE 128 III 224).

Der Grundsatz der Wahrhaftigkeit der Firma bewirkt, dass jede Firma abgelehnt wird, welche geeignet ist, zu einer Täuschung zu führen. Täuschend ist jede Firma, welche auf eine tatsächlich nicht ausgeübte Tätigkeit anspielt (BGE 117 II 192), oder die zu Irrtümern betreffend den wirklichen Sitz der Firma Anlass gibt (BGE 123 III 226).

Die Aufnahme eines Familiennamens in eine Firma kann zur Täuschung über die Geschäftsbeziehungen führen, wenn keine Person dieses Namens am Unternehmen beteiligt ist; in einem solchen Fall wird die Eintragung abgelehnt (BGE vom 25. Januar 1985, PMMBl 1985, 35). Deckt sich der Familienname des Zeicheninhabers mit demjenigen einer Persönlichkeit, welche im Zusammenhang mit den angebotenen Waren oder Dienstleistungen zu einer bestimmten Vorstellung führt, so muss der Inhaber des Zeichens einen unterscheidenden Zusatz anbringen. Bei einem sehr bekannten Namen genügt der zum Familiennamen hinzugefügte Vorname nicht (BGE 116 II 614). Die alleinige Tatsache, dass ein Familienname seit Jahrzehnten oder Jahrhunderten bekannt und in zahlreichen Kantonen verbreitet ist, begründet keine Täuschungsgefahr; je seltener ein berühmter und aktueller Name ist, desto grösser wird diese Gefahr (BGE 112 II 59).

Der Gebrauch von Titeln wie Madame, Monsieur, Mister oder Lady ist als solcher nicht täuschend (BGE 118 II 74).

Wie bei der täuschenden Marke wird auf die Ansicht des durchschnittlichen Schweizer Lesers abgestellt (BGE vom 18. November 1980, SMI 1986, 288).

Die Einhaltung der Grundsätze der Firmenbildung ist vom Handelsregisterführer von Amtes wegen zu beachten (BGE 123 III 226).

Ein ausländischer akademischer Titel kann im Handelsregister nur eingetragen (und als Marke verwendet) werden, wenn er von einer Hochschule verliehen wurde, welche den Schweizer Hochschulen ebenbürtig ist (BGE 113 II 280).

4. Zeichen, die gegen die öffentliche Ordnung, die guten Sitten oder geltendes Recht verstossen

4.1. Zeichen, die gegen die öffentliche Ordnung verstossen

Indem das MSchG die öffentliche Ordnung als Schutzverweigerungsgrund anerkennt, entspricht es der PVÜ (Art. $6^{quinquies}$, lit. b, Ziff. 3) und der GMVO (Art. 7, Ziff. 1, lit. f).

Gegen die öffentliche Ordnung verstossen Zeichen, welche die religiösen oder politischen Gefühle der schweizerischen Bevölkerung verletzen, die Schweiz, ein anderes Land oder deren Institutionen lächerlich machen.

Auch Zeichen, die das religiöse Empfinden von Minoritäten verletzen, verstossen gegen die guten Sitten. Die Buddhisten in der Schweiz erkennen unter der Bezeichnung «Siddhartha» den Vornamen ihres Religionsstifters und können durch die Verwendung dieses Namens als Marke in ihren religiösen und kulturellen Gefühlen verletzt werden. Der Marke «Siddhartha» ist daher der Schutz in der Schweiz zu verweigern (RKGE vom 5. Oktober 2000, sic! 2001, 33).

4.2. Sittenwidrige Zeichen

Diese Bestimmung betrifft schockierende Zeichen, welche gegen die Gefühle und das Sittlichkeitsempfinden eines grossen Teils der Bevölkerung verstossen oder menschliche und kulturelle Werte missachten (EJPD vom 2. Juli 1984, PMMBl 1984, 57). Solche Zeichen können auch unter Berufung auf die öffentliche Ordnung abgewiesen werden.

Die Zurückweisung eines Zeichens wegen Sittenwidrigkeit darf grundsätzlich ohne Stellungnahme der betroffenen Personen verfügt werden; es kommt nur auf das in der Schweiz vorwiegend geltende Sittlichkeitsempfinden an (RKGE vom 5. Oktober 2000, sic! 2001, 33).

4.3. Gegen geltendes Recht verstossende Zeichen

4.3.1. Verstoss gegen internationale Abkommen

Mehrere internationale Abkommen, welche die Schweiz unterzeichnet hat, enthalten Bestimmungen über den Zeichenschutz, so zum Beispiel die PVÜ, welche die Staaten verpflichtet, die Eintragung von Wappen, Fahnen und weiteren Hoheitszeichen der Vertragsländer und der internationalen Organisationen zu verbieten (PVÜ Art. 6ter).

Die internationalen Abkommen über Herkunfts- und Ursprungsbezeichnungen untersagen die Eintragung gewisser geographischer Namen als Marken, so beispielsweise der TRIPS (vgl. hinten § 73, Ziff. 2.2.).

4.3.2. Verstoss gegen Bundesrecht

Eine Markenanmeldung kann dadurch gegen Bundesrecht verstossen, dass sie zu einer Namensanmassung führt und damit ZGB Art. 29 verletzt. Dies ist der Fall, wenn ein Unberechtigter einen Eigennamen oder dessen wesentliche Bestandteile als Marke einträgt und damit in rechtlich schützenswerte Interessen des (oder der) Namensträgers eingreift (BGE vom 4. Juni 1997, sic! 1997, 493).

Derjenige, der einen Schaden erleidet, weil ein Dritter sich seinen Namen oder dessen Hauptteil anmasst und damit eine Verwechslungsgefahr schafft, kann dem Richter die Beseitigung der Anmassung beantragen. Dies gilt jedoch nicht, wenn der übernommene Bestandteil auf einem Begriff beruht, der sprachlich gesehen zum Gemeingut gehört (BGE vom 11. Juli 2000, sic ! 2001, 123).

Verschiedene Bundesgesetze enthalten Verbote der Benutzung bestimmter Begriffe in Verbindung mit gewissen Waren. Zweck dieser Bestimmungen ist der Ausschluss einer möglichen Irreführung. Werden die verpönten Begriffe vom Gesetz genannt, weist das Institut Zeichen, welche diese Angaben enthalten oder aus ihnen bestehen, aufgrund Verstosses gegen geltendes Recht gemäss MSchG Art. 2 lit. d zurück. Beispielsweise enthält LMV Art. 19 Abs. 1 lit. f im Zusammenhang mit alkoholischen Getränken das Verbot der Benutzung von Angaben, die sich in irgendeiner Weise auf die Gesundheit beziehen (z.B. «stärkend»), und TabV Art. 17 Abs. 3 verbietet die Verwendung von Angaben auf der Verpackung von Tabakerzeugnissen, die den Eindruck erwecken, ein bestimmtes Tabakerzeugnis sei weniger schädlich als ein anderes (z.B. «leicht», «mild»). Der Gebrauch solcher Angaben ist täuschend und stellt gleichzeitig einen Verstoss gegen geltendes Recht dar. Entsprechende Zeichen werden somit sowohl gestützt auf Art. 2 lit. c als auch aufgrund MSchG Art. 2 lit. d zurückgewiesen (vgl. auch Ziff. 5.2 S. 92).

Im Folgenden befassen wir uns kurz mit zwei Gesetzen über den Schutz von Namen und öffentlichen Zeichen und deren Ausschluss von der Eintragung als Marke.

4.3.2.1. BG zum Schutz von Namen und Zeichen der Organisation der Vereinten Nationen und anderer zwischenstaatlicher Organisationen

Dieses Gesetz schützt Namen und Zeichen der internationalen Organisationen, z.B. UNO, WSO, OMPI, UNESCO usw. Es geht weiter als das PVÜ, indem es solche Namen und Zeichen nicht nur vor ihrer Verwendung als Marke oder Markenelement, als Firma oder vor ihrer heraldischen Nachahmung, sondern vor jeder Benutzung oder Nachahmung schützt.

Das Gesetz schützt die Namen der betreffenden Organisationen, ihre Sigel, Wappen, Fahnen und andere Zeichen. Die Zeichen sind in den Schweizer Amtssprachen und in Englisch geschützt. Das Gesetz zählt die geschützten Organisationen auf.

4.3.2.2. BG zum Schutz öffentlicher Wappen und anderer öffentlicher Zeichen (WSG)

Das Gesetz regelt den Gebrauch der Wappen und öffentlicher Zeichen für die Schweiz.

Private dürfen Zeichen, welche als Eigentum des Staates, eines Kantons oder einer Schweizer Gemeinde zu betrachten sind, nicht eintragen lassen und/oder zu kommerziellen Zwecken gebrauchen (insbesondere das Schweizerkreuz, vgl. BGE vom 7. August 1986, SMI 1990, 47)[18].

Die nicht autorisierte Verwendung amtlicher Bezeichnungen (*in casu*: Bundesgericht) ist täuschend, weil Dritte fälschlicherweise an eine amtliche Beziehung mit dem Amt glauben könnten, und verstösst daher gegen WSG, Art. 6 (Bundesgericht vom 2. September 2003, sic! 2004, 109).

Das IGE hat Kriterien für Eintragungsgesuche von Marken aufgestellt, welche auf Schweizer Wappen Bezug nehmen oder sie nachahmen (PMMBl 1981, 15). Nicht jede markenmässige Eintragung eines Motivs aus einem Kantonswappen verstösst gegen das Wappenschutzgesetz; absoluter Schutz besteht nur für aktuelle Kantonswappen und deren charakteristische Bestandteile. Eine Marke ist daher eintragbar, wenn sie ein Wappentier in einer unüblichen Situation zeigt (RKGE vom 25. September 2002, sic 2002, 855).

---

[18] In einem Entscheid vom 21. April 2004 (sic! 2004, 737), der noch nicht in Rechtskraft erwachsen ist, hat die schweizerische Lauterkeitskommission entschieden, dass ihres Erachtens die Verwendung des Begriffes «Schweizer Ware» oder einer gleichwertigen Bezeichnung dann unlauter sei, wenn das Produkt nicht zu 100% in der Schweiz hergestellt werde. Darunter falle auch die Verwendung des Schweizer Kreuzes.

Entsprechende Zeichen ausländischer Staaten (nicht aber von Bezirken und Gemeinden) geniessen den gleichen Schutz, soweit der betreffende Staat der Schweiz für gleichartige nationale und kantonale Zeichen Gegenrecht gewährt.

Die Verwendung öffentlicher Zeichen als Verzierungen von Waren – das Souvenirgewerbe machte davon häufig Gebrauch – war erlaubt, sofern dies nicht irreführend wirkte (EJPD vom 25. November 1980, PMMBl 1981, 15). Zu Recht hat nun das IGE diese Praxis geändert und lässt die Hinterlegung von Mustern und Modellen, die amtliche Hoheitszeichen wie namentlich das Schweizer Kreuz enthalten, nicht mehr zu (Mitteilung des IGE, PMMBl 1995, 58).

Schweizerische öffentlich-rechtliche Körperschaften mit offiziösem Charakter können die ihnen gehörenden Zeichen als Marken hinterlegen und sie benutzen oder deren Gebrauch durch Unternehmen gestatten (RKGE vom 25. September 2002, sic! 2002, 855). Laut Art. 2 Abs. 2 lit. a des Gesetzes ist der Gebrauch einem weiteren Personenkreis gestattet als die Eintragung. Die Zeichen des Bundes und der Kantone oder deren charakteristische Merkmale, welche der Bund oder ein Kanton als Kollektivmarke hinterlegt hat, können von Personen benutzt werden, die dem Kreis der Produzenten, Industriellen oder Handeltreibenden angehören, für welche diese Kollektivmarken bestimmt sind.

5. Rechtsprechung zu den absoluten Ausschlussgründen

5.1. Beschaffenheitsangaben

Als rein beschreibend wurden die folgenden Bezeichnungen beurteilt:

3 × 3	für Schokoladenriegel, welche zu je drei Stücken verpackt waren (SMI 1976, 75)
ALLFIT	für Implantate und Plombenmaterial (sic! 1997, 302)
ALPHA-TRAINING	für Dienstleistungen im Zuisammenhang mit Seminaren der praktischen Psychologie (sic! 2003, 796).
ALTA TENSIONE	für gestrickte Damenoberkleider (BGE 114 II 371)
AQUA-FIT	für Desinfektionsmittel und Medikamente (SMI 1979, 111)
AUTONOVA	für Farben, Lacke usw. (PMMBl 1987, 75)
BASIC	für Zigaretten (PMMBl 1982, 16)
BIOCERNE	für eine biologische Behandlung gegen Falten (SMI 1979, 250)
BIONORM	für Schlankheitsmittel (BIOVITAL hingegen nicht) (SMI 1977, 168)
BLACK & WHITE	für Kleider und Schuhe (SMI 1980, 127)
BRICO	für Bastelprodukte (sic! 2001, 123)
CAR	für Automobile (sic! 1997, 559)
CE-FIT	für Vitamin-C-haltige Getränke (PMMBl 1982, 36)

COLDWELD	für einen Zweikomponenten Klebstoff (PMMBl 1983, 81)
DIAGONAL	für Sicherheitsbefestigungen (PMMBl 1980, 10)
DIGIBAU	für Informatikdatenträger (sic! 1997, 57)
DISCOTABLE	für einen Tisch mit eingebautem Grammophon (BGE 99 Ib 23)
DOMINANT	für Getränke (BGE 96 I 250)
DULLCOAT	für Kunstdruckpapier (PMMBl 1984, 12)
DUO	für Kinder- und Familienspiele (BGE 118 II 181)
ECO-SPEEDSTER	für Automobile (sic! 1997, 558)
ELLE	für Hygiene- und Schwangerschaftverhütungsprodukte (sic! 1997, 159)
ELLE	für Frauen bestimmte Waren (sic ! 2000, 802)
ENTEROCURA	für Darmpflegemittel (BGE 96 I 755)
EUROMIX	für einen Warmwassermischer (PMMBl 1981, 44)
EVER-FRESH	für Wäsche (BGE 91 I 356)
FITMORE	für Knochenzement für die orthopädische Chirurgie (sic! 2004, 27).
FROSTI	für Speiseglace-Produkte (SMI 1979, 117)
GRAND AMOUR	für Wein (BGE vom 18. April 1990, SMI 1991, 91)
HANFBLÄTTCHEN	für Zigarettenpapier aus Hanf (sic! 1998, 193)
HOT-POT	für Lebensmittel (PMMBl 1981, 72)
IMPERIAL	für Zigaretten (SMI 1983, 76)
LAUREL & HARDY	für Filme (SMI 1974, 150)
LESS	für pharmazeutische Produkte (BGE 108 II 216)
LEVANTE	für Hefe, Backpulver und Qualitätsverbesserer für Backwaren (sic! 2001, 28)
LIFE CODE	für Drucksachen, pharmazeutische Produkte und wissenschaftliche Unterrichtsmittel (PMMBl 1977, 17)
LIFECODE	für Publikationen (SMI 1977, 171)
MARITIM	für Badeartikel und Kleider (SMI 1977, 63).
MARKOBLEND	für synthetische Stoffe (SMI 1979, 248)
MASTER DRIVE	für Dienstleistungen im Zusammenhang mit Fahrlehren (sic! 2000, 699)
MASTERBANKING	für Bankprodukte und -dienstleistungen (sic! 1998, 302)
MASTERPIECE	für Dienstleistung mit Finanz- und Versicherungs-sektor (BGE 129 III 225)
MEMBRA	für Pflaster und Verbandmaterial (PMMBl 1990, 46)
MICRO COMPACT	
MIXMASTER	für Mixer (SMI 1979, 244)
MOLECULAR	
MORE	für Zigaretten (BGE 103 II 342)
M-POWER	für Komputerprogramme (sic! 2000, 703)
MULTIPROBE	für Elektronische Test- und Messinstrument einschliesslich Logik-Analysatoren, Oszilloskop-Messeninstrumente (sic! 2000, 796)

NIDWALDNER WOCHENBLATT	für Zeitungen Zeitungen, Magazine und Druckereierzeugnisse (sic! 2003, 36).
NUTRI	für Nährungsmittel (sic! 2001, 321)
OISTER FOAM	für Chemikalien zur Herstellung von Schaum aus Kunststoffen (BGE 104 Ib 66)
PREMIERE	für Waren im Beireich Film, Fernsehen und Radio (BGE 128 III 447, 32).
ROYAL COMFORT	für Hygienepapier, Windeln und Damenhygiene-Einlagen, auch für Pflaster und Verbandsmaterial (sic! 2003, 495).
SANO VITAL	für Vitaminpräparate und Futtermittel (BGE 104 Ib 139)
SHOP-IN-SHOP	für Verkaufsständer (SMI 1981, 73)
SIBEL	für Kleider (BGE 100 Ib 251)
SKI BIKE und SMART	für panzerbrechende Suchzünder-Munition sowie Sensoren, Gechtsköpfe und Trägersysteme dafür (sic! 2003, 806)
SNOWBIKE	für Waren für Wintersport (sic! 2001, 132)
SOFTASEPT	für Desinfektionsmittel für den menschlichen Körper BG (PMMBl 1986, 95)
SOFTLINE	für Sanitärinstallationen (SMI 1978, 196)
SPEKTRONELL	für Produkte zur Verwendung in spektrochemischen Verfahren (SMI 1979, 114)
SUAVE	für ein Parfum (SMI 1976, 73)
SUPRADERM	für Bandagen und Verbände (SMI 1986, 305)
SYNCHROBELT	für Treibriemen für den synchronisierten Antrieb (BGE 95 I 479)
TENDER	für Zigaretten (PMMBl 1974, 65)
TOP-SET	für Schokolade (BGE 97 I 87)
TREND	für Kosmetikartikel (PMMBl 1983, 82)
U-MODUL	für elektrische Bauteile (sic! 1997, 562)
UP und UPERISIERT	für konservierte Milch (SMI 1973, 155)
VANTAGE	für Musikinstrumente (PMMBl 1983, 31)
WEBLEARN	für Lehr- und Unterrichtsmittel und mit diesen im Zusammenhang stehende Diestleistungen (RKGE vom 5. Dezember 2002)
WORKPLAN	für Software und elektronische Karteiführung, Computerprogrammierung (sic! 1998, 47)

5.2. Nicht beschreibende Zeichen

Die folgenden Bezeichnungen wurden dagegen nicht als beschreibend beurteilt:

ADEQUAT	für kosmetische und pharmazeutische Waren (sic! 2002, 519)
BANQUET	für Lebensmittel (BGE 103 Ib 18)
BIOVITAL	für Stärkungsmittel (BGE 99 II 401)
BRISEMARINE	für Badezusätze (BGE 93 II 262)
FIORETTO	für Biskuits (sogar in Blumenform) (BGE 116 II 609)
FITNESS	für medizinische Instrumente (sic! 2003, 800)
MATERNA	für Artikel für Schwangere (SMI 1971, 177)
MINIBON	für Back- und Konditoreiwaren (sic! 2003, 36)
OKT	für Medikamente (PMMBl 1983, 56)
RED & WHITE	für Tabakwaren (BGE 103 Ib 370)
ROTRING	für Werkzeuge (sogar mit einem roten Ring versehene) (BGE 106 II 246)
VAC	für vakuumverpackte Wurstwaren (BGE 93 II 50)
VALVOLINE	für Schmiermittel (BGE 96 II 240)
YOUNET	für Internet- und Netzwerktechnologie (sic! 2003, 714)

5.3. Werbemarken

Folgende Marken wurden als rein werbemässig und demzufolge dem Gemeingut zugehörig angesehen:

ADVANCE	BGE 103 II 339
AVANTGARDE	sic! 1998, 397
LESS	BGE 108 II 216
MORE	BGE 103 II 341
TREND	PMMBl 1983, 82
VANTAGE	BGE 108 II 487
WE KEEP OUR PROMISES	sic! 2003, 802

5.4. Irreführende Marken

Folgende Marken wurden als irreführend und demzufolge täuschend betrachtet:

ALASKA	für Getränke aus Frankreich (PMMBl 1994, 76)
BIOCLINIQUE	für Heimhaarpflege (BGE 101 Ib 17)
CHOCOLATE MANNER	für Produkte, die keine Schokolade enthielten (BGE 66 I 196)
DIAMALT	für Produkte, die kein Malz enthielten (BGE 93 I 573)
DORCRIN und PORTECRIN	für Bürsten, die keine Tierhaare enthielten (in SMI 1969, 66)

ENTEROCURA	für Medikamente, die nicht für die Darmbehandlung bestimmt waren (BGE 96 I 752)
FINN COMFORT	für nicht aus Finnland stammende Produkte (sic! 1998, 475)
GOLDEN RACE	für goldplattierte Gegenstände, aus vergoldetem Metall oder Goldimitation (PMMBl 1987, 11)
HUMMEL	für Produkte, die keinen Wachs enthielten (BGE 93 I 579)
MENTHACOLOGNE	für ein Produkt, das kein Pfefferminz enthielt (BGE 58 I 210)
MORE	für Zigaretten (BGE 103 II 342)
NOVELIN	für Produkte, die kein Leinen enthielten (BGE 82 I 51)
NYCORD	für Stoffe ohne Nylon (BGE 78 I 280)
SLIMOWITZ	für in Österreich und Jugoslawien destillierten Schnaps (BGE 95 I 473)
TRAFALGAR	für Zigaretten aus den USA (BGE 93 I 571)

§ 18 Herkunftsangaben und geographische Bezeichnungen im Allgemeinen

1. Begriff der Herkunftsangabe

Herkunftsangaben sind auch Kennzeichen; deshalb behandeln wir sie im Zusammenhang mit dem Markenrecht, obwohl sie sich bezüglich Aufgabe und Zweck wesentlich von der Marke unterscheiden.

Als Prinzip gilt, dass es jedem Produzenten möglich sein muss, auf die geographische Herkunft seiner Waren oder Dienstleistungen hinzuweisen (BGE 128 III 458).

Die Herkunftsangabe dient wie die Marke dazu, eine Ware von anderen gleichartigen Waren zu unterscheiden. Sie ordnet aber die Ware nicht einem bestimmten Fabrikanten oder Hersteller zu, sondern verweist den Konsumenten auf eine bestimmte geographische Gegend, ohne Bezugnahme auf ein besonderes Unternehmen.

Die Herkunftsangaben können in einfache Herkunftsangaben, die ausschliesslich auf die geographische Herkunft einer Ware oder Dienstleistung hinweisen, und in qualifizierte Herkunftsangaben, die auf einen Ort hinweisen, der für die betreffenden Produkte einen besonderen Ruf geniesst, unterschieden werden. Im zweiten Fall erweckt der als Herkunftsangabe benutzte geographische Name häufig eine Vorstellung bestimmter Eigenschaften (Porzellan aus Limoges, Pilsener oder Münchner Bier, Schweizer Uhren oder Schokolade, Gruyère Käse) und dient als Gewähr für eine bestimmte Qualität oder für besondere Eigenschaften der betreffenden Ware oder Dienstleistung (RKGE vom 21. Mai 1997, sic! 1997, 391).

2. Gesetzliche Definition der Herkunftsangabe

MSchG Art. 47 definiert die Herkunftsangabe wie folgt:

«Herkunftsangaben sind direkte oder indirekte Hinweise auf die geographische Herkunft von Waren oder Dienstleistungen, einschliesslich Hinweisen auf die Beschaffenheit oder auf Eigenschaften, die mit der Herkunft zusammenhängen.

Geographische Namen und Zeichen, die von den massgebenden Verkehrskreisen nicht als Hinweis auf eine bestimmte Herkunft der Waren oder Dienstleistungen verstanden werden, gelten nicht als Herkunftsangaben im Sinne von Abs. 1.»

Direkte Herkunftsbezeichnungen sind exakte geographische Bezeichnungen der Herkunft einer Ware oder Dienstleistung.

Indirekte Herkunftsangaben benützen sprachliche, bildliche oder sogar geographische Symbole, um auf einen bestimmten Ort oder Region hinzuweisen. Dazu gehören Namen und Abbildungen von bekannten Bergen, Seen, Flüssen, Personen, Denkmälern oder anderen Gebäuden usw., wie Wilhelm Tell, Eifelturm, Uncle Sam, Matterhorn, Montparnasse, Big Ben usw. (BGE 117 II 327), sofern sie bei einem grossen Teil des Publikums eine spontane Gedankenverbindung mit dem betreffenden geographischen Ort bewirken (RKGE vom 17. April 1998, sic! 1998, 475).

An dieser Stelle sei nur kurz erwähnt, dass sich das TRIPS Abkommen eingehend mit dem Schutz geographischer Bezeichnungen befasst (s. hinten, § 73 Ziff. 2.2.). Die schweizerische Gesetzgebung genügt jedoch im Grossen und Ganzen den Ansprüchen des TRIPS.

Neben den internationalen Verträgen hat die Schweiz auch bilaterale Abkommen abgeschlossen, welche den Gebrauch geographischer Bezeichnungen regeln (Deutschland, Spanien, Frankreich, Portugal, Ungarn,Tschechoslowakei); jedes Land bestimmt, welche geographischen Bezeichnungen im Gemeingut bleiben müssen. Diese Bezeichnungen geniessen unabhängig von einer allfälligen Verwechslungsgefahr absoluten Schutz (BGE 125 III 193; BGE 128 III 454).

Öffentlichrechtliche Körperschaften (Gemeinden oder Kantone) können eine Herkunftsangabe als Marke eintragen und denjenigen zur Verfügung stellen, welche in ihrem Gebiet ein Unternehmen betreiben. In solchen Fällen hat die Gemeinde das ausschliessliche Recht zum Gebrauch der geographischen Bezeichnung (Namen der Gemeinde) als Marke. Sie kann jedoch in der Gemeinde ansässige Personen nicht daran hindern, den gleichen Namen als Herkunftsangabe zu verwenden. Solche Personen müssen geeignete Massnahmen treffen, um sich von der geschützten Marke zu unterscheiden und eine Verwechslungsgefahr zu verhindern (BGE 117 II 321).

2.1. Herkunftsangaben für Waren

Für Waren sind drei hauptsächliche Kategorien von Herkunftsangaben zu unterscheiden:

Erstens kann die Herkunftsangabe einen Ort beschreiben, an welchem natürliche Faktoren wie Boden, Klima, Wasser usw. die Eigenschaften der Produkte bestimmen, z.B. von Früchten, Gemüsen, Fischen (schottischer Lachs), aber auch von Kohle, Salz oder Mineralwasser (RKGE vom 21. Mai 1997, sic! 1997, 391). Aber auch der Ort der Gewinnung, des Fangs und der Ernte können von Bedeutung sein.

Zweitens kann die Herkunftsangabe einen Ort bezeichnen, an welchem die natürlichen Faktoren und das menschliche Element, die Tradition des Anbauers oder des Züchters gemeinsam eine typische Wirkung hervorrufen (Bordeaux Wein, Champagner, Schottischer Whisky, Emmentaler Käse, Kobe Beef).

Drittens gibt es gewerbliche Produkte, welche weder von Grund und Boden noch von anderen Naturelementen direkt beeinflusst werden, deren Herstellung aber traditionell mit einer bestimmten Gegend verbunden ist (Schweizer Uhren, St. Galler Stickereien, Limoges Porzellan). Die Besonderheit dieser Erzeugnisse hängt vom Herstellungsverfahren ab. Sie können jedoch mit der entsprechenden Herkunftsangabe nur versehen werden, wenn entscheidende Phasen der Herstellung an dem Ort vorgenommen wurden, dessen Bezeichnung benützt wird. Bei Hinweisen auf Städte oder Regionen genügt es, dass die Ware im betreffenden Land hergestellt wurde.

MSchG Art. 48 führt einige Grundsätze für die Bestimmung der Herkunft der Waren an:

«Die Herkunft einer Ware bestimmt sich nach dem Ort der Herstellung oder nach der Herkunft der verwendeten Ausgangsstoffe und Bestandteile.

Zusätzlich kann die Erfüllung weiterer Voraussetzungen verlangt werden, namentlich die Einhaltung ortsüblicher oder am Ort vorgeschriebener Herstellungsgrundsätze und Qualitätsanforderungen.

Die Kriterien sind im Einzelfall nach Massgabe ihres Einflusses auf den Ruf der betreffenden Waren zu bestimmen; entspricht eine Herkunftsangabe den Usanzen, so wird ihre Richtigkeit vermutet.»

2.2. Herkunftsangaben für Dienstleistungen

Dienstleistungskennzeichen werfen im Zusammenhang mit dem Schutz der Herkunftsangaben interessante Fragen auf. Einerseits sind Dienstleistungen an die sie erbringende Person oder Unternehmung gebunden. Anderseits wurden bekanntlich in gewissen Gegenden in den verschiedensten Dienstleistungsbereichen Techniken von besonderer Qualität entwickelt.

Es kann sich sowohl um den Schweizer Privatbankier als auch um den thailändischen Masseur, die chinesische Küche und die österreichische Skischule handeln. Kann man nun dem Schweizer Koch, welcher in China besondere Kochkenntnisse erworben hat, untersagen, in seinem Restaurant in Mont-sur-Rolle seine chinesische Küche anzupreisen; oder soll man dem australischen Skilehrer, der im Besitz eines österreichischen Instruktorendiploms ist, verbieten dürfen, in einem australischen Skigebiet österreichische Skitechnik zu unterrichten?

2.3. Herkunftsbezeichnung im Rebbau

In einem BB definiert der Bundesrat die Verwendung geographischer Begriffe für Weine (BB vom 19. Juni 1992 über den Rebbau).

Unter Herkunftsbezeichnung im Sinne des BB ist der Name des Landes, der Name eines Landesteiles oder eine traditionelle Bezeichnung zu verstehen, die einem Traubensaft oder Wein seinen Ruf geben.

Es ist den Kantonen überlassen, Anbaugebiete abzugrenzen und diesen Ursprungsbezeichnungen zuzuteilen (BGE vom 10. Juni 1998, sic! 1998, 488 f.).

Der BB unterteilt die Schweiz in drei Weinbauregionen: Westschweiz (einschliesslich der Bielersee-Gegend), italienischsprachige Schweiz, deutschsprachige Schweiz. Jede Region untersteht der Aufsicht einer regionalen Kommission. So wurde für das Waadtland festgehalten, dass die Bezeichnung «Château de Saint-Saphorin sur Morges» zum Gemeingut gehöre, weit der Abnehmer die Bezeichnung «Château» nicht als Hinweis auf ein Schloss verstehe (RKGE vom 28. Juni 2004, sic! 2004, 940).

3. Herkunftsangaben und täuschende geographische Bezeichnungen

Herkunftsangaben können auf verschiedene Weisen täuschend sein, indem man z.B. den Geschäftsort eines Händlers in Bezug auf Waren benutzt, die nicht von diesem Ort stammen, oder indem man nicht zutreffende geographische Bezeichnungen mit delokalisierenden Zusätzen versieht wie «nach Art», «tipo», «quality control in».

Grundsätzlich ist jede geographische Bezeichnung unzulässig, welche zu einem Irrtum über den Ursprung oder die Herkunft einer Ware oder Dienstleistung führen kann. Täuschungsgefahr besteht, sobald eine Marke den Konsumenten an einen Ort denken lässt, welcher nicht dem Herstellungs– oder Herkunftsort der Ware oder der ihre Eigenschaften bestimmenden Materialen entspricht (RKGE vom 17. April 1998, sic! 1998, 475; BGE 128 III 454; RKGE vom 11. November 2003, sic! 2004, 428).

Im Gegensatz zur delokalisierenden Bezeichnung sind relokalisierende Bezeichnungen zulässig. Sie dienen dazu, einer geographischen Bezeichnung, welche zur

Beschaffenheitsangabe geworden ist, durch Verwendung von Ausdrücken wie «wirklich», «original» oder «authentisch» ihre Eigenschaft als Herkunftsangabe zurückzugeben.

4. Geographische Bezeichnung als Marke oder Firma

Eine geographische Bezeichnung kann ausnahmsweise als Marke monopolisiert werden, wenn sie infolge langjährigen Gebrauchs einem bestimmten Unternehmen zugeordnet wird und dadurch dessen Waren von gleichartigen Waren anderer Unternehmen zu unterscheiden vermag (BGE 117 II 321).

Je mehr jedoch die Eigenschaften eines bestimmten Produktes von den typischen Gegebenheiten eines Ortes abhängen, desto wichtiger wird es für die übrigen ansässigen Hersteller und Handeltreibenden, dieselbe geographische Bezeichnung verwenden zu können und desto strenger muss abgeklärt werden, ob sich die Bezeichnung tatsächlich für ein einziges Unternehmen durchgesetzt hat.

Auch wenn dies zutrifft, können die am gleichen Ort ansässigen Konkurrenten die Bezeichnung unter Anfügung von Zusätzen verwenden, welche die Verwechslungsgefahr beseitigen (BGE 125 III 193). Die für gleichnamige Marken erarbeiteten Grundsätze gelten analog für die geographischen Bezeichnungen.

Geografische Herkunftsangaben sind irreführend und daher unzulässig, wenn das Publikum aufgrund der Bekanntheit des Worts als geografische Angabe und als Marke, tatsächlichen oder naheliegenden Beziehungen zwischen dieser Angabe und dem Warenbereich sowie der Ausgestaltung der Marke und zusätzlicher Angaben einen unzutreffenden Schluss auf den Herstellungsort der Waren zieht (BGE 128 III 454).

Laut Bundesgericht dürfen Flussnamen durch an ihren Ufern ansässige Handelstreibende monopolisiert und als Marke eingetragen werden (BGE 77 II 325); dies gilt auch für Dorfnamen zu Gunsten des einzigen im betreffenden Ort ansässigen Unternehmens (BGE 117 II 321).

Ausländische geographische Bezeichnungen, welche im Land dieser geographischen Bezeichnung als Marke eingetragen sind, können auch in der Schweiz als Marke hinterlegt werden (BGE 117 II 327; RKGE vom 15. Juni 2004, sic! 2004, 938).

Die Bezeichnung eines Ortes oder einer Gegend kann nicht als Marke für gewisse Waren monopolisiert werden, wenn es nicht ausgeschlossen werden kann, dass sich andere Hersteller der gleichen Produkte an diesem Ort niederlassen könnten (BGE 128 III 454; RKGE vom 11. November 2003, sic! 2004, 428).

Geographische Bezeichnungen können auch als Firmenbezeichnung verwendet werden, wobei sie dem Grundsatz der Wahrhaftigkeit und dem Verbot der Täuschungsgefahr unterstehen (BGE 114 II 171). Wird die geographische Bezeichnung als Hinweis auf den Sitz des Herstellers verstanden, so verpflichtet ein Ortswechsel zur Änderung der Firma (BGE 117 II 192).

5. Geographische Bezeichnung als Fantasiemarke

Namen von Städten, Ortschaften, Talschaften, Regionen und Ländern, die den massgebenden Verkehrskreisen nicht bekannt sind, werden als Fantasiezeichen und nicht als Herkunftsangabe verstanden. Gerade im internationalen Verhältnis werden viele Herkunftsangaben nicht als solche verstanden. Je abgelegener, unbekannter und ohne besonderen Ruf der Name einer ausländischen Ortschaft oder Landesgegend ist, desto geringer ist die Wahrscheinlichkeit, dass der geografische Gehalt im Ausland überhaupt erkannt und nicht als blosse Fantasiebezeichnung aufgefasst wird (BGE 128 III 454).

Geographische Namen, welche beim Kunden nicht den Eindruck erwecken, die Ware stamme vom geographischen Ort, dessen Namen sie trägt, werden als Fantasienamen betrachtet, so z.B. «Yukon» für Waren aller Art (BGE 128 III 454). Ihre Verwendung ist zulässig, da die Vorstellung einer dort ansässigen Fabrik abwegig ist; man denke an Mont Blanc und Matterhorn für Füllfedern, Bernina für Nähmaschinen, Pilatus, Bristenstock und Rigi für Käse, Säntis für Zigarren, Diablerets für Bitter, Galapagos für Fernsehgeräte, Congo für Schuhwichse, Alaska für mentholhaltige Zigaretten, Südpol für Kühlschränke oder Äthna für Bunsenbrenner.

Damit eine den massgebenden Verkehrskreisen bekannte geografische Angabe nicht als Herkunftsbezeichnung, sondern als schutzfähiger Fantasiename aufgefasst wird, muss der Verwendung der geografischen Angabe in der Regel ein klar erkennbarer Symbolgehalt beigemessen werden können, sodass die Marke nicht zu einer Ideenverbindung zum betreffenden Land oder der Gegend führt. Einen solchen Symbolgehalt hat das Bundesgericht beispielsweise der Bezeichnung «Alaska» für mentholhaltige Zigaretten zugemessen (BGE 128 III 454) oder die RKGE «Urbino» für Autobusse (RKGE vom 15. Juni 2004, sic! 2004, 938).

6. Geographische Bezeichnung und Beschaffenheitsangabe

Geographische Namen können zu Beschaffenheitsangaben degenerieren (Eau de Cologne, Savon de Marseille, Basler Leckerli, Emmentaler Käse, Petit Suisse, Dijon Senf). In diesen Fällen bezeichnet der geographische Name nicht die Herkunft, sondern die Gattung der Ware (MSchG Art. 47 Abs. 2; BGE 128 III 460).

Ist eine Herkunftsangabe zur Beschaffenheitsangabe geworden, so bleibt ihr Gebrauch nicht mehr den in der Region ansässigen Personen vorbehalten; deren Konkurrenten in anderen Gegenden dürfen sie ebenfalls verwenden.

Die Umwandlung in eine Beschaffenheitsangabe darf jedoch nicht leicht angenommen werden. Die für die Umwandlung einer Marke in ein Freizeichen entwickelten Grundsätze gelten auch hier (BGE vom 10. August 1989, PMMBl 1989, 54) (s. dazu oben, § 17, Ziff. 1.3).

7. Schutz der Ursprungsbezeichnung «Schweiz»

7.1. Benutzung des Schweizernamens für Uhren

Der Bundesrat hat von seiner Befugnis gemäss MSchG Art. 50 nur einmal Gebrauch gemacht. Lange vor Inkrafttreten dieses Gesetzes erliess er Vorschriften über die Benutzung des Namens «Schweiz» für Uhren (VO vom 23. Dezember 1971 über die Benützung des Schweizernamens für Uhren, geändert 1992 und 1995).

7.2. Benutzung der Bezeichnung «Schweiz»

Sofern keine besonderen Umstände vorliegen, ist die Verwendung nationaler Bezeichnungen in Einzelfirmen, Handelsgesellschaften und Genossenschaften nicht gestattet (HRegV Art. 45).

Unter nationalen Bezeichnungen ist jede Bezeichnung zu verstehen, welche eine direkte Verbindung mit unserem Land herstellt. Die Verwendung einer nationalen Bezeichnung ist dann gestattet, wenn das Unternehmen in der Schweiz eine Tätigkeit ausübt, die einen gesamtschweizerischen Bezug aufweist (BGE vom 23. September 1996, sic! 1997, 193). Die blosse Tatsache, dass eine Gesellschaft in der Schweiz besteht und seit einigen Jahren hier tätig ist, rechtfertigt die Benutzung einer nationalen Bezeichnung nicht. Der Name Schweiz darf jedoch in Klammern beigefügt oder gleichzeitig mit einer Bezeichnung verwendet werden, welche die Art der Tätigkeit angibt (z.B. «Verkauf Schweiz»), sofern eine solche Benutzung der Individualisierung eines Schweizer Unternehmens dient, welches zu einem ausländischen Konzern gehört (Entscheid des eidgenössischen Handelsregisteramts vom 9. Juli 1993, SMI 1995, 252).

Der Bestandteil «Schweiz» (bzw. «Suisse» bzw. «Svizzera» bzw. «Svizeras» der entsprechenden Übersetzungen) in der Marke «ÖKK Öffentliche Krankenkassen Schweiz» wird für damit bezeichnete Waren nicht als geographische Herkunftsangabe verstanden und kann somit für allenfalls nicht aus der Schweiz stammende Waren auch nicht täuschend sein (RKGE vom 9. Oktober 2002, sic! 2003, 429).

In einem Entscheid vom 21. April 2004 (sic! 2004, 737) hat die schweizerische Lauterkeitskommission entschieden, dass ihres Erachtens die Verwendung des Begriffes «Schweizer Ware» oder einer gleichwertigen Bezeichnung dann unlauter sei, wenn das Produkt nicht zu 100% in der Schweiz hergestellt werde. Darunter falle auch die Verwendung des Schweizer Kreuzes.

8. Nicht als Herkunftsangaben geltende Bezeichnungen

Nach der Praxis des IGE (s. Richtlinien des IGE in Markensachen) gelten folgende Bezeichnungen mit geographischem Bezug nicht als Herkunftsangaben und können daher, sofern keine markenrechtlichen Ausschlussgründe bestehen, als Marken eingetragen werden:
- Namen von ethnischen Gruppen, die in keinem Zusammenhang mit den betreffenden Waren stehen;
- geographische Bezeichnungen, die einen weiteren direkt auf die Waren bezüglichen Sinngehalt haben (Phoenix als mythischer Vogel und Hauptstadt von Arizona
- zugelassen für Waren der Klasse 32 (Getränke) zurückgewiesen für Kosmetika);
- geographische Bezeichnungen in Name von Luftfahrtgesellschaften;
- Titel von Medien und Verlagserzeugnissen;
- Namen von Sport Dachverbänden;
- geographische Bezeichnungen für Reisedienstleistungen gelten nicht als Herkunftshinweis, sondern eher als Angabe des Reiseziels.

6. Kapitel
Urheberrecht und verwandte Schutzrechte

Das URG hat mehrere Ausrichtungen. Es schützt einerseits individuelle künstlerische Schöpfungen, auch wenn sie einen Gebrauchszweck haben sowie deren Urheber. Auf der anderen Seite schützt es die Anstrengung, die Leistung der ausübenden Künstler (sofern diese ein geschütztes Werk betrifft) und schliesslich (unabhängig vom Werk) die Leistungen der Hersteller von Ton- und Tonbildträgern und der Sendeunternehmen (ohne dass Individualität gefordert wäre).

Das Urheberrecht als ausschliessliche Verfügungsgewalt entsteht direkt und vollständig mit der Schöpfung des Werkes. Im Gegensatz zu den anderen Rechten am gewerblichen Eingetum (Design, Patente, Marken) ist für die Vollendung des Rechtserwerbs keine formelle Handlung (Eintragung) notwendig. Die Erklärung für diese unterschiedliche Behandlung liegt darin, dass eine identische Schöpfung zweier oder mehrerer literarischer, musikalischer oder künstlerischer Werke praktisch ausgeschlossen ist.

Das Werk ist beendet, sobald der Urheber die letzte Zeile, die letzte Note geschrieben, den letzten Pinselstrich gemacht, d.h. die Verwirklichung seiner schöpferischen Regungen beendet hat. Auch das unvollendete Werk ist ein Werk. Das Werk ist insoweit geschützt, als es eine individuelle Form hat, welche nicht technisch bedingt ist. Skizzen und Fragmente können urheberrechtlich geschützte Werke sein. Der Urheber kann zudem ein Werk in mehrere Teile zerlegen und diese einzeln verwenden.

In seiner deutschen Fassung hat das Gesetz Neuland betreten und die Rechtssubjekte immer sowohl in der männlichen wie in der weiblichen Form genannt – eine hoffentlich einmalige Übung, die keineswegs zur Nachahmung empfohlen ist, denn das Gesetz wird dadurch nicht besser verständlich, aber schlechter lesbar.

Der Einfachheit halber werden wir nur die männliche Form benutzen – und hoffen, dass die Leserinnen uns dies verzeihen werden.

§ 19 Begriff, gesetzliche Definition und Schutz des Werkes

1. Begriff, Umsetzung und Inhalt des Werkes

1.1. Mitteilungsträger und Umsetzung der Idee

Die Schöpfung eines Werkes ist ein Abenteuer, ein Aufbruch zu neuen Horizonten. Wenn sich der Urheber ans Werk macht, weiss er nicht genau, wohin ihn sein Unternehmen, auf welche Wege ihn seine Phantasie und sein Geist führen werden. Oft wird sich der Urheber erst bei der Ausführung seines Werkes, bei dessen Umsetzung in eine mitteilbare Form der Fallen und Versuchungen dieses Weges bewusst.

Zuerst ist die Idee. Diese ist jedoch nur eine mehr oder weniger genaue Vorstellung des beabsichtigten Ergebnisses. Sie ist noch nicht genügend konkretisiert oder geformt, um Werk im Sinne des URG zu sein.

Da die Idee nicht sinnlich wahrnehmbar ist, ist sie nicht schützbar. Das Recht kann noch Unfassbares, noch nicht aus dem Geist des Urhebers Herausgetretenes nicht schützen; um schützbar zu werden, muss die Idee eine eigene Existenz, Struktur und Konsistenz erhalten (BGE vom 13. Juni 2000, sic! 2001, 729).

Der Urheber erzeugt das Werk in seinem Geist; es ist eine Geistesschöpfung. Nach der geistigen Erzeugung setzt der Urheber das Werk um und konkretisiert es durch sinnlich wahrnehmbare Mitteilungsmittel (Worte, Töne, Linien, Farben, Flächen, Körper, Gerüche; BGE 113 II 190). Die Mitteilung ist eine der wichtigsten Beweggründe der Schöpfung eines Werkes. Die meisten Künstler wären nicht mehr schöpferisch tätig, wenn sie das Ergebnis ihrer Anstrengungen nicht mitteilen, nicht für Dritte wahrnehmbar machen könnten.

Die Idee ist oft die Abstraktion einer konkreten Situation. Idee und zu Grunde liegende Situation sind Gemeingut; erst durch die Arbeit des Urhebers erhält die Idee eine Form.

Die erste Stufe der Umsetzung besteht in der Strukturierung der Idee, der Erarbeitung des Konzeptes, der Handlung oder der Komposition.

Die zweite Stufe besteht in der Konkretisierung der Struktur – der Künstler gibt der Struktur eine sinnlich wahrnehmbare Form, indem er sie in Worten oder Noten darstellt, oder mit physischen Mitteln (Ölfarben, Stein, Metall), oder indem er Vorbestehendes in einer von ihm gewählten Dar- oder Aufstellung dem Publikum zur Wahrnehmung anbietet (aufgeschichtete Konservendosen (Warhol), Komposition von Stuhl und Heugabel (Mirò), Fotografie von Bob Marley (BGE 130 III 168).

Das Werk ist nicht in seinen geistigen Inhalt einerseits und in seinen materialisierten Teil anderseits aufteilbar. Die strukturierte geistige und materielle Substanz bilden gemeinsam das Werk; sobald die Idee erdacht und in Worten, Tönen, Gesten oder einem dauerhaften Material, beispielsweise Stein, konkretisiert wurde, ist das Werk entstanden und kann wahrgenommen werden.

1.2. Form und Inhalt

Bisweilen wurde versucht, die durch Mitteilungsträger unmittelbar sinnlich wahrnehmbar gemachte Form der Substanz, dem umgesetzten Inhalt des Werkes, gegenüberzustellen. Wie wir im vorstehenden Abschnitt festgestellt haben, ist dies jedoch unmöglich, da Mitteilungsträger und geistiger Ausdruck des Werkes zugleich und untrennbar bestehen.

Bevor das Werk erdacht worden ist und eine Form erhalten hat, bedarf es einer geistigen Anstrengung seines Schöpfers einer Äusserung, seiner Vorstellungskraft; diese Anstrengung beeinflusst oder bestimmt sogar die endgültige Form des Werkes. Wenn die Idee den Inhalt des Werkes entstehen lässt, so ist es doch erst die konkrete Form, die die Idee dem Publikum zugänglich macht.

1.3. Werk und Stil

Der Stil (Art, Gattung, künstlerische Technik) ist eine Abstraktion aus individuellen Werken. Nach einhelliger Ansicht kann der Stil nicht durch das URG geschützt werden (BGE 113 II 190). Das literarische oder künstlerische Werk ist eine konkret festgesetzte Form. Es ist unmittelbar sinnlich wahrnehmbar. Der Stil dagegen ist eine abstrahierte Konstante, welche sich in den Werken eines oder mehrerer Künstler wiederfindet.

1.4. Individuelle Substanz und Gemeingut

Bei der Schöpfung eines Werkes (welches als Ganzes vom Urheberrecht geschützt wird) verwendet der Künstler vorbestehende und/oder in seinem Geist entstandene Elemente. Bereits bekannte Elemente sind Gemeingut und stehen an und für sich jedermann zur Verfügung. Solche Elemente können jedoch vom Urheber in eine individuelle Form gebracht werden (s. oben, Ziff. 1.1), was besonders bei Fotografien häufig der Fall ist (s. unten, § 20, Ziff. 8.1); in diesem Fall sind diese Elemente in dieser bestimmten Form dem Gemeingut entzogen.

Der Grad der Individualität eines Werkes ist abhängig vom Verhältnis der im Geist des Urhebers geschaffenen zu den dem Gemeingut entnommenen Elementen (BGE vom 19. August 2002, sic! 2003, 25).

2. Gesetzliche Definition des literarischen oder künstlerischen Werkes

URG Art. 2 Abs. 1 definiert das Werk folgendermassen: «Werke sind, unabhängig von ihrem Wert oder Zweck, geistige Schöpfungen der Literatur und Kunst, die individuellen Charakter haben.»

Urheberrechtlicher Schutz wird daher nur gewährt, wenn ein «Realakt der Schöpfung» vorliegt (BGE 124 III 266), wenn das Werk vom Urheber selber geschaffen wurde.

2.1. Werk als geistige Schöpfung

Das Bundesgericht definiert das Kunstwerk als «Ergebnis geistigen Schaffens» (BGE vom 13. Juni 2000, sic! 2001, 729), wobei dieses Ergebnis jedoch konkretisiert werden muss:

«Unter den Begriff des geschützten Werkes im Sinne von URG Art. 1 fallen konkrete Darstellungen, die nicht bloss Gemeingut enthalten, sondern insgesamt als Ergebnis geistigen Schaffens von individuellem Gepräge oder als Ausdruck einer neuen originellen Idee zu werten sind» (BGE 113 II 190; 116 II 351); das Werk muss aus dem menschlichen Wollen entstammen, es muss die Konkretisierung einer Gedankenäusserung sein (BGE 130 III 172).

Das Erfordernis des geistigen Schaffens als wesentliches Element des literarischen oder künstlerischen Werkes schliesst gewisse Handlungsabläufe, Bilder oder Bilderfolgen vom Kreis der Literatur und der Kunst aus. Dies betrifft beispielsweise Fotografien, die nur in Standardaufnahme die im Blickfeld der Linse erscheinende Landschaft wiedergeben, oder Aufzeichnungen von automatischen Überwachungs-Kameras oder von fixen Kameras an Sportanlässen. Die meisten Sportaktivitäten sind keine Kunstwerke, da sie keine geistigen Werke sind. Eine Skiabfahrt, ein Fussball- oder Boxmatch wurden von den Beteiligten nicht vorher geistig erzeugt. Sie sind durch die Bodenbeschaffenheit oder die Handlungen der Gegner hervorgerufene körperliche Anstrengungen. Dies gilt auch für jene Berichterstattungen über aktuelle oder sportliche Ereignisse, bei denen der Berichterstatter, der das Ereignis ja nicht schafft, lediglich die Geschehnisse, welche von ihm unabhängig beginnen und ablaufen, auf einem Träger festhält. Heutzutage Immer häufiger begnügen sich aber Berichterstatter über aktuelle Ereignisse nicht mehr mit der bloss dokumentarischen Aufnahme einer Aktualität, sondern legen ihren Bericht als sorgfältig bearbeitete Komposition, sogar mit Musikbegleitung vor und verleihen ihm auf diese Weise einen individuellen Charakter (vgl. auch hinten, § 20 Ziff. 1.4. und 8.2.).

Filme, die auf derartigen sportlichen oder aktuellen Geschehnissen aufbauen und die dabei angefertigten Aufnahmen verwenden, sind schützbare Geisteswerke. Dies trifft auch auf die Choreographien zu, die den Ablauf gewisser sportlicher Aktivitäten bestimmen (zum Beispiel Eiskunstlauf oder Kunstturnen, s. hinten, § 20 Ziff. 9.).

2.2. Werk als Schöpfung mit individuellen Charakter

2.2.1. Individualität oder Originalität

Individualität setzt Originalität im eigentlichen Sinn voraus. Individuell kann nur sein, was dem Geist des Urhebers entstammt und seiner erneuernden geistigen Vorstellungskraft entspringt.

Entscheidendes Kriterium ist die Individualität des Werkes als Folge der Individualität des Urhebers und dessen persönlicher geistiger Anstrengung. Die Individualität des Urhebers bewirkt die Individualität des Werkes und begründet diese. Das Umgekehrte gilt jedoch nicht ohne weiteres. Die entscheidenden Merkmale der Individualität einer Schöpfung sind nicht in der Person ihres Urhebers, sondern in ihr selbst zu suchen. Nicht der Urheber, sondern das Werk muss ein individuelles Gepräge haben (BGE 113 II 306). Massgebend ist die Werk-Individualität und nicht die Urheber-Individualität (BGE 130 III 172). Allerdings kann sich die Persönlichkeit des Urhebers im individuellen Gepräge des Werkes widerspiegeln. Geschützt ist die konkrete Darstellung, die nicht nur Gemeingut enthält, sondern insgesamt das Ergebnis geistigen Schaffens von individuellem Gepräge oder des Ausdrucks einer neuen originellen Idee ist (BGE vom 19. August 2002, sic! 2003, 25).

Ob einem Werk Individualität zukommt, beurteilt sich nach dem Gesamteindruck; Einzelheiten sind nicht gesondert zu betrachten. Zur Beurteilung der Individualität können Indizien wie Überraschungseffekt und Neuheit, Andersartigkeit, Zweckfreiheit sowie Beliebtheit und Erfolg der Schöpfung herangezogen werden (Kantonsgericht St. Gallen vom 19. Juni 2002, sic! 2003, 116).

Die Anforderungen an die Individualität hängen vom Spielraum des Schöpfers ab; wo von der Sache her wenig Spielraum besteht, wird der Schutz schon bei einem geringen Grad von Individualität gewährt (BGE 130 III 170 – s. dazu auch unten, § 20, Ziff. 6).

Die Individualität kann sich auch aus dem Inhalt, der Formgebung, der Sammlung, der Einteilung oder der Anordnung von Informationen ergeben. Zeitungs- und Zeitschriftenartikel weisen im Allgemeinen genügend individuellen Charakter auf, um urheberrechtlichen Schutz zu geniessen; Grenzfälle sind allenfalls banale Kurzmeldungen, in denen ausschliesslich auf gängige Formulierungen zurückgegriffen wird. Einzelne Ausgaben von Zeitungen und Zeitschriften stellen Sammelwerke dar, weil die Auswahl der einzelnen Beiträge – unabhängig von deren urheberrechtlichem Schutz – als solche Werkqualität geniesst. Die eigentliche redaktionelle, schöpferische Leistung liegt bei herkömmlichen Zeitungen und Zeitschriften im Ausfüllen von Rubriken wie Ausland, Inland oder Wirtschaft mit einer Auswahl von Inhalten, die für das jeweilige Medienprodukt charakteristisch ist (Zivilgericht Basel-Stadt vom 19. Juni 2002, sic! 2003, 217).

Die Individualität des Werkes ergibt sich aus dem Vergleich mit älteren gleichartigen Werken; die Originalität der neuen Schöpfung und diejenige einer gleichartigen älteren Schöpfung werden gegeneinander abgewogen. Dieses Erfordernis, welches man als «vergleichende und relative Originalität» bezeichnen kann, verlangt keine absolute oder auffallende Originalität, sondern eher die Unterscheidbarkeit aufgrund eines individuellen Elementes des Werkes. Unter Umständen erzeugt jedoch der Urheber in seinem Geist Schöpfungen, welche nicht dem Gemeingut entstammen, aber diesem so nahe sind, dass ein anderer eine identische Form hätte schaffen können. Ein derartiges Werk ist dann zwar originell, aber nicht individuell im Sinne des URG. Der individuelle Charakter eines Werkes und seine Originalität sind nicht das Gleiche. Individualität ist qualifizierte Originalität (BGE 110 IV 102).

2.2.2. Statistische Einmaligkeit

Ein Werk ist statistisch einmalig, wenn sich kein anderes Werk mit den gleichen charakteristischen Zügen finden lässt. Zur Ermittlung der Schutzwürdigkeit muss das Werk bekannten Werken gegenübergestellt werden.

Die mit der Individualität kombinierte statistische Einmaligkeit sagt aus, dass nur der Urheber eines bestimmten Werkes dieses so, wie es vorliegt, schaffen konnte. Besteht allerdings eine Schöpfung (beispielsweise ein Werbebrief) lediglich aus alltäglichen Formulierungen und hat der Urheber diese nicht so sehr aufgrund seines schöpferischen Geistes, sondern eher zufällig gewählt, so ist das Werk in Form und Inhalt auswechselbar; es hat im Lichte des Immaterialgüterrechtes eine besondere Beschaffenheit, ist aber nicht individuell, auch wenn es statistisch einmalig ist (BGE vom 2. März 1993, JdT 1996, 243). Solche Schöpfungen können aber trotzdem den URG Schutz geniessen, z.B. Fotoschnappschüsse (s. unten, Ziff. 8.1).

Da die statistische Einmaligkeit für den urheberrechtlichen Schutz, der sich vor allem auf die Individualität des Werkes stützt, nicht ausreicht, kann man sich fragen, ob dieses Kriterium zur Feststellung der Schutzwürdigkeit eines Werkes noch brauchbar ist. In einem neuen Entscheid (BGE 130 III 168) lässt das Bundesgericht die Frage nach ausführlicher Diskussion offen.

2.3. Unvollendete Werke und Werkteile

Gemäss URG sind auch Entwürfe und Teile von Werken geschützt, wenn sie die Werkvoraussetzungen erfüllen, d.h. wenn es sich um geistige Schöpfungen mit individuellem Charakter handelt (URG Art. 2 Abs. 4). Das Erfordernis des individuellen Charakters schliesst Entwürfe oder Skizzen vom Schutz aus, sofern diese nicht bereits die definitive und individuelle Form erkennen lassen.

Dies gilt auch für Werkteile. Wenn sie individuellen Charakter haben, sind sie auch nach der Entnahme aus dem Gesamtwerk selbständig urheberrechtlich geschützt.

Ein Künstler kann kein ausschliessliches Urheberrecht an Objekten beanspruchen, deren er sich zur Gestaltung eines Werkes bedient hat, welche aber nicht das Ergebnis seines geistigen Schaffens sind; als unvollendetes Werk gilt ein Werkteil nur, wenn er, wie das definitive Werk, eine Schöpfung ist.

2.4. Werke zweiter Hand

Verwendet ein Urheber Teile eines bestehenden Werkes und verbindet er diese mit eigenen Elementen, so schafft er ein Werk zweiter Hand (abgeleitetes Werk, Bearbeitung), sofern dieses neben dem ursprünglichen Werk als individueller Ausdruck seiner Persönlichkeit wirkt (URG Art. 3 Abs. 1; BGE vom 24. März 2003, sic! 2003, 699).

Die französische Bezeichnung «abgeleitetes Werk» («*oeuvre dérivée*») ist genauer als die deutsche Bezeichnung «Werke zweiter Hand».

Das Gesetz nennt als Beispiele von Werken zweiter Hand Übersetzungen sowie audiovisuelle und andere Bearbeitungen (URG Art. 3 Abs. 2). Indem der Gesetzgeber fordert, dass die verwendeten Werke «in ihrem individuellen Charakter» erkennbar bleiben, sucht er den individuellen Charakter eines Werkes nicht nur in dessen endgültiger äusserer Form, sondern auch in dessen Struktur, Raster, Organisation, in der Einordnung der zum Ausdruck gebrachten Ideen, in der Wahl, der Verbindung und Verteilung der Gegebenheiten.

Den Bearbeitungen gleichgesetzt werden Umgestaltungen, Umarbeitungen und Neugestaltungen eines Werkes. Der Bildhauer, welcher keine eigene Form konzipiert, sondern mehrere Statuen anderer Künstler zu einer neuen, individuellen Gruppe vereint, schafft ein Werk zweiter Hand.

Erfüllt ein Werk zweiter Hand die Voraussetzungen des URG, so ist es als Werk geschützt (URG Art. 3 Abs. 3); es kann jedoch nur mit der Zustimmung des Urhebers der ihm zu Grunde liegenden Werke verwendet werden, da deren Schutz vorbehalten bleibt (URG Art. 3 Abs. 4).

Lässt sich der Urheber beim Schaffen eines neuen Werkes lediglich von einem oder mehreren Werken inspirieren, sind aber die Anleihen aus bestehenden Werken so bescheiden, dass deren charakteristische Züge im neuen Werk nicht mehr erkennbar sind, so handelt es sich um ein selbständiges Werk, welches frei benutzbar ist (BGE vom 6. Juli 1999, SJ 2000, 26).

2.5. Werksaufführungen

Das URG verzichtet darauf, Darbietungen ohne von solchen mit individuellem Charakter zu unterscheiden. Dies führt dazu, dass die Darbietungen der ausübenden Künstler den Leistungen anderer Ausübender im Umfeld der urheberrechtlich geschützten Werke gleichgesetzt werden.

Dramatische, choreographische und musikalische Werke sind dafür bestimmt, aufgeführt und wahrgenommen zu werden. Der Interpret bedient sich der vom Urheber geformten Worte und Noten. Die Bemühungen des Urhebers, sein Werk möglichst vollständig und detailliert weiterzugeben, vermögen oft nicht alle Gesten des Schauspielers, alle Schritte des Tänzers, nicht das ganze Tonvolumen eines Konzertes zu beschreiben; das Fehlende wird vom Interpreten ergänzt. Die Aufführung besteht häufig nicht in der blossen Wiedergabe eines Werkes. Der Interpret befasst sich neu mit dem Werk, versteht es nach seiner persönlichen Art und gestaltet die Aufführung dementsprechend. Dadurch wird das Werk zu seiner eigenen geistigen Schöpfung, welche aufgrund des vom Urheber in Buchstaben oder Noten mitgeteilten Werkes entsteht. Nach Ansicht der Fachleute ist das individuell interpretierte Werk eine Bearbeitung, ein Werk zweiter Hand. Man geht davon aus, dass der Regisseur ein urheberrechtlich schutzwürdiges Werk schafft. Die Schauspieler sind Mitwirkende, sofern ihnen der Regisseur genügend Freiheit lässt, um ihrer Rolle ein persönliches Gepräge zu geben. Die Fachleute anerkennen, dass Dirigenten und Solisten mit der Aufführung individuelle musikalische Werke schaffen können; dies zeigt sich insbesondere an den grossen Unterschieden zwischen verschiedenen Interpretationen.

2.6. Sammelwerke

Sammelwerke gehören zu den vom URG ausdrücklich geschützten Werken, sofern es sich bezüglich Auswahl und Anordnung um geistige Schöpfungen mit individuellem Charakter handelt.

Häufig sind aber Sammelwerke zusammengefügte Informationen. Der individuelle Charakter zeigt sich in deren Auswahl und Darstellung. Enzyklopädien sind Sammelwerke, deren Teile vom Urheber nach einer individuellen Systematik ausgewählt wurden. Wörterbücher, Lexika, Telephonbücher, Adressbücher, Prospekte usw. sind dagegen blosse Kompilationen abschliessend aufgeführter vorbestehender Begriffe, Wörter, Zahlen oder Informationen. Die Auswahl muss normalerweise nach logischen Gesichtspunkten erfolgen, alphabetisch oder nach vorgegebenen Bereichen; sie kann im Allgemeinen nicht individuell vorgenommen werden.

Hingegen müssen Thema und Inhalt von Sammelwerken über Terminologien, d.h. juristische, technische, künstlerische, wissenschaftliche oder andere Fachausdrücke, individuell ausgewählt werden, um URG Schutz zu erhalten.

2.7. Gemischte Werke

Sprachwerke und Kunstwerke wollen einen Inhalt mitteilen. Die Verbindung dieser beider Werkarten ist möglich. Filme sind meistens eine Mischung von Sprachwerk, graphischem und musikalischem Werk. Comics sind gemischte Werke (Sprach- und Bildwerk).

3. Die geschützten Werke und Leistungserbringer

3.1. Schutzobjekt

Im ersten Titel, der nur aus dem Art. 1 besteht, nennt das URG als Gegenstand des Schutzes die Urheber von Werken der Literatur und Kunst. Im Weiteren schützt es die ausübenden Künstler, die Hersteller von Ton- und Tonbildträgern und die Sendeunternehmen.

Der Gesetzgeber beschränkte sich aber nicht auf den Schutz der Urheber, sondern schützt auch die Werke, unabhängig von ihren Urhebern (URG Art. 3 Abs. 3 und 4; Art. 29 Abs. 1). Es schützt sogar die Werke unbekannter Urheber (URG Art. 31).

Bezüglich der verwandten Schutzrechte besteht kein Zweifel, dass die ausübenden Künstler, die Hersteller von Ton- und Tonbildträgern und die Sendeunternehmen geschützt sind (URG Art. 1 Abs. 1 lit. b). Hierbei erwähnt jedoch das URG, im Gegensatz zu den Bestimmungen über die Urheber, den Schutz der Darbietung nicht ausdrücklich, sondern weist lediglich darauf hin, dass der Schutz mit der Darbietung des Werkes beginnt, ohne zu präzisieren, ob die Darbietung als solche oder die Darbietenden geschützt sind.

§ 19 Begriff, gesetzliche Definition und Schutz des Werkes

Die Bestimmungen über die verwandten Schutzrechte schützen u.E. einzig die das Werk darbietende Person. Handelt es sich dabei um eine individuelle Geistesschöpfung, so wird diese vom Urheberrecht auch als Werk geschützt (s. oben, Ziff. 2.5.); andernfalls kommt der Darbietende zumindest in den Genuss der verwandten Schutzrechte.

3.2. Entstehung des Schutzes

Das Schweizer Recht setzt für den Schutz der Urheber und ihrer Werke oder Darbietungen keine formellen Erfordernisse.

Die Werke sind eo ipso mit ihrer Erschaffung geschützt (sofern sie die vom Gesetz vorgesehenen Schutzvoraussetzungen erfüllen), ohne Hinterlegung bei einem Amt, ohne Eintragung in ein Register, unabhängig davon, ob das Werk auf einem Träger festgehalten ist oder nicht (URG Art. 29 Abs. 1), unabhängig von ihrem Wert oder Zweck (BGE 130 III 168).

Der Schutz der unter die verwandten Schutzrechte fallenden Leistungen beginnt mit der Darbietung des Werkes durch den ausübenden Künstler, mit der Herstellung des Ton- oder Tonbildträgers oder mit der Ausstrahlung der Sendung (URG Art. 39).

4. Für die Schutzwürdigkeit unerhebliche Eigenschaften

4.1. Nützlichkeit

Zweck und Bestimmung des Werkes oder sein Wert beeinflussen dessen urheberrechtlichen Schutz nicht (BGE vom 19. April 2004, sic! 2005, 14). Gebrauchswerke kommen vor allem als alltägliche Gebrauchsgegenstände vor (Möbel, Geschirr, Besteck usw.). Der Gebrauchszweck erschwert die künstlerische Schöpfung. Umso verdienstvoller ist die Leistung des Urhebers, welcher trotzdem eine individualisierte Form zu schaffen weiss. Der Schutz kann einem Gegenstand nicht einzig deshalb verweigert werden, weil sein Zweck die künstlerische Freiheit beschränkt (BGE 113 II 190).

4.2. Dauer der sinnlichen Wahrnehmbarkeit

Sobald ein Werk in einem Träger endgültig geformt ist, beginnt seine rechtliche Existenz. Ob Sprach- und Musikwerke nur akustisch mitgeteilt werden oder ob sie auf Tonträgern festgehalten oder ob sie sogar in Druckform fixiert werden, beeinflusst ihre Schutzwürdigkeit nicht. Der Schutz der vergänglichen Darbietung ist bedeutungsvoll für Aufnahmen von musikalischen Improvisationen, Reden oder Rezitationen (URG Art. 29 Abs. 1).

4.3. Objektive Neuheit

Die Schöpfung ist naturgemäss «subjektiv» neu. Der Urheber kann nur ihm Unbekanntes schaffen. Hingegen muss das Werk nicht unbedingt auch objektiv neu sein. Die Anerkennung paralleler Werke verstösst nicht gegen den Grundsatz der statistischen Einmaligkeit des Werkes mit individuellem Charakter.

4.4. Rechts- oder Sittenwidrigkeit

Das URG verweigert den Schutz rechts- oder sittenwidriger Werke nicht. Hingegen kann der Urheber auf Grund anderer Bestimmungen an der Veröffentlichung oder Verbreitung solcher Werke gehindert werden.

5. Schutzunfähige Werke

Das URG schliesst den Schutz (nicht aber die Anerkennung als individuelles Werk) von Gesetzen, Verfügungen und Protokollen der Behörden aus. Dies ist logisch, weil in unserem Rechtssystem Gesetze und andere amtliche Erlasse meistens das Ergebnis langer Beratungen und in ihrer endgültigen Fassung Kompromisse sind, an welchen zahlreiche Personen mitgewirkt haben. Deshalb kann schwerlich jemand als Urheber bezeichnet werden.

Schutzunfähig sind im Weiteren völkerrechtliche Verträge, Zahlungsmittel, Protokolle und Berichte der öffentlichen Verwaltung oder anderer Behörden, deren schriftliche und mündliche Äusserungen, Bilder von Beratungen der Behörden sowie Patentschriften und Patentgesuche (Art. 5 URG). Für die meisten dieser Schriften oder Bilder liegt der Grund für die Schutzunfähigkeit im öffentlichen Interesse an ihrer freien Verbreitung, da sie den Bürger unmittelbar betreffen.

Die Zahlungsmittel sind ausdrücklich als schutzunfähige Werke erwähnt, womit die Kontroverse über den Schutz der Banknoten beendet ist. Briefmarken sind geschützt, da sie in URG Art. 5 nicht aufgezählt und keine Zahlungsmittel sind. Von den Behörden herausgegebene Informationszeitschriften und -broschüren sind (sofern sie nicht Erläuterungen zu Gesetzen oder anderen öffentlichen Erlassen sind) keine amtlichen Mitteilungen und demzufolge geschützt.

6. Übergangsrecht

Das URG von 1993 sieht vor, dass die neuen, zusätzlichen Schutzrechte (Nachbarrechte) und Schutzbeschränkungen (Privatgebrauch, Verwertungsrechte) dieses Gesetzes auch für Werke, Darbietungen, Ton- und Tonbildträger sowie Sendungen gelten, die vor seinem Inkrafttreten geschaffen worden sind (URG Art. 80 Abs. 1).

Der Werkbegriff ist der gleiche unter dem alten und dem neuen URG (BGE vom 13. Juni 2000, sic! 2001, 729).

Diese (teilweise) Rückwirkung bedeutet jedoch nicht, dass Werke, welche 50 Jahre nach dem Tod des Urhebers zu Gemeingut geworden waren, erneut geschützt wären, sofern der Tod des Urhebers weniger als 70 Jahre zurückliegt (BGE 124 III 276).

Das URG von 1993 schützt auch Werke, die vor dem Inkrafttreten am 1. Juli 1993 geschaffen wurden. Es ist aber nicht anwendbar auf unter altem Recht abgeschlossene Verletzungstatbestände. Diese sind nach dem aURG von 1922 zu beurteilen. Auch unter dem Gesetz von 1922 sind Computerprogramme grundsätzlich als Werke im Sinne des Urheberrechts geschützt (BGE 126 III 382).

§ 20 Die Werkkategorien

1. Sprachwerke

Das Gesetz unterscheidet nicht zwischen den verschiedenen Sprachwerken, sondern erklärt lediglich, es könne sich um literarische, wissenschaftliche und andere Sprachwerke handeln (URG Art. 2 Abs. 2 lit. a). Diese kurze Aufzählung besagt, dass es sich bei Sprachwerken um geschriebene, aber auch um gesprochene Werke wie Vorträge und andere Referate handelt.

Zu den Schriftwerken gehören die Werke der Belletristik (Romane, Essays, Gedichte usw.), dramatische Werke (Drehbücher, Theaterstücke, Hörspiele usw.), journalistische Werke (Zeitungs- oder Zeitschriftenartikel usw.), wissenschaftliche Werke, Berichterstattungen, Werbetexte usw.

1.1. Erstausgaben und kritische Ausgabe

Die wissenschaftliche Leistung, welche zur Herausgabe eines alten, noch unveröffentlichten Manuskriptes (editio princeps oder Erstausgabe) oder der neuen kritischen Ausgabe eines nicht mehr geschützten Werkes führt, ist urheberrechtlich nicht geschützt. Hingegen können erläuternde Kommentare des Herausgebers individuelle wissenschaftliche oder literarische Werke sein.

1.2. Werktitel

Werktitel können individuelle Sprachwerke und als solche urheberrechtlich geschützt sein (BGE 77 II 377). Trotz dieses Grundsatzes können nur wenige Titel diesen Schutz beanspruchen, beispielsweise: «Der alte Mann und das Meer», «Das Fähnlein der sieben Aufrechten».

1.3. Briefwechsel und Tagebücher

Briefe, Tagebücher und andere vertrauliche Aufzeichnungen sind als Sprachwerke geschützt, sofern sie individuellen Charakter haben. Briefe von Laien können

Sprachwerke, Notizen bekannter Schriftsteller können alltägliche Mitteilungen sein (beispielsweise eine von Heinrich Böll vorgenommene Hotelreservation).

1.4. Berichterstattungen

Die Frage, ob Handlungsabläufe wie Sportanlässe, Schachpartien oder Aktualitäten Kunstwerke sein können, wurde im Zusammenhang mit der Definition des Geisteswerkes beantwortet (s. oben, § 19, Ziff. 2.1.).

Da die Begriffe der Literatur und Kunst in einem weiten Sinne zu verstehen sind, geniessen regelmässig auch journalistische Beiträge urheberrechtlichen Schutz (Appellationshof Bern vom 21. Mai 2001, sic! 2001, 613).

Sobald sich der Berichterstatter nicht auf die möglichst getreue Darstellung der Ereignisse beschränkt, sondern diese zusätzlich mit historischen oder geographischen Angaben versieht und sie in einen grösseren Zusammenhang stellt, erbringt er eine individuelle geistige Leistung und schafft ein schutzwürdiges Werk (BGE vom 2. März 1993, JdT 1996, 243).

1.5. Wissenschaftliche Sprachwerke

Im Gegensatz zum Dichter oder Romanschriftsteller ist der Verfasser eines wissenschaftlichen Werkes in der Wahl seiner Sprachmittel eingeschränkt, da er genau feststehende Fakten darstellen und technische Ausdrücke verwenden muss. Dennoch kann sein Werk eine individuelle Form haben (BGE 113 II 306). Denn wissenschaftliche Werke zeichnen sich nicht nur durch ihren wissenschaftlichen Inhalt aus, sondern auch durch ihre systematische Darstellung. Der Forscher findet diese Systematik nicht einfach vor, sondern sie ist sein geistiges Werk (sofern sie nicht vorher von anderen geschaffen wurde). Das wissenschaftliche Werk unterscheidet sich von anderen literarischen oder künstlerischen Werken durch die Bedeutung von Auswahl und Anordnung der Materie und durch den Arbeitsplan. Die Frage, ob die Gliederung der Materie, unabhängig von ihrer konkreten Anordnung, urheberrechtlich geschützt ist, hängt vom Grad ihres individuellen Charakters ab (BGE vom 3. Juni 1994, JdT 1996, 240).

Sachregister sind, wie Arbeitspläne oder Kataloge, geistige Werke. Der Verfasser wählt die Begriffe aus, welche er für wesentlich hält, und verweist auf Zusammenhänge. Die praktische Benützbarkeit eines Sachregisters ist vor allem wichtig für Texte im Gemeingut, wie Gesetzes- und Rechtsprechungssammlungen oder andere Nachschlagewerke.

Ein wissenschaftliches Werk ist dann vom URG-Schutz ausgeschlossen, wenn die Form der Mitteilung in einem solchem Mass durch den wissenschaftlichen Inhalt diktiert wird, dass für eine individuelle oder originelle Formgebung keine Möglichkeit besteht (BGE vom 19. August 2003, sic! 2003, 25).

2. Werke der Musik und andere akustische Werke

Das Gesetz nennt hier keine Beispiele. Musikwerke sind Werke, welche als Ausdrucksmittel Klangwellen verwenden.

Ein Musikwerk ist schutzwürdig, wenn es aus einer geordneten Tonfolge und/oder Rhythmenfolge besteht, welche ein Ganzes bilden und individuellen Charakter haben. Schutzunwürdig sind demzufolge bloss handwerkliche Leistungen, welche auf Elemente im Gemeingut, beispielsweise Harmonie- und Rhythmuslehre, zurückgreifen. Sobald der Musiker jedoch Harmonien und Rhythmen variiert und eine strukturierte Auswahl vornimmt, welche sich in der Gliederung der Melodien, in der Unterscheidung oder der Wiederholung der Rhythmen, der Instrumentierung oder der Orchestrierung ausdrückt, gibt er seiner Komposition den notwendigen individuellen Charakter, der sie zu einem Werk im Sinne des URG werden lässt.

2.1. Melodien

Melodien, d.h. als Ganzes wahrnehmbare Tonfolgen, sind Teile eines Musikwerkes, welche als solche, unabhängig von anderen Elementen des Werkes, beispielsweise von Rhythmus oder Harmonie, existieren. Sie können daher leicht von anderen Komponisten übernommen werden, und es ist deshalb wichtig, ihrem Schöpfer ein Ausschliesslichkeitsrecht an ihnen zu gewähren.

2.2. Angewandte akustische Werke

Da jedes akustische Werk schutzwürdig sein kann, können auch musikalische Erzeugnisse, welche als Tonkennzeichen dienen, schutzwürdig sein. Sobald es sich hierbei um geistige Schöpfungen mit individuellem Charakter handelt, gelten Werbemusik, Erkennungszeichen, besondere Tonzeichen während Wartezeiten am Telephon als schutzfähige akustische Werke.

3. Werke der bildenden Kunst

Das URG nennt insbesondere die Malerei, die Bildhauerei und die Graphik (URG Art. 2 Abs. 2 lit. c). Der Begriff der bildenden Kunst ist u.E. auf alle direkt visuell wahrnehmbaren Schöpfungen mit rein aesthetischer Zweckausrichtung auszudehnen; Linien, Flächen, Farben, dreidimensionale Gegenstände bilden gemeinsam das Kunstwerk, wohingegen die Buchstaben und Zahlen eines Schriftwerkes lediglich allgemeine akzeptierte Zeichen sind, die den Sinnen ermöglichen, das Werk mit Zuhilfenahme des Geistes wahrzunehmen.

Die Werke der bildenden Kunst können in den verschiedensten Formen, als Zeichnungen, Malereien, Karikaturen, Skulpturen, Collagen usw. auftreten.

Unter Werken der Graphik sind nicht Werke der angewandten Graphik, welche eine eigene Kategorie bilden, sondern Zeichnungen und Gravuren zu verstehen.

4. Werke mit wissenschaftlichem oder technischem Inhalt

In diese Kategorie fallen Geistesschöpfungen von individuellem Charakter, welche keine Sprachwerke sind (s. vorne, Ziff. 1.5.).

Das Gesetz zählt darunter Zeichnungen, Pläne, Karten und plastische Darstellungen (URG Art. 2 Abs. 2 lit. d).

5. Werke der Baukunst

Das Gesetz erklärt nicht, was darunter zu verstehen ist.

Der Begriff des Werkes der Baukunst beinhaltet jeden nach dem Konzept eines Architekten oder Ingenieurs strukturierten Raum, d.h. Gebäude, Garten- und Parkanlagen, Innenräume und Räume zwischen Gebäuden, Brücken, Strassen, Flughäfen, Flugzeuge, Schiffe, Fahrzeuge, Bahnen, Wohnwagen usw. (BGE 120 II 65).

Das Gesetz verlangt vom Architekten keine hochindividuelle Leistung; er muss lediglich ein Mindestmass an persönlicher Kreativität an den Tag legen. Der Schutz wird jedoch verweigert, wenn der Architekt lediglich bekannte Linien oder Formen aneinander reiht oder wenn er angesichts der Arbeitsbedingungen über keinerlei Schaffensfreiheit verfügt (BGE vom 19. August 2002, sic! 2003, 25).

Schutzobjekt des Urheberrechtes ist das konkret ausgeführte oder das in Plänen und Modellen dargestellte architektonische Werk (BGE vom 5. November 1996, JdT 1997, 254). Modelle, Skizzen und Pläne sind einerseits Darstellungen des Werkes, anderseits, sofern sie individuell gestaltet sind, selbständige Werke und als solche unabhängig von der Individualität des architektonischen Werkes urheberrechtlich geschützt (BGE vom 6. Juli 1999, SJ 2000, 26).

6. Werke der angewandten Kunst

Das Gesetz macht keine weiteren Angaben über die Natur des Werkes der angewandten Kunst.

Werke der angewandten Kunst (kunstgewerbliche Schöpfungen) sind Gegenstände, die dazu bestimmt sind, gebraucht zu werden, und die zudem einen ästhetischen Wert besitzen. Die Schutzwürdigkeit eines solchen Objektes beruht darauf, dass die konkrete Gestaltung des Werkes nicht nur Elemente aus dem Gemeingut enthält, sondern dass sie als Ganzes gesehen als das Ergebnis einer Geistesschöpfung mit persönlichem Charakter oder als Ausdruck einer neuen originellen Idee erscheint (BGE vom 13. Juni 2000, sic! 2001, 729).

Die Gestaltungsfreiheit bei der Schaffung eines Werkes der angewandten Kunst wird durch die Vorgaben der industriellen Herstellung eingeschränkt, da solche Werke meistens industriell und in grosser Zahl hergestellt werden. Zudem sollte das Werk der angewandten Kunst einem breiten Publikum gefallen, was den Schöpfer oft auch zu gewissen Kompromissen zwingt. Im Weiteren muss die Form der praktischen Brauchbarkeit des Gegenstandes Rechnung tragen.

Das Bundesgericht hat die urheberrechtliche Schutzwürdigkeit der Werke der angewandten Kunst bestätigt. Nachdem es an den Grundsatz erinnert hat, wonach die Schutzwürdigkeit eines Werkes auf dessen Originalität und Individualität beruht, führt es weiter aus: «Am eindrücklichsten sind diese Schutzvoraussetzungen erfüllt, wenn das Werk den Stempel der Persönlichkeit des Urhebers trägt, unverkennbar charakteristische Züge aufweist und sich von Darstellungen der gleichen Werksgattung deutlich unterscheidet. Das heisst nicht, an das Mass der geistigen Leistung, an den Grad der Individualität oder Originalität seien stets gleich hohe Anforderungen zu stellen. Das verlangte individuelle Gepräge hängt vielmehr vom Spielraum des Schöpfers ab; wo ihm von vornherein der Sache nach wenig Raum bleibt, wird der urheberrechtliche Schutz schon gewährt, wenn bloss ein geringer Grad selbständiger Tätigkeit vorliegt» (BGE 113 II 190).

Diese Lehre wurde in BGE 125 III 328 bestätigt sowie in BGE vom 19. August 2002, sic! 2003, 25, wo festgehalten wurde, dass nur dann kein urheberrechtlicher Schutz gewährt wird, wenn der Urheber (Architekt oder Designer) bloss durch Abwandlung bekannter Formen oder Linien eine handwerkliche Leistung erbringt oder wenn er nach den gegebenen Verhältnissen keinen Raum für individuelles Schaffen findet. Damit eine urheberrechtliche Schöpfung angenommen werden kann, muss der Werkschaffende über einen gewissen (ästhetischen, intellektuellen) Entscheidungsspielraum verfügen.

6.1. Modeschöpfungen

Modeschöpfungen sind im Allgemeinen saisonbedingte Artikel der Bekleidungs- und Schmuckindustrie, welche raschen, modebedingten Änderungen unterworfen sind.

Es besteht auch hier, wie für Möbel, kein Grund, Kleider und die anderen obgenannten Modeartikel, welche alle in die Kategorie der Werke der angewandten Kunst fallen können, vom urheberrechtlichen Schutz auszuschliessen.

6.2. Werke der Gebrauchsgraphik

Je nach der ihm gestellten Aufgabe schafft der Künstler eigentliche Kunstwerke (Plakate mit hohem künstlerischem Wert) oder kleinere ästhetische Schöpfungen (Symbole und andere Zeichen).

Eine graphische Darstellung zu Gebrauchszwecken, wie ein Hobby-Kalender oder das Logo eines Unternehmens, kann ein geschütztes graphisches Werk darstellen, wenn es das Ergebnis einer geistigen Schöpfung mit persönlichem Charakter oder Ausdruck einer neuen originellen Idee ist (BGE vom 19. August 2002, sic! 2005, 25). Die graphische Darstellung einer Menschengestalt oder eines Tieres muss als individuell betrachtet werden, wenn ein anderer, unabhängig arbeitender Künstler höchstwahrscheinlich keine identische Darstellung einer Menschengestalt oder eines Tiers geschaffen hätte. Die Tatsache, dass der Erschaffer der graphischen Kuhdarstellung die Eigenschaften von verschiedenen Kuhrassen gemischt hat, genügt nicht, um sein Tier als originell anzusehen (BGE vom 13. Juni 2000, sic! 2001, 729).

Mit Bezug auf das Titelblatt eines Kalenders hat das Bundesgericht festgehalten, dass einer graphischen Schriftführung oder Darstellung am Computer durchaus Werkcharakter zukommen könne – mit welchen Mitteln die Formgebung erfolgen und welche Rolle der Zufall dabei spielte, sei urheberrechtlich bedeutungslos; in casu fand das Bundesgericht, die Bilder seien nicht mehr als die banale Kenntlichmachung ihres Gegenstandes und daher kein Werk im Sinne des URG (BGE vom 19. August 2002, sic! 2003, 25).

6.3. Parfums und Kochrezepte

Das musikalische Werk wirkt durch Ton und Rhythmus, das Parfum durch einen bestimmten Geruch. Töne und Geschmack sind flüchtig. Beide können fixiert werden – der Ton auf einem mechanischen oder elektronischen Tonträger, der Geruch des Parfums in einer Flüssigkeit. Wie die Ton- und Rhythmusfolge des Musikwerks, so kann auch die Kombination der Gerüche eines Parfums vorerst im Geist des Schöpfers entstehen.

Das Parfum wirkt direkt auf die Sinne ein, in diesem Fall auf den Geruchssinn.

Die Auswirkung des Geruchs auf den Geruchssinn gleicht demjenigen der Tonwellen auf den Gehörsinn oder der Lichtstrahlen auf die Netzhaut. Es besteht deshalb u.E. kein Anlass, Parfums nicht als schutzwürdige Werke zu behandeln.

Die gleichen Überlegungen gelten für Speisen und andere kulinarische Schöpfungen. Der Schöpfer eines Gerichtes wirkt auf mehrere Sinne, nämlich den Geruchs-, den Gesichts- und den Geschmackssinn. Er schafft sein Werk vorerst im Geist, verarbeitet dann die Zutaten, verwandelt sie und legt sie in einer vergänglichen Konkretisierung vor. Der Koch unterscheidet sich dann eigentlich nicht vom Musiker, der seine eigene Komposition spielt.

7. Werke der Werbung

Um der wirtschaftlichen Bedeutung gerecht zu werden, welche die Werbung in Industrie und Handel erlangt hat, rechtfertigt es sich, auf den Schutz hinzuweisen, den das URG den in der Werbebranche tätigen Personen respektive den Erzeugnissen ihrer Arbeit gewährt.

7.1. Werke der Werbung als solche

Werbewerke gehören als geistige Schöpfung naturgemäss zu den für einen urheberrechtlichen Schutz in Frage kommenden Werken.

Sofern sie geistige Anstrengungen unternehmen, welche zu individuellen Schöpfungen führen, schaffen die Werbetreibenden Werke der angewandten Kunst (Tribunale del Ticino vom 18. Juni 2001, sic ! 2002, 509).

Die Kunst des Schöpfers eines Werkes der Werbung besteht darin, vorgegebene Elemente (Texte, Bilder, technische Elemente) in einem vorbestimmten Rahmen, dessen Ausmasse er nicht frei wählen kann (Grösse einer vom Klienten bestimmten Anzeige, Normgrösse von Plakaten, vom Klienten bestimmtes Format einer Publikation), so anzuordnen, dass daraus ein individuelles Werk entsteht.

Diese Beschränkungen führen dazu, dass nur eine kleine Zahl von Werbeleistungen urheberrechtlichen Schutz beanspruchen kann; die Mehrzahl muss sich für den Schutz auf vertragliche Abmachungen stützen; bei den guten Sitten widersprechendem Verhalten seitens eines Nachahmers können auch die Vorschriften gegen den unlauteren Wettbewerb angerufen werden (s. unten, § 61, Ziff. 6.5).

7.2. Werbeprogramme

Eine Werbekampagne beruht im Allgemeinen auf einem Werbekonzept, welches aus mehreren Werbeideen besteht. Es ist verständlich, dass die Schöpfer der Werbekampagne ihre Werbeidee oder ihr Werbekonzept durch ein Ausschliesslichkeitsrecht schützen möchten.

Gegenstand eines Ausschliesslichkeitsrechtes können aber nur die Ausführungsformen des Konzeptes sein. Es wird sich meistens um einen urheberrechtlichen Schutz handeln, sofern die realisierte Kampagne, welche die Idee beinhaltet, ausreichend individuellen Charakter hat. In welchen Formen erscheinen die ausgeführten Werbekonzepte? Es kann sich um Slogans handeln («Tu den Tiger in den Tank», oder die «Muss von Cartier» oder «Caran d'Ache schafft frohe Minen»), die oft in Verbindung mit einer graphischen Darstellung oder einer Marke erscheinen, oder um bildliche Darstellungen oder Figuren (der Cowboy von Marlboro oder das Michelin-Männchen).

Sie können auch die Erscheinungsform eines Produktes bestimmen oder dessen Verpackung (z.B. die Toblerone-Dreiecke) oder sie können in Form von kleinen Geschenken die Gunst des (meist jugendlichen) Konsumenten zu erringen versuchen (Fotos von Fussballern in Kaugummi-Packungen oder jene Plastikhelme, die gewisse Fast-Food-Restaurants zusammen mit Kinder-Hamburgern abgaben).

Wenn das Werbekonzept auch noch so gut ist, so kann der Fabrikant oder Händler, der es geschaffen hat oder schaffen liess, trotzdem auf die dem Konzept zugrunde liegende Werbeidee keine exklusiven Benutzungsrechte geltend machen. Wie z.B. auf die Anspielung oder die Idee:
- dass der naturliebend sportliche Mann trotzdem ein Raucher sein kann (Marlboro-Cowboy);
- ein starkes oder ein fleissiges Tier mit einem Fahrzeugtreibstoff in Verbindung zu bringen («Tu den Tiger in den Tank»);
- das Auge des Kunden durch die aussergewöhnliche Form einer Schokoladentafel zu fangen (Toblerone-Dreiecke);
- eine ausgefallene menschliche oder Tierfigur zu schaffen, um ein Produkt zu individualisieren (Michelin-Männchen);
- dem Kunden einzutrichtern, das (in Wirklichkeit nicht notwendige) Produkt sei ein Muss (Must von Cartier).

Die Werbeidee muss den Konkurrenten weiterhin zur Verfügung stehen; dies vor allem, wenn der Schöpfer des Konzeptes die Marke des betreffenden Produktes in die Werbung einschliesst (was meistens der Fall ist).

8. Aufnahmen von visuellen Wahrnehmungen

Das URG fasst die fotografischen, filmischen und anderen visuellen oder audiovisuellen Werke in einer besonderen Kategorie zusammen (URG Art. 2 Abs. 2 lit. g).

8.1. Geschützte fotografische Werke

Der Fotograf erbringt eine geistige Leistung mit individuellem Charakter, indem er das beste Objektiv auswählt, die Beleuchtung einstellt, Ausschnitt und Einstellung, Blickwinkel und Belichtung wählt.

Individualität und Originalität der Fotografie ergeben sich aus der Wahl des zu fotografierenden Objekts, dessen Stellung, seinem Umfeld, der Beleuchtung, der Wahl des Filmmaterials, dem Gesichtsausdruck, aus Kontrast und Farben, Lichteffekten, Massen usw. Wie überall muss auch hier die Schöpfung, d.h. das Resultat der geistigen Anstrengung des Fotografen, einen individuellen Charakter aufweisen, und nicht die vorbestehende Sache (BGE 130 III 168). Banale Fotografien, die jede beliebige Person ohne besondere geistige Anstrengung machen kann, verdienen keinen Schutz (BGE vom 19. April 2004, sic! 2005, 14; BGE 130 III 714).

Diese beiden Entscheide erlauben eine interessante Analyse dessen, was nach Bundesgericht eine schützbare Foto darstellt[19].

---

[19] Zu diesem Thema s. R. ARNET, Die Fotografie – Sorgenkind des Urheberrechts ?, in: AJP 2005, 67; PETER MOSIMANN/PETER HERZOG, Zur Fotografie als urheberrechtliches Werk, in: sic! 2004, 705; GREGOR WILD, Urheberrechtsschutz der Fotografie, in: sic! 2005, 87.

Auf der einen Seite die sehr «künstlerisch» wirkende Foto des Rasta Sängers Bob Marley mit seinen wild fliegenden Haarsträhnen (für das Bild s. Artikel von R. Arnet, unten Fussnote 1), auf der anderen Seite der brav aussehende Ex Wachmann Meili.

Was hat der Fotograph im Falle Marley geleistet? Er hat während des Konzerts wohl eine ganze Reihe von Aufnahmen des Sängers gemacht, unter Anwendung von heute wohl üblichen Fotografiermethoden und unter Verwendung von Standardmaterial, und hat die interessanteste Aufnahme veröffentlicht. Er hat in keiner Weise auf Marley eingewirkt, er hat sich darauf beschränkt, den Moment zu bestimmen, in welchem er auf den Auslöser drückte, und er hat vor allem ein individuelles Objekt ausgesucht: die fliegende Mähne eines Mannes. Seine intellektuelle Leistung liegt in der Auswahl des darstellten Objekts, die Individualität des Werkes im Zustand des Objekts in einem gewissen Moment.

Der Urheber des Bildes von Wachmann Meili has an und für sich eine intellektuell reichhaltigere Leistung erbracht: Er hat auch die Person ausgesucht, aber er hat sie in eine von ihm bestimmte Pose gestellt, hat ihr von ihm bestimmte Objekte in die Hand gegeben, hat ihre Haltung zum Vorzeigen dieser Objekte bestimmt und darauf hin auch eine der heutigen Techniken entsprechende Foto gemacht. Diese Foto ist, wie jene von Bob Marley, statistisch einmalig. Im Gegensatz zur Foto von Marley wirkt die Foto von Meili bieder, alltäglich. Aber was soll man von den nebeneinandergestellten Campell Suppendosen von A. Warhol sagen? Es wird schwierig sein, noch gewöhnlichere Alltagsgegenstände zu finden – doch würde wohl (fast) niemand wagen, diesen Darstellungen den Kunstwerkcharakter abzusprechen.

Auf jeden Fall ist festzuhalten, dass der Fotograf von Wachmann Meili in einer viel stärkeren Masse die individuelle Gestaltung seiner Aufnahme beeinflusst hat als der Fotograf von Marley. Kann man aus diesen beiden Entscheidungen des Bundesgerichts schliessen, dass dieses mit Bezug auf Fotografien der inhärenten Individualität des fotografierten Objekts eine grössere Bedeutung beimisst als der individualisierenden Leistung des Fotografen? Dass daher die schöpferische Leistung des Fotographen in gewissen Fällen darin bestehen kann, ein individuelles Objekt auszusuchen (ähnlich der erfinderischen Leistung im Falle der Auswahlerfindung – s. oben, § 11, Ziff. 6.6.1)?

8.2. Aufzeichnungen bewegter Bilder

Ein Film ist selten das Werk einer einzigen Person, sondern entsteht aus einer Vielzahl schöpferischer Beiträge mit individuellem Charakter. Der Film ist das Schulbeispiel des gemischten Werkes (vgl. oben, § 19 Ziff. 3.6.).
Filme oder Videospiele (deren individueller Charakter auf der Struktur, der Entwicklung des Spielablaufes und der Art der Bildbewegung beruht) sind aus musikalischen, choreographischen, sprachlichen, zeichnerischen und weiteren Elementen zusammengesetzt; auch eine Radio- oder Fernsehsendung kann die Merkmale eines Werkes aufweisen (BGE 107 II 82).

Ein kinematographisches Werk geniesst urheberrechtlichen Schutz, wenn sein individueller geistiger Charakter an der Wahl und Anordnung der Bildfolgen (innere Form, allgemeines Konzept und Aufbau des Filmes), an der Art der Darstellung der Bilder (Blickwinkel, Lichteffekte), am Ton und an allen anderen künstlerischen Elementen (choreographische Elemente, Spezialeffekte usw.) erkennbar ist.

Fernseh- und Radiosendungen sind immer seltener eine zufällige Folge geschützter oder nicht geschützter individueller Werke; der Programmverantwortliche geht in zunehmendem Masse wie ein Urheber vor. Er schafft zuerst ein Konzept und wählt die Werke gemäss ihrer Vereinbarkeit und ihrer Synergien aus. Der Schöpfer des Programms erstellt ein Skript und schreibt dessen Befolgung allen Mitwirkenden vor, um den individuellen Charakter der Sendung zu gewährleisten. Der Schöpfer einer Tagesschau bestimmt die darzustellenden Ereignisse und deren Reihenfolge, d.h. die «Dramaturgie», unter dem Gesichtspunkt des Interesses der Zuschauer und Zuhörer. Er schreibt dem Kamerateam und den Berichterstattern sogar vor, welche Abfolgen sie filmen, welche Personen sie befragen sollen. Er entscheidet, ob ein Kriegsgeschehen in einem entfernten Land unter dem Gesichtspunkt der Kriegsgreuel, mit unschuldigen massakrierten oder flüchtenden Zivilpersonen und Kindern, gezeigt werden soll oder eher dessen bukolischer Charakter, weniger düstere Aspekte oder enthusiastische Kämpfer.

Es besteht kein Grund, einer sorgfältig zusammengestellten Übersicht über das Tagesgeschehen einen weniger individuellen Charakter zuzugestehen als einem Theaterstück, dessen Inhalt zwar vom Verfasser erfunden wurde, aber schliesslich ebenfalls tatsächliche Ereignisse des wirklichen Lebens darstellt. Da sich eine Berichterstattung nicht auf die möglichst getreue Wiedergabe der Tatsachen beschränkt, sondern der Schöpfer der Sendung durch Einflussnahme auf Inszenierung, Drehart, Beleuchtung usw. unmittelbar in die visuelle Schaffung der Sendung eingreift, handelt es sie hierbei um ein schutzwürdiges Werk.

Nicht schutzfähig sind einfache Berichterstattungen über Aktualitäten oder Aufnahmen von Bewegungabläufen, auf welche der Filmmacher keinen Einfluss nimmt (statische Aufnahme eines Ballettes, einer Oper, eines Fussballmatches, eines Skirennens) (s. auch oben, § 19 Ziff. 2.1.). In solchen Fällen fehlt die geistige Arbeit. Ein nach einer Oper gedrehter Film und die Aufnahme einer Opernaufführung sind somit nicht das Gleiche.

9. Choreographische Werke und Pantomimen

Als letzte Kategorie künstlerischer Werke nennt das URG die choreographischen Werke und die Pantomimen (URG Art. 2 Abs. 2 lit. h). Nicht der Aufwand des Darstellers, sondern das Werk ist geschützt.

Der vom Gesetzgeber gewählte Titel ist seltsam. Der Ausdruck «Inszenierung» wäre u.E. angebrachter gewesen. Choreographien und Pantomimen sind nichts anderes als eine Gestaltung von Bewegungen und Gesten, eine Komposition von Figuren, Schritten und Mimiken, im Einklang mit Szenenbild und Musik (Ballett), d.h. sie sind Inszenierungen.

Zudem besteht kein Grund, choreographische Werke, nicht aber Theater- und Operninszenierungen zu schützen, da letztere ebenfalls aus Bewegungen und Fortbewegungen der Schauspieler, aus Lichteffekten und Mimiken bestehen.

Choreographien beschränken sich nicht auf den Bereich des klassischen Tanzes, sondern sind inhärentes Element vieler Sportarten, z.B. Skitanz, Wasserballett, Kunstturnen, Eiskunstlauf, aber auch in der Tierdressur (soweit die Tiere zu gehorchen belieben). Auch hierbei gilt, dass ein schutzwürdiges Werk vorliegt, sobald es sich um eine geistige Schöpfung mit individuellem Charakter handelt.

§ 21 Verwandte Schutzrechte

1. Definition der verwandten Schutzrechte

Die sogenannten verwandten Schutzrechte sind Sonderrechte der ausübenden Künstler, der Hersteller von Ton- und Tonbildträgern und der Sendeunternehmen (URG Art. 33–37).

Sie werden als verwandte Schutzrechte bezeichnet, weil diese drei Kategorien der Schutzniesser «Hilfspersonen des geistigen Schaffens» sind (OMPI, Führer zum Römer-Abkommen, S. 14).

Die drei Gruppen von Schutzniessern konkurrieren zwar miteinander, brauchen einander aber auch, um erfolgreich am Wirtschaftsleben teilnehmen zu können.

Es fragt sich, ob die Tatsache, dass sich die verwandten Schutzrechte zum Teil auf geistige Schöpfungen beziehen, ihre Regelung im URG rechtfertigt. Dies ist u.E. zu verneinen. Die verwandten Schutzrechte gehören nicht zum geistigen oder gewerblichen Eigentum im klassischen Sinn; bei den diesbezüglichen Bestimmungen des URG handelt es sich vielmehr einerseits um Mittel zur Regelung des Marktes und andererseits um Bestimmungen betreffend Nutzung und Schutz von Leistungen im Allgemeinen.

Den unter die verwandten Schutzrechte fallenden Leistungen fehlt das wesentliche Merkmal der im vorliegenden Lehrbuch behandelten Rechtsobjekte; sie sind keine Immaterialgüter. Mit wenigen Ausnahmen (die Interpretation eines Werkes kann ein Werk zweiter Hand, eine Radio- oder Fernsehsendung eine individuelle geistige Schöpfung sein) sind die unter die verwandten Schutzrechte fallenden Leistungen eine Konkretisierung fremder Werke, d.h. Wiedergabe oder Darstellung des materiellen Trägers eines Werkes. Sie können ohne individuelle, geistige Schöpfung des Leistenden erbracht werden.

Wenn nicht durch ein Spezialgesetz geschützt (s. unten, § 17, Ziff. 3), hätten diese Bestimmungen wohl besser ins UWG gepasst (s. unten, § 61, Ziff. 1 und 9; BGE 118 II 459, 462).

2. Schutzobjekt

Die verwandten Schutzrechte beziehen sich somit nicht auf Immaterialgüter. Sie schützen eine bestimmte Leistung. Der Berechtigte kommt zwar in den Genuss eines praktisch absoluten Schutzes, indem alle möglichen Verwertungen seiner eigenen Leistung geschützt werden. Er ist dagegen nicht gegen Nachahmungen oder Fälschungen des Inhaltes oder der Form seiner Leistung geschützt. Das URG gewährt ihm keinen speziellen Persönlichkeitsschutz (BGE 129 III 715). Ein Orchester kann grundsätzlich die Interpretation eines anderen Orchesters Ton für Ton, Tonfärbung für Tonfärbung kopieren; ein Schallplattenhersteller kann eine mit derjenigen eines Konkurrenten identische Platte herstellen, die gleichen Aufnahmen machen (nicht aber einfach die Aufnahme seines Konkurrenten überspielen – s. unten, § 61, Ziff. 9.3).

Die Leistungen der ausübenden Künstler sind nur geschützt, sofern sie ein Werk im Sinne des URG zum Gegenstand haben (URG Art. 33 Abs. 1).

2.1. Leistungen der ausübenden Künstler

Das Gesetz definiert die Künstler als «die natürlichen Personen, die ein Werk darbieten oder an der Darbietung eines Werkes künstlerisch mitwirken» (URG Art. 33 Abs. 1).

Der ausübende Künstler bildet die Verbindung zwischen dem Urheber, seinem Werk und dem Publikum.

Der Ausdruck «Darbietung» ist im weiten Sinn zu verstehen und beinhaltet jede Tätigkeit, welche der Wahrnehmbarmachung eines Werkes dient. Darbietende sind Schauspieler, Sänger, Tänzer, Musiker, aber auch Regisseure, Maskenbildner und Dirigenten.

Die Art der Darbietung ist bedeutungslos; es kann sich um eine Darbietung vor Publikum oder im Studio zum Zwecke der Aufnahme oder Übertragung oder auch um eine Darbietung im privaten Kreis handeln.

Die Qualität der Darbietung ist kein Kriterium des Schutzes; es wird weder Individualität noch geistige Anstrengung vorausgesetzt.

Die Voraussetzung des künstlerischen Charakters der Mitwirkung schliesst ausschliesslich organisatorische oder technische Leistungen aus. Der Impresario, Produzent oder Finanzier, aber auch der Organisator der Dreharbeiten oder der Orchestertournee kommt nicht in den Genuss der den ausübenden Künstlern gewährten Rechte. Dies gilt auch für Bühnenpersonal und Operateure (sofern diese nicht über die künstlerische Freiheit verfügen, Aufnahmen zu ändern, einzelne Instrumente hervortreten zu lassen, Nahaufnahmen zu machen oder den Aufnahmewinkel zu verändern usw.). Auch Statisten können ausübende Künstler sein, sofern ihre Gegenwart auf der Bühne den künstlerischen Eindruck des Werkes beeinflusst.

2.2. Leistung der Hersteller von Ton- und Tonbildträgern

Das URG definiert weder den Begriff des Herstellers noch denjenigen der Ton- und Tonbildträger (URG Art. 36).

Der Ausdruck Hersteller ist wirtschaftlich zu verstehen. Hersteller im Sinne des URG ist das Unternehmen, welches den Tonträger oder die Videokassette herstellt, finanziert, die Aufnahme macht und wohl auch die ersten Schritte zur Kommerzialisierung unternimmt.

Der Inhalt des Ton- oder Tonbildträgers ist für den Schutz des Herstellers bedeutungslos; jedes Festhalten von Tönen, Bildern oder anderen Zeichen genügt (Vogelstimmen, Skirennen, Naturaufnahmen).

Die Tätigkeit des Herstellers besteht in der Bereitstellung des zur Produktion eines Filmes nötigen Kapitals, in der Wahl des Themas des Filmes, des Verfassers des Szenarios, der Hauptdarsteller, des Regisseurs und des künstlerischen und technischen Personals, im Erwerb der Rechte, im Abschluss weiterer notwendiger Verträge, in der Herstellung der materiellen Voraussetzungen für die Produktion des Filmes (Miete des Drehstudios, Reservierung öffentlicher Orte oder Plätze) und in der Überwachung des Films bis zur Herstellung der Standardkopie.

Die verwandten Schutzrechte werden durch die Arbeit des Herstellers, durch die Produktion, geschaffen. Zur Herstellung des Ton- oder Tonbildträgers kann der Hersteller den Inhalt einer anderen Platte oder Kassette übernehmen und die gleichen Aufnahmen verwenden, sofern er die gesamte Produktion von der Finanzierung bis zur Fertigstellung des Trägers vornimmt und nicht lediglich einen vorbestehenden Ton- oder Tonbildträger überspielt oder anderswie kopiert.

2.3. Leistung der Sendeunternehmen

Das URG definiert weder, was unter Sendeunternehmen zu verstehen ist, noch was Gegenstand des Schutzes ist. Dem Gesetz ist jedoch zu entnehmen, dass die Rechte der Sendeunternehmen die Verwertung einer Sendung betreffen (URG Art. 37). Der Gesetzgeber ging vom Grundsatz aus, dass eine Sendung kostspielige technische und finanzielle Anstrengungen erfordert und dass eine solche Leistung nicht ohne Einwilligung des Berechtigten ausgenutzt werden darf.

Die schutzwürdige Leistung liegt in den technischen und organisatorischen Massnahmen, welche notwendig sind, um eine Sendung, unabhängig von deren Art oder Qualität, materiell zu ermöglichen; es ist bedeutungslos, ob die Sendung ein schutzwürdiges Werk oder eine Börsenanzeige oder Strassenzustandsmeldung beinhaltet. Schutzobjekt ist die Bereitstellung der technischen und finanziellen Mittel, welche die Ausstrahlung der Sendung möglich machen, die Erarbeitung und Strukturierung der Programme, die Planung der Sendung von der Wahl des Themas bis zur Ausstrahlung. Dies schliesst den Schutz der Leistungen von Relais- und Rediffusionsstationen sowie von Verteilern (beispielsweise Kabelnetzbetreibern) aus, da diese lediglich fremde Sendungen um- oder weiterleiten.

7. Kapitel
Werke im Bereich der Informatik

§ 22 Software

1. Begriffsklärung

Unter Software verstehen wir erstens die eigentlichen Computerprogramme und zweitens die dazugehörigen Unterlagen, d.h. Handbücher, Benutzungs- und Bedienungsanleitungen, Garantiescheine, Lizenzverträge für den Erwerber des Computerprogramms. Bei der auf Bestellung gefertigten Software gehören auch die Analyse des Problems, die Entwürfe, Konzeptvorschläge usw. dazu.

Diese gesamten Unterlagen sind Schriftstücke; als solche sind sie unter Umständen wissenschaftliche Werke oder Werke der angewandten Kunst.

Ihr Schutz muss unter den für solche Werke geltenden Kriterien betrachtet werden.

Im vorliegenden Paragraphen beschränken wir uns auf die Eigenheiten schutzwürdiger Computerprogramme.

2. Begriff des Computerprogramms

Das Computerprogramm ist eine Gesamtheit von Anweisungen, die, wenn sie auf einem Träger gespeichert und maschinenlesbar gemacht wurde, eine für die Bearbeitung von Informationen geeignete Maschine besondere Aufgaben erfüllen oder besondere Ergebnisse anzeigen oder erlangen lassen kann.

Der Schöpfer eines Programms schafft die Idee der Struktur und die Methode, um diese zu realisieren. Aus der Idee entsteht aufgrund von mathematischen Regeln und Theorien der Algorithmus. Dieser setzt die Reihenfolge fest, in welcher die Operationen zur Lösung eines bestimmten Problems vorzunehmen sind.

Mit Hilfe der Programmiersprachen wird der Algorithmus in ein Programm umgewandelt.

Das Programm besteht aus folgenden Bestandteilen:
– Primäres oder Quellprogramm (source-code, s. BGE 125 III 265), d.h. das Verfassen des Programms in einer Programmiersprache. Der Fachmann kann das Quellprogramm wie jedes beliebige Schriftstück lesen, weshalb es einem wissenschaftlichen Werk gleichgesetzt wird.

– Objekt- oder Maschinenprogramm, d.h. das Ergebnis der Umwandlung des primären Programms in eine Anleitung, welche vom Computer ausgeführt werden kann. Es handelt sich um die «Übersetzung» des Quellprogramms in eine binäre Sprache. Das Maschinenprogramm ist kein Werk im engen Sinne des URG. Es ist aber eindeutig die eigentliche Konkretisierung des Programms, wie sie dem Benutzer vorgelegt wird, und ist somit urheberrechtlich geschützt; denn nach dem im Urheberrecht allgemein gültigen Grundsatz sind die Werke unabhängig von der Art ihrer Festlegung geschützt.
– Anwenderprogramm, welches dem Benutzer die rasche und automatische Vornahme komplexer praktischer Operationen ermöglicht (beispielsweise Textverarbeitung, Wörterbuch, Seitenumbruch usw.; Buchhaltung, automatische Aufstellung von Bilanz und Rechnung; Inventarisierung usw.). Anwenderprogramme sind wissenschaftliche Schriftwerke.

Damit Anwenderprogramme im Computer lesbar sind, müssen selbstverständlich auch sie als Objektprogramme verfasst werden. In der Umgangssprache werden nur die Anwenderprogramme als Computerprogramme oder Software bezeichnet, da der Konsument nur dieses letzte Programmelement zur Kenntnis nimmt. In Wirklichkeit setzt sich aber jedes Computerprogramm aus einem Quellprogramm und einem Objektprogramm zusammen. Der Fachmann kann das Programm mittels dieser beiden Bestandteile benutzen. Will er jedoch das Programm auf den Markt bringen, muss er es durch ein Anwenderprogramm ergänzen.

3. Urheberrechtlicher Schutz der Software

3.1. Eigenschaften der schutzwürdigen Programme

Das URG definiert das Computerprogramm nicht; es unterscheidet auch nicht zwischen Computerprogrammen und Software.

Es stellt lediglich fest, dass auch Computerprogramme als Werke gelten (URG Art. 2 Abs. 3).

Aus dem Wortlaut der Bestimmung geht hervor, dass sich der Gesetzgeber der besonderen Natur der Computerprogramme bewusst war, welche diese von den klassischen Urheberwerken und von den verwandten Schutzrechten unterscheidet.

Im Gegensatz zu den in URG Art. 2 Abs. 1, 2 und 4 erwähnten Werken erklärt das Gesetz nicht, dass Computerprogramme Werke sind, sondern dass sie als solche gelten. Durch die Aufnahme der Computerprogramme, neben den klassischen Urheberwerken, in das URG wollte der Gesetzgeber u.E. zeigen, dass er beiden den gleichen Schutz gewähren will und dass Computerprogramme demzufolge geistige Schöpfungen mit individuellem Charakter sind (BGE 125 III 263).

Ihre Eigenschaft als geistige Schöpfung wird im Allgemeinen ohne weiteres nachweisbar sein; bei der Prüfung ihres individuellen Charakters muss hingegen ihre Eigenheit berücksichtigt werden. Vorgängig stellt sich jedoch die Frage, welche

Teile der Programme urheberrechtlich schutzwürdig sind. Ihre Aufnahme in das URG bedeutet, dass nicht der geistige Inhalt des Programms als solcher, sondern dessen Festlegung in einer individuellen Form geschützt ist, auch wenn diese nicht unbedingt die direkte sinnliche Wahrnehmung des Inhalts erlaubt (beispielsweise bei Maschinenprogrammen).

Schutzobjekte sind somit die formulierten Programme; die Grundidee und der Algorithmus, die Berechnungsregeln, nach welcher diese in ein Programm umgewandelt wurde, sind nicht geschützt, ebensowenig wie Struktur und Aufbau des Programms (dies wäre eventuell Aufgabe eines Patentschutzes). Die vorgenannten Elemente stellen nicht die endgültige Form des Programms dar und können somit nicht als selbständige Werke geschützt werden. Eine originelle Struktur ist aber ein Hinweis auf den individuellen Charakter des Programms (s. unten, Ziff. 3.2.).

Schutzwürdig ist die sinnlich wahrnehmbare konkrete Struktur des Programms.

3.2. Individueller Charakter des schutzwürdigen Programms

Angesichts der besonderen Natur der Computerprogramme, ihrer nicht ästhetischen, sondern technischen Bestimmung, angesichts der Tatsache, dass ihr Zweck nicht die Wahrnehmung durch Menschen, sondern die Nutzbarmachung eines Computers ist, muss ihre urheberrechtlich geforderte Individualität besondere Kriterien erfüllen.

Wie bei anderen wissenschaftlichen Werken verfügt der Urheber im Bereich der Schaffung von Computerprogrammen und Software nur über eine beschränkte Handlungsfreiheit. Demzufolge sind an den individuellen Charakter keine zu hohen Anforderungen zu stellen.

Im Gegensatz zum herkömmlichen Kunstwerk ist das Computerprogramm veränderbar. Es muss rasch und komplikationslos angepasst werden können. Demzufolge ist das Erfordernis der Invidiualität schon erfüllt, wenn das Programm auf einer einmaligen und in allen realisierbaren Varianten und Kombinationen erkennbaren Struktur aufgebaut ist; diese Struktur begründet den individuellen Charakter.

Um ein gewisses Resultat zu erreichen, muss jeder Programmschreiber ein Konzept mit sehr ähnlichen Daten verwenden. Trotz der Ähnlichkeit des Konzepts kann sich aber der Charakter im Aufbau und in der Länge der Felder, in der Wahl und Verteilung der Schlüssel zur Handhabung der Felder und in der Zahl und Platzierung der Dateien zeigen. Die Individualität kann im Verarbeitungsmodell, in der Wahl und der Gruppierung der Moduls zu finden sein, welche die dem Benutzer angebotenen Funktionen bestimmen. Schliesslich können die Anordnung der Dateien auf dem Bildschirm und das Bild, welches der Benutzer zu sehen bekommt, individuellen Charakter haben.

3.3. Entstehung des Schutzes der Software

Da Software (Computerprogramme und dazugehörige Werke) als Werke im Sinne des URG gilt, entsteht ihr Schutz mit der Schaffung des Programms und/oder der dazugehörigen Werke (URG Art. 29).

In neuerer Zeit wir die Wünschbarkeit der Patentierbarkeit computerimplementierter Erfindungen wieder vermehrt diskutiert[20].

§ 23 Topographien von Halbleitererzeugnissen

Das Gesetz über den Schutz von Topographien ist nun seit über 12 Jahren in Kraft, und trotzdem sind noch keine höchstgerichtlichen Entscheide zu diesem Gesetz ergangen. Bedeutet dies, dass die Hersteller und Benutzer von Topographien sich immer perfekt benehmen, oder dass sie Meinungsdifferenzen ausserhalb der Gerichte austragen, oder ist das ToG so perfekt und umsichtig abgefasst, dass sich alle Hersteller und Verwender von Topographien automatisch gesetzkonform verhalten?

1. Begriff der Topographie

Das Gesetz definiert den Ausdruck Topographie nur summarisch. Es schützt «dreidimensionale Strukturen von Halbleitererzeugnissen» (ToG Art. 1 Abs. 1).

Die im Gesetz erwähnten Halbleitererzeugnisse sind integrierte Schaltungen. Diese setzen sich aus isolierenden Leiter- oder Halbleitersubstanzen zusammen.

Die Topographie kann definiert werden als mikroelektronisches Erzeugnis, welches aus einer unteilbaren Gesamtheit von Bauteilen besteht, die in einem dreidimensionalen Muster miteinander verbunden sind, oder auch als ein Bauteilmodell, welches integrierte Schaltungen bildet, die durch die Anordnung der verschiedenen Bauteile und/oder deren Form gekennzeichnet sind.

Geschützt ist nicht die elektronische Funktion des Halbleiters, sondern einzig die Form und Anordnung einer Topographie. Nicht das Halbleitererzeugnis, sondern dessen Topographie ist geschützt. Da das ToG die elektronische Funktion der integrierten Schaltungen nicht erwähnt, kann davon ausgegangen werden, dass das Gesetz auch Schaltungen schützt, welche auf optischer oder mechanischer Grundlage funktionieren, wie beispielsweise die in den verschiedenen Schichten eines Halbleitererzeugnisses integrierten Mikromotoren.

---

[20] S. dazu: BEAT WEIBEL, Stellungnahme zur geplanten EU-Richtlinie betreffend die Patentierbarkeit von computerimplementierten Erfindungen, sic! 2002, 641; CHRISTOPH MÜLLER, Patentierbarkeit von Geschäftsverfahren und Computerprogrammen in Europa, in: sic! 2002, 723.

Man unterscheidet zwischen passiven Topographien (welche blosse Gedächtnisfunktion haben, zur Speicherung von Informationen, einfachen Daten oder Computerprogrammen) und aktiven Topographien, d.h. Mikroprozessoren, welche Befehls- und Rechnungsorgane enthalten oder die integrierte Software aktivieren.

Die Schaffung eines Chips kann in drei Phasen unterteilt werden:
– Spezifizierung des Chips (Definition seiner Funktionen und Festlegung seiner Komponenten);
– Festsetzung des Schaltschemas, der dreidimensionalen Form des Chips;
– Festlegung der Form der Topographie, entweder graphisch («composite drawing») oder numerisch («data base tape»).

Die beiden ersten Phasen sind Gegenstand einer umfangreichen schriftlichen oder graphischen Dokumentation, welche zweifellos ein wissenschaftliches Schrift- oder Graphikwerk ist, dem jedoch fast stets der individuelle Charakter fehlt.

2. Schutzvoraussetzungen für Topographien

Laut ToG sind Topographien unabhängig von der Art ihrer Festlegung oder Kodierung geschützt, soweit sie nicht alltäglich sind (ToG Art. 1 Abs. 1). Das Gesetz führt zudem aus, dass aus alltäglichen Bestandteilen bestehende Topographien geschützt sind, wenn die Art ihrer Auswahl oder Anordnung nicht alltäglich ist (ToG Art. 1 Abs. 2).

Indem der Gesetzgeber eine nicht alltägliche Topographie fordert, hat er einen neuen Begriff in das schweizerische juristische Rüstzeug eingeführt.[21] Er hat den Ausdruck «nicht alltäglich» mit dem doppelten Sinn der «Neuheit» und der «geistigen Arbeit» versehen. Mit dem Wort «alltäglich» wollte der Gesetzgeber wohl zum Ausdruck bringen, dass er zwischen dem Grad der für die Schaffung einer Topographie geforderten und dem Grad der für eine patentfähige Erfindung oder ein urheberrechtlich geschütztes Werk geforderten schöpferischen Arbeit unterscheidet. Kann man eventuell den Begriff des «nicht-alltäglichen» einem weiteren neuen Begriff in der schweizerischen Rechtslandschaft, nämlich jenem der «Eigenart», die für ein schutzwürdiges Design gefordert wird (s. unten, § 25, Ziff. 2.3), gleichsetzen? Oder sind all diese neuen Begriffe nur Synonyme für die altbekannte Individualität des Urheberrechts, in abgeschwächten Ausmass?

2.1. Festlegung der Topographien

Wie die anderen Immaterialgüter ist auch die Topographie nur schutzwürdig, wenn sie wahrnehmbar, d.h. auf einem Träger, festgelegt ist.

Selbstverständlich ist der fertige «Chip» der normale Träger für die Topografie. Abgesehen vom fertigen Erzeugnis kann die Topographie aber auch in Form von

---

[21] In der französischen Fassung des ToG wird der Ausdruck «nicht-banal» verwendet.

Masken, bildliche Darstellungen (composite drawing) oder in digitaler Form (data base tape) dargestellt werden. Der Ausdruck «data base tape» deckt alle elektronischen Speicherungsmittel wie ROM, RAM, Magnetbänder oder -disketten, gelochte Bänder usw.

2.2. Neuheit der Topographien

Die vom ToG geforderte Neuheit ist eine relative, formelle Neuheit. Die Topographie darf zum Zeitpunkt ihrer Fertigstellung in Fachkreisen nicht bekannt sein.

Im Gegensatz zu Patenten sowie Design ist nicht der Zeitpunkt der Hinterlegung oder der Eintragung der Topographie, sondern der Zeitpunkt ihrer Festlegung, ihrer abgeschlossenen Entwicklung, entscheidend (Botschaft URG, S. 96).

Wer gehört zu den Fachkreisen? Sicher all diejenigen, welche Chips entwickeln und/oder herstellen, die Fabrikanten, Ingenieure oder Techniker in Entwicklungs- oder Beratungsunternehmen, Forscher an Universitäten und technischen Hochschulen. Zu den Fachkreisen gehören u.E. auch Personen und Unternehmen, welche mit Topographien handeln.

Wann ist eine Topographie bekannt? Zur Beantwortung dieser Frage sind u.E. die für Patente sowie Design entwickelten Grundsätze beizuziehen und demzufolge davon auszugehen, dass die Kenntnis eine Zugänglichkeit voraussetzt, welche dem Fachmann die Vornahme einer Kopie der Topographie gestattet.

Die Neuheit ist zerstört, wenn die Eintragung der Topographie veröffentlicht oder wenn diese auf den Markt gebracht wurde. Der Verweis auf «Fachkreise» scheint darauf hinzuweisen, dass die Topographie ihre Neuheit nur verliert, wenn sie einer Mehrheit von Personen bekannt ist. Eine Topographie verliert jedoch u.E., wie im Patentrecht, ihre Neuheit schon, wenn deren Träger einer einzigen zu diesen Kreisen gehörenden Person zugänglich ist. Im Gegensatz zum Patentrecht genügt jedoch hier die bloss theoretische Zugänglichkeit nicht, sondern die Topographie muss den Fachkreisen wirklich bekannt gewesen sein (Botschaft URG, S. 96).

Es fragt sich, ob sich diese neuheitsschädliche Wirkung auf die Zugänglichkeit in der Schweiz beschränkt oder ob, wie im Patentrecht, auch die Zugänglichkeit im Ausland diese Wirkung zeitigt. Angesichts der Tatsache, dass das ToG auch ausländische Topographien schützen kann, neigen wir zur Annahme, dass eine weltweite Neuheit erforderlich ist. Eine Topographie ist nur neu, wenn sie zumindest in denjenigen Staaten unbekannt ist, welche der Schweiz im Bereich des Topographieschutzes Gegenrecht gewähren (ToG Art. 2 Abs. 2).

2.3. Geistige Arbeit

Die Topographie muss, wie erwähnt, das Ergebnis einer geistigen Arbeit sein.

Man kann u.E. die geistige Arbeit zur Schaffung einer Topographie den ästhetischen Bemühungen gleichsetzen, welche das Bundesgericht für den Schutz von

Mustern und Modellen voraussetzt. Während jedoch die Bemühungen bei Mustern und Modellen nur den äusseren Aspekt, die Form, die graphische Darstellung des geschützten Objektes betreffen, bezieht sich die geistige Arbeit bei der Schaffung einer Topographie auf deren technische Aspekte, auf die Struktur der Topographie, die Wahl ihrer Bestandteile und deren Anordnung. Hingegen kann sich der Schöpfer einer Topographie weder auf seine Anstrengungen bei der Suche nach einer geeigneten Herstellungsmethode für den Chip noch nach den Funktionen, welcher dieser erfüllen kann, noch nach geeigneten ihm innewohnenden Programmen, berufen. Diese Aspekte sind keine schutzwürdigen Bestandteile der Topographie. Herstellungsmethoden können durch das PatG, Programme durch das URG geschützt werden, sofern die ersteren das Ergebnis einer erfinderischen Tätigkeit sind und die letzteren einen individuellen Charakter besitzen. Zur Schutzwürdigkeit einer Topographie sind diese Eigenschaften nicht erforderlich; eine nicht alltägliche geistige Anstrengung genügt.

2.4. Entstehung des Schutzes

Das ToG erwähnt nicht, wann der Schutz einer Topographie beginnt. Es scheint mehrere Möglichkeiten zu geben. Das Gesetz spricht erstens vom Datum der gültigen Anmeldung oder vom Tag, an dem die Topographie erstmals verbreitet wurde (ToG Art. 9 Abs. 1).

Zweitens sieht das ToG eine absolute Schutzfrist von 15 Jahren nach der Entwicklung der Topographie vor (ToG Art. 9 Abs. 3). Das letztgenannte Datum liegt zweifellos vor den beiden eben erwähnten Daten. Da der Abschluss der Entwicklung der Topographie auch für die Bezeichnung des originären Rechtsinhabers massgebend ist (ToG Art. 3), ist u.E. dieses Datum entscheidend und lässt den Schutz entstehen. Abgeschlossen ist die Entwicklung, wenn die Topographie auf ihrem Träger festgelegt ist (ToG Art. 1 Abs. 1).

3. Kategorien der durch das ToG geschützten Topographien

Das ToG macht geographische Unterscheidungen bezüglich der geschützten Topographien.

Schutzwürdig sind erstens Topographien von schweizerischen Herstellern und solchen, die ihren gewöhnlichen Aufenthalt oder ihre geschäftliche Niederlassung in der Schweiz haben (ToG Art. 2 Abs. 2 lit. a).

Zweitens schützt das ToG Topographien, deren erste Verbreitung in der Schweiz erfolgte (unabhängig von der Staatsangehörigkeit des Herstellers), sowie Topographien, die auf Grund völkerrechtlicher Verträge in der Schweiz geschützt sind (ToG Art. 2 Abs. 1 lit. b und c).

Drittens kann der Bundesrat den Schutz des ToG auf Topographien von anderen ausländischen Herstellern ausdehnen, wenn Gegenrecht besteht, d.h. wenn der

Staat, in dem die Hersteller ihren gewöhnlichen Aufenthalt oder ihre geschäftliche Niederlassung haben, seinerseits in der Schweiz hergestellte Topographien schützt (ToG Art. 2 Abs. 2).

8. Kapitel
Design

Am 1. Juli 2002 ist das Design Gesetz in Kraft getreten. Damit wurde das über 100 Jahre alte Muster- und Modellgesetz abgelöst. Da die interessierten Kreise mit dem alten Gesetz gut gelebt hatten, wurde nichts Grundlegendes geändert, ausser (unseres Erachtens völlig unnötigerweise) die Bezeichnung. Wir sind der Ansicht, dass die Bezeichnungen Muster und Modelle jedem Leser klar sagten, was für Schöpfungen Gegenstand des Gesetzes waren – der englische Ausdruck «design» (auf Deutsch: Zeichnung) ist viel weniger aussagekräftig.

§ 24 Der Begriff des «Design»

1. Grundbegriffe

Die ein Design beinhaltenden Gegenstände sind für einen nützlichen Zweck geschaffene Objekte, die den Stempel einer ästhetischen Leistung tragen. Die vom Schöpfer gewählte Formgebung darf diesem nicht einzig durch die Zweckbestimmung des Objektes (d.h. durch die Notwendigkeit, das vom Objekt verlangte nützliche und praktische Resultat zu erreichen), aufgezwungen sein, sondern sie muss das Ergebnis einer ästhetischen Absicht sein.

Das Studium der Merkmale des Design wird zeigen, dass diese auch gewisse Merkmale der urheberrechtlich geschützten Werke sowie der patentfähigen Erfindungen auf sich vereinigen.

Im Wesentlichen gehören Design zu den Werken der angewandten Kunst, von welchen sie sich lediglich durch den Abstand und den Umfang der schöpferischen Handlung von schon Vorbekannten unterscheiden.

Hinsichtlich Entstehung und Dauer der dazugehörigen Rechte und ihres Schutzes stehen die Design den Erfindungen näher; wie bei diesen kann sich der Rechtsinhaber auf die Ausschliesslichkeit gegenüber Dritten nur berufen, wenn er sein Recht durch einen Formalakt, die Hinterlegung, vervollständigt hat.

2. Gesetzliche Definition

Design werden in Art. 1 des DesG wie folgt definiert:

«Dieses Gesetz schützt Gestaltungen von Erzeugnissen oder Teilen von Erzeugnissen, die namentlich durch die Anordnung von Linien, Flächen, Konturen oder Farben oder durch das verwendete Material charakterisiert sind, als Design.»

8. Kapitel: Design

Ein Design im Sinne des DesG ist eine sinnlich wahrnehmbare, zweidimensionale oder dreidimensionale Gestaltung. Im Urheberrecht ist das Schutzobjekt durch seine Eigenschaft als Geisteswerk gekennzeichnet. Für Design ist die zwei- oder dreidimensionale Form das wesentliche Merkmal des gesetzlichen Schutzes. Die schöpferische Tätigkeit zeigt sich direkt in ihr. Die Form ist nicht Mittel zur Objektivierung einer abstrakten Idee (wie im Urheberrecht) oder zur Erreichung einer technischen Funktion (wie im Patentrecht), sondern sie ist Selbstzweck. Sie ist das Schutzobjekt des Designs. Geschützt sind nicht die funktionellen und nützlichen, sondern die ästhetischen und verzierenden Elemente der Form. Dennoch muss die Form der Funktion des Objekts angepasst sein.

Jede Kombination von Linien und Flächen kann ein Design sein. Die Art der Anordnung der Linien und Flächen ist bedeutungslos. Sie können auf dem Material, welches als Träger dient, zusätzlich angebracht werden oder das Resultat der Arbeit mit diesem Material sein. Das blosse Färben eines Gegenstandes mit einer einheitlichen Farbe stellt kein Design dar; hingegen kann die Kombination eines Gegenstandes mit Farben geschützt werden; dies gilt auch für Farbkombinationen als solche auf einer räumlichen Form oder einer begrenzten Fläche (BGE 113 II 77, 80).

Flache oder dreidimensionale Ornamente können ein Design bilden (Schriftform, Kleidermuster, Modelle für Modegegenstände, Möbelskizzen, bearbeitete Gebrauchsgegenstände wie Lampen, Türgriffe, Lavabos usw.).

Grösse und Umfang des Design sind bedeutungslos. Es kann auf einem Gegenstand oder als kleines Ornament angebracht sein, eine Oberfläche grösstenteils oder ganz bedecken oder durch eine beliebige Wiederholung in Verbindung mit dem verwendeten Material das Objekt als solches bilden (Stoff, Tapete).

Ein Design kann auch in der Kombination mehrerer Elemente bestehen, welche gemeinsam ein Ganzes bilden (Bibliothek, Bett mit Nachttisch, gelochtes Herz mit Bändern) (BGE 130 III 636).

Ein Design ist auch dann gegeben, wenn die Form erst durch den Gebrauch des Design enthaltenden Gegenstandes entsteht (Skizze eines Kleides, dessen Formen und Details erst beim Tragen zur Geltung kommen).

Sofern die nach Massgabe eines Design hergestellten Gegenstände selber eine modellierende Funktion ausüben, so mindert dies nichts an der Qualifikation des dem Gegenstand zugrundeliegenden Modells als Design (z.B. Büstenhalter).

§ 25 Merkmale des schutzwürdigen Design

1. Ästhetische Funktion und Nützlichkeit eines Design

Unter dem alten Recht wurde gemäss Bundesgericht die Form durch die ästhetische Absicht des Schöpfers als Muster oder Modell schützbar.

«Schliesslich muss die Form, um schutzwürdig zu sein, dem Gegenstand aus ästhetischen Beweggründen gegeben werden ... Etwas vom Wichtigsten ist ausserdem, dass es scheint, dass die Form den erwähnten Teilen keineswegs aus ästhetischen Motiven oder Überlegungen gegeben wurde» (BGE 113 II 77, Übersetzung durch den Autor).

Ob unter dem DesG diese These ebenso gilt, wird sich noch erweisen – feststeht, dass Design, deren Merkmale ausschliesslich durch die technische Funktion des Erzeugnisses bedingt sind, nach wie vor vom Schutz des DesG ausgeschlossen sind (DesG Art. 4, lit. C).

Nützlichkeitszweck und technische Funktion sind nebensächlich. Hat ein Design eine bestimmte Form aus ästhetischen Gründen erhalten, so schwächt die Tatsache, dass diese Form auch eine technische Funktion erfüllt, seine Eigenschaft als Design in keiner Weise.

Um einer Form die Eigenschaft als Design abzusprechen, muss sie mit ihrer Funktion so untrennbar verbunden sein, dass die eine ohne die andere nicht denkbar ist. Dies ist dann nicht der Fall, wenn in einem Gegenstand die durch seine Funktion bedingten Elemente von jenen, die zur Erreichung eines ästhetischen Effekts geschaffen wurden, klar unterschieden werden können. (BGE 95 II 470).

Das Design, dessen Schutz beansprucht wird, muss in einer Kombination von Formen und/oder Linien bestehen, welche bei der Hinterlegung als ein Ganzes, als ein einheitliches und selbständiges Erzeugnis wirkt (auch wenn es zur Verwendung als Teil eines komplexeren Objekts bestimmt ist) und von einem selbständigen strukturellen Konzept zeugt (BGE 116 II 196).

Dies gilt auch für die plastischen Formen eines Design, welche ein Objekt verzieren (Relief), dessen Oberfläche gestalten, aber auch die Form des gesamten Objekts ausmachen können (Geschirr).

Kann die gewünschte technische Funktion nur mittels einer einzigen Form erreicht werden, so darf diese nicht als Design monopolisiert werden, auch wenn gleichzeitig eine ästhetische Wirkung erzielt wird (BGE 130 III 636 – s. auch unten, Ziff. 3, ad lit. c).

Unter Design versteht man im allgemeinen Gegenstände, die als solche oder als Teil eines Ganzen verwertbar sind (Möbel, Gabeln als Teil eines Bestecks, Schuhe), sofern diese Teile dem Objekt als Ganzem eine neue ästhetische Funktion verleihen (BGE 116 II 471).

2. Die Schutzvoraussetzungen für das Design

2.1. Der Ursprung des Design

Gemäss Art. 2, Ziff. 1 DesG ist ein Design schutzfähig, soweit es neu ist und Eigenart aufweist (BGE 130 III 636).

Beim Erfordernis der Neuheit handelt es sich um die formelle Neuheit (s. unten, Ziff. 2.2). Man kann daher in Frage stellen, ob das Erfordernis der materiellen Neuheit, der Originalität im Sinne der geistigen Schöpfung, der Erschaffung des Designs durch den Hinterlegenden, noch immer eine Voraussetzung für die Schutzfähigkeit ist. Gemäss DesG Art. 7 ist zur Hinterlegung berechtigt jene Person, die das Design entworfen hat (oder ihr Rechtsnachfolger). Der Entwurf ist nicht dasselbe wie die vollendete Schöpfung. Allerdings scheint es sich hier eher um eine fehlerhafte Ausdrucksweise zu handeln – der französische Text nennt als Berechtigten unmissverständlich den «créateur», den Schöpfer. Man kann wohl annehmen, dass ein Design in der Schweiz nur schutzfähig ist, wenn es vom Hinterleger (oder einem Rechtsvorgänger des Hinterlegers) geschaffen wurde.

Die Verwendung einer vorbestehenden Form zu einem anderen Zweck oder deren Ausführung in einem anderen Material (beispielsweise Apfel und dessen Wiedergabe in Porzellan) oder die blosse Änderung der Farbe werden nicht als originell oder materiell neu betrachtet (SMI 1987, 240).

Durch die Prüfung vorbekannter Formen und deren Vergleich mit den hinterlegten Mustern kann festgestellt werden, ob der Urheber das Muster selbständig geschaffen und ein eigenes ästhetisches Konzept geschaffen hat, oder ob er lediglich ihm bekannte Bestandteile leicht verändert oder zusammengestellt hat. Die Formgebung muss sich deutlich vom Vorbekannten unterscheiden oder, anders ausgedrückt, «neu» und nicht nur die Variante einer bereits existierenden Form sein (BGE 130 III 636).

2.2. Die Neuheit des Design

Gemäss Art. 2, Ziff. 2 DesG ist ein Design nicht neu, «wenn der Öffentlichkeit vor dem Hinterlegungs- oder Prioritätsdatum ein identisches Design zugänglich gemacht worden ist, welches den in der Schweiz beteiligten Verkehrskreisen bekannt sein konnte».

Die Neuheit eines Design ist zerstört, wenn es vom Inhaber vor der Hinterlegung eines Eintragungsgesuchs gebraucht wurde (DesG Art. 3, lit. b).

Es muss sich um identische Designs handeln. Wenn die Vorveröffentlichung in einem charakteristischen Merkmal abweicht, so zerstört sie die Neuheit nicht, auch wenn sich die beiden Design sonst sehr ähneln (aber es mag dann die Eigenart fehlen, s. unten, Ziff. 2.3).

Der am Design Berechtigte hat allerdings 12 Monate Zeit, das Design auf dem Markt zu testen, bevor er es zur Eintragung bringt – eine derartige Vorveröffentlichung zerstört die Neuheit nicht (BGE vom 4. Juni 2004, sic! 2004, 688).

Die beteiligten Verkehrskreise bestehen aus den Personen und Unternehmen, welche gleichartige Design herstellen oder damit handeln.

Bekanntheit setzt voraus, dass die Personen, welche das Design gesehen haben, sich so genau daran erinnern, dass sie es ausführen könnten. Im Allgemeinen kann einzig die Wiedergabe oder das Bild des Designs dessen formelle Neuheit schädigen. Nur ausnahmsweise kann eine Beschreibung der Umrisse die plastische Form so wiedergeben, dass eine Ausführung möglich ist.

Was ist als den beteiligten Verkehrskreisen in der Schweiz als potentiell zugänglich zu betrachten? Im Zeitpunkt der weltweiten Kommunikation über Internet hat wohl alles, was irgendwo registriert wurde, order was in irgendeiner Form publiziert wurde, die für einen Schweizer aus den beteiligten Verkehrskreisen als verständlich gelten konnte, als zugänglich zu gelten. Wenn ein Objekt nur in physischer Form an einem weltabgeschiedenen Ort bekannt ist, dann könnte es möglicherweise den beteiligten Verkehrskreisen in der Schweiz nicht bekannt werden.

Hätte der Hinterleger aber von dieser Weltabgeschiedenheit profitieren wollen und eine schweizerische Nachahmung des ausländischen Designs hinterlegt, so wäre dieses Design zwar formell neu, aber es ist nichtig, weil ihm die materielle Neuheit, die Schöpfung durch den Hinterleger, fehlt (DesG Art. 4, lit. b).

2.3. Die Eigenartigkeit des Design

Unter dem alten Recht musste ein Design eine gewisse Originalität aufweisen; der französische Text benutzt noch immer den Ausdruck «original». Wir können daher wohl davon ausgehen, dass die Eigenartigkeit im Sinne des DesG eine gegenüber dem Urheberrecht ein bisschen abgeschwächte Originalität beinhaltet[22]. Gemäss DesG Art. 2, Ziff. 3 weist ein Design dann keine Eigenart auf, wenn «wenn es sich nach dem Gesamteindruck von Design, welches den in der Schweiz beteiligten Verkehrskreisen bekannt sein konnte, nur in unwesentlichen Merkmalen unterscheidet» (s. dazu auch BGE 130 III 645; 129 III 545). Die unterschiedlichen Merkmale müssen so unbedeutend sein, dass der Gesamteindruck, den der Betrachter vom zu schützenden Design erhält, bei ihm im kurzfristigen Erinnerungsbild andere Design ins Gedächtnis ruft (BGE 130 III 636).

Nach gewissen Lehrmeinungen sollten auch Formen oder Darstellungen, die zum Gemeingut gehören, als Design eingetragen werden können[23]. Im BGE 130 III 636 lässt das Bundesgericht diese Frage, unter Zitierung der Lehrmeinungen, ausdrücklich offen – dies deutet eher darauf hin, dass es von einem mindestens beschränkten Freihaltebedürfnis für auf Gemeingut abgestützte Design ausgeht. In casu hat das Bundesgericht klargestellt, dass die Kombination schlichter geometrischer Formen (vorliegend eine Herzform) in origineller Verbindung mit anderen Elementen aus dem Gemeingut (Löcher und Bänder) die Eigenartigkeit eines Design begründen kann.

---

[22] Siehe dazu oben, § 23, Ziff. 2; Zum Begriff der Eigenart s. auch ROBERT STUTZ: Das originelle Design: eigenartig genug, um individuell zu sein ?, in: sic! 2004, 3.
[23] Siehe PETER HEINRICH, DesG/HMA Kommentar, N. 4.48).

2.4. Design als Vorbild für die gewerbliche Herstellung

Wenn auch das DesG die gewerbliche Herstellung nicht mehr als Schutzvoraussetzung erwähnt, so hat diese doch nicht alle Bedeutung verloren, DesG Art. 9 sagt ausdrücklich, dass die Wirkung des Designs darin besteht, anderen zu verbieten, das Design zu gewerblichen Zwecken zu gebrauchen.

Man könnte daher die Ansicht vertreten, dass ein Design vom Schutz ausgeschlossen ist, wenn es nicht zu einem gewerblichen Gebrauch geeignet ist. Denn wenn das Design seine vom Gesetz vorgesehene Wirkung mangels Eignung zum gewerblichen Gebrauch gar nicht entfalten kann, ist es dann noch ein Design im Sinne und Geist des Gesetzes?

3. Vom Schutz ausgeschlossene Design

Nach Massgabe von DesG Art. 4 kann kein Designschutz erlangt werden, wenn:
a. wenn das zu hinterlegende Gebilde kein Design im Sinne von Artikel 1;
b. das Design im Zeitpunkt der Hinterlegung die Voraussetzungen von Artikel 2 nicht erfüllt;
c. die Merkmale des Designs ausschliesslich durch die technische Funktion des Erzeugnisses beding sind;
d. das Design Bundesrecht oder Staatsverträge verletzt;
e. das Design gegen die öffentliche Ordnung oder die guten Sitten verstösst.

Ad lit a:

Nach der sehr allgemeinen Formulierung von DesG Art. 1 (s. oben, § 24, Ziff. 2) gibt es fast keinen geschaffenen körperlichen Gegenstand, der nicht als Design geschützt werden könnte. Ausgeschlossen vom Schutz sind hingegen auf natürliche Art entstandene Objekte, die nicht vom Menschen geschaffen wurden, oder Objekte, die keine körperliche Substanz aufweisen (musikalische Kreationen) oder die für keinen gewerblichen Zweck verwendet werden können, z.B. Werke der angewandten Kunst, die auf Wunsch ihres Schöpfers nur in einem einzigen Exemplar hergestellt werden (Schmuckstücke, aber auch Möbel oder Kleider).

Ad lit. b:

Das Design ist des weiteren vom Schutz ausgeschlossen, wenn es weder neu noch eigenartig ist (s. oben, Ziff. 2.2. und 2.3.).

Ad lit. c:

Design, deren charakteristische Merkmale ausschliesslich durch die technische Funktion des sie beinhaltenden Gegenstandes bedingt sind, sind vom Schutz ausgeschlossen. Wann eine Form als technisch bedingt anzusehen ist, haben wir schon im Zusammenhang mit der Formmarke erläutert. Die für die Formmarken geltenden Prinzipien lassen sich auch auf die Design anwenden. Wir verweisen daher auf die vorstehenden Ausführungen (s. oben, § 17, Ziff. 2.2).

Ad lit. d:

Design, die Bundesrecht (z.B. das Wappenschutzgesetz) oder Staatsverträge (z.B. über den Schutz der Bezeichnungen und Symbole von internationalen Organisationen) verletzen, können ebenso wenig den Schutz des DesG beanspruchen wie Design, die gegen die öffentliche Ordnung oder die guten Sitten verstossen. Es gibt praktisch keine Rechtsprechung zum letzten Ausschussgrund, wohl weil solche Design, wenn sie gewerblich verwendet werden, kaum je zur Eintragung angemeldet werden.

Ad lit. e:

Zu den gegen die guten Sitten verstossenden Design sind auch täuschende Design zu zählen, wie dies bei den Marken der Fall ist (s. oben, § 17, Ziff. 3). Die täuschenden Marken bestehen meistens aus Worten; könnte z.B. einer eigenartig geformten Schachtel mit der Darstellung von teuren exotischen Früchten, die jedoch nur birnenhaltige Produkte enthält, als täuschendes Design der Schutz verweigert werden?

Des weiteren sollten u.E. auch gewerblich nicht anwendbare Design vom Schutz ausgeschlossen werden (s. oben, Ziff. 2.4)

§ 26 Unterscheidung zwischen Design einerseits und den übrigen zwei- und dreidimensionalen Gebrauchsgegenständen anderseits

1. Sogenannte Gebrauchsmuster

Der Begriff «Gebrauchsmuster» stammt aus dem deutschen Recht. Dieses versteht darunter nicht die Form des Design, sondern die in der Form konkretisierte erfinderische Idee. In der Schweiz ist jedoch nur die Form Gegenstand der Auseinandersetzung um die sogenannten Geschmacks- und Gebrauchsmuster. Der Ausdruck Gebrauchsmuster wird verwendet, um nützlichkeitsbedingte Formen vom «Geschmacksmuster» resp. Design zu unterscheiden, welches lediglich ästhetische Funktionen hat.

2. Design und Ausstattung

Sehr oft stellt das eingetragene Design gleichzeitig auch die kommerzialisierte Ware dar (Möbel, Kleider, Uhren, Bestecke usw.). (BGE 104 II 322, 332).

Da das Design, um eingetragen werden zu können, Eigenart aufweisen muss, wird sich die es verkörpernde Ware normalerweise auch von den/einem gleichen Zweck dienenden anderen Waren unterscheiden. In diesem Fall dient das Design auch als

Ausstattung der Ware (s. unten, § 28, Ziff. 2), als ihr Kennzeichen (s. oben, § 14, Ziff. 3).

Die Schutzvoraussetzungen sind jedoch verschieden. Das Design ist als solches gegen jegliche Nachahmung zum Zwecke gewerblicher Verwendung geschützt (s. unten, § 58), als Ausstattung jedoch nur, wenn die Verwendung missbräuchlich geschieht (UWG Art. 5, lit. c.) oder dadurch eine Verwechslungsgefahr hervorgerufen wird (UWG Art. 3, lit. d– s. unten, § 61, Ziff. 6.5 und 9.3).

Dies kann dazu führen, dass ein Design, das wegen Ablauf der Schutzdauer als solches nicht mehr geschützt ist, trotzdem noch gegen eine missbräuchliche Verwendung nach den Regeln des UWG geschützt wird (BGE 105 II 301).

Dies gilt auch für Formen, welche keine schutzwürdigen Design sind, aber eine ursprüngliche Unterscheidungskraft besitzen oder diese durch intensiven Gebrauch für die Produkte eines bestimmten Herstellers erlangt haben. Die Merkmale solcher (technisch oder ästhetisch bedingter) Formen dürfen von anderen Marktteilnehmern nicht übernommen werden; äusserer Aspekt und Form werden durch das UWG gegen missbräuchliche Verwendung geschützt (BGE 104 II 322/332).

3. Design und Werke der angewandten Kunst

Die Hinterlegung eines Design hindert nicht, dass dieses gleichzeitig auch urheberrechtlichen Schutz geniessen kann. Um als Werk der angewandten Kunst anerkannt zu werden, muss das Design die gesetzliche Definition des Kunstwerkes erfüllen (BGE 105 II 297). Urheberrechtlich schutzwürdig sind nur Design, die als Folge der schöpferischen Tätigkeit des Urhebers eine eigenständige Individualität aufweisen (BGE 110 IV 102 s. oben, § 19, Ziff. 2.2.1). Die Eigenwertigkeit, Voraussetzung für den Designschutz, reicht urheberrechtlich nicht aus.

Im Bereich der Design beschränkt sich die schöpferische Tätigkeit ihres Schöpfers darauf, dem Objekt eine materiell neue Form mit einer eigenartigen ästhetischen Wirkung zu geben; die schöpferische Tätigkeit des Urhebers eines Werks der angewandten Kunst schafft dagegen ein von der Persönlichkeit des Urhebers geprägtes individuelles Objekt, welches sich von den übrigen zum Kulturgut gehörenden Objekten unterscheidet (s. oben, § 20, Ziff. 6).

4. Design und Formmarke

Da, wie wir gesehen haben, das schutzwürdige Design dank seiner eigenartigen Form unterscheidungskräftig ist, kann es wohl meistens auch als Formmarke hinterlegt werden (s. oben, § 14, Ziff. 3.1.4.2). Wenn das Design auch gleichzeitig die Ware als solche darstellt, wenn es in ihr oder sie in ihm aufgeht, dann kann ein Problem entstehen: einerseits wird das Design (und, wenn es in ihr aufgeht, auch die ihm entsprechende Ware) aus ästhetischen Gründen in einer bestimmten Form dargestellt; andererseits darf die Formmarke nicht das Wesen der Ware ausmachen (s. oben, § 17, Ziff. 2.1).

Da das Design eine gewerbliche Zielsetzung haben muss (s. oben, § 25, Ziff. 2.4), wird man wohl meistens argumentieren können, das Wesen dieser Form und der danach hergestellten Waren sei ihre gewerbliche Verwendung, die Form sei nicht Selbstzweck und daher auch als Formmarke schützbar. Bei gewissen Waren (z.B. Schuckstücken) mag diese Argumentation nicht möglich sein.

Ist die Form wirklich originell, so stellt sie wohl gleichzeitig auch noch ein Werk der angewandten Kunst dar (s. oben, § 20, Ziff. 6).

9. Kapitel
Andere schützenswerte Geistesleistungen

§ 27 Vom Schutz durch subjektive Exklusivrechte ausgeschlossene Immaterialgüter

1. Ausdehnung der Kategorie der geschützten Immaterialgüter

Zu Beginn des Industriezeitalters wurden eine Anzahl schützenswerter Immaterialgüter definiert, nämlich die patentfähigen Erfindungen, die Marken, die Muster und Modelle (heute: Design), die Ursprungsbezeichnungen und die Werke der Literatur und der Kunst. Diese Kategorien blieben lange Zeit unverändert, und wurden erst kürzlich mit grosser Zurückhaltung ein wenig ausgeweitet.

Es handelt sich dabei in erster Linie um Nachbargebiete des Urheberrechtes (verwandte Schutzrechte und Software) und um den Schutz gewisser technischer Errungenschaften (Topographien von Halbleitern).

2. Neue Immaterialgüter

Im 20. Jahrhundert entwickelten sich Industrie und Handel in einer Weise, die nicht lediglich als Aufschwung bezeichnet werden kann, sondern, insbesondere in den letzten fünfzig Jahren, alle Zeichen einer Explosion aufweist. Seit der 60-ger Jahren des letzten Jahrhunderts Weltkrieg entstanden u. a. viele neue Möglichkeiten des internationalen wirtschaftlichen Austausches auf dem Gebiet der Dienstleistungen und der Werbung.

2.1. Beratertätigkeit

Unternehmensberater und andere im Wirtschaftsbereich tätige Berater entwickeln unter grossem Kosten- und sonstigem Aufwand Regeln und Richtlinien, welche sich an den menschlichen Geist richten. Diese Regeln und Richtlinien stellen wirtschaftliche Werte dar, die von den daran Beteiligten direkt verwertet werden können und die diese begreiflicherweise vor Übergriffen durch Unberechtigte schützen möchten.

Solche Beratungen können verschiedenster Art sein. Es kann sich dabei sowohl um Studien für die Gründung, Inbetriebnahme oder die Verwaltung von Hotel- oder Spitalkomplexen wie auch um Konzepte für die Organisation, Förderung und

Verwaltung privater oder öffentlicher Veranstaltungen in den Bereichen des Sports, der Freizeit, Musik, Kunst, Kochkunst oder der therapeutischen Fortbildung handeln oder auch um Konzepte für die Schaffung, Einführung und Verwaltung von Weiterbildungs- oder Umschulungszentren für Arbeitsuchende, um nur wenige Beispiele zu nennen.

Eine zu den neuen Immaterialgütern gehörende Kategorie von Beratungen und Dienstleistungen ganz besonderer Art betrifft die Errichtung, Verwaltung und Betreuung der Verträge von Berufs- und sogar Amateursportlern und von Künstlern, insbesondere unter dem Gesichtspunkt der Verwertung ihres Namens und Bildes (s. unten, Ziff. 2.2.3).

2.2. Neue Methoden zur Verwertung von Immaterialgütern

Neben den erwähnten Kategorien von geistigen Leistungen, die sich alle auf Dienstleistungen beziehen, betrifft eine weitere Kategorie die Werbung, das Franchising und das Merchandising. Es handelt sich um moderne Formen der Verwertung von zu einem grossen Teil immaterialgüterrechtlich geschützten Gütern, die geistige Leistungen darstellen, grosse Anstrengungen und Investitionen erfordern und beträchtliche wirtschaftliche Werte darstellen. Jenen, die sie erarbeiten, sollten Ausschliesslichkeitsrechte gewährt werden, wie sie die Schöpfer von Marken, Werken der angewandten Kunst oder von Design erhalten. Dies jedoch nur insoweit, als ihre geistige Arbeit zu einer neuen Verwertungsform führt und eine gewisse Individualität aufweist.

2.2.1. Franchising

Der Franchiser verwendet geschützte Immaterialgüter und andere materielle oder immaterielle Güter. Er erbringt dem Franchisenehmer einen Dienst, indem er ihm (als Marken geschützte oder ungeschützte) Kennzeichen zur Verfügung stellt, den gemeinsamen Einkauf von Produkten ermöglicht oder ihm bestimmte, nach Ansicht des Franchisegebers wichtige, Produkte liefert. Die Lieferung von Waren ist meistens mit der Zurverfügungstellung von kommerziellem Know-how, sowie mit der Einrichtung und Unterhalt der Franchiseinstallationen und mit der Ausbildung des Personals verbunden. Zudem stellt üblicherweise der Franchisegeber ein allen Franchisenehmern gemeinsames Werbekonzept zur Verfügung, auf deren Kosten, von welchem der Franchisegeber und die Franchisenehmer gemeinsam profitieren. Als Gegenleistung zur Lieferung der erwähnten Güter und Dienste verpflichtet sich der Franchisenehmer zur Einhaltung der (Arbeits)bedingungen des Franchisegebers, zur Beachtung von dessen technischen, verwaltungsmässigen und kaufmännischen Normen, zum Bezug gewisser Artikel beim Franchisegeber oder bei durch diesen empfohlenen Lieferanten, evtl. zum Mieten der Räumlichkeiten des Franchisegebers und zum Bezahlen einer Lizenz- oder anderer Franchisegebühr (z.B. in Form von Umsatzprozenten) (BGE 118 II 157).

Ein Franchisingsystem beinhaltet im Allgemeinen drei Hauptelemente (oder zumindest deren zwei):
- das gewerbliche oder industrielle Franchising, durch welches der Franchisegeber dem Franchisenehmer sein Know-how zur Verfügung stellt und ihm das Recht zur Herstellung und zum Vertrieb eines Produktes unter der Marke des Franchisegebers gewährt (BGE 109 II 487);
- das Verteilungsfranchising, bei welchem der Franchisegeber (meistens als Hersteller oder Einkaufszentrale handelnd) die gleichmässige Verteilung der Produkte über ein Franchisingnetz gewährleistet;
- das Dienstleistungsfranchising, bei welchem die vom Franchisegeber geschaffenen und ausgearbeiteten Dienstleistungen vom Franchisenehmer benutzt werden, meistens in Verbindung mit Installationen und Ausrüstungen oder sogar Räumlichkeiten des Franchisegebers.

Der Franchisegeber schafft mit dem Franchising ein Netz von Franchisenehmern, welche sich von andern Anbietern durch die Einheitlichkeit der Güter und Dienstleistungen unterscheiden; er schafft dadurch eine originelle Identität.

Franchisingsysteme können offensichtlich einen bedeutenden wirtschaftlichen Wert darstellen; dennoch gehören sie, wie auch Buchhaltungssysteme und andere Anweisungen an den menschlichen Geist, nicht zum Numerus clausus der geschützten Immaterialgüter.

2.2.2. Merchandising

Das Merchandising kann folgendermassen definiert werden:

«Unter Merchandising ist die kommerzielle Verwertung eines Namens, Symbols oder anderen Kennzeichens zu verstehen, welches eine gewisse Bekanntheit oder Popularität erlangt hat oder erlangen könnte, zum Zweck des Absatzes oder gesteigerten Absatzes von Waren und Dienstleistungen, für die dieser Name, dieses Symbol oder andere Kennzeichen beim Publikum (noch) nicht als kennzeichnendes Element gilt und auch bei einer allfälligen Erweiterung oder Weiterentwicklung der Produkte und Dienstleistungen nicht gelten würde.»

Die Schaffung eines Merchandisingsystems verlangt zweifellos bedeutende Anstrengungen und Investitionen. Der Schöpfer erbringt auch eine geistige Leistung, indem er für Persönlichkeiten und Symbole, die in einen gewissen Publikum oder sogar allgemein einen Bekanntheitsgrad erlangt habe oder sonst wie Sympathie geniessen, neue (finanzielle) Verwertungsmöglichkeiten herausfindet und diese organisiert.

2.2.3. Das Sportbild

Ein Instrument für das Merchandising, ist u.a. das Sportbild, das allerdings auch als unabhängiges und einen frei verwertbaren Goodwill beinhaltendes Immaterialgut bestehen kann.

Das Sportbild ist die Kombination des Namens und der Ausstrahlung eines Sportlers in Verbindung mit seinen sportlichen Leistungen und eventuell seinen Sportgeräten (Michael Schumacher – Formel 1 Rennsiege – Ferrari Wagen; Tiger Woods – Golftourniere)[24].

Das Sportbild kann vor allem als Werbeträger, eventuell auch zu Schulungszwecken eingesetzt werden, sei es durch den Eigentümer selber (im Normalfall der Sportler, eventuell aber auch sein Sponsor) oder durch einen Dritten, dem der Eigentümer die Werbekraft des Sportbilds überlässt.

Das Sportbild ist unbestritten ein Immaterialgut, aber nur in geringem Masse (wenn überhaupt), eine Geistesschöpfung; es ähnelt am ehesten einer Marke. Wie diese eine Kombination eines unterscheidungskräftigen Kennzeichens mit einer Ware ist, ist das Sportbild die in der Erinnerung breiter Bevölkerungskreise (des «Publikums») eingebettete Kombination einer sportlichen Leistung mit der Persönlichkeit des Sportlers und eventuell seinem Gerät. Da das Sportbild jedoch im Gegensatz zur Marke unabhängig von einer bestimmten Ware ist, gleicht es der berühmten Marke.

3. Lösung de lege ferenda

Es gibt somit einen breiten Fächer von immateriellen Gütern mit individuellem Charakter und von wirtschaftlichem Wert, welche nicht durch Spezialgesetze geschützt sind. Solche Leistungen gibt es, wie erwähnt, in den verschiedensten Bereichen. Ihre Schaffung erfordert beträchtliche Mittel und beruht meistens auf der Teamarbeit von Angestellten eines Unternehmens oder von Schöpfern, welchen die nötigen Mittel durch Dritte zur Verfügung gestellt werden.

Es erscheint wünschenswert, dass das Recht den Schöpfern, Erfindern und Organisatoren oder Eigentümern solcher Beratungs- oder Dienstleistungssysteme oder von Sportbildern die absolute rechtliche Herrschaft über ihr Werk oder ihre Leistung gewährt und die geistigen und vermögensrechtlichen Ansprüche am Werk schützt.

Das geeignete rechtliche Instrument wäre u.E. ein eigentumsartiges Ausschliesslichkeitsrecht (im Falle von Sportbildern losgelöst von der Persönlichkeit des Sportlers), ein allen entgegenhaltbares Verteidigungsrecht, welches dem Berechtigten gestattet, entweder Dritten den Zugang zu seiner Exklusivsphäre zu verbieten oder für seine Einwilligung zur Benutzung der Leistung eine Entschädigung zu verlangen.

---

[24] Zum Problem des Sportbilds s. KAMEN TROLLER, Schöpfung und Schutz von Sportbildern in der Schweiz, in: SpuRT, 2004, H. 4, S. 170–174.

§ 28 Durch unvollkommene Ausschliesslichkeitsrechte geschützte Immaterialgüter

Im vorgehenden Paragraphen haben wir festgestellt, dass gewisse u.E. schützenswerte geistige Leistungen im Gegensatz zu Erfindungen, Werken der Literatur und Kunst, Software, Darbietungen der ausübenden Künstler, anderen verwandten Schutzrechten, Design, Halbleitern, Marken, Herkunftsangaben und Firmen keinen direkten Schutz geniessen. Trotzdem kann der Inhaber solcher Rechte eine mindestens teilweise Exklusivität beanspruchen, wenn er sie geheim halten kann oder wenn das äussere Erscheinungsbild dieser Güter deren Unterscheidung von anderen Gütern der gleichen Kategorie ermöglicht.

In der Schweiz hat das Bundesgericht ein unvollkommenes Ausschliesslichkeitsrecht am Geheimnis, an der Ausstattung und am Handelsnamen anerkannt.

1. Geheimnis

1.1. Begriff

Der Rechtsbegriff «Geheimnis» setzt voraus, dass der Gegenstand des Geheimnisses nur einer Person oder einem begrenzten Kreis von Personen bekannt und zugänglich ist, und diese Personen die Möglichkeit und den Willen besitzen, Dritte von der Kenntnisnahme auszuschliessen (BGE 88 II 319, 322).

Wenn ein Einzelner (oder eine Personengruppe) den Willen bekundet, Dritten eine Kenntnis nicht zugänglich zu machen, wird vermutet, dass er sein Geheimnis schützen will (BGE 130 III 353).

In Ermangelung einer gesetzlichen Definition haben Rechtsprechung und Lehre das rechtlich geschützte Geheimnis definiert. Die Definition des Bundesgerichtes lautet wie folgt:

«Als Geheimnis im Sinne dieser Bestimmung gilt jede besondere Kenntnis von Tatsachen, die weder offenkundig noch allgemein zugänglich sind, an deren Geheimhaltung ein Fabrikant oder Geschäftsmann ein berechtigtes Interesse hat und die er tatsächlich geheimhalten will. Unter Fabrikations- und Geschäftsgeheimnissen sind Angaben zu verstehen, die einen Einfluss auf das Geschäftsergebnis haben können» (BGE 103 IV 284).

Die Zahl der Personen, welche das Geheimnis kennen dürfen, ohne dass der Geheimnischarakter untergeht, ist von Fall zu Fall verschieden. Sobald jedoch eine gewisse Anzahl Konkurrenten die gleiche Kenntnis besitzt, liegt kein Geheimnis mehr vor.

Zusätzlich zur mangelnden Kenntnis müssen gemäss Bundesgericht noch der Wille des Geheimnisträgers zur Geheimhaltung und das Interesse am Geheimnis gegeben sein. Die Unkenntnis des Dritten darf nicht zufällig, sondern muss die Folge des Verhaltens des Geheimnisträgers sein, welcher die zur Geheimhaltung erforderlichen Schritte unternommen hat; schliesslich verlangt das Bundesgericht, dass das Geheimnis für das betreffende Unternehmen auf irgendeine Weise nützlich ist.

Es sind zwei hauptsächliche Geheimniskategorien zu unterscheiden:
a) Das Fabrikationsgeheimnis, das Kenntnisse beinhaltet, die unmittelbar für die Produktion verwendet werden können (technische Regeln, Zusammensetzung eines Produktes, Konstruktion einer Maschine usw.).
b) Das Geschäftsgeheimnis, das kommerzielle Tätigkeiten eines Unternehmens betrifft, deren Kenntnis für die Konkurrenz wertvoll sein könnte (beabsichtigte Fabrikationsaufnahme, Benutzung gewisser an und für sich bekannter Maschinen zu bestimmten, nicht offensichtlichen Verwendungszwecken, Bankverbindungen, Einkaufs- und Bezugsquellen, Preiskalkulationen, Finanzlage der Gesellschaft, Einführungsprogramm für ein Produkt, Werbekampagnen usw.) (BGE 103 IV 284).

Immaterialgüter, die aus geheimen Kenntnissen bestehen, an welchen der Berechtigte nur eine faktische Exklusivität besitzt, werden von Lehre und Rechtsprechung im Allgemeinen als Know-how bezeichnet.

1.2. Know-how

Das Know-how ist eine Verbindung von Wissen und Erfahrungen technischer, kommerzieller, verwaltungsmässiger, finanzieller und anderer Art; es kann gewerblich genutzt werden, ist aber nicht durch ein Patent oder urheberrechtlich geschützt.

Das jedermann zugängliche Standardwissen gehört nicht zum Know-how. In der Praxis wird das Know-how definiert als die Kenntnisse, welche ein Unternehmer erworben hat und dank welchen er Probleme bei der Herstellung seiner Produkte, der Entwicklung seiner Dienstleistungen oder der Organisation seines Unternehmens bewältigen kann. Beim Antritt einer neuen wirtschaftlichen Tätigkeit ist der Erwerb der praktischen Erfahrung von grosser Bedeutung; sie ermöglicht es, möglichst rasch und erfolgreich auf dem Markt Fuss zu fassen. An solchen Kenntnissen hat der Unternehmer eine faktische Exklusivität, solange er sie geheimhalten kann.

Weiht der Eigentümer Dritte in sein Wissen ein, so werden diese Miteigentümer des Geheimnisses oder Eigentümer zur gesamten Hand. Macht einer der Eigentümer sein Wissen Dritten zugänglich, so geht das Ausschliesslichkeitsrecht unter; wegen der Relativität der Verträge und der sich daraus ergebenden Verpflichtungen kann jedoch das faktische Eigentum Dritten gegenüber nicht geltend gemacht werden.

Ausser diesem unsicheren Eigentumsanspruch geniesst der ursprüngliche Besitzer des Know-how, im Gegensatz zum Patentinhaber, keinen absoluten Schutz, er hat kein von der Rechtsordnung anerkanntes direktes Ausschliesslichkeitsrecht. Die Gesetze gewähren ihm kein absolutes Verfügungsrecht über sein Know-how. Wer die gleichen Kenntnisse entwickelt oder erwirbt, kann diese frei verwenden.

Allerdings entbehrt der Inhaber von geheimen Kenntnissen nicht jeglichen Schutzes. Auch wenn er kein absolutes Recht am Inhalt des Know-how besitzt, kann er Massnahmen ergreifen, um zu verhindern, dass derjenige, der das Geheimnis durch Verrat, Spionage oder Vertrauensmissbrauch verletzt hat, das widerrechtlich erworbene geheime Wissen verwenden kann, nämlich indem er die massgeblichen Bestimmungen des UWG, StGB, OR oder ZGB in Anspruch nimmt (BGE 130 III 353; BGE 103 IV 284).

2. Ausstattung

Die Ausstattung ist ein Mittel zur Individualisierung der Produkte, Waren oder Dienstleistungen eines Unternehmens (BGE 95 II 470). Im klassischen Sinn bedeutet Ausstattung die unterscheidungsfähige Form des Angebots einer Ware oder deren Verpackung (BGE 104 II 322). Ausser einer besonderen Form- oder Farbgebung für seine Artikel oder Verpackungen kann ein Unternehmen noch weitere individualisierende Massnahmen ergreifen, beispielsweise im Rahmen seiner Werbetätigkeit, z.B. durch die stete Verwendung der gleichen Melodie in Fernsehspots, der gleichen mehr oder weniger originellen Farbe in Inseraten, Presse und Fernsehen[25].

Ebenso wenig wie die Dienstleistungsmarke kann die Ausstattung unmittelbar mit der Dienstleistung verbunden sein; sie kann jedoch den Mitteilungsträger, beispielsweise Handbücher oder Prospekte, prägen. Die Ausstattung einer Dienstleistung kann auch in einem Zeichen bestehen (sofern dieses nicht als Marke eingetragen ist); man denke an ein Kürzel oder die farbigen Zeichen von Benzinherstellern (Shell, BP, Esso usw., vgl. BGE 79 II 316). Solche Kürzel und Logos sind nicht nur die Enseigne des Unternehmens, welches sie individualisieren (Tankstellen), sondern sie sind gleichzeitig Ausstattung der Dienstleistung (Benzinangebot) und Bildzeichen des Produktes (Benzin).

Wir schlagen folgende Definition der Ausstattung vor: «Ausstattung ist die Form oder besondere Art und Weise, in welcher ein Wettbewerbsteilnehmer die Produkte oder Dienstleistungen seines Unternehmens auf den Markt bringt oder dafür wirbt; durch ihre kennzeichnende Natur und durch ihre Wiederholung stellt sie eine Verbindung zwischen diesen Produkten oder Dienstleistungen und dem Unternehmen her und erringt schliesslich auf dem Markt Verkehrsgeltung als Zeichen der Produkte und Dienstleistungen des Unternehmens». Das Bundesgericht scheint der Ausstattung eines ähnlichen Stellenwert zuzuschreiben, wenn es sagt: «Es kann ...

---
[25] Zur Frage des Schutzes von Ausstattungen s. die interessante rechtsvergleichende Arbeit von JEANNETTE KARIN WIBMER, Rechtsschutz von Produktausstattungen in Europa, Bern, 1995.

nicht angenommen werden, der durchschnittlich aufmerksame Käufer orientiere sich durch die Lektüre der Anschriften. Ihm bekannte Produkte wird er vielmehr anhand der Ausstattung wählen, ohne sich durch die Konsultation einer Etikette zwingend zu vergewissern, dass er nicht ein Konkurrenzprodukt gewählt hat» (BGE vom 8. September 2004, sic! 2005, 221, 224).

Die Unterscheidungskraft der Ausstattung untersteht den gleichen Grundsätzen wie die Marke, denn der Begriff der Verwechslungsgefahr ist für das gesamte Kennzeichenrecht ein einheitlicher (BGE vom 8. September 2004, sic! 2005, 221). Eine einheitliche Grundfarbe ist keine Ausstattung, da deren Verwendung jedermann offen stehen muss. Dies gilt nicht für Farbkombinationen oder für durchgesetzte Farben. Unterscheidungskraft ist anzuerkennen, wenn die Ausstattung in der Vorstellung des Käufers auf einen bestimmten Hersteller oder eine bestimmte Warenqualität hinweist (BGE 90 IV 172).

3. Handelsname

Der Handelsname ist, wie die Ausstattung, ein Mittel zur Kennzeichnung. Allerdings individualisiert er nicht ein Produkt, sondern ein Unternehmen[26]. Die an ihm bestehenden Rechte werden wir unten, im Zusammenhang mit den Geschäftsfirmen, untersuchen (vgl. unten, § 39 Ziff. 5.2.).

Das Schweizer Recht anerkennt ohne Zweifel das Recht am Handelsnamen. Es handelt sich jedoch nicht um ein absolutes Recht; der Handelsname ist gegen die missbräuchliche Verwendung durch Dritte lediglich auf Grund der Bestimmungen gegen den unlauteren Wettbewerb und über den Namensschutz geschützt (BGE vom 6. November 2001, sic! 2002, 162).

---

[26] Zur Frage des Schutzes von Handelsnamen s. u. a. ALESSANDRO CELLI, Der internationale Handelsname, Zürich 1993.

10. Kapitel
Wechselwirkungen zwischen den einzelnen Immaterialgüterrechten

§ 29 Kumulierter Rechtsschutz

Das Bundesgericht hat seit jeher die gleichzeitige Anrufung eines immaterialgüterrechtlichen Spezialgesetzes (PatG, MSchG, DesG, URG) und des UWG gutgeheissen (BGE 73 II 117; aus neuerer Zeit: für das Patentrecht: BGE 108 II 69; für das DesG: BGE 113 II 77; für das Urheberrecht: BGE 124 III 321; für das Markenrecht: BGE 129 III 353; für das Firmenrecht: BGE 128 III 146; für das Namensrecht: BGE 117 II 575).

Somit kann jeder einfache oder komplexe Sachverhalt gleichzeitig unter ein Immaterialgüterrechtsgesetz und das Gesetz gegen den unlauteren Wettbewerb fallen. Die Bestimmungen des UWG kommen ergänzend zur Anwendung, wenn neben dem widerrechtlichen Gebrauch eines Kennzeichens als Marke weitere, missbräuchliche oder verwechslungsträchtige Handlungen vorgenommen werden (BGE 129 III 353, BGE 117 IV 45), oder wenn der Nachbauer einer patentierten Vorrichtung, die zudem auch nicht patentierte, aber geheime Elemente enthält, diese dank der Patent- oder Geheimnisverletzung billiger als der Patentinhaber anbietet (BGE 77 II 263).

Die Nachahmung eines vom DesG nicht geschützten Design stellt nur dann unlauteren Wettbewerb dar, wenn die Formgebung der Ware diese kennzeichnet und ihre Nachahmung eine Verwechslungsgefahr schafft, weil der Käufer über die Qualität oder die Herkunft des Produktes getäuscht wird, oder wenn sich der Fälscher bei der Nachahmung unlauterer Mittel bedient hat (BGE 113 II 77) (s. auch oben, § 25, Ziff. 2; § 28, Ziff. 2).

§ 30 Unechte Wechselbeziehungen

1. Technisch bedingte und aus ästhetischen Gründen gewählte Formen

Wie vorne im Zusammenhang mit den Gebrauchs- und Geschmacksmustern erwähnt, kann eine Form technisch bedingt sein und/oder auf Grund ästhetischer Überlegungen oder zur Unterscheidung von anderen gleichartigen Produkten gewählt werden. Die nicht patentierte Lehre betreffend die technische Nützlichkeit einer Form darf frei verwendet werden, denn Urheber- und Designrecht schützen nur die Form als solche, ohne Rücksicht auf ihre praktische Brauchbarkeit. Der ästhetische und der technische Schutzbereich berühren einander nicht. Verlangt die technische Zweckbestimmung eine bestimmte Form, so entsteht ein Konflikt zwischen der freien Verwendbarkeit einer patentrechtlich nicht geschützten technischen Idee und dem Ausschliesslichkeitsrecht an der design- oder urheberrechtlich geschützten Form. Die Technik schwingt insofern oben auf, als an einer Form, die zur Erreichung eines bestimmten technischen Zwecks unentbehrlich ist, kein Schutz nach DesG gewährt werden darf. Ein solcher Schutz ist jedoch möglich, wenn der gleiche technische Zweck auch durch andere Formen erreicht werden kann.

Der Schöpfer eines (patentierten oder nicht patentierten) technischen Produktes kann, gestützt auf UWG Art. 5 lit. c, dessen sklavische Nachahmung, die Übernahme von dessen äusserem Erscheinungsbild durch technische Reproduktionsverfahren verbieten (s. unten, § 61, Ziff. 9.3).

2. Technisch bedingte Form und Marke oder Ausstattung

Da das Patentrecht nur selten die Möglichkeit gibt, die Kopie oder Nachahmung der äusseren Form als Verkörperung der technischen Idee zu untersagen, konnte man früher diesen Zweck nur über den Schutz der Ausstattung oder über den Designschutz erreichen. Seit der Einführung des neuen MSchG kann nunmehr die äussere Form auch markenrechtlich geschützt werden.

Laut Bundesgericht setzt jedoch der Schutz der Form als Marke voraus, dass dieses Ausschliesslichkeitsrecht die freie technische Schöpfung nicht behindert; die Form eines unterscheidungskräftigen Objektes kann nur dann als Marke geschützt werden, wenn der mit dieser Form verbundene technische Vorteil auch mittels einer anderen Gestaltung des Objektes erreicht werden kann. Der Schutz als Marke wird denjenigen Teilen der Form gewährt, die ohne Beeinträchtigung der technischen Brauchbarkeit verändert werden können. Er wird dagegen den technisch unentbehrlichen oder das Wesen des Produktes bildenden Formen konsequent verweigert.

3. Ästhetische Form, Ausstattung und Formmarke

Die Form eines Produktes oder seiner Verpackunt kann als Formmarke oder Ausstattung dienen und als solche spezialgesetzlich oder gemäss UWG geschützt werden.

Dies gilt auch für Kunstwerke; dann wird die Form geschützt, sofern diese im urheberrechtlichen Sinn individuell oder im designrechtlichen Sinn neu und eigenartig ist.

Der latente Konflikt zwischen den Spezialgesetzen über das gewerbliche Eigentum und dem Gesetz gegen den unlauteren Wettbewerb erschwert die Entscheidung, ob es sich um die urheber-, marken- oder designrechtlich nicht schützbare und deshalb frei verwendbare Form oder Verpackung eines Produktes handelt – oder ob diese Form als Marke oder Ausstattung geschützt werden kann.

Das Bundesgericht löste das Problem zu Gunsten der unterscheidungskräftigen Kennzeichen, indem es zum Schluss kam, ein Konkurrent dürfe nicht aus ästhetischen Gründen die typischen Merkmale der Form eines Produktes übernehmen, wenn die Form nicht ausschliesslich bezwecke, das Angebot attraktiver zu gestalten und den Verkauf zu fördern, sondern gleichzeitig auch auf die Herkunft der Ware von einem bestimmten Hersteller hinweist und diese damit gegenüber der Herkunft gleicher oder gleichartiger Produkte anderer Hersteller abgrenzt (BGE 113 II 77).

Kein Konflikt entsteht dort, wo die Form nur eine ästhetische Funktion hat und keinen Unterscheidungszweck verfolgt (BGE 130 III 636).

Diese Regel wurde vom Bundesgericht für handwerklich erzeugte Puppen bestätigt. Nach dem Hinweis darauf, dass ein nicht spezialgesetzlich geschütztes Werk durch die Bestimmungen gegen den unlauteren Wettbewerb geschützt sein kann (sofern das Werk Unterscheidungskraft besitzt), kam das Gericht zu folgendem Schluss: «Bei Erzeugnissen, die keinem Gebrauchszweck dienen und deren Wert der Verkehr ausschliesslich nach ihrem ästhetischen Gehalt bemisst, dient die Form nicht als kennzeichnendes Element» (BGE 110 IV 102 – jedoch BGE 120 II 309, der die Frage offen lässt).

Unproblematisch ist zudem eine Form, welche gleichzeitig als Werk und als Design, Marke oder Ausstattung geschützt ist. Die verschiedenen Gesetze gewähren nicht den gleichen Schutz. Das hinterlegte Design und das URG schützen die sinnlich wahrnehmbare Form gegen Nachahmungen, die Marke schützt gegen Verwechslungen mit den Produkten anderer Hersteller oder Händler.

Aus urheberrechtlicher Sicht fallen Wiedergaben noch in den Schutzbereich eines Werkes, die sich zwar deutlich vom Originalwerk unterscheiden, in welchen dieses aber noch klar erkennbar ist (Bearbeitung).

Ebenso wenig entsteht ein Konflikt, wenn die ästhetische Form von der Ware getrennt werden kann. Dies trifft insbesondere für Verpackungen zu. Die sonderrechtlich nicht oder nicht mehr geschützte Form einer Flasche kann von jedermann als Prototyp für die Herstellung neuer Flaschen oder anderer Objekte benutzt werden; hingegen bleibt die Verwendung von Flaschen dieser Form für Getränke, Parfums oder andere Flüssigkeiten, deren Herkunft sie kennzeichnet, dem Eintragenden vorbehalten, sofern die Form der Flasche als Marke hinterlegt wurde, oder dem ersten Benutzer der Flaschen, sofern diese auf Grund ihrer Ausstattung Unterscheidungskraft erlangt haben.

Bezüglich der Formmarke (d.h. der durch die Form der gekennzeichneten Ware gebildeten Marke, nicht aber einer von der Ware unabhängigen dreidimensionalen

Marke) ist festzuhalten, dass die Form einer Ware als Marke eintragbar und schützbar ist, sofern sie nicht die eigentliche Natur, das Wesen der Ware ausmacht (s. oben, § 17, Ziff. 2). Schutzobjekt als Marke ist nicht die Gestaltung als Form, sondern die Gestaltung als Kennzeichen, zur Identifizierung der Herkunft des Gutes (s. oben, § 14, Ziff. 2).

4. Firma, Handelsname, Marke und Recht am Namen

Inhaber von Kennzeichen (Firma, Handelsname, Marke) sehen ihre Interessen nicht nur bedroht, wenn sie es mit identischen oder ähnlichen Zeichen zu tun haben, die zur gleichen Zeichenkategorie gehören und daher mit ihrem Zeichen verwechselbar sind (z.B. Firma/Firma, Marke/Marke), sondern auch, wenn es sich hierbei um eine andere Kategorie von Zeichen handelt (z.B. Firma/Marke, Marke/Handelsname).

Es gibt keine Hierarchie dieser Zeichen. Sie haben die gleiche Unterscheidungskraft. Deshalb geht das Recht des Inhabers des ersten Zeichens (Prioritätsrecht) unabhängig davon vor, ob es sich um eine Marke oder eine Firma handelt (BGE 107 II 356)[27].

Der Umfang des Schutzes der verschiedenen Zeichen hängt auch von ihrer Natur ab. Firmen und Marken sind in der ganzen Schweiz geschützt, wohingegen der Schutzbereich des Handelsnamens oder der Enseigne sich auf den tatsächlichen geschäftlichen Tätigkeitsbereich des Inhabers beschränkt (BGE vom 6. November 2001, sic! 2002, 162). Hingegen kann das Unternehmen den ausschliesslichen Gebrauch der Firma oder des Handelsnamens für alle seine Tätigkeiten beanspruchen; der Markenschutz beschränkt sich dagegen auf die Güter oder Dienstleistungen, für welche die Marke eingetragen wurde (BGE 127 III 160).

Der Inhaber einer Firma kann sich gegen die Benutzung der gleichen Bezeichnung (oder einer ähnlichen Bezeichnung, welche zu Verwechslungen führen kann) durch Dritte zur Wehr setzen, sofern das Publikum deswegen an eine Beziehung zwischen den beiden Unternehmen glauben könnte (BGE 112 II 369). In einem solchen Fall kann sich der Inhaber der älteren Firma (oder des älteren Handelsnamens, allerdings beschränkt auf den geographischen Bereich, in dem er tätig wurde) dem Gebrauch der gleichen Bezeichnung als Handelsname oder als unterscheidendes Kennzeichen widersetzen. Sobald jedoch Letzteres als Marke eingetragen ist, stellt diese gegenüber nicht eingetragenen Zeichen ein vorrangiges Recht dar (BGE 130 III 121).

Die Übernahme der Firma eines Konkurrenten oder deren hauptsächlichem Merkmal zur Bezeichnung der eigenen Produkte ist eine Namensanmassung. Diese ist jedoch nur dann widerrechtlich, wenn sie zu einer Verwechslungsgefahr führt. Hingegen kann das Recht am Namen geltend gemacht werden, ohne dass

---

[27] Zur Frage der Priorität s. unten, § 32, Ziff. 5.

eine Vermögensschädigung erfolgte; ein Verstoss gegen ideelle Interessen genügt. Juristische Personen können sich wie natürliche Personen auf den Schutz ihres Namens berufen (BGE 116 II 463).

Da eine Marke gegen jedwelchen Gebrauch durch Dritte im Geschäftsleben geschützt ist, kann der Markeninhaber einem Dritten deren Verwendung als Firmenbezeichnung verbieten (BGE 120 II 144).

Einzelpersonen, deren Name oder Synonym ohne Erlaubnis als Firma oder Domainnamen verwendet wird, können sich auf den Namenschutz nach Massgabe von ZGB Art. 29 berufen (BGE vom 7. November 2002, sic! 2003, 438).

Dritter Teil
Formelle Grundlagen der Ausschliesslichkeitsrechte an Immaterialgütern

11. Kapitel
Allgemeine Bemerkungen zum System des Registereintrages

Wie wir schon festgestellt haben, ist für den Erwerb der Ausschliesslichkeitsrechte an Erfindungen, Design und Marken nicht nur die materielle Grundlage der geistigen Schöpfung oder der Kombination eines Kennzeichens mit einer Ware, sondern auch der Formalakt der Patenterteilung, der Markenhinterlegung oder der Designeintragung erforderlich.

Einzig das Urheberrecht (einschliesslich der Computerprogramme) wird schon mit der Schaffung des Werkes vollumfänglich wirksam; dies gilt auch für Topographien. Diese müssen allerdings, um die Rechtswirkung zu behalten, später eingetragen werden (s. unten, Ziff. 2.3, und § 36).

Lehre und Rechtsprechung konzentrieren sich vor allem auf die Definition und Abgrenzung des eigentlichen Wesens der Immaterialgüter. Die formellen Voraussetzungen des Rechtserwerbes dürfen aber nicht vernachlässigt werden.

Da man die Einzelheiten des Eintragungs- und Hinterlegungsverfahrens praktisch nur im Zusammenhang mit einem konkreten Fall darstellen kann, werden wir an dieser Stelle lediglich auf die wichtigsten Grundsätze dieser Verfahren hinweisen.

§ 31 Zuständige Behörden

1. Schweizerische Behörden

Von wenigen Ausnahmen abgesehen, ist das Eidgenössische Institut für Geistiges Eigentum (IGE) als Verwaltungsbehörde für die Formalitäten des gewerblichen Rechtsschutzes zuständig. Das IGE nimmt Anmeldungen und Hinterlegungen entgegen, ist für Erteilung und Eintragung zuständig und beaufsichtigt die an formelle Erfordernisse gebundenen Ausschliesslichkeitsrechte von der Anmeldung bis zu ihrem Erlöschen.

Das IGE kann nur als Verwaltungsbehörde entscheiden (z.B. Rückweisung einer Anmeldung), nicht aber als Gericht.

Gegen die Entscheidungen des IGE kann Beschwerde bei der Eidgenössischen Rekurskommission für geistiges Eigentum (RKGE) erhoben werden. Gegen deren Entscheide steht die Verwaltungsgerichtsbeschwerde ans Bundesgericht zur Verfügung (PMMBl 1994, 13 f.).

Beschwerdelegitimiert sind nur Personen, welche durch die angefochtene Verfügung betroffen sind und ein schutzwürdiges Interesse an deren Aufhebung oder Änderung haben (VwVG Art. 48 lit. a).

Das EJPD überwacht die berufsmässigen Vertreter (Patentanwälte) (PatV Art. 9).

Beschwerdeberechtigt sind neben dem Markeninhaber auch Dritte, welche ein schutzwürdiges Interesse an der Aufhebung der Verfügung haben. Faktische Interessen wirtschaftlicher oder ideeller Nature genügen (RKGE 13. September 2001, sic! 2002, 41).

Publikationsorgane des IGE sind das Schweizerische Handelsamtsblatt (SHAB) und die Zeitschrift sic!. Bis 1999 war das PMMBl (das Schweizerische Patent-, Muster- und Markenblatt) das hauptsächliche Publikationsorgan des IGE; es wurde durch die sic! ersetzt.

Eingetragene Patente werden im +Pat+, eingetragene Design im Mod. Dep. und eingetragene Marken im SHAB publiziert.

Die Patentschriften werden vom IGE in einer angemessenen Auflage gedruckt und können dort bezogen werden. Die Sammlungen der Patentschriften und der in der Schweiz und international hinterlegten Marken und Design können beim IGE und in den Kantonen eingesehen werden.

Das IGE befasst sich zudem mit der Hinterlegung der internationalen Marken. Es teilt dem OMPI die internationalen Eintragungen mit, welche ihren Ursprung in der Schweiz haben. Es prüft die Zulässigkeit der im internationalen Register eingetragenen Marken im Lichte des MSchG.

Das IGE befasst sich nicht mit internationalen Designhinterlegungen, welche direkt beim OMPI in Genf im internationalen Register hinterlegt werden, aufgrund des Haager-Abkommens betreffend die internationale Hinterlegung von gewerblichen Mustern und Modellen (DesG Art. 29).

Im Übrigen ist das IGE, im Sinne des PCT Art. 2, Anmeldeamt für internationale Patentanmeldungen von Schweizern oder in der Schweiz wohnhaften Personen (PatG Art. 132).

Für alle mit dem Sortenschutz zusammenhängenden Fragen ist das Büro für Sortenschutz beim Bundesamt für Landwirtschaft (Abteilung Landwirtschaft des Eidgenössischen Volkswirtschaftsdepartementes) zuständig (SortG Art. 23). Gegen Entscheide oder Verfügungen des Büros kann Beschwerde an die ERGE eingereicht werden (SortG Art. 25).

2. Für europäische Patente zuständige Behörden

Die Organe des europäischen Patentamts in München (EPA) sind für die Behandlung der europäischen Patentanmeldungen und Patenterteilungen zuständig (EPÜ Art. 15).

Die Beschwerdekammern des EPA prüfen als unabhängige Verwaltungsbehörden Beschwerden gegen Entscheide der Eingangsstelle, der Prüfungsabteilungen, der Einspruchsabteilungen und der Rechtsabteilung (EPÜ Art. 21–24).

Auf Ersuchen des mit einer Verletzungs- oder Nichtigkeitsklage befassten zuständigen nationalen Gerichts erstattet das europäische Patentamt gegen angemessene Gebühr ein technisches Gutachten über das umstrittene europäische Patent (EPÜ Art. 25).

Das IGE verwaltet den schweizerischen Teil des europäischen Patents, trägt es mit den im europäischen Patentregister vermerkten Angaben in das schweizerische Register für europäische Patente ein (PatG Art. 117) und veröffentlicht die Eintragung (PatG Art. 118).

Das IGE erhebt die Jahresgebühren für europäische Patente im voraus (PatG Art. 119).

Beim europäischen Patentamt zugelassene ausländische Patentanwälte können vom Bundesrat als Parteivertreter beim IGE in Verfahren betreffend den schweizerischen Teil des europäischen Patentes zugelassen werden, wenn ihr Land Gegenrecht gewährt (PatG Art. 120).

Das IGE kann europäische Patentanmeldungen in ein schweizerisches Patentgesuch umwandeln (PatG Art. 121).

3. Für Gemeinschaftsmarken zuständige Behörden

Das Harmonisierungsamt für den Binnenmarkt (Marken, Muster und Modelle, im folgenden Amt) mit Sitz in Alicante (Spanien) ist für die Hinterlegung und Eintragung von Gemeinschaftsmarken zuständig.

Wenn Personen, welche nicht einem EU-Staat angehören, eine Gemeinschaftsmarke eintragen lassen wollen, müssen sie ihre Anmeldung bei der zuständigen Behörde eines Mitgliedstaates oder beim BENELUX-Markenamt einreichen (EWG-Verordnung des Rates über die Gemeinschaftsmarke, 40/94/EWG, ABl L 011, 14. 1. 94, Art. 25 Abs. 1).

Die Entscheidungen der Instanzen des Amtes sind mit der Beschwerde bei den Rekurskammern des Amtes anfechtbar, welche quasi gerichtliche Kompetenzen haben (GMV Art. 57 ff., 130 ff.).

Für Klagen auf Verletzung einer Gemeinschaftsmarke und Widerklagen auf Verfall oder Nichtigkeit der Gemeinschaftsmarke sind die Gerichte des Mitgliedstaates zuständig, in dem der Beklagte seinen Wohnsitz oder eine Niederlassung hat (GMV Art. 93 Abs. 1); in Ermangelung eines solchen Wohnsitzes oder einer solchen Niederlassung sind die Gerichte des Mitgliedstaates zuständig, in welchem der Kläger seinen Wohnsitz oder eine Niederlassung hat (GMV Art. 93 Abs. 2).

Hat weder der Beklage noch der Kläger einen Wohnsitz oder eine Niederlassung in einem der Mitgliedstaaten, so sind für diese Verfahren die spanischen Gerichte zuständig (VO/GEMA Art. 93 Abs. 3); die Parteien können jedoch einen Gerichtsstand in einem Mitgliedstaat vereinbaren (GMVArt. 93 Abs. 4).

Ausgenommen für Anmeldungen von Gemeinschaftsmarken müssen Personen, die weder Wohnsitz noch Sitz noch eine tatsächliche und nicht nur zum Schein bestehende gewerbliche Niederlassung oder Handelsniederlassung in der Europäischen Union haben, in Verfahren vor dem Amt (mit Ausnahme der Anmeldungen) zugelassene Vertreter beiziehen (GMVArt. 88). Zur Vertretung zugelassen sind Rechtsanwälte, die in einem der Mitgliedstaaten zugelassen sind und ihren Geschäftssitz in der EU haben, oder Vertreter, die in einer beim Amt geführten Liste eingetragen sind (GMVArt. 89).

Praktisch bedeutet dies für Schweizer, welche eine Gemeinschaftsmarke eintragen lassen wollen und weder einen Geschäftssitz noch eine tatsächliche, nicht nur zum Schein bestehende gewerbliche Niederlassung in der EU haben, dass sie über einen in Alicante zugelassenen Rechtsanwalt, Patent- oder Markenanwalt vorgehen müssen.

§ 32 Bedeutung der Eintragung

1. System des rechtsvollendenden Formalaktes

Der Erwerb des Rechtes an Erfindungen, Marken, Mustern, Modellen und Topographien beruht, wie vorne erwähnt, auf einer materiellen und auf einer formellen Grundlage. Keine der beiden Grundlagen kann alleine den gesetzlichen Schutz verschaffen. Deshalb ist die Eintragung weder eine Erklärung über eine schon unabhängig von ihr vollendete rechtliche Tatsache (deklaratorische Wirkung) noch lässt sie, ohne materielle Grundlage, ein Recht entstehen (konstitutive Wirkung). Die materielle Grundlage ist unentbehrliche Voraussetzung für den Bestand des Rechtes, verschafft jedoch dem Berechtigten lediglich einen vorläufigen und unsicheren Schutz; erst die Eintragung verwandelt diesen unsicheren Schutz in ein absolutes Recht. Dies besagt der Ausdruck «rechtsvollendender Formalakt».

Das Bundesgericht hat in einem neuen Entscheid betreffend Markenrecht gesagt, durch die Eintragung des Immaterialgutes in ein Register bekunde der Inhaber seinen Willen, das Immaterialgut ausschliesslich zu beanspruchen. Wer nicht hinterlegt oder die Eintragung nicht erneuert, müsse sich daher entgegenhalten lassen, den Anschein erweht zu haben, keine Ausschliesslichkeit zu beanspruchen. Insoweit könne die Eintragung als «vertrauenstheoretische Massnahme» zur Wahrung eines Besitzstandes angesehen werden (BGE 130 III 121).

1.1. Patenterteilung

Die Patenterteilung verschafft dem Inhaber nur dann ein Ausschliesslichkeitsrecht, wenn die Erfindung alle Merkmale einer patentfähigen Erfindung aufweist. Andernfalls ist die Patenterteilung durch das IGE nichtig. Das Bundesgericht trägt dieser Tatsache dadurch Rechnung, dass es gegen den Vorwurf der Patentverletzung die Einrede der Nichtigkeit des Patentes gelten lässt. In einem solchen Nichtigkeitsverfahren gilt die einmal festgestellte Nichtigkeit ex tunc (BGE 120 II 357).

Der Erfinder kann schon vor der Patenterteilung über die Erfindung verfügen; er kommt jedoch erst nach der Patenterteilung in den vollen Genuss seiner Rechte. Er kann erst nach der Patenterteilung Schadenersatz für die Verletzung seines Rechtes verlangen (PatG Art. 73 Abs. 3 und 4).

1.2. Hinterlegung des Design

Im Gegensatz vom Patentrecht kann jedermann ein Design hinterlegen; hat ein Dritter dem Schöpfer ein Design «entwendet» und es hinterlegt, so ist die Eintragung gültig – dem besser berechtigten Schöpfer steht nur die Abtretungsklage offen (DesG Art. 34). Die Hinterlegung schafft die Vermutung, dass der Hinterlegende auch der Berechtigte ist (DesG Art. 21).

Die Berechtigung zur Hinterlegung ergibt sich am DesG Art. 7 (s. unten, § 41, Ziff. 1).

Der volle Designschutz entsteht zwar erst mit der Eintragung des Design (DesG Art. 24, DesV Art. 25), der Berechtigte kann jedoch sein Design während 12 Monaten vor der Hinterlegung gebrauchen oder sonst veröffentlichen, ohne seinen Schutzanspruch zu verlieren (DesG Art. 3).

1.3. Eintragung der Topographien

Im Gegensatz zur Regelung für Patente, Design und Marken, wonach der Inhaber erst mit der Eintragung in den vollen Genuss seiner Rechte kommt, entfalten die Rechte an einer Topographie schon mit deren Festlegung auf einem Träger ihre volle Wirkung. Allerdings muss eine Topographie spätestens zwei Jahre nach ihrer Verbreitung zum Registereintrag angemeldet werden, sonst erlischt der Schutz (ToG Art. 9). Die Eintragung garantiert einen zehnjährigen Schutz. Sie hat keine konstitutive Wirkung; das Topographieregister hat lediglich Beweisfunktion (s. Broschüre des IGE, Der Schutz von Topographien – leicht gemacht, S. 4).

1.4. Markeneintragung

Das Markenrecht entsteht mit der Einreichung des Eintragungsgesuchs, sofern diese zur Eintragung führt (MSchG Art. 5).

Die Eintragung hat konstitutive Wirkung. Sofern die gesetzlichen Voraussetzungen nicht erfüllt sind, kann die Nichtigkeit der eingetragenen Marke durch den Richter festgestellt werden (MSchG Art. 52).

Um die Eintragung einer Marke als durchgesetzte Marke zu erhalten (s. oben, § 15, Ziff. 3.3.1), genügt es, wenn der Anmelder dem IGE die Durchsetzung glaubhaft macht. Wird jedoch später die eingetragene Marke angefochten, so muss der Inhaber die Durchsetzung beweisen (BGE 130 III 478).

Trotz der erfolgten Eintragung einer Marke kann ihre Schutzunfähigkeit jederzeit, auch widerklage- oder einredeweise geltend gemacht werden (BGE 128 III 447).

1.5. Sortenschutzrechtregistrierung

Wie im Markenrecht entsteht das Sortenschutzrecht mit der Eintragung – mit Wirkung ab dem Anmelde- oder Prioritätsdatum (s. unten, § 38a, Ziff. 1).

Nach Überprüfung durch das Büro wird der Sortenschutz durch Eintragung im Sortenschutzregister erteilt – ohne Gewähr des Bundes – (SortG Art. 31).

2. Konkurrenz der aus dem Registereintrag abgeleiteten und der davon unabhängigen Rechte

2.1. Patentrecht

Zwei voneinander unabhängige Erfinder, welche die gleiche Erfindung gemacht haben oder deren Erfindungen sich so überschneiden, dass sie ohne gleichzeitige Benützung der anderen nicht brauchbar sind, erwerben beide Erfinderrechte an ihrer jeweiligen technischen Schöpfung. Beide besitzen, unabhängig vom Tag der Vollendung der Erfindung, die Rechte am technischen Geheimnis (soweit es identisch ist) sowie das Recht auf Anmeldung der Erfindung zum Patent und das Recht gegen Usurpation der Erfindung durch Dritte.

Diese Gleichbehandlung wird durch die Patentanmeldung vorübergehend und durch die Patenterteilung endgültig aufgehoben. Nicht derjenige, welcher die Erfindung zuerst macht, sondern derjenige, welcher die formrichtige Anmeldung zuerst eingereicht und als deren Folge das Patent zuerst erhalten hat, erwirbt das sich aus dem Patent ergebende Exklusivrecht (PatG Art. 3 Abs. 3; EPÜ Art. 60 Abs. 2 und 3), vorausgesetzt, er sei der wirklich an der Erfindung Berechtigte (BGE vom 30. Mai 2001, sic! 2001, 654).

Das Patentrecht kann durch eine Parallelerfindung beschränkt werden. Das PatG gewährt demjenigen ein Mitbenützungsrecht, welcher bereits vor dem Anmelde- oder Prioritätsdatum die Erfindung im guten Glauben im Inland gewerbsmässig benutzt oder besondere Anstalten dazu getroffen hat (PatG Art. 35). Wer sich auf dieses Recht beruft, darf die Erfindung nur zu Geschäftszwecken benutzen; diese Befugnis kann nur zusammen mit dem Geschäft vererbt oder übertragen werden.

2.2. Designrecht

Bei der gleichzeitigen unabhängigen Schöpfung eines Design haben beide Schöpfer die gleichen Rechte. Ihre Stellung ist gleich wie diejenige zweier Erfinder von Parallelerfindungen; wer das erste Hinterlegungsgesuch einreicht (und eine gültige Eintragung erlangt), ist ausschliesslich berechtigt (DesG Art. 9, Ziff. 1).

Wenn ein Dritter ein Design in der Schweiz gutgläubig benutzt hat, bevor ein anderer unabhängig Berechtigter ein identisches oder verwechslungsfähiges Design eintragen liess, oder während der Eintragende die Veröffentlichung aufgeschoben hatte (DesG Art. 26, s. unten, § 35, Ziff. 1), so darf er es auch nach erfolgter Eintragung im bisherigen Umfang weiter benutzen (DesG Art. 12).

2.3. Topographierecht

Für Topographien entscheidet nicht die Schöpfung, sondern die Herstellung oder Entwicklung für die Berechtigung zur Hinterlegung (ToG Art. 3).

Der Schutz von Topographien kann auf zwei verschiedenen, aber gleichwertigen Wegen, d.h. durch gültige Anmeldung zum Registereintrag (ToG Art. 9 Abs. 1) oder durch Verbreitung der Topographie (ToG Art. 9 Abs. 1) erlangt werden. Wenn jemand den zweiten Weg wählt, so muss er darauf achten, die erste Verbreitung sorgfältig zu dokumentieren.

2.4. Markenrecht

Das Markenrecht entsteht mit der Eintragung. Wer eine Marke zuerst einträgt, geniesst das ausschliessliche Recht.

Da der Schöpfer einer Marke mit deren Schaffung keinerlei Rechte daran erwirbt (ausser, es handle sich um ein urheberrechtlich schützbares Werk), entstehen keine Konflikte zwischen dem Schöpfer des Immaterialgutes und dem Eintragenden.

Das Ausschliesslichkeitsrecht des Ersteintragenden unterliegt einer Beschwähnung zugunsten eines gutgläubigen Vorbenützers (s. oben, § 15, Ziff. 2.1).

2.5. Sortenschutz

Da die Anwartschaft auf den Sortenschutz erst mit dem Eintragungsgesuch entsteht, geniessen nicht zur Eintragung angemeldete Sorten keinen Schutz des SortG.

Wenn mehrere Personen dieselbe Sorte gleichzeitig unabhängig voneinander entwickeln, so kann derjenige, der sie zuerst zur Eintragung anmeldet und diese auch erteilt erhält, den andern die Herstellung, Verkauf und die Verwendung dieser Sorte verbieten.

3. Registereintrag und Verfügungsrecht

Die Rechte an Erfindungen, Kennzeichen, künstlerischen Schöpfungen und Topographien können ohne Formalität vertraglich abgetreten werden. Hingegen bedarf die Übertragung einer schweizerischen Patentanmeldung oder eines schweizerischen Patentes der schriftlichen Form (PatG Art. 33 Abs. 2bis; BGE 112 III 119). Dasselbe gilt für europäische Patente (PatG Art. 72). Die Übertragung von Marken und von Design muss schriftlich festgehalten werden; sie ist jedoch auch ohne Registereintrag gültig (MSchG Art. 17 Abs. 2; DesG Art. 14).

Eine Urkunde, aus welcher erst nach zulässiger Auslegung die von MSchV Art. 28 Abs. 1 lit. a verlangte Erklärung entnommen werden kann, genügt dem Schriftlichkeitserfordernis (BGE vom 4. Juli 2003, sic! 2003, 910).

Der Registereintrag ist bedeutungsvoll für den Beweis des guten Glaubens im Zusammenhang mit dem Erwerb der Rechte an Erfindungen und Patenten (PatG Art. 33 Abs. 4), an Design (DesG Art. 14, Ziff. 2) und an Marken (MSchG Art. 17 Abs. 2). Das ToG ist diesbezüglich stumm; u.E. können jedoch, wie für die anderen Immaterialgüterrechte, gutgläubigen Dritten nur Verfügungen über Rechte an Topographien entgegengehalten werden, welche im Topographieregister vermerkt sind (Abtretung, Lizenzerteilung, Verpfändung oder andere Beschränkungen des Verfügungsrechtes).

4. Registereintrag und Rechtsvermutung

Die Erteilung des Patentes, die Eintragung der Marke[28] oder die Hinterlegung des Design schaffen eine gesetzliche Vermutung zugunsten der Person, deren Namen im Register als Inhaberin oder Berechtigte steht. Trotz der diesbezüglichen Erklärung der zuständigen Behörde entstehen die Rechte jedoch nicht, wenn die materiellen Grundlagen dazu nicht gegeben sind. Die gesetzliche Vermutung bewirkt, dass die Patenterteilung, die Markeneintragung, die Muster- oder Modellhinterlegung oder die Topographieeintragung respektiert werden müssen, solange nicht die Gewissheit besteht, dass die materiellen Grundlagen dazu fehlen. Die Beweislast obliegt demjenigen, welcher die Nichtigkeit eines provisorisch festgestellten Rechtes und der sich daraus ergebenden gesetzlichen Vermutung geltend macht und sich darauf beruft, es bestehe lediglich ein Rechtsschein[29]. Somit hat der Inhaber eines Patentes, einer eingetragenen Marke, eines hinterlegten Design oder einer Topographie einen Prozessvorteil (Beweislastumkehr).

Gemäss Art. 9 ZGB beweisen die öffentlichen Register die durch sie bezeugten Tatsachen, weshalb die Beweislastumkehr gerechtfertigt erscheint. Dennoch ist zu

---

[28] Dieser Ansicht ist auch LUCAS DAVID, Markenschutzgesetz, Art. 5, Rz. 9.
[29] Zur Nichtigkeit s. unten, § 44.

beachten, dass im Immaterialgüterrecht die Register lediglich die Tatsache der Eintragung der Hinterlegung bezeugen, jedoch nichts über die Gültigkeit des eingetragenen Rechtes aussagen (BGE 123 III 220). Die Schutzunfähigkeit eines eingetragenen Rechtes kann einrede- oder widerklageweise geltend gemacht werden (BGE 128 III 447).

Mit der erfinderrechtlichen Vindikations- oder Abtretungsklage nach PatG Art. 29 kann der Erfinder oder sein Rechtsnachfolger die Vermutung der Berechtigung des formellen Anmelders (EPÜ Art. 58) oder Patentbewerbers (PatG Art. 4) umstossen (BGE vom 30. Mai 2001, sic! 2001, 654).

In Markensachen schafft die Eintragung die (widerlegbare) Vermutung der Berechtigung der Eintragung; jedoch nicht den Beweis der Durchsetzung eines als durchgesetzte Marke eingetragenen Zeichens (BGE 130 III 478).

Das Sortenschutzgesetz stellt sogar eine doppelte Vermutung auf: Der Anmelder gilt bis zum Beweis des Gegenteils als berechtigt, den Schutz zu beantragen (SortG Art. 10); ist die Sorte eingetragen, so gilt bis zum Beweis des Gegenteils der erteilte Schutz als zu Recht bestehend und der im Register eingetragene Schutzrechtsinhaber als der wahre Berechtigte (SortG Art. 31 Ziff. 3). Das SortG hält des weiteren ausdrücklich fest, dass niemand einwenden kann, er habe einen Registereintrag nicht gekannt (SortG Art. 33 Ziff. 2).

Beim Design begründet die Hinterlegung die Vermutung der Neuheit, der Eigenart und der Berechtigung zur Hinterlegung (DesG Art. 21).

Da das IGE bei der Anmeldung zum Registereintrag einer Topographie lediglich prüft, ob diese vollständig ist und ob die Gebühren bezahlt wurden, schafft dieser Eintrag keine Gültigkeitsvermutung.

5. Priorität

Im Stadium der Patentanmeldung und der Patenterteilung ist das Prioritätsrecht ein wesentlicher Bestandteil der Rechtslage des Eigentümers der Erfindung.

Der Grundsatz ist in der PVÜ festgelegt; gemäss PVÜ Art. 4 kann jeder Angehörige eines Verbandslandes der PVÜ in jedem anderen Verbandsland innert zwölf Monaten nach der ersten Einreichung ein Gesuch für ein Erfindungspatent hinterlegen, sofern die erste Hinterlegung in einem Verbandsland regelkonform erfolgt ist. Dank dem Prioritätsrecht können Tatsachen, die nach der ersten Hinterlegung, aber noch während der Prioritätsfrist, eingetreten sind, nicht geltend gemacht werden (PVÜ Art. 4 lit. B).

Laut PatG entsteht das Prioritätsrecht, wenn eine Erfindung in einem Land der PVÜ oder in einem Land, das der Schweiz Gegenrecht gewährt, vorschriftsgemäss zum Schutz durch ein Erfindungspatent, Gebrauchsmuster oder einen Erfinderschein angemeldet wurde (PatG Art. 17 Abs. 1 und 1bis).

Damit das Prioritätsrecht wirksam wird, muss derjenige, der sich darauf berufen will, dem IGE eine Prioritätserklärung abgeben, welche das Datum der Erstanmeldung, das Land, in dem oder für das diese Anmeldung eingereicht wurde, und das Aktenzeichen dieser Anmeldung enthält (PatG Art. 17 Abs. 1 und PatV Art. 39). Der Prioritätsbeleg ist innert 16 Monaten seit dem Prioritätsdatum einzureichen (PatV Art. 40). Werden Formerfordernisse und Frist nicht eingehalten, so erlischt der Prioritätsanspruch (PatG Art. 19 Abs. 2).

Zur Ermittlung der Priorität ist zu untersuchen, wann das Recht des jeweiligen Inhabers in der Schweiz entstanden ist (Publikation der Firma im Handelsregister, Eintragung der Marke oder Gebrauch des Handelsnamens) (BGE 89 II 305).

Gerät eine eingetragene Marke in Konflikt mit einer früher hinterlegten, aber später eingetragenen Marke, so geht die zuerst hinterlegte Marke vor. Der Hinterleger der älteren (d.h. zuerst hinterlegten) Marke muss jedoch deren Eintragung abwarten, um die später hinterlegte, jedoch vorher eingetragene Marke anzufechten, da der Schutz einzig durch die Eintragung begründet wird (RKGE vom 17. Juni 1997, sic! 1997, 399).

Internationale Marken (IR-Marken) werden wie schweizerische Marken behandelt; sie gelten unter den gleichen Umständen wie diese als prioritätsälter. Für IR-Marken verfügt die nationale Behörde über eine Frist von einem Jahr, um eine allfällige Schutzverweigerung mitzuteilen (MMA Art. 5 Ziff. 1 und 2). Wird somit eine kürzlich hinterlegte IR-Marke als ältere Marke geltend gemacht, muss der Richter die einjährige Frist abwarten, um die Frage der Priorität zu beantworten.

Wer eine Marke bereits vor dem Inkrafttreten des MSchG gebraucht hatte und diese innerhalb von zwei Jahren nach diesem Datum hinterlegte, geniesst gegenüber einem späteren Hinterleger vorgehende Rechte (Cour de Justice Genf vom 14. Februar 2003, sic! 2003, 587).

Nach Massgabe des SortG ergibt sich ein Prioritätsrecht aus einer rechtsgenüglichen Anmeldung in einem anderen Vertragsstand der UPOV, die innerhalb von 12 Monaten vor der schweizerischen Anmeldung erfolgt sein muss (SortG Art. 11 Ziff. 1). Tatsachen, die sich innerhalb der Prioritätsfrist ereignet haben, können der schweizerischen Anmeldung nicht entgegengehalten werden.

12. Kapitel
Der Registereintrag

§ 33 Patenterteilung und Patenteintragung

1. Begriff des Patentes

Das PatG definiert das Patent ebenso wenig wie die Erfindung. Auch die Lehre äussert sich nicht einhellig über die genaue Bedeutung dieses Ausdrucks; sie geht aber darin einig, dass das Patent die von der zuständigen Behörde abgegebene Erklärung bezeichnet, welche in einem Register eingetragen und mittels eines Dokumentes mitgeteilt wird und deren Zweck darin besteht, eine Erfindung zu schützen. Das Patent ist weder mit der Patentschrift, welche diese Erklärung enthält, noch mit der darin festgehaltenen Beschreibung der patentfähigen Erfindung und der diesbezüglichen Ansprüche zu verwechseln.

Gestützt auf die Verwendung des Ausdrucks «Patent» im PatG kann das Patent folgendermassen definiert werden: *«Das Patent ist die schriftliche Erklärung des Patentamts, welche belegt, dass die als Patentinhaber genannte Person den sich aus dem Patent ergebenden Schutz für die in der Patentschrift definierte und beschriebene Erfindung beansprucht und dass diese Person die notwendigen Formalitäten zur Patenterteilung richtig erfüllt hat».*

2. Inhalt des Patentes

2.1. Patentanspruch und Beschreibung

Das Patent besteht aus der Definition der Erfindung (Patentanspruch) und der sie erklärenden Darlegung (Beschreibung und Zeichnungen). Das PatG erklärt diese beiden Begriffe folgendermassen:

PatG Art. 51:
*«Die Erfindung ist in einem oder mehreren Patentansprüchen zu definieren.
Die Patentansprüche bestimmen den sachlichen Geltungsbereich des Patentes.
Die Beschreibung und die Zeichnungen sind zur Auslegung der Patentansprüche heranzuziehen.»*

PatG Art. 50:
«Die Erfindung ist im Patentgesuch so darzulegen, dass der Fachmann sie ausführen kann.»

Die Patentansprüche sind einzige und ausschliessliche Grundlage des durch das Patent gewährten Rechtsschutzes. Die Angaben im Patentanspruch bestimmen den sachlichen Umfang des Patentes.

Die Patentanmeldung hat aufzuzeigen, was der Erfinder subjektiv als Teil der objektiv offenbarten Lehre zum technischen Handeln erkannt hat und unter Schutz gestellt haben will, wobei diese Lehre aus der Sicht des Fachmanns zu beurteilen ist (BGE vom 31. Mai 2000, sic! 2000, 635). Dabei trägt der Patentbewerber das Risiko einer unrichtigen, unvollständigen oder widersprüchlichen Definition (BGE 122 III 81).

Da jedoch die Erfindung im Patentanspruch häufig nicht in allen Einzelheiten abschliessend beschrieben werden kann, dienen Beschreibung und Zeichnungen zur weiteren Klärung, und zum besseren Verständnis (BGE vom 17. August 2001, sic! 2001, 749). Sie müssen die Erfindung so beschreiben, dass der Fachmann ihnen entnehmen kann, wie der angestrebte technische Erfolg sicher und wiederholt erreicht werden kann (RKGE vom 28. September 2001, sic! 2002, 181). Die Patentschrift muss alle Informationen liefern, die es dem Fachmann ermöglichen, die Erfindung im gesamten beanspruchten Bereich auszuführen und nachzuarbeiten. Die Offenbarung mindestens eines Weges zur Ausführung in der Patentschrift ist erforderlich, aber auch ausreichend, wenn sie die Ausführung der Erfindung im gesamten beanspruchten Bereich ermöglicht; entscheidend ist, dass der Fachmann in die Lage versetzt wird, im Wesentlichen alle in den Schutzbereich der Ansprüche fallenden Ausführungsarten nachzuarbeiten (BGE vom 18. März 2003, sic! 2003, 603). Der Patentanspruch steckt die äussersten Grenzen des Schutzbereiches ab. Das Bundesgericht hat in zahlreichen Entscheiden bestätigt, dass Beschreibung und Zeichnungen Auslegungshilfen sind, dass sie jedoch den Patentanspruch weder ergänzen noch erweitern (BGE 95 II 369). Es ist oft nicht einfach, zwischen Auslegung der Erfindung einerseits und ihrer Ergänzung andererseits zu unterscheiden.

Der Patentanspruch ist aufgeteilt in einen Oberbegriff und einen kennzeichnenden Teil. Der erstere enthält in der Regel die bekannten, der letztere die erfinderischen Merkmale. Der Oberbegriff beschreibt somit die Art der Erfindung und die Merkmale, welche zum Stand der Technik gehören; der zweite Teil des Patentanspruchs beschreibt die Merkmale, welche die erfinderische Tätigkeit belegen und Schutz geniessen. Es ist jedoch möglich, dass auch im Oberbegriff erfinderische Merkmale benannt werden; diese sind ebenfalls geschützt (BGE 107 II 366).

Gemäss PatG Art. 58 und EPÜ Art. 123, Abs. 2 kann der Patentanspruch erweitert werden, sofern er nicht über die Definition der Erfindung in den ursprünglichen technischen Unterlagen hinausgeht (BGE 121 III 279; BGE vom 31. Mai 2000, sic! 2000, 635).

Erteilte Patentansprüche können durch Teilverzicht geändert werden (BGE 122 III 84)[30]. Der Patentinhaber kann einen oder mehrere Ansprüche aufheben oder

---

[30] Zur Teilnichtigkeit s. unten, § 44, Ziff. 2.3; zum Teilverzicht s. unten, § 46, Ziff. 1.

einen Anspruch durch Zusammenlegung mit einem oder mehreren von ihm abhängigen Patentansprüchen einschränken (PatG Art. 24 Abs. 1 lit. a und b). Er kann den Anspruch auch durch Ergänzung mit in der Beschreibung erwähnten erfinderischen Merkmalen einschränken (PatG Art. 24, Abs. 1, lit.c; BGE vom 29. April 2002, sic! 2002, 691).

Die weiteren Einzelheiten zum Abfassen der Beschreibung sind der PatV zu entnehmen (Art. 26). Die Beschreibung muss die technische Aufgabe und ihre Lösung verständlich machen. Sie muss mindestens ein Ausführungsbeispiel der Erfindung enthalten, es sei denn, die Erfindung werde auf andere Weise genügend offenbArt. Sofern dies nicht offensichtlich ist, muss die Beschreibung angeben, wie der Gegenstand der Erfindung gewerblich anwendbar ist. Kann die Erfindung aufgrund der Beschreibung auf verschiedenen, mehr oder weniger gleichartigen oder auf der Hand liegenden Wegen ausgeführt werden und ist nur einer davon beschrieben worden, so ist das Patent gültig und deckt alle Ausführungsformen (BGE vom 31. Mai 2000, sic! 2000, 634).

Wenn auch die Erfindung aufgrund der Patentschrift ohne weiteres ausführbar sein muss, so muss diese aber nicht unbedingt die beste Ausführungsform angeben; auf diese Weise kann sich der Berechtigte einige geheime Kenntnisse und demzufolge einen Vorteil gegenüber seinen Konkurrenten vorbehalten.

3. Form der Patentanmeldung

Die Schweiz hat den Vertrag vom 19. Juni 1970 über die internationale Zusammenarbeit auf dem Gebiet des Patentwesens und das Übereinkommen vom 5. Oktober 1973 über die Erteilung europäischer Patente unterzeichnet und ratifiziert. Demzufolge können für das Gebiet der Schweiz schweizerische, europäische und internationale Patente angemeldet werden.

3.1. Form der Patentanmeldung gemäss PatG

Das Patentgesuch ist beim IGE einzureichen. Es enthält:
a) einen Antrag auf Erteilung des Patentes;
b) eine Beschreibung der Erfindung;
c) einen oder mehrere Patentansprüche;
d) die Zeichnungen, auf die sich die Beschreibung oder die Patentansprüche beziehen;
e) eine Zusammenfassung (PatG Art. 49).

Zu den Einzelheiten über Inhalt des Gesuchs und Patenterteilung, siehe PatV Art. 23–33.

Die Zusammenfassung dient ausschliesslich der technischen Information (PatG Art. 55 lit. b).

12. Kapitel: Der Registereintrag

Der Patentbewerber verfügt über eine Frist von sechzehn Monaten seit Einreichung des Gesuchs oder seit Prioritätsdatum[31], um den Erfinder schriftlich zu nennen (PatG Art. 5 und 6; PatV Art. 34–38; BGE vom 8. Mai 1985, PMMBl 1985, 59).

3.2. Form der Patentanmeldung gemäss EPÜ

Europäische Patentgesuche können eingereicht werden:
a) beim Europäischen Patentamt in München oder seiner Zweigstelle in Den Haag oder
b) bei der zuständigen Behörde eines Vertragsstaates, wenn das Recht dieses Staates es gestattet (EPÜ Art. 75 Abs. 1).

Das PatG enthält eine Bestimmung, wonach in der Schweiz wohnhaften oder niedergelassenen Personen das Einreichen europäischer Patentgesuche beim IGE gestattet ist (PatV Art. 115). Diese gilt jedoch nicht für Teilanmeldungen, welche direkt beim Europäischen Patentamt in München eingereicht werden müssen (EPÜ Art. 76).

Der Inhalt des europäischen Patentgesuches stimmt mit demjenigen gemäss PatG Art. 49 überein (EPÜ Art. 78). Der Bewerber muss im Antrag auf Patenterteilung den Vertragsstaat oder die Vertragsstaaten nennen, in denen für die Erfindung Schutz begehrt wird (EPÜ Art. 79). In der Patentanmeldung muss der Erfinder genannt werden (EPÜ Art. 81). Das Verfahren wird in der Ausführungsordnung im Detail dargestellt (R/EPÜ Regeln 26–30) (R/EPÜ Regeln 26–36).

Erteilte europäische Patente werden vom IGE verwaltet. Sie werden mit den im Europäischen Patentamt vermerkten Angaben in das schweizerische Register über europäische Patente eingetragen (PatG Art. 117). Von diesem Zeitpunkt an sind Eintragungen in diesem Register gegenüber Dritten (Übertragungen, Lizenzen, Zwangsvollstreckungen) rechtswirksam.

Für den sachlichen Geltungsbereich des europäischen Patents ist die Fassung in der Verfahrenssprache des Europäischen Patentamts massgebend. Dritte können sich jedoch gegenüber dem Patentinhaber auf die nach dem nationalen Patentgesetz vorgesehene Übersetzung berufen, wenn der sachliche Geltungsbereich des europäischen Patents in dieser sprachlichen Fassung enger ist als jener der Verfahrenssprache des Europäischen Patentamts (BGE vom 17. August 2001, sic! 2001, 749).

3.3. Form der Patentanmeldung gemäss PCT

Das IGE ist Anmeldeamt für internationale Anmeldungen von schweizerischen Staatsangehörigen oder von Personen, die in der Schweiz ihren Sitz oder Wohnsitz haben (PatG Art. 132 und 134).

---

[31] Zur Frage der Priorität s. oben, § 32, Ziff. 5.

Internationale Anmeldungen (PCT-Anmeldungen) können auch direkt beim OMPI eingereicht werden (PMMBl 1993, 65).

Die Form des Antrags entspricht den Anforderungen einer schweizerischen Patentanmeldung. Sie muss jedoch die Vertragsstaaten, für welche der Schutz für die Erfindung beantragt wird, und den Erfinder nennen (PCT Art. 3 und 4; R/PCT Art. 4–12).

4. Umwandlung einer europäischen Patentanmeldung und Kollision von schweizerischen, internationalen und europäischen Patenten

Europäische Patentanmeldungen können unter bestimmten Voraussetzungen in schweizerische Patentanmeldungen umgewandelt werden. Bei der Umwandlung werden durch die europäische Patentanmeldung erworbene Rechte gewahrt (insbesondere das Datum der europäischen Anmeldung und der Unterlagen); allerdings dürfen die Patentansprüche des aus einer solchen Umwandlung hervorgegangenen Patentgesuchs den Schutzbereich nicht erweitern (PatG Art. 121 bis 124). Bei Kollisionen von nationalen und internationalen Patenten einerseits und einem europäischen Patent anderseits geht das gültig erteilte europäische Patent oder das dem gleichen Erfinder oder dessen Rechtsnachfolger erteilte, aus einem umgewandelten europäischen Patent stammende schweizerische Patent dem schweizerischen oder internationalen Patent mit dem gleichen Anmelde- oder Prioritätsdatum vor (PatG Art. 125 und 126). Ebenso hat das internationale Patent gegenüber dem schweizerischen Patent den Vorrang (PatG Art. 140).

5. Verschiedene Bestimmungen über das europäische Patent

Solange ein Einspruch möglich oder hängig ist, ist ein Teilverzicht auf das europäische Patent nicht zulässig (PatG Art. 127). Der Richter kann das Verfahren sistieren oder das Urteil aussetzen, solange die Gültigkeit des europäischen Patentes streitig ist (PatG Art. 128).

Bei Strafverfahren wegen Patentverletzung, in welchen der Beklagte die Nichtigkeit des europäischen Patentes geltend macht, kann der Richter diesem eine Frist ansetzen, um Einspruch zu erheben (oder einem Einspruchsverfahren beizutreten), sofern die Einspruchsfristen noch nicht abgelaufen sind (PatG Art. 129; vgl. auch Art. 86, mit Bezug auf schweizerische Patente).

6. Prüfung der Patentanmeldung

6.1. Verschiedene Patenterteilungssysteme

Zahlreiche Staaten gehen davon aus, dass Patente erst nach der Prüfung der gesamten Erfindung zu erteilen sind (totale Vorprüfung). Dieses System wurde von der EPÜ übernommen und im PCT fakultativ vorgesehen. Andere Staaten beschränken sich auf die formelle Prüfung der Anmeldung und auf die Zurückweisung wegen mangelnder Patentfähigkeit. Die Schweiz hat einen Mittelweg gewählt.

6.2. Schweizerisches Vorprüfungssystem

In der Schweiz gilt seit 1995 das System der teilweisen Vorprüfung.

Das IGE prüft, ob der Gegenstand der Patentanmeldung eine gewerblich anwendbare Erfindung ist (PatG Art. 1) und ob diese nicht aufgrund von PatG Art. 1a und 2 von der Patentierung ausgeschlossen ist (s. oben, § 12). Verneint das IGE die Patentfähigkeit, so teilt es dies dem Anmelder unter Angabe der Gründe mit und setzt ihm eine Frist zur Stellungnahme.

Das IGE prüft weder die Neuheit der Erfindung noch die Frage, ob sie sich in naheliegender Weise aus dem Stand der Technik ergibt.

Stellt das IGE fest, dass die Anmeldung Formmängel aufweist, setzt es dem Patentbewerber eine Frist zu deren Behebung

Die patentrechtlichen Verfügungen des IGE, insbesondere die vollständige oder teilweise Abweisung der Patentanmeldung, können mit Beschwerde bei der RKGE angefochten erden (RKGE vom 28. September 2001, sic! 2002, 181).

6.3. Recherche zur nationalen Patentanmeldung

Seit 2004 kann der Patentbewerber innert 14 Monaten seit der Anmeldung eine Recherche in Auftrag geben, in deren Rahmen das IGE die Anmeldung mit dem Stand der Technik vergleicht und auf Neuheit und erfinderische Tätigkeit untersucht.

Die Recherche muss auf dem dafür vorgesehenen Formular eingereicht werden; sie kostet CHF 500,– und wird innert eines Monats erstellt.

6.4. Vorprüfung und Einspruchsverfahren und Beschwerden im Rahmen des EPÜ

Wir fassen im Folgenden die ausführlichen Bestimmungen des EPÜ über das Prüfungsverfahren kurz zusammen.

Nach einer Eingangsprüfung betreffend Anmeldetag, Anmelde- und Recherchengebühr und der allfälligen Übersetzung in eine der Amtssprachen prüft das Europäische Patentamt, ob die Formerfordernisse erfüllt sind. Ist die Patentanmeldung formell angenommen, wird aufgrund der dem Europäischen Patentamt zu diesem Zeitpunkt zur Verfügung stehenden Schriftstücke ein (vorläufiger) Recherchenbericht erstellt, in dem die Neuheit und die erfinderische Tätigkeit der Erfindung, welche Gegenstand der Anmeldung ist, beurteilt werden. Der vorläufige Recherchenbericht wird dem Anmelder zugestellt.

Die europäische Patentanmeldung und der Recherchenbericht werden nach Ablauf von achtzehn Monaten seit dem Anmelde- und Prioritätsdatum veröffentlicht. Auf Ersuchen des Patentbewerbers kann diese Veröffentlichung schon früher erfolgen. Auf schriftlichen Antrag prüft das Europäische Patentamt innert sechs Monaten seit Veröffentlichung des europäischen Recherchenberichtes, ob Anmeldung und Erfindung die Voraussetzungen des Übereinkommens erfüllen (totale Vorprüfung). Sind die Voraussetzungen nicht erfüllt, wird die Patentanmeldung zurückgewiesen; andernfalls wird das Patent erteilt, die Erteilung bekannt gemacht und eine europäische Patentschrift herausgegeben.

Innert neun Monaten seit Bekanntmachung der Erteilung kann jedermann beim Europäischen Patentamt Einspruch gegen das europäische Patent erheben. Der Einspruch betrifft das Patent in allen Vertragsstaaten, die in der Patentschrift beansprucht wurden. Einspruchsgründe sind mangelnde Patentfähigkeit, mangelnde Offenbarung oder unzulässige Ausweitung der ursprünglichen Fassung (EPÜ Art. 90–105 und R/EPÜ Regel 57–63).

Entscheidungen der Eingangsstelle, der Prüfungsabteilungen und der Rechtsabteilung sind mit Beschwerde anfechtbar. Die Beschwerde muss innert zwei Monaten schriftlich beim Europäischen Patentamt eingelegt und innert vier Monaten seit Zustellung der Entscheidung schriftlich begründet werden. Um eine einheitliche Rechtsanwendung sicherzustellen oder zur Beurteilung einer Rechtsfrage von grundsätzlicher Bedeutung, kann die grosse Beschwerdekammer die Beschwerde beurteilen (EPÜ Art. 106–112 und R/EPÜ Regel 64–67).

Ein erteiltes europäisches Patent hat in der Schweiz dieselbe Wirkung wie ein schweizerisches Patent (PatG Art. 110; EPÜ Art. 64). Seine Gültigkeit kann bei den zuständigen schweizerischen Gerichten angefochten werden. Wird die Gültigkeit eines europäischen Patentes angefochten und weist eine Partei nach, dass beim Europäischen Patentamt ein Einspruch noch möglich oder hängig ist, kann der Richter das Verfahren, insbesondere das Urteil, aussetzen (PatG Art. 128).

6.5. Vorprüfung gemäss PCT

Bei internationalen Patentanmeldungen ist danach zu unterscheiden, ob das IGE Anmeldeamt (PatG Art. 132; PCT Art. 1 Abs. 2 XV) oder Bestimmungsamt (PatG Art. 134; PCT Art. 1 Abs. 2 XIII) ist. Im ersten Fall werden die Anmeldungen direkt vom IGE behandelt; im zweiten Fall wird die internationale Anmeldung wie eine schweizerische Anmeldung behandelt.

Der PCT regelt die internationale Anmeldung in Kapitel I. Gemäss Art. 15 muss für jede internationale Anmeldung eine internationale Recherche durchgeführt werden. Kapitel II sieht für solche Anmeldungen eine internationale Vorprüfung vor. Gemäss Art. 64 PCT können die Vertragsstaaten die Anwendung des Kapitels II durch einen Vorbehalt ausschliessen. Die Schweiz hat von dieser Möglichkeit Gebrauch gemacht. Für internationale Anmeldungen können internationale Recherchen verlangt werden (PatG Art. 132–134; PatV Art. 119–127).

7. Die Eintragung im Patenregister von Änderungen bezüglich des Rechts am Patent, der sich daraus ergebenden Rechte und von Lizenzen

7.1. PatG

Alle Änderungen bezüglich Bestand des Rechtes oder bezüglich der Rechte am und aus dem Patent sind im Register einzutragen. Die Gerichte müssen dem IGE rechtskräftige Urteile, welche solche Änderungen herbeiführen, zwecks Eintragung unentgeltlich zustellen.

Änderungen der Rechte am Patent durch Erbfolge oder andere Rechtsgeschäfte bestehen auch ohne Eintrag im Register. Die Eintragung im Register dient lediglich dem Schutz des guten Glaubens (PatG Art. 33 und 35).

Solange eine ausschliessliche Lizenz im Register eingetragen oder vermerkt ist, werden für das gleiche Patent keine mit der ausschliesslichen Lizenz unvereinbaren weiteren Lizenzen eingetragen.

7.2. EPÜ

Rechtsübergänge, Belastungen und Lizenzerteilungen werden auf Antrag eines Beteiligten bei Einreichung entsprechender Beweisurkunden im europäischen Patentregister eingetragen (EPÜ Art. 127; R/EPÜ Regel 20, 21 und 92 Abs. 1 lit. W).

8. Ergänzende Schutzzertifikate für Arzneimittel (ESA)

Nach Massgabe von PatG Art. 140a bis 140m können für patentgeschützte Arzneimittelwirkstoffe und -wirkstoffzusammensetzungen ergänzende Schutzzertifikate erteilt werden.

Das ESA bewirkt eine Verlängerung des durch das Patent gewährten Schutzes, um einen Ausgleich dafür zu schaffen, dass bei Arzneimitteln das zeitaufwendige behördliche Zulassungsverfahren die Markteinführung verzögert und damit die praktische Schutzdauer des Patentes verkürzt.

Der Schutzumfang des ESA ist enger als jener des Patentes, auf Grund dessen es gewährt wurde. Ein ESA deckt nicht die patentgeschützte Erfindung, sondern die Wirkstoffe, die in einem erfindungsgemässen Erzeugnis verwendet werden, das in der Schweiz als Arzneimittel zugelassen ist (PatG Art. 140d, BGE vom 10. Juli 1998, sic! 1998, 594, BGE 124 III 375).

Für jedes in der Schweiz als Arzneimittel zugelassene Erzeugnis, das den patentierten Wirkstoff erhält, kann ein ESA vergeben werden; m.a.W. kann ein patentierter Wirkstoff Gegenstand mehrerer ESA sein, vorausgesetzt, dass er jeweilen mit einer anderen Substanz kombiniert ist und diese Kombination als selbständiges Arzneimittel zugelassen ist (PatG Art. 140b, Mitteilung IGE, sic! 1997, 112; bestätigt in BGE 124 III 375).

Art. 140e PatG bestimmt, dass das ESA mit Ablaufen des Patentes zu wirken beginnt für eine Dauer, welche der Zeit entspricht, die zwischen der Patentanmeldung und dem Datum der ersten Genehmigung für das Inverkehrbringen des Erzeugnisses als Arzneimittel in der Schweiz verflossen ist, minus fünf Jahre. Dies entspricht auch der Regelung von EPÜ Art. 63.

Sofern zwischen der Patentanmeldung und der ersten behördlichen Genehmigung des Inverkehrbringens eines Erzeugnisses weniger als fünf Jahre verstrichen sind, wird kein ESA erteilt (BGE vom 17. November 1998, sic! 1999, 153).

9. Vertreter

9.1. Beim IGE

Patentbewerber mit Wohnsitz in der Schweiz können, Patentbewerber ohne Wohnsitz in der Schweiz müssen einen in der Schweiz niedergelassenen Vertreter bestellen (PatG Art. 13). Diesem obliegt die Wahrnehmung der Interessen des Patentinhabers im Verkehr mit dem IGE und den Rekurskammern. Der Vertreter ist u. a. auch dafür verantwortlich, dass die gesetzlichen oder amtlich festgelegten Fristen eingehalten werden (BGE vom 22. Januar 2003, sic! 2003, 448). Hingegen kann er den Patentbewerber nicht in Zivil- oder Strafverfahren vor Gericht vertreten.

Häufig werden Patentanwälte als Vertreter bestellt. Gesellschaften mit Sitz in der Schweiz können diese Rolle ebenfalls übernehmen (PatV Art. 9 Abs. 1).

Hat der ausländische Patentinhaber keinen Schweizer Anwalt bestellt, so stellt der Richter Vorladungen dem in der Schweiz bestellten Vertreter zu.

Die Vertreter unterstehen der Aufsicht des EJPD (Art. 9 Abs. 2–4).

In Verfahren vor dem IGE betreffend europäische PatV Patente kann der Bundesrat den im europäischen Patentregister eingetragenen Vertreter zulassen, wenn Gegenrecht besteht betreffend die Vertretung vor den besonderen Organen des Europäischen Patentamtes (PatG Art. 120).

9.2. Beim Europäischen Patentamt

Niemand ist verpflichtet, sich durch einen zugelassenen Vertreter vertreten zu lassen, ausgenommen Personen ohne Wohn- oder Gesellschaftssitz in einem Vertragsstaat. Jedermann kann eine europäische Patentanmeldungen selbst vornehmen.

Natürliche oder juristische Personen mit Wohn- oder Geschäftssitz in einem Vertragsstaat können durch einen bevollmächtigten Angestellten handeln, ohne dass dieser ein zugelassener Vertreter sein muss.

Zugelassene Vertreter werden in eine vom Europäischen Patentamt geführte Liste eingetragen. Jede natürliche Person kann als Vertreterin zugelassen werden, wenn sie Staatsangehörige eines Vertragsstaates ist, den Geschäftssitz oder Arbeitsplatz in einem Vertragsstaat hat und die europäische Eignungsprüfung bestanden hat.

Die Vertretung kann auch durch jeden Rechtsanwalt übernommen werden, der in einem Vertragsstaat zugelassen ist und dort seinen Sitz hat, soweit er in diesem Staat zur Vertretung in Patentsachen befugt ist (EPÜ Art. 133 und 134; R/EPÜ Regeln 100–102).

9.3. Internationale Patentanmeldung

Der Vertreterzwang gemäss PatG Art. 13 gilt nicht für internationale Patentanmeldungen (PatG Art. 133 Abs. 3).

10. Fristen und Weiterbehandlung

PatG und PatV sehen insbesondere für das Eintragungsverfahren zahlreiche Fristen vor. Häufig werden Fristen vom IGE angesetzt.

Das Versäumnis einer Frist kann schwere Folgen haben. Die nicht fristgemässe Bezahlung einer Jahresgebühr führt zur Löschung des Patentes oder zur Rückweisung der Patentanmeldung (BGE vom 22. Januar 2003, sic! 2003, 448). Die nicht fristgemässe Einreichung der Übersetzung in eine Amtssprache vereitelt die Wirksamkeit eines europäischen Patentes in unserem Land (PatG Art. 113 und 123).

Die Löschung wird dem Patentinhaber vom IGE mitgeteilt. Er kann die Löschung rückgängig machen, wenn er innert zwei Monaten seit der Zustellung der Löschungsverfügung einen schriftlichen Weiterbehandlungsantrag stellt (PatG Art. 46a, PatV Art. 14).

Aufgrund des Vertretungsgrundsatzes ist jegliches Wissen des Vertreters dem Patentinhaber anzurechnen, weshalb eine dem Vertreter zugestellte Löschungsanzeige als dem Patentinhaber selbst zugestellt gilt. Nur ausnahmsweise, etwa bei einer entschuldbaren Fehlleistung des Vertreters, wird dessen Wissen dem Vertretenen nicht angerechnet (BGE vom 22. Januar 2003, sic! 2003, 448).

Wenn kein Weiterbehandlungsantrag gestellt wird, so besteht die Möglichkeit, eine Wiedereinsetzung in den früheren Stand zu verlangen. Diese unterliegt jedoch strengen Voraussetzungen (PatG Art. 47). Der Patentinhaber muss glaubhaft machen, dass er ohne Verschulden seinerseits an der Innehaltung einer gesetzlichen oder vom IGE festgelegten Frist gehindert wurde; das diese bezügliche Gesuch muss innert zwei Monaten seit dem Wegfall des Hindernisses, spätestens jedoch innert eines Jahres seit dem Ablauf der versäumten Frist eingereicht werden. Das Hindernis gilt spätestens dann als weggefallen, wenn der Patentinhaber oder sein

Vertreter von der Versäumnis Kenntnis erhalten haben (BGE vom 22. Januar 2003, sic! 2003, 448).

11. Gebühren

Die verschiedenen Gebühren für schweizerische Patentanmeldungen sind in PatG Art. 41–44 und in der Gebührenordnung geregelt. Die Höhe der Gebühren findet sich im Anhang zur Gebührenordnung (Gebührenordnung des IGE vom 1. Januar 1998, revidiert am 1. Juli 2005).

Ab 1. Juli 2005 betragen die Jahresgebühren neu nur noch CHF 310.-.

Für internationale Patentanmeldungen sind vorerst die im PCT vorgesehenen Gebühren zu bezahlen (R/PCT Regel 15–16); für Anmeldungen in der Schweiz ist zusätzlich eine Übermittlungsgebühr zu entrichten (R/PCT Regel 14; PatG Art. 133 Abs. 2). Die Bezahlung europäischer Patentanmeldungen und Patente ist in der Gebührenordnung des EPÜ geregelt (EPÜ Art. 51 und Gebührenordnung EPÜ); die Jahresgebühren sind im EPÜ vorgesehen (EPÜ Art. 86; R/EPÜ Regel 37).

§ 33a Erteilung und Eintragung des Sortenschutzes

1. Sortenschutzschein

Ähnlich dem Patent erhält der Sortenschutzinhaber einen verbrieften Schutztitel, den Sortenschutzschein – es handelt sich, ähnlich wie im Markenrecht, um einen Auszug aus dem Sortenschutzregister (SortG Art. 31 Ziff. 2).

Wenn eine Sorte nach SortG schützbar ist, kann für deren Erzeugnisse kein Patent erteilt werden (BGE 121 III 125).

2. Eintragungsverfahren

Wer eine Sorte schützen lassen will, muss dem Büro für Sortenschutz auf amtlichen Formularen (Formular A für Antrag auf Erteilung des Sortenschutzes, Formular B für die Anmeldung der Sortenbezeichnung) seinen Antrag anmelden und die Anmeldegebühr bezahlen (SortG Art. 26, SortV Art. 18). Die Anmeldung muss u. a. Auskunft geben über den Anmelder, seine Staatsangehörigkeit, die Sortenbezeichnung, Name des allfälligen Vertreters (nicht in der Schweiz wohnhafte Personen können nur über einen Vertreter anmelden), Name des Ursprungzüchters oder Entdeckers der Sorte; die Anmeldung muss, sofern vorhanden, die Prioritätsangaben enthalten (SortV Art. 19). Die Sortenbeschreibung besteht aus der Sortenbezeichnung und der Angabe der wesentlichen morphologischen und physiologischen Merkmale der Sorte; die Beschreibung kann durch Abbildungen ergänzt werden (SortV Art. 20).

3. Prüfung der Anmeldung

Bevor eine Schutzerteilung erfolgt, wird eine Sorte mit Bezug auf alle materiellen Schutzvoraussetzungen überprüft. Die eidgenössischen Forschungsanstalten müssen die zum Schutze angemeldeten Sorten auf Neuheit, hinreichende Homogenität und Beständigkeit prüfen – wenn es sich um eigene Entwicklungen eben dieser Anstalten handelt, wird die Prüfung einer anderen geeigneten Instanz überlassen (SortG Art. 24).

Die SortV enthält detaillierte Vorschriften betreffend die Prüfung (SortV Art. 28–33). Bestehen Anhaltspunkte, dass die Anforderungen an die Sorteneigenschaften nicht mehr erfüllt sind, kann eine Nachprüfung angeordnet werden; fördert diese wesentliche Mängel zu Tage, kann dies ein Verfahren auf Aufhebung des Sortenschutzes zur Folge haben (SortV Art. 37).

4. Einwendungen

Ähnlich dem Widerspruch im Markenrecht können gegen Sortenschutzanmeldung innert drei Monaten nach deren Veröffentlichung Einwendungen erhoben werden (SortG Art. 29 Ziff. 1). Mit der Einwendung kann nur vorgebracht werden, die angemeldete Sorte erfülle die Schutzvoraussetzungen von SortG Art. 5 nicht (s. oben, § 13, Ziff. 2), oder die Sortenbezeichnung sei unzulässig im Lichte von SortG Art. 6 (s. oben, §13, Ziff. 3) (SortG, Art. 29 Ziff. 2). Dem Anmelder wird in jedem Fall Gelegenheit geboten, zur Einwendung Stellung zu nehmen (SortG Art. 29, Ziff. 3).

5. Sortenschutzregister und Akteneinsicht

Das Sortenschutzregister ist öffentlich – gegen Bezahlung einer Gebühr kann jedermann Einsicht nehmen, Auskünfte einholen und Auszüge verlangen (SortG Art. 34 Ziff. 1) (namentlich betreffend die Arbeiten der Prüfungsstelle).

Hingegen sind die Registerakten und Unterlagen geheim und dürfen Dritten nur mit Einwilligung des Schutzrechtsinhabers bekannt gegeben werden – Gerichte unterliegen dieser Beschränkung nicht (SortG Art. 34 Ziff. 2)

6. Vertreter

Der Sortenschutzinhaber oder -anmelder, der in der Schweiz weder Wohnsitz noch Sitz hat, muss einen in der Schweiz ansässigen Vertreter bestellen, um an den im

SortG geregelten Verfahren teilnehmen und die darin erwähnten Rechte geltend machen zu können (SortG Art. 3).

7. Gebühren

Im Sortenschutzerteilungsverfahren werden verschiedene Gebühren erhoben: die Anmeldegebühr, die Prüfungsgebühr und jährliche Gebühren. Die Anmeldegebühr beträgt zwischen CHF 260–350, die Prüfungsgebühren werden von den Forschungsanstalten festgelegt; die Jahresgebühren sind, wie früher bei den Patenten, steigend – sie beginnen, je nach Sortengruppe, bei CHF 150–240/Jahr und steigen bis auf CHF 300–700/Jahr und steigen bis auf CHF 300–700/Jahr. Die SortV enthält detaillierte Angaben über die Gebühren (SortV Art. 41–46).

8. Beschwerden

Gegen Verfügungen des Büros für Sortenschutz ist die Beschwerde an die ERGE zulässig. Anders als in Marken- oder Patentangelegenheiten entscheidet die ERGE in letzter Instanz über die materiellen Voraussetzungen für die Gewährung des Sortenschutzes (SortG Art. 25).

§ 34 Eintragung der Marke

1. Zur Eintragung berechtigte Personen

Nach dem Wortlaut des Gesetzes können alle (natürlichen oder juristischen) Personen oder Personengruppen eine Marke eintragen lassen (MSchG Art. 28 Abs. 1). Dieses Prinzip darf jedoch u.E. nicht ganz so absolut ausgelegt werden, respektive es ruft nach einer Ergänzung – wer eine Marke eintragen lassen will, muss gewillt sein, sie auf irgendeine Art und Weise im Geschäftsverkehr zu verwenden (BGE vom 1. Mai 2003, sic! 2004, 325; s. oben, § 14, Ziff. 3.2.3) (normalerweise zur Individualisierung von auf den Markt gebrachten Waren oder Dienstleistungen, eventuell aber auch nur zum Zwecke des Weiterverkaufs an Dritte als Warenkennzeichen).

Das Markenrecht steht gemäss MSchG Art. 6 demjenigen zu, der die Marke zuerst hinterlegt (BGE vom 7. Juni 2001, sic! 2002, 47; s. auch unten, § 39, Ziff. 1).

Garantie- und Kollektivmarken können nur eingetragen werden, wenn dem IGE ein Reglement über den Gebrauch der Marke eingereicht wird. Garantiemarken dürfen vom Markeninhaber nicht selber gebraucht werden.

Hinterlegen mehrere Personen eine Marke oder werden sie gemeinsam deren Inhaber, so kann das IGE verlangen, dass eine dieser Personen (oder ein Dritter) als Vertreter gegenüber dem IGE bezeichnet wird (MSchV Art. 4).

2. Eintragungsverfahren

Für das Eintragungsgesuch ist das amtliche Formular des IGE oder ein vom Hinterleger geschaffenes und vom IGE zugelassenes Formular zu verwenden.

Das Gesuch muss den Namen, die Firma, die Adresse des Hinterlegers und seines allfälligen Vertreters, die Wiedergabe der Marke, das Verzeichnis der Waren oder Dienstleistungen oder der diesbezüglichen Klassen, für welche die Marke beansprucht wird, und die bezahlten Gebühren enthalten. Eine allfällige Prioritätserklärung ist beizufügen (MSchV Art. 9, 12–14).

Die Waren sind präzise zu bezeichnen (MSchV Art. 11), möglichst nach Klassen gemäss dem Abkommen von Nizza.

Das IGE bescheinigt dem Hinterleger das Datum der Hinterlegung.

Um eingetragen werden zu können, muss die Marke graphisch darstellbar sein (MSchV Art. 10).

Enthält die Marke eine besondere graphische Gestaltung oder eine besondere Schrift (Wort mit besonderen Buchstaben, Bildzeichen oder gemischte Marke), so ist eine schwarzweisse Abbildung der Marke einzureichen. Grundsätzlich schützt die Hinterlegung einer schwarzweissen Marke den Inhaber vor deren farbigen Wiedergabe. Wird jedoch für die Marke (Bildzeichen oder Wortmarke) eine farbige Ausführung beansprucht, so deckt das Ausschliesslichkeitsrecht lediglich die Wiedergabe in der betreffenden Farbe. Der Hinterleger muss die beanspruchte Farbenkombination präzise beschreiben und fünf farbige Abbildungen einreichen (MSchV Art. 10 Abs. 3).

Die genaue Beschreibung der als Marke beanspruchten Farbe, etwa unter Angabe der Kennzahl laut Pantone- Farbtabelle, erscheint im Eintragungsverfahren als zweckmässig (CERGE vom 5. Februar 2002, sic! 2002, 243).

Dreidimensionale Marken oder Formmarken müssen im Eintragungsgesuch als solche bezeichnet werden. Andernfalls gilt der Schutz nur für die zweidimensionale Darstellung der Marke (MSchV Art. 10 Abs. 4).

3. Prüfung der Anmeldung

Das IGE überprüft das Eintragungsgesuch einer Marke auf formelle und materielle Nichtigkeitsgründe (s. unten, § 44, Ziff. 3).

Sind die für die Eintragung einer Marke notwendigen Unterlagen nicht vollständig oder nicht in einer Amtssprache verfasst, so kann das IGE dem Hinterleger eine Frist zur Vervollständigung der Unterlagen ansetzen. Wird diese Frist nicht eingehalten, so wird das Gesuch teilweise oder total zurückgewiesen, sofern das IGE nicht ausnahmsweise weitere Fristen ansetzt. Nach Rückweisung des Gesuches wegen verpasster Fristen kann der Hinterleger die Weiterbehandlung beantragen (s. unten, Ziff. 7.).

Zusätzlich prüft das IGE das Eintragungsgesuch im Hinblick auf absolute Schutzausschlussgründe (MSchV Art. 17; MSchG Art. 30 Abs. 2 lit. c und d). Bei Vorliegen eines dieser Gründe lehnt das IGE die Eintragung ab.

Das IGE kümmert sich jedoch nicht von Amtes wegen um relative Schutzausschlussgründe. Deshalb trägt es auch Marken ein, die mit älteren Marken identisch sind.

Für Kollektiv- und Garantiemarken prüft das IGE das Eintragungsgesuch im Hinblick auf die Beachtung der gesetzlichen Anforderungen, insbesondere bezüglich der Einreichung der Reglemente zum Gebrauch der Marke. Ein nach Ansicht des IGE mit dem MSchG vereinbares Reglement wird genehmigt, ohne dessen Übereinstimmung mit weiteren Gesetzen zu prüfen (z.B. Kartellgesetz).

Liegen keine Rückweisungsgründe (mehr) vor, so trägt das IGE die Marke ein und veröffentlicht die Eintragung im Handelsamtsblatt; es stellt dem Markeninhaber eine Eintragungsurkunde aus, welche die wesentlichen, im Register eingetragenen Angaben enthält.

4. Widerspruch

Der Inhaber einer älteren hinterlegten oder eingetragenen Marke[32] kann gegen die spätere Eintragung einer anderen Marke innert drei Monaten nach der Veröffentlichung Widerspruch erheben (MSchG Art. 31; MSchV Art. 20).

Dem Widersprechenden, der seinen Widerpruch auf eine ältere Marke stützt, kann in diesem Verfahren vom Widerspruchsgegner nicht eine noch ältere Marke entgegengehalten werden – sonst würde praktisch die 3-Monate Frist ausser Kraft gesetzt (RKGE vom 3. Dezember 2002, sic! 2003, 341).

Betrifft der Widerspruch die Eintragung einer internationalen Marke, so beginnt die Frist am ersten Tag des Monats zu laufen, welcher dem Monat der Veröffentlichung im vom Internationalen Büro herausgegebenen Publikationsorgan folgt (MSchV Art. 50 Abs. 1).

Ist der Widersprecher im Ausland niedergelassen, muss er innert der Widerspruchsfrist, welche vom IGE um dreissig Tage verlängert werden kann, einen schweizerischen Vertreter (er)nennen (MSchV Art. 21).

Der Widerspruch kann nur auf relativen Schutzausschlussgründen beruhen (MSchG Art. 31 Abs. 1; das IGE prüft die absoluten Ausschlussgründe von Amtes wegen). Die Anfechtung einer Marke aus anderen Gründen muss mittels einer ordentlichen Feststellungsklage erfolgen.

---

[32] Zur Frage der Priorität s. oben, § 32, Ziff. 5.

Im Widerspruchsverfahren prüft das IGE vorerst, ob der Widerspruch nicht offensichtlich unzulässig ist. Trifft dies nicht zu, so bringt es ihn dem Widerspruchsgegner zur Kenntnis und setzt ihm eine Frist zur Stellungnahme an (MSchV Art. 22 Abs. 1).

Da das Widerspruchsverfahren einfach und rasch ist, nimmt die Rekurskommission in der Regel keine Beweiserhebungen vor; der Widerspruchsführer hat nur zu beweisen, dass er Inhaber einer prioritären Marke ist, für welche eine Verwechslungsgefahr mit der angefochtenen Marke besteht (RKGE vom 16. Janvier 2001, sic! 2001, 208).

Richtet sich der Widerspruch gegen eine internationale Marke, so prüft das IGE die Marke auch bezüglich ihrer absoluten Zulässigkeit.

Der Wechsel der Widersprecherin während des Widerspruchsverfahrens ist nur mit Zustimmung der Gegenpartei möglich. Die Zustimmung kann stillschweigend erfolgen, insbesondere wenn die Widerspruchsgegnerin diesen Wechsel in ihrer Rekursschrift berücksichtigt, ohne ihn in Frage zu stellen (RKGE vom 8. Mai 2001, sic! 2001, 421). Die Übertragung der angefochtenen Marke während des Widerspruchsverfahrens bleibt ohne Einfluss auf die Passivlegitimation, sofern die Gegenpartei dem Parteiwechsel nicht zugestimmt hat (RKGE vom 1. Mai 2001, sic! 2001, 424).

5. Verlängerung der Markeneintragung

Sechs Monate vor Ablauf der Gültigkeitsdauer der Eintragung erinnert das IGE den in der Schweiz wohnhaften Markeninhaber an den Verfall der Marke (MSchV Art. 25). Der Antrag auf Verlängerung der Markeneintragung um zehn Jahre kann frühestens zwölf Monate vor Ablauf des Gültigkeitsdatums gestellt werden (MSchV Art. 26).

6. Akteneinsicht

Vor der Eintragung der Marke darf jedermann Einsicht in die Unterlagen nehmen, jedoch nur mit Zustimmung des Hinterlegers oder dessen Vertreters. Vor der Eintragung sind zudem jene Personen zur Einsichtnahme berechtigt, denen der Hinterleger die Verletzung seiner Rechte auf die Marke vorwirft (Art. 37 MSchV).

Das Recht Dritter, Einsicht in die Akten einer eingetragenen Marke zu nehmen, erstreckt sich auf die ein laufendes Widerspruchsverfahren gegen diese Marke betreffenden Aktenstücke. Die Bestimmungen des VwVG erlauben nicht, eine Einschränkung dieses Rechts zu rechtfertigen (RKGE vom 14. Juli 2000, sic! 2000, 709).

7. Weiterbehandlung

Der Hinterleger, dessen Gesuch wegen Fristversäumnis zurückgewiesen wurde, kann die Weiterbehandlung beantragen (MSchG Art. 41 Abs. 1).

Der Antrag muss schriftlich innert zwei Monaten gestellt werden, nachdem der Gesuchsteller von der Versäumnis Kenntnis erhalten hat, spätestens jedoch innert sechs Monaten nach Ablauf der Frist. Innert dieser Frist muss zudem die unterbliebene Handlung nachgeholt und die Weiterbehandlungsgebühr bezahlt worden sein (MSchG Art. 41 Abs. 2). Für gewisse Versäumnisse ist der Antrag auf Weiterbehandlung ausgeschlossen (MSchG Art. 41 Abs. 4).

8. Vertretung

Gemäss MSchG muss der im Ausland wohnhafte oder niedergelassene Hinterleger einen in der Schweiz niedergelassenen Vertreter bestellen (MSchG Art. 42). Stellt eine im Ausland niedergelassene Person ihr Eintragungsgesuch direkt an das IGE, so setzt ihm dieses eine Frist zur Bestellung eines Vertreters in der Schweiz an.

9. Gebühren

Für die Eintragung der Marke und für alle Änderungen muss eine Gebühr bezahlt werden. Die Grundgebühr beträgt CHF 700.– (IGE-GebV Anhang I).

Für die Eintragung einer internationalen Marke in der Schweiz wird zusätzlich zur Gebühr gemäss MA vom IGE eine nationale Gebühr erhoben.

Die Widerspruchsgebühr beträgt CHF 800.–.

10. Beschwerde bei der Rekurskommission

Die Entscheidungen des IGE in Widerspruchsverfahren können innert 30 Tagen mit Beschwerde bei der Rekurskommission für geistiges Eigentum angefochten werden. Diese entscheidet endgültig (MSchG Art. 36).

Der Entscheid der RKGE kann mit Verwaltungsgerichtsbeschwerde an das Bundesgericht weitergezogen werden (BGE vom 4. Juli 2003, sic! 2003, 910).

Der gleiche Beschwerdeweg ist gegen Verfügungen des Eidgenössischen Amtes für das Handelsregister (EHA) über die Unzulässigkeit von Firmenbezeichnungen und des Namens von Vereinen und Stiftungen (MSchG Art. 36 Abs. 2) offen.

11. Internationale Markeneintragung

Durch Vermittlung des IGE kann die Eintragung internationaler Marken veranlasst werden, wenn die Schweiz Ursprungsland im Sinne des MA ist (MA Art. 1 Abs. 3; MSchG Art. 54 Abs. 1 lit. a; MSchV Art. 47); zudem kann der schweizerische Inhaber einer IR Marke beim IGE die Änderung einer internationalen Eintragung beantragen (MSchG Art. 44 Abs. 1).

Die in einem anderen Vertragsstaat des MA vorgenommene internationale Eintragung mit Schutzantrag für die Schweiz hat dieselbe Wirkung wie die Hinterlegung beim IGE (MA Art. 4 Abs. 1 und MSchG Art. 46 Abs. 1).

Soweit MA und MSchG Art. 44–46 nichts anderes bestimmen, gelten die übrigen Vorschriften des MSchG für in der Schweiz oder anderswo mit Wirkung für die Schweiz hinterlegte internationale Marken (BGE 128 III 454).

Das Verzeichnis der Waren und/oder Dienstleistungen, für welche die Marke bestimmt ist, muss in französischer Sprache abgefasst sein (MSchV Art. 47 Abs. 3).

Wird einer im internationalen Register eingetragenen Marke der Schutz in der Schweiz verweigert, so entfaltet sie in der Schweiz keine Wirkung, wie wenn sie nie existiert hätte; die Verweigerung gilt rückwirkend (MSchG Art. 46 Abs. 2).

Allerdings kann das IGE die Eintragung oder Anerkennung einer internationalen Marke in der Schweiz nur aus Gründen verweigern, welche für eine nationale Marke gelten (insbesondere wenn ein Zeichen Gemeingut oder täuschend ist) (BGE 128 III 454).

Zum Konflikt mit älteren Marken s. oben, Ziff. 4.

12. Eintragung von Firma und Enseigne

12.1. Zuständige Behörden und Register

Die Kompetenzen sind zwischen Bund und Kantonen aufgeteilt. Jeder Kanton führt ein Handelsregister. Die Kantone können auch die bezirksweise Führung des Registers anordnen, was in mehreren Kantonen der Fall ist.

Die Eintragungen in den kantonalen Handelsregistern werden vom Eidgenössischen Amt für das Handelsregister (EHA) im schweizerischen Handelsamtsblatt veröffentlicht.

Das EHA führt ein Zentralregister sämtlicher im Schweizerischen Handelsregister eingetragenen Firmen juristischer Personen. Es führt ein gesondertes, nach Kantonen geordnetes Register für Stiftungen (HRegV Art. 119).

Das EHA prüft die Eintragungen und ordnet die Art und Weise ihrer Veröffentlichung an (HRegV Art. 115 und 116).

12.2. Firma

Handelsgesellschaften und Genossenschaften müssen ihre Firma eintragen (OR Art. 532, 596, 640, 764, 783 und 838).

«Wer ein Handels-, Fabrikations- oder ein anderes nach kaufmännischer Art geführtes Gewerbe betreibt, ist verpflichtet, sich am Ort seiner Hauptniederlassung in das Handelsregister eintragen zu lassen. Wer unter einer Firma ein Geschäft betreibt, das nicht eintragspflichtig ist, hat das Recht, sie am Ort der Hauptniederlassung in das Handelsregister eintragen zu lassen» (HRegV Art. 52 Abs. 1; OR Art. 934 Abs. 1 und 2).

Im Gegensatz zur Markeneintragung ist die Eintragung der Firma gegen alle wirksam und muss nicht erneuert werden.

Der Registerführer muss prüfen, ob die gesetzlichen Voraussetzungen für die Eintragung erfüllt sind. Bei juristischen Personen ist insbesondere zu prüfen, ob dem Grundsatz der Firmenwahrheit genüge getan wurde, ob die Firma nicht täuschend ist und ob sie keinem öffentlichen Interesse zuwiderläuft (OR Art. 940, 944–950) (BGE vom 25. Januar 2001, sic! 2001, 327).

Sofern ein schutzwürdiges Interesse besteht, können die Verfügungen der Registerbehörden mit der Verwaltungsgerichtsbeschwerde angefochten werden (BGE vom 24. Mai 1989, SMI 1990, 51).

12.3. Enseigne

Auch die Enseigne ist in das Handelsregister einzutragen (HRegV Art. 48). Verlangt sind die Erfüllung der gleichen Voraussetzungen wie für die Firma, bezüglich Wahrheit, Reklamegehalt, Untertitel und Abkürzungen (HRegV Art. 38, 44–47, 61–67).

§ 35 Hinterlegung von Design

1. Form der Hinterlegung

Die Hinterlegung geschieht durch Einreichung des vom IGE zur Verfügung gestellten Antragsformulars, zusammen mit einer oder mehreren zur Reproduktion geeigneten Abbildungen (wenn möglich in numerischer, digitaler Form). Das Design kann auch mit höchstens 100 Worten beschrieben werden (DesG Art. 19).

Designs, die derselben Klasse gangehören (nach Massgabe des Locarno Abkommens vom 8. Oktober 1968 über die internationale Klassifizierung von gewerblichen Mustern und Modellen), können in einer Sammelhinterlegung registriert werden (DesG Art. 20). Quantitativ ist die Sammelhinterlegung auf ein Gewicht von fünf Kilogramm und 30 cm Kantenlänge beschränkt (DesV Art. 10, Ziff. 2) –

sofern nur Abbildungen hinterlegt werden, dürfte diese Beschränkung keinen grossen Sinn machen.

Abbildungen, die nur einen Teil des Design erkennen lassen, verschaffen Schutz nur für diesen Teil. Aber an und für sich ist der Designschutz abstrakt, absolut – er schliesst jede Nachahmung aus, zu welchem Zweck oder welcher Verwendung auch immer diese gewählt wurde.

Eine Anmeldung kann mehrere Design derselben Warenkategorie umfassen.

Das IGE veröffentlicht die eingetragenen Design. Um dem Designhinterleger eine gewisse Schonfrist gegen allzu neugierige und kopierfreudige Konkurrenten zu gewähren, sah das alte MMG die Möglichkeit einer versiegelten Hinterlegung vor. Das DesG hat diesen Ausweg durch den Aufschub der Veröffentlichung für eine Dauer von höchstens 30 Monaten seit dem Hinterlegungs- oder Prioritätsdatum ersetzt (DesG Art. 26).

2. Hinterlegungsverfahren – Prüfung

Das IGE prüft das Hinterlegungsgesuch auf seine formelle Richtigkeit und weist Gesuche zurück, welche die gesetzlichen Vorschriften nicht erfüllen (DesG Art. 24, Ziff. 2 und 3).

Das IGE prüft das Design auch materiell, indem es kontrolliert, ob das hinterlegte Objekt ein Design im Sinne des DesG und ob es kein Bundesrecht oder Staatsverträge verletzt oder sittenwidrig ist. Es prüft hingegen weder seine Neuheit noch seine Eigenart (DesG Art. 24, Ziff. 3).

Die Verfügungen des IGE können mit der Beschwerde bei der ERGE angefochten werden (DesG Art. 32).

3. Übertragung von Rechten

Aufgrund eines formell richtigen Gesuchs trägt das IGE die Übertragung von Rechten an Design sowie die Einräumung von Lizenzen und anderen dinglichen Rechten ein (DesG Art. 14–17).

4. Dauer der Hinterlegung und Wiederherstellung bei Fristversäumnis

Der Schutz wird für Perioden von fünf Jahren gewährt und kann viermal verlängert werden (gesamte Schutzdauer also höchstens fünf und zwanzig Jahre) (DesG Art. 5).

Versännt der Rechtsinhaber eine Frist, kann er beim IGE die Weiterbehandlung beantragen. Er muss den Antrag binnen zwei Monaten seit Kenntnis der Fristversännis, jedoch jedenfalls spätestens binnen sechs Monaten nach Ablauf der versäumten Frist einreichen (DesG Art. 31).

5. Vertretung

Wie im Patentrecht müssen Personen ohne festen Wohnsitz in der Schweiz für den Verkehr mit dem IGE bezüglich der Hinterlegung und den damit zusammenhängenden Verwaltungs- oder Gerichtsverfahren einen Vertreter bestellen (DesG Art. 18).

6. Gebühren

Die Gebühren sind in der IGE-GebV festgelegt. Sie sind nach der Anzahl der hinterlegten Design abgestuft (für einzelne Design CHF 200.– pro Design und pro 5-Jahresperiode; sofern Pakete hinterlegt werden, CHF 700.– für sechs und mehr Designs im gleichen Gesuch.

7. Internationale Hinterlegung

Aufgrund der Haager Übereinkunft kann ein Schweizer mittels einer einzigen internationalen Hinterlegung den Schutz eines Musters oder Modells in den 24 Vertragsstaaten des Abkommens erhalten, worunter auch für die Schweiz.

Das Hinterlegungsgesuch muss mittels eines bestimmten Formulars erfolgen, welches beim OMPI bezogen werden kann.

Das Gesuch kann in französischer oder englischer Sprache verfasst sein.

Die Hinterlegung eines einzigen Musters oder Modells mit Wirkung in allen Ländern kostet CHF 1100.–; die gleichzeitige Hinterlegung jedes weiteren Musters oder Modells kostet zusätzlich CHF 100.–.

Der Inhaber einer internationalen Hinterlegung erhält den Schutz gemäss DesG, wie wenn er das Design in der Schweiz hinterlegt hätte (DesG Art. 29) (BGE vom 4. Juni 2004, sic! 2004, 688). Sein Design wird zudem in den anderen Staaten gemäss deren nationalen Gesetzen geschützt.

Das IGE trägt die Hinterlegung ein, sobald die erwähnten Formalitäten erfüllt sind. Die nationalen Verwaltungen können den Schutz für ihr Land innert sechs Monaten seit Erhalt der Ausgabe des Blattes, in welchem die internationale Hinterlegung publiziert wird, verweigern (Haager Übereinkunft 1960, Art. 8).

§ 36 Eintragung der Topographien

1. Wirkung der Eintragung

Wir haben schon erwähnt, dass das ToG der Topographie eine ambivalente Stellung verschafft.

Grundsätzlich sind Topographien, wie Urheberwerke, durch ihre Festlegung auf einem Träger ohne Eintragung geschützt. Trotzdem zeitigt die Eintragung eine wichtige Wirkung. Eine nicht eingetragene Topographie ist nur für zwei Jahre seit ihrer erstmaligen Verbreitung geschützt. Ist die Topographie dagegen eingetragen, so ist sie für zehn Jahre seit ihrer Eintragung oder ihrer Verbreitung geschützt, falls Letztere früher erfolgt ist.

2. Eintragungsverfahren

Das Eintragungsgesuch geht an das IGE, möglichst auf dem von diesem bereitgestellten Formular.

Das Gesuch muss Angaben über den Hersteller der Topographie und über den Hinterleger enthalten, sofern dieser nicht der Hersteller ist. Das Gesuch muss zudem eine genaue Bezeichnung der Topographie mit Unterlagen zu deren Identifizierung und einer kurzen Beschreibung ihres Verwendungszwecks umfassen (ToG Art. 14 Abs. 1 lit. a und b). Wurde die Topographie bereits in Verkehr gesetzt, sind Ort und Datum der ersten Verbreitung anzugeben (ToG Art. 14 Abs. 1 lit. c).

3. Prüfung des Gesuchs

Vor der Eintragung der Topographie im Register prüft das IGE, ob die formellen Voraussetzungen erfüllt sind und ob die Topographie in den Schutzbereich des ToG fällt (ToG Art. 2), d.h. ob sie durch einen schweizerischen Hersteller oder einen Hersteller mit Aufenthalt oder geschäftlicher Niederlassung in der Schweiz entwickelt wurde oder ob ihre erste Verbreitung in der Schweiz erfolgte oder ob sie aufgrund von völkerrechtlichen Verträgen in der Schweiz geschützt ist oder ob sie von einem Ausländer mit Aufenthalt oder geschäftlicher Niederlassung in einem Staat hergestellt wurde, welcher der Schweiz Gegenrecht gewährt (ToG Art. 2 Abs. 2). Das IGE prüft dagegen nicht, ob die Unterlagen zur Identifizierung der Topographie genügen und ob letztere nicht alltäglich ist.

Die Verweigerung der Eintragung und die Zurückweisung des Gesuchs durch das IGE können mit Beschwerde bei der Rekurskommission angefochten werden.

4. Register

Das Register ist öffentlich zugänglich. Jede Person kann gegen Gebühr in das Register Einsicht nehmen und Auszüge der Unterlagen erhalten (ToG Art. 16).

Zudem können Rechtsübertragungen und die Erteilung von Lizenzen an Topographien im Register eingetragen werden. Das IGE verlangt für den Nachweis der Verfügung ein beglaubigtes Dokument oder ein anderes als genügend beweiskräftig beurteiltes Schriftstück.

5. Vertretung

Im Gegensatz zu anderen Immaterialgütern verlangt das ToG von ausländischen Gesuchstellern keine Inlandvertretung; eine solche wird allerdings vom IGE empfohlen.

6. Gebühren

Die Gebühren werden in der IGE-GebV festgesetzt. Die Anmeldegebühr beträgt CHF 450.–.

Vierter Teil
Rechte

13. Kapitel
Rechte an Immaterialgütern

§ 37 Zusammenfassung der allgemeinen Grundsätze

1. Schutz der schöpferischen Person

Das Immaterialgüterrecht ruht auf drei Grundpfeilern:
a) der schöpferischen Persönlichkeit;
b) dem geistigen Gut;
c) den Benutzern des geistigen Gutes.

Wie wir vorstehend festgestellt haben, bezeichnet man als «Schöpfer» eine Person, welche einen ästhetischen immateriellen Wert (literarisches oder künstlerisches Werk, Design) oder ein unterscheidungskräftiges Kennzeichen für Waren oder Dienstleistungen (Marke) oder eine neue Technik (Erfindungen) geschaffen hat. Das Ergebnis wird durch Zeit und Umfeld beeinflusst. Unmittelbare Quelle ist jedoch die persönliche und individuelle schöpferische Tätigkeit.

Die Bezeichnung «Schöpfung» mag für Marken übertrieben erscheinen. Doch auch hier wird ein Gut geschaffen, welches man sich nicht als fertiges Objekt mit wirtschaftlichem Wert beschaffen kann. Auch wenn das zur Kennzeichnung einer Ware oder Dienstleistung bestimmte Symbol vorbestehende Worte oder graphische Darstellungen beinhaltet, muss jener, der es als Marke verwenden will, ihm zuerst Unterscheidungskraft und einen repräsentativen Inhalt mit Bezug auf bestimmte Waren zukommen lassen.

Die Verbindung zwischen einer Person und dem durch sie geschaffenen (originellen) Gut gehört zum Wesen des Immaterialgüterrechts. Solange eine Rechtsordnung die Person als unabhängiges, einmaliges Wesen anerkennt, das sich im gesellschaftlichen Umfeld bewegt, kann sie die Person nicht von ihren Schöpfungen trennen; sie muss die intime Beziehung, die zwischen Schöpfer und Werk besteht, respektieren.

Das Immaterialgüterrecht war ursprünglich gleichbedeutend mit Privilegien der schöpferischen Person; zu Beginn des Industriezeitalters schützte es den Schöpfer vor der Ausbeutung durch Industrielle. Auf dem Höhepunkt des Industriezeitalters schützte es Industrielle und Kaufleute voreinander und ermöglichte die territoriale Marktabschottung. In unserer nachindustriellen Zeit, in welcher der Umweltschutz den ihm zustehenden Platz eingenommen hat und der blinde Glaube an ein unbegrenztes Wirtschaftswachstum und das individuelle Wohlergehen (von Arbeitgebern und Arbeitnehmern) hinter das relative Wohlergehen aller Marktteilnehmer, ja sogar der Allgemeinheit, zurückgebunden wird, muss auch das Immaterialgüterrecht bei diesem Aufbruch zu neuen Grenzen seine Ziele revidieren und sich unter die Instrumente zur Förderung und Wahrung des Gemeinwohls einreihen. Kann dieses Ziel im Sinne der iustitia distributiva erreicht werden und bleiben Individualität und Individualismus des Schöpfers anerkannt, so kann das Immaterialgüterrecht diese Periode durchstehen, ohne vollständig entstellt zu werden. Es gibt in der Tat keinen Grund, die Rechte des Menschen auf sein intimstes Eigentum, nämlich auf die Kinder seines Geistes, seine Geistesschöpfungen, weniger hoch einzustufen und zu schützen als die anderen sogenannten Menschenrechte.

Unseres Erachtens sollte in einem Rechtsstaat der Schutz des Individuums Endzweck der Rechtsordnung sein; das Individuum sollte nicht zum Mittel für das Erreichen der Zwecke der Gemeinschaft herabgewürdigt werden dürfen.

2. Die subjektiven Rechte der Schöpfer

Die geistige Schöpfung verschafft dem Erfinder, dem Urheber eines literarischen oder künstlerischen Werkes, eines Design oder einer Marke die uneingeschränkte Herrschaft über sein Immaterialgut, unter Vorbehalt der gesetzlichen Beschränkungen. Diese Rechtsinhaber müssen deshalb bestimmen können, ob und wie das Gut benutzt werden soll. Aus dogmatischer Sicht wird diese Befugnis als subjektives Recht bezeichnet. Daraus ergeben sich alle Vorrechte des Berechtigten.

3. Subjektive Rechte an Schöpfungen von Arbeitnehmern

In der westlichen Welt hat das wilde Wirtschaftswachstum der letzten Jahrzehnte einem grossen Teil der aktiven Bevölkerung zum materiellen Wohlergehen verholfen, unter Wahrung der körperlichen Unabhängigkeit und geistigen Freiheit. Um das Fortbestehen des persönlichen Wohlergehens zu sichern, haben es viele Schöpfer (Forscher, Künstler und andere Geistesarbeiter) vorgezogen, im Geborgensein eines Arbeitsvertrages tätig zu werden. Wer aber den von ihm angestellten Schöpfern die Mittel zum Leben und zum Arbeiten zur Verfügung stellt und ihnen dadurch die von materiellen Sorgen unbelastete Entfaltung ihrer schöpferischen Kräfte ermöglicht, will auch über die Früchte ihrer Arbeit verfügen können.

Der vorn erwähnte Grundsatz der Untrennbarkeit von Schöpfer und Werk kommt somit in Konflikt mit dem Grundsatz, wonach jener, der die Mittel zur Verfügung stellt, ein Recht (oder mindestens ein Teilrecht) am Ergebnis erhalten sollte.

Die Lösung dieses Konfliktes liegt in der Feststellung, dass das Immaterialgut zwar sehr eng mit seinem Schöpfer verbunden ist, als Kind seines Geistes aber dennoch, wie ein materielles Gut, nur ein Objekt ist, und nicht ein absolut untrennbarer Teil der Persönlichkeit seines Schöpfers, wie z.B. dessen Ehre oder Gesundheit.

Kein Arbeitnehmer in einer Schuhfabrik wird das Eigentum des Besitzers der Produktionsstätte an den hergestellten Schuhen mit der Begründung bestreiten wollen, diese hätten nur dank seiner körperlichen Kräfte hergestellt werden können. Warum sollte demzufolge der durch den gleichen Industriellen für die Entwicklung neuartiger Schuhsohlen eingestellte Techniker das Eigentum am Herstellungsverfahren solcher Sohlen mit der Begründung beanspruchen, es sei auf seine geistige Arbeit zurückzuführen? Warum soll derjenige, welcher seine schöpferische Gabe zur Verfügung stellt, besser behandelt werden als derjenige, welcher die Kraft seiner Arme vermietet oder seine geistigen Kräfte einbringt, ohne dass ein geschütztes Immaterialgut entsteht (Buchhalter, Mitarbeiter in einer Anwaltskanzlei)?

Verstösst die bevorzugte Behandlung der sich auf ihre schöpferischen Kräfte berufenden Person nicht gegen das Gleichheitsprinzip? Führt eine solche Bevorzugung zudem nicht notgedrungen zum Missbrauch? Soll der Angestellte, welcher eine neue Marke schafft, deren Gebrauch für empfängnisverhütende Mittel verbieten können? Soll der pazifistische Erfinder neuer Schuhsohlen deren Verwendung für Militärschuhe oder der pazifistische, bei einem Filmunternehmen angestellte Komponist die Verwendung seiner Melodie in einer Militärmarschmusik untersagen können?

Der selbständige Schöpfer besitzt zweifellos alle diese Rechte. Dies gilt u.E. nicht für Personen, welche ihre Gaben und ihre schöpferischen Kräfte als Gegenleistung für materielle Sicherheit (regelmässiger Lohn, zahlreiche Versicherungen, Ruhegehalt usw.) zur Verfügung stellen. Sie müssen zumindest auf das Recht an der Verwertung ihres Arbeitsergebnisses oder auf die dadurch erlangten zusätzlichen Einnahmen verzichten; u.E. ist es aber auch durchaus statthaft, Zweifel an der Stichhaltigkeit des absoluten Vorbehalts der «Persönlichkeitsrechte» am Werk zu Gunsten des schöpferisch tätigen Arbeitnehmers zu hegen – der Arbeitgeber sollte sich auch daran gewisse oder sogar alle Rechte sichern können.

§ 38 Patentrecht: Rechte, Rechtsbeschränkungen und Berechtigte

Das Ausschliesslichkeitsrecht des Erfinders resp. des Patentinhabers hat zwei Grundlagen:
a) die materielle Grundlage der Erfindung;
b) die formelle Grundlage der Patenterteilung.

Erst das erteilte Patent verschafft dem Eigentümer der Erfindung (der oft mit dem Erfinder nicht identisch ist – BGE 127 III 461) das volle Recht. Seine Rechtslage unterteilt sich somit in eine Zeit vor und eine Zeit nach der Patenterteilung. Die erste Periode ist geprägt durch die im Hinblick auf die Patenterteilung unternommenen Schritte, die zweite durch den Anspruch auf die aus dem Patent abgeleiteten Rechte und der sich daraus ergebenden Befugnisse.

1. Die Rechte des Eigentümers der Erfindung

1.1. Das Recht auf das Patent

PatG Art. 3 Abs. 1 lautet:

«Das Recht auf das Patent steht dem Erfinder, seinem Rechtsnachfolger oder dem Dritten zu, welchem die Erfindung aus einem anderen Rechtsgrund gehört.»

Das Recht auf das Patent besteht im Vorrecht, den ausschliesslichen Genuss an der rechtlich geschützten Erfindung zu erlangen. Es umfasst unter anderem das Recht auf Patentanmeldung, auf Patenterteilung, das Recht auf Verwendung des Patentes und das Recht, die durch das PatG verliehene Ausschliesslichkeit geltend zu machen.

Das Recht des Erfindungseigentümers auf das Patent bewirkt, dass ihm kein Dritter seine Anwartschaft auf die Patenterteilung und die vollständige Herrschaft über die Erfindung streitig machen kann. Da der Erfinder das Recht auf das Patent einem oder mehreren Rechtsnachfolgern übertragen kann, ergibt sich, dass der Erfinder nicht in jedem Fall der am Patent Berechtigte ist (BGE 127 III 461). Der Dritte, welcher die Patenterteilung beeinträchtigt, verletzt das Recht des Eigentümers der Erfindung auf das Patent; dieser kann gegen den Dritten auf Unterlassung der Störung und allenfalls auf Schadenersatz klagen. Im Weiteren kann sich der Eigentümer der Erfindung vor einer Übernahme der Erfindung durch unberechtigte Dritte aufgrund des Gesetzes gegen den unlauteren Wettbewerb schützen, sofern die besonderen Voraussetzungen dieses Gesetzes (beispielsweise Vertrauensmissbrauch) erfüllt sind.

1.2. Anspruch auf Erfindernennung

Der Anspruch, im Patentregister und in der Patentschrift als Erfinder aufgeführt zu werden, ist ein grundlegendes Recht des Erfinders (PatG Art. 5; EPÜ Art. 62). Der Erfinder kann auf diese Nennung verzichten, jedoch nicht im Voraus (PatG Art. 6; PatV Art. 38). Die Erfindernennung kann bis zu 16 Monaten nach der Anmeldung nachgereicht werden (PatV Art. 35).

1.3. Recht auf Abtretung der Erfindung

Die unmittelbarste Verletzung des Patentrechtes besteht darin, dass ein Dritter ohne Ermächtigung des Eigentümers der Erfindung diese zum Patent anmeldet und dieses erteilt erhält.

Das PatG gesteht dem Erfindungseigentümer das Recht zu, vom Usurpator die Abtretung des Patentgesuches oder des schon erteilten Patentes zu fordern (PatG Art. 29 Abs. 1, BGE vom 30. Mai 2001, sic! 2001, 749). Der bösgläubige und der gutgläubige Gesuchsteller sind zur Abtretung verpflichtet; die Klage gegen den Letzteren verjährt zwei Jahre nach dem amtlichen Datum der Veröffentlichung der Patentschrift (PatG Art. 31).

Das Recht auf Abtretung der Erfindung betrifft auch Dritte, welche vom Gesuchsteller oder vom Usurpator Teilrechte (Lizenzrecht, Miteigentum usw.) erworben haben[33]. Sind die Dritten gutgläubig und haben sie die Erfindung im Inland gewerblich benutzt oder besondere Anstalten dazu getroffen, so haben sie Anspruch auf die Erteilung einer Lizenz; die Entschädigung wird nötigenfalls vom Richter festgesetzt (PatG Art. 29 Abs. 3).

Gemäss PatG ist das fehlende Recht auf das Patent ein Nichtigkeitsgrund (PatG Art. 26 Abs. 1 Ziff. 6)[34].

Hat sich ein Unbefugter ein europäisches Patent erteilen lassen, so gelten PatG Art. 29 ff. für den schweizerischen Teil des europäischen Patentes (EPÜ Art. 1 Abs. 2).

2. Rechte aus dem Patent

2.1. Entstehung des Rechtes aus dem Patent

Das Recht aus dem Patent entsteht von Gesetzes wegen mit der Erteilung des gültigen Patentes. Der Inhaber kann seine Rechte aus der Erfindung erst nach der Patenterteilung vollumfänglich ausüben. Er ist jedoch auch schon vor der blossen Patentanmeldung nicht schutzlos (vgl. vorne, Ziff. 1.3.). Seine Stellung verbessert sich nach der Patentanmeldung. Sobald der Patentanmelder von einer Benutzung seiner Erfindung Kenntnis erhält, kann er dem Benutzer den Inhalt seiner Patentanmeldung mitteilen und ihn darauf hinweisen, dass der unbefugte Benutzer der Erfindung sich nach Erteilung des Patentes dem Risiko einer Schadenersatzklage aussetzt (PatG Art. 73 Abs. 3).

2.2. Inhalt des Rechtes aus dem Patent

Das PatG zählt die verschiedenen Kategorien von möglichen Benutzungen auf, jedoch nicht abschliessend. Dazu gehören, ausser dem (gewerblichen) Gebrauch und der Ausführung der Erfindung, auch das Feilhalten, Verkaufen und der Vertrieb des Erzeugnisses, die Nachahmung und jeder andere geschäftliche Gebrauch

---

[33] Siehe dazu auch STEFANO CODONI, Zur Anwendung des Grundsatzes des Vorranges der absoluten Rechte gegenüber den relativen Rechten im Immaterialgüterrecht, in: SJZ 1999, S. 2.
[34] Zur Patentnichtigkeit s. unten, § 44, Ziff. 2.

(PatG Art. 8 Abs. 2 und Art. 66 lit. a; BGE vom 11. April 2002, sic! 2002, 689; BGE 17. August 2001, sic! 2001, 749).

Nur der Gebrauch in der Schweiz untersteht dem Schweizer Recht. Dies ist schon dann der Fall, wenn das Resultat des Gebrauchs in der Schweiz eintritt, der Erfolgsort daher in der Schweiz liegt (BGE 129 III 588)[35].

3. Beschränkungen der Ausschliesslichkeitsrechte

3.1. Private Benützung

Die Rechte aus dem Patent betreffen nur die gewerbliche, nicht aber die private Nutzung und Benutzung. Wer beispielsweise im Ausland eine in der Schweiz durch ein Patent geschützte Kaffeemaschine kauft und in die Schweiz einführt, verletzt das Recht des Patentinhabers nicht, wenn er die Maschine zu Hause benutzt, wohl aber, wenn er sie in seinem Betrieb für die Kaffeepause der Arbeitnehmer verwendet. Entscheidend ist der Zweck der Benutzung. Dient sie direkt oder indirekt der Erhöhung der Einnahmen oder der Befriedigung von Bedürfnissen Dritter, so gilt die Benutzung als gewerblich.

3.2. Benützung zu Versuchszwecken

Um zu prüfen, ob eine Erfindung den gesetzlichen Anforderungen genügt, d.h. ob sie gewerblich anwendbar oder genügend verbreitet ist, müssen oft praktische Versuche vorgenommen, d.h. das geschützte Erzeugnis muss hergestellt oder das Verfahren angewandt werden. Wer ein Patent anfechten will, darf solche Versuche durchführen. Dies darf auch jener, der eine Erfindung so weiter entwickeln will, dass daraus eine patentfähige abhängige Erfindung entstehen wird (d.h., dass das neue Erzeugnis oder Verfahren einem anderen Zweck dient oder einen namhaften technischen Fortschritt aufweist; PatG Art. 36 Abs. 1). In diesem Zusammenhang unter Verwendung von Patenten oder patentierten Verfahren Dritter hergestellte Produkte müssen nach ihrer Prüfung und Analyse vernichtet werden.

3.3. Vorbenützung der Erfindung

Gutgläubige Dritte, welche vor dem Anmelde- oder Prioritätsdatum die Erfindung in der Schweiz gewerblich benutzt oder besondere Anstalten dazu getroffen haben, dürfen die Erfindung zu Geschäftszwecken benutzen, ohne dass ihnen das Patent entgegengehalten werden kann. Sie dürfen jedoch solche Benutzungsrechte nur zusammen mit dem Geschäft weiter übertragen (PatG Art. 35). Das Mitbenutzungsrecht beinhaltet alle Arten der Benutzung, d.h. das Feilhalten, Verkaufen, den Vertrieb und den Gebrauch, sofern der Erstbenutzer die Erfindung vollumfänglich

---

[35] Siehe dazu auch unten, § 56, Ziff. 1 und 3.

zu verwenden beabsichtigte. Hat er jedoch die Erfindung einzig zur Verwendung des Produkts in seinem eigenen Unternehmen hergestellt, so darf er auch später diesen Umfang der Benutzung nicht überschreiten.

Die Mitbenutzung kann problematisch werden im Zusammenhang mit der Benutzung der Erfindung durch Dritte nach einer Wiedereinsetzung in den früheren Stand (vgl. hinten, § 44 Ziff. 2.).

4. Berechtigte im Patentrecht

4.1. Mehrere Berechtigte

Immer häufiger arbeiten Erfinder nicht allein, sondern in Gruppen und sichern sich die Mitwirkung von dritten Geldgebern. Die Teamarbeit erleichtert koordinierte Anstrengungen und die systematische Durchsicht der Informationen. Es entsteht eine Interessengemeinschaft, in welcher alle an den Ergebnissen von Entwicklung und Forschung teilhaben.

Die gemeinsam gemachte Erfindung setzt gemeinsame Arbeit und gemeinsame schöpferische Tätigkeit mehrerer Personen voraus. Das Recht auf die Erfindung steht ihnen gemeinsam zu (PatG Art. 3 Abs. 2). Haben sich die Erfinder zu einer einfachen Gesellschaft zusammengeschlossen, so gehört ihnen die Erfindung zur gesamten Hand. Andernfalls sind sie Miteigentümer zu gleichen Teilen (condominium pro indiviso), sofern sie keine andere Aufteilung vereinbart haben (ZGB Art. 646 Abs. 1 und 2). Bei Miteigentum kann jeder Berechtigte über seinen Anteil verfügen oder z.B. Klage wegen Patentverletzung anheben. Hingegen können Verfügungen betreffend der Rechte am oder aus dem Patent nur mit Zustimmung aller Miteigentümer getroffen werden (beispielsweise kann ein Miteigentümer die patentierte Regel nur mit Zustimmung der übrigen Miteigentümer verwenden; PatG Art. 33 Abs. 2). Diesbezüglich geht die Spezialbestimmung des PatG der allgemeinen Vorschrift des ZGB vor, welche jedem Miteigentümer das Recht auf Nutzung der gemeinsamen Sache gewährt, soweit dies mit den Rechten der anderen Miteigentümer vereinbar ist (ZGB Art. 648 Abs. 1).

In Nichtigkeitsverfahren bilden die Miteigentümer eine notwendige Streitgenossenschaft. Das PatG regelt diesen Fall nicht – es liegt eine echte Gesetzeslücke vor. Sind die Miteigentümer in der Schweiz und im Ausland niedergelassen, so sollte der schweizerische Gerichtsstand allfälligen anderen Gerichtsständen vorgehen.

Verbinden sich zwei oder mehrere Personen, um ein technisches Problem in technischer, technisch-finanzieller oder organisatorischer Zusammenarbeit zu lösen, so gehört ihnen das Ergebnis, gemäss den Bestimmungen über die einfache Gesellschaft, zur gesamten Hand (OR Art. 530 ff. und ZGB Art. 652; BGE vom 5. Januar 2001, sic! 2001, 330).

4.2. Berechtigte an Forschungsarbeiten

Forschungsarbeiten werden meistens im Auftragsverhältnis erarbeitet (ausgenommen jene Fälle, wo der Auftraggeber die Arbeiten durch eigene Angestellte durchführen lässt). Der Auftraggeber übernimmt das finanzielle Risiko. Er hat deshalb ein berechtigtes Interesse am ausschliesslichen Eigentum an solchen Erfindungen. Sofern der Auftraggeber allen seinen Verbindlichkeiten gegenüber dem Beauftragten nachgekommen ist, gehen alle Rechte, die der Beauftragte an seiner Entwicklung erwirbt, von Gesetzes wegen auf den Auftraggeber über (OR Art. 401 Abs. 1).

Ausnahmsweise verpflichtet sich der Forscher nicht nur zur Durchführung der Forschungsarbeiten, sondern zur Lieferung eines erfinderischen Ergebnisses, d.h. des vom Auftraggeber bestellten Werkes. In solchen Fällen schliesst der Forscher einen Werkvertrag, da er sich zur Herstellung eines Werkes (der Erfindung) gegen Leistung einer Vergütung verpflichtet (OR Art. 363). Das Werk gehört vollumfänglich und mit allen Rechten dem Besteller (BGE 109 II 34). Der Unternehmer, welchem vom Besteller eine für die Herstellung des Werkes brauchbare oder notwendige erfinderische Idee anvertraut wurde, darf diese nicht für eigene Zwecke verwenden (BGE 93 II 272). Das allgemeine Recht regelt die Haftung des Unternehmers für die Bereitstellung der zur Ausführung des Werkes nötigen Hilfsmittel, Werkzeuge und Stoffe (OR Art. 364 Abs. 3 und Art. 365) sowie für die Qualität des Werkes (OR Art. 368 und 375). Dies gilt auch für die Pflicht des Bestellers, das Werk auf Mängel zu prüfen und die Vergütung zu zahlen (OR Art. 367 und 372).

4.3. Arbeitnehmererfindungen

Die meisten Erfindungen werden heute durch angestellte Erfinder gemacht. Die Rechte aus solchen Erfindungen werden nicht vom PatG, sondern von den Bestimmungen des OR über das Arbeitsvertragsrecht geregelt.

4.3.1. Erfindungen, die in Erfüllung einer vertraglichen Verpflichtung gemacht werden

Gemäss OR gehören Erfindungen, die der Arbeitnehmer in Erfüllung seiner vertraglichen Pflicht gemacht hat, dem Arbeitgeber (OR Art. 332 Abs. 1). Das OR geht weiter als das PatG oder die EPÜ, welche sich mit der Regelung des Rechtes auf das Patent begnügen (PatG Art. 3 und EPÜ Art. 60). Der Arbeitgeber besitzt somit alle Verfügungs- und Verwertungsbefugnisse an der Erfindung. Er kann eine Patentanmeldung einreichen, die Erfindung geheim behalten, sie veräussern oder ins Gemeingut fallen lassen (BGE 80 IV 33).

Alle Entwicklungen gehören dem Arbeitgeber, unabhängig von ihrer Patentfähigkeit. Er erwirbt die Rechte originär auf Grund des Umstandes, dass die Entwicklung vom Arbeitnehmer in Erfüllung seiner verträglichen Pflichten gemacht wurde (BGE 74 II 106, 113). Dieser Erwerb ist uneingeschränkt und gilt somit weltweit.

Der Arbeitnehmer behält das Recht, als Erfinder genannt zu werden.

Der Arbeitgeber erwirbt ein originäres Recht allerdings nur an jenen Arbeiten, welche der Arbeitnehmer in Erfüllung seiner vertraglichen Pflicht gemacht hat. Die erfinderische Tätigkeit muss Teil der vom Arbeitnehmer zugesagten Leistungen sein (BGE 100 IV 169). Als Hinweise dafür, dass die erfinderische Tätigkeit eine vertragliche Pflicht des Arbeitnehmers war, gelten seine Stellung im Betrieb (z.B. als technischer Direktor oder Angestellter eines Forschungslaboratoriums), seine besonderen technischen Kenntnisse im Bereich, in welchem das Unternehmen tätig ist, die Höhe seines Lohnes, vertragliche Bestimmungen über Rechte an Erfindungen des Arbeitnehmers oder auch besondere Entschädigungen für technische Entwicklungen (BGE 100 IV 169).

4.3.2. Andere Arbeitnehmererfindungen

Der Arbeitgeber kann sich durch schriftliche Abmachung den Erwerb von Erfindungen ausbedingen, welche der Arbeitnehmer in Ausübung seiner Tätigkeit für den Arbeitgeber, aber ausserhalb seiner vertraglichen Pflicht gemacht hat (OR Art. 332 Abs. 2 und 3) (BGE 127 III 461).

Eine solche Vereinbarung muss nicht unbedingt aus dem Arbeitsvertrag hervorgehen, sondern kann auch in einem gegengezeichneten Brief oder einem anderen beweiskräftigen Schriftstück enthalten sein (OR Art. 13 Abs. 2). Der Vorbehalt des Arbeitgebers deckt alle vom Arbeitnehmer getätigten technischen Entwicklungen ab, unabhängig von ihrer Patentfähigkeit. Der Arbeitgeber entscheidet, ob er die dermassen erworbene Entwicklung geheimhalten oder ob und wie er sie verwerten will.

Im Zeitpunkt der Schöpfung ist der Arbeitnehmer der alleinige Herr über die Erfindung. Dieser Besitz verschafft jedoch nur eine sehr verletzliche Herrschaft, die Geheimhaltung ist schwierig. Deshalb gebieten Treu und Glauben dem Arbeitnehmer, den Arbeitgeber unverzüglich über sein Arbeitsergebnis zu informieren.

Der Arbeitgeber hat sechs Monate Zeit, um die Erfindung zu prüfen und deren Wert abzuschätzen. Innert dieser Frist muss er dem Arbeitnehmer schriftlich mitteilen, ob er die Erfindung erwerben will. Erwirbt der Arbeitgeber die Erfindung, durch schriftliche Bestätigung oder durch konkludentes Handeln, so hat er dem Arbeitnehmer *«eine besondere, angemessene Vergütung auszurichten; bei deren Festsetzung sind alle Umstände zu berücksichtigen, wie namentlich der wirtschaftliche Wert der Erfindung, die Mitwirkung des Arbeitgebers, die Inanspruchnahme seiner Hilfspersonen und Betriebseinrichtungen, sowie die Aufwendungen des Arbeitnehmers und seine Stellung im Betrieb»* (OR Art. 332 Abs. 4). Es handelt sich hierbei um eine zwingende Bestimmung, von welcher nicht zuungunsten des Arbeitnehmers abgewichen werden darf (OR Art. 362).

Nach Beendigung des Arbeitsverhältnisses gelten die Pflichten des Arbeitnehmers (Informationspflicht über während des Arbeitsverhältnisses gemachte technische Entwicklungen, zur Verfügungstellung von Erfindungen, Unterstützung bei der Patenterteilung) und des Arbeitgebers (Zahlung der vereinbarten Vergütung bei Erwerb einer vorbehaltenen Erfindung) weiterhin. Zudem darf der Arbeitnehmer nach Beendigung des Arbeitsverhältnisses vertrauliche Tatsachen und Kenntnisse, beispielsweise Fabrikations- oder Geschäftsgeheimnisse, weder verwerten noch anderen mitteilen; dies gilt unabhängig davon, ob er zu deren Schaffung selber beigetragen oder lediglich im Rahmen seiner Anstellung davon Kenntnis erhalten hat (OR Art. 321a Abs. 4).

§ 38a Sortenschutz: Rechte und Berechtigte

1. Das Recht auf den Sortenschutz

Das Recht auf den Sortenschutz steht dem Züchter oder seinem Rechtsnachfolger zu (SortG Art. 9 Ziff. 1).

Damit jemand einen schweizerischen Sortenschutz beanspruchen kann, muss er entweder Schweizer Bürger sein oder in der Schweiz seinen (Wohn) Sitz haben oder Angehöriger eines UPOV Staates sein, der Sorten gleicher Art schützt (SortG Art. 2).

Haben mehrere Personen eine Sorte gemeinsam gezüchtet, so steht ihnen das Recht gemeinsam zu (SortG Art. 9, Ziff. 2). Betreffend die gemeinsamen Rechte verweisen wir auf das zum Patentrecht gesagte (s. oben, § 38, Ziff. 4.1).

Wird eine Sorte von voneinander unabhängigen Personen praktisch gleichzeitig entwickelt, so steht das Recht jener Person zu, die sich auf die frühere Anmeldung oder auf eine Priorität berufen kann (SortG Art. 9, Ziff. 3; betreffend Priorität s. oben, § 32, Ziff. 5). Wer eine Sorte zum Schutz anmeldet, gilt bis zum Beweis des Gegenteils als berechtigt, den Schutz zu beantragen (SortG Art. 10).

Es ergibt sich aus obigem, dass das Recht am Sortenschutz mit der Eintragung entsteht – die Anmeldung schafft ein Anwartschaftsrecht. Die Anmeldung öffnet dem Bewerber die Möglichkeit, gegen Leistung angemessener Sicherheit auf Unterlassung oder Beseitigung des rechtswidrigen Zustandes zu klagen (SortG Art. 38), oder diesbezügliche vorläufige Massnahmen zu beantragen (Sort. G Art. 43ff).

2. Die sich aus dem Sortenschutz ergebenden Rechte

Der an einer geschützten Sorte Berechtigte kann jedem Dritten verbieten, ohne seine Zustimmung Material für die Vermehrung der geschützten Sorte zum gewerbsmässigen Vertrieb zu erzeugen oder anzubieten, oder solches Material gewerbsmässig zu vertreiben. Als Vermehrungsmaterial gilt sowohl generatives Material (Samen, Früchte usw.) wie auch vegetatives Material (Pflanzen oder ihre Teile wie Zwiebeln, Stecklinge, Knollen, usw.) (SortG Art. 12).

Der Berechtigte kann Dritten auch verbieten, mittels Pflanzen oder Teilen davon, die normalerweise nicht zum Zwecke der Vermehrung vermarktet werden, durch vegetative Vermehrung gewerbsmässig Zierpflanzen oder Schnittblumen herzustellen (SortG Art. 13; auf Beschluss des Bundesrates kann auch der Vertrieb der hergestellten Pflanzen verboten werden (SortG Art. 13 Ziff. 2).

3. Beschränkungen der Rechte

Dritte dürfen Vermehrungsmaterial einer geschützten Sorte zur Züchtung, Herstellung und für den Vertrieb einer neuen Sorte verwenden, ohne die Zustimmung des Berechtigten einzuholen. Diese Ausnahme gilt jedoch nur, wenn die neue Sorte unabhängig vermehrt werden kann; muss hingegen das Vermehrungsmaterial der geschützten Sorte konstant für die Herstellung der neuen Sorte verwendet werden, so ist die Zustimmung des Berechtigten erforderlich (Sort G Art. 12 Ziff. 3).

§ 39 Marken-, Herkunftsangaben- und Firmenrecht: Rechte und Berechtigte

1. Recht auf die Marke

Der Inhaber der Marke erhält erst mit der Eintragung im Register ein vollständiges Ausschliesslichkeitsrecht (MSchG Art. 5, RKGE vom 17. Juni 1997, sic! 1997, 399)

Das Markenrecht steht demjenigen zu, der die Marke zuerst hinterlegt (MSchG Art. 6; BGE 129 III 353). Die Hinterlegung verleiht dem Hinterleger die Anwartschaft auf das Markenrecht, das Prioritätsrecht. Sie entfaltet jedoch schon vor der Eintragung Wirkungen. Der Hinterleger kann Dritte, welche ein gleiches oder gleichartiges Zeichen verwenden, verwarnen; allfällige Schadenersatzleistungen werden vom Zeitpunkt der Hinterlegung an berechnet.

Das Prinzip der Hinterlegungspriorität wird durch MSchG Art. 14 zugunsten vorbenützter Zeichen insoweit eingeschränkt, als der Markeninhaber einem anderen nicht verbieten kann, ein von diesem bereits vor der Hinterlegung gebrauchtes Zeichen im bisherigen Umfang weiter zu gebrauchen (BGE 129 III 353).

Hat der Hinterleger jedoch bösgläubig gehandelt und sich die Marke eines anderen angemasst (indem beispielsweise der Schweizer Teilhaber eines ausländischen Unternehmers dessen Marke in der Schweiz hinterlegt, obgleich er weiss, dass der ausländische Teilhaber diese anlässlich der Einführung seiner Waren oder Dienstleistungen in der Schweiz hinterlegen wollte, oder auch, indem ein Vertreter oder Lizenznehmer die Marke auf seinen Namen statt auf denjenigen des ursprünglich Berechtigten einträgt), so hat der Letztere ein besseres Recht auf die Marke und kann deren Abtretung fordern (BGE 129 III 353).

Gemäss PVÜ kann jeder Hinterleger seine Marke innert sechs Monaten in den anderen Verbandsländern eintragen lassen (PVÜ Art. 4) Die Ersthinterlegung eines Schweizers in einem Nichtmitgliedstaat der PVÜ, welcher der Schweiz Gegenrecht gewährt, hat die gleiche Wirkung wie die Ersthinterlegung in einem Mitgliedstaat (MSchG Art. 7).

Gemäss PVÜ Art. 4 A Ziff. 1 ist die formgerechte Hinterlegung die einzige Voraussetzung für den Erwerb eines Prioritätsrechtes mit Wirkung in allen Verbandsländern.

2. Die sich aus der Marke ergebenden Rechte

2.1. Recht auf Gebrauch

Das Gesetz verleiht dem Markeninhaber das ausschliessliche Recht, die Marke zur Kennzeichnung von Waren oder Dienstleistungen zu verwenden (BGE vom 8. November 2004, sic! 2005, 200), um diese anzubieten, in Verkehr zu bringen oder zu diesem Zweck zu lagern, oder sie aus- oder einzuführen (MSchG Art. 13 Abs. 2; BGE 126 III 322; 129 III 353) oder für seine Waren oder Dienstleistungen zu werben (BGE vom 30. Januar 2002, sic! 2002, 454).

Die Verwendung einer fremden Marke in der Werbung oder im Geschäftsverkehr ist auch dann verboten, wenn sie nicht unmittelbar produkt- oder dienstleistungsbezogen ist, sondern wenn die Marke im mündlichen Verkehr, als Vorspann oder in der Erinnerungswerbung verwendet wird.

Die Verwendung einer Dienstleistungsmarke durch einen Dritten ist nach MSchG Art. 13 Abs. 2 lit. c nur verboten, wenn sie von den interessierten Verkehrskreisen als Hinweis auf die Herkunft dieser Dienstleistung verstanden wird.

Wenn jedoch der kennzeichnende Teil einer Dienstleistungsmarke (WIR Bank) gleichzeitig auch als Sachbezeichnung für gewisse Güter dient (WIR Geld), so kann die Bezeichnung für andere Dienstleistungen im Zusammenhang mit WIR Geld verwendet werden (BGE 126 III 322).

Das absolute Recht des Markeninhabers besteht darin, anderen den Gebrauch des gleichen Zeichens für gleiche Waren oder Dienstleistungen zu verbieten. Bei Verwechslungsgefahr kann der Markeninhaber zudem den Gebrauch eines gleichartigen Zeichens für gleichartige Waren oder Dienstleistungen verbieten (MSchG Art. 13 Ziff. 1 lit. b und c; BGE vom 30. Januar 2002, sic! 2002, 434).

Der Gebrauch der Marke muss im Geschäftsverkehr erfolgen; andernfalls stellt er keinen Gebrauch als Marke dar (BGE 126 III 323). Untersagt werden kann nur der

Gebrauch eines tatsächlich verwendeten Zeichens (BGE vom 5. September 2003, sic! 2003, 41).

2.2. Lizenznehmer

Da das Markenrecht allein demjenigen zusteht, welcher das Prioritätsrecht besitzt, kann sich der Lizenznehmer oder ein anderer abgeleiteter Berechtigter dem unrechtmässigen Gebrauch der Marke durch Dritte nicht widersetzen.

2.3. Territoriale Beschränkung

Gemäss dem Territorialitätsprinzip sind die Vorrechte des Inhabers einer Schweizer Marke auf die Schweiz beschränkt (BGE 113 II 73).

Die Einfuhr in die Schweiz, ohne Einwilligung des Schweizer Markeninhabers, einer Ware, welche im Ausland mit Zustimmung des ausländischen Markeninhabers mit Zeichen, die mit der Schweizer Marke identisch sind, versehen wurde (Parallelimport), wird nicht als unrechtmässiger Gebrauch der Marke betrachtet (BGE 122 III 469; BGE vom 11. April 2002, sic! 2002, 605).

2.4. Recht auf Auskunft

Jeder Inhaber einer Marke (oder einer Herkunftsangabe), der in seinem Recht verletzt oder gefährdet wird, kann vom Richter verlangen, den Beklagten zu verpflichten, die Herkunft seiner Ware anzugeben. Der Beklagte muss nicht nur den Namen seines unmittelbaren Lieferanten nennen, sondern alle nützlichen Angaben über die Herkunft der Marke machen (MSchG Art. 55 Ziff. 1 lit. c).

2.5. Weiterbenützungsrecht

Wer eine Marke für eine bestimmte Ware oder Dienstleistung gebraucht, jedoch wegen deren geringen Verbreitung auf eine Eintragung verzichtet hat, darf das Zeichen auch dann weiterhin gebrauchen, wenn ein gutgläubiger Dritter dieses für sich einträgt. Zur Verhinderung von Missbräuchen kann ein solches Weiterbenützungsrecht nur zusammen mit dem Unternehmen übertragen werden. Diese Regelung stellt eine Ausnahme vom Grundsatz der freien Übertragbarkeit der Marke dar (MSchG Art. 17 Abs. 1).

2.6. Berühmte Marke

Die berühmte Marke (s. vorne, § 14 Ziff. 3.3.3.) geniesst einen besonderen Schutz. Das MSchG schützt sie vor jedem Gebrauch für irgendwelche Waren oder Dienstleistungen, wenn durch einen derartigen Gebrauch die Unterscheidungskraft der Marke gefährdet oder deren Ruf ausgenützt oder beeinträchtigt wird. Rechte, die erworben wurden, bevor die Marke Berühmtheit erlangt hat, sind vorbehalten

(MSchG Art. 15 Ziff. 2). Der Inhaber einer berühmten Marke kann deren Gebrauch durch andere auch für Artikel verbieten, für welche er sie selber nicht benutzt (BGE 124 III 277; BGE vom 4. April 2001, sic! 2001, 408).

2.7. Durchgesetzte Marke

Hat sich eine Marke so durchgesetzt, dass sie an die Stelle der Firma getreten und zum Kennzeichen des Unternehmens geworden ist, so kann sich dieses gegen eine Anmassung durch Dritte nicht nur aufgrund des MSchG, sondern auch aufgrund der Bestimmungen über den Persönlichkeitsschutz wehren (OR Art. 28 und 29).

2.8. Nicht genehmigte Eintragung

Das MSchG bestimmt, dass ohne Zustimmung des Ermächtigten auf den Namen von Agenten, Vertretern oder anderer zum Gebrauch Ermächtigten (z.B. Lizenznehmern) eingetragene Marken vom Schutz durch das MSchG ausgeschlossen sind. Dies gilt auch für Marken, für welche die Zustimmung des Berechtigten weggefallen ist (MSchG Art. 4).

3. Berechtigte

Gemäss MSchG Art. 28 kann jede Person eine Marke hinterlegen.

Wer Inhaber einer Marke werden muss, hat jedoch eine Verbindung zwischen dem gebrauchten Kennzeichen und der vertriebenen Ware oder Dienstleistung nachzuweisen. Wer eine Marke hinterlegt, muss u.E. beabsichtigen, diese innert fünf Jahren für die Waren oder Dienstleistungen, für welche sie beansprucht wird, zu gebrauchen oder gebrauchen zu lassen. Er muss zumindest die wirtschaftlichen Möglichkeiten dazu haben (BGE vom 1. Mai 2003, sic! 2004, 325; s. auch oben, § 14, Ziff. 3.2.3; § 34, Ziff. 1).

Mehrere rechtlich selbständige, aber wirtschaftlich eng miteinander verbundene Unternehmen können gleiche oder gleichartige Marken eintragen und sie gleichzeitig gebrauchen, ohne dass die Gültigkeit jeder Eintragung dadurch beeinträchtigt wird (Konzernmarke). Jede Gesellschaft ist Inhaberin der Marken, welche sie auf ihren Namen eingetragen hat. Hingegen wird der Gebrauch der Marke durch eine Gesellschaft des Konzerns den Gesellschaften angerechnet, welche Markeninhaberinnen sind.

Die Kollektivmarke ist das Zeichen einer Vereinigung von Fabrikations-, Handels- oder Dienstleistungsunternehmen (MSchG Art. 22 – s. oben, § 14, Ziff. 3.3.2). Der Begriff der Vereinigung ist weitergefasst als der im Zusammenhang mit der Einzelmarke verwendete Begriff des Unternehmens. Entscheidend ist die Tatsache, dass die Gesellschaft Inhaberin der Rechte und Pflichten ist, auf welche sie sich zwecks Vertragsschluss und Prozessführung beruft.

Öffentlichrechtliche Körperschaften oder juristische Personen können Kollektivmarken hinterlegen.

4. Rechte im Bereich der Herkunftsangaben

Das Recht auf Herkunftsangabe ist das Recht, von der Bekanntheit zu profitieren, welche die Herkunft von einem bestimmten Ort, einer bestimmten Gegend oder einem bestimmten Land einer Ware oder Dienstleistung verleiht.

Man kann aber nicht von an die Herkunftsangabe gebundenen Rechten sprechen, denn niemand hat ein ausschliessliches subjektives Recht daran; sie gehört niemandem im Besonderen. Die Herkunftsangabe ist an einen Ort oder an eine geographische oder geopolitische Gegend gebunden, auf welche die Berechtigten keinen Eigentumsanspruch haben. Sie besitzen lediglich ein Gebrauchsrecht (BGE 128 III 454).

Die Gebrauchsrechte sind grundsätzlich die gleichen wie für die Marke; es handelt sich um das Recht, die Herkunftsangabe auf einer Ware anzubringen, das Recht, sie zur Kennzeichnung von Waren oder Dienstleistungen zu verwenden, um diese anzubieten, zu verkaufen oder auf andere Weise in Verkehr zu bringen, und um das Recht, sie auf Geschäftspapieren und zur Werbung zu verwenden.

Das MSchG unterscheidet zwischen der Herkunft von Waren, welche sich nach dem Ort der Herstellung oder nach der Herkunft der verwendeten Ausgangsstoffe und Bestandteile bestimmen (MSchG Art. 48), und der Herkunft von Dienstleistungen, für welche die Staatsangehörigkeit oder der Wohnsitz der die Dienstleistung erbringenden Personen die Hauptrolle spielt (MSchG Art. 49).

5. Rechte und Berechtigte an Firma und Handelsname

5.1. Recht an der Firma

Das schweizerische Recht definiert den Begriff «Firma» nicht. Besteht die Firma aus dem Namen des Eigentümers des Unternehmens, so bezeichnet sie gleichzeitig die Firma und den Unternehmer. Zudem kann die Firma die Funktion einer Handels- und Dienstleistungsmarke erfüllen und als solche eingetragen werden.

Wir besprechen an dieser Stelle die Firma ausschliesslich aus der Sicht des Namensrechts.

Als Firma geschützt sind lediglich im Schweizerischen Handelsregister eingetragene Firmen. OR Art. 956 definiert das Recht aus der Firma folgendermassen:

«Die im Handelsregister eingetragene und im Schweizerischen Handelsamtsblatt veröffentlichte Firma eines einzelnen Geschäftsinhabers oder einer Handelsgesellschaft oder Genossenschaft steht dem Berechtigten zu ausschliesslichem Gebrauch zu.

Wer durch den unbefugten Gebrauch einer Firma beeinträchtigt wird, kann auf Unterlassung der weiteren Führung der Firma und bei Verschulden auf Schadenersatz klagen.»

Der Wortlaut von OR Art. 956 Abs. 1 könnte den Eindruck erwecken, durch die Eintragung im Handelsregister und die Veröffentlichung entstehe ein persönliches absolutes Recht auf die Firma. Dies trifft jedoch nicht zu. Ein persönliches absolutes und geschütztes Recht erhält nur derjenige, dessen Firma *«generelle Verkehrsgeltung erlangt hat und zum schlagwortartigen Rufnamen für sein Unternehmen geworden ist»* (BGE 74 II 235). Andernfalls ist die Firma aufgrund des OR Art. 956 Abs. 2 nur gegen den unrechtmässigen Gebrauch als Firma durch Dritte geschützt (BGE 127 III 160). Der Schutz erstreckt sich nicht auf den beschränkten Gebrauch als Enseigne oder als Unternehmensbezeichnung anderer Art (BGE 123 III 320).

Der Schutz der Firma einer Aktiengesellschaft, Genossenschaft oder Gesellschaft mit beschränkter Haftung erstreckt sich auf die ganze Schweiz (OR Art. 951 Abs. 2, BGE 122 III 369). Unter Verwendung von Personennamen gebildete Einzelfirmen, Firmen von Kollektivgesellschaften, Kommanditgesellschaften, Kommanditaktiengesellschaften und Gesellschaften mit beschränkter Haftung geniessen einen beschränkten Schutz am Ort ihrer Eintragung (OR Art. 946 Abs. 1 und Art. 951 Abs. 1).

Das Firmenrecht schliesst nicht aus, dass der Firma einer überregional tätigen Einzelfirma gestützt auf das UWG über den Eintragungsort hinaus Schutz gewährt wird (BGE vom 7. Juni 2001, sic! 2002).

5.2. Recht am Handelsnamen

Das Recht am Handelsnamen entsteht erst mit dem Gebrauch; der Handelsname wird nur geschützt, wenn er bereits in einem nennenswerten Umfang gebraucht worden ist oder eine gewisse Notorität erlangt hat (BGE 109 II 485). Der Gebrauch in der Werbung genügt; der Verkauf von Ware oder die Erbringung von Dienstleistungen ist nicht Voraussetzung (BGE 114 II 106).

Im Gegensatz zur Firma fällt der Handelsname oder die Enseigne nicht unter den Schutz von OR Art. 956 (BGE 123 III 320); der Berechtigte kann sich jedoch auf die Bestimmungen gegen den unlauteren Wettbewerb und gegebenenfalls diejenigen über den Persönlichkeits- resp. Namensschutz berufen (BGE vom 6. November 2001, sic! 2002, 162). Für Handelsname und Enseigne kann der Schutz nicht über denjenigen Kreis hinausgehen, in welchem deren Inhaber Geschäftsbeziehungen mit seinen Lieferanten unterhält oder seinen Kundenkreis sucht, seine Waren oder Dienstleistungen anbietet und Werbung macht (BGE 88 II 28, 31).

Die Frage, ob eine Bezeichnung Handelsname ist, muss aufgrund des schweizerischen Rechtes entschieden werden. Nicht im schweizerischen Handelsregister eingetragene ausländische Firmen geniessen in der Schweiz keinen grösseren Schutz als nicht eingetragene schweizerische Handelsnamen (BGE 114 II 106).

Die Bestimmungen über den Schutz des Handelsnamens sind besonders bedeutungsvoll für ausländische Unternehmen, welche keinen Sitz in der Schweiz haben und deren Firma nicht im schweizerischen Handelsregister eingetragen ist. Solche Unternehmen können sich auf PVÜ Art. 8 berufen, wonach «der Handelsname in allen Verbandsländern ohne Verpflichtung zur Hinterlegung oder Eintragung» geschützt wird, «gleichgültig, ob er Bestandteil einer Fabrik- oder Handelsmarke ist oder nicht».

Aber PVÜ Art. 8 gewährt Handelsnamen keinen absoluten Schutz, sondern stellt bloss sicher, dass die Mitgliedstaaten fremden Handelsnamen den gleichen Schutz wie inländischen Handelsnamen gewähren (BGE vom 6. November 2001, sic! 2002, 162).

Das Recht am Namen kann jedoch nur bei Anmassung des Namens als solchem geltend gemacht werden; der Gebrauch einer gleichartigen Bezeichnung, welche eine Verwechslungsgefahr schaffen kann, als Handelsnamen, verstösst nicht gegen das Persönlickeitsrecht, das nur das Recht am Namen beinhaltet (BGE 112 II 369).

§ 40 Urheberrecht, verwandte Schutzrechte und Recht an der Software: Rechte, Rechtsbeschränkungen und Berechtigte

1. Absolutes Recht

Der Kerngehalt des Urheberrechts liegt im Ausschliesslichkeitsrecht des Berechtigten. Er entscheidet, ob er die Benutzung des Werkes untersagen oder ob und unter welchen Voraussetzungen er sie erlauben will (BGE vom Juli 2002, sic! 2002, 841).

Das URG enthält mehrere allgemeine Bestimmungen, welche das absolute Recht des Urhebers am eigenen Werk beschreiben (URG Art. 9 Abs. 2, Art. 10 Abs. 1 und 2, Art. 11 Abs. 1).

Zusätzlich zu den Rechten, welche der Urheber selber kontrolliert (persönliche Wahrung der Rechte), deckt das URG auch die Massennutzung und die serienmässige Verbreitung der Werke. Solche Rechte, welche nur von zugelassenen Verwertungsgesellschaften ausgeübt werden dürfen, sind (s. auch unten, Ziff. 9., und dort zitierte Entscheide):
– Vergütungsanspruch für leere Kassetten oder Schallplatten, auch wenn diese für private Aufnahmen bestimmt sind;
– Vergütungsanspruch für in Unternehmen, Verwaltungen, Schulen und Bibliotheken angefertigte Fotokopien;
– Vergütungsanspruch für die Vermietung von Werkexemplaren;
– Vergütungsanspruch für die Verwendung von Ton- und Tonbildträgern für Aufführungen und Sendungen.

2. Individuelle Rechte

2.1. Persönlichkeitsrecht des Urhebers

Der Urheber bleibt mit seiner Schöpfung verbunden, auch wenn er alle Benutzungsrechte abgetreten hat. Die Vorrechte seiner Urheberschaft bleiben bestehen. Deshalb haben Gesetzgeber und Rechtsprechung das Urheberrecht in ein Persönlichkeitsrecht («droit moral») und in ein Vermögensrecht des Urhebers unterteilt (BGE 120 II 65; 113 II 306).

Das URG behandelt diese beiden Gesichtspunkte des Urheberrechts einzeln, aber unter dem gemeinsamen Titel «Verhältnis des Urhebers oder der Urheberin zum Werk». Es unterscheidet zwischen dem Recht auf Anerkennung der Urheberschaft, der Eigenschaft als Urheber und dessen Recht auf Integrität des Werkes einerseits (URG Art. 9) und dem Recht auf Verwendung des Werkes (als Vermögensrecht) anderseits (URG Art. 10).

Das Recht des Schöpfers auf Anerkennung seiner Urheberschaft bedeutet, dass der Name des Urhebers auf jedem Exemplar und bei jeder Veröffentlichung des Werkes angegeben werden muss, sofern nicht vermutet werden darf, dass der Urheber darauf verzichtet hat (BGE vom 2. März 1993; Tribunale del Ticino vom 18. Juni 2001, sic! 2002, 509). Ein solcher Verzicht wird vermutet für gängige, serienmässig hergestellte Konsumartikel, wie Tapeten, Geschirr, Uhren usw. In der Praxis wird auch auf Schmuckstücken (sogar auf hochpreisigen) der Name des Schöpfers nicht vermerkt.

Die Verbindung des Werkes mit der Person des Urhebers ist so eng, dass dieser nicht zugunsten eines Dritten auf die Urheberschaft verzichten kann (RBÜ Art. 6bis). Es gibt jedoch Ausnahmen von diesem Grundsatz; man denke an die zahlreichen sogenannten «Ghostwriter», welche für Politiker oder Unternehmenschefs schreiben, was letzteren erlaubt, als Verfasser von Büchern aufzutreten, für welche sie nur die Grundideen geliefert haben.

Das Recht auf Urhebernennung und auf Urheberschaft am Werk geht auf die Erben über (URG Art. 16 Abs. 1).

Der Urheber kann bestimmen, ob das Werk unter seinem Namen, unter einem Pseudonym oder anonym veröffentlicht werden soll (URG Art. 9 Abs. 2). Das Recht auf Anerkennung der Urheberschaft umfasst auch den Schutz vor Plagiaten sowie vor der Verwendung von Werken oder Werkteilen durch Dritte, welche diese als ihre eigenen ausgeben.

Das Recht auf Werkintegrität ergibt sich aus der allgemeinen Herrschaft des Urhebers über sein Werk. Er entscheidet, in welcher Form das Werk ausgeführt und/oder wiedergegeben wird. Selbst wenn ein Dritter vertraglich oder gesetzlich befugt ist, das Werk zu ändern, kann sich der Urheber jeder Entstellung des Werkes widersetzen, die ihn in seiner Persönlichkeit verletzt (URG Art. 11).

Die Entscheidung, ob im konkreten Fall eine Persönlichkeitsverletzung des Urhebers vorliegt, hängt ab von der Art des Werkes und der Intensität der Verbindung zwischen Werk und Urheber. Änderungen eines ausschliesslich künstlerischen Werkes sind eher geeignet, ein Werk zu entstellen, als Änderungen eines Werkes der angewandten Kunst (Obergericht Zürich vom 14. November 2002, sic! 2002, 320).

Die Persönlichkeitsrechte eines Autors oder eines Künstlers können verletzt werden, wenn sein Werk oder seine Darbietung ohne seine Einwilligung zu Werbezwecken verwendet werden (BGE 129 III 715).

Zulässig sind Veränderungen zur Schaffung von Parodien (URG Art. 11 Abs. 3).

Der Urheber kann die Anpassung eines Werks der angewandten Kunst für eine neue Verwendung, insbesondere bei Erweiterung oder Änderung des Gebrauchs durch den Eigentümer, nicht aus persönlichkeitsrechtlichen Erwägungen verhindern. Dieses Problem stellt sich regelmässig bei architektonischen Werken und bei Computerprogrammen. Eigentlich sollte dem Urheber zuerst Gelegenheit gegeben werden, die vom Eigentümer geforderten Umwandlungen des Werkexemplars selber vorzunehmen. Das URG schafft jedoch ein Vorrecht des Eigentümers, Werke der Baukunst nach seinen Vorstellungen zu ändern, ohne dass er dazu notwendigerweise den Architekten einladen muss (allerdings muss er die Persönlichkeitsrechte des Architekten respektieren) (BGE 117 II 466; 120 II 65).

Keine Werkänderung, sondern eine selbständige Verwendung des Werkes ist dessen Umarbeitung auf eine Art und Weise, die es in eine andere Werkkategorie fallen lässt, beispielsweise die Verwendung eines Romans für einen Film oder die Darstellung einer Erzählung als Comic; dazu gehört auch die Aufführung eines Musikwerkes oder die szenische Darstellung eines Theaterstücks. Für die erste Kategorie muss der Urheber seine Einwilligung von Fall zu Fall geben; für die zweite Kategorie wird die allgemeine Einwilligung des Schriftstellers oder Komponisten vermutet. Die Zustimmung des Urhebers wird für Änderungen vermutet, welche für die Verwendung oder Darbietung des Werkes unumgänglich sind.

2.2. Verfügungen über das Werk

Die Verfügungsgewalt über das Werk umfasst das Recht, zu bestimmen, wie das Werk veröffentlicht und wie intensiv es verwendet wird.

Der Urheber entscheidet über den Zeitpunkt der erstmaligen Veröffentlichung, aufgrund ideeller oder finanzieller Überlegungen. Der Buchautor will beispielsweise an einem literarischen Wettbewerb teilnehmen, oder er richtet sich nach dem Weihnachts- oder Ferienverkauf. Für ein (literarisches oder graphisches) Werk, welches in engem Zusammenhang mit einer Filmpremiere oder einer beliebten Fernsehserie steht, ist der Zeitpunkt des ersten Inverkehrsetzens für den kommerziellen Erfolg von entscheidender Bedeutung (URG Art. 9 Abs. 2).

Das Gesetz behält dem Urheber das Recht vor, Werkexemplare anzubieten, zu veräussern oder sonstwie zu verbreiten (URG Art. 10 Abs. 2 lit. b).

Zu den Ausschliesslichkeitsrechten des Urhebers gehört auch das Recht, Werkexemplare herzustellen, d.h. das Werk wiederzugeben (URG Art. 10 Abs. 2 lit. a). Dieses Recht umfasst jede Materialisierung des Werkes, auf einem dauerhaften Träger oder in vergänglicher Form (BGE 128 IV 201).

Der Urheber besitzt zudem das ausschliessliche Recht zur öffentlichen Wahrnehmbarmachung. Darunter versteht man die nicht dauerhafte Ausführung des Werkes, seine Zurverfügungstellung ohne Verwendung eines körperlichen oder eines akustiken zwei- oder dreidimensionalen Werkträgers.

Das URG zählt verschiedene Wahrnehmbarmachungsmittel und -techniken auf. Es spricht zuerst vom Vortragen, Aufführen oder Vorführen, direkt oder mit Hilfe irgendwelcher Mittel, und vom anderswo Wahrnehmbarmachen. Mit der letzten Formulierung wird die gleichzeitige Sendung des Werkes durch Lautsprecher oder auf öffentlichen Filmleinwänden angesprochen. Um eine Aufführung des Werkes handelt es sich, wenn sich die Zuschauer oder Zuhörer zur Wahrnehmung des Werkes an einem Ort einfinden (in einem Theater, Kino, vor einer Leinwand oder einer Bühne), auch wenn die Möglichkeit besteht, gleichzeitig zu essen und zu trinken (URG Art. 10 Abs. 2 lit. c).

Ausserdem behält das Gesetz dem Urheber das ausschliessliche Recht vor, das Werk durch Radio, Fernsehen oder ähnliche Einrichtungen, auch über Leitungen, zu senden (URG Art. 10 Abs. 2 lit. d).

Die Sendung ist im Verhältnis zur sekundären Weitersendung eine primäre Übertragung.

Das Werk ist veröffentlicht, wenn es mit Zustimmung des Urhebers erstmals ausserhalb eines privaten Kreises einer grösseren Anzahl Personen zugänglich gemacht wird oder wenn es einer Einzelperson übergeben wird, ohne dass diese zu dessen Geheimhaltung verpflichtet wird (URG Art. 9 Abs. 3; BGE 96 II 409).

Unveröffentlichte Werke dürfen durch Dritte nicht zitiert werden, auch nicht auszugsweise (URG Art. 25 Abs. 1; BGE 113 II 306).

Die Wiedergabe eines Teils des Werkes gilt als veränderte Wiedergabe (BGE 99 IV 50).

Die Änderung des Werkes ist von dessen Bearbeitung zu unterscheiden. Eine geänderte Wiedergabe beinhaltet alle Elemente, welche den individuellen Charakter des Werkes ausmachen, ohne dass weitere individuelle Elemente Dritter hinzugefügt wurden. Andernfalls handelt es sich um ein Werk zweiter Hand, um eine Bearbeitung, die der Zustimmung des Urhebers bedarf (URG Art. 11 Abs. 1 lit. b).

Die Verwendung vorbestehender Musik für ein audiovisuelles Werk betrifft zunächst die Werkintegrität. Der Urheber hat das ausschliessliche Recht zu bestimmen, ob, wann und wie sein Werk zur Schaffung eines Werks zweiter Hand verwendet werden darf (Art. 11 Abs. 1 lit. b URG; BGE vom 24. März 2003, sic! 2003, 699).

2.3. Verhältnis zwischen Urheber und Eigentümer des Werkexemplars

Sobald ein Werk in irgendeiner Form materialisiert ist und der Urheber nicht gleichzeitig Eigentümer oder zumindest Besitzer ist, besteht die Gefahr eines Konfliktes zwischen dem Inhaber des Urheberrechtes und dem Eigentümer oder Besitzer des Werkexemplars. Das URG enthält detaillierte Bestimmungen über das Verhältnis zwischen Urheber und Eigentümer eines Werkexemplars.

Es gilt das Prinzip, dass der Erwerb eines Werbeexemplars keinen Erwerb von Urheberrechten mit sich bringt (BGE vom 25. August 1998, sic! 1999, 122).

Der Eigentümer des Werkexemplars darf dieses weiterveräussern oder sonstwie verbreiten (URG Art. 12). Der Erwerber ist somit ohne Einwilligung des Urhebers berechtigt, das Objekt, welches das Werk verkörpert, weiterzuverkaufen, zu verschenken, zu verleihen oder auszustellen. Für das Ausstellen und Vermieten (insbesondere von Computerprogrammen, siehe unten, Ziff. 4.) oder die Zerstörung des Werkexemplars sind allerdings Einschränkungen vorgesehen.

Gewisse literarische oder künstlerische Werke dürfen nur gegen eine dem Urheber geleistete Vergütung vermietet oder sonstwie gegen Entgelt zur Verfügung gestellt werden. Diese Vorschrift betrifft vor allem die Vermietung von CDs, Videokassetten und Tonbildträgern. Das Ausleihen von Büchern (unentgeltlich oder gegen Beteiligung an den Bibliothekskosten) ist nicht vergütungspflichtig. Die Vergütungsansprüche können nur von zugelassenen Verwertungsgesellschaften geltend gemacht werden (URG Art. 13; s. vorne, Ziff. 1.; BGE 124 III 489).

Der Urheber, welcher ein Werkexemplar ausstellen will, kann vom Eigentümer (oder Besitzer) die Herausgabe zu diesem Zweck verlangen. Der Urheber muss nachweisen, dass sein Interesse am Ausstellen das Interesse des Eigentümers oder Besitzers am ungestörten Genuss des Werkes überwiegt. Die Bestimmung betrifft nur Ausstellungen im Inland. Der Urheber haftet für die unversehrte Rückgabe des Werkes; der Eigentümer kann die Herausgabe von der Leistung einer Sicherheit für die unversehrte Rückgabe abhängig machen (URG Art. 14).

Der Urheber kann, wie jedermann, seine wissenschaftliche, politische, ethische oder künstlerische Einstellung ändern und deshalb Werke verleugnen wollen, welche von seiner früheren Haltung zeugen. In der Schweiz geniesst der Urheber keinerlei Recht auf Rückgabe des Werkes. Ein solches Recht verstiesse gegen den Grundsatz der Vertragstreue, welcher vorgeht. Deshalb muss jeder Urheber bei der Veröffentlichung des Werkes oder bei der Übertragung von Rechten am Werk und von Werkexemplaren bedenken, dass er später seine Ansichten und Überzeugungen ändern und vielleicht die Veröffentlichung oder den Verkauf seines Werkes bereuen könnte.

Es stellt sich die Frage, ob der Eigentümer eines Werkes, welcher nicht der Urheber ist, das Werk zerstören darf, vor allem, wenn er Eigentümer des einzigen Exemplars eines Werkes ist. An und für sich darf er das Werk zerstören; muss er jedoch annehmen, dass der Urheber ein berechtigtes Interesse an der Werkerhaltung hat, so hat er ihm vorher die Rücknahme anzubieten.

Ist die Rücknahme (aus finanziellen oder anderen Gründen) unmöglich, muss der Eigentümer dem Urheber die Nachbildung in angemessener Weise ermöglichen (URG Art. 15).

3. Beschränkungen der Rechte der Urheber von literarischen und künstlerischen Werken

3.1. Beschränkungen zugunsten von Gemeininteressen, insbesondere der sogenannte Eigengebrauch

Der Vorbehalt zugunsten Privater zur freien Verwendung von Kunstwerken für eigene Zwecke besteht schon lange. Er deckt jede Verwendung im Sinne des URG Art. 10, d.h. die Wiedergabe, Aufführung oder Wahrnehmbarmachung eines Werkes (BGE vom 6. Mai 2002, sic! 2002, 599).

Das URG unterscheidet drei Kategorien von Eigengebrauch, nämlich die Verwendung im persönlichen Bereich und jene im Kreis von unter sich eng verbundenen Personen, die Verwendung im Schulunterricht und die Verwendung in Betrieben, öffentlichen Verwaltungen usw. (URG Art. 19 Abs. 1).

Veröffentlichte Werke dürfen zum Eigengebrauch verwendet werden (URG Art. 19 Abs. 1 Satz 1). Als Eigengebrauch gilt unter anderem jede Werkverwendung im persönlichen Bereich und im Kreis von Personen, die unter sich eng verbunden sind, wie Verwandte oder Freunde (URG Art. 19 Abs. 1 lit. a). Wer zum Eigengebrauch berechtigt ist, darf die dazu erforderlichen Werkexemplare auch durch Dritte herstellen lassen; als Dritte im Sinne dieses Absatzes gelten auch Bibliotheken, die ihren Benützern Kopiergeräte zur Verfügung stellen (URG Art. 19 Abs. 2).

Die Dritten dürfen jedoch die Werkkopien nur auf ausdrückliche Bestellung durch den Privaten strikte für dessen Privatgebrauch anfertigen, und nicht etwa Kopien auf Vorrat anfertigen, wenn sie aus Erfahrung wissen, dass Private solche Kopien erwerben wollen werden, und es ihnen derart möglich sein wird, sie schnell zu bedienen (BGE 128 IV 201).

Es wird angenommen, dass keine enge Verbindung unter den Personen besteht, wenn anlässlich der Aufführung eines Werkes die Ausübenden ein Honorar erhalten (BGE 108 II 475).

Die Verwendung eines Werkes durch den Lehrer ist beschränkt auf den Schulbereich und seine Schüler. Sie muss einen pädagogischen Zweck erfüllen.

URG Art. 19 Abs. 2 betreffend das Herstellenlassen von Werkexemplaren zum Eigengebrauch durch Dritte steht unter dem Vorbehalt von URG Art. 19 Abs. 3 lit. a, wonach die vollständige oder weitgehend vollständige Vervielfältigung im Handel erhältlicher Werkexemplare ausserhalb des privaten Kreises nicht zulässig ist. Es ist somit erlaubt, zum Eigengebrauch im Sinne von URG Art. 19 Abs. 1 lit. a Auszüge aus im Handel erhältlichen Werkexemplaren (etwa Büchern, Videofilmen etc.) durch einen Dritten im Sinne von URG Art. 19 Abs. 2 kopieren zu lassen; es ist hingegen untersagt, im Handel erhältliche Werkexemplare vollständig oder weitgehend vollständig zum Eigengebrauch durch Dritte kopieren zu lassen (BGE 128 IV 201).

Wenn der Private ein im Handel erhältliches Exemplar vollständig für seinen Eigengebrauch kopieren will, so muss er die Kopie selber herstellen, und darf damit nicht einen Dritten beauftragen.

Die gratis Verwendung von Urheberwerken ist der ersten Kategorie (persönlicher Bereich oder unter sich eng verbundene Personen) vorbehalten; die beiden anderen Kategorien (Lehrer und Schüler, Betriebe und andere Institutionen) sind vergütungspflichtig (URG Art. 20).

Eine weitere Einschränkung betrifft die Software, welche ohne Einwilligung des Berechtigten auch nicht einmal zum Eigengebrauch verwendet werden darf (URG Art. 19 Abs. 4; s. unten, Ziff. 5.).

Das URG erlaubt allgemein das Zitieren veröffentlichter Werke zur Erläuterung, als Hinweis oder zur Veranschaulichung (URG Art. 25). In wissenschaftlichen Arbeiten kann der Urheber – ausschliesslich zur Erklärung seines Textes – einzelne Teile anderer herausgegebener literarischer oder musikalischer Werke oder auch ganze kurze Werke wiedergeben. Quelle und Namen oder Pseudonym des Urhebers müssen jedoch deutlich angegeben werden.

Für die Berichterstattung über aktuelle Ereignisse ist die Wiedergabe, Inverkehrbringung, Sendung oder Weitersendung kurzer Auszüge aus Presseartikeln und Radio- oder Fernsehreportagen zulässig. Bei Wiedergaben oder Zitaten muss die Quelle bezeichnet und der Name oder das Pseudonym des Urhebers angegeben werden (falls in der Quelle auf die Urheberschaft hingewiesen wird) (URG Art. 28; BGE vom 2. März 1993, JdT 1996, 242).

Werke der bildenden Kunst oder Fotografien, die sich in öffentlich zugänglichen Sammlungen befinden, dürfen in einem von der Verwaltung der Sammlung herausgegebenen Katalog abgebildet werden. Dies gilt auch für Messe- und Auktionskataloge (URG Art. 26).

Um zerbrechliche oder sehr wertvolle Werke vor dem Verschwinden zu bewahren oder um ihren Nachbau sicherzustellen, dürfen gewisse Benutzer eine Kopie anfertigen. Diese Bestimmung betrifft vor allem Bibliotheken, Dokumentationszentren und wissenschaftliche Institute (URG Art. 24; BGE 127 III 26).

Visuell wahrnehmbare Werke, welche sich bleibend auf allgemein zugänglichem Grund befinden, dürfen frei, aber nicht dreidimensional, abgebildet werden; die Abbildung darf nicht zum gleichen Zweck verwendbar sein wie das Original (URG Art. 27).

Fotografen und andere Inhaber von Rechten an visuellen Werken, die Personen darstellen, müssen sich vergewissern, dass sie bei der Verwendung des Werkes nicht das Persönlichkeitsrecht der dargestellten Person am eigenen Bild verletzen (BGE 129 III 715).

3.2. Beschränkungen zugunsten einzelner Benutzerkategorien

3.2.1. Hersteller von Tonträgern

Hersteller von Tonträgern mit einer gewerblichen Niederlassung in der Schweiz können vom Inhaber des Urheberrechts die Erlaubnis verlangen, ein musikalisches Werk aufnehmen oder der Öffentlichkeit auf andere Weise zugänglich machen zu dürfen, sofern der Inhaber vorher in der Schweiz oder im Ausland schon eine Tonaufnahme, mit oder ohne Text, gemacht hat. Der Bundesrat kann die Bedingung der gewerblichen Niederlassung in der Schweiz gegenüber Angehörigen von Ländern ausser Kraft setzen, welche Gegenrecht gewähren (URG Art. 23).

3.2.2. Verwertungsgesellschaften

Das URG behält den Verwertungsgesellschaften das Recht vor, gesendete Werke gleichzeitig und unverändert wahrnehmbar zu machen oder im Rahmen der Weiterleitung eines Sendeprogrammes weiterzuleiten (s. hinten, Ziff. 9.).

Die Beschränkung zugunsten der Verwertungsgesellschaften betrifft nicht das Weiterleiten von Programmen des Abonnementfernsehens und von Programmen, die in der Schweiz nicht empfangen werden können. In solchen Fällen können die Urheber oder ihre Rechtsnachfolger ihre Rechte gegenüber den Benutzern direkt geltend machen (URG Art. 22).

3.3. Beschränkungen aufgrund der Konkurrenz von mehreren subjektiven Rechten

Wir haben schon von dem sich eventuell widersprechenden Interessenskonflikt des Urhebers und des Eigentümers eines Werkes oder eines Werkexemplars gesprochen (s. oben, Ziff. 2.3).

Ein anderer Konflikt kann den Urheber derjenigen Person gegenüberstellen, welche ihr Bild (Porträt, Zeichnung, Fotografie, Skulptur) oder die Aufnahme ihrer Stimme bei ihm bestellt hat.

Die dargestellte Person besitzt nicht nur ein persönliches Recht an ihrem Bild. Sie hat zudem einen vermögensrechtlichen Anspruch auf dessen kommerzielle Verwertung (BGE 129 III 715). Die dargestellte Person kann, auch von Todes wegen, frei darüber verfügen oder zugunsten Dritter darauf verzichten (z.B. ein Sportler gestattet seinem Sponsor die Verwendung seines Bildes in der Werbung; s. dazu oben, § 27, Ziff. 2.2.3). Sie kann zudem beschränkte Verwertungsrechte, beispielsweise Lizenzen, gewähren (BGE 129 III 715).

Wer ein Bild von sich selbst bestellt, kann dieses nach Belieben ohne Einwilligung des Urhebers wiedergeben. Seine Angehörigen (Ehepartner, Nachkommen, Eltern oder deren Nachkommen) und Erben haben das gleiche Recht. Die einfache Erlaubnis, eine fotografische Aufnahme zu machen, kommt der Bestellung eines Portraits gleich.

Das Persönlichkeitsrecht der dargestellten Person an ihrem Bild verhindert, dass der Urheber oder sein Rechtsnachfolger das bestellte Bild ohne vorgängige Zustimmung der dargestellten Person in Verkehr bringen oder veröffentlichen darf (BGE 129 III 715).

4. Rechte der Urheber von Computerprogrammen

Angesichts der Besonderheit des von ihm geschaffenen Werkes wird der Urheber eines Computerprogramms zum Teil anders behandelt als die Urheber anderer Werke.

Das Computerprogramm unterscheidet sich von den klassischen Kunstwerken dadurch, dass es nicht in erster Linie die Wahrnehmbarkeit durch die Sinne bezweckt, sondern einen Computer benutzbar machen soll. Dennoch geniesst der Rechtsinhaber einer Software alle in URG Art. 10 vorgesehenen Rechte.

Die digitale Speicherung eines Werks, namentlich mit Hilfe eines Scanners, und in diesem Zusammenhang hergestellte Kopien auf Disketten und angefertigte Ausdrucke werden vom Vervielfältigungsrecht des Urhebers erfasst (URG 10 Abs. 2 lit. a). Ferner stellen auch das Uploading und das Downloading im Internet, die zahlreichen vorübergehenden Kopiervorgänge im Rahmen der elektronischen Datenverarbeitung, beispielsweise das Laden in den Arbeitsspeicher bei der Online-Nutzung (browsing) oder das Abrufen auf den Bildschirm, ungeachtet ihres transitorischen Charakters Vervielfältigungen dar (Appellationshof Bern vom 21. Mai 2001, sic! 2001, 613).

Der am Computerprogramm Berechtigte hat vor allem das ausschliessliche Recht, das Werk zu kopieren; wer ein Exemplar eines Programms erwirbt, besitzt ein Kopierrecht nur, soweit dies für das Laden, Anzeigen, Ablaufen, Übertragen oder Speichern des Programms im Rahmen seiner Benutzung unentbehrlich ist. Nach beendetem Vorgang muss die Kopie vernichtet werden (URG Art. 10 Abs. 2 lit. a) – ausser im Falle der Sicherungskopien (URG Art. 24 Abs. 2; s. unten, Ziff. 5.).

Der Rechtsinhaber hat das ausschliessliche Recht auf Übersetzung, Bearbeitung und andere Veränderungen seines Computerprogramms und auf den Gebrauch des daraus entstandenen neuen Programms (URG Art. 11 Abs. 1 lit. a und b). Zudem darf der Rechtsinhaber sein Programm in beliebiger Weise vertreiben.

Das Recht auf Gebrauch und Weiterveräusserung erworbener Werbeexemplare ergibt sich aus URG Art. 12 Abs. 2. Dieses Recht gilt jedoch nur für die bestimmungsgemässe Benutzung des primären Computerprogramms, d.h. für die Benutzbarmachung eines Computers oder eines anderen Programms.

Im Gegensatz zu anderen Bereichen des Urheberrechts, in welchen die Übertragung eines Werkexemplars dem Erwerber das Recht verschafft, dieses zu vermieten oder sonstwie zu verbreiten, behält das URG dem Urheber eines Computerprogrammes das ausschliessliche Recht vor, dieses zu vermieten (URG Art. 10 Abs. 3).

Der angestellte Urheber hat an den von ihm in Erfüllung seiner dienstlichen Verpflichtungen geschaffenen Computerprogrammen keine Verwertungsrechte; diese stehen ausschliesslich dem Arbeitgeber zu (URG Art. 17).

5. Beschränkungen des Urheberrechts im Bereich der Computerprogramme

Da Software nur schlecht schützbar ist und meistens durch jeden Laien ohne weiteres kopiert und reproduziert werden kann, muss sie verstärkt gegen Missbrauch geschützt werden.

So verbietet das URG ausdrücklich den freien Eigengebrauch von Computerprogrammen (URG Art. 19 Abs. 4).

Zur Benutzung eines Computerprogramms Berechtigte (Private oder Unternehmen, welche beispielsweise ein Textverarbeitungsprogramm gekauft haben) dürfen eine Sicherungskopie herstellen. Gemäss Gesetz kann auf diese Befugnis nicht vertraglich verzichtet werden. Deshalb müssen Benutzer in der Schweiz allfällige diesbezügliche Verbote bei der Veräusserung von Software nicht berücksichtigen (URG Art. 24 Abs. 2). Ist die Software mit einer Sicherung versehen, welche beim Kopieren zur Selbstzerstörung führt, wird der Lieferant schadenersatzpflichtig.

Der Mieter der Software oder jede andere benutzungsberechtigte Person darf sich durch Entschlüsselung des Programms die erforderlichen Informationen über Schnittstellen zum Zwecke der Entwicklung unabhängiger Programme beschaffen (Dekompilation). Die dabei gewonnenen Informationen dürfen nur zur Entwicklung und Wartung sowie zum Gebrauch von gegenseitig verwendbaren Computerprogrammen verwendet werden, soweit dadurch weder die normale Auswertung des Programms noch die rechtmässigen Interessen der Rechtsinhaber unzumutbar beeinträchtigt werden (URG Art. 21).

Die normale Auswertung des Programms wird beeinträchtigt, wenn die durch Entschlüsselung gewonnenen Schnittstelleninformationen für die Entwicklung, Herstellung oder Vermarktung eines Programmes mit im Wesentlichen ähnlicher Ausdrucksform verwendet werden (URV Art. 17 III).

6. Rechte der Inhaber von verwandten Schutzrechten

Die verwendeten Schutzrechte bilden, wie schon erwähnt, keine eigene Kategorie von Urheberrechten, sondern schützen bestimmte Kategorien von Personen, welche an der Ausführung und Verwertung von Werken teilnehmen, d.h. die ausübenden Künstler, die Hersteller von Ton- und Tonbildträgern und die Sendeunternehmen. Das URG schützt die Inhaber von verwandten Schutzrechten vor der unbewilligten Übernahme ihrer Leistungen, vor verschiedenen Formen der Piraterie. Das Gesetz verleiht ihnen einen zusätzlichen Vergütungsanspruch bei ausgedehnter Benutzung ihrer Leistungen, beispielsweise im Bereich von Weitersendungen oder bei der Ausübung ihres Rechtes auf Wahrnehmbarmachung einer Sendung oder Weitersendung durch Dritte. Obwohl das Abkommen von Rom nur eine Mindestschutzdauer von zwanzig Jahren vorschreibt, gewährt das URG den Schutz während fünfzig Jahren seit der ersten Darbietung des Werkes, der Herstellung des Ton- oder Tonbildträgers oder der Ausstrahlung der Sendung (URG Art. 39 Abs. 1).

Die verwandten Schutzrechte geben nur vermögenswerte Leistungsansprüche; sie gewähren jedoch keine ideellen Persönlichkeitsrechte (BGE 129 III 715).

6.1. Rechte der ausübenden Künstler

Gemäss URG sind die ausübenden Künstler geschützt, d.h. die natürlichen Personen, welche ein Werk darbieten (Solisten und Schauspieler) oder an der Darbietung eines Werkes künstlerisch mitwirken (URG Art. 33 Abs. 1; BGE 129 III 715).

Die ausübenden Künstler sind vor der unbewilligten Übernahme oder Verwendung allerdings nur geschützt, wenn sie ein urheberrechtlich geschütztes Werk aufgeführt haben.

Die Darbietung eines Werkes darf ohne Zustimmung des Künstlers nicht gleichzeitig an einen anderen Ort übertragen werden; das gleiche trifft zu für die Sendung des Werkes durch irgendein Medium (Radio, Fernsehen usw.) und dessen Weitersendung durch Dritte (URG Art. 33 Abs. 2 lit. b).

Der ausübende Künstler hat des Weiteren das ausschliessliche Recht, die Festsetzung seines Werkes auf einem Träger zu bewilligen; dies betrifft vor allem Live-Aufnahmen einer Aufführung im Saal oder auch die Übernahme einer Radio-, Fernseh- oder anderen Sendung. Auch die Vervielfältigung solcher Aufnahmen untersteht der Genehmigung durch die ausübenden Künstler (URG Art. 33 Abs. 2 lit. c; BGE vom 28. Mai 2003, sic! 2003, 885; BGE vom 2. Februar 1999, sic! 1999, 255).

Im Weiteren kann der ausübende Künstler das Inverkehrbringen von nicht mit seiner Zustimmung hergestellten Ton-, Tonbild- und von anderen Trägern untersagen. Er kann nicht nur gegen die widerrechtliche Aufnahme seines Werkes, sondern auch gegen den Vertrieb der Aufnahme vorgehen (URG Art. 33 Abs. 2 lit. d).

Schliesslich kann der ausübende Künstler, wie der Urheber, Dritte an der Wahrnehmbarmachung einer Sendung oder Weitersendung hindern (URG Art. 33 Abs. 2 lit. e).

Der ausübende Künstler hat, zusammen mit dem Hersteller des Trägers, Anspruch auf Vergütung, wenn im Handel erhältliche Ton- und Tonbildträger zum Zweck der Sendung, der Weitersendung, des öffentlichen Empfangs oder der Aufführung verwendet werden (URG Art. 35 Abs. 1).

Wie bei der Vermietung von künstlerischen oder literarischen Werken können solche Vergütungen nur von zugelassenen Verwertungsgesellschaften eingetrieben werden (URG Art. 35 Abs. 3) (s. unten, Ziff. 9).

Ausländischen ausübenden Künstlern, die ihren gewöhnlichen Aufenthalt nicht in der Schweiz haben, steht der Anspruch auf Vergütung nur zu, wenn der Staat, dem sie angehören, den schweizerischen Staatsangehörigen Gegenrecht gewährt (URG Art. 35 Abs. 4).

6.2. Rechte der Hersteller von Ton- und Tonbildträgern

Im Gegensatz zum Schutz der Werke der ausübenden Künstler sind die Leistungen der Hersteller von Ton- und Tonbildträgern unabhängig davon geschützt, ob der Träger ein urheberrechtlich geschütztes Werk enthält oder nicht.

Hingegen sind sie, wie die ausübenden Künstler, nicht nur vor der Vervielfältigung ihrer Platten und Kassetten, sondern auch vor deren Vertrieb geschützt. Sie können somit gegen die Einfuhr von nicht mit ihrer Einwilligung angefertigten Vervielfältigungen vorgehen (URG Art. 36).

Zudem haben die Hersteller von Ton- und Tonbildträgern einen zusätzlichen Vergütungsanspruch, wenn Aufnahmen für Sendungen oder öffentliche Aufführungen vermietet oder verwendet werden. Sie müssen diese Vergütung allerdings mit den ausübenden Künstlern teilen.

6.3. Rechte der Sendeunternehmen

Wie die Hersteller von Ton- und Tonbildträgern haben die Sendeunternehmen, unabhängig vom Inhalt der Sendung, ein ausschliessliches Recht, ihre Sendungen auf Träger aufzunehmen, solche Aufnahmen zu vervielfältigen und zu verbreiten (URG Art. 37 lit. c und d). Am wichtigsten ist jedoch der Schutz ihres Rechtes auf Weitersendung ihrer Sendungen (URG Art. 37 lit. a und b; BGE vom 25. August 2004, sic! 2005, 117). Dieses Recht beinhaltet alle diesbezüglichen Techniken, einschliesslich der Weitersendung über Kabel oder Satelliten. Aufgrund des Rechtes zur Festsetzung auf Trägern kontrolliert das Sendeunternehmen nicht nur die gleichzeitige Weitersendung, wie dies das Abkommen von Rom vorsieht (Art. 3 lit. g Römerabkommen), sondern auch die zeitlich verschobene Weitersendung. Schliesslich haben die Sendeunternehmen das ausschliessliche Recht auf Wahrnehmbarmachung ihrer Sendungen, gleich wie die Urheber und die ausübenden Künstler.

Das Bundesgericht hat bestätigt, dass als Rundfunksendungen im Sinne des URG auch über Satelliten abgegebene Sendungen zu gelten haben, soweit sie für das interessierte Publikum technisch und finanziell erreichbar sind mit auch direkt oder indirekt für das Publikum bestimmt sind (BGE vom 8. Februar 1993, SMI 1993, 276). Demzufolge kann sich jedes Sendeunternehmen gegen den Empfang seiner Sendungen durch andere Unternehmen oder durch Private über Satelliten wehren. Dieses ausschliessliche Recht des Sendeunternehmens verhindert allerdings den sogenannten Eigengebrauch nicht, d.h. den Empfang von über Satelliten ausgestrahlten Sendungen durch Private für den Eigengebrauch.

7. Berechtigte im Urheberrecht

7.1. Urheber im Sinne des URG

Das originäre Urheberrecht am literarischen und künstlerischen Werk steht jener natürlichen Person zu, die das Werk geschaffen hat (BGE 74 II 112). Vorkehrungen eines Dritten können den Urheber nicht von seinem Werk als seiner geistigen Schöpfung trennen. Das URG erklärt dies in Art. 6: *«Urheber oder Urheberin ist die natürliche Person, die das Werk geschaffen hat.»*

Juristische Personen können nicht Urheber sein, da die geistige Schöpfung eines Werkes nur im Geiste einer natürlichen Person entstehen kann. Sie können allerdings durch rechtsgeschäftliche Übertragung Ausübungs- und Vermögensrechte erwerben.

Um zu verhindern, dass ein vorhandenes Werk mangels eines Berechtigten unzugänglich und unverwertbar bleibt, sieht das Gesetz vor, dass bei ungenannter, unbekannter oder unter Pseudonym auftretender Urheberschaft diejenige Person die Rechte des Urhebers ausüben kann, welche das Werk herausgibt; bleibt auch diese Person unerkannt, so kann jener die Rechte ausüben, der das Werk als erster veröffentlicht hat (URG Art. 8 Abs. 2).

Der angestellte Urheber besitzt die Urheberrechte an seinen Schöpfungen. Der Arbeitgeber kann an vom Arbeitnehmer geschaffenen Werken durch den Arbeitsvertrag Rechte erwerben, wobei deren Umfang durch die Zweckübertragungstheorie bestimmt wird (BGE 100 II 167; 117 II 466). Der Vertrag kann auch eine umfassendere Abtretung der Rechte vorsehen (allerdings in den Grenzen von ZGB Art. 27 – s. dazu Bezirksgericht Unterrheintal vom 15. Februar 2002, sic! 2002, 589). Eine solche Abtretung muss jedoch ausdrücklich und unzweideutig erfolgen. Sieht der Arbeitsvertrag keine (teilweise oder umfassende) Übertragung der Rechte vor, und ergibt es sich auch nicht wenigstens aus dem Pflichtenheft des Arbeitnehmers, dass dieser als kreativer Schöpfer angestellt wurde, so kann der Arbeitgeber keinerlei Rechte an den Werken des Arbeitnehmers geltend machen (BGE vom 3. Juni 1994, JdT 1996, 238, 241).

7.2. Urheber von eidgenössischen Karten

Das BG über die Erstellung neuer Landeskarten (BG vom 21. Juni 1965, revidiert am 5. Mai 1977) anerkennt ein originäres Urheberrecht des Urhebers an der Landeskarte. Dieser ist allerdings am Genuss seiner Rechte verhindert, da diese sogleich durch Legalzession an den Bund übergehen. Eidgenössische Kartenwerke dürfen nur mit Bewilligung des Bundes und gegen Gebühr vervielfältigt werden (BGE 103 Ib 324).

7.3. Urheber von Komputerprogrammen

Das URG gewährt dem Arbeitgeber eine Lizenz an vom Arbeitnehmer entwickelten Computerprogrammen. Die Lizenz betrifft, analog zum Patentrecht, «Dienstentwicklungen»; die Rechte des Arbeitgebers beziehen sich nur auf die vom Arbeitnehmer im Rahmen seiner dienstlichen Tätigkeit gemachten Schöpfungen (URG Art. 17). Der Arbeitgeber ist nur zur ausschliesslichen Verwertung solcher Programme berechtigt, das Eigentum und die weiteren Rechte verbleiben beim Arbeitnehmer.

Software wird oft von mehreren Mitarbeitern eines Unternehmens gemeinsam entwickelt, meistens auf Bestellung eines Kunden; der Arbeitgeber muss, wie der Filmproduzent, das von seinen verschiedenen Arbeitnehmern erzielte Ergebnis, die Software, ohne deren Genehmigung verwerten können und auf jene Art und Weise, die ihm den besten Ertrag für seine Investition gewährleistet.

7.4. Miturheberschaft

Personen, welche bewusst an der Schaffung eines Werkes mitgewirkt und dieses tatsächlich aktiv mitgeformt haben, steht das Urheberrecht gemeinschaftlich zu (URG Art. 7 Abs. 1; BGE 129 III 715). Wer ein Werk bei einem Künstler bestellt und ihm einige Anweisungen bezüglich Art und Form des Werkes gibt, ist kein Miturheber. Miturheber ist nur, wer tatsächlich die endgültige Gestaltung des Werkes oder seine Verwirklichung mitbestimmt. Hierbei spielt es keine Rolle, ob der Beitrag des Miturhebers die äussere Form oder die Struktur des Inhaltes betrifft; entscheidend ist die Originalität und Individualität jedes Beitrages (BGE vom 19. August 2002, sic! 2003, 25).

Audiovisuelle Werke (Kino, Fernsehen) sind die komplexesten urheberrechtlich geschützten Werke. Sie entstehen nicht allein durch die schöpferische Arbeit mehrerer Personen. Die technischen Beiträge und die Organisation der Produktion sind beinahe ebenso wichtig; jedoch führen diese Beiträge nicht zu Urheberrechten.

Bei Filmen stützt sich die schöpferische Arbeit sehr oft auf vorbestehende Werke, Romane oder Theaterstücke, welche filmisch bearbeitet werden. Zudem wirken üblicherweise mehrere Schöpfer am Film mit, nämlich der Drehbuchverfasser, der Regisseur, der Kameramann, der Komponist (sofern nicht auf eine vorbestehende Musik zurückgegriffen wird), der Toningenieur, der Montagechef und selbstverständlich die Schauspieler.

Es fragt sich nun, wer von allen diesen Beteiligten Miturheber des Filmwerkes ist. Dies ist eine Tatfrage, welche nur durch eine Analyse des schöpferischen Vorgangs beantwortet werden kann. Auch hier gilt der Grundsatz, dass alle Personen, welche einen wahrnehmbaren geistigen und künstlerischen Beitrag zur Entstehung des Werkes geleistet haben, Miturheber sind, wobei einzelne unter Umständen gleichzeitig auch ein selbständiges Werk schaffen (z.B. der Komponist der Filmmusik; BGE 74 II 106).

Eine andere Art gemeinsam geschaffener Werke sind die sogenannten gemischten Werke. Es kann sich um eine Zusammenstellung vorbestehender Werke (Sammlung), um die Verbindung eines vorbestehenden mit einem neuen Werk (Vertonung eines Gedichtes) oder um die Verbindung mehrerer neuer Werke handeln (Schaffung eines neuen Balletts mit Musik, aus einem Text und einem Bildteil bestehende Werbung usw.).

Die für Miturheber geltenden Grundsätze sind auch auf die Urheber eines gemischten Werkes anwendbar. Wie schon gesagt, erwirbt ein Urheberrecht nur, wer einen tatsächlichen geistigen Beitrag bei der Schaffung des Werkes geleistet hat. Wer ein Werk durch Verarbeitung oder Veränderung eines oder mehrerer vorbestehender Werke schafft, kann dieses ohne die Zustimmung der Inhaber der Urheberrechte an den vorbestehenden Werken weder veröffentlichen noch verwerten (sofern die ursprünglichen Werke im neuen Werk noch erkennbar sind). Schaffen zwei Urheber je ein selbständiges Werk (Textbuch und Musik), so behält jeder die Herrschaft über seinen Beitrag, wobei sie gleichzeitig Miturheber am Sammelwerk sind. Haben sie dieses im Auftrag gemäss einem genauen Plan des Auftraggebers geschaffen (z.B. Ausführung eines Filmszenarios), so wird der Auftraggeber Miturheber am Werk.

Miturheber können das Werk nur mit Zustimmung aller verwenden; die Zustimmung darf nicht gegen Treu und Glauben verweigert werden (URG Art. 7 Abs. 2); die Bestimmungen über das Gesamteigentum sind anwendbar (ZGB Art. 652 ff.; BGE 121 III 118; BGE 129 III 715).

Jeder Miturheber kann einzeln gegen Verletzungen des Urheberrechtes am gemeinsamen Werk vorgehen, jedoch nur im Namen und für Rechnung aller Miturheber (URG Art. 7 Abs. 3; BGE vom 24. März 2003, sic! 2003, 699).

Lassen sich die einzelnen Beiträge trennen und ist nichts anderes vereinbart, so darf jeder Miturheber den eigenen Beitrag selbständig verwenden, wenn dadurch die Verwertung des gemeinsamen Werkes nicht beeinträchtigt wird (BGE vom 24. März 2003, sic! 2003, 699).

8. Berechtigte an den verwandten Schutzrechten

8.1. Ausübende Künstler

Das URG definiert die ausübenden Künstler folgendermassen (Art. 33 Abs. 1): *«Ausübende Künstler und Künstlerinnen sind die natürlichen Personen, die ein Werk darbieten oder an der Darbietung eines Werkes künstlerisch mitwirken.»*

Wie im Urheberrecht erwirbt nur die natürliche Person, welche die künstlerische Leistung erbringt, diese Rechte originär. Im Gegensatz zu den Urhebern erwerben die ausübenden Künstler keine spezifischen Persönlichkeitsrechte (BGE 129 III 715).

Wer das Werk unmittelbar darstellt oder darbietet, wird demjenigen gleichgesetzt, welcher durch eine künstlerische Leistung zu dessen Darstellung beiträgt. Entscheidend ist der ausübende, der mitbestimmende Charakter der Leistung, durch welche die Form des Werkes, sein die Sinne ansprechendes Erscheinungsbild präzisiert und eventuell sogar weiterentwickelt wird. Ein lediglich technischer, finanzieller oder verwaltungsmässiger Beitrag gibt keinen Anspruch auf Nachbarrechte.

Der Schutz kommt in erster Linie den Künstlern und Solisten, aber auch Dirigenten, Regisseuren, Bühnen- und Kostümbildnern, Ton- und Lichtingenieuren zu.

Orchester und Chöre, aber auch Ballettgruppen und weitere Ausübende mit einer künstlerischen Funktion werden als ausübende Künstler behandelt.

Wie bei der Miturheberschaft steht auch in diesen Fällen jenen Personen, welche an einer Darbietung künstlerisch mitgewirkt haben, das Schutzrecht zur gesamten Hand zu (BGE 129 III 715).

Um die Verbereitung von Werken zu erleichtern und um zu vermeiden, dass dazu die Zustimmung aller Ausübenden eingeholt werden muss, definiert das Gesetz, wer die Künstler vertreten kann. Diese Bestimmung ist insbesondere dort bedeutungsvoll, wo ein Orchester oder Chor an der Darbietung des Werkes beteiligt ist. Jede solche Gruppe hat ihren Vertreter zu bezeichnen (URG Art. 34). Für die Prozessführung müssen aber alle Berechtigten als Streitgenossen gemeinsam handeln (s. unten, § 67, Ziff. 1; BGE 129 III 715) – dies im Gegensatz zu Miturhebern, wo jeder einzelner Miturheber die Rechte geltend machen kann (s. oben, Ziff. 7.4).

8.2. Hersteller von Ton- und Tonbildträgern

Das Gesetz führt nicht näher aus, was unter «Hersteller» zu verstehen ist. Es handelt sich eindeutig weder um die Fabrikanten von Ton- und Tonbildträgern noch um die Personen oder Unternehmen, welche die Töne, Bilder oder Zeichen auf einem Träger festhalten. Hersteller ist, wer die Herstellung eines Tonträgers organisiert, d.h. die Darbietenden versammelt, die Mitwirkung des Aufnahmestudios sicherstellt und das finanzielle und kommerzielle Risiko der Produktion übernimmt. Eine Schallplatte oder Videokassette kann das Ergebnis der Zusammenarbeit mehrerer Hersteller sein, welche am Ergebnis gemeinsam berechtigt sind.

8.3. Sendeunternehmen

Sendeunternehmen sind grundsätzlich Radio- und Fernsehunternehmen des öffentlichen oder privaten Sektors, welche Sendungen vorbereiten und über hertzsche Wellen, auf dem Landweg oder über Satellit, durch Kabel oder andere Mittel aussenden.

Verteilerunternehmen, welche Sendungen lediglich weitersenden, sind keine Sendeunternehmen im Sinne des URG (z.B. Betreiber von Kabelnetzen).

9. Verwaltung der Urheberrechte durch Verwertungsgesellschaften

Das URG schreibt eine kollektive Verwaltung von Vergütungsansprüchen vor, insbesondere solcher aus der gleichzeitigen und unveränderten Wahrnehmbarmachung oder Weitersendung gesendeter Werke (URG Art. 22 Abs. 1 und 3), aus der Vermietung von Werkexemplaren der Literatur und Kunst (URG Art. 13 Abs. 3; BGE 124 III 489), aus der Vervielfältigung eines Werkes für den Unterricht oder in Betrieben, öffentlichen Verwaltungen und ähnlichen Einrichtungen (URG Art. 20 Abs. 2 und 4; BGE 125 III 141), aus der Herstellung und Einfuhr von Leerkassetten und anderen zur Aufnahme von Werken geeigneten Ton- und Tonbildträgern (URG Art. 20 Abs. 3), sowie der Vergütungsansprüche von ausübenden Künstlern aus der Verwendung von im Handel erhältlichen Ton- und Tonbildträgern zum Zweck der Sendung, Weitersendung, des öffentlichen Empfangs oder der Aufführung (URG Art. 35 Abs. 1 und 3).

Zudem untersteht die Verwertung der ausschliesslichen Rechte zur Aufführung und Sendung nichttheatralischer Werke der Musik und zur Herstellung von Ton- und Tonbildträgern solcher Werke der Bundesaufsicht (URG Art. 40 Abs. 1 lit. a; BGE vom 6. Mai 2002, sic! 2002, 599).

Durch die Verwendung von vorbestehender Musik zur Filmherstellung wird neben dem so genannten Synchronisationsrecht auch das Vervielfältigungsrecht beansprucht, welches in Bezug auf die Verwertung dem der Bundesaufsicht unterliegenden Bereich zugehört (BGE vom 24. März 2003, sic! 2003, 699).

Laut Gesetz können der Urheber oder dessen Erben gewisse Ausschliesslichkeitsrechte persönlich ausüben (unter anderem die Darbietung und Verbreitung musikalischer oder theatralischer Werke und die Herstellung von Ton- und Tonbildträgern solcher Werke (URG Art. 40 Abs. 3).

Die übrigen, soeben aufgezählten Verwaltungsbefugnisse und die Geltendmachung der Vergütungsansprüche sind keine Ausschliesslichkeitsrechte, sondern die Folge von gesetzlichen Lizenzen am Ausschliesslichkeitsrecht des Urhebers. Deshalb müssen sich der Urheber und dessen Erben den Bestimmungen über die kollektive Verwaltung der Urheberrechte unterwerfen.

Verschiedene Gesellschaften teilen sich den schweizerischen Markt: Die SUISA für die musikalischen Werke, PRO LITTERIS-TELEDRAMA für die literarischen und dramatischen Werke, SUISSIMAGE für die visuellen und audiovisuellen Werke. SWISSPERFORM ist mit der Verwaltung der verwandten Schutzrechte beauftragt. Zudem ist die französische Société des Auteurs et Compositeurs dramatiques (SACD) in der Westschweiz im Bereiche der Darbietungs- und Senderechte tätig, und CABLAUTEURS vertritt die Westschweizer Dramaturgen für die Weitersendungsrechte, in Zusammenarbeit mit PRO LITTERIS-TELEDRAMA. Die SIAE betätigt sich im Tessin.

Gemäss URG können die Verwertungsgesellschaften nur mit der Bewilligung des Bundes und unter dessen Aufsicht tätig werden (URG Art. 40 Abs. 1; BGE vom 24. März 1995, JdT 1995, 277, BGE 124 III 489). Die Vergütungsansprüche der Verwertungsgesellschaften verjähren nach 5 Jahren (BGE 124 III 370).

Die Verwertungsgesellschaften müssen ihre Tarife veröffentlichen und diese vorgängig durch die Eidgenössische Schiedskommission genehmigen lassen (URG Art. 46 und 55 Abs. 1). Der Bundesrat hat die Aufsicht über die Kommission dem EJPD und dieses seinerseits dem IGE übertragen. Die Verwertungsgesellschaften müssen jährlich in einem Geschäftsbericht Rechenschaft über ihre Tätigkeit ablegen (URG Art. 50).

Die Verwertungsgesellschaften haben insbesondere folgende Verhaltensvorschriften zu beachten:
– sie müssen ihre Geschäfte nach den Grundsätzen einer geordneten und wirtschaftlichen Verwaltung führen (URG Art. 45 Abs. 1). Mit dieser Bestimmung soll vermieden werden, dass Leiter und Verwalter solcher Gesellschaften ihre Stellung missbrauchen, um übermässige Entschädigungen oder andere Vorteile zu beziehen;
– sie müssen ein Verteilungsreglement aufstellen und dieses strikte befolgen (URG Art. 45 Abs. 2 und Art. 48 Abs. 1);
– sie müssen über die Gestaltung der Tarife mit den massgebenden Nutzerverbänden verhandeln, um eine Gleichbehandlung zu gewährleisten (URG Art. 45 Abs. 2 und Art. 46 Abs. 2; BGE vom 16. Februar 1998, sic! 1998, 388);
– sie müssen die gesetzlichen Kriterien zur Verteilung des Verwertungserlöses beachten (URG Art. 49).

Die Regeln des URG sind zwingend. Die Verwertungsgesellschaften sind nicht berechtigt, mittels eines genehmigten Tarifs eine Vergütungspflicht für Tätigkeiten einzuführen, welche bei Anwendung des URG keiner Vergütung unterstellt sind. Jede vertragliche Bestimmung, die eine durch das Gesetz nicht genehmigte zusätzliche Leistung vorsieht, ist widerrechtlich und ab initio nichtig im Sinne von OR Art. 20 Abs. 1 (BGE 128 IV 201).

Die Entschädigung darf für die Urheberrechte in der Regel höchstens zehn Prozent des Nutzungsertrags oder -aufwands betragen; sie ist so festzusetzen, dass die Berechtigten bei einer wirtschaftlichen Verwaltung ein angemessenes Entgelt erhalten (Art. 60 Abs. 2 URG; BGE vom 28. Mai 2003, sic! 2003, 885).

Überträgt ein Autor Rechte auf eine Verwertungsgesellschaft, erwirbt diese die Rechte treuhänderisch und exklusiv; die Gesellschaft kann daher in eigenem Namen alle zur Verwaltung erforderlichen Handlungen vornehmen und insbesondere auch Klage erheben. Aus praktischen Gründen werden die Wiedergaberechte an nicht theatralischer Musik ausschliesslich und kollektiv von der Suisa verwaltet, sodass in Wirklichkeit die mit der Anfertigung von Ton- und Videoaufzeichnungen solcher Werke verbundenen Rechte exklusiv von ihr ausgeübt werden. Ob es sich bei Filmmusik um nicht theatralische Musik handelt, ist bei Originalmusik umstritten. Dagegen ist unstrittig, dass Musikwerke, die bereits vor dem Film geschaffen wurden, nicht theatralische Musikwerke sind. Daher stehen die Reproduktionsrechte an Vervielfältigungen solcher Filmmusikwerke auf Tonbildträgern (Videokassetten) im Bereich der kollektiven Verwertung der Suisa zu (BGE vom 6. Mai 2002, sic! 2002, 599).

§ 41 Rechte und Berechtigte im Design

1. Recht auf Design

Wie die Ausschliesslichkeitsrechte an Erfindungen beruhen auch die Designrechte sowohl auf der geistigen Schöpfung wie auch auf dem Formalakt der Hinterlegung.

Durch die Schaffung eines Design erwirbt der Urheber eine Anwartschaft auf das Recht. Diese steht ausschliesslich dem Schöpfer zu, nicht aber Dritten, welche zufällig oder im Rahmen eines Vertragsverhältnisses vom Design Kenntnis erhalten. Wie auch das PatG bestätigt das DesG dieses Vorrecht des Urhebers ausdrücklich, indem es festhält, dass die Rechte den Schöpfern von Design und ihren Rechtsnachfolgern zustehen (DesG Art. 1).

Wenn ein unberechtigter Dritter das Design eintragen lässt, kann der Schöpfer auf Abtretung klagen (DesG Art. 34).

Der Ersthinterleger oder sein Rechtsnachfolger kann das Prioritätsrecht geltend machen, unabhängig davon, ob er Schweizer oder Ausländer ist. Die Prioritätsfrist beträgt sechs Monate, auch im Falle eines im Ausland hinterlegten Design (DesG Art. 22).

2. Rechte am Design

Der Urheber oder sein Rechtsnachfolger kann jedem Dritten die Benutzung eines gültig hinterlegten Design zum Zwecke des gewerblichen Gebrauchs untersagen (DesG Art. 5; BGE 129 III 545).

Das Design kann direkt als solches gebraucht werden, als Vorlage für das Herstellen bestimmter Gegenstände, oder indem man das Design, die «Gestaltung von Erzeugnissen» (s. oben, § 24, Ziff. 2) als solche verkauft oder lizenziert, oder indirekt, durch das Herstellen, das Lagern, das Anbieten, das Inverkehrbringen, die Ein-, Aus- und Durchfuhr sowie der Besitz zu diesen Zwecken von mit dem Design versehenen oder nach ihm geformten Gegenständen.

Als gewerblicher Gebrauch muss auch die Verwendung von durch ein Design geschützten Gegenständen zu anderen gewerblichen Zwecken gelten – z.B. die Verwendung einer Fotografie eines derartigen Gegenstandes zu Werbezwecken oder als Bestandteil einer CD-Hülle oder eines Bucheinbandes.

Wie im Patentrecht (s. oben, § 38, Ziff. 3) dürfen Dritte, die das Design vor dessen Hinterlegungs- oder Prioritätsdatum [zu gewerblichen Zwecken] benutzt haben, dieses im bisherigen Umfang weiter gebrauchen (DesG Art. 12, Ziff. 1), ebenfalls analog dem Patentrecht kann dieses Weiterbenutzungsrecht nur zusammen mit dem Unternehmen übertragen werden (DesG Art. 12, Ziff. 2).

Da das Gesetz dem Berechtigten nur die Benutzung zum Zwecke des gewerblichen Gebrauchs vorbehält, sind Benutzung zum Eigengebrauch sowie Herstellung und Wiedergabe zu diesem Zwecke zulässig.

3. Berechtigte im Design

Berechtigt an einem Design ist stets der Schöpfer oder sein Rechtsnachfolger (DesG Art. 7, Ziff. 1). Schöpfer des Designs kann nur eine natürliche Person sein.

Haben mehrere Personen gemeinsam ein Design geschaffen, so gehören ihnen die diesbezüglichen Rechte wie im Patentrecht gemeinsam (DesG Art. 7, Ziff. 2).

Die Ausnahme zugunsten des Arbeitgebers, wonach dieser das Eigentum und die Rechte an der durch einen Arbeitnehmer im Rahmen seiner dienstlichen Tätigkeit gemachten Erfindung originär erwirbt, gilt auch für die Design. Mit Inkrafttreten des DesG wurde auch OR Art. 332 entsprechend angepasst (zu OR Art. 332, s. oben, § 38, Ziff. 4.2.1).

Die Treuepflicht verlangt vom Arbeitnehmer Geheimhaltung und verpflichtet ihn, das Design nicht zu benutzen, bevor es vom Arbeitgeber der Öffentlichkeit bekannt gemacht wurde. Das nicht veröffentlichte Muster oder Modell gehört zum Geschäftsgeheimnis; dieses wiederum gehört ausschliesslich und vollständig dem Arbeitgeber.

§ 42 Recht und Berechtigte am Geschäftsgeheimnis

1. Recht auf Geheimnis

Da das Geheimnis nicht allein durch seine Existenz gewahrt ist, sondern von einem ständigen Willensakt (dem Geheimhaltungswillen des Geheimnisträgers) abhängt, ist das Recht auf das Geheimnis untrennbar mit der Person des Berechtigten verbunden. Nur die Person, welche ein Geheimnis kennt und den Willen hat, dieses nicht zu lüften, kann daran berechtigt sein. Der Wille zur Geheimhaltung ist nicht die alleinige Voraussetzung des Rechtes auf das Geheimnis; der Geheimnisträger muss auch die tatsächliche Möglichkeit haben, Dritte von der Mitkenntnis am Geheimnis auszuschliessen. Das Bundesgericht hat sich für einen Geheimnisschutz ausgesprochen, jedoch die Frage offen gelassen, zu welchem Rechtsgebiet ein solcher gehören sollte, ob zum Sachenrecht, zum Vermögensrecht oder zum Persönlichkeitsrecht. Es nimmt einen Zusammenhang zwischen diesen verschiedenen Rechtsnormen an (BGE 64 II 171).

Im Zusammenhang mit Geschäftsgeheimnissen wies das Bundesgericht wiederholt auf den Grundsatz von Treu und Glauben hin. Wenn ein Geheimnis durch Dritte aufgedeckt oder übernommen wird, kann der Berechtigte mittels Besitzesschutzklage dessen Herausgabe fordern. Man kann davon ausgehen, dass der Besitz des Geheimnisträgers durch den rechtswidrigen Eingriff eines Dritten gestört wurde und dass er nicht mehr allein über das Geheimnis verfügt; demzufolge kann er auf Beseitigung oder Verbot der Störung klagen und dem Dritten die Verwendung der erlangten Kenntnisse untersagen (ZGB Art. 928). Derjenige, der ein Fabrikations- oder Geschäftsgeheimnis verrät, zu dessen Wahrung er durch Gesetz oder Vertrag verpflichtet ist, setzt sich der Strafverfolgung aus (StGB Art. 162; BGE 103 IV 283).

Die Verletzung nachvertraglicher Geheimhaltungspflichten durch eine der ehemaligen Vertragsparteien kann unlauteren Wettbewerb im Sinne der Generalklausel (UWG Art. 2) darstellen (BGE vom 5. Januar 2001, sic! 2001, 300).

In gewissen Fällen kann sich der Geheimnisträger (natürliche oder juristische Person) auf den Persönlichkeitsschutz berufen, um sich gegen den Eingriff Dritter in seine Geheimnisse, welche seiner Persönlichkeitssphäre angehören, zu verteidigen (ZGB Art. 28; BGE 88 II 319).

2. Beschränkungen für einzelne Geheimnisträger

Der Berechtigte kann sich, wie erwähnt, auf den Grundsatz von Treu und Glauben berufen, um die Herrschaft über seine geheimen Kenntnisse zu behalten. Die Beachtung von Treu und Glauben führt zu Ausnahmen vom Prinzip, dass der Geheimnisträger auch der Berechtigte ist.

Eine solche Ausnahme bilden der Arbeitnehmer, welcher in der Ausübung seiner Tätigkeit für den Arbeitgeber etwas schafft oder entdeckt, und der Unternehmer, welchem der Berechtigte im Hinblick auf die Herstellung eines Objektes mehr oder weniger geheime Kenntnisse mitgeteilt hat (BGE vom 18. März 1999, sic! 1999, 300).

Der Arbeitnehmer darf zur Geheimhaltung bestimmte Tatsachen, von welchen er im Dienste des Arbeitgebers Kenntnis erhalten hat, weder verwenden noch anderen mitteilen, und zwar auch nach beendetem Arbeitsverhältnis, sofern die Interessen des Arbeitgebers dies erfordern (OR Art. 321a Abs. 4; BGE 80 IV 22). Die Geheimhaltepflicht ist Teil der allgemeinen Treuepflicht des Arbeitnehmers gegenüber dem Arbeitgeber (OR Art. 321a Abs. 3). Geschützt sind sowohl Fabrikationsgeheimnisse als auch andere geschäftliche Daten oder Informationen über die persönliche Situation des Arbeitgebers.

Allerdings ist die Geheimhaltungspflicht des Arbeitnehmers nicht automatisch gegeben. Laut Bundesgericht muss der Arbeitgeber ein berechtigtes Interesse an der Geheimhaltung haben, in eindeutiger Weise seinen Willen zur Geheimhaltung zum Ausdruck gebracht haben und die tatsächliche Möglichkeit besitzen, unberechtigte Dritte vom Zugang zu den geheimen Kenntnissen auszuschliessen (BGE 103 IV 283; 88 II 319, 322). Das Bundesgericht macht die Geheimhaltepflicht von der Ausbildung des Angestellten, dem Zweck seiner Anstellung, seiner Stellung im Unternehmen, seinem Lohn sowie von anderen Indizien, die es ihm klar machen sollten, dass er das Vertrauen des Arbeitgebers geniesst, abhängig. Der Arbeitgeber tut gut daran, mit seinen Angestellten klare Verträge abzuschliessen, in welchen er sich ausdrücklich die Rechte an allen Tatsachen und Kenntnissen vorbehält, die einen vertraulichen Charakter haben oder haben könnten.

Im Gegensatz zu seiner Haltung gegenüber Arbeitnehmern zeigte sich das Bundesgericht gegenüber Unternehmern äußerst streng, welchen Geheimnisse zur Schaffung eines Werkes anvertraut wurden. Es lässt keinen Zweifel daran, dass der Unternehmer, welcher, auch nach Beendigung seines Vertragsverhältnisses zum Auftraggeber, die von diesem erworbenen Kenntnisse zur Herstellung einer Konkurrenzmaschine verwendet, seine Geheimhaltungspflicht verletzt (BGE 114 II 91).

Nach Beendigung des Vertragsverhältnisses darf der Unternehmer das Objekt seines Auftraggebers reproduzieren, sobald ein Dritter unabhängig vom Unternehmer eine Reproduktion oder Nachahmung des ursprünglichen Objektes kreiert (BGE 77 II 263) aus eigener Initiative darf der Unternehmer die einstmals anvertrauten Informationen nicht verwenden. So hat das Bundesgericht einem Uhrmacher verboten, eine Uhr, die er zehn Jahre zuvor für einen Auftraggeber entwickelt hatte, nunmehr selber, in leicht abgeänderter Form, auf den Markt zu bringen (BGE vom 19. März 1999, sic! 1999, 247, 300).

Während der Dauer des Vertragsverhältnisses zwischen Werkherr und Unternehmer bleibt die Treuepflicht bestehen, auch wenn die geheimen Kenntnisse Gemeingut geworden sind (BGE 93 II 272).

3. Geheimnisschutz gemäss Gesetz gegen den unlauteren Wettbewerb und TRIPS-Abkommen

Das UWG eröffnet Möglichkeiten, gegen die unberechtigte Übernahme und Verwertung von kommerziellen und technischen Geheimnissen vorzugehen (UWG Art. 5 und 6; s. unten, § 61 Ziff. 8 und 9; s. auch BGE vom 5. Januar 2001, sicc! 2001, 300). Das TRIPS-Abkommen führt erstmals in einem Staatsvertrag mit weltweiter Geltung wirksame Mittel zum Schutz des Geschäftsgeheimnisses ein (UWG Art. 39 Ziff. 2, s. auch unten § 73, Ziff. 2.2.).

§ 43 Rechte und Berechtigte an Topographien und integrierten Schaltungen

1. Recht auf die Topographie

Gegenstand des Rechtes ist die realisierte Topographie, d.h. die Materialisierung der dreidimensionalen Strukturen der inneren Schichten des Halbleitererzeugnisses. Das Recht umfasst sowohl das Zwischenprodukt als auch die endgültige Topographie, d.h. sowohl das fertige Produkt, welches einen bestimmten Zweck erfüllt und bestimmte Eigenschaften besitzt, die ein funktionelles Ganzes bilden, als auch Produkte, welche für die vorgesehene Verwendung noch eines zusätzlichen Anpassungsverfahrens bedürfen (ToG Art. 1 Abs. 1).

An alltäglichen Bestandteilen einer Topographie, welche jedoch in nicht alltäglicher Weise ausgewählt oder angeordnet werden, kann das ausschliessliche Recht ebenfalls erworben werden (ToG Art. 1 Abs. 2).

Das Recht auf die Topographie entsteht mit deren Realisierung, d.h. mit deren Festsetzung auf einem Träger. Die Topographie ist von diesem Zeitpunkt an geschützt.

Das Recht auf die Topographie bleibt zugunsten ihres Entwicklers während zwei Jahren bestehen, sofern er diese ohne Eintragung vermarktet; nach vorgenommener Eintragung dauert der Schutz zehn Jahre.

2. Recht an der Topographie

Angesichts der Besonderheiten der Topographien und ihrer spezifischen Verwendungsmöglichkeiten gewährt das ToG dem Berechtigten nur jene Vorrechte, welche ihm für die wirkungsvolle Abwehr von Anmassung und unrechtmässiger Verwertung seiner Rechte unentbehrlich sind. Der Gesetzgeber schützt ihn lediglich vor Piraterie. Die Aufzählung in Art. 5 ToG ist abschliessend.

Der Berechtigte besitzt das ausschliessliche Recht, die Topographie wiederzugeben. Dieses Recht betrifft alle, auch die noch unbekannten und sich aus der Entwicklung der Technik erst ergebenden Nachbaumittel. Dem Nachbau gleichgestellt ist der Einbezug einer Topographie in eine integrierte Schaltung.

Der Berechtigte hat im Weiteren das ausschliessliche Recht, die Topographie in Verkehr zu bringen, anzubieten, zu veräussern, zu vermieten, zu verleihen oder sonstwie zu verbreiten oder zu diesem Zweck einzuführen. Dieses Recht betrifft auch nachgebaute Ausführungen der Topographie.

Eine wichtige Waffe gegen die Piraterie bietet das ausschliessliche Recht zur Einfuhr von Topographien oder Nachbildungen. Es kommt oft vor, dass importierte Halbleiter im Eigentum des dritten Importeurs bleiben und nicht in Verkehr gebracht, sondern von diesem in seinen eigenen Installationen verwendet werden. Der an einer Topographie Berechtigte kann sich solchen Importen widersetzen.

3. Rechtsbeschränkungen

3.1. Mit Topographien ausgerüstete Objekte

Um zu verhindern, dass der freie Verkehr von Apparaten und weiteren Maschinen, welche geschützte Topographien enthalten, von Berechtigten behindert wird, die in einem Apparat (z.B. einem Fernseher oder Computer) die Nachbildung einer geschützten Topographie entdecken, behält ihnen das ToG lediglich einen einfachen Vergütungsanspruch vor (ToG Art. 8 Abs. 2).

Die Eintragung einer Topographie im Register schafft keine Vermutung der fehlenden Gutgläubigkeit des Käufers eines Gegenstandes, der die Topographie enthält; eine solche muss vom Berechtigten nachgewiesen werden (vgl. Botschaft URG, S. 100, zu Art. 8).

3.2. Forschung und Unterricht

Gemäss ToG muss der Berechtigte Nachbildungen zu Forschungs- und Unterrichtszwecken zulassen (ToG Art. 7 Abs. 1).

3.3. Reverse Engineering

Eine weitere Beschränkung des ausschliesslichen Rechtes ist die Zulässigkeit des sogenannten «reverse engineering». Man versteht darunter ein Verfahren, durch welches aufgrund einer Analyse eine geschützte Topographie durch Datenverarbeitung zu einer anderen Topographie weiterentwickelt wird. Die Änderungen oder neuen Elemente dürfen nicht alltäglich sein, d.h. sie müssen in Fachkreisen unbekannt und das Ergebnis einer persönlichen geistigen Arbeit sein. Sind diese Voraussetzungen erfüllt, so darf die Weiterbildung ohne Zustimmung des an der ersten Struktur Berechtigten selbständig genutzt werden (ToG 2 Art. 7 Abs.).

4. Berechtigte

Das ToG will in erster Linie den Hersteller gegen Piraterie und unberechtigte Verwendung schützen. Es behält die originären Rechte der Person vor, welche die Topographie auf eigene Kosten und Gefahr entwickelt hat (ToG Art. 3).

Die geschützte (natürliche oder juristische) Person ist der Unternehmer, welcher die Verantwortung, die Kosten und das Risiko der Entwicklung trägt.

Das ToG zählt die Personen abschliessend auf, welche Inhaber und demzufolge zur Eintragung einer Topographie berechtigt sein können:
– schweizerische Hersteller und solche, die ihren gewöhnlichen Aufenthalt oder ihre geschäftliche Niederlassung in der Schweiz haben (ToG Art. 2 Abs. 1 lit. a);
– ausländische Inhaber der Rechte an Topographien, deren erste Verbreitung in der Schweiz erfolgt (ToG Art. 2 Abs. 1 lit. b);
– ausländische Inhaber, deren Topographien in der Schweiz aufgrund von völkerrechtlichen Verträgen geschützt sind (ToG Art. 2 Abs. 1 lit. c);
– ausländische Hersteller mit gewöhnlichem Aufenthalt oder geschäftlicher Niederlassung (d.h. Sitz der Gesellschaft) in einem Land, welches in ähnlichem Umfang Gegenrecht gewährt oder gewähren wird, oder deren Topographie in einem solchen Land ihre erste Verbreitung fand. Der Bundesrat entscheidet, ob ein Land diese Voraussetzung erfüllt (ToG Art. 2 Abs. 2).

14. Kapitel
Nichtigkeit und Erlöschen der Immaterialgüterrechte

§ 44 Nichtigkeit des Patentes, der Eintragung von Marken, Design und Topographien von integrierten Schaltungen

1. Rechtsschein und Wirklichkeit

Wie wir vorstehend erläutert haben, schafft die Registereintragung eines Immaterialgüterrechts eine Vermutung betreffend den rechtsgültigen Bestand des Rechts zugunsten der Person, auf deren Namen der Registereintrag lautet (s. oben, § 32, Ziff. 4). Diese Vermutung wird jedoch hinfällig, wenn die materiellen Grundlagen für den gesetzlichen Schutz nicht gegeben sind, z.B. wenn der Registereintrag nichtig ist.

Sind formelle immaterialgüterrechtliche Handlungen der Behörde nichtig, so sind sie dies ex tunc; jedermann kann sich auf diese Nichtigkeit berufen, deren Wirkung absolut ist. Im Gegensatz zu privatrechtlichen Handlungen, deren Nichtigkeit von Amtes wegen festgestellt werden muss, kann der Richter Nichtigkeit nur in Betracht ziehen, sofern sie von einer Partei geltend gemacht wurde (BGE 108 II 154).

Der Betroffene kann die Nichtigkeit des Immaterialgüterrechtes auf zwei Arten, nämlich klageweise (Haupt- oder Widerklage) oder einredeweise im Rahmen einer Verletzungsklage des Rechtsinhabers geltend machen (BGE 120 II 144, 148).

2. Nichtigkeit des Patentes

PatG Art. 26 zählt die Nichtigkeitsgründe auf. Es sind materielle Gründe (nicht patentfähiger Gegenstand, von der Patentierung ausgeschlossene Erfindung, mangelnde materielle Legitimation) oder formelle Gründe (ungenügende Patentschrift, über den Inhalt des Patentgesuchs hinausgehender Gegenstand des Patentes).

2.1. Materielle Nichtigkeitsgründe

Patentfähig sind neue gewerblich anwendbare Erfindungen, die sich nicht in naheliegender Weise aus dem Stand der Technik ergeben. Sind diese Voraussetzungen nicht erfüllt, so ist das erteilte Patent nichtig (PatG Art. 1; vgl. oben, § 11).

Nicht patentfähig sind Erfindungen, deren Veröffentlichung oder Verwertung gegen die öffentliche Ordnung oder gegen die guten Sitten verstiesse, sowie Verfahren der Chirurgie, Therapie und Diagnostik, die am menschlichen oder tierischen Körper angewendet werden (PatG Art. 2; vgl. oben, § 12).

Wie wir schon festgestellt haben (s. oben, § 38, Ziff. 1.3), ist gemäss PatG Art. 26 Abs. 1 Ziff. 6 das Patent nichtig, *«wenn der Patentinhaber weder der Erfinder noch dessen Rechtsnachfolger ist, noch aus einem anderen Rechtsgrund ein Recht auf das Patent hatte»*. Demzufolge kann nur die Person, welche die Erfindung gemacht hat, oder deren Rechtsnachfolger Inhaber eines gültigen Patentes werden. Es handelt sich um eine relative Nichtigkeit, da nur der Berechtigte, dessen Recht auf das Patent durch den Usurpator verletzt wurde, Klage erheben kann (PatG Art. 28). Die Nichtigkeitsklage untersteht keiner Frist; der Berechtigte kann sie jederzeit gegen den unbefugten Inhaber des Patentes erheben, auch wenn dieser gutgläubig ist und wenn der Berechtigte es versäumt hat, innert zwei Jahren eine Abtretungsklage anzuheben.

Hat sich ein Unbefugter ein europäisches Patent erteilen lassen, so gelten PatG Art. 29 ff. für den schweizerischen Teil des europäischen Patentes (EPÜ Art. 1 Abs. 2) (s. dazu auch oben, § 38, Ziff. 1.3).

2.2. Formelle Nichtigkeitsgründe

Gemäss PatG Art. 26 Abs. 1 Ziff. 3 ist das Patent nichtig, wenn die Erfindung in der Patentschrift nicht so dargelegt ist, dass der Fachmann sie ausführen kann. Dieser muss die Erfindung aufgrund der Lektüre der Patentschrift, seiner Berufskenntnisse und der gängigen Literatur (bekannte technische Zeitschriften, Grundlagenwerke), aber ohne vertieftes Literaturstudium oder weitere Laborversuche ausführen können.

Geht der Gegenstand des Patentes über den Inhalt des Patentgesuchs in der für die Anmeldung massgebenden Fassung hinaus, so ist das Patent nichtig (PatG Art. 26 Abs. 1 Ziff. 3bis; BGE 113 II 314).

Wir haben das Aussmass der (un)zulässigen Änderungen am Patentgegenstand im Kapitel über die Patenterteilung behandelt (s. oben, § 32, Ziff. 2.2).

2.3. Teilnichtigkeit

Materielle oder formelle Nichtigkeitsgründe betreffen nicht stets das ganze Patent. Unter Umständen sind nur einzelne Patentansprüche nichtig, vor allem dort, wo das Patent mehrere unabhängige Ansprüche enthält, welche aber eine einzige allgemeine erfinderische Idee verwirklichen (PatG Art. 52 Abs. 2). Bei Teilnichtigkeit wird das Patent, nötigenfalls durch den Richter, eingeschränkt (PatG Art. 25 und 27 Abs. 1).

Dem Interesse des Patentinhabers, einen Teil seines Patentes retten zu können steht, das Interesse Dritter entgegen, in ihrem Vertrauen auf die Massgeblichkeit der in den Patentansprüchen gegebenen Erfindungsdefinition und des damit umschriebenen sachlichen Geltungsbereichs geschützt zu werden. Die Rücksicht auf dieses Interesse Dritter gebietet, das Patent nur insoweit einzuschränken, als dem Fachmann aufgrund der ganzen Patentschrift von Anfang an unmissverständlich erkennbar war, dass eine bisher nur in der Beschreibung oder in den Zeichnungen enthaltene und nunmehr als weiteres Merkmal in den Patentanspruch aufzunehmende Angabe einen wesentlichen Bestandteil der Erfindung bildete (BGE vom 31. Mai 2000, sic! 2000, 635).

Solche Einschränkungen können während der ganzen Dauer des Patentes vorgenommen oder wiederholt werden. Der Patentinhaber kann sich jedoch nur einmal auf PatG Art. 24 Abs. 1 lit. c stützen; zudem ist eine Einschränkung gemäss lit.c nur vor Ablauf von vier Jahren seit der Patenterteilung zulässig (PatG Art. 24 Abs. 2).

Diese Verwirkungsfrist soll im Interesse der Rechtssicherheit die Möglichkeit des Patentinhabers einschränken, mit einem Teilverzicht insbesondere Fehlbeurteilungen bei der Abfassung der Patentansprüche wieder gutzumachen und auf diese Art einer Nichtigkeitsklage auszuweichen, sowie das Patent gegen Angriffe resistenter zu machen (BGE vom 29. April 2002, sic! 2002, 691).

Nach dem Wortlaut von PatG Art. 24 Abs. 2 beginnt die Verwirkungsfrist mit der Patenterteilung zu laufen.

Der Zeitpunkt der Patenterteilung für europäische Patente wird durch die Veröffentlichung des Hinweises auf die Patenterteilung im Europäischen Patentblatt bestimmt und durch ein anschliessendes Einspruchs- oder Beschwerdeverfahren nicht mehr verändert. Dem Inhaber eines europäischen Patents, gegen welches Einspruch eingelegt wird, ist ein Teilverzicht faktisch regelmässig verwehrt, da nach Abschluss des Einspruchsverfahrens die Verwirkungsfrist für einen Teilverzicht, die mit der Patenterteilung zu laufen beginnt, gewöhnlich bereits abgelaufen ist (BGE vom 29. April 2002, sic! 2002, 691).

Der Beklagte in einem Nichtigkeitsverfahren, d.h. der Patentinhaber, kann die teilweise Nichtigkeit des Patentes anerkennen und eine Teilnichtigkeitserklärung abgeben. Der Richter muss aber dennoch alle Anklagepunkte prüfen. Ist nur ein Teil der patentierten Erfindung nichtig, so schränkt der Richter das Patent dementsprechend ein (auch wenn auf Gesamtnichtigkeit geklagt wurde – BGE 121 III 279). Der Richter gibt den Parteien Gelegenheit, sich zu den von ihm vorgeschlagenen Änderungen der Patentansprüche zu äussern.

2.4. Massgebender Zeitpunkt

Der für die Feststellung des Vorliegens eines Nichtigkeitsgrundes massgebende Zeitpunkt ist die Entstehung des Patentes, d.h. die Patenterteilung. Die Voraussetzungen für die Patentfähigkeit müssen zu diesem Zeitpunkt gegeben sein.

3. Nichtigkeit der Markeneintragung

3.1. Nichtigkeitsgründe

Die absoluten Nichtigkeitsgründe decken sich mit den absoluten Schutzausschlussgründen, welche wir vorn besprochen haben (MSchG Art. 2; vgl. oben, § 17). Marken, die aus den in MSchG Art. 2 beschriebenen Zeichen oder Formen bestehen, sind absolut nichtig. Jeder, der ein ausreichendes Interesse nachweist, kann klage- oder einredeweise diese Nichtigkeit geltend machen (BGE 103 II 339).

Die relativen Nichtigkeitsgründe decken sich mit den relativen Schutzausschlussgründen. Wir verweisen auf unsere diesbezüglichen Ausführungen (MSchG Art. 3; vgl. oben, § 16). Da die Nichtigkeit derartiger Zeichen relativ ist, kann sich nur der Inhaber der älteren Marke darauf berufen (MSchG Art. 3 Abs. 3).

Marken, die ohne Zustimmung des wirklich Berechtigten (im Allgemeinen des Inhabers einer gleichlautenden ausländischen Marke; unter Umständen trägt das IGE aber auch zwei identische schweizerische Marken ein) durch Agenten, Vertreter oder andere zum Gebrauch Ermächtigte eingetragen werden, sind nicht geschützt, und ihre Eintragung ist nichtig. Das Gleiche gilt, wenn der Berechtigte seine Zustimmung zurückgezogen hat und der ehemals Ermächtigte ihm die Marke nicht übertragen will. Die Marke ist in der Folge nicht mehr zu Gunsten des letzteren geschützt, und der Berechtigte kann eine gleiche Marke eintragen lassen (MSchG Art. 4).

Hat der Inhaber einer Marke diese während fünf aufeinanderfolgenden Jahren nicht gebraucht, und kann er keine wichtigen Gründe für den Nichtgebrauch geltend machen, so kann der Inhaber sein Markenrecht nicht mehr geltend machen und die Marke wird praktisch nichtig – ein Dritter kann das Dahinfallen geltend machen – falls er beklagt ist, u. a. einredeweise oder durch Widerklage. Wir haben dieses Problem im Zusammenhang mit dem Gebrauch der Marke behandelt (s. oben, § 15, Ziff. 3.4.1).

Wird eine Marke in Kenntnis der kurz bevorstehenden Beanspruchung des selben Zeichens durch einen Konkurrenten hinterlegt, und fehlt diesem die Benutzungsabsicht, handelt es sich um eine nichtige Defensivmarke (BGE 127 III 160; BGE vom 1. Mai 2003, sic! 2004, 325). Wird ein von zwei Firmen gebrauchter Slogan (... *c'est bon la vie*) von der einen mit dem klaren Zweck hinterlegt, die andere an der Weiterverwendung des Slogans zu hindern, so ist die Eintragung unlauter und daher nichtig (BGE vom 2. März 2005, sic! 2005, 463).

Duldet der Inhaber einer Garantie- oder Kollektivmarke einen Gebrauch, der wesentliche Bestimmungen des Reglements verletzt, und schafft er nicht innert einer vom Richter angesetzten Frist Abhilfe, ist die Marke nach Ablauf dieser Frist nichtig (MSchG Art. 26). Dies gilt ebenfalls, wenn das Reglement die gesetzlichen Voraussetzungen nicht oder nicht mehr erfüllt (MSchG Art. 25).

3.2. Massgebender Zeitpunkt

Im Gegensatz zu den Bestimmungen im Patentrecht und im Designrecht ist die Marke nicht immer ex tunc, d.h. ab Datum der Eintragung der Anmeldung, nichtig. Eine gültige Marke ist gültig, solange sie gebraucht wird; sie wird erst ab dem Zeitpunkt nichtig, an welchem sie während fünf Jahren nicht mehr gebraucht wurde. Hängt der Bestand des schweizerischen Teils einer IR-Marke vom Ausgang eines ausländischen Widerspruchsverfahrens ab, so beginnt die fünfjährige Benutzungsschonfrist gemäss MSchG 12 erst mit dem Vorliegen des rechtskräftigen ausländischen Widerspruchsentscheides zu laufen. Markeninhabern kann nicht zugemutet werden, den Gebrauch ihrer IR-Marken aufzunehmen, wenn deren Bestand aufgrund eines eingeleiteten Widerspruchsverfahrens gegen die Basismarke noch unsicher ist (BGE 130 III 371). Eine Marke kann durch veränderte Umstände, welche einem früher harmlosen Begriff eine neue Bedeutung verleihen, täuschend und damit nichtig werden (BGE 70 I 298). Eine wegen Verletzung der Rechte an einer älteren Marke ursprünglich nichtige Marke kann gültig werden, wenn die frühere Marke gelöscht oder wegen Nichtgebrauchs nichtig wurde (BGE 83 II 216).

4. Nichtigkeit der Hinterlegung des Design

Die Nichtigkeit der Designhinterlegung wird im Gesetzt nicht ausdrücklich erwähnt; man kann davon ausgehen, dass die erfolgte Hinterlegung von gemäss DesG Art. 4 vom Schutz ausgeschlossenen Design (s. oben, § 25, Ziff. 3) nichtig ist.

Die Hinterlegung ist nichtig, wenn die vom Gesetz zur Schutzwürdigkeit eines Design geforderten wesentlichen Merkmale, d.h. die Neuheit und die ästhetische Absicht, fehlen oder wenn die Form des Design lediglich durch seine technischen Funktionen bedingt ist (DesG Art. 4 lit. c – s. dazu oben, § 25, Ziff. 1 und 2).

Zudem ist die Hinterlegung nichtig, wenn der Hinterleger weder der Urheber des Design noch dessen Rechtsnachfolger ist (DesG Art. 7). Dritte mit rechtlichem Interesse können die Nichtigkeit klage-, widerklage- oder einredeweise geltend machen (DesG Art. 33; BGE 129 III 545).

Gemäss Gesetz sind Hinterlegungen von Design nichtig, deren Inhalt gegen Bestimmungen eines Bundesgesetzes oder Staatsvertrages verstösst oder sittenwidrig ist (vgl. oben, § 25 Ziff. 3 lit. d und e).

Ein Feststellungsinteresse bezüglich Rechtsbeziehungen zwischen Dritten ist nur gegeben, wenn davon Bestand und/oder Inhalt der Rechtsbeziehung zwischen den Streitparteien abhängen (BGE vom 8. November 2002, sic! 2003, 323).

Als Zeitpunkt ist einzig jener der Hinterlegung massgebend; an diesem Datum müssen die Voraussetzungen für die Hinterlegung erfüllt sein.

5. Nichtigkeit der Registereintragung der Topographie

Die dreidimensionale Struktur eines Halbleitererzeugnisses kann nur gültig eingetragen werden, wenn sie nicht alltäglich ist. Führt die geistige Arbeit des Schöpfers lediglich zur Anwendung gängiger Kenntnisse des Standes der Technik, so ist die Topographie alltäglich und ihre Eintragung nichtig (ToG Art. 1 Abs. 1).

Nur der Inhaber der Rechte an der Topographie im Sinne des ToG kann deren Eintragung gültig anmelden (ToG Art. 14 Abs. 1 lit. a). Die Registereintragung einer Topographie aufgrund einer Anmeldung durch den Schöpfer des Immaterialgutes, der dieses spezifiziert aber nicht hergestellt hat, ist nichtig.

Die Eintragung ist des weiteren nichtig, wenn die Unterlagen nicht genügend detailliert und genau sind, um die Identifizierung der Topographie zu erlauben (ToG Art. 14 Abs. 1 lit. b). Die eindeutige Identifizierung muss möglich sein.

Der Gesuchsteller muss zudem nachweisen, dass er der Hersteller der angemeldeten Topographie ist und als solcher den Schutz des ToG beanspruchen kann. Sofern diese Angaben in den Eintragungsunterlagen fehlen, ist die Eintragung nichtig.

Wie bei Patenten betreffen die formellen und materiellen Nichtigkeitsgründe nicht unbedingt die ganze Topographie oder Eintragung. Insbesondere bei verbundenen Topographien sind unter Umständen einzelne alltäglich und daher nichtig, andere nicht.

Allein das Datum der Eintragungsgesuches ist massgebend, weshalb die materiellen und formellen Voraussetzungen zu diesem Zeitpunkt erfüllt sein müssen.

6. Nichtigkeit des Sortenschutzes

6.1. Die Nichtigerklärung der Eintragung

Nur der Züchter oder sein Rechtsnachfolger können eine gültige Sortenschutzeintragung erlangen (s. oben, § 32a, Ziff. 1).

Damit der Sortenschutz gültig ist, muss die geschützte Sorte neu sein. Ist sie dies nicht, so wird die Eintragung auf Klage hin als nichtig erklärt und der Schutz fällt dahin (SortG Art. 16 Ziff. 1). Wurde die schweizerische Eintragung unter Beanspruchung einer ausländischen Anmeldungspriorität erlangt, die aber nicht zu einer Eintragung geführt hat, so ist die Gültigkeit der schweizerischen Eintragung fraglich, mindestens unter dem ausländischen Prioritätsdatum. Die gesetzliche Formulierung, dass in einem solchen Fall der Schutzinhaber «die Gründe dafür erklären und belegen» muss (SortG Art. 16 Ziff. 3), ist nicht sehr klar – wurde die ausländische Anmeldung wegen mangelnder Neuheit zurückgewiesen, so ist wohl auch die schweizerische Eintragung nichtig; geschah die Rückweisung aus Gründen, die auslandspezifisch waren und für die Schweiz nicht von Bedeutung, so ist die schweizerische Eintragung gültig, allerdings wohl nur mit dem schweizerischen Anmeldedatum.

6.2. Die Aufhebung des Schutzes

Es handelt sich um eine Spezialität des Sortenschutzgesetzes, die in den anderen Immaterialgüterrechtsgesetzen keine Parallele hat.

Nach Massgabe von Sort G Art. 17 hebt das Büro für Sortenschutz den Schutz auf, wenn der Schutzinhaber kein Material zur Vermehrung der Sorte mit ihren charakteristischen Merkmalen liefern kann. Das Büro hebt den Schutz auch auf, wenn der Schutzinhaber die Materialien und Auskünfte zur Überwachung nicht beibringt oder wenn er die Nachprüfung der Erhaltungsmassnahmen für die geschützte Sorte nicht gestattet (s. oben, § 33 a, Ziff. 3).

§ 45 Erlöschen der Immaterialgüterrechte aufgrund von Fristen

1. Gesetzliche Dauer der Immaterialgüterrechte

1.1. Patente

Das schweizerische Patent dauert längstens bis zum Ablauf von 20 Jahren seit dem Anmeldedatum (PatG Art. 14, EPÜ Art. 63). Für Wirkstoffe von Arzneimitteln kann die Schutzdauer des Patentes durch ein ergänzendes Schutzzertifikat um höchstens 5 Jahre verlängert werden, um dem Erfinder des Wirkstoffes die ausschliessliche wirtschaftliche Nutzniessung seiner Erfindung wenigstens während 15 Jahren zu verschaffen (PatG Art. 140e, s. oben, § 33 Ziff. 8.).

1.2. Design

Die Schutzdauer für Design beträgt längstens 25 Jahre. Sie unterteilt sich in fünf ohne Unterbrechung aufeinanderfolgende Perioden von je fünf Jahren (DesG Art. 5).

1.3. Marken

Der Markenschutz ist unbefristet. Die Eintragung führt allerdings nur zu einem zehnjährigen Schutz, welcher jedoch jederzeit für eine gleich lange Periode verlängert werden kann (MSchG Art. 10 Abs. 2).

1.4. Topographien

Das ToG schützt alle Topographien während 10 Jahren seit Eingang Anmeldungsunterlagen und Zahlung der Gebühren (ToG Art. 9 und 14). Nicht eingetragene Topographien sind während zwei Jahren nach Inverkehrsetzung geschützt (ToG

Art. 9 Ziff. 2). Wird die Topographie erst nach ihrer Verbreitung eingetragen, endet die Schutzfrist am 31. Dezember des zehnten Jahres nach der Verbreitung. Der Schutz erlischt in jedem Fall spätestens fünfzehn Jahre seit der Entwicklung der Topographie, auch wenn sie z.B. erst sieben Jahre nach ihrer Entwicklung verbreitet wurde (ToG Art. 9).

1.5. Uhreberrechte

Der urheberrechtliche Schutz erlischt 70 Jahre nach dem Tod des Urhebers. Der Schutz beginnt mit der Schaffung des Werkes, unabhängig davon, ob dieses auf einem Träger festgehalten ist oder nicht (URG Art. 29).

Sofern ein Werk in seinem Ursprungsland nur eine Schutzdauer unter 70 Jahren beanspruchen kann, so wird es auch in der Schweiz nur für die im Ursprungsland festgelegte Dauer geschützt (RBÜ Art. 2 und 7 Ziff. 8; BGE vom 13. Januar 1998, sic! 1998, 464).

URG Art. 80 sieht vor, dass das Gesetz auch für Werke gilt, die vor seinem Inkrafttreten geschaffen wurden. Dies führte zu einer gewissen Unsicherheit mit Bezug auf Werke, deren Urheber mehr als 50 aber weniger als 70 Jahre vor Inkrafttreten des Gesetzes gestorben war. Das Bundesgericht hat entschieden, dass die neue Schutzdauer nur für jene Werke zur Anwendung kommt, die im Zeitpunkt des Inkrafttretens des neuen URG noch geschützt waren (BGE vom 13. Januar 1998, sic! 1998, 464; BGE 124 III 267).

Wurde ein Werk von mehreren Urhebern geschaffen, und sind ihre Beiträge untrennbar, so endet der Schutz 70 Jahre nach dem Tod des letzten überlebenden Miturhebers; die Erben aller Miturheber können sich auf diese Schutzdauer berufen. Besteht das Werk aus voneinander unabhängigen Beiträgen, so endet der Schutz für jeden Beitrag 70 Jahre nach dem Tod seines Urhebers.

Laut URG wird der Schutz vom 31. Dezember desjenigen Jahres an berechnet, in dem das für die Berechnung massgebende Ereignis eingetreten ist (URG Art. 32 und 39 Abs. 2).

1.5.1. Audiovisuelle Werke

Für Filme und andere audiovisuelle Werke kommt für die Berechnung der Schutzdauer nur der Regisseur in Betracht (URG Art. 30).

1.5.2. Anonyme Werke

Wird ein Werk anonym verbreitet oder bedient sich der Urheber eines Pseudonyms, so endet der Schutz 70 Jahre nach der Veröffentlichung; wurde das Werk in Lieferungen veröffentlicht, so ist die letzte Lieferung massgebend. Lässt das Pseudonym unzweifelhaft auf die Identität des Urhebers schliessen oder geben seine Rechtsnachfolger dessen Identität innert 70 Jahren seit der Veröffentlichung bekannt, so erlischt der Schutz 70 Jahre nach dem Tod des Urhebers (URG Art. 31).

1.5.3. Software

Der Schutz von Software erlischt 50 Jahre nach dem Tod des Urhebers (URG Art. 29 Abs. 2 lit. a).

1.5.4. Nachbarrechte

Der Schutz der ausübenden Künstler beginnt mit der Darbietung des Werkes; jede Darbietung eröffnet eine neue Frist. Der Schutz erlischt nach 50 Jahren (URG Art. 39 Abs. 1). Die Ausschliesslichkeitsrechte der Hersteller beginnen mit der Herstellung der Ton- oder Tonbildträger oder mit der Ausstrahlung der Sendung; sie erlöschen nach 50 Jahren (URG Art. 39 Abs. 1; BGE 118 II 459).

1.6. Sortenschutz

Der Sortenschutz endet mit dem vollen zwanzigsten Jahr nach seiner Erteilung; er kann vom Bundesrat für einzelne Arten und Pflanzen auf maximal 25 Jahre verlängert werden (SortG Art. 14).

2. Erlöschen der Rechte an Immaterialgütern wegen Nichtwahrung der Fristen

Urheberrechte und Rechte an Topographien bleiben während der gesamten gesetzlichen Frist ohne Eingreifen des Berechtigten bestehen; dies gilt jedoch nicht für das Patent, die Eintragung von Marken und die Hinterlegung von Design. Die Fortdauer der diesbezüglichen Rechte hängt von der Zahlung gesetzlicher Gebühren oder Jahresbeiträgen ab. Bei unterbliebener Zahlung verliert der Inhaber sein Recht und dieses erlischt.

Für Patente gewährt PatG Art. 47 die Möglichkeit der Wiedereinsetzung in den früheren Stand, sofern der Patentbewerber oder Patentinhaber glaubhaft machen kann, dass er ohne sein Verschulden an der Einhaltung einer vorgeschriebenen Frist gehindert wurde (PatG Art. 47 Abs. 1).

Aufgrund des Vertretungsgrundsatzes ist jegliches Wissen des Vertreters dem Patentinhaber anzurechnen, weshalb eine dem Vertreter zugestellte Löschungsanzeige als dem Patentinhaber selbst zugestellt gilt. Nur ausnahmsweise, etwa bei einer entschuldbaren Fehlleistung des Vertreters, wird dessen Wissen dem Vertretenen nicht angerechnet (BGE vom 22. Januar 2003, sic! 2003, 448).

Ernsthafte finanzielle Schwierigkeiten sind ein Wiedereinsetzungsgrund für die verpasste Frist zur Bezahlung der Jahresgebühr, wenn der Antragsteller bei der

Suche nach finanzieller Unterstützung die nach den Umständen subjektiv gebotene Sorgfalt beachtet. Diese erfordert nicht die Verwertung oder Verpfändung des Patents. Die vorgängige Bezahlung der Jahresgebühren anderer Schutzrechte hingegen gefährdet eine Wiedereinsetzung (ERGE vom 5. Juli 2002, sic ! 2002, 869).

§ 46 Erlöschen der Immaterialgüterrechte durch Verzicht, Nichtgebrauch oder Erschöpfung

1. Verzicht auf Ausschliesslichkeitsrechte

Der Berechtigte kann jederzeit auf seine Ausschliesslichkeitsrechte an Immaterialgütern ganz oder teilweise verzichten.

1.1. Patentrecht

Das PatG regelt die Einzelheiten des Teilverzichts auf Patente in Art. 24. Wie schon ausgeführt[36], kann der Teilverzicht durch Aufheben eines Patentanspruchs, durch Einschränkung eines unabhängigen Patentanspruchs mittels Zusammenlegung mit einem oder mehreren abhängigen Ansprüchen oder auch durch Einbezug von Merkmalen, welche im ursprünglichen Anspruch nicht vorgesehen waren, erfolgen.

Dem Inhaber eines europäischen Patents, gegen welches Einspruch eingelegt wird, ist ein Teilverzicht faktisch regelmässig verwehrt, da nach Abschluss des Einspruchsverfahrens die Verwirkungsfrist für einen Teilverzicht, die mit der Patenterteilung zu laufen beginnt, gewöhnlich bereits abgelaufen ist (BGE vom 29. April 2002, sic! 2002, 691).

1.2. Markenrecht

Durch Beschränkung der Zahl der Waren, für welche eine Marke verwendet wird, verzichtet der Inhaber teilweise auf diese.

Lässt der Inhaber zu, dass eine Marke vom Publikum und von Konkurrenten als Sachbezeichnung benutzt wird, so verzichtet er auf ihren Schutz – die Marke wird zum Freizeichen (s. oben, § 17, Ziff. 1.3).

1.3. Designrecht

Der Inhaber einer Designhinterlegung oder sein Vertreter können jederzeit ganz auf die Hinterlegung verzichten oder teilweise (z.B. auf Teile einer Sammelhinter-

---

[36] Siehe oben, § 33, Ziff. 2.1. und § 44, Ziff. 2.3.

legung oder auf bestimmte Unterarten gewisser durch das Design zu schmückende Produktkategorien) – auf Anzeige durch den Inhaber löscht das IGE die Eintragung ganz oder teilweise (DesG Art. 28 lit. a).

1.4. Topographierecht

Das ToG gewährt dem Hersteller die Möglichkeit, beim IGE jederzeit die ganze oder teilweise Löschung einer Topographie zu beantragen (ToG Art. 15 Abs. 2 lit. a und Art. 13).

1.5. Sortenschutz

Der Inhaber einer Sortenschutzeintragung kann jederzeit dem Büro für Sortenschutz schriftlich den Verzicht auf die Weiterführung des Schutzes erklären (SortG Art. 15 Ziff. 1 lit. a).

2. Verzicht auf bestimmte Vorrechte

Der Berechtigte kann die Herrschaft über das Immaterialgut zwar behalten, aber auf bestimmte Aufübungsrechte zu Gunsten Dritter verzichten. Dieser Verzicht kann territorial begrenzt werden, und/oder einzelne Rechte betreffen. Ein solcher Verzicht beeinträchtigt das Immaterialgut oder das damit verbundene Recht nicht, sondern verpflichtet lediglich den Berechtigten; deshalb handelt es sich nicht um den Verzicht auf ein Recht, sondern um die Einräumung eines Benutzungsrechtes an diesem Recht, um eine unentgeltliche oder entgeltliche Lizenz. Im Allgemeinen vereinbart der Berechtigte eine solche Einschränkung in einem synallagmatischen Lizenzvertrag; er kann aber auch einseitige Erklärungen abgeben, z.B. Prioritätserklärungen für Patente oder Marken.

3. Erlöschen und Verlust der Rechte durch Nichtgebrauch

Im Patentrecht kommt es nur in Ausnahmefällen zum Verlust des Monopols durch Nichtgebrauch (PatG Art. 38 und 39).

Im Markenrecht wird dagegen der Nichtgebrauch während fünf Jahren durch die Benutzer von Konkurrenzzeichen häufig geltend gemacht[37]. Der ungenügende Gebrauch ist dem Nichtgebrauch gleichzusetzen und führt ebenfalls zum Verlust des Markenrechtes[38]. Der Gebrauch durch einen ermächtigten Dritten gilt als Gebrauch durch den Inhaber (MSchG Art. 11 Abs. 3). Wird die Marke nur für einzelne der eingetragenen Warenkategorien gebraucht, so wird sie für die übrigen Kategorien nichtig.

---

[37] Dazu s. oben, § 15, Ziff. 3.4.1.
[38] Zum Begriff des Gebrauchs s. oben, § 15, Ziff. 3.1.

Urheberrecht, Design- und Topographierecht sehen keine Gebrauchspflicht der Rechte durch deren Inhaber vor.

4. Erlöschen durch Erschöpfung der Rechte

Die subjektiven Rechte an Immaterialgütern sind Ausschliesslichkeitsrechte, welche ein auf ein Staatsgebiet oder eine Region (EU Gemeinschaftsmarke) beschränktes Monopol beinhalten. Das Immaterialgut muss auf einem Träger konkretisiert sein, um wahrnehmbar oder verwendbar zu sein. Grundsätzlich sollte die Herrschaft über das Immaterialgut auch diejenige über den Träger zur Folge haben. Meist deckt sich jedoch der Eigentümer des Trägers nicht mit dem Inhaber des Ausschliesslichkeitsrechtes am Immaterialgut. Daraus kann ein Konflikt zwischen dem Ausschliesslichkeitsrecht am Immaterialgut und dem Eigentumsanspruch am Träger des Immaterialguts entstehen. Dieser Konflikt wurde zu Gunsten des Letzteren gelöst. Diese Wahl beruht auf der Theorie, dass die Verfügungsgewalt über ein Immaterialgut für jede Trägereinheit durch die Veräusserung des Trägers verbraucht wird. Durch die Vermarktung eines Objektes, durch dessen Verkauf oder andere Veräusserung seitens des Berechtigten erhält dieser den Ertrag, welcher das Gesetz ihm als Entgelt für seine schöpferische Arbeit gewähren will. Man spricht hierbei von Verbrauch oder Erschöpfung des Rechtes (BGE vom 23. Oktober 1996, SJ 1997, 129 ff.).

Angesichts der Territorialität der Ausschliesslichkeitsrechte an Immaterialgütern kann die Erschöpfung an und für sich nur durch Handlungen ausgelöst werden, welche das in Frage stehende Recht unmittelbar betreffen; nur eine auf schweizerischem Staatsgebiet vorgenommene Veräusserung sollte das schweizerische Recht erschöpfen können.

Im schweizerischen Immaterialgüterrecht erwähnen nur das Topographie- und Urheberrechtsgesetz den Erschöpfungsgrundsatz (ToG Art. 6; URG Art. 12 Abs. 1, ohne jedoch näher auszuführen, ob dieser national oder international zu verstehen sei[39].

Mit Bezug auf audiovisuelle Werke enthält URG Art. 12,2 Ziff. 1 bis eine Präzisierung, indem er die Weiterveräusserung oder Vermietung von Exemplaren audiovisueller Werke solange verbietet, als der Urheber dadurch in der Ausübung des Aufführungsrechts gemäss URG Art. 10 Abs. 2 lit. c behindert wird – im Klartext bedeutet dies, dass Videoverleiher in der Schweiz Filmkassetten oder DVD erst ausleihen dürfen, wenn der Film in der Schweiz in den Kinos gelaufen ist.

Aus wirtschaftspolitischen Erwägungen im Dienste der Markttransparenz, angeblich im Interesse des Konsumenten, welcher immaterialgüterrechtlich geschützte

---

[39] Zur Erschöpfung im Bereich audiovisueller Werke s. u.a. ROGER ZÄCH und ROLAND UNTERNÄHRER, Kinofilmauswertung und Parallelimporte, in: sic! 2002, 786; FRANZISKA LERCH und STEFAN VOGEL, Zulässigkeit des Imports audiovisueller Werkexemplare im Lichte der Wirtschaftsverfassung, in: sic! 2003, 414.

Verbrauchsgüter möglichst billig erwerben können sollte, hat sich das Bundesgericht im Falle von Markenartikeln und urheberrechtlich geschützten Gütern zu Gunsten einer internationalen Erschöpfung ausgesprochen (BGE 122 III 469; 124 III 321). Demzufolge erschöpft sich das Ausschliesslichkeitsrecht für jedes betroffene Produktexemplar mit der ersten Inverkehrsetzung dieses Exemplars – durch den Berechtigten oder durch mit seiner Einwilligung handelnde Dritte – in irgendeinem beliebigen Land. Die internationale Erschöpfung tritt nur ein, wenn die erste Inverkehrsetzung nicht widerrechtlich stattgefunden hat. Ein Erwerb ist jedenfalls nicht widerrechtlich, wenn er mit der Zustimmung des Berechtigten erfolgt. Die Einwilligung wird zu Gunsten jedes Dritten vermutet, welchem der Berechtigte irgendein Verwertungsrecht abgetreten hat. Damit werden Parallelimporten und der Schaffung eines Schwarzmarktes Tür und Tor geöffnet.

Tun sich mehrere Gesellschaften zusammen, um eine Marke auf internationaler Ebene zu verwerten, kann keine geltend machen, sie habe nicht zugestimmt, wenn die Zustimmung durch eine andere Gesellschaft aus der Gruppe gegeben wurde (BGE vom 11. April 2002, sic! 2002, 605).

Mit diesen Entscheiden isoliert sich die Schweiz u.E. noch stärker. Ein Schweizer Fabrikant, welcher einem französischen und einem japanischen Fabrikanten eine Lizenz erteilt, kann sich der Einfuhr von durch seine Lizenznehmer vertriebenen Produkten durch Dritte in die Schweiz nicht widersetzen. Hingegen kann ein französischer Patentinhaber, der einem Schweizer oder Japaner eine Lizenz erteilt, verbieten, dass diese Produkte von Dritten nach Frankreich eingeführt werden.

Im Patentrecht hat das Bundesgericht in einem Entscheid, in dem es zwar ausführliche Vergleiche (auch international) zwischen Patentrecht einerseits und Marken- und Urheberrecht andererseits anstellt (ohne daraus zwingende Schlüsse für die Bevorzugung der einen oder anderen Erschöpfungstheorie zu ziehen), aus wirtschaftspolitischen Gründen der nationalen Erschöpfung den Vorzug gegeben (BGE 126 III 129).

Allerdings hat die nationale oder internationale Erschöpfung nur begrenzte materielle Folgen. Durch die Veräusserung einer Anlage oder eines patentierten Gegenstandes oder des unmittelbaren Produktes eines patentierten Verfahrens, der mit einer Marke versehenen Ware, des nach einem Muster oder Modell oder unter Verwendung einer Topographie angefertigten Artikels gibt der Berechtigte die Herrschaft über das Objekt nur bezüglich dessen Vertrieb oder Veröffentlichung preis. Er verzichtet jedoch nicht auf seine übrigen Vorrechte. So z.B. darf der Erwerber das Objekt nicht als Schablone verwenden, um Kopien herzustellen und seinerseits zu verkaufen. Ebensowenig darf er das Produkt in der mit der Marke versehenen Verpackung austauschen oder verändern.

Im Urheberrecht verschafft das Ausleihen eines Werkexemplars, insbesondere vor dessen Vermarktung, weder weitere Verwendungsrechte (BGE 120 IV 208) noch das Recht, Veränderungen vorzunehmen (URG Art. 16 Abs. 3); ausgenommen sind Werke der Architektur (URG Art. 12 Abs. 3).

Die Erschöpfung des Verfügungsrechtes über eine Software nach deren Veräusserung in der Schweiz beschränkt sich auf das Recht, die Software bestimmungsgemäss zu verwenden, sie in die Schweiz einzuführen oder in der Schweiz oder im Ausland weiterzuverkaufen (URG Art. 12 Abs. 2).

Hingegen bleiben die übrigen vom Gesetz ausschliesslich dem Urheber vorbehaltenen Vorrechte, d.h. die Vermietung und Ausleihe der Software oder von Softwareexemplaren, von der Veräusserung unberührt (URG Art. 10 Abs. 3, Art. 13 Abs. 4).

Fünfter Teil
Verfügungen über Immaterialgüter

15. Kapitel
Übertragung und Belastung der Immaterialgüterrechte

§ 47 Verfügungen über Immaterialgüter im Allgemeinen

1. Allgemeine Bemerkungen

Soweit die Gesetze keine besonderen Vorschriften machen, kann der Berechtigte über seine Rechte und Teilrechte frei verfügen, sie belasten, sie ganz oder teilweise übertragen.

Inhalt und Zweck der verschiedenen Immaterialgüter geben jedoch Anlass zu einer differenzierten Behandlung, insbesondere bezüglich Übertragung. In dieser Hinsicht können die Immaterialgüter in zwei Gruppen unterteilt werden: Einerseits die Erfindungen, die Design, die Werke der Literatur und Kunst und Geschäftsgeheimnisse, die auf alle möglichen Arten verwertet werden können, und deren Rechte in verschiedene Herrschafts- und Schutzbereiche unterteilbar sind; anderseits die Marken, die Software und die Topographien, welche wesensgemäss weniger Verwertungsvarianten anbieten.

2. Verschiedene Arten der Übertragung und Belastung

Bezüglich Verfügungen können die Immaterialgüterrechte der Fahrnis gleichgesetzt werden. Der Eigentümerwechsel kann auf verschiedene Arten stattfinden: Verkauf, Erbfolge (BGE 121 III 118), Zwangsvollstreckung usw.

Bedarf das Recht einer Eintragung, so muss der Eigentumswechsel im Register vorgemerkt werden.

Die Anwartschaftsrechte auf eine Registereintragung können auch übertragen werden, z.B. im Zusammenhang mit einer Firmenübernahme (BGE vom 16. Oktober 1991, SMI 1992, 248).

Der klassische Verkauf, d.h. die Übergabe der Ware gegen Geldzahlung, ist nicht die gebräuchlichste Form der Übertragung des Eigentums an einem Immaterialgüterrecht. Der Eigentumsübertragung kann ein Arbeitsvertrag, ein Forschungsvertrag, ein Joint-venture, ein Engineeringvertrag, ein Zuliefervertrag oder auch ein Tausch zu Grunde liegen; letzterer kann im direkten Austausch von Rohstoffen oder Fertigprodukten gegen Technologie (Patent, Know-how) oder Kennzeichen (Marke) bestehen, oder im Verkauf eines Immaterialgutes gegen Kauf von Rohstoffen oder Fertigprodukten oder auch in einem Rückkauf (buy-back), d.h. einem Vertrag, bei welchem die Vergütung für das verkaufte Immaterialgut in der Lieferung eines unter Verwendung des Know-how oder der patentierten Lehre fabrizierten Produktes besteht.

Immaterialgüterrechte können mit beschränkten dinglichen Rechten zugunsten Dritter belastet werden (Nutzniessung, Verpfändung, Vorkaufsrecht). Aufgrund ihrer Besonderheit können solche Rechte Gegenstand besonderer dinglicher Rechte, wie einer Prioritätserklärung, einem Verzicht auf Ausübung des Rechtes usw. sein.

Das Recht zur Benützung des Immaterialgutes kann in verschiedener Form gewährt werden, nämlich durch Lizenzverträge, Franchiseverträge und Merchandisingverträge, welche das ganze Immaterialgut oder nur Teile davon umfassen.

3. Haftung bei Verfügungen über Immaterialgüter oder Immaterialgüterrechte

Das Immaterialgut kann, wie dingliche Sachen, mit einem Mangel behaftet sein, durch welchen die vorgesehene Verwendung beeinträchtigt wird. Es kann von Dritten beansprucht werden, welche Vorrechte geltend machen. Zudem kann das Immaterialgut den Rechtsschutz verlieren oder gar nie besessen haben.

Es fragt sich, ob die fehlende oder verlorene Schutzwürdigkeit des Immaterialgutes (fehlender erfinderischer Charakter einer technischen Regel, zu Gemeingut gewordenes Kennzeichen usw.) ein Sachmangel oder ein Rechtsmangel ist (BGE 116 II 196).

In jedem konkreten Fall muss der Gegenstand des Geschäftes genau definiert werden. Hat der Käufer eine einfache technische Regel oder eine patentfähige Erfindung gekauft? Im zweiten Fall haftet der Verkäufer für die Patentfähigkeit der Erfindung. Dies gilt auch für den Kauf einer Patentanmeldung. Hierbei weiss der Erwerber, dass das Patent im Laufe des Patenterteilungsverfahrens eingeschränkt werden kann; die Parteien müssen den Inhalt der patentrechtlich zu schützenden technischen Regel genügend genau spezifizieren. Ist Gegenstand des Geschäftes ein Patent, so betrifft der Erwerb nur die durch das Patent gedeckten Teile der technischen Regel, der Erfindung.

Die vertragliche Übertragung eines gesetzlich geschützten Immaterialgutes kann bis zu einem gewissen Masse einer Forderungsabtretung gleichgesetzt werden (OR Art. 164ff.). Der Zedent weiss, dass die Forderung existiert, der Zessionar kann dies nicht oder nur anhand der Bestätigung des Zedenten prüfen. Bei geschützten Immaterialgütern kennt der Zedent die Mängel (mit Ausnahme älterer Rechte Dritter); der Erwerber muss sich auf die Eintragung verlassen. Der materielle Wert der Forderung hängt von der Zahlungsfähigkeit des Schuldners ab;

Nutzen und Rentabilität eines Immaterialgutes bestimmen sich nach den Möglichkeiten seiner Verwendung und der Akzeptanz bei Kunden und interessierten Kreisen.

Ist das verkaufte Immaterialgut nicht gesetzlich geschützt, weil ihm die unentbehrlichen gesetzlichen Eigenschaften zur Erteilung einer gültigen Hinterlegung oder Eintragung fehlen, so hat der Kaufvertrag über ein Patent, eine eingetragene Marke oder ein Design einen unmöglichen Inhalt und ist demzufolge nichtig (OR Art. 20). Der Verkäufer haftet für Nichterfüllung des Vertrages (OR Art. 97 ff.; BGE 110 II 239).

Trotz dieser genauen theoretischen Argumentation hat das Bundesgericht aus praktischen Erwägungen den Verkauf eines Patentes oder eines anderen Ausschliesslichkeitsrechtes an einem nichtigen Immaterialgut der Entwehrung gleichgestellt und dem Käufer so die Möglichkeit gegeben, sich auf OR Art. 192 ff. zu berufen (BGE 111 II 455; BGE 57 II 403).

Dennoch muss unterschieden werden zwischen dem Verkauf eines Patentes, einer Marke oder eines anderen ausschliesslich geschützten Immaterialgutes, an dem ein Dritter Vorrechte besitzt (als Fall einer möglichen Entwehrung), und dem Verkauf nichtiger und somit nicht existierender Patente oder Marken, denn ein diesbezüglicher Vertrag hat einen unmöglichen Inhalt.

Der Unterschied zwischen OR Art. 97 ff. und Art. 197 ff. ist bedeutungsvoll, da die letzteren Artikel eine Kausalhaftung zu Lasten des Verkäufers vorsehen (BGE 79 II 376).

4. Form der Verfügung und der Verpfändung

Die Übertragung des Immaterialgutes (Erfindung, Kennzeichen, Design, Geheimnis, Kunstwerk) bedarf keiner besonderen Form. Hingegen ist für die Übertragung des hinterlegten Immaterialgutes, des Patentes oder der eingetragenen Marke oder Design die schriftliche Form vorgeschrieben (vgl. unten, § 48).

Die Verpfändung eines Immaterialgutes oder der daraus abgeleiteten Rechte bedarf der Schriftform (ZGB Art. 900). Ist zudem das Immaterialgut bloss in einem einzigen Exemplar ausgeführt, oder befinden sich alle Ausführungen im Besitz des am Immaterialgut Berechtigten (Skulpturen, Prototyp einer Maschine oder eines Design), so muss dieser alle seine Exemplare dem Pfandgläubiger übergeben (ZGB Art. 884 ff.).

Die Errichtung eines Pfandes an einer Marke ist gegenüber gutgläubigen Dritten erst wirksam, wenn sie im Register eingetragen ist (MSchG Art. 19). Dieses Prinzip gilt auch für Patente sowie für Design (BGE 60 III 115; s. hinten, § 48 Ziff. 1. und 2.).

§ 48 Übertragung und Verpfändung von Immaterialgüterrechten

1. Patentrecht

Das Recht auf das Patent und das Recht am Patent können ganz oder teilweise an Dritte übertragen werden (PatG Art. 33 Abs. 1). Das Recht auf das Patent umfasst materiell die Anwartschaft auf das Patent und formell das Recht zur Einreichung einer Patentanmeldung und auf Erteilung des Patentes. Dritte können durch Erbfolge oder Übertragungsverfügung in die Stellung des Erfinders eintreten (PatG Art. 33 und Art. 3 Abs. 1; s. oben, § 38, Ziff. 1.1).

Das Recht auf das Patent, das dem Erfinder originär zusteht, ist vertraglich auf Rechtsnachfolger übertragbar. Ob der Erfinder das Recht auf das Patent übertragen hat, ist durch Vertragsauslegung zu ermitteln, wobei die Vermutung gilt, dass mit dem Verkauf der Erfindung gleichzeitig das Recht auf das Patent übertragen wird (BGE 127 III 461).

Für die Übertragung des Patentes und der diesbezüglichen Rechte (am Patent und aus dem Patent) ist zwingend die Schriftform vorgeschrieben (PatG Art. 33 Abs. 2bis).

Das Recht am Patent und die daraus abgeleiteten Rechte können nicht für Teile der Erfindung oder nach Landesgegenden aufgeteilt, sondern nur gesamthaft übertragen werden.

Sofern der Berechtigte sich nicht ausdrücklich zu einer späteren Eigentumsübertragung des Rechtes (an der Erfindung oder am Patent) verpflichtet, wird im Zweifelsfall vermutet, dass die Verpflichtung zur Übertragung und die Übertragung des Rechtes gleichzeitig stattfinden. Der Eigentumserwerb an der Erfindung und/oder am Patent untersteht den Bestimmungen über den Kauf, den Tausch, die Schenkung und/oder den Erbgang (BGE vom 20. April 1977, PMMBl 1977, 77f.).

Die Verfügung kann zukünftige Rechte betreffen, welche dem Erwerber den mittelbaren Rechtserwerb ermöglichen. In einem solchen Fall kann es schwerfallen, die Erfindung genügend genau zu definieren; zumindest der technische Bereich muss bekannt sein.

Beim Verkauf eines nichtigen Patentes haftet der Verkäufer aufgrund der Bestimmungen über die Entwehrung (OR Art. 192; vgl. vorne, § 47, Ziff. 3.; vgl. auch BGE 75 II 169).

Wie andere Rechte können die Rechte am Patent oder an der Erfindung mit dinglichen Rechten belastet (Nutzniessung, Verpfändung) oder treuhänderisch übertragen werden (um beispielsweise einem Lizenznehmer die Klagelegitimation zu verleihen). Der Berechtigte kann Kauf-, Vorkaufs- und Rückkaufsrechte einräumen. Solche Rechte und weitere Pfandrechte werden Dritten gegenüber erst wirksam, wenn sie im Patentregister eingetragen sind (BGE 60 III 115).

An Patenten können keine Eigentumsvorbehalte vorgemerkt werden (Information des IGE vom 23. Oktober 1951, SMI 1953, 175).

2. Designrecht

Wie bei den Patenten können auch gemäss DesG die Rechte des Berechtigten ganz oder zum Teil auf jedem Rechtsweg an Dritte übertragen werden (DesG Art. 14, Ziff. 1); auch hier kann der Urheber die Benutzung seines Design durch Lizenzverträge anderen Personen gestatten. Um gültig zu sein, muss die Übertragung schriftlich erfolgen; gegenüber gutgläubigen Dritten werden Rechtsübertragungen erst wirksam, wenn sie in das Register eingetragen sind (DesG Art. 14, Ziff. 2).

Die oben für Patente und Erfindungen angeführten Grundsätze gelten auch für Design (Entscheid des IGE vom 12. März 1951, SMI 1954, 155).

3. Geschäftsgeheimnis (technische und kommerzielle Geheimnisse)

Wie Erfindungen und Patente können auch technische und/oder geschäftliche Geheimnisse übertragen werden. Sie können verkauft oder mit Lizenzen belastet werden. Problematisch ist die Tatsache, dass Gegenstand der Übertragung nicht ein positives subjektives Recht ist, an welchem das Eigentum durch übereinstimmende Willensäusserung übertragen werden kann. Die Verfügung betrifft unmittelbar das blosse Immaterialgut, ohne die Hülle eines Schutzrechtes; sie wird durch Inbesitznahme des Geheimnisses vollzogen. Der Verkäufer oder Lizenzgeber muss dem Käufer oder Lizenznehmer die geheimen Kenntnisse verschaffen und er darf diese nicht Dritten weitergeben oder selber benutzen.

Da der Kauf- oder Lizenzvertrag das einzige Mittel zum Schutze des Geheimnisses ist, ist es wichtig, ihn mit grösster Sorgfalt abzufassen (vgl. oben, § 42 Ziff. 1 und unten, § 51, Ziff. 2).

4. Topographierecht

Gemäss ToG sind die Rechte an Topographien übertragbar und vererblich (ToG Art. 4).

Die Rechtsübertragung ist nicht formbedürftig; die übereinstimmende Willensäusserung der Parteien genügt. Da einzig der Hersteller Inhaber des Rechtes an einer Topographie sein kann, muss der Erwerber prüfen, ob die Rechte, welche der Verkäufer dem Käufer abtreten will, auch wirklich bestehen.

Das ToG sieht, wie das PatG, lediglich die Abtretung der Rechte an der ganzen Topographie vor.

5. Markenrecht

Die Marke kann für die Waren oder Dienstleistungen, für welche sie beansprucht wird, ganz oder teilweise übertragen werden (MSchG Art. 17 Abs. 1; BGE vom 4. Juli 2003, sic! 2003, 910). Die Übertragung deckt die ganze Schweiz (Botschaft MSchG).

Laut MSchG wird ohne gegenteilige Vereinbarung mit der Übertragung eines Unternehmens auch dessen Marke übertragen (MSchG Art. 17 Abs. 4; vgl. auch BGE 111 II 291).

Wenn die freie Übertragung einer Marke bei den Abnehmern Verwirrung stiftet oder auf andere Weise gegen öffentliche Interessen verstösst, so kann die Übertragung als rechts- oder sittenwidrig und somit als nichtig betrachtet werden (Art. 20 OR, vgl. Botschaft MSchG, S. 26).

Das MSchG lässt ausdrücklich zu, dass die Marke Gegenstand einer Verpfändung oder Zwangsvollstreckung wird. Wie bei der Übertragung von Marken wird die Errichtung oder Übertragung eines dinglichen Rechtes gegenüber gutgläubigen Dritten erst nach ihrer Eintragung wirksam (MSchG Art. 19; BGE 123 III 220, betr. Handelsregistereintrag von Geschäftsfirmen).

6. Urheberrecht

Laut URG ist das Urheberrecht übertragbar und vererblich (URG Art. 16 Abs. 1).

Das Gesetz schreibt für die Übertragung des Urheberrechtes (oder der daraus abgeleiteten Rechte) keinerlei Form vor. Die Übertragung ist sogar stillschweigend, durch konkludentes Handeln möglich (BGE vom 25. August 1998, sic! 1999, 121).

Der gutgläubige Erwerb von einem Nichteigentümer verschafft dem Erwerber keinerlei Rechte (BGE 117 II 463).

Im Gegensatz zu Patenten und Marken, deren Übertragung im Allgemeinen einzig die Möglichkeit der Benutzung des übertragenen Gutes zur Herstellung und/oder zum Verkauf der Objekte bezweckt, können der Übertragung eines Urheberrechtes die verschiedensten Verwendungsabsichten zugrunde liegen. Deshalb muss der diesbezügliche Vertrag mit grösster Sorgfalt abgefasst und die gewünschte Verwendung des übertragenen Werkes genau bezeichnet werden, d.h. ob beispielsweise die Statue oder das Bild vervielfältigt und die Kopien weiterverkauft, in einem Buch dargestellt oder in einem Film als Dekoration verwendet werden dürfen; ob sie zu Werbezwecken dienen dürfen; ob ein Musikwerk für ein Chanson oder eine

Filmmusik verwendet oder lediglich in einem Symphoniekonzert aufgeführt werden darf.

In den meisten Fällen überträgt der Urheber nur einen Teil seiner Rechte, nach Massgabe der beabsichtigten Verwendung durch den Erwerber (Zweckübertragungstheorie, BGE vom 25. August 1998, sic! 1999, 122). Das Gesetz schafft eine Vermutung zu Gunsten der beschränkten Abtretung, indem es vorsieht, dass die Übertragung eines im Urheberrecht enthaltenen Rechtes ohne ausdrückliche Vereinbarung die Übertragung anderer Teilrechte am gleichen Werk nicht einschliesst (URG Art. 17 Abs. 2; BGE 101 II 104).

Im Rahmen der Abtretung können der Inhalt der abgetretenen Rechte, die Verwendungsart, die Dauer oder die territoriale Ausdehnung begrenzt werden. Zudem kann sich der Urheber im Rahmen einer beschränkten Übertragung gewisse Rechte vorbehalten.

Der Erwerber, welcher die vertraglich vereinbarten Schranken nicht beachtet, begeht einen doppelten Verstoss; er verletzt sowohl das Urheberrecht des Verkäufers als auch seine vertraglichen Verpflichtungen diesem gegenüber.

Diese allgemeinen Grundsätze gelten für alle Bereiche des Urheberrechtes. Wegen der zahlreichen modernen Verwendungsmöglichkeiten literarischer und künstlerischer Werke ergeben sich in den einzelnen Sparten (Filmwesen, Fernsehen, Fotografien, Architektur, Werbung) besondere Probleme (vgl. hinten, §§ 51 und 52).

Das Gesetz präzisiert, dass die Übertragung des Eigentums am Werkexemplar (des Originals oder einer Kopie) keine urheberrechtlichen Verwendungsbefugnisse einschliesst (URG Art. 16 Abs. 3; BGE vom 25. August 1998, sic! 1999, 122).

Im Bereich der Software besitzt der Arbeitgeber die ausschliesslichen Verwendungsbefugnisse an der vom Arbeitnehmer geschaffenen Software einschliesslich der Übertragungsbefugnis (URG Art. 17).

7. Sortenschutz

Das Recht auf Sortenschutz und am Sortenschutz kann durch Rechtsgeschäfte oder Erbgang voll oder teilweise übertragen werden.

Einem gutgläubigen Erwerber können Rechte Dritter (vor allem Lizenzrechte) nur entgegengehalten werden, wenn sie im Sortenschutzregister eingetragen sind (s. oben, § 33, Ziff. 5).

§ 49 Verlagsvertrag

Die Übertragung von Immaterialgüterrechten führt, wie erwähnt, in den verschiedenen Bereichen zu unterschiedlichen konkreten Problemen. Der Gesetzgeber hat die Wahl von Form und Inhalt der Übertragungsverträge den Vertragsparteien überlassen und diesbezüglich einzig den Verlagsvertrag geregelt.

Merkwürdigerweise finden sich die Bestimmungen über den Verlagsvertrag nicht im Urheberrechtsgesetz, sondern im Obligationenrecht (OR Art. 380–393).

1. Objekt des Verlagsvertrags

Mit dem Verlagsvertrag verpflichtet sich der Urheber eines literarischen oder künstlerischen Werkes, dem Verleger Rechte an einem Werk zu übertragen, und der Verleger verpflichtet sich, das Werk zu vervielfältigen. Obgleich OR Art. 380 dies nicht ausdrücklich erwähnt, trägt der Verleger das ganze Risiko des Unternehmens (BGE 59 II 55).

Objekt des Verlagsvertrags ist ein konkretes Werk, welches der Urheber dem Verleger zur Verfügung stellt. Der Urheber kann sich jedoch auch verpflichten, dem Verleger ein zukünftiges, noch zu schaffendes Werk zu liefern.

Der Verlagsvertrag kann sich sowohl auf urheberrechtlich geschützte als auch auf nicht geschützte Werke beziehen (BGE 101 II 104).

Gegenstand des Vertrags sind Handlungen – einerseits die Verpflichtung des Urhebers, dem Verleger ein Werk zur Verbreitung abzutreten, anderseits die Pflicht des Verlegers, dieses zu vervielfältigen und in Vertrieb zu setzen (OR Art. 380).

Stellt der Herausgeber lediglich das geschäftliche und technische Know-how und seine Einrichtungen zur Verfügung und trägt der Inhaber der Urheberrechte (Urheber oder Rechtsnachfolger) das finanzielle Risiko der Herausgabe und Verbreitung des Werkes (oder eines der beiden), so handelt es sich um einen Kommissionsvertrag, um einen Auftrag sui generis. Dabei verpflichtet sich der Verleger zur Vervielfältigung des Werkes auf Rechnung des Inhabers der Urheberrechte, aber unter seinem eigenen Namen; üblicherweise wird sich der Verleger ein Einsichtsrecht und ein entscheidendes Mitspracherecht bezüglich Ausstattung, Veröffentlichung und Verbreitung des Werkes vorbehalten. Im Gegensatz zum Verlagsvertrag geht beim Kommissionsvertrag das Urheberrecht nicht auf den Verleger über, und sein Lohn besteht in einer Kommission, deren Höhe sich nach der Zahl der verkauften Exemplare richtet.

Das bereits achtzigjährige Gesetz lässt zahlreiche moderne Verwertungsformen eines Kunstwerkes unberücksichtigt; immerhin macht es für Übersetzungen einen ausdrücklichen Vorbehalt zugunsten des Urhebers (OR Art. 387).

Zeitungsartikel und kleincre Zeitschriftenaufsätze (unabhängig davon, ob sie urheberrechtlich geschützt sind oder nicht) werden im Rahmen des Verlagsvertragsrechtes gesondert behandelt. Sie dürfen vom Urheber oder dessen Rechtsnachfolger in anderen Zeitungen und Zeitschriften veröffentlicht werden, auch wenn sie vom Verleger schon in dessen Zeitung herausgegeben wurden (OR Art. 382 Ziff. 2).

Auch wenn der Artikel bestellt wurde, kann er vom Urheber grundsätzlich anderweitig veröffentlicht werden, sofern der Vertrag nichts anderes vorsieht (OR Art. 382).

Äussert sich ein Vertrag zwischen einem Verlag und seinen Journalisten nicht über die Berechtigung am Sammelwerk (z.B. Zeitung oder Zeitschrift), entspricht es dem Vertragszweck, dass die ausschliesslichen Rechte am Sammelwerk auf den Verlag übergehen, weil das Sammelwerk von den Arbeitnehmern für den Verlag, auf dessen Risiko, in dessen Organisation und nach dessen Vorgaben geschaffen wurde (Zivilgericht Basel-Stadt vom 19. Juni 2002, sic! 2003, 217).

Im Gegensatz zu Zeitungs- und kürzeren Zeitschriftenartikeln dürfen Beiträge an Sammelwerke oder grössere Beiträge an Zeitschriften vom Urheber oder dessen Rechtsnachfolger erst nach Ablauf von drei Monaten nach dem ersten Erscheinen weiter veröffentlicht werden (OR Art. 382 Abs. 3).

Da der Urheber das Recht zu weiteren Veröffentlichungen solcher Artikel behält, ist es klar, dass in diesen Fällen, im Gegensatz zu anderen Verlagsverträgen, das Urheberrecht nicht auf den Verleger übertragen wird (BGE 101 II 104).

2. Rechte und Pflichten des Urhebers

Gemäss Gesetz besteht die Hauptpflicht des Urhebers in der Überlassung des Werkes. Das Werkexemplar oder der Träger, welcher die sofortige Herstellung des Exemplars erlaubt (Diskette, welche ein Sprachwerk enthält; das Negativ der Fotografie eines Bildes), muss das vollständige Werk enthalten, sich zur Vervielfältigung eignen und dem Verleger die Vervielfältigung des Werkes ohne Erbringung einer eigenen schöpferischen Leistung ermöglichen.

Der Urheber behält das Vorrecht, sich jeder Änderung des Werkes zu widersetzen und zu fordern, dass er in jeder Veröffentlichung als Urheber genannt wird; verstossen jedoch diese Vorrechte gegen den in der Berufsgattung geltenden Gebrauch, können sie vom Urheber nicht gefordert werden (z.B. vom Assistenten eines Professors oder anderen Wissenschafters; vom Mitarbeiter eines Rechtsanwaltes) (vgl. analog OR Art. 332a Abs. 2; BGE vom 3. Juni 1994, JdT 1996, 241).

Der Urheber behält während der Vertragserfüllung und sogar während der Vervielfältigung des Werkes das Recht, Verbesserungen oder Berichtigungen am Werk anzubringen. Selbstverständlich dürfen solche Änderungen weder zur Unzeit vorgenommen werden noch den Interessen des Verlegers schaden oder dessen Vertragserfüllung erschweren; verursachen solche Änderungen unvorhergesehene Kosten, so schuldet der Urheber dem Verleger dafür Ersatz (OR Art. 385 Abs. 1).

Der Verzicht auf die Verfügungsgewalt über das Werk betrifft das Werk nur in seiner im Verlagsvertrag definierten Form. Der Urheber behält das Recht, Varianten des Werkes herauszugeben, welche nicht unter diesen Vertrag fallen (sofern solche Varianten selbständige Werke im Sinne des URG sind); er kann das Werk in jeder anderen als der dem Verleger vorbehaltenen Form veröffentlichen.

Gemäss den Regeln über Treu und Glauben und Fairness im Geschäftsleben muss der Urheber den Verleger über alle vor Abschluss des Verlagsvertrages vorgenommenen Verfügungen am Werk informieren. Das Gesetz verpflichtet den Urheber, den Verleger über alle früheren Abtretungen des Werkes an einen anderen Verleger oder jede ihm bekannte oder vor der Unterzeichnung des Vertrages erfolgte Veröffentlichung in Kenntnis zu setzen (OR Art. 381 Abs. 2).

Der Verleger muss nicht hinnehmen, dass die wesentliche Leistung des Urhebers, nämlich die Erstellung des Werkes, einem Dritten anvertraut wird; ebenso wenig kann der Urheber gezwungen werden, anstelle des von ihm gewählten Herausgebers, welchem er die Veröffentlichung und Verbreitung seines Werkes anvertraut hat, ein anderes Verlagshaus hinzunehmen.

3. Rechte und Pflichten des Verlegers

Der Verleger muss das Werk unter seinem Namen veröffentlichen und die Verantwortung für die Herausgabe übernehmen.

Ohne anderslautende Vereinbarung, und auf Wunsch des Urhebers, muss der Verleger die Veröffentlichung sogleich nach Erhalt des Werkexemplars an die Hand nehmen (OR Art. 75).

Wird die Höhe der Auflage im Vertrag nicht festgelegt, darf der Verleger die Herausgabe nicht auf ein einziges Exemplar beschränken, sondern muss wenigstens die übliche Zahl von Exemplare drucken lassen (OR Art. 383 Abs. 2).

Der Verleger muss das Werk tel quel, d.h. so wie er es vom Urheber erhalten hat, in unveränderter Form, *«ohne Kürzungen, ohne Zusätze und ohne Abänderungen»* herausgeben. Er ist gesetzlich verpflichtet, das Werk *«in angemessener Ausstattung»* zu vervielfältigen. Die äussere Form jedes Exemplars, die verwendeten Materialien, die Farben und der Schriftsatz müssen der Natur des Werkes und den Gepflogenheiten entsprechen. Zudem muss der Verleger *«für gehörige Bekanntmachung sorgen und die üblichen Mittel für den Absatz verwenden»* (OR Art. 384 Abs. 1).

Der Verleger setzt den Verkaufspreis des Werkes fest; er muss dabei der Besonderheit des Werkes und seinem Zweck Rechnung tragen. Urheber und Verleger sind daran interessiert, das Werk teuer zu verkaufen, wobei jedoch der Preis vernünftig und für die vorgesehene Kundschaft annehmbar sein muss; er darf *«nicht ... den Absatz des Werkes erschweren»* (OR Art. 384 Abs. 2).

4. Honorare und andere Entschädigungen

Die Zahlung des Honorars ist kein Wesenselement des Verlagsvertrages; dennoch stellt das Gesetz eine Vermutung zugunsten des Urhebers auf, sofern es sich nicht aus den Umständen ergibt, dass er auf ein Honorar verzichten wollte (OR Art. 388 Abs. 1). Haben die Parteien eine Zahlungspflicht vereinbart, so hängt dieses üblicherweise vom Verkaufsertrag ab. In einem solchen Fall ist der Verleger zur Erstellung einer Verkaufsabrechnung und zum Nachweis des Absatzes verpflichtet (OR Art. 389 Abs. 2).

Beim Verlegen von literarischen Werken ist es üblich, dass der Verleger dem Autoren eine Anzahl von Freiexemplaren zugesteht, zur Verteilung an Freunde oder Berufskollegen. Das Gesetz legt diese Gewohnheit fest und sieht einen Anspruch auf die *«übliche Anzahl»* von Freiexemplaren vor (OR Art. 389 Abs. 3). Im Allgemeinen handelt es sich um fünf bis fünfzehn Exemplare oder um einen Prozentsatz der gesamten Auflage. Bei Zeitschriftenartikeln erhält der Autor zwanzig Sonderdrucke, bei Zeitungsartikeln muss er sich mit einem sogenannten Belegexemplar begnügen.

5. Beendigung des Verlagsvertrages

Im Allgemeinen bezieht sich der Verlagsvertrag auf eine oder mehrere Auflagen. Der Vertrag endet demzufolge, wenn dieses Ziel erreicht ist und die Auflagen erschöpft sind.

Kann eine Partei einer wesentlichen Vertragsverpflichtung nicht nachkommen, so ist die andere Partei zum Rücktritt berechtigt.

Bei Verzug des Verlegers gelten OR Art. 97 ff., insbesondere Art. 107 analog. Diese Bestimmungen gelten aber auch für andere Arten der Nichterfüllung durch den Herausgeber, beispielsweise im Falle von ohne Zustimmung des Urhebers angebrachten Änderungen, oder wenn der Herausgeber die Auflage so klein macht, dass keine Erhöhung des Bekanntheitsgrades des Künstlers möglich ist, bei mangelnder angemessener Werbung, bei unangemessenem Verkaufspreis, bei Verramschung von Werkexemplaren zur Unzeit, bei Vorbereitung einer neuen Auflage, ohne dem Urheber die Möglichkeit zum Anbringen von Verbesserungen des Werkes zu geben, bei unterbliebener Honorarzahlung oder bei verweigerter Überlassung der üblichen Anzahl von Freiexemplaren.

Der Verlust des Werkes vor dessen Vervielfältigung entzieht dem Verlagsvertrag das Objekt. Die Parteien können vom Vertrag zurücktreten.

Stirbt der Urheber vor Vollendung des Vertrages oder wird er handlungsunfähig, so endet der Vertrag eo ipso. Dies trifft auch zu, wenn der Urheber das Werk ohne sein Verschulden nicht vollenden kann (OR Art. 392 Abs. 1).

Gerät der Verleger in Konkurs, so darf der Urheber das Werk einem anderen Verleger übertragen, sofern er keine Sicherheiten für die Erfüllung der bei Konkurseröffnung noch nicht verfallenen Verlagsverbindlichkeiten erhalten hat (OR Art. 392 Abs. 3).

Abgesehen von den Gründen für die Vertragsbeendigung wegen Nichterfüllung der Hauptverbindlichkeiten ist die Kündigung des Verlagsvertrages auch zulässig, wenn sich die Verhältnisse seit Vertragsschluss in einer Weise geändert haben, durch welche die Fortführung der Vertragsbeziehungen für beide Parteien unzumutbar wird. Es handelt sich um einen Fall der clausula rebus sic stantibus.

§ 50 Wesentliche Merkmale und Rechtsnatur des Lizenzvertrages

Lizenzen können an allen Immaterialgütern erteilt werden, unabhängig davon, ob sie eigentliche Ausschliesslichkeitsrechte darstellen oder nicht (Erfindungen, Marken, Kunstwerke, Design, Chips, Software, Geschäfts- oder Fabrikationsgeheimnis, Ausstattung und alle übrigen technischen oder kaufmännischen Kenntnisse).

Im schweizerischen Recht erwähnen das PatG (Art. 34 Abs. 1), das DesG (Art. 15) und das MSchG (Art. 19 Abs. 1) die Lizenz. Erstaunlicherweise erwähnen zwei moderne Gesetze, nämlich das URG und das ToG dieses Rechtsinstitut nicht, trotz der ständig zunehmenden Bedeutung der Lizenzen im Urheberrecht.

1. Objekt des Lizenzvertrages

Das wesentliche Merkmal des Lizenzvertrages ist die Überlassung eines Immaterialgutes zum gewerblichen und kaufmännischen Gebrauch. Der Inhaber der Immaterialgüterrechte behält das Eigentum an diesen und tritt nur die Berechtigung zur gewerblichen Nutzung und Verwendung (ganz oder teilweise gegen Vergütung an einen Dritten (ausschliessliche Lizenz) oder an mehrere Parteien (einfache Lizenzen) ab.

Es können auch Lizenzen über nicht geheime technische Kenntnisse oder Produktionsmethoden erteilt werden.

Objekt des Lizenzvertrages ist ein Immaterialgut, welches der Lizenznehmer gebrauchen will. Demzufolge sind die Existenz des Immaterialgutes und die freie Verfügungsbefugnis des Lizenzgebers über dieses wesentliche Voraussetzungen des Lizenzvertrages. Sind diese nicht gegeben, so ist der Vertrag wegen unmöglichen Inhaltes nichtig (OR Art. 20 Abs. 1).

Zudem setzt der Lizenzvertrag eine gewisse Dauer voraus – insbesondere dann, wenn die Verwertung der Lizenz den Lizenznehmer zu bedeutenden Ausgaben und Investitionen zwingt (BGE 92 II 299).

2. Rechtsnatur des Lizenzvertrages

Nach übereinstimmender Ansicht von Lehre und Rechtsprechung ist der Lizenzvertrag ein Innominatvertrag sui generis; auf die gesetzlichen Vorlagen, mit welchen er eine gewisse Ähnlichkeit aufweist, darf nur mit Vorsicht zurückgegriffen werden. Bei Uneinigkeit zwischen den Parteien hat der Richter deren hypothetischen Willen zu ermitteln, und zwar auf Grund der zur Zeit des Vertragsabschlusses oder nachfolgender Änderungen bekannten oder erkennbaren Umstände (OR Art. 18, Ziff. 1; BGE vom 7. November 2002, sic! 2003, 438).

Der Lizenzvertrag unterliegt keiner Formvorschrift; es genügt ein Verhalten der Parteien, welches auf das Vorliegen einer (stillschweigenden) Vereinbarung schliessen lässt (BGE 101 II 293).

Gemäss schweizerischem Recht erwirbt der Lizenzgeber keine absoluten Rechte am Immaterialgut; dies gilt für ausschliessliche und für einfache Lizenzen. Während gemäss langjähriger Rechtssprechung des Bundesgerichts der Lizenznehmer keine Aktivlegitimation besass, um gegen Verletzungen des Immaterialgutes oder der daraus abgeleiteten Rechte vorzugehen (BGE 113 II 193), scheint sich in jüngerer Zeit ein Wandel zugunsten einer allgemeinen Klagelegitimation des ausschliesslichen Lizenznehmers anzubahnen. Das neue DesG gibt diese Befugniss ausdrücklich (Art. 35, Ziff. 4); in dem sich in Beratung befindenden neuen Patentgesetz wird dies ebenfalls der Fall sein[40].

3. Ausschliessliche und einfache Lizenz

Wenn der Lizenzgeber eine ausschliessliche Lizenz erteilt, kann er Drittem keine Nutzungs- und Verwertungsrechte am lizenzierten Immaterialgut mehr erteilen. Er verpflichtet sich zudem, auch selbst von einer Nutzung oder Verwendung des Immaterialgutes abzusehen. Bei der ausschliesslichen Lizenz tritt der Lizenznehmer für alle Rechte, welche Gegenstand des Lizenzvertrages sind, an die Stelle des Lizenzgebers.

---

[40] Zur Frage der Rechtsnatur des Lizenzvertrages s. auch STEFANO CODONI, Zur Anwendbarkeit des Grundsatzes des Vorranges der absoluten Rechte gegenüber den relativen Rechten im Immaterialgüterrecht und insbesondere im Urheberrecht, SJZ 1999, S. 2.

Die einfache Lizenz verleiht dem Lizenznehmer das Recht zur Nutzung und Verwertung; der Lizenzgeber behält sich jedoch das Recht vor, das Immaterialgut selbst zu nutzen und zu verwerten und/oder dieses Recht Dritten zu gewähren.

4. Wirkungen des Lizenzvertrages

Die obligatorische Natur des Lizenzvertrages bewirkt, dass er nur zwischen den Parteien wirksam ist. Der Lizenznehmer erwirbt nur abgeleitete, vertragliche Rechte. Er kann Dritten gegenüber keine Rechte am Immaterialgut geltend machen; ebenso wenig kann er an Stelle des Patentinhabers beim IGE auftreten (und den Patentinhaber dadurch der Vorteile jener internationalen Abkommen teilhaftig werden lassen, welchen dessen Aufenthaltsland nicht beigetreten ist, vgl. BGE 72 I 129).

Die Abtretung des Immaterialgutes betrifft den Lizenzvertrag grundsätzlich nicht. Der Lizenzgeber darf das Immaterialgut oder die daraus abgeleiteten Rechte jedoch nicht auf einen Dritten übertragen, ohne diesen formell und ausdrücklich zur Beachtung des Lizenzvertrages zu verpflichten (Appellationshof Bern, 4. Mai 1973, SMI 1976, 35) – ansonsten verletzt er den Lizenzvertrag.

Ist die Lizenz im Register eingetragen, so ist der Erwerber gesetzlich verpflichtet, dem im Register angegebenen Lizenznehmer die Nutzung des eingetragenen Rechtes und des diesem zu Grunde liegenden Immaterialgutes zu gewähren.

5. Rechte und Pflichten des Lizenzgebers

Unter Vorbehalt einer ausdrücklichen anderen Vereinbarung garantiert der Lizenzgeber den kaufmännischen Erfolg der Verwertung der unter Lizenz abgetretenen Rechte nicht. Es ist Sache des Lizenznehmers, vor Unterzeichnung des Lizenzvertrages den durch die Verwertung des Immaterialgutes erreichbaren wirtschaftlichen Erfolg abzuschätzen. Ist das Immaterialgut, welches Gegenstand des Vertrages ist, zur vertraglichen Verwendung untauglich (wegen eines Mangels am Immaterialgut oder weil der Lizenzgeber nicht frei darüber verfügen kann), muss der Lizenzgeber dem Lizenznehmer den erlittenen Schaden oder entgangenen Gewinn ersetzen (BGE 115 II 255).

Betrifft die Lizenz ein durch ein Ausschliesslichkeitsrecht gedecktes Immaterialgut (Patent, Markeneintragung, Designhinterlegung), so garantiert der Lizenzgeber die Existenz des Rechts und der Befugnis, vertragsgemäss darüber verfügen zu können (sofern im Vertrag kein ausdrücklicher Vorbehalt vereinbart wurde, wonach der Lizenzgeber eine Garantie ganz oder teilweise ablehnt). Andernfalls ist der Vertrag nichtig und der Lizenzgeber haftet dem Lizenznehmer für den erlittenen Schaden oder entgangenen Gewinn (BGE 116 II 196).

Ist das Immaterialgut Gegenstand einer faktischen Ausschliesslichkeit (technisches oder kaufmännisches Geheimnis), so ist der Geheimnisträger verpflichtet, dem Lizenznehmer das Geheimnis mitzuteilen; die Parteien werden Mitbesitzer am Geheimnis.

Der Lizenzgeber muss alle sinnvollen und notwendigen Schritte unternehmen, um das Immaterialgut im vertraglich vorgesehenen gebrauchsfähigen Zustand zu erhalten (Einreichung eines Patent- oder Markengesuches, Zahlung der Jahresgebühren, Gesuch zur Wiedereinsetzung, Geheimhaltung, Klagen gegen Fälscher und Usurpatoren; BGE vom 9. Juli 1963, SJ 1964, 289).

Räumt der Lizenzgeber dem Lizenznehmer eine sogenannte Meistbegünstigungsklausel ein, so verpflichtet er sich, ihm ebenso günstige Bedingungen zu gewähren wie den anderen Lizenznehmern.

6. Lizenzgebühren

Im Allgemeinen werden Lizenzen entgeltlich erteilt; der Lizenznehmer hat eine Vergütung zu entrichten (BGE 53 II 127).

Unentgeltliche Lizenzen sind die Ausnahme. Diese Möglichkeit wird manchmal gewährt, wenn der Inhaber eines Ausschliesslichkeitsrechtes an einem Immaterialgut mit fraglicher Gültigkeit eine Nichtigkeitsklage verhindern will und demjenigen, der ihm eine solche Klage androht, eine unentgeltliche Lizenz erteilt. In einem solchen Fall kommen der Lizenznehmer und der Lizenzgeber gemeinsam in den Genuss eines Rechtes, welches vielleicht nichtig ist, ihnen aber ein faktisches Monopol gewährleistet (BGE 85 II 196).

Der Lizenznehmer hat die Vergütung so lange zu bezahlen, als er gegenüber Konkurrenten, welche keine Lizenz haben, eine gewisse Ausschliesslichkeit geniesst (BGE 116 II 196).

Am häufigsten werden die folgenden Gebühren vereinbart:
- feste Pauschalgebühren;
- laufende Lizenzgebühren (royalties), meistens in Stückgebühren oder in Prozenten vom Umsatz, den der Lizenznehmer beim Verkauf der Lizenzprodukte erzielt, gerechnet.

Die Pauschalgebühren liegen eher im Interesse des Lizenzgebers, die laufenden Gebühren im Interesse des Lizenznehmers, da er derart nur nach Massgabe des Umsatzes bezahlen muss, den er dank dem Immaterialgut erzielt, dessen Benutzung ihm vom Lizenzgeber bewilligt wurde.

Die Nichtbenutzung einer einfachen Lizenz befreit den Lizenznehmer nicht von der Bezahlung der Pauschalgebühren; hingegen werden in einem solchen Fall die laufenden Lizenzgebühren nicht geschuldet (BGE 96 II 154).

Wird der Lizenznehmer aus vom Lizenzgeber zu verantwortenden Gründen an der Ausübung der ihm erteilten Rechte gehindert, so kann er eine Herabsetzung der Lizenzgebühr verlangen (BGE 61 II 142); in schwerwiegenden Fällen kann er den Vertrag kündigen.

Zum Schutz vor Untätigkeit des Lizenznehmers (welche oft auf dessen Bestreben beruht, das Produkt des Lizenzgebers zu blockieren und sein eigenes Konkurrenzprodukt abzusetzen), wird der Lizenzgeber die laufende Gebühr oft mit einer pauschalen oder laufenden Minimalgebühr kombinieren (Mindestlizenzgebühr). Diese gewährleistet ihm auch dann eine Mindesteinnahme, wenn der Lizenznehmer die ihm erteilten Rechte nicht (oder zu wenig) nutzt.

7. Rechte und Pflichten des Lizenznehmers

Dem Lizenznehmer obliegt es vor allem, sich über die genaue Bedeutung gewisser ihm vielleicht unbekannter technischer Ausdrücke zu informieren und den genauen Umfang der ihm übertragenen Rechte abzuklären; diesbezügliche Irrtümer kann er nicht mit dem zwischen den Parteien bestehenden grossen Wissensgefälle entschuldigen (BGE vom 29. April 1999, SJ 1999, 473).

Der Lizenznehmer muss den Lizenzgeber über Verkäufe und/oder alle weiteren Tatsachen informieren, und er muss ihm alle Auskünfte erteilen, welche zur Berechnung der vertragsgemässen Vergütung erforderlich sind (monatlich, viertel-, halb- oder ganzjährlich). Die Zahlungen können an anderen Daten erfolgen; im Normalfall werden sie dreissig Tage nach Erstellung der Lizenzabrechnung fällig.

Der Lizenzgeber behält sich im Allgemeinen ein Einsichtsrecht in die Buchhaltung des Lizenznehmers bezüglich derjenigen Angaben vor, welche sich auf die Entrichtung der Gebühr beziehen.

Neben der Entrichtung der Vergütung werden häufig weitere Pflichten des Lizenznehmers vereinbart:
– Verbot, die Gültigkeit der Eintragung des Rechtes anzufechten, welches Gegenstand der Lizenz ist;
– Pflicht zur persönlichen Verwertung des Immaterialgutes;
– Verbot der Ausfuhr des unter Lizenz hergestellten Produktes ausserhalb des Vertragsgebiets;
– Pflicht zur Beschaffung von Rohmaterialien oder Halbfabrikaten beim Lizenzgeber;
– vorgeschriebene Verkaufspreise;
– Pflicht zur Mitteilung von Verbesserungen am lizenzierten Produkt oder Verfahren.

8. Dauer und Beendigung des Lizenzvertrages

Die Dauer des Lizenzvertrages kann von den Parteien frei vereinbart werden. Im Allgemeinen werden jedoch Lizenzverträge unbefristet abgeschlossen; im Zweifelsfalle ist die Dauer aus dem Parteiwillen zu eruieren, respektive aus dem Zweck, zu welchem sie den Vertrag geschlossen haben (BGE vom 30. Oktober 2002, sic! 2003, 444).

Bezieht sich der Lizenzvertrag auf perfekte Ausschliesslichkeitsrechte (Patent, Marke, Design, Topographien, Urheberrechte), so besteht die Vermutung, dass der Vertrag bis zum Ablauf des letzten dieser Rechte abgeschlossen ist (BGE 92 II 299). Der unbefristete Vertrag über unvollkommene Ausschliesslichkeitsrechte endet eo ipso frühestens dann, wenn die faktische Ausschliesslichkeit des Lizenzgebers und -nehmers am Immaterialgut tatsächlich endet, d.h. sobald Dritte das gleiche Immaterialgut rechtmässig frei verwerten können.

Wie bei allen langfristigen Verträgen erlöschen bei Beendigung des Lizenzvertrages nicht alle Verbindlichkeiten zwischen den Parteien. Der Lizenzgeber muss unter Umständen Lagerbestände und Werkzeuge oder Installationen des Lizenznehmers zurücknehmen; für den Lizenznehmer besteht vielleicht eine Zeit lang ein Konkurrenzverbot gegenüber dem Lizenzgeber; er ist eo ipso gehalten, nach Beendigung des Lizenzvertrages alle im Rahmen des Vertrages erworbenen vertraulichen Kenntnisse geheim zu halten und nicht zu benutzen (BGE 102 Ia 493).

Nach Beendigung des Vertrages muss der Lizenznehmer dem Lizenzgeber das ihm im Hinblick auf die Verwertung der Lizenz überlassene Material zurückgeben (Unterlagen, Ausstellungs- und Demonstrationsmaterial, Ausstellungsständer, Broschüren usw.). Sofern nicht ausdrücklich anders vereinbart, ist davon auszugehen, dass die vom Lizenznehmer für solches Material bezahlten Beträge lediglich Kostenbeiträge darstellen, und nicht Kaufpreiszahlungen, und dass der Lizenzgeber Eigentümer dieses Materials geblieben ist.

Die Kündigung des Lizenzvertrags wirkt ex tunc. Bis zum Eintritt des Kündigungsgrundes kann der Lizenznehmer das Immaterialgut gültig nutzen; der Lizenzgeber hat Anspruch auf die vertraglich vereinbarten Gegenleistungen (BGE 116 II 196).

Nach Beendigung des Lizenzvertrages über Ausschliesslichkeitsrechte muss der Lizenznehmer deren Benutzung einstellen. Ohne anderslautende vertragliche Vereinbarung ist der Lizenznehmer nicht berechtigt, nach Beendigung des Vertrages Lagerbestände von Lizenzprodukten zu verkaufen oder sonstwie auf den Markt zu bringen. Von diesem Zeitpunkt an stellt jeder Vertrieb, jede Kundenlieferung (auch aufgrund eines schon abgeschlossenen Veräusserungsvertrages) eine Verletzung des Ausschliesslichkeitsrechtes des Berechtigten dar.

9. Zwangslizenz

Die Zwangslizenz ist eine vom Gesetz vorgeschriebene Lizenz. Sobald die gesetzlichen Voraussetzungen erfüllt sind, kann der Lizenznehmer verlangen, dass ihm der Inhaber des Ausschliesslichkeitsrechtes eine Lizenz erteilt.

Man unterscheidet einerseits Lizenzen, welche auf einem Gesetz beruhen (gesetzliche Lizenz) und welche den Begünstigten die Benutzung eines durch ein Ausschliesslichkeitsrecht geschützten Immaterialgutes erlauben, unter Umständen ohne Vergütung oder Information des Lizenzgebers, und anderseits Zwangslizenzen im eigentlichen Sinne, die das Handeln einer Gerichts- oder Verwaltungsbehörde erfordern, welche, anstelle des Vertrages zwischen den Parteien, die Einzelheiten der Lizenzerteilung festlegt.

Gesetzliche Lizenzen decken unter anderem die freie Benutzung von Ausschliesslichkeitsrechten zu privaten Zwecken, das Recht auf Weiterbenutzung auf Grund eines früheren Gebrauchs, das Zitierrecht, das Recht auf Gebrauch einer Garantiemarke, das Recht auf Weiterverbreitung von Halbleitererzeugnissen, die eine unrechtmässig nachgebildete Topographie enthalten (ToG Art. 8 Ziff. 1).

Zwangslizenzen werden erteilt, wenn der Inhaber eines Ausschliesslichkeitsrechtes dieses nicht benutzt oder wenn ein Recht nicht ohne Rückgriff auf ein geschütztes Recht nutzbar ist, sofern die gesetzlichen Voraussetzungen erfüllt sind, oder auch, wenn das öffentliche Interesse erfordert, dass das Immaterialgut den Konsumenten zur Verfügung gestellt wird (s. z.B. PatG Art. 36 und 37).

Wer eine Zwangslizenz beansprucht, muss nachweisen, dass er diese richtig und in für die Bedürfnisse des Marktes ausreichender Weise verwerten kann.

Das URG sieht zahlreiche gesetzliche Lizenzen vor. Diese beschränken die ausschliesslichen Rechte des Urhebers oder heben sie auf. Gesetzliche Lizenzen, welche einen Vergütungsanspruch des Urhebers beinhalten, betreffen:
– das Vermieten oder sonstwie entgeltliche Zurverfügungstellen von Werkexemplaren der Literatur und Kunst (URG Art. 13 Abs. 1 und 3; s. BGE 124 III 489);
– den Gebrauch von Werken durch Lehrer und Schüler sowie in öffentlichen Verwaltungen und ähnlichen Einrichtungen (URG Art. 20 Abs. 2; s. BGE 125 III 141);
– die Herstellung und den Import von Leerkassetten und anderer zur Aufnahme geeigneten Ton- und Tonbildträgern (URG Art. 20 Abs. 3; s. BGE vom 24. März 1995, SMI 1996, 437);
– die Herstellung von Tonträgern (URG Art. 23 Abs. 1);
– die Sendung, Weitersendung, den öffentlichen Empfang und die Aufführung von im Handel erhältlichen Ton- oder Tonbildträgern (URG Art. 35 Abs. 1, 2 und 4; s. BGE vom 2. Februar 1999, sic! 1999, 252; BGE vom 20. Juni 1997, sic! 1998, 33);
– die Ausübung der verwandten Schutzrechte von ausübenden Künstlern, Herstellern von Ton- und Tonbildträgern und Sendeunternehmen (URG Art. 38).

Desweiteren sieht das URG die unentgeltliche Ausübung sämtlicher Verwertungsrechte durch den Arbeitgeber an vom Arbeitnehmer in Erfüllung seiner vertraglichen Pflichten geschaffenen Computerprogrammen vor (URG Art. 17).

Das SortG sieht ebenfalls eine Zwangslizenz zu lasten jener Berechtigten vor, die einem Dritten auf dessen Ersuchen hin ohne zureichende Gründe die Gewährung einer Lizenz verweigern (SortG Art. 22). Damit eine Zwangslizenz erteilt wird, muss sie ein öffentliches Interesse darstellen. Diese Zwangslizenz kann nicht ausschliesslich sein, ist nicht übertragbar und schliesst eine vom Richter festzusetzende Entschädigung ein (SortG Art. 22 Ziff. 2).

§ 51 Die verschiedenen Lizenzvertragstypen

Vorstehend haben wir die allen Lizenzverträgen gemeinsamen Merkmale untersucht. Im Folgenden werden wir die Besonderheiten der einzelnen Lizenzverträge unter Berücksichtigung der Besonderheiten der verschiedenen Immaterialgüter kurz auszuleuchten versuchen.

In jedem Fall müssen sich die Parteien bemühen, durch eine wohlüberlegte, dem Lizenzobjekt sowie dem Lizenzterritorium angepasste Formulierung des Vertrages dafür zu sorgen, dass Widersprüche und Lücken vermieden werden. Unter anderem sollten sie bestimmen, welchem nationalen Recht und welcher Gerichtsbarkeit der Vertrag untersteht. Zudem sind Gesetze und Abkommen zu berücksichtigen, welche Konkurrenzbeschränkungen untersagen.

Dabei ist es für Schweizer Lizenzgeber, die Lizenzverträge mit Grenzüberschreiten abschliessen, wichtig zu bedeuten, dass trotz neuem Kartellgesetz in der Schweiz immer noch weitergehende Beschränkungen und Verpflichtungen des Lizenznehmers möglich sind als in der EU oder den USA (s. unten, § 54–55).

1. Patentlizenz

Gemäss Gesetz sind gegenüber dem gutgläubigen Erwerber von Rechten am Patent Lizenzen nur wirksam, wenn sie im Patentregister eingetragen sind (PatG Art. 34).

Der Lizenznehmer, welcher zur Erteilung von Unterlizenzen berechtigt ist, kann letztere ebenfalls im Patentregister eintragen lassen.

Sehr oft verbessern Lizenzgeber und Lizenznehmer die lizenzierte technische Regel oder das lizenzierte Produkt. Es ist üblich, dass die Parteien sich verpflichten, sich gegenseitig während der Dauer des Lizenzvertrages die für die praktische Anwendung des Verfahrens oder für die Herstellung des lizenzierten Produktes sinnvollen Verbesserungen mitzuteilen.

Ist die technische Regel, welche Gegenstand des Lizenzvertrages ist, noch nicht patentiert, ist aber eine Patentanmeldung bereits eingereicht worden, wird der

Lizenznehmer normalerweise über den Fortgang des Erteilungsverfahrens informiert. Hegt der Lizenzgeber berechtigte Zweifel an der Patentfähigkeit der lizenzierten Erfindung, so muss er dem Lizenznehmer davon Mitteilung machen. Andernfalls kann dieser ihn für Verluste aus im Hinblick auf eine langfristige Exklusivität getätigten Investitionen haftbar machen.

Der Inhaber eines Patentes kann verlangen, dass der Patentnehmer das Patentzeichen am Produkt oder an dessen Verpackung anbringt. Leistet der Lizenznehmer diesem Begehren keine Folge, so haftet er für den daraus entstandenen Schaden.

Nichtigkeit des Patentes führt nicht notgedrungen zur Nichtigkeit des Lizenzvertrages. Solange der Lizenznehmer dank der vom Lizenzgeber mitgeteilten Kenntnisse einen technischen Vorteil gegenüber seinen Konkurrenten hat, ist der Zweck des Lizenzvertrages erfüllt. Andererseits kann der Lizenznehmer in gewissen Fällen den Vertrag trotz Bestehens eines gültigen Patents aus wichtigen Gründen künden, z.B. wenn er im Falle einer Exklusivlizenz das Vorrecht eines älteren Benutzers anerkennen muss, der ihm Konkurrenz macht.

2. Lizenz an Know-how und anderen Geschäftsgeheimnissen

Mit dem Know-how-Lizenzvertrag verpflichtet sich der Lizenzgeber, dem Lizenznehmer seine vertraulichen Kenntnisse in einem bestimmten Bereich zur Verfügung zu stellen. Im Allgemeinen beschränkt sich die Pflicht des Lizenzgebers nicht auf die Übertragung von Kenntnissen allein. Er verpflichtet sich im Weiteren, den Lizenznehmer über die Art der Verwendung, Anwendung oder Verwertung der Kenntnisse zu instruieren und ihm diesbezügliche Verbesserungen mitzuteilen.

Deshalb ist es äusserst wichtig, dass die Parteien den Inhalt und Umfang des betreffenden Know-how, vor allem dessen geheime Bestandteile, die erlaubten Verwertungsarten, die Dauer der Lizenzerteilung, die Rechte des Lizenznehmers nach Beendigung des Vertragsverhältnisses, die Garantien des Lizenzgebers bezüglich Produkten, Fabrikationskosten usw. sorgfältig festlegen. Da die Know-how-Lizenz auf einer faktischen Ausschliesslichkeit beruht, müssen die Kenntnisse, deren Benutzung eingeräumt wird, auch tatsächlich existieren, und darf deren Gebrauch nicht durch ältere Rechte Dritter (beispielsweise Patentinhaber) beeinträchtigt sein.

Die Lizenz kann ausschliesslich oder einfach sein; die fehlende Ausschliesslichkeit beeinträchtigt die Bedeutung der strikten Wahrung der Vertraulichkeit der übertragenen Kenntnisse nicht. Unter Umständen verlangt der Lizenzgeber von den Arbeitnehmern des Lizenznehmers das Eingehen diesbezüglicher direkter Verpflichtungen ihm gegenüber.

Wurde der Vertrag hauptsächlich wegen des geheimen Charakters des Know-how geschlossen, so endet er mit der Lüftung des Geheimnisses gegenüber Dritten, da der Vertrag durch das Wegfallen des Geheimnisses gegenstandslos geworden ist.

Beruht dagegen der Vertrag hauptsächlich auf der Übertragung von Kenntnissen, unabhängig von deren geheimem Charakter, so beendet der Verlust des geheimen Charakters der Kenntnisse den Vertrag nicht unbedingt, da der Lizenznehmer in den meisten Fällen weiterhin an der Benutzung des Know-how interessiert sein wird, und an der Möglichkeit, aus seinem allfälligen technischen oder wirtschaftlichen Vorsprung (Produktionserfahrung, abschriebene Anlagen) gegenüber Konkurrenten, welche nun die früher geheimen Kenntnisse ebenfalls verwenden können, Profit zu ziehen.

Angesichts der Verletzlichkeit des Geheimnissschutzes kommt der Person des Lizenznehmers eine besondere Bedeutung zu. Dem Vertrauensverhältnis entspricht die Pflicht zur persönlichen Nutzung der übertragenen Kenntnisse durch den Empfänger. Einschneidende Veränderungen in der Person des Lizenznehmers (Tod, Handlungsunfähigkeit, Auflösung oder Liquidation einer Gesellschaft, Konkurs, aber auch Verkauf der Gesellschaft an ein Konkurrenzunternehmen) ermächtigen den Lizenzgeber zur Beendigung des Know-how-Lizenzvertrages.

3. Lizenzen an Marken

3.1. Die Markenlizenz

Die Markenlizenz ist im MSchG wie folgt geregelt: *«Der Markeninhaber kann die Marke für die Waren oder Dienstleistungen, für die sie beansprucht wird, ganz oder teilweise und für das ganze Gebiet oder einen Teil der Schweiz anderen zum Gebrauch überlassen»* (MSchG Art. 18).

Das MSchG sieht die freie Übertragung der Marke vor und behindert somit die Erteilung einer ausschliesslichen oder einfachen Lizenz in keiner Weise (BGE vom 4. April 2001, sic! 2001, 408).

Die Möglichkeit, frei Markenlizenzen zu erteilen, kann der Verwechslungsgefahr Vorschub leisten. Gewährt nämlich der Inhaber einer Marke verschiedenen Produzenten einfache Lizenzen für gleichartige Produkte, so besteht die Gefahr, dass die Kundschaft über die Herkunft der Waren getäuscht wird (da sie geneigt ist, alle einem einzigen Hersteller zuzuordnen), und die verschiedenen Inhaber der einfachen Lizenz werden ihre Ware mit einem eigenen Kennzeichen versehen oder anderswie identifizieren müssen.

Die Täuschungsgefahr wird noch grösser, wenn der Inhaber und Verwerter einer sehr bekannten oder durchgesetzten Marke eine oder mehrere Lizenzen an Dritte erteilt, welche ähnliche Artikel auf den Markt bringen, die jedoch qualitativ stark voneinander abweichen.

Allerdings kann auch der Inhaber der Marke nicht daran gehindert werden, unter seiner Marke ein beliebiges Produkt zu verkaufen; weshalb sollte er nicht auch Dritten ermöglichen, unter seiner Marke beliebige Produkte auf den Markt zu bringen?

Der Lizenznehmer muss von der Marke einen angemessenen Gebrauch machen, insbesondere wenn er eine ausschliessliche Lizenz besitzt. Bei einfachen Lizenzen hat der Lizenzgeber darüber zu wachen, dass zumindest einer der Lizenznehmer die Marke so intensiv gebraucht, dass ihre Gültigkeit gewährleistet ist.

3.2. Verträge über die Abgrenzung des Markengebrauchs

Häufig einigen sich Inhaber oder Berechtigte verschiedener ähnlicher Kennzeichen über die Art und Weise, wie jeder sein Zeichen gebrauchen soll, indem sich jeder verpflichtet, das Kennzeichen nur für bestimmte Warenkategorien oder in bestimmten Gebieten zu verwenden. Solche Vereinbarungen sind oft verkappte Prioritätserklärungen.

Solche Verträge stellen Begrenzungslizenzen dar, die, wie Lizenzverträge, die Verpflichtung einer Partei enthalten, der anderen den Gebrauch des Kennzeichens nicht zu verbieten, und die Verpflichtung der anderen Partei, die Marke der anderen nicht anzugreifen (BGE vom 30. Oktober 2002, sic! 2003, 444).

4. Designlizenz

Der Vertrag, mit welchem der Berechtigte einen Dritten zum Gebrauch eines Design berechtigt, kann der Patentlizenz gleichgesetzt werden. Es wird allerdings nicht der Gebrauch der technischen Regel zur Herstellung von Produkten, sondern die Vervielfältigung des Design zur Vermarktung von Objekten mit dem betreffenden Muster oder in der Form des betreffenden Modelles erlaubt.

Demzufolge treffen die zur Patentlizenz gemachten Ausführungen auch für Designlizenzen zu.

5. Urheberrechtliche Lizenz

Neben dem Prinzip der Vertragsfreiheit gilt die für die Übertragung von Urheberrechten geltende Zweckübertragungstheorie noch stärker für urheberrechtliche Lizenzen (s. oben, § 48 Ziff. 6.). Urheberrechtliche Lizenzen können alle Möglichkeiten der Benutzung eines urheberrechtlich geschützten Werkes beinhalten. Der Lizenznehmer darf das Werk zu den vertraglich vereinbarten Zwecken benutzen; andere Rechte besitzt er nicht (BGE 113 II 193).

6. Softwarelizenz

Originelle Software ist urheberrechtlich geschützt. Demzufolge gelten unsere Ausführungen zur urheberrechtlichen Lizenz auch für die Software. Allerdings müssen die Lizenzverträge, vor allem für Computerprogramme, den Besonderheiten der

Software angepasst werden. Für Handbücher und andere Gebrauchsanleitungen zu den Programmen (welche ebenfalls Teil der Software bilden) können die Regeln über urheberrechtliche Lizenzen und allenfalls den Verlagsvertrag unverändert übernommen werden.

Bei Lizenzen für Computerprogramme muss der Lizenzgeber den Wortlaut der Vertragsbedingungen besonders vorsichtig und genau formulieren, um einerseits die Herrschaft über sein geistiges Vermögen zu behalten und andererseits Beschränkungen zu vermeiden, welche gegen das URG verstossen oder, bei Lizenzen mit Auswirkungen in der EU, deren Richtlinien zuwiderlaufen.

Der Lizenzgeber muss vorerst den Gegenstand der Lizenz, den Inhalt des Programmes, genau umschreiben, insbesondere diejenigen originalen Teile, für welche der Lizenzgeber das Urheberrecht beansprucht. Im Weiteren muss unbedingt die Verwendungsart durch den Lizenznehmer genau beschrieben werden, d.h. die Wiedergabe des Programmes (Laden, Anzeigen, Ablaufen, Übertragen, Speichern), oder ein allfälliges Übersetzen, Bearbeiten, Arrangieren oder Entschlüsseln, Herstellen von Sicherheitskopien usw. durch den Lizenznehmer oder auch die allfällige Möglichkeit, Fehler zu korrigieren. Aber es obliegt dem Lizenznehmer, sich über die Tragweite der von ihm unterzeichneten Vertragsklauseln sowie über die genaue Bedeutung gewisser ihm vielleicht unbekannter technischer Ausdrücke zu informieren und den genauen Umfang der ihm übertragenen Rechte abzuklären; diesbezügliche Irrtümer kann er nicht mit dem zwischen den Parteien bestehenden grossen Wissensgefälle entschuldigen (BGE vom 29. April 1999, SJ 1999, 473).

7. Lizenzen für Topographien von integrierten Schaltungen

Wie vorne erwähnt (§ 23), sind Chips technische Werke, welche eher patentfähigen Erfindungen als urheberrechtlichen Werken gleichzusetzen sind.

Die Chips sind durch ihren Zweck für eine genau definierte Verwendung bestimmt. Auf Chips erteilte Lizenzen gleichen somit den Patentlizenzen, weshalb wir auf die zu diesem Thema gemachten Ausführungen verweisen.

§ 52 Dienstleistungsverträge für Immaterialgüter

1. Franchisevertrag

Der Franchisevertrag ist eine komplexe Mischung verschiedener Vertragstypen, von welchen er einzelne Teile übernimmt. Fast immer finden sich in solchen Verträgen Elemente des Lizenzvertrags. Der Franchisenehmer hat das Recht (und die Pflicht), vom Franchisegeber gelieferte Produkte, welche dessen Marke tragen, zu verkaufen. Um die Identifikation des Netzes zu sichern, verpflichtet sich der Franchisenehmer, die Ausstattung des Franchisegebers zu benutzen. In selteneren Fällen stellt der Franchisenehmer das Produkt nach den Methoden des Franchisegebers selber her oder setzt die vom Franchisegeber gelieferten Einzelteile zusammen. Der Franchisenehmer benutzt den Handelsnamen des Franchisegebers. Dermassen enthält der Franchisevertrag im Allgemeinen ein ganzes Bündel von Lizenzen.

Im Gegensatz zum reinen Lizenzvertrag besteht jedoch die Gegenleistung des Franchisenehmers nicht lediglich in der Zahlung einer Vergütung, sondern in der Mitwirkung beim Erreichen des gemeinsamen Zieles, d.h. den Produkten des Franchisegebers einen Markt zu schaffen und ihnen dort ihre Stellung zu erhalten.

Der Franchisenehmer ist gewissermassen der Agent des Franchisegebers, er muss dessen Unternehmen und Ansehen fördern. Im Gegensatz zum Agenten handelt jedoch der Franchisenehmer im eigenen Namen und auf eigene Rechnung; seine Entschädigung ist keine Kommission, sondern der Ertrag seiner eigenen Verkäufe.

Das Franchising weist somit gewisse Aspekte des Alleinvertriebsvertrags auf.

Angesichts der besonderen Zweckbestimmung des Franchisevertrags sollte man nicht allzu stark auf der üblichen Auslegung einer Vertragsklausel gemäss anderen Rechtsbereichen, z.B. dem Arbeitsrecht oder Agenturrecht beharren, sondern eine Interessenabwägung zwischen Franchisegeber, Franchisenehmer und dessen Netz vornehmen, um für jede Klausel des Franchisevertrages die den Eigenheiten des Franchising angemessenste Auslegung zu finden (BGE 118 II 157).

Im Franchisevertrag muss man vor allem das Franchisekonzept, nach welchem sich der Franchisenehmer richten muss, in allen Einzelheiten seiner verschiedenen Bestandteile und den damit verbundenen Rechten beschreiben. Damit verringert man die Gefahr, dass eine Partei unter Berufung auf einen wesentlichen Irrtum vom Vertrag zurücktreten kann.

Wichtig ist ebenfalls, die Dauer der Franchise, welche meistens nicht weniger als fünf Jahre beträgt, von allem Anfang an festzulegen.

Die Parteien tun gut daran, betreffend die dem Franchisegeber geschuldeten Gebühren und anderen Vergütungen eine gewisse Flexibilität zu bewahren. Die Parteien sollten den Gewinn aus der Franchise nach den Grundsätzen der Partnerschaft erarbeiten. Zu hohe Eintrittsgebühren können die Erfolgschancen des Franchisenehmers beeinträchtigen und seinen Schwung von Anfang an hemmen.

Die vom Franchisegeber häufig vorgelegten Musterverträge sind nützlich als Arbeitsinstrumente, als «Checkliste», befreien die Parteien jedoch nicht davon, ihren Vertrag dem konkreten Fall anzupassen.

2. Merchandisingvertrag

Das Merchandising setzt oft drei Parteien voraus, nämlich den am Namen oder Kennzeichen Berechtigten, den Marketingspezialisten und den Benutzer des Namens oder Kennzeichens.

Demzufolge sind zwei Typen von Merchandisingverträgen zu unterscheiden, nämlich erstens der Vertrag, durch welchen der Inhaber des Namens oder ein daran Berechtigter einem in der Verwertung solcher Rechte spezialisierten Unternehmen den Auftrag (Lizenz) erteilt, seinen Namen oder ein anderes Kennzeichen zu verwerten; zweitens der Vertrag zwischen den Unternehmen, welche den Namen oder das Kennzeichen verwenden wollen, um ihre eigenen Artikel oder Geschäfte zu fördern, und dem durch den Rechtsinhaber des Rechtes beauftragten Unternehmen. Solche Verträge weisen Elemente der Unterlizenz auf. Ist das typische Merkmal ein von Menschen geschaffenes Element, so gleicht der Vertrag einem Lizenzvertrag über Urheberrechte (mit dem Unterschied, dass das Objekt der Lizenz nur selten durch ein Ausschliesslichkeitsrecht geschützt sein wird). Bewilligt dagegen jemand die Verwendung seines Bildes zu Geschäftszwecken, so sind die Grundsätze des Fotografievertrages anzuwenden.

Ist der Name oder ein anderes persönliches Element Gegenstand des Merchandising, so bestehen die zwei wesentlichen Vertragsklauseln in der Festlegung des Umfangs des Verwendungsrechtes und dessen Dauer.

Im Gegensatz zu den eigentlichen Lizenzvereinbarungen sind Merchandisingverträge im Allgemeinen befristet. Sie enthalten aber auch eine Klausel, welche den Zessionar zur Verwertung verpflichten, da Rechtsinhaber, welche Dritten die Verwendung typischer Elemente (oft aus ihrer Privatsphäre) erlauben, meistens einen Werbezweck erreichen wollen.

3. Werbevertrag

Im allgemeinen beauftragt der Inserent eine Werbeagentur mit der Entwicklung eines Werbeprogrammes. Die Agentur wendet sich zu diesem Zweck an Graphiker, Fotografen und Redaktoren oder, wenn es um ein Inserat geht, an Verlage und andere Zeitungseigentümer oder auch an die Allgemeine Plakatgesellschaft, um die Inserate oder Plakate anzubringen.

Der Vertrag zwischen dem Industriellen oder Kaufmann und der Werbeagentur gleicht einem Werkvertrag. Die Agentur verspricht als Ergebnis die Schaffung einer Werbung oder Werbekampagne und deren Verbreitung in der Öffentlichkeit. Behält sich jedoch der Werkeigentümer das Recht vor, in die Arbeit der Agentur einzugreifen, ihr Anweisungen betreffend Wahl der Künstler, anderer Mitarbeiter oder der Werbeträger zu erteilen, oder muss die Agentur über die ihr zu vergütenden Spesen Rechenschaft ablegen oder erhält sie Honorare (pauschal oder pro Stunde), so gleicht der Vertrag dem Auftrag. Man kann ihn als atypischen Auftrag bezeichnen (BGE 109 II 462).

Die Verträge der Agentur mit den verschiedenen Untervertragsparteien – den Werbeschaffenden oder Verlagsgesellschaften – enthalten meistens Elemente des Auftrags und des Werkvertrags, zum Teil auch des Arbeitsvertrages.

4. Fotografievertrag

Im Bereich der Verträge über Werke der angewandten Kunst oder anderer geistiger Leistungen mit Gebrauchszweck wählen wir als Beispiel das Vertragsverhältnis, welches die Schaffung und/oder die Verwertung einer Fotografie zum Gegenstand hat.

Will ein Inserent (oder seine Werbeagentur) eine schon existierende Fotografie erwerben, so schliesst er (oder die Agentur) mit dem Fotografen meistens mindestens zwei Verträge ab: einen Kaufvertrag über ein Werkexemplar in seiner endgültigen Form (Fotografie) oder als Negativ; gleichzeitig (im gleichen Vertrag) einen Lizenzvertrag für den Gebrauch der Fotografie (wobei die Lizenzvergütung meistens im Kaufpreis inbegriffen ist). Der Lizenzvertrag enthält die Einzelheiten des Gebrauchsrechtes des Erwerbers, die erlaubten Verwendungsarten (Presse, Aushang, Werbung am Verkaufsort, Poster, Kataloge, Kino, Fernsehen oder andere Verbreitungsarten), die Dauer der Verwertung, die Zahl der Auflagen oder Sendungen, in welchen die Fotografie erscheint, die Höhe der Auflage von Katalogen oder Prospekten).

Fehlen solche Einzelheiten oder sind sie lückenhaft, so richtet sich der Umfang des Gebrauchsrechtes nach dem Zweck der Übertragung.

Wird eine noch anzufertigende Fotografie beim Fotografen bestellt, so handelt es sich im Allgemeinen um einen Werkvertrag. Der Fotograf verpflichtet sich zur Lieferung einer Fotografie nach den Angaben des Bestellers, also z.B. blondes Mädchen auf Velo, Fotografie der Sängerin Y auf Velo Marke X. In solchen Fällen verlangt der Auftraggeber im Allgemeinen die Übertragung des Urheberrechtes. Gegen Entrichtung des vereinbarten Preises fordert er die Abtretung der Fotografie einschliesslich aller Rechte. Wird nichts präzisiert, kommen die allgemeinen Bestimmungen über den Lizenzvertrag zur Anwendung.

Werden Fotografien zur Wiedergabe in einem Buch zur Verfügung gestellt, so schliesst der Künstler einen Verlagsvertrag ab. Unter Vorbehalt ausdrücklicher anderslautender Vereinbarungen im Verlagsvertrag behält er das Urheberrecht und darf deshalb die Fotografie zu Werbezwecken oder andersweise verwenden.

Bei Aufnahmen, welche der Fotograf im Rahmen eines Arbeitsvertrages macht, untersteht er den Vorschriften über das Verhältnis zwischen dem angestellten Urheber und seinem Arbeitgeber (s. oben, § 40, Ziff. 7.1).

5. Architektenvertrag

Die rechtliche Einordnung des Architektenvertrages hängt davon ab, ob der Architekt ein Werk schaffen und ausführen soll oder ob eine Dienstleistung von ihm verlangt wird.

Sieht der mit einem Architekten abgeschlossene Vertrag vor, dass er ein Projekt entwirft und dieses anhand der durch den Bauherrn gutgeheissenen endgültigen Pläne ausführt und die Bauarbeiten und die damit verbundenen Tätigkeiten leitet, so handelt es sich um einen Auftrag. Besteht jedoch der Beitrag des Architekten lediglich in der Erstellung der Pläne, haben wir es wohl eher mit einem Werkvertrag zu tun (BGE 109 II 465).

Wie die anderen Schöpfer eines Immaterialgutes kann auch der Architekt durch einen Arbeitsvertrag mit dem Bauherrn verbunden sein; bisweilen schliessen sich die beiden auch in einer einfachen Gesellschaft zusammen.

6. Verträge zum Schutz technischer Dienstleistungen

6.1. Forschungsvertrag

Mit dem Forschungsvertrag beauftragt der Auftraggeber einen oder mehrere Forscher, Forschungsarbeiten über ein wissenschaftliches und/oder technisches Problem auszuführen und ihm das Arbeitsergebnis in Form einer ausführlichen Studie, welche über die verwendeten Mittel und Materialien Auskunft gibt und eine genaue Beschreibung der gefundenen Lösung mit allen erforderlichen Erklärungen enthält, zu überlassen.

Der Forscher ist nicht verpflichtet, für das betreffende Problem eine Lösung zu finden; er muss sie lediglich suchen.

Ein derartiger Forschungsvertrag ist ein Auftrag (OR Art. 394 ff.); der Forscher muss die versprochenen Leistungen erbringen (OR Art. 394 Abs. 1), die erhaltenen Anordnungen befolgen (OR Art. 397) und dem Auftraggeber über die vorgenommenen Arbeiten Rechenschaft ablegen (OR Art. 400). In Analogie zu den Vorschriften über den Auftrag ist davon auszugehen, dass die vom Forscher erworbenen Rechte an den Arbeitsergebnissen auf den Auftraggeber übergehen, sobald dieser seinen Verbindlichkeiten gegenüber dem Forscher nachgekommen ist (OR Art. 401 Abs. 1).

Wissen beide Parteien, dass der Forscher das angestrebte Ergebnis erreichen kann (weil er lediglich sein Wissen und seine Möglichkeiten anwenden muss, um die Variante eines früher schon erreichten Ergebnisses zu finden), so sind sie nicht durch einen Auftrag, sondern durch einen Werkvertrag verbunden. Dabei spielt es keine Rolle, ob das Ergebnis ein materielles oder ein immaterielles Gut ist.

Angesichts der Möglichkeit beider Parteien, den Auftrag jederzeit zu beenden, und der Tatsache, dass beide Parteien im Hinblick auf die Forschungsarbeiten unter Umständen bedeutende Investitionen machen, sollten die Sanktionen bei einem Widerruf des Auftrages zur Unzeit nicht auf den erlittenen Schaden beschränkt werden, sondern auch die Haftung für den entgangenen Gewinn (lucrum cessans) einschliessen (sofern ein solcher bezifferbar ist).

6.2. Vertrag zur Entwicklung eines technischen Produktes

Verträge über die Entwicklung eines technischen Produktes, beispielsweise einer Software, einer kosmetischen Creme, eines Werkzeugs oder anderer technischer Instrumente, enthalten Elemente des Forschungsvertrages und des Werkvertrages.

Der zur Entwicklung verpflichtete Unternehmer muss vorerst die Bedürfnisse der Fabrikanten und der zukünftigen Kunden für das Produkt analysieren; dann wird er die geeignete Lösung suchen und ein Versuchsprogramm, einen Prototyp oder einen pharmazeutischen Wirkstoff entwickeln, den er an Tieren testet. Bis zu diesem Punkt handelt es sich um einen Forschungsvertrag.

Sobald der Unternehmer weiss, dass er das gewünschte Ergebnis erreichen kann, dass die Software für die vertraglich erwünschten Anwendungen geeignet ist, das Medikament die gewünschten Wirkungen erzielt oder das Werkzeug die gewollten Eigenschaften besitzt, unterstehen die Erarbeitung oder Anpassung des Verfahrens und des endgültigen Produktes den Vorschriften über den Werkvertrag.

§ 53 Zwangsvollstreckung an Immaterialgütern und den daraus abgeleiteten Rechten

Die Zwangsvollstreckung ist unseres Erachtens nicht auf die Ausschliesslichkeitsrechte im eigentlichen Sinn, d.h. die absoluten Ausschliesslichkeitsrechte, beschränkt, sondern kann jegliches Immaterialgut treffen.

Der in der Schweiz eröffnete Konkurs bewirkt, dass das gesamte Vermögen des Schuldners, unabhängig davon, wo es sich befindet, eine einzige Masse bildet (SchKG Art. 197 Abs. 1). Ausländisches Vermögen ist in jedem Fall in das Konkursinventar aufzunehmen, unabhängig davon, ob es zu Gunsten des in der Schweiz eröffneten Konkurses verwertet werden kann (KOV Art. 27 Abs. 1). Deshalb fallen auch Rechte des Konkursiten an einem Immaterialgut, an welchem er Ausschliesslichkeitsrechte ausserhalb der Schweiz erworben hat, in die Masse.

Der ausländische Konkursit ohne Niederlassung in der Schweiz untersteht in unserem Land der Zwangsvollstreckung auf seine schweizerischen Rechte an Immaterialgütern. Diese gelten als beim IGE in Bern gelegen (BGE 112 III 119).

1. Zwangsvollstreckung von Rechten an Erfindungen

Die Erfindung als bestimmte technische Regel kann Gegenstand einer Zwangsvollstreckung sein.

Die unfertige Erfindung ist lediglich eine Gesamtheit von mehr oder weniger geordneten Ideen. Ideen können selbstverständlich nicht Gegenstand von Verfügungen Dritter sein. Dies gilt auch für Erfindungen, deren Existenz der Schöpfer Drit-

§ 53 Zwangsvollstreckung an Immaterialgütern und den daraus abgeleiteten Rechten

ten nicht bekannt gegeben hat (BGE 59 III 242). Auch wenn der Erfinder einen Teil der Maschine schon gebaut hat, welche die Erfindung konkretisiert, oder wenn er im Besitz der zur Fertigstellung der technischen Regel erforderlichen Materialien oder Instrumente ist, können solche Versuchsmodelle, Materialien oder Werkzeuge nicht in die Masse einbezogen werden (sofern sie nicht als solche bedeutende Werte darstellen, welche die Gläubiger verwenden oder verkaufen können).

Das Bundesgericht geht noch weniger weit. Gemäss Bundesgericht ist eine Erfindung im Stadium des technischen Geheimnisses kein übertragbares Recht; die Erfindung, die nicht mindestens durch eine Patentanmeldung verwirklicht ist, ist eine unpfändbare Idee (BGE 75 III 89).

Wir gehen mit dem Bundesgericht einig, dass die Verpfändung oder Zwangsvollstreckung in den meisten Fällen aus praktischen Gründen ausgeschlossen ist, wenn nämlich der konkursite Erfinder die Erfindung noch nicht genau formuliert hat oder wenn keine Beschreibung oder kein Prototyp existiert, welche dem Dritten die Wiederholung und Ausführung der Erfindung ermöglichen.

Besteht jedoch kein solches Hindernis und ist die Erfindung oder das technische oder kaufmännische Geheimnis definiert, gibt es u.E. keinen Grund, einen solchen Erfinder im Konkurs gegenüber jenem zu bevorteilen, welcher eine Patentanmeldung eingereicht hat.

Die Rechte an Erfindungen, welche Gegenstand einer Patentanmeldung sind, oder für welche das Patent erteilt wurde, werden in das Konkursinventar aufgenommen (BGE 75 III 5).

2. Zwangsvollstreckung an Design

Designrechte unterliegen der Zwangsvollstreckung (DesG Art. 17). Die Rechtslage ist die gleiche wie bei den Patenten; wir verweisen deshalb auf die dortgemachten Ausführungen.

3. Zwangsvollstreckung von Rechten an Marken

Marken können ohne Einschränkung gepfändet oder in das Konkursinventar aufgenommen werden. Die Verpfändung und die Errichtung oder Übertragung eines anderen dinglichen Rechtes werden gegenüber Dritten erst wirksam, wenn sie im Register eingetragen sind (MSchG Art. 19).

4. Zwangsvollstreckung an Kunstwerken, verwandten Schutzrechten, Werken der angewandten Kunst und Software

Da das Urheberrecht an einem Werk mit dessen Schöpfung entsteht, kann nicht, wie bei Erfindungen, von Perioden «vor der Schutzerlangung» und «nach der Schutzerlangung» gesprochen werden.

Angesichts der besonders engen Beziehung zwischen Werk und Künstler (das Werk gibt oft persönliche Geheimnisse seines Urhebers wieder) müssen jedoch die Rechte der Gläubiger zu Gunsten der Interessen der Persönlichkeit des Urhebers beschränkt werden; dies gilt insbesondere für das Recht des Urhebers, über den Zeitpunkt der Veröffentlichung seines Werkes zu entscheiden. Diese Ausnahme zu Gunsten des Urhebers ist u.E. auf die eigentlichen Kunstwerke zu beschränken und gilt nicht für Werke der angewandten Kunst oder für Software.

Das URG regelt die Zwangsvollstreckung der Urheberrechte (URG Art. 18). Gegenstand einer Zwangsvollstreckung können nur Werke sein, welche mit der Zustimmung des Urhebers veröffentlicht worden sind, und zwar nur für jene Rechte, welche der Urheber bereits ausgeübt hat. Sobald somit der Urheber seine Rechte veräussert hat, können sie frei verpfändet und in das Konkursinventar aufgenommen werden (beschränkt auf den Gebrauch, zu welchem sie veräussert wurden). Vor langen Jahren hat das Bundesgericht sogar gesagt, dass die Ausstellung eines Originalgemäldes in einer Galerie unter Angabe eines Preises ein Verkaufsangebot bedeute, d.h. die Ausübung des Verkaufsrechtes (BGE 68 III 65).

Die verwandten Schutzrechte bilden im URG eine besondere Kategorie. Die durch sie geschützten Leistungen sind keine eigentlichen Immaterialgüter. Sie stellen jedoch Vermögenswerte dar, die ebenfalls der Zwangsverwertung unterliegen.

Die Zwangsvollstreckung an Software ist im URG geregelt (URG Art. 18). Der Zwangsvollstreckung unterliegen nur das Recht zur Benutzung, Vermietung, Ausleihung oder Einfuhr der Software. Das Gesetz erwähnt die Software als solche oder in einzelnen Exemplaren; es ist jedoch kaum vorstellbar, dass eine Software zwangsverwertet werden kann, wenn sie nicht auf einem Träger festgehalten ist.

Software sollte u.E. Gegenstand der Zwangsvollstreckung sein können wie die technische Regel. Da die Schaffung eines Programms verschiedene Etappen umfasst, in welchen je ein konkretes Werk entsteht (Quellprogramm, Objektprogramm und Anwenderprogramm), und da das Programm im Allgemeinen von einem Handbuch begleitet ist, stellt jedes dieser Elemente einen unabhängigen Vermögenswert dar und kann als solcher verpfändet oder in das Konkursinventar aufgenommen werden.

5. Zwangsvollstreckung an Topographien von integrierten Schaltungen

Das ToG sagt nichts über die Zwangsvollstreckung von Chips. Da diese technische Objekte sind wie patentfähige Erfindungen oder Gebrauchsmuster und oft einen beträchtlichen wirtschaftlichen Wert darstellen, können sie ohne weiteres Gegenstand einer Zwangsvollstreckung sein.

6. Zwangsvollstreckung an faktischen Ausschliesslichkeitsrechten

Wie jedes andere Kennzeichen kann auch das Geschäftsgeheimnis oder die vom Produkt gelöste oder lösbare Ausstattung Gegenstand einer Zwangsvollstreckung oder Verpfändung sein. Bei den ersten ergeben sich die gleichen Fragen wie bei der Lizenzierung von Geschäftsgeheimnissen (s. oben, § 51, Ziff. 2).

7. Enteignung von Immaterialgütern

Die Ubiquität der Immaterialgüter, die Territorialität ihres Schutzes und die engen Beziehungen zwischen Immaterialgut und Schöpfer machen zwar die Enteignung des Immaterialgutes einfach, die Enteignung der geschützten Rechte jedoch wenig wirksam, da sich der enteignende Staat nur die in seinem eigenen Land eingetragenen Rechte aneignen kann (BGE 82 I 196). Davon zeugen die Konflikte, welche aus Enteignungen während des Zweiten Weltkrieges und unter kommunistischer Herrschaft entstanden sind (BGE 91 II 177 [Zeiss]; 82 I 196 [Carborundum]; 83 II 312 [Koh-i-Noor]).

Wir begnügen uns mit der Erwähnung dieses Problems, welches die Schweiz nicht betrifft.

Die Enteignung setzt eine Gesetzesnorm voraus. Von den Spezialgesetzen im Bereich der Immaterialgüter sieht einzig das PatG und das SortG die Möglichkeit vor, dass der Bundesrat im öffentlichen Interesse die vollständige oder teilweise Enteignung eines Patentes oder eines Sortenschutzes anordnet (PatG Art. 32; SortG Art. 20). Diese Bestimmung des PatG betrifft wohl vor allem Techniken, welche zu militärischen oder volkswirtschaftlichen Zwecken verwendbar sind; aus dem gleichen Grund könnte allenfalls die Enteignung von Software im öffentlichen Interesse liegen.

Sofern es die Landesversorgung erfordert, kann der Bundesrat einen Sortenschutz gegen volle Entschädigung gemäss dem II. Abschnitt des Enteignungsgesetzes (SR 711) enteignen (SortG Art. 20).

16. Kapitel
Kartellrechtliche Beschränkungen betreffend Verfügungen über Immaterialgüter

§ 54 Schweizerische Massnahmen gegen Wettbewerbsbeschränkungen

1. Allgemeines

In der Schweiz konnten während langer Zeit alle aus dem Immaterialgüter fliessenden Vorrechte frei und ungehemmt genutzt werden, während dies in den meisten anderen Industriestaaten (vor allem in der USA und später auch in der EU) nicht mehr möglich war.

In neuerer Zeit, und vor allem seit dem Inkrafttreten des neuen Kartellgesetzes 1995 und 2004, werden auch in der Schweiz weitgehende Schranken errichtet, die wir im folgenden kurz beleuchten wollen.

2. Parallelimporte

Durch die Zulassung von Parallelimporten unter dem Deckmantel der internationalen Erschöpfung werden die ausschliesslichen Verkaufsrechte der Schutzrechtsinhaber und dadurch die Möglichkeit gewisser Mitbewerber vom Markt fernzuhalten eingeschränkt – allerdings nur bezüglich Waren, die unter einem materiell identischen (ausländischen) Schutzrecht berechtigterweise im Ausland auf den Markt gebracht werden. Wir haben diese Problematik bereits oben, § 46, Ziff. 4 behandelt, und verweisen auf das dort Ausgeführte.

3. Kartellrechtliche Beschränkungen der Verfügungsfreiheit über Immaterialgüterrechte

3.1. Immaterialgüterrechte und Wettbewerb

Wie wir vorstehend ausgeführt haben, können Immaterialgüter und die daran bestehenden Rechte ganz oder teilweise übertragen werden, vor allem durch Verträge. Wird das Immaterialgut oder das Recht davon verkauft, so ändert nur die Person des Exklusivberechtigten – der Vorgang ist als solcher wettbewerbsneutral.

Wenn jedoch Benutzungsrechte übertragen werden, was meistens im Rahmen eines Lizenzvertrages geschieht, so verzichtet der Berechtigte auf einen Teil seiner Exklusivrechte (s. oben, § 50), und erweitert an und für sich den Kreis seiner Konkurrenten.

3.2. Missbräuchliche Nutzungen

Um zu verhindern, dass Konkurrenten gewerbliche Schutzrechte missbrauchen, um gegenseitige wettbewerbsbeschränkende Verpflichtungen einzugehen, die sich nicht direkt aus den Schutzrechten ergeben und dies sie sich nicht aufbürden dürften, wenn keine Schutzrechte bestünden, dass Produzenten ihren Grossisten oder diese ihren Detailhändlern auf Grund von Schutzrechten (vor allem Markenrechten) an und für sich wettbewerbshindernde Beschränkungen (vor allem Preisbindungen oder Konkurrenz– resp. Verkaufsverbote) auferlegen, haben die (Kartell) Gesetzgeber in den USA und in der EU schon seit langem, und in der Schweiz seit 1995 in der revidierten Fassung des Kartellgesetzes von 2004 Regeln eingeführt, die solches Tun verunmöglichen (sollen).

Gegen gewissse eventuell missbräuchliche Schranken sehen die Spezialgesetze eigene Hilfen vor, z.B. durch das Gewähren von Zwangslizenzen (s. oben, § 50, Ziff. 9).

3.3. Die schweizerischen Regeln

3.3.1. Die Grundsätze

Während es sich bei den europäischen Regeln um Verbotsregeln handelt, um das Verbot gewisser beschränkender Handlungen, s. unten, § 55), hat das schweizerische Kartellgesetz am altbewährten Prinzip der Missbrauchsregelung festgehalten, nach der nur der Missbrauch von tatsächlicher oder gesetzlich verliehener Macht (z.B. Exklusivrechte) verboten wird – man gelangt so zwar zum selben Resultat, aber aus einem anderen Gesichtswinkel.

Einleitend hält das Kartellgesetz fest, dass es nicht anwendbar ist auf Wettbewerbswirkungen, die sich ausschliesslich aus der Gesetzgebung über das geistige Eigentum ergeben – aber diese Ausnahme gilt nicht für Einfuhrbeschränkungen, die mit Immaterialgüterrechten begründet werden. Nach Massgabe von KG Art. 4.1 ist das Gesetz anwendbar auf Abreden zwischen Unternehmen gleicher oder verschiedener Marktstufen.

Als unzulässig gelten Abreden, die den Markt für bestimmte Waren oder Leistungen erheblich beeinträchtigen und sich nicht durch Gründe der wirtschaftlichen Effizienz rechtfertigen lassen (KG Art. 5 Ziff. 1). Die Beseitigung wirksamer Wettbewerbe wird vermutet, wenn die Abreden zwischen Unternehmen getroffen werden, die tatsächlich im Wettbewerb stehen oder die in Wettbewerb treten könnten (z.B. auf Grund eines Lizenzvertrages (KG Art. 5 Ziff. 3). Darunter fallen vor allem Preisbindungen, Einschränkung von Bezugs-, Produktions- oder Liefermengen, Aufteilung von Märkten nach Gebieten oder Geschäftspartnern (also auch Verträge zu Gunsten Dritter) (KG Art. 5 Ziff. 3 lit. a–c).

Ebenfalls als Abreden, die zur Beseitigung eines wirksamen Wettbewerbs führen, gelten Verträge zwischen Unternehmen verschiedener Marktstufen, in denen Mindest- oder Festpreise festgelegt werden, oder bei Aufteilung von Absatzgebieten, sofern dabei Verkäufe in die Gebiete anderer Vertriebspartner ausgeschlossen werden (KG Art. 5 Ziff. 4).

In einer Bekanntmachung über die wettbewerbsrechtliche Behandlung vertikaler Abreden vom 18. Februar 2002 hat die Wettbewerbskommission festgehalten, dass Konkurrenzverbote, die für eine Dauer von mehr als fünf Jahren oder für mehr als ein Jahr nach Beendigung der vertikalen Vertriebsabrede geschlossen werden, ihres Erachtens zu einer erheblichen Beeinträchtigung des Wettbewerbs im Sinne von KG Art. 5 Ziff. 1 führen (Bekanntmachung Ziff. 3 lit. f).

In derselben Bekanntmachung vertritt die Wettbewerbskommission die Ansicht, dass vertikale Wettbewerbsabreden nicht als erhebliche Beeinträchtigung des Marktes erachtet werden können, wenn die Marktanteile aller beteiligten Unternehmen auf keinem der relevanten Märkte eine Schwelle von zehn Prozent überschreiten (Bekanntmachung Ziff. 4).

Obwohl die Bekanntmachung weder das Bundesgericht noch die Rekurskommission für Wettbewerbsfragen bindet, ist zu hoffen, dass mindestens die letztgenannte Bagatellbestimmung auch von diesen Instanzen auf alle Abreden, auch horizontaler Art, angewendet werden wird.

Wettbewerbsabreden sind auf Grund ihrer wirtschaftlichen Effizienz gerechtfertigt, wenn sie notwendig sind, um Produkte oder Produktionsverfahren zu verbessern (patentierte Erfindungen, Know How) oder die Verbreitung von beruflichem oder technischem Wissen zu fördern (und den beteiligten Unternehmen nicht erlauben, wirksamen Wettbewerb zu beseitigen (KG Art. 5, Ziff. 2. lit. a und b). Nach KG Art. 6 Ziff. 1 lit. c – e können unter anderem Abreden aus Gründen der wirtschaftlichen Effizienz als gerechtfertigt gelten, die den Bezug oder Absatz bestimmter Waren oder Leistungen betreffen sowie ausschliessliche Lizenzen über Immaterialgüterrechte; ebenfalls Abreden, die zum Zwecke der Verbesserung der Wettbewerbsfähigkeit von kleinen und mittleren Unternehmen dienen, und die nur eine beschränkte Marktwirkung aufweisen.

3.3.2. Die Lizenzvertragsklauseln

Im Lichte obiger Ausführungen wird klar, dass Lizenzverträge einerseits zwar unter die Ausnahmebestimmung von KG Art. 3 Ziff. 2 zu Gunsten der sich ausschliesslich aus der Immaterialgüterrechtsgesetzgebung ergebenden Beschränkungen fallen können, andererseits aber ebenso klar Wettbewerbsbeschränkungen zwischen tatsächlichen oder potentiellen Konkurrenten beinhalten können. Wir werden nachstehend versuchen, einige der in den meisten Lizenzverträgen vor-

kommenden Klauseln im Lichte ihrer Zulässigkeit nach Schweizer Kartellrecht zu betrachten:
- Exklusivlizenzen sind gestattet
- Bagatellvereinbarungen im Sinne der Auffassung der Kartellkommission sollten nicht unter die Beschränkungen des KG fallen
- Ein Lizenzgeber kann eine auf Produktion oder nur auf Verkauf beschränkte Lizenz vergeben – diese Rechte werden von allen IGR Gesetzen ausdrücklich vorgesehen; bei Urheberrechtslizenzen kann der Lizenzgeber noch vieles mehr verbieten, da das Gesetz ihm viele Prerogativen garantiert (Recht auf Abänderung des Werkes, auf Übersetzung, auf Reproduktion etc., s. oben § 40, Ziff. 2.1. und 2.2.). Gemäss der Zweckübertragungstheorie erhält der Begünstigte ohnehin nur jene Rechte, die im Lizenzvertrag ausdrücklich genannt werden (s. oben, § 48, Ziff. 6).
- Der Inhaber des IG Rechts kann sich weigern, eine Lizenz zu vergeben (ausser in jenen Fällen, wo Zwangslizenzen vorgesehen sind (s. oben, § 50, Ziff. 9). Hat er aber schon eine nicht exklusive Lizenz vergeben, könnte man sich fragen, ob ein Dritter nicht eine weitere Lizenz fordern könnte, weil eine Weigerung im Lichte von KG Art. 5 Ziff. 2 als Mittel zur Beseitigung eines wirksamen Wettbewerbs integriert werden könnte
- Die Verpflichtung für den Lizenznehmer, die Lizenz auszuüben, fördert den Wettbewerb und ist daher zulässig
- Die Verpflichtung des Lizenznehmers, Dritten keine Benutzung des lizenzierten Immaterialgutes zu erlauben (Verbot der direkten oder indirekten Unterlizenzierung) kann direkt aus den Vorrechten des IGR Inhabers abgeleitet werden; die Wettbewerbsbeschrän-kung kann dadurch vermieden werden, dass der Dritte an den IGR Inhaber verwiesen wird zwecks Einholung einer direkten Lizenz.
- Eine Ausdehnung der Verpflichtungen des Lizenznehmers über die Dauer der Schutzrechte hinaus ist wohl im Lichte des KG fragwürdig, resp. auszuschliessen; wenn die Lizenz jedoch auch geheimes Wissen umfasst, so sollte die Bindung aus Gründen der wirtschaftlichen Effizienz so lange aufrechterhalten werden dürfen, als das der Lizenznehmer auf Grund des geheimen Charakters der Kenntnisse einen technischen und oder wirtschaftlichen Vorteil geniesst.
- Die Verpflichtung des Lizenznehmers nach Ablauf der Lizenz alles ihm überlassenen Material (Spezialmaschinen; Werbe- und Ausstellungseinrichtungen bei Verkaufslizenzen) zurück zu geben, kann ihm eventuell die Fortsetzung seiner Tätigkeit erschweren und dadurch wettbewerbshindernd wirken. Muss der Lizenzgeber dem Lizenznehmer die Möglichkeit gewähren, in solchen Fällen diese Objekte käuflich erwerben zu können?
- Konkurrenzverbote sind in den IGR Gesetzen nirgends erwähnt, ergeben sich daher nicht aus diesen und können in gewissen Fällen den Markt für gewisse Produkte erheblich beeinträchtigen (KG Art. 5 Ziff. 1). Normalerweise wird jedoch ein Lizenzgeber vom (exklusiv gebundenen) Lizenznehmer verlangen dürfen, dass dieser nur sein Produkt herstellt und vertreibt, und nicht auch ein

Konkurrenzprodukt. Dies ergibt sich schon aus der Treuepflicht des Lizenznehmers.
- Das Verbot, die lizenzierten Schutzrechte anzugreifen, kann zu einer erheblichen Beschränkung des Wettbewerbs führen, wenn dadurch vermieden wird, dass ein Immaterialgut (Erfindung, Kennzeichen, Design) der Allgemeinheit frei zur Verfügung gestellt wird. Ob damit allerdings die wirtschaftliche Effizienz gefördert wird, ist wohl sehr oft fraglich. Wenn der Lizenznehmer das Schutzrecht nur auf Grund der ihm vom Lizenznehmer überlassenen vertraulichen Kenntnisse angreifen kann, so verletzt er, wenn er es tut, auch seine Treue- und Geheimhaltungspflicht. Viele Lizenzverträge sehen vor, dass im Falle eines Angriffs durch den Lizenznehmer der Geber den Vertrag künden darf (da das Vertrauensverhältnis fundamental gestört ist) – dies entspricht auch der europäischen Regelung (VO 772/2004, Art. 5 Ziff. 1 lit. c, s. unten, § 55). In der Vergangenheit haben die Schweizer Gericht Nichtangriffsklauseln zugelassen (BGE 95 II 271).
- Die Verpflichtung zum Austausch von Erfahrungen und Verbesserungen dient eher der Förderung des Wettbewerbs, solange sie gegenseitig ist. Die in vielen Lizenzverträgen anzutreffenden Klausel, dass alle Verbesserungen der Lizenznehmer automatisch auf den Lizenzgeber übergehen, ist nach modernem KG wohl nicht mehr zulässig (wie dies auch in der EG der Fall ist, s. unten, § 55)
- Die Verpflichtung, gewisse Maschinen, Messgeräte, Rohmaterialien oder Zwischenprodukte zu verwenden (die z.B. vom Lizenzgeber bezogen werden müssen, weil er der einzige Hersteller einer bestimmten Spezies ist) oder die Verpflichtung, das lizenzierte Produkt nur in Kombination mit einem bestimmten anderen Produkt anzubieten, können aus Gründen der technischen Effizienz gerechtfertigt sein (KG Art. 5 Ziff. 2 lit. a)
- Die Verpflichtung, die hergestellten Produkte nur für den eigenen Verbrauch des Lizenznehmers zu verwenden und sie nur als Bestandteil eigener Produkte in Verkehr zu setzen, dürfte angesichts von KG Art. 5 Ziff. 3 wohl als Beseitigung wirksamen Wettbewerbs gelten – nach europäischem Recht sind solche Beschränkungen unter gewissen Voraussetzungen zulässig (s. unten, § 55). Man kann allerdings argumentieren, bei solchen Lizenzen handle es sich um Produktionslizenzen, ohne Verkaufsrecht – dann fliesst die Beschränkung ausschliesslich aus dem IRG.
- Beschränkungen des Lizenznehmers, die kaufmännischere Natur sind, werden, wie wir gesehen haben, zum grössten Teil als erhebliche Beschränkungen des Wettbewerbs angesehen. Darunter fallen vor allem:
  - Preisfestlegungen
  - Direkte oder indirekte Beschränkungen des geografischen Absatzgebietes oder des Kundenkreises
  - bei selektiven Vertriebssystemen, Beschränkungen des Verkaufs an Endverbraucher oder der Querlieferungen zwischen zugelassenen Händlern
  - Hinderung eines Produzenten oder Händlers, Bestand- bzw. Ersatzteile an andere als an die an der Abrede beteiligten Händler zu liefern

16. Kapitel: Kartellrechtliche Beschränkungen betr. Verfügungen über Immaterialgüter

- Die Verpflichtung des Lizenzgebers, alle Lizenznehmer gleich günstig zu behandeln (Meistbegünstigungsklausel), dient eher der Förderung des Wettbewerbs, und ist daher zulässig.
- Die Pflicht zur Bezahlung der Lizenzgebühr vermindert zwar die Rentabilität des Lizenznehmers und damit seine Wettbewerbsfähigkeit, ist aber allgemein zugelassen.

Die obgenannte Aufzählung von Lizenzklauseln ist bei weitem nicht erschöpfend und eher als Denkanstoss für die Integration anderer Klauseln gedacht.

§ 55 Europäische Gemeinschaft – Bedeutung des Vertrages von Rom für die Verwertung von Immaterialgütern

Die in der Schweiz niedergelassenen Industriellen und Handeltreibenden sind praktisch im europäischen Markt integriert, ganz unabhängig von einem allfälligen Beitritt der Schweiz zu EU. Welches schweizerische Unternehmen, sogar von bescheidener Grösse, hat nicht ständig grenzüberschreitende Kontakte mit einem in einem EU-Land ansässigen Lieferanten, Klienten oder Konkurrenten und muss sich dabei den europäischen Vorschriften anpassen?

In unserem «Manuel du droit suisse des biens immatériels» haben wir einige Regeln des europäischen Rechtes für internationale Verfügungen über Immaterialgüter kurz dargestellt (§ 54 und 55).

Im vorliegenden Kurzlehrbuch können wir aus Platzgründen lediglich auf diese Fragen hinweisen.

Die europäischen Grundsätze zur Wahrung des freien Austausches von Gütern und Dienstleistungen im europäischen Markt und damit auch für die Verwertung von Immaterialgütern, sind im Römerabkommen, insbesondere in Art. 28 und 81 (früher Art. 30 und 85) enthalten.

Art. 28 des Römerabkommens verbietet den Mitgliedstaaten alle Massnahmen, welche einer mengenmässigen Einfuhrbeschränkung zwischen den Mitgliedstaaten gleichkommen.

Art. 81 Abs. 1 verbietet in einer sehr weiten Formulierung alle Vereinbarungen und aufeinander abgestimmten Verhaltensweisen, welche geeignet sind, den Handel zwischen Mitgliedstaaten oder den freien Wettbewerb innerhalb des gemeinsamen Marktes zu beeinträchtigen.

Art. 81 Abs. 2 sieht Nichtigkeit der gegen Abs. 1 verstossenden Vereinbarungen vor.

Art. 81 Abs. 3 erlaubt gewisse Beschränkungsklauseln in Vereinbarungen zwischen Unternehmen, sofern solche Klauseln zur Verbesserung der Warenerzeugung oder -verteilung oder zur Förderung des technischen oder wirtschaftlichen

Fortschrittes beitragen, und wenn solche Beschränkungen für die Verwirklichung dieses Zieles unerlässlich sind und den Wettbewerb nicht in wesentlichen Teilen ausschalten.

Die Kommission der Europäischen Gemeinschaft hat schon seit den 1980er Jahren begonnen, für gewisse Kategorien von Verträgen, die zwar wettbewerbsbehindernde Bestimmungen enthalten, deren positive Auswirkungen jedoch die Beschränkung des freien Wettbewerbs rechtfertigen, sogenannte Gruppenfreistellungsverordnungen zu erlassen; dies vor allem mit Bezug auf Verträge über Immaterialgüter (Lizenzverträge, Franchise-Vereinbarungen usw.). Am Anfang dieses neuen Jahrtausends ist die Kommission im Begriff, ihre Strategie zu überdenken und die Freistellungsverordnungen durch neue Instrumente zu ersetzen.

In diesem Zusammenhang verweisen wir auf die folgenden Verordnungen und Bekanntmachungen der Kommission:
i) Modernisierung der Vorschriften zur Durchsetzung der EG Wettbewerbsregeln (Verordnung [EG] Nr. 1/2003, abgeändert durch Verordnung Nr. 411/2004 und Verordnung Nr. 773/2004 der Kommission vom 7. April 2004 über die Durchführung von Verfahren auf der Grundlage der Artikel 81 und 82 EG-Vertrag durch die Kommission; s. ebenfalls
ii) Bekanntmachung der Kommission vom 27. 4. 2004 – Leitlinien zur Anwendung von Artikel 81 Absatz 3 EG-Vertrag (2004/C/101/08).

Gemäss Ziff 34 dieser Bekanntmachung:
«Gilt die Ausnahmeregelung von Artikel 81 Absatz 3 nur, wenn zwei positive und zwei negative Voraussetzungen kumulativ erfüllt sind:
a) Die Vereinbarung muss zur Verbesserung der Warenerzeugung oder -Verteilung oder zur Förderung des technischen oder wirtschaftlichen Fortschritts beitragen;
b) die Verbraucher müssen eine angemessene Beteiligung an dem entstehenden Gewinn erhalten;
c) die Beschränkungen müssen für die Verwirklichung dieser Ziele unerlässlich sein, und schliesslich
d) darf die Vereinbarung den Parteien nicht die Möglichkeit eröffnen, für einen wesentlichen Teil der betreffenden Waren den Wettbewerb auszuschalten.
Sind diese vier Voraussetzungen erfüllt, stärkt die Vereinbarung den Wettbewerb auf dem relevanten Markt, weil es die beteiligten Unternehmen veranlasst, den Verbrauchern billigere oder bessere Produkte anzubieten und damit zugunsten des Verbrauchers die nachteiligen Auswirkungen der Wettbewerbsbeschränkung auszugleichen.»

Unter dem gleichen Datum hat die Kommission die Verordnung Nr. 772/2004 der Kommission vom 27. April 2004 über die Anwendung von Art. 81 Abs. 3 EG Vertrag auf Gruppen von Technologievereinbarungen, in Kraft bis 2014, erlassen.

Diese Verordnung ersetzt die früheren Gruppenfreistellungsverordnungen, insbesondere die Verordnung (EG) Nr. 240/96. Sie enthält detaillierte Vorschriften über die in Technologietransferverträgen zulässigen Beschränkungsklauseln, wobei unterschiedliche Bestimmungen einerseits gelten für Lizenzverträge, die zwischen nicht konkurrierenden Unternehmen geschlossen werden und andererseits Lizenzverträgen, die zwischen Konkurrenzunternehmen geschlossen werden, d.h. Unternehmen, die auf einem relevanten Technologiemarkt und/oder einem relevanten Produktemarkt miteinander im Wettbewerb stehen.

Im Falle konkurrierender Unternehmen gilt die Freistellung nur, wenn der gemeinsame Marktanteil der Parteien höchstens 20%beträgt; bei nicht-konkurrierenden Unternehmen, wenn der Marktanteil jeder Partei 30% nicht überschreitet (VO 772/2004 Einleitung Ziff. 10 und 11 und Art. 3). Als konkurrierende Unternehmen gelten solche, die Lizenzen für konkurrierende Technologien vergeben (dazu gehören auch Technologien, die von den Lizenznehmern auf Grund ihrer Eigenschaften oder ihres Verwendungszweckes oder der Lizenzgebühren als substituierbar angesehen werden (VO 772/2004 Art. 1 Ziff. 1 lit. j [i]). Konkurrierende Unternehmen sind auch solche, die vor der Lizenzvergabe auf den relevanten Markt tätig sind, ohne die IG Rechte des Lizenzgebers zu verletzen oder von denen realistisch angenommen werden kann, dass sie bereit wären, die zusätzlichen Kosten auf sich zu nehmen, «die nötig sind, um auf eine geringfügige dauerhafte Erhöhung der relativen Preise hin ohne die Verletzung fremder Rechte am geistigen Eigentum in vertretbarer Zeit in die sachlich und räumlich relevanten Märkte eintreten zu können» (VO 772/2004 Art. 1 Ziff. 1 lit. j [ii]). Der relevante Produktmarkt umfasst Produkte, die vom Käufer auf Grund ihrer Eigenschaften, ihrer Preise und ihres Verwendungszwecks als austauschbar oder substiturierbar angesehen werden.

Verträge zwischen Unternehmen mit grösseren Marktanteilen müssen von Fall zu Fall freigestellt werden, nach Massgabe von EG-Vertrag Art. 81 Abs. 3.

Preisbeschränkungen sind nicht zulässig, Preisempfehlungen und Höchstpreise nur unter nicht konkurrierenden Unternehmen (VO 723/2004 Art. 4 Ziff. 1 lit. a, Ziff. 2 lit. a).

Für die Zuweisung von Märkten oder Kunden gelten sehr detaillierte Bestimmungen (VO 722/2004, Art. 4 Ziff. 1 lit. c, Ziff. 2 lit. b).

Outputbeschränkungen sind unter konkurrierenden Unternehmen mit gewissen Ausnahmen verboten (VO 722/2004 Art. 4 Ziff. 1 lit. b), wobei interessanterweise der Begriff «Output» nicht definiert ist. Mit Bezug auf nicht konkurrierende Unternehmen werden Beschränkungen des aktiven oder passiven Verkaufs an Endverbraucher verboten, soweit diees Einzelhändler eines selektiven Vertriebssystems betrifft (VO 772/2004, Art. 4 Ziff. 2 lit. c).

Verboten ist es, den Lizenznehmer zu zwingen, an eigenen abtrennbaren (d.h. unabhängigen) Entwicklungen den Lizenzgeber oder Dritten eine Exklusivlizenz zu gewähren oder die Rechte an solchen Entwicklungen auf ihn zu übertragen (VO 772/2004, Art. 5 lit. a und b).

Ebenso unerlaubt sind Nichtangriffsverpflichtungen, allerdings kann in einem solchen Fall der Lizenzgeber den Vertrag beenden (VO 772/2004, Art. 5 lit. c).

Bei Lizenzverträgen unter nicht konkurrierenden Unternehmen darf dem Lizenznehmer nicht verboten werden, seine eigene Technologie zu verwenden; will er dies jedoch zu Forschungszwecken für Entwicklungsarbeiten tun, so kann der Lizenzgeber ihm untersagen, lizenzierten Know How zu verwenden, wenn dadurch dessen Geheimhaltung unmöglich würde (VO 772/2004, Art. 5 Ziff. 2).

Diese kurze und unvollständige Übersicht muss hier genügen; schweizerische Lizenzgeber und -nehmer, die einen Lizenzvertrag mit Parteien aus der EG oder auch nur mit Wirkung in der EG schliessen wollen, tun gut daran, sich von einem Sachkundigen beraten zu lassen.

Sechster Teil
Rechtswidrige Handlungen im Immaterialgüterrecht

17. Kapitel
Verletzungen gesetzlich geschützter Ausschliesslichkeitsrechte

In den meisten Fällen werden die Verletzungen von Immaterialgüterrechten sowohl mit zivil- wie auch mit strafrechtlichen Sanktionen bedroht – wir werden diese im 19. Kapitel behandeln (§ 63 und § 64). Vorliegend werden wir uns nur mit den Verletzungshandlungen als solchen beschäftigen.

§ 56 Patentrechtsverletzungen

Die Verletzungsarten werden in PatG Art. 66 aufgezählt.

Der Artikel erwähnt als erstes die rechtswidrige Benützung patentierter Erfindungen.

Des weiteren wird zur Verantwortung gezogen, wer sich weigert, der zuständigen Behörde die Herkunft der in seinem Besitz befindlichen, widerrechtlich hergestellten Erzeugnisse anzugeben.

Schliesslich wird das Entfernen des an Erzeugnissen oder ihrer Verpackung angebrachten Patentzeichens untersagt.

Gemäss PatG Art. 66 handelt auch jener widerrechtlich, der zu solchen Handlungen anstiftet, an ihnen mitwirkt oder ihre Begehung begünstigt oder erleichtert.

Als weitere unerlaubte Handlung gilt gemäss PatG Art. 82 die Patentberühmung, d.h. die falsche Vorspiegelung eines Patentschutzes.

1. Rechtswidrige Benützung der Erfindung

Bei der Besprechung der Ausschliesslichkeitsrechte, welche das Patent dem Inhaber verleiht, haben wir jene Handlungen aufgezählt, welche eine Benützung des Patentes im Sinne des PatG darstellen (s. oben, § 38, Ziff. 2. und 3.). Es sind dies der Gebrauch und die Verwertung der Erfindung zu gewerblichen Zwecken, ihr Feilhalten, der Verkauf und das Inverkehrbringen des durch die Ausführung und/oder Anwendung der patentierten technischen Regel hergestellten Erzeugnisse.

Wir haben festgestellt, dass der Patentinhaber gewisse gesetzliche und gewohnheitsrechtliche Beschränkungen seines ausschliesslichen Benützungsrechtes dulden muss, vor allem den Gebrauch zu privaten Zwecken (s. oben, § 38, Ziff. 3).

Abgesehen von diesen Ausnahmen stellt jede nicht bewilligte Benützung der patentierten Erfindung eine Verletzung der Rechte des Patentinhabers dar und fällt unter PatG Art. 66 lit. a (BGE 129 III 25; BGE vom 18. April 2001, sic! 2001, 822).

Lehre und Rechtsprechung unterscheiden zwei Arten von Benutzungen, welche sich durch die Intensität der Übernahme der patentierten Lehre unterscheiden, nämlich die Nachmachung und die Nachahmung.

Eine Nachmachung ist die vollumfängliche Benützung der patentierten Erfindung gemäss ihrer Definition in den Patentansprüchen, d.h. die vollständige Übernahme aller in den unabhängigen Patentansprüchen erwähnten technischen Massnahmen.

Eine Nachahmung liegt vor, wenn die erfinderische Regel nicht vollständig übernommen wird, sondern nur ihre entscheidenden Merkmale verwendet werden (s. BGE vom 8. Oktober 2004, sic! 2005, 208) und das nachgeahmte Erzeugnis vorwiegend und im Wesentlichen den Einfluss der patentierten Erfindung erkennen lässt (BGE 115 II 490), den wesentlichen Gehalt des Erfindungsgedankens in abgewandelter Form (BGE 125 III 32) oder unter Verwendung äquivalenter Mittel (BGE vom 11. April 2002, sic! 2002, 689), übernimmt.

Der Schutzumfang des Patentes bestimmt, ob eine rechtswidrige Benützung der Erfindung vorliegt (PatG Art. 51 Abs. 2).

Trotz der einschränkenden Formulierung des Gesetzes hat das Bundesgericht in ständiger Rechtsprechung bestätigt, dass der Umfang des Schutzes über die Definition des Patentes in den Patentansprüchen hinausgeht (BGE vom 17. August 2001, sic! 2001, 749). Er umfasst zusätzlich alle technischen Regeln, welche der Fachmann aus der im Patent definierten Lehre ableiten kann, auch wenn diese in den Ansprüchen nicht erwähnt sind (BGE vom 9. Juli 1998, sic! 1999, 60). Der Umfang des Schutzes entspricht der erfinderischen Idee, aber nicht so, wie sie der Erfinder im Patent beschrieben hat, sondern jener Idee, die der Fachmann erkennt, wenn er die Lehre des gesamten Patentes, einschliesslich der Beschreibung, der Zeichnungen und des allgemeinen Teiles objektiv oder normativ analysiert (BGE 122 III 83).

Zu diesem Zweck muss man prüfen, worin sich der Gegenstand des Patentes vom Vorbekannten, d.h. vom Stand der Technik unterscheidet. Die erfinderische Idee beinhaltet alle Elemente der neuen technischen Regel, welche sich für den Fachmann im Zeitpunkt der Patentanmeldung nicht in naheliegender Weise aus dem Stand der Technik ergab. Diese Elemente bilden die Wesensmerkmale der Erfindung. Werden diese wesentlichen Elemente ohne Bewilligung verwendet, so wird die Erfindung rechtswidrig benutzt (BGE 125 III 29). Der Schutzbereich eines Patentes entspricht der objektiven Bereicherung der Technik durch die Erfindung – in diesem Ausmass ist der Patentinhaber geschützt (BGE vom 17. August 2001, sic! 2001, 749).

§ 56 Patentsverletzungen

Ist ein Verfahrenpatentiert, so deckt das Patent auch die unmittelbar mit Hilfe des Verfahrens hergestellten Produkte, sogar wenn diese Produkte als solche nicht patentierbar wären (BGE 121 III 125).

Auch die teilweise Benutzung der erfinderischen Idee kann untersagt sein, und zwar dann, wenn der benutzte Teil der Erfindung als solcher eine technische Regel darstellt, welche es dem Fachmann ohne weiteres ermöglicht, vom Gegenstand des nachgeahmten Patentes abweichende Ergebnisse oder Lösungen zu finden; ebenfalls untersagt ist die Benutzung einer patentierten Regel in Verbindung mit anderen (geschützten oder nicht geschützten) Elementen (BGE 124 III 375).

Da die Ansicht des Fachmannes massgebend ist, ist es in der Regel unerlässlich, technische Fragen unter Beizug von Fachpersonal zu beantworten; dies ist vor allem dann der Fall, wenn das Gericht nicht selber fachkundig besetzt ist (BGE 125 III 32).

Wie wir bei der Definition der abhängigen Erfindung erwähnt haben (s. oben, § 11, Ziff. 6.6.3), besitzt diese alle Eigenschaften der Erfindung. Sie kann zwar eine unabhängige technische Regel darstellen, aber nicht ohne die Verwendung einer früher patentierten Erfindung ausgeführt werden. Sie ist von dieser abhängig. Demzufolge führt jede praktische Anwendung der abhängigen Erfindung notgedrungen zur Nachahmung oder Nachmachung des älteren Patentes.

Es wird oft vergessen, dass Dritte nicht ohne weiteres zur Reparatur patentierter Objekte berechtigt sind. Die Reparatur ist dann eine Nachahmung oder Nachmachung, wenn das patentierte Objekt so stark beschädigt ist, dass es an und für sich von Grund auf wieder neu hergestellt werden muss, oder wenn eine Reparatur dazu dient, die normale Lebensdauer eines Objektes in wirtschaftlich bedeutendem Umfang zu verlängern – d.h. wenn damit die Beschaffung eines neuen gleiches Objektes vermieden werden kann (ein Privater darf eine solche Reparatur durchführen oder durchführen lassen, um die praktische Lebensdauer eines von ihm persönlich oder in seinem Hanshall benützten Gegenstandes zu verlängern).

Aufgrund des Territorialitätsprinzips handelt es sich nur dann um eine Verletzung des PatG, wenn die Benutzungshanglung in der Schweiz stattfindet oder sich in der Schweiz auswirkt. Es kommt darauf an, ob der Erfolgsort, d.h. *«der Ort, wo das Patent widerrechtlich tangiert wurde»*, in der Schweiz liegt (BGE 129 III 588). Liegt dieser Ort ausserhalb der Schweiz, d.h. wurden die wesentlichen Merkmale der patentierten Erfindung in der Schweiz weder zur Herstellung benutzt noch angeboten oder sonstwie auf den Markt gebracht, so unterliegen Teilhandlungen, die in der Schweiz begangen wurden, nicht dem schweizerischen Recht (BGE 129 III 25; BGE 122 III 81; s. auch vorne, § 38, Ziff. 2.2.) (zur Teilnahme an der Patentverletzung s. unten, Ziff. 3). Im Ausland verübte Handlungen können in der Schweiz nur Wirkungen entfalten, wenn sie der adäquate Grund für eine widerrechtliche Benutzung in der Schweiz sind. In Anwendung dieser vom Bundesgericht entwickelten Theorie können Handlungen von Miturhebern oder Anstiftern, welche vom Ausland aus eine Nachahmung in der Schweiz begünstigt oder ermöglicht haben, zu einem auf Art. 66 lit. d PatG gestützten Verfahren führen (BGE vom 18. April 2001, sic! 2001, 822; BGE vom 11. April 2002, sic! 2002, 689; sic! 2001, 823; BGE vom 17. August 2001, sic! 2001, 749).

2. Weitere rechtswidrige Handlungen

Gemäss PatG Art. 66 lit. b kann zur Verantwortung gezogen werden, «wer sich weigert, der zuständigen Behörde die Herkunft der in seinem Besitz befindlichen widerrechtlich hergestellten Erzeugnisse anzugeben».

Gemäss PatG Art. 66 lit. c gilt dies auch für die ohne Ermächtigung des Patentinhabers vorgenommene Entfernung des an Erzeugnissen oder ihrer Verpackung angebrachten Patentzeichens.

PatG Art. 82 sieht strafrechtliche Sanktionen gegen denjenigen vor, der seine Geschäftspapiere, Anzeigen jeder Art, Erzeugnisse oder Waren vorsätzlich mit einer Bezeichnung feilhält oder in Verkehr setzt, welche geeignet ist, zu Unrecht den Glauben zu erwecken, es bestehe dafür ein Patentschutz (BGE 70 IV 33). Zivilrechtlich bedeutet die unbegründete Berufung auf einen Patentschutz eine irreführende Angabe über Waren oder Geschäfte und fällt somit unter UWG Art. 3 lit. b (BGE 108 II 225, BGE vom 21. August 1996, GRUR Int. 1999, 187).

Die ungerechtfertigte Verwendung der Angabe «Patent angemeldet» fällt nicht unter PatG Art. 82. Die Bezeichnung erweckt nicht den Eindruck eines erteilten Patentschutzes, sondern gibt nur an, es sei um einen solchen Schutz ersucht worden. Gegen ein solches Vorgehen kann jedoch auf Grund des UWG vorgegangen werden (BGE 82 IV 204).

3. Mitwirkung an Patentverletzungen

Patentverletzungen können auch indirekt begangen werden, durch Anstiftung zur, Mitwirkung an und Begünstigung oder Erleichterung der Verletzung (PatG Art. 66 lit. d).

Nach schweizerischem Recht ist die Patentverletzung durch Teilnahme, die mittelbare Verletzung, von einer unmittelbaren Verletzung, der Haupttat, abhängig; die Teilnahme ist akzessorisch (BGE 129 III 588).

Wird daher die Patentverletzung im Ausland begangen, stellt die in oder aus der Schweiz erfolgte Teilnahmehandlung (z.B. die Anstiftung, oder die Lieferung eines speziellen die Verletzung ermöglichenden Instrumentes), keine Verletzung des schweizerischen Patentes (BGE 129 III 588).

Das Anbieten oder Inverkehrbringen von nicht allgemein im Handel erhältlicher Waren oder Vorrichtungen ist nur dann patentverletzend, wenn einerseits – wie sich aus der Akzessorietät ergibt – der Abnehmer die Vorrichtung patentverletzend einsetzt oder einzusetzen beabsichtigt; anderseits macht der Anbieter oder Lieferer sich zivilrechtlich nur verantwortlich, wenn er weiss oder wissen muss, dass die von ihm angebotenen oder gelieferten Mittel geeignet und vom Empfänger des Angebots oder der Lieferung dazu bestimmt sind, für die Benützung der geschützten Erfindung verwendet zu werden.

Da PatG Art. 66 lit. d die Erleichterung einer Patentverletzung bestraft, muss der Patentinhaber auch gegen den Lieferanten eines ungeschützten Erzeugnisses vorgehen können, dessen Erfolg darauf beruht, dass Letzteres die Herstellung eines patentverletzenden Verfahrens ermöglicht. Dabei beschränkt sich eine allfällige Mitwirkung an der schliesslich in der Schweiz eingetretenen Patentverletzung nicht auf die reine Förderung der Einfuhr, sondern ist bereits dann anzunehmen, wenn die Herstellerin im Ausland für ihre Produkte einem Dritten vertraglich das Recht einräumt, diese Produkte (auch) in der Schweiz zu vertreiben, denn Handlungen, aufgrund derer der Erfolg bloss droht, werden jenen gleichgestellt, die den Erfolg bereits haben eintreten lassen, wenn ernsthaft zu befürchten ist, dass am beanspruchten Schutzort eine Patentverletzung eintreten wird (BGE 129 III 25).

Als Mittäter wird u.a. auch der Leiter einer Filiale betrachtet, welcher Prospekte in Umlauf setzt, in denen zu Unrecht das Bestehen eines Patentes erwähnt wird, auch wenn die Prospekte vom Hauptsitz gedruckt und an die Filialen verteilt wurden (BGE 70 IV 33).

§ 56a Verletzung von Sortenschutz

1. Verletzung des Sortenschutzes

Wie wir oben dargelegt haben (§ 38a), hat der an einem Sortenschutz Berechtigte das ausschliessliche Recht, Vermehrungsmaterial der geschützten Sorte zum gewerbsmässigen Vertrieb zu erzeugen, anzubieten oder gewerbsmässig zu vertreiben (SortG Art. 12 Ziff. 1).

Wie MSchG, URG und DesG zählt auch das SortG die zivilrechtlichen Verletzungshandlungen nicht auf, sondern beschränkt sich darauf, in Art. 37ff verschiedene Rechtsmittel zu nennen, die jenem zur Verfügung stehen, der in seinem Recht aus dem Sortenschutz oder an der Sortenbezeichnung bedroht oder verletzt ist.

Im Gegensatz zu den Immaterialgüterrechten im eigentlichen Sinn, d.h. allen anderen in diesem Werk behandelten Exklusivrechten, gewährt der Sortenschutz dem Rechtsinhaber keinen ausdrücklichen Schutz gegen Nachahmung von Exemplaren einer geschützten Sorte. Der Berechtigte kann Dritten nur verbieten, Material, das zur Vermehrung einer geschützten Sorte dienen soll, zu erzeugen oder anzubieten, und dies auch nur in dem Umfang, als der Dritte solches Tun zum Zwecke des gewerbsmässigen Vertriebs unternimmt. Der gewerbsmässige Vertrieb solchen Materials ist logischerweise auch verboten (SortG Art. 12 Ziff. 1).

Das Verbot deckt sowohl generatives Vermehrungsmaterial wie Samen und Früchte, als auch vegetatives Material wie Pflanzen oder Pflanzenteile wie Stecklinge, Knollen, Zwiebeln, usw. (SortG Art. 12 Ziff. 2). Indem die Pflanzen der geschützten Sorte auch zum Vermehrungsmaterial gezählt werden, beinhaltet das Verbotsrecht auch, wie bei den anderen Immaterialgütern, das Nachahmungsverbot.

Dieses Verbot wird noch dadurch verstärkt, dass auch die gewerbsmässige Erzeugung von Zierpflanzen oder Schnittblumen durch vegetative Vermehrung und unter Verwendung von Pflanzen und Pflanzenteilen, die normalerweise nicht zu Vermehrungszwecken vertrieben werden, als Verletzung gilt (SortG Art. 13 Ziff. 1).

Keine Verletzung stellt hingegen die Verwendung von Vermehrungsmaterial zur Züchtung oder für den Vertrieb einer neuen Sorte dar, soweit diese mittels ihrer eigenen Sprösslinge, Samen, usw. vermehrt werden kann (SortG Art. 12 Ziff. 2).

Nachdem das Gesetz das Klagerecht schon gegen die Drohung einer Verletzung gewährt (SortG Art. 37), ist anzunehmen, dass Vorbereitungshandlungen wie die Einfuhr oder das Einlagern von Vermehrungsmaterial einer geschützten Sorte zum Zwecke des gewerbsmässigen Vertriebs als Verletzung anzusehen sind.

2. Verletzung der Sortenbezeichnung

Wie wir gesehen haben, besteht eine Verpflichtung zum Gebrauch einer Sortenbezeichnung (s. oben, § 13, Ziff. 3.3.).

Das SortG stellt in seine strafrechtlichen Bestimmungen einen Katalog von Verletzungshandlungen auf, die sinngemäss auch als zivilrechtliche Bedrohungs- oder Verletzungshandlungen angesehen werden können (SortG Art. 49). Es handelt sich dabei um:
– Angaben auf Geschäftspapieren, in der Werbung oder auf andere Art, die den unzutreffenden Anschein eines Schutzes erwecken
– Unterlassung der Verwendung der Sortenbezeichnung im gewerbsmässigen Vertrieb
– Verwendung der Bezeichnung einer geschützten Sorte für eine andere Sorte (eine Art von Warenfälschung).

Versuch und Gehilfenschaft zu solchem Tun werden mit strafrechtlichen Sanktionen bedroht (SortG Art. 49 Ziff. 2). Ob diese auch als zivilrechtliche Verletzung gelten können, sagt das Gesetz nicht.

§ 57 Verletzung von Kennzeichenrechten (Markenrechten, Herkunftsangaben, Firmen und Handelsnamen)

1. Markenrechtsverletzung

Gemäss MSchG kann der Markeninhaber jeden unberechtigten Gebrauch der Marke verbieten. Der unberechtigte Gebrauch stellt eine Verletzung seiner Rechte dar. Den Begriff des Gebrauchs haben wir schon erläutert (s. oben, § 15, Ziff. 3). Der Umfang der Rechte des Inhabers wurde bei deren Darstellung besprochen (vgl. oben, § 39 Ziff. 2.).

Die Markenrechtsverletzung per se ist der unberechtigte Gebrauch eines mit dem geschützten Zeichen identischen (gleichen) Zeichens für gleiche Erzeugnisse oder Dienstleistungen (qualifizierte Fälschung). Eine weitere Markenverletzung bildet der Gebrauch eines gleichen Zeichens für gleichartige Erzeugnisse oder Dienstleistungen (qualifizierte Nachahmung), oder der Gebrauch eines gleichartigen Zeichens für gleiche oder gleichartige Erzeugnisse oder Dienstleistungen (einfache Nachahmung), falls dadurch eine Verwechslungsgefahr herbeigeführt wird (MSchG Art. 13 Abs. 2, Art. 3 Abs. 1 lit. b und c; BGE vom 30. Januar 2002, sic! 2002, 434) (zur Gleichheit, Gleichartigkeit und Verwechslungsgefahr s. oben, § 16).

Um Nachahmung handelt es sich auch dann, wenn der Gebrauch einer gleichen oder gleichartigen Marke geeignet ist, zufolge einer blossen Gedankenassoziation in der Meinung des Publikums eine in Wirklichkeit nicht bestehende Verbindung herzustellen, es zur Vermutung falscher Zusammenhänge zu verleiten (BGE vom 30. Januar 2002, sic! 2002, 434). Dabei genügt die indirekte Verwechslung, d.h. der beim Publikum erweckte Eindruck, die mit der gleichen oder gleichartigen Marke versehenen Erzeugnisse stammten von wirtschaftlich eng miteinander verbundenen Unternehmen (BGE 128 III 146).

Der Schutzumfang einer Marke hängt von ihrer Unterscheidungskraft ab. Schwache Zeichen, d.h. solche, die zur Hauptsache aus beschreibenden Worten des täglichen Sprachgebrauchs bestehen, haben einen kleineren Schutzumfang als starke Marken, d.h. solche, die einen hohen Fantasiegehalt aufweisen oder deren Inhaber sie mittels umfangreicher Werbung oder langjähriger Benutzung auf dem Markt bekannt gemacht hat (BGE 122 III 382).

An die Warenverschiedenheit ist ein umso strengerer Massstab anzulegen, je ähnlicher die Marken oder die betroffenen Produkte sind (BGE vom 4. April 2001, sic! 2001, 408).

Das MSchG verbietet auch ausdrücklich die Einfuhr oder Ausfuhr eines rechtswidrig mit einer Marke versehenen Erzeugnisses (BGE 115 II 387).

Nach MSchG Art. 13, lit. e kann der Markeninhaber Dritten verbieten, das Zeichen auf Geschäftspapieren, in der Werbung oder sonstwie im geschäftlichen Verkehr zu gebrauchen.

Beim Gebrauch in der Werbung ist Vorsicht geboten – man darf eine fremde Marke in seiner eigenen Werbung gebrauchen, sofern man für den eigenen Verkauf der Originalware dieser fremden Marke wirbt oder für damit zusammenhängende Service- oder Reparaturarbeiten; man darf jedoch die fremde (meistens sehr bekannte) Marke nicht als Vorspann oder Lockvogel für andere, eigene Waren oder Dienstleistungen missbrauchen (BGE vom 30. Januar 2002, sic! 2002, 434).

Das Verbot, markenrechtlich geschützte Zeichen im Geschäftsverkehr zu gebrauchen, umfasst auch den Internetauftritt (RKGE vom 13. Juli 2000, sic! 2000, 804).

Ist ein Zeichen namens-, firmen- oder markenrechtlich geschützt, kann dessen Inhaber Unberechtigten die Verwendung dieses Zeichens als Domainnamen verbieten. Denn die unbefugte Verwendung schafft eine Verwechslungsgefahr, da die entsprechende Website unabhängig von Inhalt und Gestaltung dem Falschen zugerechnet werden kann. Zudem wird der rechtmässige Inhaber des Zeichens gehindert, unter diesem eine eigene identische Website zu betreiben (BGE vom 7. November 2002, sic! 2003, 437).

Spricht ein Gericht ein Verwendungsverbot für ein Zeichen aus, ist grundsätzlich nicht nur die Verwendung des Zeichens in Alleinstellung, sondern auch in Verbindung mit anderen Wörtern oder Bildzeichen verboten. Entsprechend ist die Verwendung der Zeichen «Bud» wie auch «American Bud» untersagt (E. 2). RKGE vom 17. September 2002, sic! 2003, 431.

Wer einen Apparat oder eine billige Maschine «veredelt», indem er jenen Teil eines Apparats von hoher Qualität oder von weltweiter Bekanntheit einbaut, an dem die entsprechende Marke angebracht ist, begeht eine Markenanmassung; dies gilt auch für jenen, der die Marke vom Kleid eines berühmten Couturiers abtrennt und sie in ein Dutzendprodukt einnäht (BGE 57 II 442).

Der Grundsatz, wonach eine Marke lediglich gegen den Gebrauch im Zusammenhang mit jenen Waren und Dienstleistungen geschützt ist, für welche sie eingetragen wurde, erfährt im Falle der berühmten Marke eine Ausnahme. Die berühmte Marke ist verletzt, sobald sie durch Dritte verwendet wird, unabhängig vom Erzeugnis, auf welchem sie von diesen Dritten angebracht wurde oder von der Dienstleistung, welche sie kennzeichnen sollte, allerdings nur unter der Voraussetzung, dass der Gebrauch die Unterscheidungskraft der Marke gefährdet oder deren Ruf ausnützt oder beeinträchtigt (MSchG Art. 15, Abs. 1) (BGE vom 6. November 2001, sic! 2002, 162). Es ist fraglich, ob diese gesetzliche Einengung des Schutzes sehr sinnvoll ist, denn es ist logisch, dass jeder, der eine berühmte Marke benützt, von ihrem Ruf profitiert (BGE vom 21. Dezember 1994, SMI 1995, 273); es ist ebenso klar, dass jede weitere Verwendung einer berühmten Marke ihre Unterscheidungskraft (wenn eventuell auch nur in geringem Masse) schwächt oder mindestens gefährdet.

Auch notorisch bekannte Marken können durch die Verwendung für andere Waren oder Dienstleistungen verletzt werden (s. oben, § 14, Ziff. 3.4.3).

Mittäter an Markenverletzungen können zivil- und strafrechtlich verfolgt werden, gemäss den allgemeinen Bestimmungen des OR und StGB.

Zivilrechtlich haften Anstifter, Urheber, Gehilfe und Begünstigter solidarisch für ihre Handlungen (OR Art. 50).

Der Agent, Vertreter oder Lizenznehmer, welcher die Marke desjenigen einträgt, dessen Erzeugnisse er herstellt oder verteilt oder dessen Dienstleistungen er anbietet, ohne vom Berechtigten die Einwilligung erhalten zu haben, verstösst gegen Treu und Glauben und erwirbt das Recht nicht (s. oben, § 39, Ziff. 2). Gebraucht er die Marke nach Widerruf der Bewilligung weiterhin, bevor der Auftraggeber als Markeninhaber eingetragen ist, so begeht er unlauteren Wettbewerb.

Wie wir beim Studium des Wesens der Marke festgestellt haben (s. vorne, § 14 Ziff. 1. und 2.1.), ergibt sich aus der Funktion der Marke als Warensymbol, als Kennzeichen von Waren und Dienstleistungen, dass die blosse Darstellung des Wortes oder Zeichens, welches die Marke bildet, ohne Zusammenhang mit der Ware, zu welcher sie gehört, keinen markenmässigen Gebrauch des Zeichens darstellt und daher den Schutzkreis der eingetragenen Marke nicht verletzt (BGE vom 5. September 2003, sic! 2004, 41).

Die Warenfälschung fällt unter das StGB sowie unter die Strafdrohungen des MSchG (OG Zürich vom 9. Juli 2002, sic! 2003, 433). Laut ständiger Rechtsprechung ist das Anbringen einer gefälschten oder nachgeahmten Marke keine Warenfälschung (Cour de Justice Genf vom 21. April 1986, SJ 1987, 51). Anders verhält es sich beim Fälscher, welcher das Wort «Swiss» in eine ausländische Uhr graviert (BGE 84 IV 91; s. auch oben, § 18, Ziff. 8.1.).

2. Gebrauch von Herkunftsangaben, die eine Verwechslungsgefahr schaffen

Im Gegensatz zum Markenrecht geht es bei der Verletzung von Herkunftsbezeichnungen nicht um die Verletzung von Rechten des Inhabers eines eingetragenen Zeichens, um den nicht genehmigten Gebrauch eines Individualrechts, sondern um den Missbrauch, den unzulässigen Gebrauch eines Kennzeichens durch jeden, der die objektiven Voraussetzungen für den Gebrauch nicht besitzt, oder dessen Waren die bestimmende Herkunft abgeht.

Üblicherweise geht es darum, dass eine Person, welche an einem für die Herstellung eines bestimmten Erzeugnisses bekannten Ort ansässig ist, mit gleichartigen Waren handelt, welche andernorts hergestellt werden, ohne deren Herstellungsort genau zu nennen (BGE 117 II 327). Ein in Genf oder Biel ansässiger Uhrenhändler, welcher unter seiner Firma XY Genf AG japanische Uhren mit einem neutralen Fantasienamen ohne Angabe ihrer japanischen Herkunft verkauft, benützt die Bezeichnung «Genf» in irreführender Weise (BGE 113 II 179).

Eine andere Täuschungsmethode besteht in der Verwendung einer delokalisierenden Bezeichnung, d.h. der Beifügung des tatsächlichen Herstellungsortes zu einer falschen Herkunftsangabe, oder in der Beifügung eines Verweises wie «tipo», «nach Art», «façon de», «hergestellt nach» oder «Quality control in» (BGE vom 6. Dezember 1976, PMMBl 1977, 18).

MSchG Art. 47 verbietet den Gebrauch von:
– unzutreffenden Herkunftsangaben;
– Bezeichnungen, die mit einer unzutreffenden Herkunftsangabe verwechselbar sind;
– Namen, Adressen oder Marken im Zusammenhang mit Waren oder Dienstleistungen fremder Herkunft, wenn sich daraus eine Täuschungsgefahr ergibt.

Wir haben vorstehend erläutert, welches die Voraussetzungen für die Verwendung von Herkunftsangaben sind (s. oben, § 18, Ziff. 1 und 2), und wer berechtigt ist, solche Angaben zu verwenden (s. oben, § 39, Ziff. 4).

Wer Herkunftsbezeichnungen verwendet, ohne diesen Voraussetzungen zu genügen, macht sich des Missbrauchs der Herkunftsbezeichnung schuldig und fällt unter die Sanktionsdrohung von MSchG Art. 55.

Eine Marke, die Erwartungen bezüglich der geografischen Herkunft der mit ihr bezeichneten Produkte erweckt, ist hinsichtlich der Herkunft dieser Produkte entsprechend einzuschränken (RKGE vom 17. Januar 2002, sic! 2002, 351).

Neben dem MSchG enthält auch die Lebensmittelverordnung vom 1. März 1995 Vorschriften zum Schutz der Herkunftsangaben (LMV Art. 20 und 22a).

3. Verletzung des Rechts an der Geschäftsbezeichnung

Das Bundesgericht verbietet den Gebrauch einer Firma, welche sich nicht deutlich von der Firma des älteren Rechtsinhabers unterscheidet (BGE 122 III 369), oder den Gebrauch einer dritten Firma, welche «zu Verwechslungen mit dem eigenen Unternehmen führt oder zumindest den irrtümlichen Eindruck eines engen Zusammenhangs zwischen den beiden Unternehmen erweckt» (BGE vom 16. Juli 2002, sic! 2003, 142), oder auch den Gebrauch, durch welchen «die Kennzeichnungswirkung eines fremden Namens für eigene Zwecke missbraucht, d.h. der Anschein erweckt wird, der fremde Name habe etwas mit dem neuen Namensträger persönlich oder mit seinem Geschäft zu tun» (BGE 128 III 401; BGE 127 III 160).

Firmen müssen sich nicht nur bei einer Gegenüberstellung unterscheiden, sondern auch im Gedächtnis der interessierten Kreise. Wie bei der Marke unterscheidet man Firmen mit grösserem oder kleinerem Schutzumfang (BGE 127 III 160; BGE 122 III 369).

Wer Sachbezeichnungen, die schon in einer älteren Firma verwendet wurden, auch für sein eigenes Unternehmen gebraucht, muss für eine hinreichend deutliche Abhebung von der älteren Firma sorgen (BGE vom 17. Februar 1998, sic! 1998, 416; BGE 128 III 224).

Der Inhaber einer Firma muss diese so gebrauchen, wie er sie im Handelsregister eingetragen hat, sonst begeht er eine unerlaubte Handlung im Sinne von OR Art. 41 (BGE 123 III 220). Dies gilt für alle Verwendungsarten, als Enseigne, in der Werbung, auf dem Geschäftspapier usw. (BGE 103 IV 202).

Hat eine in mehreren Ländern ansässige Gesellschaft (noch) keine Niederlassung in der Schweiz, wirbt aber hier für ihre Leistungen und/oder Waren, so muss sie es nicht dulden, dass ein Konkurrent einen Vorteil aus dieser Werbung zieht, indem er eine Firma wählt, welche geeignet ist, Verwechslungen herbeizuführen oder eine Verbindung zwischen den beiden Gesellschaften vermuten zu lassen (BGE 109 II 483).

Ist ein Zeichen namen-, firmen- oder markenrechtlich geschützt, kann dessen Inhaber Unberechtigten die Verwendung dieses Zeichens als Domainnamen verbieten. Denn die unbefugte Verwendung schafft eine Verwechslungsgefahr, da die entsprechende Website unabhängig von Inhalt und Gestaltung dem Falschen zugerechnet werden kann. Zudem wird der rechtmässige Inhaber des Zeichens gehindert, unter diesem eine eigene Website zu betreiben. Die unbefugte Verwendung eines Namens als Domainnamen ist daher eine widerrechtliche Namensanmassung (BGE vom 7. November 2002, sic! 2003, 438).

§ 58 Verletzung von Design

Der Designinhaber hat nur ein Verbotsrecht, kein positives Benützungsrecht.

DesG Artikel 9 gewährt dem Rechtsinhaber das Recht, anderen zu verbieten, das Design zu gewerblichen Zwecken zu gebrauchen. Im Gegensatz zu MSchG und URG ist also nicht der allgemeine Gebrauch eines geschützten Objekts verboten (URG Art. 10, MSchG Art. 13), sondern, wie im PatG (Art. 8), die Verwendung der geschützten geistigen Schöpfung zu gewerblichen Zwecken.

Wie im Patentrecht ist der Gebrauch einer Imitation zu strikte persönlichen Zwecken, zum privaten Gebrauch, toleriert.

Das DesG zählt die Verletzungshandlungen nicht auf (im Gegensatz zum PatG, aber wie das MSchG und das URG). Es sagt nur in Artikel 35, dass die *«Rechtsinhaberin, die in ihren Rechten verletzt oder gefährdet wird»*, bestimmte Massnahmen verlangen kann. Inhaber eines Designrechts ist die Person, die das Design als erste hinterlegt hat (DesG Art. 5 – s. oben, § 41, Ziff. 2).

Das hinterlegte Design gewährt Schutz gegen alle hinterlegten Design, welche die gleichen wesentlichen Merkmale aufweisen und den gleichen Gesamteindruck erwecken (DesG Art. 8 – s. oben, § 25, Ziff. 2.3 und Ziff. 3). Damit ist ein Design nicht nur gegen sklavische, identische Nachmachung geschützt, sondern auch gegen Nachahmungen, die den gleichen Gesamteindruck erwecken – um zu diesem Ergebnis zu gelangen, müssen solche Design natürlich die wesentlichen Merkmale des älteren Design übernehmen.

Ausschlaggebend ist, wie der Konsument die das Design verkörpernden Gegenstände in kurzfristiger Erinnerung behält (BGE 130 III 645). Wenn sich die Gemeinsamkeiten im kurzfristigen Erinnerungsbild derart stark einprägen, dass die Unterschiede gänzlich in den Hintergrund treten, dann ist eine Verletzung zu bejahen (BGE 130 III 636); wenn die prägenden Hauptelemente übereinstimmen, wird der Kaufinteressent die Produkte in Bezug auf das Design als gleichwertig erachten (BGE 129 III 545) – das spätere dringt dadurch in die Schutzsphäre des älteren ein.

In Erweiterung der im Patentgesetz genannten Gebrauchshandlungen gelten als Gebrauch insbesondere das Herstellen, das Lagern, das Anbieten, das Inverkehrbringen, die Ein-, Aus- und Durchfuhr sowie der Besitz zu diesen Zwecken. Diese Aufzählung ist nicht erschöpfend.

Damit das blosse Lagern von Designimitation zu einer mit einem Verbotsrecht belastenden Verletzungshandlung wird, muss der Lagernde wohl mindestens einen Eventualvorsatz haben, d.h. es muss ihm bewusst sein, dass es sich beim Lagergut um designverletzende Gegenstände handelt, die in Verkehr gesetzt werden. Der Spediteur oder Zollfreilagerhalter, der nicht weiss, dass es sich bei dem in Containers eingelagerten Gut entgegen der Deklaration des Einlagernden nicht um Originalware handelt, sollte wegen dieses Unwissens nicht als Designverletzer zur Rechenschaft gezogen werden können.

DesG Artikel 9, Ziff. 2 lässt auch Dritten verbieten, bei einer widerrechtlichen Gebrauchshandlung mitzuwirken, ihre Begehung zu begünstigen oder zu erleichtern. Nachdem das Bundesgericht in neuester Zeit detaillierte Regeln mit Bezug auf Teilnahmehandlungen im Patentecht aufgestellt hat (s. oben, § 56, Ziff. 3), gehen wir davon aus, dass diese Regeln auch für das Designrecht gelten werden.

Im Gegensatz zum alten MMG verbietet das DesG die Schutzrechtsberückung nicht mehr ausdrücklich – indirekt besteht ein Schutz gegen unbegründetes Anbringen von Schutzvermerken darin, dass der Anmerkende verpflichtet werden kann, die Eintragungsnummer des Schutzrechts anzugeben (DesG Art. 10).

§ 59 Urheberrechtsverletzungen

1. Verletzung der Rechte des Schöpfers von Werken der Literatur und Kunst

Eine Urheberrechtsverletzung begeht, wer ein Werk ohne Zustimmung des Urhebers veröffentlicht oder sonstwie ohne Angabe der Identität des Urhebers verwendet (URG Art. 9 Abs. 1 und 2; BGE vom 2. März 1993, JdT 1996, 242). Wird das

Werk lediglich einem Kreis eng verbundener Personen zugänglich gemacht, so ist dies auch ohne Einwilligung des Urhebers rechtmässig (URG Art. 9 Abs. 3).

Die Befugnis zur Verwendung eines Werkes berechtigt nicht zu dessen Änderung oder zur Herstellung eines Werkes zweiter Hand (URG Art. 3 Abs. 4, Art. 11 Abs. 1).

Die häufigste Verletzung von Urheberrechten besteht in der unerlaubten Herstellung von Werkexemplaren. Wie in den anderen Bereichen des gewerblichen Rechtsschutzes (Patent, Marke, Design) kann man auch hier zwischen Nachmachung und Nachahmung unterscheiden.

Die eigentliche Fälschung (Nachmachung) ist die Herstellung einer genauen Kopie des Werkes ohne Einwilligung des Berechtigten. Der Nachahmer hingegen entleiht lediglich die Wesensmerkmale des Werkes und kleidet diese neu ein (was zu einer Verwässerung oder Entstellung des ursprünglichen Werkes führen kann); und kreiert so ein Werk, das er als seine eigene Schöpfung ausgibt.

Der Plagiator ist Fälscher oder Nachahmer (BGE vom 6. Juli 1999, SJ 2000, 26). Er verletzt die Rechte des Urhebers nur, wenn er sich nicht mit der Herstellung eines Plagiats begnügt, sondern dieses unrechtmässig auf den Markt bringt, d.h. ohne Bewilligung des Urhebers oder seines Rechtsnachfolgers. Hat der Urheber sein Vervielfältigungs- oder Verwertungsrecht Dritten abgetreten, so verletzt der Plagiator deren Rechte.

Wird ein Werk übertragen (Teilveräusserung, Lizenz, Franchising), so ist seine Benutzung zu anderen als den vertraglich vereinbarten Zwecken widerrechtlich (BGE vom 25. August 1998, sic! 1999, 121).

Eine Verletzung des Urheberrechtes begeht zudem, wer ein Archivierungsexemplar zu anderen als zu Sicherungszwecken verwendet (URG Art. 24 Abs. 1).

Das Recht zur Vervielfältigung von Plänen oder von Projekten dreidimensionaler Gebilde beinhaltet auch das Recht zur Erstellung des darin dargestellten Werkes. Wer jedoch im Rahmen einer Offerte oder eines Kostenvoranschlages Skizzen oder Pläne eines Architekten oder Handwerkers erhält und die darin skizzierten Möbel, Schmuckgegenstände oder Gebäude ausführen lässt, verletzt die Rechte des Urhebers (BGE vom 25. August 1998, sic! 1999, 122).

Dritte, welche von einer befugten Person mit einer Aufgabe betreut werden, die die Verwendung eines Werkes einschliesst, dürfen die übertragene Aufgabe ausführen. Für hierbei begangene Verletzungen der Rechte des Berechtigten haftet der Auftraggeber (URG Art. 19 Abs. 2, in Verbindung mit OR Art. 101). Unter gewissen Umständen kann jedoch auch der Dritte die Urheberrechte seines Vorgängers verletzen (wenn er ein Plagiat oder ein Werk zweiter Hand schafft – BGE vom 6. Juli 1999, SJ 2000, 26).

Der Kauf eines Werkes (oder des einzigen Werkexemplars) berechtigt nicht zur Anfertigung von Kopien (unter Vorbehalt einer ausdrücklichen Vereinbarung im

Kaufvertrag), sofern diese nicht nur dem Eigengebrauch oder dem Gebrauch in einem Kreis eng verbundener Personen dienen (URG Art. 16 Abs. 2, Art. 19 Abs. 3 lit. a).

Ausserhalb des privaten Kreises stellt das Vervielfältigen von Werkexemplaren eine Urheberrechtsverletzung dar, wenn solche Vervielfältigungen aufgrund ihres Umfangs, ihres Inhalts und ihrer Qualität den Kauf bzw. die Miete des im Handel angebotenen Werkexemplars als entbehrlich erscheinen lassen. Wir haben dieses Problem im Zusammenhang mit dem Eigengebrauch erläutert, s. oben, § 40, Ziff. 3.1.

Probleme ergeben sich bei der Berichterstattung über aktuelle Ereignisse. Ausschnitte aus Presseartikeln sowie Radio- und Fernsehberichten müssen kurz sein und dürfen nicht die vollständige Information wiedergeben. Dabei sind Missbräuche vorprogrammiert, da das Gesetz für die Bedürfnisse der Berichterstattung über aktuelle Ereignisse die Wahrnehmbarmachung und sogar Verbreitung ganzer, anlässlich des betreffenden Ereignisses wahrgenommener Werke gestattet (URG Art. 28).

Der Erwerber eines Werkes oder Werkexemplars darf dieses weiterveräussern oder sonstwie verbreiten. Diese Befugnis hält sich jedoch im Rahmen des Rechtes des Urhebers oder dessen Rechtsnachfolgers, das Werk anzubieten, zu veräussern oder sonstwie zu verbreiten (URG Art. 10 Abs. 2 lit. b); es verleiht dem Erwerber keines der übrigen in URG Art. 10 oder in einer anderen Bestimmung dieses Gesetzes erwähnten Rechte (URG Art. 12 Abs. 1).

Die Änderung eines Werkes zur Schaffung von Parodien ist zulässig (URG Art. 11 Abs. 3). Gemeint sind Satiren, d.h. die kritische burleske Darstellung eines (ernsthaften) Werkes. Man unterscheidet die Parodie, welche bei gleichbleibender Form den Inhalt verändert, von der Travestie, welche den Inhalt beibehält und die Form verändert.

Nach der Erstellung eines architektonischen Werkes darf dieses vom Eigentümer ohne Einwilligung des Architekten verändert werden, sofern dessen Persönlichkeitsrechte dadurch nicht beeinträchtigt werden (URG Art. 12 Abs. 3; BGE 117 II 466; BGE 120 II 65; BGE vom 5. November 1996, JdT 1997, 253).

Die Rechte des Architekten sind beeinträchtigt, wenn der Eigentümer das Gebäude abbrechen lässt, ohne dem Architekten Gelegenheit gegeben zu haben, dieses zu fotografieren, oder ohne ihm Kopien der Pläne herauszugeben (URG Art. 15 Abs. 3).

Allgemein zulässig ist es, sich an einen fremden Stil anzulehnen oder sich durch ein bestehendes Werk zur Schaffung eines neuen Werkes inspirieren oder beeinflussen zu lassen (Kantonsgericht Waadt vom 16. Juni 1988, SMI 1991, 87).

Der Eigentümer oder Besitzer eines Werkexemplars, welcher dem Urheber den Zugang zu diesem verweigert, verstösst gegen das Recht des Urhebers, sofern der Zugang zur Ausübung des Urheberrechtes erforderlich ist (URG Art. 14).

Der Eigentümer des einzigen Werkexemplars, welcher dieses zerstört, ohne dem Urheber vorher die Rücknahme anzubieten, verletzt dessen Rechte (URG Art. 15 Abs. 1).

2. Verletzung der Rechte des Schöpfers von Software

Der Gesetzgeber hat der Besonderheit der Software Rechnung getragen, indem er einzelne Rechte ausdrücklich hervorgehoben hat.

Die gekaufte oder auf andere Weise erworbene, auf einem Träger festgehaltenen Software kann weiterverkauft oder sonstwie verbreitet werden. Im Gegensatz zu anderen urheberrechtlich geschützten Werksexemplaren verbietet das Gesetz dem Eigentümer eines Softwareträgerexemplars, dieses zu vermieten, sogar gegen Entrichtung einer Vergütung an den Berechtigten (URG Art. 10 Abs. 3, Art. 13 Abs. 4). Der Eigentümer darf nur eine Sicherheitskopie der Software herstellen; und auch diese darf er nur bei Zerstörung des ursprünglichen Trägers verwenden (URG Art. 24 Abs. 2). Die für Kunstwerke, Darbietungen ausübender Künstler und der übrigen Inhaber verwandter Schutzrechte geltende Ausnahme der erlaubten freien Verwendung zum Eigengebrauch findet auf Software keine Anwendung (URG Art. 19 Abs. 4).

Der Arbeitnehmer, welcher in Ausübung seiner dienstlichen Tätigkeit eine Software geschaffen hat, verletzt die Rechte des Arbeitgebers, wenn er einen Gebrauch zu persönlichen Zwecken davon macht – sogar wenn es nur ein Eigengebrauch ohne gewerblichen Zweck ist (URG Art. 17 und Art. 19 Abs. 4).

3. Verletzung verwandter Schutzrechte

Inhaber verwandter Schutzrechte geniessen die gleichen Vorrechte wie die Urheber künstlerischer oder literarischer Werke, insoweit die diesbezüglichen Bestimmungen auf das Ergebnis von Leistungen der Inhaber verwandter Schutzrechte anwendbar sind (URG Art. 33 Abs. 2, Art. 35 Abs. 1, Art. 36 und Art. 37).

Die Weiterverwendung der Leistung ausübender Künstler ohne vorgängige Einwilligung der Solisten, des Dirigenten, des Regisseurs und insbesondere des Vertreters der an der Darbietung mitwirkenden Gruppen (Chor, Orchester oder Ballett) ist rechtswidrig.

Inhaber von verschiedenen verwandten Schutzrechten können sich unter Umständen in die Quere kommen. Dies gilt nicht nur für den eben erwähnten Fall der fehlenden Einwilligung zu Benutzungshandlungen, sondern auch für den Anspruch auf Vergütung für die öffentliche Verwendung von Ton- und Tonbildträgern, welche den ausübenden Künstlern und den Herstellern der verwendeten Träger zusteht (URG Art. 35 Abs. 1 und 2; BGE vom 2. Februar 1999, sic! 1999, 255).

4. Rechtsverletzungen im Bereich der kollektiven Verwertung der Urheberrechte

Das URG überträgt den Verwertungsgesellschaften das Monopol zur Ausübung gewisser Urheberrechte, z.B. die Geltendmachung des Vergütungsanspruchs aus der Vermietung von Werkexemplaren (BGE 124 III 489).

Wer der Pflicht zuwiderhandelt, die dem Urheber geschuldete Vergütung der Verwertungsgesellschaft zu übergeben, verletzt deren Rechte. Die Rechtsverletzung kann in der Verwendung des Werkes ohne Zahlung der geschuldeten Vergütung bestehen. Die Werknutzer müssen den Verwertungsgesellschaften alle Auskünfte erteilen, welche diese für die Gestaltung und die Anwendung der Tarife und die Verteilung des Erlöses benötigen (BGE vom 1. März 1999, sic! 1999, 264). Der Werknutzer, welcher die Verwertungsgesellschaft über seine Verwendung geschützter Werke nicht im Einzelnen informiert, verstösst gegen eine gesetzliche Pflicht (URG Art. 51).

Für die von einem DJ ab einem Tonträger aufgelegte Musik sowie für die in einer Bar verwendete Hintergrundmusik ist eine Vergütung zu bezahlen. Eine solche ist auch geschuldet, wenn eine einzige oder mehrere Personen sich – sei dies spontan oder nicht – als DJ betätigt haben oder in der gleichen Bar Vergütungen für Musikautomaten bereits bezahlt werden (Kantonsgericht St. Gallen vom 6. Februar 2003, sic! 2003, 706).

Der Preis für das Eintrittsbillett inklusive des Kostenanteils für den Vorverkauf wird für die Darbietung eines Werks bezahlt, weshalb ein unmittelbarer Zusammenhang zur Werkverwendung besteht. Die Einnahmen der Vorverkaufsstellen aus Billeterträgen stellen somit den massgebenden Bruttoertrag für die Bemessung der urheberrechtlich geschuldeten Entschädigung dar (BGE vom 29. Januar 2003, sic! 2003, 423).

§ 60 Verletzung der Rechte an Topographien von Halbleitererzeugnissen

Das ToG erwähnt die gesetzlich geahndeten Rechtsverletzungen nicht; es erklärt lediglich, der zivilrechtliche Schutz der Topographie richte sich nach den diesbezüglichen Bestimmungen des URG (ToG Art. 10 Abs. 1; bezieht sich auf URG Art. 61–66).

Die Rechte an Topographien, die verletzt werden können, entsprechen den Rechten der Hersteller (s. oben, § 43).

In erster Linie zu erwähnen ist die unbewilligte Kopie der Topographie, ihre Nachbildung durch irgendein Mittel. Der Nachbildung gleichgesetzt ist der unbewilligte Einbau der Topographie in ein Halbleitererzeugnis, um dessen Herstellung zu ermöglichen.

Eine Kopie der Topographie liegt u.E. vor, wenn die nicht alltäglichen Teile der dreidimensionalen Struktur unverändert übernommen werden. Keine Rechtsverletzung stellt die Nachbildung der alltäglichen Teile einer nicht alltäglichen Topographie dar.

Da das ToG lediglich das körperliche Objekt schützt, dürfen die darin enthaltene technische Regel und der dank ihr zu erreichende Zweck frei nachgemacht und benutzt werden (ausser, sie seien durch ein anderes Exklusivrecht geschützt).

Sobald die Struktur durch eine andere ersetzt wird, handelt es sich um eine unabhängige Schöpfung. Entwickelt ein Dritter anhand der geschützten Topographie auf eigene Gefahr eine Topographie, welche sich in nicht alltäglicher Weise von der ersten unterscheidet, wird er nicht als Fälscher betrachtet, und er kann bezüglich der zweiten Topographie alle dem Hersteller vorbehaltenen Rechte ausüben.

Der Hersteller der Topographie (oder sein Rechtsnachfolger) kann jedem Dritten untersagen, diese auf irgendeine Weise zu verbreiten, d.h. sie interessierten Kreisen anzubieten, zu verkaufen, zu vermieten, auszuleihen usw. Die Einfuhr gilt als Verbreitung. Zum Begriff der Verbreitung verweisen wir auf das im Zusammenhang mit dem Patentrecht Gesagte (s. oben, § 38, Ziff. 2.2.).

Das ToG erlaubt ausdrücklich die Weiterverbreitung von in gutem Glauben erworbenen Halbleitererzeugnissen, welche eine unrechtmässig nachgebildete Topographie enthalten (ToG Art. 10 Abs. 1).

18. Kapitel
Beeinträchtigung des ausgewogenen Marktes und des wirksamen Wettbewerbs

§ 61 Sittenwidrige Handlungen im Geschäftsverkehr – unlauterer Wettbewerb

1. Zweck des Gesetzes – der lautere und unverfälschte Wettbewerb

Das Gesetz gegen den unlauteren Wettbewerb (UWG) stützt sich auf BV Art. 31, welcher die Handels- und Gewerbefreiheit garantiert. Die am Wirtschaftsleben Beteiligten bilden eine Gemeinschaft mit eigenen Regeln. Die Freiheit der einen darf die Entfaltung der anderen nicht unbefugt beeinträchtigen. Alle am Wirtschaftsleben Beteiligten (Produzenten, Händler, Konsumenten) müssen auf das korrekte Verhalten aller vertrauen können; dieses gegenseitige Vertrauen darf nicht getäuscht werden.

Das 1. Kapitel des UWG enthält einen einzigen kurzen Artikel:

«Dieses Gesetz bezweckt, den lauteren und unverfälschten Wettbewerb im Interesse aller Beteiligten zu gewährleisten.»

Das UWG hat somit drei verschiedene Komponenten. Es regelt erstens gewisse Aspekte des Verhältnisses zwischen den Konkurrenten; es schützt zweitens den Konsumenten vor allfälligen «Tricks» von Herstellern und Geschäftsleuten (beispielsweise Lockvogelpreisen und anderen missbräuchlichen Bedingungen) und es enthält drittens wirtschaftspolitische Regeln (betreffend u. a. die Arbeitsbedingungen bestimmter Arbeitnehmer, die Haftung des Arbeitgebers für unlautere Handlungen des Arbeitnehmers).

Das UWG bringt die Dreidimensionalität des Wettbewerbsrechtes zum Ausdruck, d.h. die Gleichwertigkeit der Interessen des Marktes im Allgemeinen, der Interessen der Konsumenten und jener der Wettbewerbsteilnehmer im engeren Sinne, der Konkurrenten (BGE vom 3. März 2003, sic! 2003, 750; BGE 129 III 426). Es will alle betroffenen Kreise schützen; die Rolle des Konsumenten als Zielscheibe des Wettbewerbs und als Teilnehmer scheinen dem Bundesgericht in den vergangenen Jahren allerdings besonders am Herzen zu liegen.

In neuerer Zeit scheint unser höchstes Gericht wieder eher die Konkurrenten als erste Priorität des UWG zu sehen.

18. Kapitel: Beeinträchtigung des ausgewogenen Marktes und des wirksamen Wettbewerbs

Der Wettbewerb, der Voraussetzung für die Anwendung des UWG bildet, ist ein Wettstreit, eine Rivalität im wirtschaftlichen Bereich zwischen Personen, die ihre Leistungen anbieten. Erfasst werden lediglich Handlungen, die Auswirkungen auf dem Markt zeitigen und objektiv geeignet sind, ein Unternehmen in seinem Kampf um Kundschaft zu begünstigen oder zu benachteiligen oder seine Marktanteile zu steigern oder zu verringern (BGE vom 26. Juni 2002, sic! 2002, 694; BGE vom 2. März 2005, sic! 2005, 463).

Damit eine Handlung überhaupt als unlauterer Wettbewerb angesehen werden kann, muss diese objektiv auf eine Beeinflussung des Wettbewerbs angelegt sein und nicht in einem völlig anderen Zusammenhang erfolgen. "Das Verhalten des Verletzers muss marktrelevant, marktgeneigt oder wettbewerbsgerichtet sein"; und es muss geeignet sein, den Markt zu beeinflussen (BGE vom 3. März 2003, sic! 2003, 750).

Auch Dritte, die ausserhalb des wirtschaftlichen Verhältnisses zweier Parteien stehen, können diesen gegenüber unlauteren Wettbewerb begehen, indem sie so in deren Verhältnis eingreifen, dass die Ausgewogenheit oder Wirksamkeit des zwischen ihnen herrschenden Wettbewerbs gestört wird (BGE 126 III 198; BGE 120 II 76).

Die Konkurrenten suchen den sofortigen wirtschaftlichen Erfolg. Darin unterscheidet sich der wirtschaftliche vom kulturellen, politischen oder sportlichen Wettbewerb (BGE 80 II 165). Auch die Berufsgruppen der Wissenschaftler, der Journalisten sowie die um eine gleiche Stelle kämpfenden Arbeitnehmer beteiligen sich am wirtschaftlichen Wettbewerb (BGE 120 IV 32), ebenso Körperschaften und andere Organisationen des öffentlichen Rechts (BGE 123 III 395).

Eines der grundlegenden Marktprinzipien ist dasjenige des «Leistungswettbewerbes» (BGE 72 II 294), wonach der Erfolg des Wettbewerbteilnehmers in erster Linie auf dessen eigener Leistung beruht. Die «Leistung» muss in einem weiten Sinne verstanden werden. Sie beinhaltet alles, was den Konsumenten zur Annahme des ihm gemachten Angebotes bewegt und umfasst alles, von der technischen Vollkommenheit eines Apparates bis zu den Attraktionen im Nachtlokal.

U.E. wäre es angepasst, eine Leistungsübernahme als unlauter anzusehen, wenn das Ergebnis von einen Dritten ausgebeutet wird, bevor dem Leistungserbringer die ihm billigerweise zustehenden Früchte seiner Leistung zugeflossen sind.

Trotzdem will das UWG jedoch nicht in erster Linie die Leistung oder Stellung eines Marktteilnehmers schützen. Laut Botschaft des Bundesrates zum UWG unterscheidet der Richter lauteres von unlauterem Vorgehen anhand von Kriterien unseres politisch-wirtschaftlichen Systems und der Geschäftsmoral. Dies sind sinnvolle Kriterien, um über die Zulässigkeit eines konkreten Verhaltens zu entscheiden (BGE 108 II 327).

Der Wettbewerb ist u.E. lauter und unverfälscht, wenn die Marktteilnehmer ein Verhalten an den Tag legen, welches im Lichte der Kriterien unseres politisch-wirtschaftlichen Systems und der schweizerischen Geschäftsmoral für alle Beteiligten annehmbar ist (BGE 107 II 277). Das Verhältnis zwischen den verschiedenen Marktteilnehmern muss in einem harmonischen Gleichgewicht erhalten werden. Dies ergibt sich aus der grundlegenden Bestimmung des Wettbewerbsrechtes, d.h. aus der Verpflichtung zur Beachtung der Regeln von Treu und Glauben. Jeder Wettbewerbsteilnehmer muss sich so verhalten, dass das Vertrauen der anderen Teilnehmer in sein korrektes Verhalten und in seine Integration in die Wettbewerbsgemeinschaft nicht getäuscht wird (BGE 104 II 59).

Allerdings bezweckt das UWG nicht allgemein den Schutz von Treu und Glauben nach Ansicht des Bundesgerichts, sondern die Garantie eines lauteren Wettbewerbs (BGE vom 4. September 2003, sic! 2004, 430).

Der unlautere Wettbewerb ist ein zivilrechtliches Delikt. Objektive Rechtswidrigkeit genügt, es wird weder Bösgläubigkeit noch Verschulden des Beklagten vorausgesetzt. Der objektive Verstoss gegen Treu und Glauben reicht aus (BGE 109 II 483; BGE vom 22. Januar 1996, SMI 1996, 499).

Ein weiteres Merkmal der Lauterkeit im Wettbewerb ist die Transparenz von Markt und Angebot. Transparenz bedeutet, dass der Konsument den Wert und die Qualität der gekauften Objekte beurteilen, die verschiedenen Angebote objektiv vergleichen und auf Grund einer Gesamtsicht frei und sinnvoll wählen kann. Transparenz bedeutet jedoch nicht gleiche Produkte und gleiche Preise. Die Transparenz ist dem Konsumenten zwar dienlich, soll ihm aber weder Suche noch Auswahl ersparen.

Gemäss UWG Art. 9 Abs. 1 lit. a kann auch schon ein Verhalten, das einen Teilnehmer am wirtschaftlichen Wettbewerb in seinem wirtschaftlichen Interesse bedroht, unlauter und rechtswidrig sein (BGE vom 14. November 1995, SMI 1996, 499).

Der Beklagte in einem unlauteren Wettbewerbsverfahren kann sich der Verurteilung wegen unlauteren Verhaltens nicht mit der Begründung entziehen, der Kläger habe selber auch unlauter gehandelt (was z.B. in Fällen von unlauteren Werbeaktionen konkurrierender Unternehmer of zutreffen mag) und handle daher bösgläubig. Nach schweizerischer Rechtsprechung mindert eigenes Missverhalten nicht, einem anderen dessen Missverhalten vorzuwerfen; das angelsächsische Argument der «unclean hands» wird hierzulande nicht angewandt (BGE 129 III 426 – s. dazu unten, Ziff. 3 in fine).

2. Räumlicher Geltungsbereich des UWG

Wie bei den Immaterialgütergesetzen sind auch die Wirkungen des UWG räumlich begrenzt. Es soll ausschliesslich die Verhältnisse auf dem schweizerischen Markt regeln. Es ist in jedem konkreten Fall zu ermitteln, ob das Wettbewerbsverhältnis in der Schweiz tatsächlich beeinflusst wird (BGE 108 II 327). Dies kann auch durch Handlungen geschehen, die in der Schweiz ausgeführt werden, jedoch direkte Wirkungen (z.B. Täuschung von Marktteilnehmern) nur im Ausland zeitigen (BGE 124 IV 73), oder umgekehrt.

3. Generalklausel und Schutz des guten Glaubens

UWG Art. 2 definiert den Bereich des allgemein als unzulässig erachteten wirtschaftlichen Verhaltens:

«Unlauter und widerrechtlich ist jedes täuschende oder in anderer Weise gegen den Grundsatz von Treu und Glauben verstossende Verhalten oder Geschäftsgebahren, welches das Verhältnis zwischen Mitbewerbern oder zwischen Anbietern und Abnehmern beeinflusst.»

Indem das UWG jedes gegen Treu und Glauben verstossende Verhalten als rechtswidrig erklärt, wendet es im Bereich der Wirtschaft eine der Grundlagen unseres Rechtssystems an (BGE vom 5. Januar 2001, sic! 2001, 330). ZGB Art. 2, der Grundsatz von Treu und Glauben, wird so zum grundlegenden Prinzip für alle Verhältnisse zwischen am schweizerischen Wirtschaftsleben beteiligten Personen (BGE vom 24. September 1996, sic! 1997, 415, 5a in fine).

Damit eine unlautere Handlung vorliegt, genügt es nicht, dass das Verhalten aufgrund des Katalogs der Beispielen von Art. 3 bis 8 UWG als unlauter erscheint; zusätzlich muss es gemäss Art. 2 UWG die Beziehungen zwischen Konkurrenten oder zwischen Zulieferern und Kunden beeinflussen.

Es ist auch durchaus möglich, dass eine Handlung, die in UWG Art. 3–8 nicht erwähnt ist, unlauteren Wettbewerb darstellt wie z.B. die Hinterlegung eines von einem Konkurrenten verwendeten Zeichens als Marke, wenn dadurch der Konkurrent in seiner wirtschaftlichen Entfaltung behindert wird oder wenn sich der Hinterleger ungerechtfertigte Vorteile verschafft (BGE vom 2. März 2005, sic! 2005, 463).

Die Handlung muss objektiv geeignet sein, ein Unternehmen in seinen Bemühungen um Kundenakquisition zu begünstigen oder zu benachteiligen, oder seine Marktanteile zu erhöhen oder zu vermindern. Massgebend ist folglich, ob die vorgeworfenen Handlungen geeignet sind, den wirtschaftlichen Wettbewerb zwischen Personen, welche ihre Leistungen anbieten, zu beeinflussen; hingegen ist es unwesentlich, ob der Urheber der Handlung beabsichtigt, den Wettbewerb zu beeinflussen, oder wenn die Parteien unter sich nicht in einem Wettbewerbsverhältnis stehen (BGE vom 19. Februar 2001, sic! 2001, 317).

Gemäss Bundesgericht können besondere Umstände dazu führen, dass die (an sich zulässige) Nachahmung eines nicht durch Spezialgesetze geschützten Gegenstandes unlauter ist. Die Bösgläubigkeit kann darin bestehen, dass beim ausländischen Hersteller Muster des Gegenstandes bestellt wurden, nicht nur, um sie zu prüfen, sondern auch, um sie nachzuahmen, unter dem Vorwand, mit dem ausländischen

Hersteller in geschäftliche Verbindung treten zu wollen. Der unlautere Konkurrent hatte das Modell in seinem Land sogar eintragen lassen und die Darstellung des Katalogs des ursprünglichen Herstellers kopiert (BGE 113 II 319; 116 II 365).

Die Nachahmung eines nicht patentierten oder nicht als Design oder durch Urheberrecht geschützten Gegenstandes ist nicht als solche unlauter, auch wenn die ursprüngliche Herstellung das Ergebnis zahlreicher Anstrengungen und mit hohen Kosten verbunden war. Die Nachahmung eines derartigen Erzeugnisses verstösst jedoch gegen Treu und Glauben, wenn der Fälscher arglistig oder unkorrekt vorgegangen ist oder systematisch und raffiniert vom Ansehen seines Konkurrenten profitiert hat (BGE 105 II 297; 113 II 190) oder von dessen Erzeugnissen (BGE 108 II 327) oder sich mit der Kopie einer ganzen Produktreihe und mit irreführender Werbung systematisch und planmässig vom guten Ruf eines Konkurrenten zu profitieren versucht (BGE vom 14. November 1995, SMI 1996, 498).

Wenn ein Konkurrent einen ehemaligen Vertragspartner durch bösgläubig erwirkte Massnahmen daran hindert, ein beiden Parteien zustehendes Verfahren zu benützen, so kann dies unter UWG Art. 2 fallen (BGE vom 5. Januar 2001, sic! 2001, 300).

Wird ein von zwei Firmen gebrauchter Slogan (... *c'est bon la vie*) von der einem mit dem klaren Zweck hinterlegt, die andere an der Weiterverwendung des Slogans zu hindern, so ist die Eintragung unlauter und daher nichtig (BGE vom 2. März 2005, sic! 2005, 463).

In einer u.E. zu lockeren Beurteilung der guten Sitten im Geschäftsverkehr fand das Bundesgericht, die Irreführung über die betriebliche Herkunft einer Ware oder die Ausbeutung des guten Rufs von Konkurrenzprodukten verletze nur dann den Grundsatz von Treu und Glauben, wenn sich der Konsument überhaupt für den Hersteller interessiere, was für Artikel des täglichen Gebrauchs in der Regel nicht der Fall sei (BGE 116 II 471).

Es sind weitere gegen Treu und Glauben verstossende und deshalb unlautere Vorgehensweisen denkbar: Abwerbung von Käufern vor dem Laden des Konkurrenten; systematische Abwerbung von Arbeitnehmern des Konkurrenten, Verstoss gegen eine öffentlich-rechtliche Verfügung (BGE vom 25. August 1998, sic! 1999, 156).

Die Schweizerische Lauterkeitskommission ist interessanterweise strenger als das Bundesgericht. Sie betrachtet als unlauter die Benutzung einer zu wenig transparenten Firma, welche geeignet ist, die Konsumenten über wesentliche tatsächliche oder rechtliche Verhältnisse irrezuführen (Grundsätze 1997, Nr. 3.1., Abs. 2) oder in der kommerziellen Kommunikation ohne ausdrückliche Zustimmung Name, Abbild, Aussage oder Stimme einer identifizierbaren Person zu verwenden (Grundsätze 1997, Nr. 3.2., Abs. 1) oder auch den Rückgriff auf Aussagen fiktiver Personen (Grundsätze 1997, Nr. 3.2., Abs. 2.2.). Als unlauter wird auch das ganze oder teilweise Plagiat fremder Werbeleistungen erachtet (Grundsätze 1997, Nr. 3.7.).

Der Einwand der «unclean hands» ist im schweizerischen Recht nicht anwendbar. Wer wegen einer unlauteren Verhaltensweise rechtlich belangt wird, kann sich folglich nicht auf den Umstand berufen, dass die klagende Partei sich ebenfalls unlauter verhält. Anders zu entscheiden würde heissen, dass ein Mitbewerber sich auf das unlautere Verhalten der Gegenpartei berufen könnte, um sein eigenes Verhalten zu rechtfertigen und würde den dreidimensionalen Charakter des Wettbewerbsrechts missachten, wonach nicht nur die Mitbewerber, sondern ebenso die Allgemeinheit und die Verbraucher geschützt sind (BGE 129 III 426.).

Zusammenfassend muss u.E. jedes objektiv rechtswidrige Verhalten als Verstoss gegen Treu und Glauben behandelt werden, sofern es geeignet ist, die konkrete Marktsituation zu beeinflussen.

4. Beteiligte Personen

4.1. Konkurrenten (Mitbewerber)

Das UWG regelt nicht nur das Verhalten der allgemein als Konkurrenten bezeichneten Personen, d.h. jener, die als Hersteller oder Anbieter von Waren oder Dienstleistungen auftreten. Es erweitert den Kreis auf alle Personen, welche zwar nicht direkt ins Marktgeschehen eingreifen, deren Handlungen dieses aber beeinflussen können (BGE 117 IV 193) oder deren eigene wirtschaftliche Interessen durch unlautere Handlungen beeinträchtigt werden können (BGE 124 III 277). Dazu können auch öffentliche Körperschaften gehören (BGE 123 III 395; 124 IV 73). Die Mitbewerber bleiben jedoch die Hauptadressaten des UWG.

4.2. Verbraucher

Wie wir schon festgestellt haben, ist der Verbraucher eines der hauptsächlichen Schutzobjekte des UWG (s. vorne, Ziff. 1.). Seit der Revision von 1999 enthält die PBV auch eine Definition des Verbrauchers, die allerdings dem allgemeinen Sprachgebrauch entspricht: «Konsumenten sind Personen, die Waren oder Dienstleistungen für Zwecke erwerben, die nicht im Zusammenhang mit ihrer geschäftlichen oder beruflichen Tätigkeit stehen» (PBV Art. 2 Ziff. 2).

Es ist klar, dass die Verbraucher auch am Marktgeschehen teilnehmen und dieses beeinflussen können. Sie tragen ihren Teil der Verantwortung für einen funktionierenden Wettbewerb. Der Käufer, welcher eine Fälschung kauft, verfälscht den Markt; das Gleiche gilt für denjenigen, welcher die Leistungen eines Fabrikanten oder Geschäftsmannes ohne Vergütung benutzt (z.B. durch Kopieren von Software). Geschäftsleute sind häufig sowohl Kunden (des Herstellers) als auch Mitbewerber (gegenüber anderen Geschäftsleuten), als auch am Wirtschaftswettbewerb Beteiligte (gemeinsam mit ihren Kunden und anderen Marktteilnehmern).

4.3. Dritte

Das UWG befasst sich nicht nur mit den direkt am wirtschaftlichen Wettbewerb Beteiligten, sondern auch mit dem Verhalten dritter Personen oder Einheiten, d.h. von Konsumentenorganisationen oder anderen Verbänden, Organisationen oder Personen (Journalisten, Fernsehen oder anderen Medien, Testlaboratorien) (BGE 123 IV 211) sowie von öffentlich rechtlichen Körperschaften, soweit sie als Marktteilnehmer auftreten (BGE vom 13. August 1997, sic! 1998, 91). Diese Dritten beteiligen sich zwar nicht direkt am Spiel von Angebot und Nachfrage, beeinflussen dieses aber unter Umständen durch ihre Kritiken und Kommentare; demzufolge müssen auch sie die Regeln des lauteren Wettbewerbes beachten, sofern ihre Handlungen objektiv einen (virtuellen) Einfluss auf die Wettbewerbsverhältnisse haben können (BGE 117 IV 193).

5. Katalog der unlauteren Verhaltensweisen

Neben der Generalklausel des Art. 2 enthält das UWG in Art. 3–8 einen nicht abschliessenden Katalog von gegen Treu und Glauben verstossenden Verhaltensweisen. Unter dem Titel *«Unlautere Werbe- und Verkaufsmethoden und anderes widerrechtliches Verhalten»* zählt Art. 3 ein Dutzend typische Fälle von unlauterem Wettbewerb auf. Art. 4 befasst sich mit der Verleitung zur Vertragsverletzung oder -auflösung (vier Fälle) und Art. 5 erwähnt drei Fälle von unlauterer Verwertung fremder Leistung. Art. 6 schützt die Inhaber von Fabrikations- und Geschäftsgeheimnissen vor deren unrechtmässigen Verwertung. Art. 7 richtet sich gegen die Nichteinhaltung von Arbeitsbedingungen und Art. 8 verfolgt missbräuchliche allgemeine Geschäftsbedingungen.

Alle diese Handlungsweisen verstossen gegen Treu und Glauben im Wirtschaftsleben. Die immer raschere Entwicklung der Kommunikations-, Herstellungs- und Reproduktionsmittel führt jedoch zu immer neuen Formen von unlauterem Wettbewerb. Deshalb kann die Aufzählung des Gesetzgebers von 1986 nicht mehr als abschliessend bezeichnet werden. Die Gerichte müssen Parallelen ziehen zwischen den in UWG Art. 3–8 aufgezählten Fällen und ähnlichen Situationen und auf die Letzteren die Generalklausel anwenden. Die Schweizerische Lauterkeitskommission scheut neue Schritte nicht und verurteilt z.B. die sexistische Werbung (Grundsätze 1998, Nr. 3.11).

6. Unlautere Methoden

6.1. Herabsetzung

Gemäss UWG Art. 3 lit. a handelt unlauter, wer *«andere, ihre Ware, Werke, Leistungen, deren Preise oder ihre Geschäftsverhältnisse durch unrichtige, irreführende oder unnötig verletzende Äusserungen herabsetzt»*.

Opfer der Herabsetzung kann nur ein Konkurrent sein, Täter dagegen jedermann, der Angestellte, ein Mitwerber, ein Kunde, eine Konsumentenorganisation oder jeder andere Dritte, welcher den Mitbewerber kritisiert hat, z.B. auch ein Journalist (BGE 120 IV 32, BGE vom 16. August 2001, sic! 2001, 754).

Die Herabsetzung kann alle Aspekte der Tätigkeit eines Konkurrenten, seine Geschäftsbeziehungen oder sein Privatleben betreffen. Nicht jede negative Äusserung ist unerlaubt – sie muss gewisse schwerwiegende Tatsachen betreffen (BGE 122 IV 33); sie muss sich im Licht der Generalklausel von UWG Art. 2 als mit Treu und Glauben unvereinbar erweisen (BGE vom 24. September 1996, sic! 1997, 415). Es muss jede Äusserung für sich genommen auf ihren herabsetzenden Charakter überprüft werden; es genügt nicht festzustellen, dass durch verschiedene Äusserungen ein ungünstiges Bild über jemanden geschaffen wurde (BGE 124 IV 162).

Unrichtig sind Äusserungen, deren unwahre Natur objektiv erwiesen ist. Es handelt sich nicht nur um klar erkennbare Unwahrheiten, sondern auch um Äusserungen und Anspielungen, welche den potentiellen Kunden irreführen und zu unrichtigen Ansichten über den Mitbewerber, dessen Tätigkeiten oder Fähigkeiten veranlassen (BGE vom 7. Juli 2000, sic! 2000, 788), oder ihn in einem falschen Licht erscheinen lassen (BGE vom 8. Juli 1997, sic! 1997, 596). Damit eine Äusserung als unnötig verletzend angesehen wird, muss sie mit Bezugnahme auf der «weit über das Ziel hinausschiessen, völlig sachfremd bzw. unsachlich, mithin unhaltbar» sein (BGE vom 4. Juni 2004, sic! 2004, 882).

Unnötig verletzend sind herabsetzende Bemerkungen, welche im Rahmen eines Vergleichs zwischen den Waren oder Leistungen des Äussernden und jenen seines Mitbewerbers unnötig sind. Im Allgemeinen bezwecken solche Äusserungen, die Sympathie des Konsumenten für den Mitbewerber als Menschen zu beeinträchtigen; die Tatbestandselemente diese Verhaltens decken sich mit demjenigen der üblen Nachrede (StGB Art. 173 Abs. 2). Ob der mit der Herabsetzung angepeilte Zweck, z.B. die Ausschaltung eines Klienten, erreicht wird, ist unerheblich (BGE vom 22. Januar 1996, SMI 1996, 499). Ein Journalist darf zwar Mutmassungen über mögliche Verhaltensweisen eines Geschäftsmannes oder über die Zukunft einer Firma anstellen (z.B. mögliche Geschäftsschliessungen), aber die den Mutmassungen zugrunde liegenden Tatsachen und Ereignisse müssen richtig und wahrheitsgemäss dargestellt werden (BGE vom 16. August 2001, sic! 2001, 754). Ist eine Person in einer Presseäusserung nicht identifizierbar, so ist diese nicht persönlichkeitsverletzend; eine Ausnahme ist nur dort zu machen, wo eine Presseäusserung Teil einer Pressekampagne ist und deswegen nachträglich auf die betreffende Person bezogen werden kann (BGE 126 III 305).

Die Herabsetzung kann die verschiedensten Formen annehmen: die Verbreitung einzig des günstigsten Gutachtens über ein Erzeugnis, obwohl auch weniger günstige Gutachten vorliegen; die Behauptung, eine in Wirklichkeit umstrittene Theorie sei wissenschaftlich als richtig belegt (BGE 125 III 185). Ausdrücke wie «Trustkommunisten», «Oeltrust» sind Wortspiele, mit welchen das Erzeugnis des

Mitbewerbers lächerlich gemacht werden soll. Indem man einen Mitbewerber (unwahrerweise) als zahlungsunfähig bezeichnet, beeinträchtigt man dessen Geschäfte (BGE 120 II 76) und setzt ihn herab (BGE vom 22. Januar 1996, SMI 1996, 499).

Objektive Kritik im Wirtschaftsbereich ist erlaubt. Wird aber die Beurteilung der Leistungen des Mitbewerbers zur Werbung für die Leistungen und Unternehmen des Kritikers, so muss dieser Zurückhaltung üben (ATF 123 III 354, JdT 1990, 337). Wer sich negativ über eine bestimmte Ware äussert, muss aufpassen, dass er nicht den Eindruck vermittelt, diese Ware würde nur von einzelnen Anbietern vertrieben (z.B. Verteilung von eine bestimmte Ware kritisierenden Flugblättern vor einem einzigen Geschäft) (BGE 123 IV 311). Wer eine Ware kritisiert, darf nicht einzelne negative Eigenschaften als Hauptcharakteristikum hervorheben (BGE 124 III 72).

Die besondere Stimmung in einem Marktsektor oder zwischen bestimmten Parteien, deren gegensätzliche Stellungen allgemein bekannt sind, muss bei der Beurteilung der allenfalls herabsetzenden Natur einer Äusserung berücksichtigt werden (BGE 120 IV 32).

6.2. Irreführende Angaben über sich oder sein Unternehmen – irreführende Werbung

Gemäss UWG Art. 3 lit. b handelt unlauter, wer *«über sich, seine Firma, seine Geschäftsbezeichnungen, seine Waren, Werke oder Leistungen, deren Preise, die vorrätige Menge oder seine Geschäftsverhältnisse unrichtige oder irreführende Angaben macht oder in entsprechender Weise Dritte im Wettbewerb begünstigt»*.

Dieses Gegenstück zur Herabsetzung des Mitbewerbers besteht in der ungerechtfertigten Hervorhebung der eigenen Person, Ware oder Tätigkeit.

Die Frage, ob eine Angabe unrichtig oder irreführend ist, beantwortet sich danach, wie sie von ihrem Adressaten, dem unbefangenen Leser eines Inserats oder einer Veröffentlichung, verstanden wird (BGE 90 IV 43).

Das Versenden von Aufforderungen zur Eintragung in Handels-, Telefon-, Marken- oder andere Register, die den Anschein einer allgemein verbindlichen Eintragungspflicht erwecken (könnten), zusammen mit Zahlungsaufforderungen und/oder Einzahlungsscheinen, ist unlauter – die Gefahr der Irreführung genügt (BGE vom 18. Dezember 2002, sic. 2003, 354). Dies ist auch der Fall bei den persönlich adressierten Postsendungen, in welchen den behaupteterweise individuell vom vor auserwählten Adressaten substanzielle Gewinne als greifbar nahe dargestellt werden (BGE vom 16. März 2002, sic! 2002, 697).

Wenn das Publikum getäuscht oder in die Irre geführt zu werden droht, ist das Vorgehen des Mitbewerbers unlauter.

Auch eine wahrheitsgetreue Werbung, welche aber ganz gewöhnliche Merkmale eines Erzeugnisses als ausserordentlich darstellt, kann den Käufer täuschen, sofern dieser zur Annahme verleitet wird, einzig das angepriesene Erzeugnis besitze die hervorgehobenen Qualitäten (BGE vom 8. Januar 1998, sic! 1998, 213). Das Publikum droht durch die Angabe getäuscht zu werden, Teppiche würden zum Fabrikpreis angeboten, wenn der Fabrikant in einem Direktverkauf seine Preise zur Deckung seiner eigenen Verkaufsspesen erhöht hat (BGE 106 II 218).

Hingegen hiess das Bundesgericht die Bezeichnung einer häufig, aber nicht 24 auf 24 Stunden geöffneten Zahnarztpraxis als Notfallpraxis gut, obgleich es zugab, im Bereich von Medizin und Chirurgie bezeichne der Ausdruck «Notfall …» eine rund um die Uhr geöffnete Station (BGE 102 IV 263).

Es ist unzulässig, für die eigenen Erzeugnisse die Bezeichnung eines Konkurrenzproduktes zu verwenden und den Vermerk «Typ» oder «Ersatz» usw. beizufügen (BGE 60 II 256).

Ungebräuchliche oder wenig bekannte Ausdrücke müssen so verstanden werden, wie sie die moderne Umgangssprache auslegt. Es ist zu ermitteln, wie der normal begabte Durchschnittskäufer den Ausdruck unter Anwendung der im Alltagsleben üblichen Aufmerksamkeit versteht (BGE 87 II 345).

Bevor beurteilt wird, ob eine Äusserung unrichtig oder irreführend ist, muss festgestellt werden, ob sie als Angabe, als ernst zu nehmende Aussage zu verstehen ist, oder ob sie den Eindruck einer reklamenhaften Übertreibung erweckt, ohne den Wert einer genau zu nehmenden Äusserung zu besitzen. Ein solche Superlativwerbung ist vielleicht eine Geschmacksverirrung, aber rechtlich nicht zu beanstanden.

Mit dem Hinweis auf Einmaligkeit ist besonders vorsichtig umzugehen. Das Bundesgericht ist diesbezüglich eher streng und erachtet Ausdrücke wie «die grösste Fernschule der Schweiz» oder «billigste Preise der Schweiz» nicht als harmlose Superlative, sondern als nachprüfbar und daher der Wahrheitsprüfung unterliegend (BGE 102 II 286). Gegen die Bezeichnung «einmalig» ist nichts einzuwenden, sofern sie zutrifft. Wo aber Zweifel bestehen, sieht man besser davon ab (OGer Zürich vom 15. Dezember 1994, SMI 1996, 510).

Wer behauptet, er sei der Einzige oder der Grösste, oder sogar, in weniger bestimmter Form der «Leader», muss beweisen können, dass er wirklich führend ist. Nur die billigsten Preise anzubieten, reicht dazu nicht aus, man sollte auch den stärksten Umsatz machen (BGE 129 III 426); u.E. ist es genügend, aber auch unerlässlich, wenn man an Hand von verschiedenen Kriterien beweisen kann (Angebotspalette, Qualität des Angebots, Preis/Leistungsverhältnis, Grösse, Kundendienst etc., dass man der Konkurrenz um eine Länge voraus ist, eben der «Leader».

Wer sich auf Aussagen Dritter über seine eigenen Geschäfte oder Erzeugnisse beruft (Gutachten, Briefe von Kunden; Zeitungsartikel, publizierte Testresultate), haftet für Wahrhaftigkeit und Genauigkeit der verwendeten Äusserungen (BGE 117 IV 193; BGE 129 III 426).

Bei der Wahl einer Firma ist Vorsicht geboten. Der Name muss dem Tätigkeitsbereich entsprechen (BGE 94 II 613). Die Verwendung einer anderen als der im

Handelsregister eingetragenen Firma ist untersagt. Der Inhaber muss zudem das wesentliche Merkmal der eingetragenen Firma verwenden und darf sich nicht lediglich eines Zusatzes bedienen (BGE 103 IV 202).

Unrichtige Angaben im Sinne des UWG Art. 3 lit. b sind auch irreführende Angaben über die Existenz eines Patentes oder einer Marke (BGE 109 II 165) und die Patent- oder Markenverwarnung, sofern der Verwarnende weiss, dass die diesbezügliche Eintragung nichtig ist (BGE 108 II 225; BGE vom 24. September 1996, sic! 1997, 415 f.).

6.3. Täuschung über Lebensmittel

Das Lebensmittelgesetz (BG vom 9. Oktober 1992 über Lebensmittel und Gebrauchsgegenstände, LMG) widmet zwei Artikel der Irreführung im Bereich der Lebensmittel. Es sieht vor, dass die angepriesene Qualität sowie alle anderen Angaben über das Lebensmittel den Tatsachen entsprechen müssen. Die Täuschung des Konsumenten kann nicht nur durch die Werbung, sondern auch durch Verpackung und Aufmachung erfolgen (LMG Art. 18; BGE vom 13. Mai 2004, sic! 2004, 880). Zudem dürfen Waren, die keine Lebensmittel sind, nicht so gelagert, abgegeben, gekennzeichnet oder angepriesen werden, dass sie mit Lebensmitteln verwechselt werden können (LMG Art. 19 Abs. 2, BGE vom 8. Mai 2001, sic! 2001, 825).

Die Grenzen zwischen Lebensmitteln und Heilmitteln sind insbesondere im Bereiche von «functional food» fliessend. Bei der Beurteilung, ob ein Produkt ein Heil- oder ein Lebensmittel ist, muss hauptsächlich auf den Verwendungszweck des Produkts abgestellt werden; die Anpreisung oder das allgemeine Bekanntsein eines Produkts als Heilmittel kann einen Anhaltspunkt dafür bilden, dass die Heilwirkungen im Vordergrund stehen (BGE vom 8. Mai 2001, sic! 2001, 825).

Schliesslich verbietet das LMG die Warenfälschung im weiten Sinn, indem es dem Händler verbietet, Lebensmittel zu Täuschungszwecken nachzuahmen oder in einer Weise auszustellen, zu kennzeichnen oder anzupreisen, dass die Käufer getäuscht werden könnten (LMG Art. 19 Abs. 1; BGE 130 II 83), oder ohne vorherige Genehmigung der Gesundheitsbehörde Angaben über gesundheitsfördernde Eigenschaften auf einer Etikette anzubringen (LMG Art. 19 Abs. 2, BGE vom 22. Januar 2001, sic! 2001, 218). Es ist allerdings nicht jegliche gesundheitsbezogene Werbung untersagt. Gesundheitsdienliche Produktinformationen können auch im Interesse des Konsumenten sein (z.B. die Anmerkung «stärkt dank dem natürlichen Kalziumgehalt die Knochen»); verboten ist krankheitsspezifische, pseudowissenschaftliche Werbung (BGE 127 II 91).

Lebensmittel, die Spuren gentechnisch veränderter Organismen enthalten, können als biologische Erzeugnisse bezeichnet werden, wenn die Rückstände nicht mehr als 1% der Masse ausmachen und aus einer unfreiwilligen Kontamination herrühren sowie ein vorsätzlicher Rückgriff auf gentechnologische Verfahren mit einer lückenlosen Dokumentation ausgeschlossen werden kann (BGE vom 13. Februar 2003, sic! 2003, 753).

6.4. Verwendung unzutreffender Titel oder Berufsbezeichnungen

Gemäss UWG Art. 3 lit. c handelt unlauter, wer «*unzutreffende Titel oder Berufsbezeichnungen verwendet, die geeignet sind, den Anschein besonderer Auszeichnungen oder Fähigkeiten zu erwecken*».

Diese Bestimmung betrifft lediglich zu beruflichen Zwecken verwendete Titel und Bezeichnungen. Die missbräuchliche Benutzung eines nicht beruflichen Titels, sofern er für die wirtschaftliche Stellung des Trägers nützlich sein kann (z.B. die Verwendung eines Adelstitels), kann unter UWG Art. 3 lit. b fallen.

Fantasietitel und -berufsbezeichnungen, welche offensichtlich nicht ernst genommen werden (Uhrendoktor, Puppenklinik) sind zulässig.

Eine Bezeichnung gilt nur dann als Titel oder Berufsbezeichnung, wenn sie auf eine Auszeichnung oder besondere berufliche Fähigkeit oder Spezialität oder auf ein Diplom über eine solche Fähigkeit hinweist (BGE 117 IV 324). Gemäss Bundesgericht ist die Bezeichnung «Fabrikant» kein Titel im Sinne dieser Bestimmung (BGE 106 IV 218). Hingegen verwendet eine unzutreffende Berufsbezeichnung, wer seinen Betrieb als «Ingenieurbetrieb» bezeichnet, obwohl ihm die normalerweise von einem Ingenieur erwartete Ausbildung fehlt.

Bei akademischen Titeln, die durch ausländische Institute verliehen werden, muss im konkreten Fall geprüft werden, ob die zur Erlangung dieses Titels geforderten Leistungen denjenigen entsprechen, welche in der Schweiz für einen analogen Titel verlangt werden, d.h. ob der im Ausland erworbene Titel den Wert besitzt, welchen ihm das Schweizer Publikum normalerweise beimisst (BGE 47 I 133, 117 IV 324).

6.5. Verwechslung und Verwechslungsgefahr

Gemäss UWG Art. 3 lit. d handelt unlauter, wer «*Massnahmen trifft, die geeignet sind, Verwechslungen mit Waren, Werken, Leistungen oder dem Geschäftsbetrieb eines anderen herbeizuführen*».

Es wird oft die Ansicht vertreten, das UWG schütze die Kennzeichnung und Ausstattung von Waren vor Nachahmung. Dies trifft nicht zu. UWG Art. 3 lit. d verbietet Bezeichnungen oder Aufmachungen, welche zur Verwechslung mit anderen, älteren Artikeln führen können. Praktisch gewährleistet dieses Verbot dem Inhaber einer schon auf dem Markt befindlichen Kennzeichnung oder Aufmachung eine gewisse Ausschliesslichkeit und schützt vor deren Nachahmung. Das UWG bezweckt nicht den Schutz der Ausschliesslichkeitsrechte, sondern will Vorgehensweisen verbieten, welche zu Verwechslungen führen können.

§ 61 Sittenwidrige Handlungen im Geschäftsverkehr – unlauterer Wettbewerb

Es ist allerdings zu bedenken, dass unser Rechtssystem dem Grundsatz verpflichtet ist, dass nicht durch Sonderrechte geschützte Gegenstände und Leistungen nachgeahmt werden dürfen, sofern dadurch keine Verwechslungsgefahr entsteht (vgl. hinten, Ziff. 9.3.). Zudem ist die Benutzung einer fremden technischen oder ästhetischen Idee als solche nicht rechtswidrig und stellt keine unlautere Wettbewerbstätigkeit dar. Das Bundesgericht schützt die Kopierfreiheit. Eine Nachahmung ist jedoch dann unlauter, wenn sie zu Verwechslungen führen kann. Die Verwechslung muss ausserdem vermeidbar gewesen sein, oder der Nachahmer muss den guten Ruf des Erzeugnisses eines Konkurrenten in unlauterer, z.B. schmarotzerischer Weise ausgebeutet haben (BGE 116 II 471). In neuester Zeit scheint das Bundesgericht allerdings von dieser konstanten Praxis abweichen zu wollen (s. hinten, Ziff. 9.1.).

Die Verwechslung kann sich ergeben aus der Verwendung gleichartiger Namen oder Firmen, aus der Form des Erzeugnisses, aus seiner Aufmachung oder Verpackung (BGE vom 8. September 2004, sic! 2005, 221), aus einem visuellen, auditiven oder olfaktorischen Slogan oder jedem anderen Mittel zur Identifizierung eines Produktes oder eines Unternehmens, auch wenn solche Mittel nur unbewusst wirken.

Die Verwendung von Kennzeichen als Domainnamen oder E-Mail-Adressen ist unlauter, wenn sich letztere in der Erinnerung der Adressaten nicht hinreichend von ersteren unterscheiden und dadurch die Gefahr von Verwechslungen entsteht (BGE vom 16. Juli 2002, sic! 2003, 142; UWG 3 I d).

Wir haben vorne, bei der Besprechung der Verwechslungsgefahr von Kennzeichen, die Kriterien dargestellt, nach welchen die Frage der genügenden Unterscheidungskraft eines Zeichens zu beantworten ist (vgl. § 16 Ziff. 3; BGE 116 II 463); die gleichen Überlegungen gelten für die Verwechslungsgefahr zwischen zwei Zeichen, Formen oder Ausstattungen usw. im Lichte des UWG.

Allerdings ist im UWG ein eventueller Registereintrag ohne Bedeutung – es ist auf die tatsächliche Warenpräsentation in Würdigung aller Umstände abzustellen, die dem durchschnittlich aufmerksamen Käufer eine Unterscheidung erlauben – wird eine Marke nachgeahmt, so kann der Nachahmung durch Hinzufügen weiterer Unterscheidungsmerkmale (z.B. spezieller zusätzlicher Etiketten) der Verwechslungseffekt nach UWG genommen werden (BGE vom 8. September 2004, sic! 2005, 221).

Wir haben auch die verschiedenen Kennzeichen eines Unternehmens besprochen, deren unveränderte oder zu wenig veränderte Verwendung durch Dritte zu Verwechslungen führen kann (Firma, Handelsname, Familienname, Drucksachentitel, nicht eingetragener Marken [vgl. vorne, § 15, Ziff. 2.1], Ausstattung [vgl. oben, § 25 Ziff. 2.]).

Die Verwechslungsgefahr kann erstens zu Verwechslungen bezüglich der Herkunft eines Erzeugnisses oder einer Dienstleistung führen und zweitens den (falschen) Anschein erwecken, es bestehe ein Verhältnis zwischen dem eigenen und einem fremden Unternehmen oder zwischen dem eigenen Produkt und demjenigen eines Konkurrenzunternehmens (BGE vom 30. Januar 2002, sic! 2002, 434).

Die Verwechslungsgefahr muss nach dem Gesamteindruck und der Aufmerksamkeit und Wahrnehmungsfähigkeit des Durchschnittskäufers beurteilt werden. Entscheidend ist nicht das gleichzeitige Vergleichen der beiden Artikel, sondern das Erinnerungsbild (BGE vom 2. Juli 2003, sic! 2003, 915).

Entscheidend für den Gesamteindruck sind nicht nur die auf der Ware oder ihrer Verpackung direkt angebrachten Kennzeichen, sondern auch die Warenpräsentation in den Verkaufsregalen, z.B. Deckfolien, die mehrere Produkteinheiten bedecken (BGE vom 2. Juli 2003, sic! 2003, 915).

Die Nachahmung des äusseren Erscheinungsbildes einer Ware oder ihrer Verpackung ist unlauter, wenn beim Konsumenten der Eindruck erweckt wird, die verschiedenen Produkte stammten aus Betrieben, welche wirtschaftlich eng verbunden seien (BGE 116 II 365).

Nur selten erlangt u.E. die Aufmachung einer Ware oder einer Dienstleistung sogleich eine Unterscheidungskraft, so dass ihre Nachahmung zur Verwechslungsgefahr führen würde. Zu einer Verwechslung kann es nur kommen, wenn die Kundschaft die Ware kennt und sie dank ihrer äusseren Aufmachung wiedererkennt (BGE 125 III 193). Je origineller die Ausstattung ist, desto rascher erlangt sie Unterscheidungskraft. Eine alltägliche Aufmachung fesselt die Konsumenten kaum derart, dass sie das Produkt daran wiedererkennen.

Unlauter handelt im Weiteren der Mitbewerber, welcher einen Gegenstand oder eine Ausstattung zwar nicht gesamthaft nachahmt, aber für seine eigenen Produkte oder Leistungen zahlreiche Einzelheiten übernimmt, welche die Ausstattung der Ware eines Konkurrenten kennzeichnen, so dass bei einer mosaikartigen Gesamtbetrachtung der Eindruck erweckt wird, die Produkte stammten von diesem Konkurrenten oder seien mit dessen Einwilligung hergestellt worden (BGE 116 II 365).

Wo die Ausstattung neben der Verwendung des Wortes keine zusätzliche Verwechslungsgefahr schafft, bietet das UWG keine Anspruchsgrundlage neben dem Markenrecht; die Berufung auf UWG durch die Klägerin ist zudem rechtsmissbräuchlich, wenn die Beklagte prioritäre Rechte an der Wortmarke besitzt (BGE vom 4. April 2001, sic! 2001, 408).

Gemeinfreie Bezeichnungen, Formen und andere Mittel können von jedermann frei benutzt werden (Beschaffenheitsangaben). Wer eine derartige Bezeichnung für die Individualisierung seines Produktes oder seiner Tätigkeit wählt, muss hinnehmen, dass Dritte die gleiche Bezeichnung verwenden. Zudem muss er den gemeinfreien Ausdruck durch Zusätze individualisieren, da niemand gemeinfreie Bezeichnungen, die auf ganze Unternehmens- oder Produktekategorien hinweisen, monopolisieren darf (BGE 117 II 199).

Dies gilt dort nicht, wo die Beschaffenheitsangabe durch langjährigen oder besonders intensiven Gebrauch Kennzeichnungskraft für einen bestimmten Benutzer erlangt hat und daher in interessierten Kreisen spontan auf diesen hinweist (BGE vom 12. März 1981, SMI 1990, 44). Daher verstösst auch jener gegen das UWG, der eine bekannte, nicht eingetragene Marke eines anderen gebraucht. (BGE vom 30. Januar 2002, sic! 2002, 434).

Entscheidend ist, ob der fremde Ruf zu eigenen kommerzielle Zwecken ausgebeutet wird, ob die Aufmerksamkeit des Verbrauchers durch positive Assoziationen zur fremden Marke geweckt werden soll. In diesem Zusammenhang sind nicht nur die Kennzeichnung des Produktes, sondern auch andere Umstände zu berücksichtigen, wie die Anlehnung in der Aufmachung, der Werkung oder des angesprochenen Umfeldes (z.B. Kundenkreis).

Es muss nicht unbedingt zu Verwechslungen gekommen sein; es genügt die Begründung der Gefahr der Irreführung des Publikums, z.B. dass es eine Ware für eine andere hält (BGE vom 2. Juli 2003, sic! 2003, 915), oder dass bei Käufern oder spezialisierten Kreisen der Eindruck einer engen Verbindung zwischen den zwei Unternehmen erweckt wird, welche die verwechslungsfähigen Bezeichnungen verwenden (BGE 114 II 106).

Es ist Sache desjenigen, der eine Bezeichnung verwendet, welche zur Verwechslung mit einer bestehenden Bezeichnung führen kann, die notwendigen Massnahmen zur Verhinderung einer Verwechslung zu treffen (BGE 125 III 193). Erweitert jedoch der Inhaber der älteren Bezeichnung sein Tätigkeitsfeld und gerät dabei in den Tätigkeitsbereich des Zweitverwenders, so hat er dafür zu sorgen, dass Verwechslungen vermieden werden (BGE 107 II 356).

Der Ersatz der bestellten Ware durch eine andere von gleicher oder schlechterer Qualität kann zu einem vom Betroffenen meistens unbemerkten Irrtum führen.

Eine Verwechslungsgefahr kann sich daraus ergehen, dass das jüngere Zeichen unmissverständlich eine Botschaft des Inhalts «Ersatz für» oder «gleich gut wie» vermittelt. Denn auch durch derartige Anlehnungen an die Kennzeichnungs- und Werbekraft der älteren Marke kann deren Unterscheidungsfunktion gestört werden, selbst wenn Fehlzurechnungen im eigentlichen Sinn unwahrscheinlich sind (BGE 128 III 224).

Wer anstelle der bestellten Ware ein Ersatzprodukt liefert, muss den Kunden darauf aufmerksam machen (BGE 116 II 471).

6.6. Verwechslung vor dem Verkauf und nach dem Verkauf (Presale – Postsale Confusion)

Gemäss ständiger Rechtsprechung des Bundesgerichtes richtet man sich bei der Beurteilung der Verwechslungsgefahr danach, wie die Produkte «in den Handel gebracht und Interessenten angeboten werden» (BGE 108 II 327); die Verwechslungsgefahr ist nach dem Gesamteindruck zu beurteilen, der sich dem kaufenden Publikum bietet (BGE 103 II 273).

Ohne dies weiter zu hinterfragen, sind sich alle einig, dass die Verwechslungsgefahr auf den Zeitpunkt bezogen werden muss, in welchem sich der Erwerber zum Kauf entschliesst. Ist dies wirklich der entscheidende Augenblick, um zu beurteilen, ob der Käufer objektiv entschieden hat, ob sein Entscheid nicht durch täuschende Machenschaften eines Konkurrenten verfälscht wurde, die ihn in über das Objekt seiner Wahl in die Irre geführt haben?

Eine Verwechslung auf Grund einer unlauteren Vorgehensweise kann auch zu einem anderen Zeitpunkt als demjenigen des Kaufes, d.h. der endgültigen Entscheidung des Käufers, ausgelöst werden.

Die Verwechslung kann auch schon vor dem Erwerb erfolgen; der Käufer kauft aber trotzdem, weil er sich schon an Ort und Stelle befindet. Eine solche Täuschung kann sich aus der Aufmachung eines Ladens oder einer Enseigne ergeben, welche den potentiellen Käufer zum Betreten des Ladens bewegt, den er für denjenigen des von ihm bevorzugten Konkurrenten hält; wenn er seinen Irrtum bemerkt (vielleicht erst dann, wenn ihm der Verkäufer die Ware vorlegt und er feststellt, dass sie mit einer anderen als der von ihm gesuchten Marke versehen ist), scheut er sich, den Laden zu verlassen und kauft den Artikel gegen seinen Willen, oder, schlimmer noch, er entscheidet sich aus freien Stücken für den ihm vorgelegten Artikel, welcher künftig an die Stelle des von ihm früher bevorzugten Produktes treten wird (Kantonsgericht Waadt vom 12. September 1962, SMI 1968, 61).

Gemäss Bundesgericht darf, wie erwähnt, eine Form oder das Erscheinungsbild eines Produktes frei nachgeahmt werden, sofern man der Verwechslungsgefahr bezüglich der Herkunft des Artikels auf andere Weise vorbeugt (z.B. durch unterschiedliche Verpackung oder durch deutlich abweichende Kennzeichnung). Es fragt sich, ob das Bundesgericht hierbei nicht eine wichtige Präzision unterlassen hat, indem es nicht darauf hinwies, dass die vorbeugende Massnahme untrennbar mit dem das Original nachahmenden Artikel verbunden sein muss. Man denke an eine Puppe, welche «Barbie» nachahmt, aber in einer anderen Verpackung mit dem Namen «Marie-Louise» angeboten wird; was nun aber, wenn die Puppe nach Entfernung der Packung und ohne Etikette nicht mehr von einer Barbie-Puppe unterschieden werden kann und sie sich wegen schlechter Qualität rasch abnützt oder wegen ungeeigneten Materials einen schlechten Geruch verströmt usw.? Es liegt auf der Hand, dass der gute Ruf der Barbie-Puppen dadurch beeinträchtigt werden kann.

Um zu vermeiden, dass «der Nachahmer in schmarotzerischer Weise den guten Ruf der Erzeugnisse eines Mitbewerbers ausbeutet» und zur Befolgung der These des Bundesgerichtes, wonach es sich durch die «Nachahmungsfreiheit nicht rechtfertigen lässt, dass der Konsument vermeidbarerweise über die betriebliche Herkunft irregeführt wird» (BGE 116 II 471), muss u.E. von jedem Nachahmer verlangt werden können, dass er den Hinweis auf die Herkunft des Artikels und möglichst auch auf dessen vom nachgeahmten Artikel abweichende Merkmale auf dem Produkt selbst und untrennbar damit verbunden anbringt.

6.7. Vergleichende Werbung

Die vergleichende Werbung ist zulässig, wenn sie keine unlauteren Elemente enthält (BGE 102 II 294). In gewissen Angelegenheiten ist die Möglichkeit zum Vergleich sogar von Gesetzes wegen garantiert (vgl. hinten, § 62 Ziff. 1.).

Gemäss UWG Art. 3 lit. e handelt in diesem Bereich unlauter, wer «*sich, seine Waren, Werke, Leistungen oder deren Preise in unrichtiger, irreführender, unnötig herabsetzender oder anlehnender Weise mit anderen, ihren Waren, Werken, Leistungen und deren Preisen vergleicht oder in entsprechender Weise Dritte im Wettbewerb begünstigt*».

Wie die anderen Werbemethoden muss auch die vergleichende Werbung objektiv, wahr und reell sein. Die Käufer müssen die von den verschiedenen Produzenten oder Geschäftsleuten angebotenen Waren und Leistungen objektiv vergleichen können (BGE 125 III 286). Die Hauptbestandteile eines Artikels und der Preis müssen, als wichtigste Elemente, transparent dargestellt werden.

Die Unlauterkeit kann sich auch aus wahren Angaben ergeben, wenn diese ungenau, nebensächlich oder lückenhaft erscheinen und geeignet sind, bei einem nicht zu vernachlässigenden Teil des massgebenden Publikums, also beim durchschnittlichen Schweizer Verbraucher, der nicht Fachmann und normal begabt ist, einen Irrtum hervorzurufen (BGE 129 III 426).

Eine beliebte Art der vergleichenden Werbung ist die sog. Superlativwerbung, wo ein Konkurrent behauptet, er sei der Beste, Unvergleichlichste, etc. Wir haben diese Art der Werbung vorne, im Zusammenhang mit UWG Art. 3 lit. b behandelt (s. oben, Ziff. 6.2). Die wahrhaftige und objektive Werbung kann ferner unlauter sein, wenn sie schmarotzerisch ist. Dies trifft dann zu, wenn die bekannten Qualitäten des Konkurrenzproduktes als Qualitäten des eigenen Produktes herausgestellt werden (BGE 128 III 224). Die schmarotzerische Werbung ist gezwungenermassen vergleichend; sie erfolgt durch die systematische Anlehnung an fremde Leistungen oder Produkte (BGE 116 II 365). Der Urheber der schmarotzerischen Werbung täuscht den Käufer, indem er sein Erzeugnis nicht objektiv mit demjenigen seines Mitbewerbers vergleicht, sondern sein Produkt dem Produkt seines Konkurrenten und dessen Ruf und Qualitäten gleichstellt.

Im Unterschied zum Schmarotzer nimmt der Urheber einer bezugnehmenden Werbung den guten Ruf der Waren oder Leistungen seines Konkurrenten nicht für seine eigenen Waren oder Leistungen in Anspruch. Das typische Anwendungsgebiet für bezugnehmende Werbung sind der Zubehör- und Ersatzteilmarkt sowie die Unterhalts- und Reparaturleistungen. Wenn ein Dritter eigene Ersatzteile für das bekannte Produkt eines andern anbietet, so ist es unzulässig, auf die Bestellnummern des Herstellers der Originalware hinzuweisen, wenn dadurch der unrichtige Eindruck hervorgerufen wird, es handle sich um Originalersatzteile (BGE 116 II 471).

Die vergleichende Reklame bedient sich häufig vergleichender Tests oder Untersuchungen, welche die Vor- und Nachteile einer besonderen Kategorie von

18. Kapitel: Beeinträchtigung des ausgewogenen Marktes und des wirksamen Wettbewerbs

Erzeugnissen hervorheben. Objektive Tests durch neutrale Institute, durch unabhängige Organisationen sind ohne Zweifel zulässig; wer aber Tests zu Reklamezwecken verwendet, muss dabei zurückhaltend und objektiv vorgehen und nicht nur die Vorteile seines eigenen Produkts hervorheben. Er muss auch nachteilige Eigenschaften erwähnen und darf wichtige Elemente nicht verschweigen. Er darf dem Konsumenten kein unzutreffendes Bild seines Produktes geben (BGE 125 III 286; 116 II 365). Wer für ihn ungünstige Tatsachen eines Tests nur in kleinen, weniger ins Auge springenden Fussnoten wiedergibt, oder wer einer Testtabelle noch eigene, die Testresultate in möglicherweise irreführender Form interpretierende Aufstellungen beifügt, handelt unlauter (BGE 129 III 426).

Es ist nicht notwendig, dass das Publikum tatsächlich getäuscht wurde – die Gefahr der Irreführung genügt (BGE 129 III 426). Die Unlauterkeit der irreführenden vergleichenden Werbung kann auch darin gesehen werden, dass sie es den Konsumenten erschwert, wirklich vergleichbare Angebote ausfindig zu machen, und damit einen wirksamen Wettbewerb behindert (BGE vom 14. Juni 2004, sic! 2005, 46).

6.8. Lockvogelpreise

Lockvogelpreise sind eine Form der marktschreierischen und oft schmarotzerischen Werbung. Wer auf Lockvogelpreise zurückgreift, bietet Waren zu äusserst günstigen Preisen an, deutlich unter den üblichen Preisen, bisweilen sogar unter dem Selbstkosten- oder Einstandspreis. Meistens handelt es sich bei der dermassen verschleuderten Ware um bekannte und beliebte Markenartikel. Der Mitbewerber will durch solche Aktionen Käufer anziehen und in sein Geschäft locken, in der Hoffnung, dass sie auch andere Produkte zu normalen oder überhöhten Preisen kaufen werden und dass er auf diese Weise nicht nur den durch die herabgesetzen Preise erlittenen Verlust wettmachen, sondern einen zusätzlichen Gewinn erlangen kann (BGE vom 20 Dezember 1996, sic! 1997, 42).

Das UWG verbietet gewisse Lockvogelpreispraktiken. Gemäss UWG Art. 3 lit. f handelt unlauter, wer *«ausgewählte Waren, Werke oder Leistungen wiederholt unter dem Einstandspreis anbietet, diese Angebote in der Werbung besonders hervorhebt und damit den Kunden über die eigene oder die Leistungsfähigkeit von Mitbewerbern täuscht; Täuschung wird vermutet, wenn der Verkaufspreis unter dem Einstandspreis vergleichbarer Bezüge gleichartiger Waren, Werke oder Leistungen liegt; weist der Beklagte den tatsächlichen Einstandspreis nach, so ist dieser für die Beurteilung massgebend»*.

6.9. Zugaben und Wettbewerbe

Die Zugabe ist das Gegenstück zum Lockvogelpreis. Dabei geht unlauter vor, wer *«den Kunden durch Zugaben über den tatsächlichen Wert des Angebotes täuscht»* (UWG Art. 3 lit. g).

Die Täuschung besteht darin, dass die Zugabe die Aufmerksamkeit des Käufers erregt und sein Urteilsvermögen beeinträchtigt; durch die Zugabe soll dem Käufer weisgemacht werden, der beabsichtigte Kauf sei besonders vorteilhaft (BGE 90 IV 109).

Werbewettbewerbe gehören zu den häufigsten Werbemethoden von Versandhäusern. Sie sind nur dann rechtmässig, wenn die Wettbewerbsbestimmungen über Teilnahmebedingungen und Erfolgsaussichten eindeutige Auskunft geben. Sie müssen vor allem eindeutig klarstellen, dass die Teilnahmeberechtigung und der Gewinn eines Preises nicht von einer Warenbestellung abhängen. Die Schweizerische Lauterkeitskommission hat genaue Regeln über Werbegewinnspiele aufgestellt (Grundsätze 1997, Nr. 3.9).

Derartige Wettbewerbe können auch unter das Lotteriegesetz fallen und nach dessen Massgabe verboten sein, sogar wenn die Werbeveranstaltung, für die in der Schweiz geworben wurde, im Ausland stattfindet (BGE 123 IV 175, 225).

6.10. Besonders aggressive Verkaufsmethoden

Gemäss UWG Art. 3 lit. h handelt unlauter, wer «*den Kunden durch besonders aggressive Verkaufsmethoden in seiner Entscheidungsfreiheit beeinträchtigt*».

Mit dieser Bestimmung wollte der Gesetzgeber Verkaufsmethoden ausschliessen, durch welche der Konsument in einen Kaufzwang versetzt wird. Raffinierte Verkäufer organisieren Veranstaltungen, in deren Verlauf der Konsument psychisch unter Druck gesetzt und zum Kauf eines Produktes oder Apparates regelrecht gezwungen wird. Dies kann auf zu besonders günstigen Preisen angebotenen Reisen, an vom Verkäufer bei sich zu Hause organisierten Festen oder bei Strassenverkäufen geschehen, bei denen der Verkäufer nicht mehr von seinem Opfer ablässt (Grundsätze 1997, Nr. 4.2.4. und 5.1.).

Als besonders aggressive Verkaufsmethoden gilt auch die Zustellung der wohlbekannten persönlich adressierten Warenkataloge, zusammen mit Teilnahmescheinen an Gewinnspielen mit der Zusicherung, dass die Empfänger bereits bedeutende Gewinne gemacht haben, die sie nur noch abrufen müssen, und dass sie nunmehr weitere Gewinne machen könnten – in diesen Fällen ist der Adressat versucht, unter Hintanstellung sachlicher Überlegungen, Waren zu bestellen, sozusagen in einer psychologischen Zwangslage, um das Einkassieren des schon erzielten Gewinnes nicht zu riskieren, oder aus Dankbarkeit für diesen Gewinn (BGE vom 16. März 2002, sic! 2002, 697). Aber nicht alle aggressiven Verkaufsmethoden erzielen einen solchen psychologischen Zwang, z.B. nicht das Versenden von Aufforderungen zur Eintragung in scheinbar offizielle Register (BGE 129 IV 49? vom 18. Dezember 2002, sic! 2003, 354 – s. auch oben, Ziff. 6.2).

Eine Verkaufsmethode ist unter Umständen auch dann als besonders aggressiv gemäss Art. 3 lit. h UWG zu bewerten, wenn der Absatz durch ein rechtswidriges Mittel oder auf rechtswidrige Art und Weise gefördert wird, der Anbieter mithin einen Vorsprung durch Rechtsbruch erlangt. Die Rechtswidrigkeit, die allein darin liegt, dass ein Verhalten im Sinne der Generalklausel von Art. 2 UWG gegen Treu und Glauben verstösst, fällt jedoch gerade nicht unter den erwähnten Rechtsbruch. Anders entscheiden hiesse, dass jede gegen die Generalklausel von Art. 2 UWG verstossende Verkaufsmethode gleichzeitig besonders aggressiv i.S.v. Art. 3 lit. h UWG wäre (BGE 129 IV 49).

6.11. Täuschung durch Verschleierung

Wer «*die Beschaffenheit, die Menge, den Verwendungszweck, den Nutzen oder die Gefährlichkeit von Waren, Werken oder Leistungen verschleiert und dadurch den Kunden täuscht*», täuscht das Publikum. Solche Vorkehrungen sind unlauter, das Gesetz verbietet sie (UWG Art. 3 lit. i).

7. Verleitung zur Vertragsverletzung oder -auflösung

UWG Art. 4 fasst jene Verhaltensweisen zusammen, welche eine unlautere Verleitung zur Vertragsverletzung oder -auflösung darstellen. Das solchen Vorgehensweisen gemeinsame unlautere Element liegt darin, dass das Wettbewerbsverhältnis durch die Vertragsauflösung oder die Verleitung dazu verfälscht wird.

Laut UWG Art. 4 lit. a handelt unlauter, wer «*Abnehmer zum Vertragsbruch verleitet, um selbst mit ihnen einen Vertrag abschliessen zu können*».

Der Ausdruck «Abnehmer» muss im weiten Sinne verstanden werden. Er zielt nicht nur auf den Konsumenten, sondern auf alle Teilnehmer am wirtschaftlichen Wettbewerb ab.

Nicht jede Verleitung zur Vertragskündigung ist unlauter. Laut Bundesgericht ist die Ausbeutung der Verletzung einer vertraglichen Verpflichtung nur unter besonderen Umständen rechtswidrig und demzufolge unlauter (BGE 114 II 91). Die Abwerbung von Arbeitnehmern ohne Rücksicht auf ihren Arbeitsvertrag fällt unter UWG Art. 4 lit. a, da der Handelnde an die Stelle des Arbeitgebers treten will; das Anbieten von Geld allein stellt noch keine Verleitung dar (BGE 126 III 322); die Ankündigung an frühere Mitarbeiter, dass man eine eigene Firma eröffnen und qualifiziertes Personal suche, auch nicht (Cour de justice Genève vom 19. März 2004, sic! 2004, 884). Allerdings ist auch die systematische Übernahme von ganzen Arbeitsequipen nicht unlauter, wenn die Arbeitnehmer ihre Verträge in gehöriger Form kündigen (HG St. Gallen vom 6. Dezember 1983, SMI 1985, 252). Unter die Generalklausel fällt dagegen, als Verstoss gegen Treu und Glauben, die Inanspruchnahme der Dienste des Arbeitnehmers eines Konkurrenten, solange dieser noch an seinen Arbeitnehmer gebunden ist (HG St. Gallen vom 27. Februar 1958, SMI 1960, 187).

Gemäss UWG Art. 4 lit. b handelt unlauter, wer «*sich oder einem anderen Vorteile zu verschaffen sucht, indem er Arbeitnehmern, Beauftragten oder anderen*

Hilfspersonen eines Dritten Vergünstigungen gewährt oder anbietet, die diesen rechtmässig nicht zustehen und die geeignet sind, diese Personen zu pflichtwidrigem Verhalten bei ihren dienstlichen oder geschäftlichen Verrichtungen zu verleiten».

An der Bestechung sind immer drei, nämlich der Bestechende, der Bestochene und der Arbeit- oder Auftraggeber des Bestochenen, beteiligt. Der Bestochene muss nicht ein Arbeitnehmer sein, sondern kann auch ein Beauftragter oder eine andere Hilfsperson des Geschädigten, beispielsweise ein gewähltes Behördenmitglied, sein.

Die unlautere Handlung ist durch das Anbieten des Bestechungsgeldes vollzogen, auch wenn dessen Annahme verweigert wird.

Gemäss UWG Art. 4 lit. d schliesslich handelt unlauter, wer *«einen Käufer oder Kreditnehmer, der einen Abzahlungskauf, einen Vorauszahlungskauf oder einen Kleinkreditvertrag abgeschlossen hat, veranlasst, den Vertrag zu widerrufen, oder einen Käufer, der einen Vorauszahlungskauf abgeschlossen hat, veranlasst, diesen zu kündigen, um selber mit ihm einen solchen Vertrag abzuschliessen».*

Diese ausführliche Bestimmung bedarf keines weiteren Kommentars.

8. Verletzung von Geheimnissen

Laut UWG Art. 4 lit. c handelt unlauter, wer *«Arbeitnehmer, Beauftragte oder andere Hilfspersonen zum Verrat oder zur Auskundschaftung von Fabrikations- und Geschäftsgeheimnissen ihres Arbeitgebers oder Auftraggebers verleitet».*

Wie bei UWG Art. 4 lit. b ist die Verleitung als solche unlauter, unabhängig davon, ob sie erfolgreich ist oder nicht. Der Verführer richtet sich an Personen, welche in vertraglicher Verbindung mit einem Konkurrenten stehen und dank ihrer Stellung Geheimnisse kennen, welche sie verraten können.

Zu den Hilfspersonen des Geheimnisträgers gehören insbesondere Unternehmer, welchen oft die zur Ausführung des Werkes erforderlichen Geheimnisse anvertraut werden (BGE 18. März 1999, sic! 1999, 300).

Die nach Beendigung des Auftrages, Arbeitsvertrages oder anderen Vertragsverhältnisses vorgenommene Ausbeutung eines gegen Treu und Glauben erworbenen Geheimnisses fällt nicht unter UWG Art. 4 lit. c, sondern unter die allgemeine Klausel des Art. 6 (BGE 114 II 91).

Der Verleiter zur Geheimnisverletzung eines Arbeitnehmers oder Beauftragten fällt unter UWG Art. 4 lit. c; der Verleitete ist gemäss StGB Art. 162 strafbar.

Laut UWG Art. 6 handelt unlauter, *«wer Fabrikations- oder Geschäftsgeheimnisse, die er ausgekundschaftet oder sonstwie unrechtmässig erfahren hat, verwertet oder anderen mitteilt».*

Im Gegensatz zu UWG Art. 4 lit. c, welcher die Verleitung zum Verrat oder zur Auskundschaftung bestraft, will Art. 6 verhindern, dass der erfolgreich Verleitende die erlangten Geheimnisse durch Weitergabe oder Eigenverbrauch verwerten kann.

Die unrechtmässige Erschleichung eines Geheimnisses kann durch eigentliche technische oder kommerzielle Spionage, direkt oder über Dritte, erfolgen oder durch den Missbrauch der Vertrauenssphäre, die an gesellschaftlichen Anlässen besteht (z.B. durch die Ausnutzung eines zufällig erlauschten Gesprächs zwischen zwei Teilnehmern einer Cocktailparty).

Die Mitteilung ist erfolgt, sobald das Geheimnis einem Dritten mitgeteilt wird, welcher mit dem Berechtigten in keinem besonderen Geheimhaltungsverhältnis steht.

9. Verwertung fremder Leistung

UWG Art. 5 befasst sich mit dem Schutz vor unbefugter Verwertung fremder Leistungen. Verboten sind nicht die Kopie, die Übernahme oder die Verwertung der nicht durch Sonderrechte (PatG, URG, MMG, ToG) geschützten Leistung, sondern die unlautere Kopie und die unbefugte Verwertung (BGE 118 II 459; vgl. auch vorne, Ziff. 6.5.). Zudem fällt nicht jede Leistung unter UWG Art. 5; gegen unbefugte Übernahme geschützt sind an und für sich nur Arbeitsergebnisse, Produkte geistiger Anstrengungen und materieller Aufwendungen (BGE 117 II 199), jedoch nach neuester Rechtsprechung auch irgendwelche einem Handwerker übergebene Anweisungen zur Herstellung eines Gegenstands (BGE vom 18. März 1999, sic! 1999, 300).

Wenn zwei ehemalige Vertragspartner sich zur Geheimhaltung der gemeinsam erworbenen Kenntnisse verpflichtet haben, und einer von ihnen diese Kenntnisse benützt, so stellt dies nicht die Verwertung einer fremden Leistung dar, kann aber eventuell unter UWG Art. 2 fallen (BGE vom 15. Januar 2001, sic! 2001, 300).

Nach gewissen Lehrmeinungen kann die Übernahme einer fremden Leistung unlauter sein, wenn das Leistungsergebnis von einem Dritten, der seine eigene Leistung nur unter Verwendung der fremden Leistung erbringen kann, ausgebeutet wird, bevor der ursprüngliche Leistungsbringer die ihm billigerweise aus seiner Leistung zustehenden Früchte einkassieren konnte[41]. Wir sind geneigt, uns dieser Meinung anzuschliessen.

9.1. Verwertung einer Leistung unter Verletzung eines Vertrauensverhältnisses

UWG Art. 5 lit. a lautet wie folgt: «*Unlauter handelt insbesondere, wer ein ihm anvertrautes Arbeitsergebnis wie Offerten, Berechnungen oder Pläne unbefugt verwertet.*»

---

[41] S. Thomas Summerer/Holger Blask, Rechte an Spielplänen und Tabellen von Profiligen am Beispiel der DFL, in: SpuRt 2005, 52.

Der Artikel betrifft jede Verwendung und gewerbliche oder kommerzielle Ausführung eines Arbeitsergebnisses, von welchem jemand mit der Zustimmung des Berechtigten zu einem bestimmten Zweck Kenntnis hatte.

Das Bundesgericht hat in ständiger Rechtsprechung die Verletzung eines Vertrauensverhältnisses zur Aneignung des Arbeitsergebnisses oder der Ideen eines Dritten als strafbar bezeichnet. Als anvertraut gilt jede mehr oder weniger vertrauliche Kenntnis, welche ein Gewerbetreibender oder Kaufmann einem Dritten mitteilt, damit dieser eine Arbeit für ihn ausführt (BGE 77 II 263, BGE vom 18. März 1999, sic! 1999, 300).

Laut Bundesgericht ist ein typischer Verstoss gegen Treu und Glauben die Bestellung von Mustern eines neuen Artikels, nicht nur, um diese zu prüfen, sondern um sie nachzuahmen und als Modell zu hinterlegen (BGE 113 II 319).

Der Wortlaut der Bestimmung, welcher als Beispiele Offerten, Berechnungen oder Pläne nennt, scheint den Schutz gegen die unbefugte Übernahme auf die schriftliche Aufzeichnung des Ergebnisses einer technischen Arbeit zu beschränken. Nach der oben erwähnten neuesten Rechtsprechung des Bundesgerichts ist eine derart enge Auslegung nicht mehr gerechtfertigt. Es ist auch der Prototyp geschützt, welcher einem Kaufmann oder Hersteller anvertraut wurde, um dessen Chancen auf dem Markt zu beurteilen, oder Gussformen, die jemandem zur Herstellung eines dreidimensionalen Objektes übergeben wurden (Uhrgehäuse) sowie alle Ergebnisse einer mehr oder weniger originalen Überlegung (z.B. rohe Skizzen, die zeichnerisch Gedanken festhalten), welche ein Dritter zu einem bestimmten Zweck, in Erfüllung einer vertraglichen Verbindlichkeit, erhalten hat.

Wenn in einem Vertragsverhältnis neue Maschinen oder Techniken entwickelt werden, und die Parteien haben nicht vereinbart, wem diese Entwicklungen gehören sollen, so stehen sie im Gesamteigentum der Parteien und ihre Verwertung durch eine Partei fällt nicht unter UWG Art. 5 lit. a (BGE vom 5. Januar 2001, sic! 2001, 330).

9.2. Verwertung einer unbefugt erworbenen Leistung

UWG Art. 5 lit. b ergänzt lit. a dieses Artikels: Unlauter handelt, wer «*ein Arbeitsergebnis eines Dritten wie Offerten, Berechnungen oder Pläne verwertet, obwohl er wissen muss, dass es ihm unbefugterweise überlassen oder zugänglich gemacht worden ist*».

Wer in den Besitz eines Arbeitsergebnisses kommt, kann dieses oft nicht direkt verwerten. Der Besteller, Unternehmer oder Kaufmann kann Ingenieur- oder Architektenpläne und Werbekampagnen nicht direkt benutzen. Er kann jedoch versucht sein, solche Pläne, Berechnungen oder Kampagnen anderen Architekten oder Werbeagenten zu übergeben und sie mit der Ausführung eines identischen oder fast identischen Werkes zu beauftragen, auf einem anderen Grundstück, unter anderen atmosphärischen Bedingungen (Architektenpläne, Ingenieurberechnungen) oder für andere Produkte (Werbekampagne). Der dritte Ingenieur oder Werbefachmann, welcher solche Unterlagen benutzt, fällt unter UWG Art. 5 lit. b, sofern er wusste oder wissen musste, dass sein Auftraggeber ohne Einwilligung des ursprünglichen Urhebers handelte (BGE 122 III 3).

9.3. Verwertung des Arbeitsergebnisses durch technische Reproduktionsverfahren

UWG Art. 5 lit. c stellt unter Strafe, wer *«das marktreife Arbeitsergebnis eines anderen ohne angemessenen eigenen Aufwand durch technische Reproduktionsverfahren als solches übernimmt und verwertet»*.

Diese Bestimmung schützt wiederum nicht die Leistungen als solche, sondern verbietet gewisse Kopier- oder Reproduktionsverfahren zur Vervielfältigung von Immaterialgüterträgern (BGE 116 II 471; BGE 118 II 459).

Dies beeinträchtigt den Grundsatz nicht, wonach das Arbeitsergebnis eines Dritten frei nachgeahmt werden kann, um die eigenen Objekte technisch vereinfacht oder wirtschaftlicher herzustellen und ihnen eine gefällige Form zu geben, soweit solche Objekte nicht durch ein Sonderrecht geschützt sind und die nachgeahmte Form keine Kennzeichnungs- oder Identifizierungskraft besitzt, sofern keine Täuschungsgefahr über die Herkunft des Produktes besteht und dieses durch ein anderes Verfahren oder in anderer Form herstellbar ist (BGE 113 II 319). Erlaubt ist es, sich, allenfalls auch sklavisch, bei der Herstellung der gleichen Objekte von nicht geschützten fremden Arbeitsergebnissen beeinflussen zu lassen (BGE vom 4. Februar 2005, 4C.336/2004). Es ist dagegen verboten, solche Objekte mittels technischer Reproduktionsverfahren zu kopieren, ohne Durchlaufen der Herstellungsphase, welche ein Hersteller üblicherweise auf sich nehmen müsste, d.h. ohne angemessenen eigenen Aufwand (BGE 113 II 77).

Mit dem Ausdruck «angemessener» Aufwand geht das Gesetz davon aus, dass man vom Nachahmer keine grössere Anstrengung erwarten darf als vom ersten Hersteller des Objektes. Je einfacher die Entwicklung und Herstellung des Objektes, desto kleiner die mutmasslichen eigenen Anstrengungen des Nachahmers. Der angemessene Aufwand besteht im Allgemeinen in Investitionen und Kosten, welche sich der Fälscher erspart (z.B. durch Kopieren einer Fotografie anstelle der Beauftragung eines Fotografen). Der Aufwand muss allerdings nicht unbedingt finanzieller Natur sein. Um zu beurteilen, ob der Aufwand des Nachahmers angemessen ist, sind die gesamten Anstrengungen der beiden Konkurrenten zu vergleichen (BGE vom 4. Februar 2005, 4C.336/2004).

Laut Gesetz muss das Arbeitsergebnis des ersten Herstellers marktreif sein. Der Ausdruck «marktreif» ist nicht sehr klar; dieses Erfordernis widerspricht der elementaren kaufmännischen Logik insofern als es die unbefugte Verwertung von Prototypen, ersten Modellen und Objektteilen gestattet, obgleich bei der Schaffung eines neuen Objektes der hauptsächliche Aufwand häufig in der Herstellung des Rohmodelles oder vereinfachten Modelles liegt, welches alle Tests durchlaufen hat (aero- oder hydrodynamische Tests, z.B. für die Schraube einer hydroelektrischen Turbine oder den Kiel eines Rennbootes).

Als marktreifes Arbeitsergebnis versteht das Bundesgericht ein Produkt, das ohne weiteres Zutun gewerblich verwertet werden kann. Massgebend für die Unlauterkeit des Verhaltens ist, dass weder bei der Übernahme des fremden Arbeitsergebnisses durch technische Reproduktion noch bei der Verwertung ein angemessener eigener Aufwand betrieben wird (BGE vom 4. Februar 2005, 4C.336/2004).

Diese Umschreibung enthält kein zeitliches Element; bereits vermarktete Artikel sind ebenso geschützt wie Pipeline-Produkte. Der Gesetzgeber wollte damit zum Ausdruck bringen, dass einzig körperliche Gegenstände durch gegen Treu und Glauben verstossende technische Reproduktionsverfahren nachgeahmt werden können und dass die Aneignung von Ideen oder Methoden im Lichte des UWG nicht unlauter ist (im Lichte von BGE 18. März 1999, sic! 1999, 300, s. vorne, Ziff. 9.1., könnte dies allerdings ändern).

Die Verwertung kann ein beliebiges Objekt betreffen, z.B. Ton- oder Tonbildträger, Schallplatten (Compactdisc oder andere), Kassetten, Videodiscs oder andere magnetische Träger, aber auch Photographien und weitere graphische Darstellungen. Solche Kopien anzufertigen ist heutzutage ein Kinderspiel und die dazu erforderlichen Mittel sind überall erhältlich. Auf einer anderen Ebene kann es um technische Pläne, Vergleichstabellen (z.B. Berichte über Vergleichstests), Werbematerial, aber auch um urheberrechtlich geschützte oder nicht geschützte Publikationen gehen (z.B. Marketingstudien oder schriftliche und graphische Darstellungen einer Werbekampagne, Handbuch eines Seminars zur beruflichen Weiterbildung usw.).

Es ist unerheblich, ob der Nachahmer die rechtswidrige Reproduktion durch technische Mittel in der Schweiz oder im Ausland vorgenommen hat. Verfertigt er die Kopie im Ausland (oder lässt er sie dort fertigen) und verwertet er anschliessend das Ergebnis in der Schweiz, so fällt er unter UWG Art. 5 lit. c; kauft er im Ausland ein Produkt, von welchem er weiss, dass es das Ergebnis einer Nachahmung durch in UWG Art. 5 lit. c erwähnte technischen Mittel ist, und vermarktet er dieses in der Schweiz, so verstösst er auch gegen UWG Art. 5 lit. b. Bösgläubigkeit des Importeurs wird vermutet, wenn er das Produkt sehr billig erworben hat, ohne den Nachweis über dessen Herkunft zu verlangen (wer z.B. billig einen Stock Ton- oder Tonbildkassetten erwirbt, muss annehmen, dass es sich um Raubkopien handelt – s. BGE 122 III 3).

10. Nichteinhaltung von Arbeitsbedingungen

UWG Art. 7 ist in einem gewissen Sinn ein Kuriosum. Er wurde vom alten Gesetz übernommen: *«Unlauter handelt insbesondere, wer Arbeitsbedingungen nicht einhält, die durch Rechtssatz oder Vertrag auch dem Mitbewerber auferlegt oder berufs- oder ortsüblich sind.»*

18. Kapitel: Beeinträchtigung des ausgewogenen Marktes und des wirksamen Wettbewerbs

In den sechzig Jahren seiner Existenz scheint dieser Artikel nie Anlass zu einem Gerichtsentscheid gegeben zu haben. Er wird aber sicherlich häufig verletzt; wer die Berufsvorschriften nicht einhält, kann daraus beträchtliche Vorteile ziehen. Offensichtlich haben sich jedoch die durch ein solches ungebührliches Verhalten von Mitbewerbern Betroffenen diesbezüglich nie an ein Gericht gewendet.

11. Verwendung missbräuchlicher Geschäftsbedingungen

UWG Art. 8 lautet:

«Unlauter handelt insbesondere, wer vorformulierte allgemeine Geschäftsbedingungen verwendet, die in irreführender Weise zum Nachteil einer Vertragspartei:
a. von der unmittelbar oder sinngemäss anwendbaren gesetzlichen Ordnung erheblich abweichen oder
b. eine der Vertragsnatur erheblich widersprechende Verteilung von Rechten und Pflichten vorsehen.»

Der Gesetzgeber wollte verhindern, dass AGB missbräuchlich verwendet werden, um den wahren Charakter eines Geschäftes zu verschleiern oder den unerfahrenen Vertragspartner zu übertölpeln. Auch leserliche, klare und einwandfrei präsentierte AGB können irreführend sein oder den Kunden übervorteilen. Vorformulierte AGB sind allerdings nur dann unlauter, wenn sie erheblich von der unmittelbar oder sinngemäss anwendbaren gesetzlichen Ordnung abweichen oder eine der Natur des Geschäftes wesentlich widersprechende Verteilung von Rechten und Pflichten vorsehen (UWG Art. 8 lit. a; BGE 119 II 443).

Unter gesetzlicher Ordnung sind nicht nur zwingende und dispositive gesetzliche Bestimmungen, sondern auch Regeln aus Gewohnheitsrecht, Rechtsprechung und Lehre zu verstehen (BGE 117 II 332).

Die AGB müssen den Regeln der Vorhersehbarkeit Folge leisten; sie dürfen keine unüblichen Klauseln enthalten, welche vom unerfahrenen Konsumenten unbemerkt bleiben könnten.

Klauseln in AGB sind unlauter, wenn sie geeignet sind, den Vertragspartner irrezuführen. Der Nachweis, dass Irrtümer eingetreten sind, ist jedoch nicht unerlässlich (BGE 115 II 264).

UWG Art. 8 betrifft nur vorformulierte AGB und kommt nicht zur Anwendung, wenn der Vertrag im Einzelnen ausgehandelt wurde. Allerdings genügt es hierbei nicht, dass der schwächeren Vertragspartei bloss ein Mitspracherecht bei nebensächlichen Punkten eingeräumt wird, indem z.B. im gedruckten Text einzelne Stellen leer gelassen werden.

Es stellt sich die Frage nach den Folgen der Verwendung missbräuchlicher Klauseln in den AGB. Der Vertrag, zu welchem sie gehören, bleibt gültig (ausgenommen der äusserst unwahrscheinliche Fall, dass die missbräuchlichen Klauseln alle

Essentalia des Grundvertrages betreffen). Die betreffende Klausel ist ungültig; die Partei, die sie eingebracht hat, kann sich dem Vertagspartner gegenüber nicht darauf berufen.

Das Bundesgericht hat die hier aufgeführten Grundsätze bestätigt und erklärt, die Auslegung vorformulierter AGB folge den Regeln der Vertragsauslegung. Es wird nicht davon ausgegangen, dass die Parteien eine unpassende Lösung gesucht haben. Im Zweifelsfall geht die Auslegung zu Ungunsten des Urhebers der AGB (BGE 117 II 261 – *in dubio contra stipulatorem*).

§ 62 Massnahmen zur Gewährleistung der Konsumenteninformation

1. Gesetzgebung

Das UWG enthält Bestimmungen über die Preisbekanntgabe (UWG Art. 3 lit. k–m und Art. 16–20). Diese Bestimmungen sind jedoch lediglich die Grundlage für ausführliche Administrativregelungen; dazu gehört die Preisbekanntgabeverordnung von 1978, welche 1987 und 1999 revidiert wurde (PBV).

Das BIGA, welches die Anwendung der verwaltungsrechtlichen Bestimmungen im UWG und in weiteren Reglementen, wie z.B. der PBV, überwacht, gibt von Zeit zu Zeit sogenannte «Informationsblätter» heraus, welche die Anwendung der PBV für feste Preise gewährleisten, beispielsweise im Garagegewerbe, für Autopneus, Autoleasing, im Taxigewerbe, in Gastgewerbe und Hotellerie, für chemische Reinigungsbetriebe, im Coiffeurgewerbe, für Floristen und Gärtner, Haushaltelektronik, Orientteppiche und die Werbung von Reiseagenturen.

Vor über zehn Jahren hat das BIGA für die Durchführung der PBV «Empfehlungen» herausgegeben, welche ein eigentliches Vollziehungsreglement zur Preisbekanntgabeverordnung darstellen.

1992 trat das Bundesgesetz über die Information der Konsumentinnen und Konsumenten in Kraft (KIG). Es legt den Grundsatz fest, dass, sofern ein Konsumenteninteresse vorliegt, die wesentlichen Eigenschaften der zum Kauf oder Gebrauch angebotenen Waren sowie gewisser, vom Bundesrat zu bezeichnenden Dienstleistungen in vergleichbarer Form anzugeben sind (KIG Art. 2 Ziff. 1).

2. Mindestangaben für Abzahlungskäufe und Kleinkredite

Einzelne Bestimmungen des UWG betreffen die Angaben, welche in der Werbung für Anzahlungsverkäufe und Kleinkredite gemacht werden müssen:

Gemäss UWG Art. 3 lit. k handelt insbesondere unlauter, wer «*es bei öffentlichen Auskündigungen über einen Abzahlungskauf oder ein ihm gleichgestelltes Rechts-*

geschäft unterlässt, seine Firma eindeutig zu bezeichnen, klare Angaben über den Bar- oder Gesamtkaufpreis zu machen oder den Teilzahlungszuschlag in Franken oder Jahresprozenten genau zu beziffern».

Die Bestimmung bezieht sich auf die Werbung für Abzahlungskäufe; ihr Gegenstück ist die Werbung für Kleinkredite. Gemäss UWG Art. 3 lit. l handelt unlauter, wer *«es bei öffentlichen Auskündigungen über Kleinkredite unterlässt, seine Firma eindeutig zu bezeichnen, klare Angaben über die Kreditsumme oder den maximalen rückzahlbaren Gesamtbetrag zu machen oder die maximalen Kreditkosten in Franken und Jahresprozenten genau zu beziffern».*

Die beiden Bestimmungen werden durch eine dritte ergänzt, welche die Angaben aufzählt, die Vertragsformulare enthalten müssen, mittels welchen ein Vorauszahlungskauf oder ein Kleinkreditvertrag angeboten oder abgeschlossen wird. Laut UWG Art. 3 lit. m handelt unlauter, wer *«im Rahmen einer geschäftlichen Tätigkeit einen Abzahlungskauf, einen Vorauszahlungskauf oder einen Kleinkreditvertrag anbietet oder abschliesst und dabei Vertragsformulare verwendet, die unvollständige oder unrichtige Angaben über den Gegenstand des Vertrags, den Preis, die Zahlungsbedingungen, die Vertragsdauer, das Widerrufs- oder Kündigungsrecht des Kunden oder über sein Recht zu vorzeitiger Bezahlung der Restschuld enthalten.»* (Vgl. auch das BG vom 8. Oktober 1993 über den Konsumkredit).

Verstösse gegen UWG Art. 3 lit. k und l können schon durch die blosse Veröffentlichung von Inseraten oder Plakaten begangen werden, in welchen für die Wahl des Konsumenten wesentliche Angaben fehlen (BGE 117 IV 364).

Der Gesetzgeber wollte verhindern, dass der Konsument in den Bann einer Konsumkreditwerbung gezogen wird, welche lediglich die Vorteile von Kleinkrediten betont, ohne die Kosten zu erwähnen, welche dem Kreditnehmer daraus entstehen (BGE 120 IV 287).

Der Begriff «öffentliche Auskündigung» erfasst jede Werbung, welche sich nicht an einen im Voraus klar beschränkten Personenkreis wendet (BGE 117 IV 364).

3. Regeln für die Preisangabe

Wer dem Konsumenten Waren anbietet, muss auf der Ware selbst, in den Auslagen oder in der Werbung den tatsächlich zu bezahlenden Preis angeben (UWG Art. 16 Abs. 1).

Der Konsument oder der Konkurrent, der sich in seinen Interessen verletzt fühlt, kann nicht selber gegen den fehlbaren Konkurrenten klagen, sondern diesen lediglich der zuständigen kantonalen Behörde anzeigen (im Allgemeinen der Gewerbepolizei; UWG Art. 18–20).

Die Preisbekanntgabepflicht ist im UWG nur allgemein geregelt. Die Einzelheiten gehen aus der PBV hervor.

Die PBV soll durch die Verpflichtung zur Angabe von klaren und miteinander vergleichbaren Preisen die Markttransparenz gewährleisten und irreführende Preisangaben verhindern (PBV Art. 1). Der Detailpreis, welcher vom Konsumenten tatsächlich zu bezahlen ist, muss in Schweizerfranken angegeben werden, einschliesslich allfälliger öffentlicher Abgaben; dies gilt für alle Arten von Rechtshandlungen, durch welche der Konsument Eigentum oder Besitz erwirbt (Kauf, Leasing, Miete usw.), ob es sich um Waren oder Dienstleistungen, um Veräusserungshandlungen oder um Werbung handle (PBV Art. 2–4; BGE 112 IV 125).

Schliessen die Parteien keinen Kauf, sondern ein komplexeres Geschäft ab, muss der Vertrag alle wichtigen Angaben enthalten. Bei einer Miete auf Kauf muss der Verkäufer den monatlichen Preis, die Höhe der Anzahlung und den während der ersten Periode von zwölf Monaten gesamthaft zu bezahlenden Betrag angeben (BIGA – PBV, S. 3/4). Ausser dem Grundpreis für messbare Waren muss er auch den Einheitspreis nennen (PBV Art. 5 Abs. 1). Für vorverpackte Waren sind Detail- und Grundpreis bekanntzugeben (PBV Art. 5 Abs. 2). Von dieser Vorschrift gibt es allerdings zahlreiche Ausnahmen (PBV Art. 5 Abs. 3).

Detail- und Grundpreise müssen leicht lesbar und gut sichtbar sein. Bei Angaben in Schaufenstern müssen die Preise von aussen gut lesbar sein (PBV Art. 8; BGE 108 IV 120), bei Telefonwerbung leicht verständlich (PBV Art. 11 – BGE 128 IV 177).

Preislisten, Kataloge und Regalanschriften müssen das Verhältnis zwischen Preis, Verkaufseinheit und Ware so klar angeben, dass ein Irrtum ausgeschlossen ist (BIGA PBV, S. 7 und 9f.).

Die Angabe der Quantität messbarer Waren muss die Normen des BG von 1977 über das Messwesen und jene der Deklarationsverordnung vom 15. Juli 1970 einhalten.

Die PBV verpflichtet bestimmte Dienstleistungsgewerbe, ihren Kunden auf Preislisten oder Plakaten die tatsächlich zu bezahlenden Preise bekanntzugeben (PBV Art. 10). Bei Telefondiensten müssen die Preise für die ersten 10 Minuten in der Sprache der betreffenden Region angegeben werden (BGE 129 III 604).

Die PBV regelt auch die Trinkgeldfrage. Trinkgelder müssen im Preis inbegriffen oder deutlich als Trinkgeld bezeichnet und beziffert sein. Der Hinweis «Trinkgeld inbegriffen» ist zulässig. Dagegen ist der Hinweis «Trinkgeld nicht inbegriffen» unzulässig und verstösst wegen mangelnder Klarheit gegen die PBV; dies gilt auch für den Hinweis «Trinkgeld fakultativ» (PBV Art. 12 Abs. 2; vgl. auch BIGA PBV, S. 12).

Die PBV verpflichtet Fabrikanten und Kaufleute nicht zur Angabe des Preises von Artikeln, für welche sie werben. Werden aber in der Werbung Preise angegeben, so gelten die Kriterien der PBV, und es ist der tatsächlich zu bezahlende Preis zu nennen (PBV Art. 13–15; BGE 118 IV 184).

Die Werbung darf keine unbezifferten Angaben über allfällige Preisreduktionen machen und keine Slogans wie «wer feilscht kauft billiger» verwenden (BGE 112 IV 125).

Wer ein Leistungsbukett anbietet, muss alle wesentlichen Einzelheiten bekanntgeben. Eine Reiseagentur darf nicht bloss Ziel und Preis der Reise nennen, sondern muss mindestens das hauptsächliche Transportmittel, die Art des Hotels (Mittelklasse, Doppelzimmer), den Umfang der Unterbringung (Frühstück, Halbpension usw.) und die Dauer des Arrangements bekanntgeben. Die Agentur darf diesbezüglich in der Werbung nicht lediglich auf ihren Katalog verweisen (BGE 113 IV 36).

PBV Art. 16 verbietet allgemein die Angabe von Vergleichspreisen, d.h. die Nennung weiterer Preise neben dem tatsächlich zu bezahlenden Preis. PBV Art. 17 setzt der Angabe von Vergleichspreisen den bezifferten Hinweis auf Preisreduktionen, Zugaben sowie Eintausch- und Rücknahmeangebote gleich. PBV Art. 18 weist darauf hin, dass diese Bestimmung auch für Hersteller, Importeure und Grossisten sowie deren Verbände gilt.

Setzt der Anbieter einen Preis herab, den er vorher gehandhabt hat, so darf er während einer beschränkten Zeit eine Preisvereinbarung unter Erwähnung der beiden Preise bekanntgeben (durchgestrichener Preis) (PBV Art. 16 Abs. 1 lit. a und Abs. 3 und 4).

Der Anbieter darf Preise der Konkurrenz zu Vergleichszwecken angeben, sofern solche Preise durch Anbieter auf dem gleichen Marktsektor tatsächlich gehandhabt werden, und zwar mindestens für die Hälfte von bezüglich Qualität und typischen Eigenschaften gleichwertigen Waren oder Dienstleistungen, und unter der Voraussetzung, dass alle verglichenen Preise und Waren genau angegeben werden (PBV Art. 16 Abs. 1 lit. c und Abs. 5; vgl. auch BIGA PBV, S. 19).

Preisreduktionen können in Ziffern, in Prozenten, in Bruchteilen oder Worten angegeben werden, z.B. ½ Preis oder halber Preis, 30% Rabatt, CHF 20.– billiger, Geschenk im Wert von CHF 100.– (PBV Art. 17; BGE 108 IV 129).

Gemäss PBV Art. 18 Abs. 2 dürfen Hersteller, Importeure und Grossisten sowie deren Verbände dem Konsumenten Preise oder Richtpreise bekanntgeben oder für Konsumenten bestimmte Preislisten, Preiskataloge und dergleichen zur Verfügung stellen, sofern solche Preise in diesem Marktbereich für die überwiegende Menge der angebotenen Artikel tatsächlich als Detailpreise gehandhabt werden. Laut Bundesgericht ist eine Werbung, in welcher die Warc angeboten wird «zum Fabrikpreis, der in gewissen Fällen 50% unter dem Detailpreis liegt», zu ungenau und unter Umständen irreführend (BGE 118 IV 185).

Siebter Teil
Rechtsstreit über Immaterialgüter

19. Kapitel
Gesetzliche Sanktionen

§ 63 Zivilrechtliche Rechtsmittel

1. Allgemeine Feststellungsklage

Alle hier besprochenen Gesetze sehen die Möglichkeit vor, beim Vorliegen eines berechtigten Interesses ein gesetzlich festgelegtes Recht oder ein Rechtsverhältnis oder einen für das Ent- oder Bestehen des Rechtsverhältnisses erheblichen Tatbestand feststellen zu lassen (PatG Art. 74; MSchG Art. 52; URG Art. 61; DesG Art. 33; UWG Art. 9 lit. b; ToG Art. 10 Abs. 1, mit Verweis auf URG Art. 61; SortG Art. 39).

Ein rechtlich geschütztes Interesse ist immer dann gegeben, wenn der Beklagte bestreitet, eine rechtswidrige Handlung begangen zu haben (BGE vom 8. September 2004, sic! 2005, 22), oder sich dem Klagebegehren nicht vollumfänglich unterzieht (BGE 126 III 315).

Das PatG zählt die verschiedenen Feststellungsklagen auf. Wie daraus hervorgeht, kann die Feststellungsklage positiv oder negativ sein. Positive Feststellungsklagen beinhalten die Feststellung, dass ein bestimmtes Recht besteht, dass der Kläger der eigentliche Erfinder ist, dass der Beklagte gegen das PatG verstossen hat, dass ein Patent dahingefallen ist, weil es gegen das Verbot des Doppelschutzes verstösst. Als Beispiele negativer Feststellungsklagen sind in erster Linie die Nichtigkeitsklagen zu erwähnen (BGE vom 17. Juni 1998, JdT 1999, 443) sowie die Feststellung, dass der Kläger nicht gegen das PatG verstossen hat oder dass ein bestimmtes Patent gegenüber dem Kläger kraft Gesetzes unwirksam ist (PatG Art. 74 Ziff. 4).

Das UWG gibt eine Art von Definition der Klageberechtigung, indem es festhält, dass jeder, der durch unlauteren Wettbewerb in seiner Kundschaft, seinem Kredit oder beruflichen Ansehen, in seinem Geschäftsbetrieb oder sonstwie in seinen wirtschaftlichen Interessen bedroht oder verletzt wird, bei Fortbestand der Störung Klage auf Feststellung der widerrechtlichen Zustands erheben kann (UWG Art. 9 Abs. 1 und lit. c; BGE 120 II 371; 122 III 449).

Laut Bundesgericht genügt ein vernünftiges rechtliches oder tatsächliches, im allgemeinen wirtschaftlich begründetes Interesse (BGE 117 II 598). Ein wesentliches und schutzwürdiges Interesse wird angenommen, wenn das Rechtsverhältnis zwischen den Parteien mit einer so grossen Unsicherheit belastet ist, dass es einer Partei langfristig unmöglich ist, Entscheidungen zu treffen, und ihr nicht zugemutet werden kann, diese Unsicherheit länger hinzunehmen (BGE vom 8. Juli 1997, sic! 1997, 594).

Ein Feststellungsinteresse an der Widerrechtlichkeit der Persönlichkeitsverletzung ist nicht bereits dann gegeben, wenn eine verletzende Äusserung geeignet ist, weiterhin störende Wirkungen hervorzurufen, sondern erst wenn sich die Persönlichkeitsverletzung noch oder erneut störend auswirkt. Bei schweren Eingriffen in die Persönlichkeit wird die anhaltend störende Auswirkung der Persönlichkeitsverletzung vermutet (BGE vom 7. Juli 2000, sic! 2000, 788).

Wenn jemand einen Dritten wegen einer Rechtsverletzung verwarnt, so hat der Dritte ein rechtliches Interesse an einer negativen Feststellungsklage (BGE 129 III 545). Zur Wahrung fremder Interessen steht die Feststellungsklage nicht zur Verfügung.

Nach überwiegender Rechtsprechung genügte für die Annahme eines begründeten Interesses eine abstrakte Unsicherheit nicht (BGE 110 II 352); das Bundesgericht hat allerdings ebenfalls entschieden, dass der Feststellungsklage auch stattzugeben ist, wenn der Kläger keinen Beweis dafür erbracht hat, dass die Störung in concreto fortbestand (BGE 123 III 354).

Feststellungsklagen sind unzulässig, wenn sie einzig Tatsachen feststellen oder dem Kläger die Beweismittel für einen späteren Prozess liefern sollen (BGE 84 II 685).

Das rechtliche Interesse an der Feststellung wird im Falle von Klagen auf Urteilsveröffentlichung bejaht (BGE 104 II 133).

Negative Feststellungsklagen betreffen denselben Rechtsgrund wie entsprechende Verletzungsklagen, wenn sie dieselbe Grundlage und denselben Gegenstand haben (BGE 129 III 295).

Feststellungsbegehren dürfen nicht mit Unterlassungsbegehren kumuliert werden; ist eine Unterlassungsklage wegen wiederrechtlichem Verhalten möglich, so kann der Kläger keine Klage auf Feststellung der Widerrechtlichkeit des Vorgehens des Beklagten erheben (BGE 130 III 636).

2. Nichtigkeitsklage und Abtretungsklage

Die Klage auf Feststellung der Nichtigkeit eines Patentes, einer Marke, eines Design ist wahrscheinlich die am meisten benutzte Feststellungsklage (BGE 115 II 277).

Die schweizerischen Immaterialgütergesetze erwähnen die Nichtigkeitsklage mit Ausnahme des PatG nicht ausdrücklich. Sie bezweckt die Feststellung, dass das Recht von Anfang an nichtig war und der Titel zu Unrecht ausgestellt wurde (PatG Art. 26–28; s. auch MSchG Art. 35 lit. c und Art. 53 Abs. 1, der festhält, dass man anstatt auf Feststellung der Nichtigkeit der Markeneintragung auf Übertragung der Marke klagen kann).

Der Beklagte kann die Nichtigkeit des Rechtes, auf welches der Kläger seinen Anspruch stützt, auch einredeweise geltend machen (BGE 120 II 144).

Gegen jenen, der unbefugterweise ein Recht an einem eingetragenen Immaterialgüterrecht geltend macht, kann der Berechtigte auf Übertragung der Eintragung klagen (MSchG Art. 4 und 53; PatG Art. 29, DesG Art. 34).

Im Erfolgsfalle kann er damit die Vermutung der Berechtigung des formellen Anmelders gemäss EPÜ Art. 58 oder des Patentbewerbers umstossen (BGE vom 30. Mai 2001, sic! 2001, 654; BGE 127 III 461).

In Nichtigkeitsverfahren bilden die Miteigentümer eine notwendige Streitgenossenschaft. Das PatG regelt diesen Fall nicht – es liegt eine echte Gesetzeslücke vor. Sind die Miteigentümer in der Schweiz und im Ausland niedergelassen, so sollte der schweizerische Gerichtsstand allfälligen anderen Gerichtsständen vorgehen.

Gemäss PatG ist das fehlende Recht auf das Patent ein Nichtigkeitsgrund (PatG Art. 26 Abs. 1 Ziff. 6). Es handelt sich um eine relative Nichtigkeit, da nur der Berechtigte, dessen Recht auf das Patent durch den Usurpator verletzt wurde, Klage erheben kann (PatG Art. 28). Die Nichtigkeitsklage untersteht keiner Frist; der Berechtigte kann sie jederzeit gegen den unbefugten Inhaber des Patentes erheben, auch wenn dieser gutgläubig ist und wenn der Berechtigte es versäumt hat, innert zwei Jahren eine Abtretungsklage anzuheben.

Hat sich ein Unbefugter ein europäisches Patent erteilen lassen, so gelten PatG Art. 29 ff. für den schweizerischen Teil des europäischen Patentes (EPÜ Art. 1 Abs. 2) (s. dazu auch oben, § 38, Ziff. 1.3)

3. Unterlassungsklage und Leistungsklage

Die schweizerischen Immaterialgütergesetze geben dem Berechtigten bei (drohender) Verletzung eines Immaterialgüterrechtes die Gelegenheit, auf Unterlassung oder Beseitigung der rechtswidrigen Handlungen (oder Unterlassungen) zu klagen (PatG Art. 72 Abs. 1; DesG Art. 35; MSchG Art. 55 Abs. 1 lit. a; URG Art. 62 Abs. 1 lit. a; SortG Art. 37; ToG Art. 10 Abs. 1 mit Verweis auf das URG; UWG Art. 9 Abs. 1 lit. a; vgl. BGE 116 II 157). Gemäss dem UWG, welches kein Immaterialgut, sondern die Garantie des wirksamen Wettbewerbs zum Gegenstand hat, kann eine Verletzung das Verhältnis zur Kundschaft, den Kredit, das berufliche Ansehen, den Geschäftsbetrieb oder sonst ein wirtschaftliches Interesse betreffen (UWG Art. 9 Abs. 1).

Bezüglich des drohenden Bevorstehens einer Verletzung sind keine zu strengen Kriterien anzuwenden, da es sich in jedem Fall nur um eine Vermutung handeln kann. Es genügt, dass die Wiederholung schon begangener Verletzungen nicht auszuschliessen ist oder dass Anzeichen für neue Verletzungen vorliegen (BGE 116 II 357).

Damit eine Verletzung als drohend angesehen wird, muss die Gefahr der Wiederholung der Verletzung gegeben sein. Dies ist z.B. der Fall, wenn der Verletzer im Hinblick auf ein Verfahren seine Handlungen eingestellt hat, in den Rechtsschriften sein Verhalten aber zu rechtfertigen sucht oder dessen Rechtswidrigkeit anderswie bestreitet (BGE vom 8. September 2004, sic! 2005, 22; BGE 128 III 96; Bundesgericht vom 13. April 2000, sic! 2000, 644).

Der Gegenstand der Unterlassungsklage muss im Rechtsbegehren genau beschrieben sein; die widerrechtliche Handlung des Beklagten muss so ausführlich dargestellt werden, dass das Urteil ohne Schwierigkeiten vollzogen werden (BGE vom 8. Oktober 2004, sic! 2005, 208; BGE 131 III 70) und der Beklagte den Umfang des Verbotes ohne weitere Auslegungen erkennen kann. Allgemeine Anträge, welche beispielsweise dem Beklagten die Verletzung der Markenrechte des Klägers untersagen wollen, sind unzulässig, da sie überflüssig sind und nur einen allgemeinen Gesetzesgrundsatz zum Ausdruck bringen. Erweisen sich die Klagebegehren als materiell an und für sich begründet, aber zu umfassend formuliert, sind sie im Urteil auf das zulässige Mass einzuschränken (BGE vom 8. September 2004, sic! 2005, 221).

Die Unterlassungsklage kann sich nur gegen zum Zeitpunkt der Klageerhebung fortdauernde oder drohende Verletzungen richten (BGE vom 8. Juli 1997, sic! 1997, 595). Sie kann sich nicht auf vergangene Handlungen beziehen, deren Wiederholung nicht zu befürchten ist (BGE vom 13. April 2000, sic! 2000, 644).

Nach Massgabe des SortG, Art. 38, kann der Anmelder gegen Bezahlung einer angemessenen Sicherheit schon vor der Erteilung des Schutzes auf Unterlassung oder Beseitigung klagen.

Das die Unterlassung bestätigende Verbot muss mit der Strafdrohung von StGB Art. 292 verbunden sein; unterlässt der Kläger einen diesbezüglichen Antrag, so ist das Gericht von Amtes wegen dazu verpflichtet und hat Busse oder Haft anzudrohen (BGE 97 II 234).

Die Unterlassungsklage ist eine (negative) Leistungsklage – wenn eine Verwertungsgesellschaft einem Autor untersagen lassen will, gewisse Werke selber zu verbreiten, so will sie ihm eigentlich dazu zwingen, ihr die Rechte, die sie de jure besitzt, auch de facto zu übertragen (BGE vom 6. Mai 2002, sic! 2002, 599).

4. Klage auf Beseitigung des rechtswidrigen Zustandes, auf Einziehung oder Zerstörung der rechtswidrigen Erzeugnisse oder Einrichtungen

Die Beseitigung des rechtswidrigen Zustandes kann sich auf Tatsachen beziehen, welche eine Rechtsverletzung darstellen, oder auf Tatsachen, welche die Folge solcher Verletzungen sind.

Die Immaterialgütergesetze sehen entweder ausdrücklich die Beseitigung des rechtswidrigen Zustandes vor (PatG Art. 72 Abs. 1; SortG Art. 37) oder sie machen Angaben über diesbezügliche Methoden, wie z.B. das Löschen eines zu Unrecht eingetragenen Rechtes, die Einziehung, Zerstörung oder anderweitige Unbrauchbarmachung der sich im Besitz des Beklagten befindenden, rechtswidrig hergestellten Erzeugnisse oder der zu deren Herstellung bestimmten Werkzeuge oder Einrichtungen (PatG Art. 69; ToG Art. 15 Abs. 2; MSchG Art. 57 Abs. 1; URG Art. 63 Abs. 1; DesG Art. 36).

Selbst wenn das Markenschutzgesetz dies nicht ausdrücklich vorsieht, ermöglicht es Art. 43 Abs. 1 OR, eine richterliche Anordnung gegen denjenigen zu erhalten, der die Marke eines Dritten unrechtmässig gebraucht, um zu erreichen, dass dieser alle erforderlichen Angaben liefert, die für die Übertragung des strittigen Domainnamens nötig sind (BGE vom 19. Mai 2003, sic! 2003, 823).

Einziehung und Zerstörung können auch ohne Verschulden des Beklagten angeordnet werden; es genügt ein objektiv rechtswidriges Verhalten oder ein ebensolcher Zustand. Somit kann sich die Klage auf Einziehung eines Artikels, durch welchen eine Patentverletzung erfolgte, gegen jeden Besitzer richten, auch wenn dieser ohne irgendwelchen rechtswidrigen Vorsatz in den Besitz des Gegenstandes gelangt ist.

Der Richter entscheidet, ob eine Einziehung, Zerstörung oder Verwertung anzuordnen ist.

Der Beklagte muss nicht Eigentümer der eingezogenen Erzeugnisse sein, deren Zerstörung angeordnet wurde; es genügt, dass sich diese im Zeitpunkt des Verstosses in seinem Besitz befanden oder dass mit Bezug auf diese Produkte ein rechtlich relevantes Verhältnis besteht, welches seine Passivlegitimation rechtfertigt (BGE 88 II 48).

Um die Folgen einer Anschwärzung zu mildern, gibt das UWG dem Betroffenen die Möglichkeit, eine Berichtigung zu veröffentlichen oder interessierten Dritten sonstwie mitteilen zu lassen (UWG Art. 9 Abs. 2).

In Fällen verwechselbarer Marken hat der Inhaber der älteren Marke ein schutzwürdiges Interesse daran, die Löschung der (jüngeren) Marke zu verlangen, auch wenn diese nie gebraucht wurde und per se nichtig ist (BGE 115 II 277). Hat ein Vertreter oder ein anderer ermächtigter Gebraucher die Marke ohne Zustimmung des Inhabers eingetragen oder hat letzterer die Zustimmung zurückgezogen und der frühere Ermächtigte die Marke trotzdem nicht löschen lassen, so ist die Eintragung nicht geschützt, und der Inhaber kann auf Übertragung des Rechtes an der angemassten Marke klagen (MSchG Art. 4).

Das mit einer gefälschten oder sonstwie rechtswidrigen Marke versehene Objekt verletzt nicht als solches ein Ausschliesslichkeitsrecht. Nicht das Objekt, sondern die dieses kennzeichnende Marke ist rechtswidrig (mit Ausnahme von Formmarken, wo das Erzeugnis durch die Form gekennzeichnet wird). Der rechtswidrige

Charakter der Einheit «Erzeugnis-Marke» wird somit durch Entfernung oder Verdecken der Marke beseitigt.

Das MSchG trägt dieser Eigenheit des Markenrechtes Rechnung. Gemäss MSchG entscheidet der Richter, ob die Marke oder Herkunftsangabe unkenntlich gemacht werden müssen oder ob die Gegenstände unbrauchbar zu machen, zu vernichten oder in einer gewissen Weise zu verwenden sind (MSchG Art. 57, Ziff. 2). Laut Bundesgericht muss die Vernichtung rechtswidriger Marken ausnahmslos angeordnet werden, wohingegen die Ware nur dann vernichtet werden muss, wenn die rechtswidrigen Marken nicht entfernt werden können oder die Entfernung oder andersweitige Unkenntlichmachung der rechtswidrigen Marke mit einem unverhältnismässigen Aufwand verbunden sind (BGE vom 4. April 1991, SMI 1992, 237).

Das URG und das DesG überlassen es dem Richter, die Einziehung, Vernichtung oder Unbrauchbarmachung der widerrechtlich hergestellten oder verwendeten Gegenstände anzuordnen, die sich im Besitz des Beklagten befinden (DesG Art. 36, URG Art. 63). Werke der Baukunst sind von dieser Vorschrift ausgenommen (URG Art. 63, Abs. 2). Die Vernichtung der rechtswidrigen Kopie eines Werkes soll nur angeordnet werden, wenn ihre Veröffentlichung oder ihr Vertrieb durch kein anderes Mittel mit Sicherheit verhindert werden kann (BGE 96 II 409).

Es können nur vollendete Werkexemplare eingezogen oder vernichtet werden, nicht aber Entwürfe und Prototypen (SMI 1987 I 89).

Das ToG sieht eine wichtige Ausnahme vor, wonach gutgläubig erworbene Halbleitererzeugnisse, die eine unrechtmässig nachgebildete Topographie enthalten, nicht eingezogen werden können (ToG Art. 10 Abs. 2).

5. Klage auf Mitteilung und Urteilsveröffentlichung

Die Mitteilung eines Urteils ist eine wichtige Verwaltungsmassnahme im Interesse desjenigen, der seine Immaterialgüterrechte zu schützen sucht.

Um zu garantieren, dass die Registereintragungen mit der materiellrechtlichen Situation übereinstimmen, sehen PatG, DesG und MSchG die Pflicht des Richters vor, rechtskräftige Urteile dem IGE mitzuteilen und zuzustellen (PatG Art. 60 Abs. 3; MSchG Art. 54; DesG Art. 40; BGE 120 II 144).

Das ToG erwähnt eine solche richterliche Pflicht nicht; ohne Zweifel kann jedoch die obsiegende Partei auch in diesem Bereich die Mitteilung des Urteils an die zuständige Registerbehörde fordern.

Alle hier besprochenen Gesetze sehen die Urteilsveröffentlichung vor (PatG Art. 70; DesG Art. 39; MSchG Art. 60; URG Art. 66; ToG Art. 10 Abs. 1, durch Verweis auf URG Art. 66; UWG Art. 9 Abs. 2). Der Richter kann die Urteilsveröffentlichung anordnen und deren Art, Umfang und Zeitpunkt bestimmen. Der Richter wird nur auf Antrag der obsiegenden Partei tätig. Es kann sich dabei um den Kläger oder den Beklagten handeln; Letzterer kann ein berechtigtes Interesse haben, die Öffentlichkeit über die Unbegründetheit der ihm vom Kläger gemachten Vorwürfe in Kenntnis zu setzen (BGE 126 III 209).

Die Veröffentlichung dient einerseits der Wiedergutmachung, indem sie dazu beiträgt, die schädigenden Auswirkungen der rechtswidrigen Handlung zu mildern (wirtschaftlich und moralisch; BGE 84 II 570). Anderseits trägt sie dazu bei, die Gefahr der Fortdauer der Beeinträchtigung der Stellung des Verletzten bei seiner Kundschaft zu verringern und die beim interessierten Kundenkreis verursachte Störung zu beheben (BGE vom 4. September 2003, sic! 2004, 430). Die Veröffentlichung muss angeordnet werden, wenn Aufklärungen über die tatsächliche Situation erforderlich erscheinen (BGE 93 II 260). Sie soll die Auswirkungen der Störung des Marktes neutralisieren und den Kundenkreis des Betroffenen bewahren oder wiederherstellen (BGE 102 II 286).

Die Urteilsveröffentlichung setzt ein schutzwürdiges Interesse des Antragstellers voraus. Die Verunsicherung der Käuferschaft muss fortdauern und das Interesse an der Veröffentlichung muss bei der Urteilsverkündung noch bestehen (BGE 126 III 209; BGE vom 2. Juni 2005, 4C.101/2005).

Hat der Richter die Anordnung der Urteilsveröffentlichung abgelehnt, ist der Fall in dieser Beziehung abgeschlossen. Veröffentlicht die interessierte Partei das Urteil dennoch, so wird sie in vielen Fällen gegen das Verbot der unnötig verletzenden Äusserungen gemäss Art. 3 lit. a UWG verstossen. Hat jedoch die obsiegende Partei keine Veröffentlichung beantragt, kann sie frei vorgehen, muss jedoch sehr vorsichtig sein; sie hat die beteiligten Interessen abzuwägen, die Grundsätze der Wahrhaftigkeit, der Verhältnismässigkeit und der Angemessenheit zu befolgen, wie der Richter dies tun würde (Cour de Justice Genf vom 13. Januar 1989, SMI 1990, 187).

6. Klage auf Auskunfterteilung (Angabe der Herkunft rechtswidriger Gegenstände)

MSchG, DesG, UWG und ToG ermächtigen die Person, welche eine Rechtsverletzung erlitten hat, vom Richter zu verlangen, dass er den Verletzer verpflichtet, die Herkunft der in seinem Besitz befindlichen, widerrechtlich hergestellten oder widerrechtlich gekennzeichneten Gegenstände anzugeben (BGE 130 III 636); dies im Gegensatz zum PatG, welches den Besitzer des gefälschten oder nachgeahmten Gegenstandes lediglich zur Angabe der Herkunft an die zuständige Behörde verpflichtet (PatG Art. 66, Ziff. 1 lit. b; MSchG Art. 55 Abs. 1 lit. c; URG Art. 62 Abs. 1 lit. c; ToG Art. 10, mit Verweis auf das URG, DesG Art. 35 Ziff. 1 lit. c).

Schon der alleinige Besitz des rechtswidrigen Gegenstandes kann Anlass zur Erhebung der Klage auf Herkunftsangabe sein; das PatG setzt zusätzlich noch die Verweigerung der Herkunftsangabe voraus (BGE 97 II 172).

Die Verpflichtung der unrechtmässigen Inhaberin eines Domainnamens zur Abgabe aller für eine Übertragung des strittigen Domainnamens erforderlichen Erklärungen ist eine geeignete sowie erforderliche und damit verhältnismässige Anordnung zum Schutz des am Domainnamen Berechtigten (BGE 128 III 401).

7. Schadenersatzklagen

Gemäss allen hier besprochenen Gesetzen kann die in ihren Rechten verletzte oder gefährdete Person Wiedergutmachung des erlittenen Schadens verlangen (URG Art. 62 Abs. 2; ToG Art. 10, mit Verweis auf das URG; UWG Art. 9 Abs. 2; MSchG Art. 55 Abs. 2; PatG Art. 73 Abs. 1; DesG Art. 35 Ziff. 2 und 3; SortG Art. 37, Ziff. 2).

Das schweizerische Immaterialgüterrecht untersteht bezüglich Schadenersatz für rechtswidrige Handlungen einheitlich dem allgemeinen Recht (OR).

Demzufolge hat die durch eine rechtswidrige Handlung verletzte Partei die Wahl zwischen den verschiedenen Schadenersatz- und Rückerstattungsklagen des OR, nämlich die Schadenersatzklage (OR Art. 41 ff.), die Klage auf Rückerstattung der ungerechtfertigten Bereicherung (Art. 62 OR), die Genugtuungsklage (OR Art. 49) und die Klage auf Herausgabe des Gewinns gemäss den Bestimmungen über die (unechte) Geschäftsführung ohne Auftrag (OR Art. 423; BGE 126 III 382).

Die Anordnung auf Übertragung des Domainnamens lässt sich auf die in ZGB Art. 29 Abs. 2 vorgesehene Schadenersatzklage stützen; denn Schadenersatz kann nach Art. 43 OR auch Realersatz in Form von geeigneten Erklärungen zur Herstellung des rechtmässigen Zustands sein (BGE 128 III 401).

7.1. Schadenersatzklage

Die Schadenersatzklage wird durch das allgemeine Recht geregelt. Gemäss OR Art. 41 ff. sind hierzu eine rechtswidrige Handlung, ein Verschulden und ein Kausalzusammenhang zwischen rechtswidriger Handlung und Schaden notwendig.

7.1.1. Rechtswidrige Handlung

Die Rechtswidrigkeit der Immaterialgüterrechtsverletzungen haben wir in den vorausgehenden Paragraphen behandelt (vgl. vorne, § 54–59).

7.1.2. Verschulden

Verschulden kann vorsätzlich oder fahrlässig sein.

Es gibt drei Stufen des Vorsatzes:
– die Absicht – der Verursacher wollte die Marke fälschen, das Bild kopieren;
– den einfachen Vorsatz – der Verursacher wollte nicht direkt ein Recht verletzen, hat eine solche Verletzung aber in Kauf genommen, weil sie zur Erlangung des

erwünschten Ziels unentbehrlich war (der Fälscher hat die geschützte Maschine nicht zur Begehung einer Patentverletzung, sondern zu deren Gebrauch kopiert, obgleich er wusste, dass sie patentiert war);
– den Eventualvorsatz – der Verursacher beabsichtigte das Ergebnis nicht, nahm es aber in Kauf (der Kaufmann hat ohne Zustimmung des Konkurrenten eine Katalogseite teilweise kopiert; der Graphiker kopiert eine Zeichnung in einer Zeitschrift, ohne sich um allfällige Rechte Dritter zu kümmern).

Im Immaterialgüterrecht ist immer Absicht im obigen Sinne gegeben, bei demjenigen, welcher eine technische Lehre benützt, ein fremdes Kennzeichen oder ein einem Drittzeichen ähnliches Kennzeichen verwendet oder bei jenem, der falsche Angaben über sein Unternehmen oder seine Produkte macht.

Absicht liegt dort vor, wo der Verletzer weiss oder wissen musste, dass das betreffende Immaterialgut gesetzlich geschützt ist und dass er mit seiner Handlung in dessen Schutzbereich eingreift (BGE 82 II 308).

Ein Verschulden an einer Rechtsverletzung setzt nicht voraus, dass der Schädiger die Rechtswidrigkeit seines Verhaltens erkannt hat – ein Irrtum über die Rechtslage vermag ihn grundsätzlich nicht zu befreien. Wenn der Schädiger nachweisen kann, dass er die Rechtslage sorgfältig geprüft hat, und zur subjektiv ehrlichen, d.h. vermeintlich objektiven Überzeugung kann, dass er unbegründeter weise verwarnt wurde, kann er sich eventuell vom Schuldvorwurf befreien (BGE vom 7. November 2002, sic! 2003, 438).

Aber auch das Gutachten eines Experten befreit den Verursacher einer rechtswidrigen Handlung nicht von seiner Haftung, wenn er weiss, dass sein Verhalten objektiv gegen die normalen Verhaltensregeln verstösst (Nachahmung einer komplizierten Maschine, Kauf eines Artikels zu einem Spottpreis, unwahre Beteuerungen; BGE 92 IV 70).

Die Schadenminderungspflicht des Geschädigten findet ihre Grenze an der Zumutbarkeit. Dem rechtmässigen Namensinhaber ist nicht zumutbar, sich auf Einladung des Verletzers an einer unbefugterweise mit seinem Namen gekennzeichneten fremden Website zu beteiligen. Er verstösst daher nicht gegen seine Schadenminderungspflicht, wenn er seine Beteiligung verweigert (BGE vom 7. November 2002, sic! 2003, 438).

7.1.3. Adäquater Kausalzusammenhang

Gemäss Rechtsprechung des Bundesgerichts ist als adäquate Ursache eines Schadens das Ereignis dann anzunehmen, wenn es nach dem gewöhnlichen Lauf der Dinge und der allgemeinen Lebenserfahrung an sich geeignet ist, einen Erfolg von der Art des eingetretenen herbeizuführen, der Eintritt dieses Erfolges also durch das Ereignis allgemein als begünstigt erscheint (BGE vom 13. April 2000, sic! 2000, 644; BGE 123 III 110).

19. Kapitel: Gesetzliche Sanktionen

Im Immaterialgüterrecht kann jede Verletzung dem Berechtigten einen Schaden verursachen, da jedes Immaterialgut auf die verschiedensten Arten verwertbar ist und jede rechtswidrige Verletzung eine oder mehrere dieser Verwertungsmöglichkeiten verhindert. Jede auf dem Markt befindliche Fälschung verringert die Verkaufschancen des Originals. Jeder anschwärzende Brief kann den Betroffenen in seinen wirtschaftlichen Tätigkeiten behindern. Sobald Verwechslungsgefahr besteht, kann der Konsument verwirrt werden, seine Aufmerksamkeit vom Original abgelenkt und damit dessen Eindruck auf den Käufer verringert werden. Demzufolge ist jede rechtswidrige Verletzung eines Immaterialgutes und jedes rechtswidrige Verhalten eines Teilnehmers am wirtschaftlichen Wettbewerb von der Natur der Sache her geeignet, einen Schaden zu verursachen – der natürliche, adäquate Kausalzusammenhang ist daher praktisch immer gegeben.

Laut Bundesgericht muss der Betroffene den Kausalzusammenhang zwischen dem schädigenden Ereignis und dem Schaden nicht mit wissenschaftlicher Genauigkeit nachweisen. Es genügt, dass der Richter dort, wo ein direkter Nachweis von der Natur der Dinge her nicht möglich ist, einen Kausalzusammenhang mit überwiegender Wahrscheinlichkeit anzunehmen hat (BGE 107 II 269).

Es genügt, wenn das widerrechtliche Verhalten in objektiv voraussehbarer Weise geeignet ist, die Interessen des Rechtsinhabers zu beeinträchtigen (BGE vom 13. April 2000, sic! 2000, 644).

7.1.4. Schaden

Um einen Schaden geltend machen zu können, muss ihn der Betroffene nachweisen (ZGB Art. 8). Dazu muss er ihn auch bemessen können. Er muss die schädigenden Folgen so genau kennen, dass er alle Einzelheiten des Schadens darlegen kann.

Der Schaden besteht in der Verminderung des Reinvermögens des Geschädigten (Verminderung der Aktiven, Vermehrung der Passiven, entgangener Gewinn); er entspricht der Differenz zwischen dem Vermögenstand nach dem schädigenden Ereignis, und dem Stand, den das Vermögen ohne dieses hätte (BGE vom 5. Januar 2001, sic! 2001, 300; BGE 126 III 388).

Auch wenn der Schaden mit theoretischer Sicherheit vorliegt und ein Kausalzusammenhang eindeutig besteht, kann die Höhe des Schadens oft nicht festgestellt werden. Das Immaterialgut bleibt naturgemäss auch nach seiner Verletzung intakt. Beeinträchtigt wird der Umfang der Verwertung durch den Berechtigten. Es fragt sich nun, wie der daraus entstandene Verlust beziffert werden soll. Vom Betroffenen kann nicht mehr verlangt werden, als dass er alle Umstände anführt und beweist, welche den Eintritt eines Schadens belegen und dessen Schätzung erlauben, soweit dies möglich ist und vom Betroffenen vernünftigerweise erwartet werden kann (BGE 130 III 636). Vermag der Betroffene trotz seiner Bemühungen den Schaden nicht genau zu beziffern oder seinen Eintritt nicht nachzuweisen, muss der Richter die Höhe des Schadenersatzes in Anwendung von OR Art. 42 Abs. 2

schätzen (BGE vom 5. Januar 2001, sic! 2001, 330), wobei er die allgemeine Lebenserfahrung und den gewöhnlichen Lauf der Dinge in Betracht ziehen sollte (BGE 123 III 241).

Nachfolgend werden wir einige der Kriterien darlegen, nach denen der Richter vorgehen kann.

Kann die Vermögensverminderung des Betroffenen (d.h. der Schaden im engen Sinne) nicht sicher nachgewiesen werden, so darf der Richter nicht grundsätzlich davon ausgehen, dass der entgangene Gewinn des Rechtsinhabers alle jene Geschäfte umfasst, die dieser verpasst hat und dass er die vom Fälscher abgeschlossenen Geschäfte selber abgeschlossen hätte, wenn sein Immaterialgut nicht usurpiert worden wäre – dies darf er nur tun, wenn auf Grund eines Analogieschlusses angenommen werden kann, der Schutzrechtsinhaber hätte den gleichen Gewinn erwirtschaftet wie der Verletzer (BGE vom 5. Januar 2001, sic! 2001, 330).

Häufig ermöglicht dort, wo der Betroffen die Höhe seines eigenen Schadens nicht nachzuweisen vermag, die Klage auf Rückerstattung der ungerechtfertigten Bereicherung des Fälschers oder des unlauteren Konkurrenten einen gewissen finanziellen Ausgleich.

Die Geheimnisverletzung kann einen nicht wieder gut zu machenden Schaden verursachen, wenn z.B. der Betroffene das weltweite Monopol für ein Produkt besass, welches nach dem Verrat durch die Konkurrenz kommerzialisiert werden kann. In einem solchen Fall kann der Schaden nach jenen Kriterien berechnet werden, die bei Invaliditätsfällen angewandt werden, da die Fähigkeiten des Betroffenen, mittels dieses Produkts eine Erwerbstätigkeit auszuüben, unwiderruflich herabgesetzt sind (BGE 99 II 214).

Kann der Umsatz, den der Beklagte durch sein rechtswidriges Handeln erzielte, nicht ermittelt werden, wird der Schadenersatz oft in Höhe der theoretischen Lizenzgebühren festgelegt. Hierbei geht man davon aus, dass der Schaden des Berechtigten mindestens jenem Gewinn entspricht, den er erzielt hätte, wenn der Verletzer um seine Einwilligung nachgesucht hätte und er ihm eine Lizenz gewährt oder mit ihm einen Herausgebervertrag oder eine andere Benutzungsvereinbarung getroffen hätte.

Der Betroffene hat nicht nur Anspruch auf Ersatz des entgangenen Gewinns, sondern auch all jener Kosten, welche ihm durch die rechtswidrige Handlung entstanden sind (Kosten für technische und rechtliche Beratung, allfällige Verfahrenskosten). Er kann zudem Ersatz verlangen für die Zeit, die er und seine Arbeitnehmer für die Bekämpfung der Folgen der rechtswidrigen Handlung, die Information der Kunden, Nachforschungen bei Agenten usw. aufgebracht haben. Die Kosten sind nach Massgabe des kantonalen Rechts festzulegen (BGE 81 II 534).

7.2. Herausgabe des Gewinns gemäss den Grundsätzen der Geschäftsführung ohne Auftrag

Wer die einem anderen vorbehaltenen ausschliesslichen Immaterialgüterrechte ohne dessen Zustimmung verwendet, mischt sich in die Angelegenheiten des Berechtigten ein. Da zwischen den beiden kein Vertragsverhältnis besteht, liegt eine Geschäftsführung ohne Auftrag vor (OR Art. 423).

Eine solche Geschäftsführung liegt insbesondere vor, wenn jemand, ohne dazu beauftragt zu sein, für einen anderen in dessen (vermeintlichem) Interesse ein Geschäft führt. Von dieser Fremdgeschäftsführung unterscheidet sich die sogenannte unechte Geschäftsführung ohne Auftrag, bei welcher jemand durch Geschäftsanmassung zum eigenen Vorteil unberechtigt in eine fremde Rechtssphäre eingreift, indem er zum Beispiel Urheberrechte Dritter verletzt (BGE 126 III 69; BGE 126 III 382) oder eine fremde Leistung im Sinne von Art. 5 UWG unlauter verwertet (BGE vom 5. Januar 2001, sic! 2001, 300).

Die dabei erzielten Vorteile können vom Geschäftsherrn herausverlangt werden, ohne dass ein Verschulden des Geschäftsführers bewiesen ist, und auch ohne dass ein Schaden des Geschäftsherrn vorliegt (BGE 97 II 169).

Die Klage auf Herausgabe der erzielten Vorteile soll nicht den Schaden des Betroffenen ersetzen, sondern diesen in den Genuss des rechtswidrigen Einkommens des Usurpators oder Fälschers kommen lassen. Es geht darum zu verhindern, dass der Verletzer aus der rechtswidrigen, resp. unerlaubten Handlung einen geldmässigen Vorteil zieht (BGE 126 III 69). Gegenstand der Rückgabe ist jeder Vorteil, jeder in Geld bezifferbare Wert, welcher durch die Geschäftsführung dem Vermögen des Geschäftsherrn zuwächst. Der Geschäftsführer hat Anspruch auf Vergütung seiner Auslagen und auf Entlastung, soweit der Geschäftsherr bereichert ist (OR Art. 423 Abs. 2). Die Kosten eines allfälligen Warenlagers, welches der Geschäftsführer nicht verkaufen konnte, bevor er an der Weiterführung seiner rechtswidrigen Handlung gehindert wurde, gehen u.E. zu dessen Lasten (ausser, der Beschädigte wolle es übernehmen); der Berechtigte kann nicht verpflichtet werden, die Kosten für die Herstellung von Artikeln zu tragen, deren Vernichtung oder zumindest Veränderung er beantragen darf.

Schadenersatzklage und Klage auf Herausgabe des Gewinns können nicht kumuliert werden (BGE 98 II 325). Der Betroffene kann allerdings beide Berechnungen der ihm zustehenden Wiedergutmachung vorbringen und beim Richter den Zuspruch der höheren Summe beantragen.

7.3. Genugtuung

Sind die Voraussetzungen des OR Art. 49 erfüllt, so hat der Betroffene Anspruch auf Genugtuung. Auch juristische Personen können sich auf diese Bestimmung berufen, da auch sie in ihren persönlichen Interessen, besonders in ihrem Ansehen, verletzt werden können. Nicht jede rechtswidrige Handlung führt zu einem Genugtuungsanspruch. Die subjektive und objektive Schwere der Verletzung muss die Zusprechung einer Geldsumme rechtfertigen (BGE 129 III 715); dies trifft z.B. zu, wenn einem Künstler oder Architekten das Recht auf Namensnennung verweigert oder wenn das Werk entscheidend entstellt oder verunstaltet wird (BGE 101 II 177).

Auch wenn die Nachbarrechte den ausübenden Künstlern keine besonderen Persönlichkeitsrechte gewähren (s. oben, § 40, Ziff. 6), so können diese, wenn sie in ihren allgemeinen Persönlichkeitsrechten verletzt werden, auch auf Genugtuung klagen (BGE 129 III 715); diese Möglichkeit steht auch allen anderen Inhabern von Immaterialgüterrechten offen. Die Verwendung von Aufnahmen eines ausübenden Künstlers zu Werbezwecken, ohne vorher seine Zustimmung eingeholt zu haben, stellt eine Verletzung seiner Persönlichkeit dar – ob sie schwer genug ist, um die Zusprechung einer Genugtuungssumme zu rechtfertigen, kommt auf den Einzelfall an (BGE 129 III 715).

Für die Verletzung der Persönlichkeitsrechte ist Vorsatz nicht vorausgesetzt; Fahrlässigkeit oder eine besonders schwerwiegende Unvorsichtigkeit genügen. Eine schwere Fahrlässigkeit oder Unvorsichtigkeit begeht beispielsweise der Journalist, welcher der Genauigkeit einer Information nicht mit der nötigen Sorgfalt nachgeht und die öffentlichen und persönlichen Interessen der Beteiligten nicht objektiv abwägt (BGE vom 8. Juli 1997, sic! 1997, 594).

7.4. Information über Umfang der Benutzung, Höhe des Gewinns und Rechnungslegung

Um die Höhe seines Schadens oder des rechtswidrigen Gewinns des Verletzers zu ermitteln, ist der Kläger (während eines Prozesses) oft von Unterlagen abhängig, welche im Besitz des Fälschers oder unlauteren Konkurrenten sind. Für die Herausgabe des rechtswidrigen Gewinns gelten die Bestimmungen über die Geschäftsführung ohne Auftrag, mehr noch als der gewöhnliche Auftragnehmer muss u.E. der Geschäftsführer genaue Rechenschaft über seine Geschäftsführung ablegen. Verweigert der Geschäftsführer die Auskunft oder die Beibringung der benötigten Unterlagen, kann eine besondere Klage erhoben werden. Das Bundesgericht scheint die Klage auf Rechnungslegung allgemein zuzulassen (BGE 116 II 214).

Sobald der Richter eine Partei zur Vorlegung der in ihrem Besitz befindlichen oder bei Dritten verfügbaren Unterlagen aufgefordert hat, muss sie dieser Aufforderung Folge leisten, unter der Voraussetzung, dass die Dokumente genügend genau bezeichnet sind (BGE vom 11. Februar 1976, SJ 1981, 205).

Der Richter, der die Vorlegung der Unterlagen anordnet, hat das Interesse des Beklagten an der Wahrung seiner Geschäftsgeheimnisse zu berücksichtigen (soweit diese Schutz verdienen, weil sie keinen Zusammenhang mit den rechtswidrigen Handlungen aufweisen).

§ 64 Strafrechtliche Sanktionen

Alle Immaterialgütergesetze sowie das UWG und das Sortenschutzgesetz enthalten Strafbestimmungen, welche durch die allgemeinen Vorschriften des StGB ergänzt werden.

Auch im Immaterialgüterrecht muss der Grundsatz von StGB Art. 1 befolgt werden, d.h. «nullum crimen, nulla poena sine lege». Demzufolge können nur die in den Strafbestimmungen ausdrücklich erwähnten Handlungen mit den vom Gesetz vorgesehenen Strafen geahndet werden.

Die Untersuchungsrichter sind oft nicht sehr erpicht darauf, immaterialgüterrechtliche Straftatbestände zu verfolgen, da sie mit diesen Problemen weniger vertraut sind. Aber es wird niemand in Zweifel ziehen wollen, dass Fälscher, Usurpatoren und andere rechtsbrechende Benutzer von Immaterialgüterrechten Kriminelle sind, die strafrechtlich verfolgt werden müssen (BGE 120 IV 38).

1. Strafbare Handlungen

PatG und DesG verfolgen die gleichen Straftaten zivilrechtlich und strafrechtlich (vgl. vorne, § 56 und 58; PatG Art. 81; DesG Art. 41; BGE 129 III 25).

Ausser den in PatG Art. 66 aufgezählten Tatbeständen unterstellt das Patentgesetz noch die Patentberühmung dem strafrechtlichen Schutz.

Das Designgesetz erweitert die Strafandrohung über den widerrechtlichen Gebrauch durch einen Verletzer hinaus auch auf die Mittäter oder Begunstiger (DesG Art. 41 Ziff. 1 lit. b) und auf jeden, der sich weigert, den Behörden Herkunft und Anzahl sowie Destinatäre der widerrechtlichen Gegenstände zu nennen (DesG Art. 41 Ziff. 1 lit. c).

Das Sortenschutzgesetz bedroht den Versuch und die Gehilfenschaft nur bei Berührung, nicht jedoch bei Verletzung, mit Strafe (SortG Art. 49 Ziff. 2).

Das MSchG verfolgt die zivilrechtlich unerlaubten Verletzungen der Rechte eines Markeninhabers auch strafrechtlich, nämlich die Anmassung, Nachahmung oder Fälschung einer Marke, den Vertrieb von Waren oder das Erbringen von Dienstleistungen unter einer angemassten, nachgemachten oder nachgeahmten Marke sowie die Verweigerung der Auskunft über die Herkunft von mit einer angemassten, nachgemachten oder nachgeahmten Marke versehenen Ware (MschG Art. 61).

Neben diesen «klassischen» Verstössen kennt das MSchG das Delikt des «betrügerischen Markengebrauchs» (MSchG Art. 62). Die Bestimmung betrifft die qualifizierte Markenverletzung, d.h. die Täuschung des Käufers und des Publikums über die Herkunft der Ware oder der Dienstleistungen, welche widerrechtlich mit der Marke eines anderen gekennzeichnet sind. Um gemäss MSchG Art. 62 strafbar zu werden, muss man nicht unbedingt im Rahmen seiner beruflichen Tätigkeit oder mit Gewinnabsicht gehandelt haben; auch private Handlungen, beispielsweise die Täuschung von Freunden durch Schenken einer raffiniert gefälschten Uhr ein derartiges Geschenk oder der Weiterverkauf dermassen gekennzeichneter Waren im privaten Kreis kann Straffolgen nach sich ziehen

U.E. kann der vom Strafgericht Bülach in einem Entscheid vom 19. November 2003 (sic! 2004, 509) vertretenen Ansicht, die einfache Einfuhr von widerrechtlich mit einer Marke versehen Objekten sei nicht strafbar, da MSchG Art. 61 im Gegensatz zu MSchG Art. 13 die Ein- und Ausfuhr nicht ausdrücklich erwähne, nicht beigestimmt werden, wohl aber den materiellen Ergebnis des Entscheides, da in diesen Fall der Importeur der sechs gefälschten Uhren glaubhaft darlegte, dass diese ausschliesslich zu seinem persönlichen Gebrauch bestimmt waren.

Strafrechtlich verfolgbar ist auch die absichtliche Verwendung unzutreffender Herkunftsangaben, sogar wenn der Konsument dadurch nicht getäuscht wird (MSchG Art. 64), sowie das Nichtanbringen von Produzentenkennzeichen, wenn eine Verordnung des Bundesrates dies vorschreibt (MSchG Art. 65).

Der Gebrauch einer nicht der Eintragung im Handelsregister entsprechenden Firma kann strafrechtlich verfolgt werden, sofern die Bezeichnung irreführend ist. Dies gilt auch für den Gebrauch einer nicht eingetragenen, aber irreführenden Bezeichnung sowie den Gebrauch einer (ausländischen) Firma, durch die der (falsche) Eindruck erweckt wird, das ausländische Unternehmen sei in der Schweiz eingetragen. Der unbewilligte Gebrauch eines nationalen, regionalen oder territorialen Namens in einer Geschäftsbezeichnung wird auch vom StGB unter Strafe gestellt (StGB Art. 326ter).

Die strafrechtlich verfolgten urheberrechtlichen Handlungen (URG Art. 67) entsprechen im Wesentlichen den in Art. 9–11 URG aufgezählten Verwendungsarten (BGE 128 IV 201; vgl. vorne, § 40). Nach URG Art. 68 macht sich auch strafbar, wer bei der Verwendung urheberrechtlich geschützter Werke die benützte Quelle und, sofern bekannt, den Urheber nicht angibt.

Das URG zählt zudem die strafrechtlich verfolgten Verletzungen der verwandten Schutzrechte im Einzelnen auf (URG Art. 69).

Schliesslich sind auch die Verwertungsgesellschaften strafrechtlich geschützt. Wer sich deren Rechte zu Unrecht anmasst, indem er ohne die gemäss URG Art. 41 erforderliche Bewilligung Urheber- oder verwandte Schutzrechte geltend macht, wird mit Haft oder Busse bestraft (URG Art. 70).

Das ToG hat seinen eigenen Katalog von strafrechtlich verfolgten Delikten (ToG Art. 11), ebenso das SortG (SortG Art. 48–49).

Neben den eigentlichen unlauteren Vorgehensweisen (UWG Art. 3–6) stellt das UWG auch die Verletzung der Pflicht zur Preisbekanntgabe an Konsumenten unter Strafe (UWG Art. 24).

Wer über sich und/oder seine Firma oder Tätigkeiten usw. unrichtige oder irreführende Angaben macht, macht sich strafbar, wenn diese Angaben geeignet sind, den Wettbewerb zu beeinflussen. Betrügerische oder betrugsähnliche Handlungen, die derartige unrichtige Angaben beinhalten, denen aber die Arglist im strafrechtlichen Sinne fehlt oder die nicht zu einer Täuschung führten, können als unlauterer Wettbewerb strafbar sein (BGE vom 16. September 2003, sic! 2004, 344).

Die neuen Gesetze (UWG, URG, MSchG, DesG) haben rechtswidrige Handlungen im Rahmen der Geschäftsführung in ihre Straftatbestände aufgenommen. Sie alle beziehen sich diesbezüglich auf Art. 6 und 7 des Verwaltungsstrafrechtes des Bundes. Diese Bestimmungen betreffen einerseits die strafrechtliche Verantwortlichkeit der Eigentümer von Firmen sowie der Organe von juristischen Personen. Versucht der Fälscher oder der Schmarotzer, sich hinter einer Gesellschaft zu verbergen, so trifft die Strafe den eigentlichen Täter (einschliesslich des Organs der Gesellschaft, sofern dieses von der verbotenen Handlung gewusst und diese nicht verhindert hat).

2. Voraussetzungen der strafrechtlichen Verfolgung

Die Immaterialgütergesetze stimmen darin überein, dass eine strafrechtliche Verfolgung nur auf Antrag des Betroffenen eingeleitet wird. Zudem wird die vorsätzliche Begehung vorausgesetzt, wobei Eventualvorsatz genügt.

Der Kaufmann oder Fabrikant, welcher eine ausländische Marke oder ein ausländisches Patent nachahmt, ohne sich zu fragen, ob ein Schweizer Schutzrecht besteht, handelt mindestens eventualvorsätzlich (BGE 84 IV 127).

3. Strafen und Massnahmen

Das PatG, das MSchG, das ToG, das DesG und das URG sehen Gefängnis bis zu einem Jahr (und für mindestens drei Tage) oder Bussen bis zu CHF 100000.– vor (PatG Art. 81, MSchG Art. 61, 63, 64; DesG Art. 41; ToG Art. 11; URG Art. 67–69).

Das UWG sieht Gefängnis zwischen drei Tagen und drei Jahren oder Bussen bis zu CHF 100000.– vor.

Das SortG droht für Sortenschutzverletzung mit Gefängnis bis zu einem Fahr oder mit Busse (SortG Art. 48 Ziff. 1§), für vorsätzliche Sortenschutzberührungen nur mit Busse (SortG Art. 49 Ziff. 1).

Ausser den angegebenen Strafen kann der Richter auch Massnahmen mit Strafcharakter anordnen (Einziehung und Vernichtung der rechtswidrigen Objekte, Einziehung von durch unlautere Handlungen erlangten Vermögenswerten, sogar wenn es sich um ein nur auf Antrag verfolgbares Delikt handelt und kein Antrag gestellt wurde (BGE vom 16. September 2003, sic! 2004, 344), Urteilsveröffentlichung usw.).

Die strafrechtliche Einziehung kann auch ohne Verurteilung ausgesprochen werden. StGB Art. 58 betrifft vor allem vom Nachahmer erzeugte Gegenstände. Die Gefahr, dass nachgeahmte Produkte durch den Nachahmer selbst oder durch spätere Erwerber als echt vertrieben werden, ist so gross, dass sie eine Bedrohung der öffentlichen Ordnung darstellt, weshalb die Einziehung gerechtfertigt ist (BGE 130 IV 143).

Die strafrechtlichen Bestimmungen der Immaterialgütergesetze und des UWG erwähnen die Urteilsveröffentlichung nicht. Aber StGB Art. 61 verpflichtet den Strafrichter, die Veröffentlichung auf Kosten des Verurteilten anzuordnen, sofern das öffentliche Interesse, das Interesse des Verletzten oder dasjenige des Antragstellers es gebietet.

§ 65 Hilfeleistung der Zollverwaltung

In Übereinstimmung mit dem TRIPS (vgl. hinten, § 73 Ziff. 2.2.) enthalten URG, MSchG, ToG und DesG genaue Vorschriften über die Hilfeleistung der Zollverwaltung, um rechtswidrige Objekte aus dem Handel zu ziehen (MSchG Art. 70 ff.; URG Art. 75 ff.; ToV Art. 16 ff.; DesG Art. 46 ff.).

Das Zurückbehalten verdächtiger Waren durch die Zollverwaltung ist eine Art superprovisorische Massnahme (ohne Anhörung des Beklagten), welche dem Betroffenen die Beantragung vorsorglicher Massnahmen beim zuständigen Richter ermöglichen soll.

Wenn die Zollverwaltung Verdacht schöpft, dass immaterialgüterrechtsverletzende Waren ein- oder ausgeführt werden sollen, kann sie den Berechtigten oder den entsprechenden Berufs- oder Wirtschaftsverband auf die Lieferung aufmerksam machen. (Das DesG gibt ihr die Möglichkeit, die verdächtige Ware während drei Arbeitstagen zurückzubehalten, damit der Rechtsinhaber bei der Zollverwaltung den Antrag auf Beschlagnahmung stellen kann (DesG Art. 46, Abs. 2)). Hat der Schutzrechtsinhaber oder ein Berufs- oder Wirtschaftsverband konkrete Anhaltspunkte dafür, dass rechtswidrige Waren ein- oder ausgeführt werden sollen, so kann er bei der Zollverwaltung schriftlich beantragen, die Freigabe der Ware zu verweigern. Die Zollverwaltung kann nur einschreiten, wenn sich die Ware in ihrem Besitz befindet, d.h. während der Zollformalitäten am Grenzübergang oder in einem Zolllager (MSchV Art. 54).

Die Zollverwaltung behält verdächtige Waren nur auf Antrag des Inhabers der allenfalls verletzten Rechte oder dessen Rechtsnachfolgers zurück.

Der Antragsteller muss der Zollverwaltung den schriftlichen Antrag einreichen, die Freigabe der betreffenden Ware zu verweigern. Er muss die verdächtige Ware im Einzelnen genau beschreiben und alle weiteren zweckdienlichen Angaben machen, welche die Zollverwaltung für den Entscheid über den Antrag benötigt (MSchG Art. 71; URG Art. 76; DesG Art. 47).

Die Zollverwaltung kann verdächtige Waren während höchstens zwei mal zehn Werktagen zurückbehalten, damit die Rechtsinhaber in der Zwischenzeit vorsorgliche Massnahmen erwirken können (MSchG Art. 72 Abs. 2 und 2bis; URG Art. 77 Abs. 2 und 2bis, deckt auch die Topographien, vgl. ToG Art. 12 und ToV Art. 18 Abs. 3; DesG Art. 48).

Droht das Zurückbehalten der Ware einen Schaden zu verursachen, so kann die Zollverwaltung vom Antragsteller angemessene Sicherheiten verlangen (URG Art. 77 Abs. 2ter, deckt auch die Topographien, vgl. ToG Art. 12; MSchG Art. 72 Abs. 2ter; DesG Art. 49).

Wurde die Ware unbegründeterweise zurückbehalten, so hat der Antragsteller den dadurch entstandenen Schaden zu ersetzen (s. unten, § 70, Ziff. 2.10).

§ 66 Verjährung und Verwirkung der zivil- und strafrechtlichen Klagen

Wir verstehen die Verjährung als Erlöschen des Klagerechtes. Die Verjährung beeinträchtigt nicht das Recht, sondern dessen gerichtliche Geltendmachung, sofern der Schuldner eine Verjährungseinsprache erhebt.

1. Die Verjährung von Unterlassungs- und Feststellungsklagen

Die Unterlassungsklage kann an und für sich nicht verjähren, denn solange eine Wiederholungsgefahr besteht, muss sie erhoben werden können. Dies gilt auch für die Klage auf Feststellung des rechtswidrigen Zustandes. Solange dieser andauert, bleibt das rechtliche Interesse an der Klageerhebung ungeschmälert (BGE 88 II 176).

Verletzungen von Immaterialgüterrechten sind oft Dauerdelikte (BGE 117 IV 408); der Verkauf gefälschter Waren wiederholt sich, die täuschende Werbung erscheint in Periodika, die mit einer Marke versehenen Artikel werden während längerer Zeit verkauft. In Analogie zu StGB Art. 71 beginnt die Verjährungsfrist bei Dauerdelikten von dem Tag an zu laufen, an welchem dieses Verhalten aufhört (BGE 116 IV 121).

Stellt die unerlaubte Handlung gleichzeitig ein strafrechtliches Delikt dar, so gilt gemäss OR Art. 60 Abs. 2 die allenfalls längere strafrechtlich vorgeschriebene Verjährungsfrist auch für den Zivilanspruch (BGE 126 III 382). Dazu muss eine strafrechtliche Verfolgung nicht tatsächlich stattgefunden haben; es genügt, dass für die unerlaubte Handlung eine Strafe vorgesehen ist (BGE 60 II 35; s. auch hinten, Ziff. 7.).

Verjährung und Verwirkung müssen vom Schuldner/Beklagten geltend gemacht werden; der Richter kann nicht an ihrer Stelle handeln.

2. Verjährung der Schadenersatzklage

PatG, MSchG, URG, DesG, ToG und UWG verweisen für die Regelung der Schadenersatzklage ausdrücklich auf das OR (PatG Art. 73; MSchG Art. 55 Abs. 2; URG Art. 62 Abs. 2; DesG Art. 2 und 3; ToG Art. 10 Abs. 1; UWG Art. 9 Abs. 3). Demzufolge kommt OR Art. 60 zur Anwendung, wonach der Anspruch auf Schadenersatz oder Genugtuung in einem Jahr vom Tag an verjährt, an welchem der Geschädigte Kenntnis vom Schaden und von der Person des Ersatzpflichtigen erlangt hat (relative Verjährung), jedenfalls aber mit dem Ablauf von zehn Jahren vom Tag der schädigenden Handlung an (absolute Verjährung).

Im Immaterialgüterrecht ist die Feststellung des Schadens oft sehr schwierig, da der Geschädigte den Schaden erst nach dem Beweisverfahren, nach Einsicht in die Buchhaltung des Täters der unerlaubten Handlung beziffern kann. Deshalb kann hier die «Kenntnis des Schadens» nicht als Kenntnis des genauen Schadensbetrages ausgelegt werden (denn der Geschädigte hätte ohne Verfahren diese Kenntnis nicht gehabt und die relative Verjährung hätte nie zu laufen begonnen), sondern ist als Kenntnis von der Existenz eines Schadens (was bei Verletzung von Immaterialgüterrechten praktisch immer zutrifft) und von dessen wesentlichen Bestandteilen zu verstehen (BGE 59 II 406).

3. Verjährung der Klage auf Herausgabe des Gewinns

Nach überwiegender Lehrmeinung untersteht die Verjährung der Klage auf Herausgabe des Gewinnes den Vorschriften von OR Art. 67 über die Verjährung in Fällen ungerechtfertigter Bereicherung. Diese Auslegung hat zudem den Vorteil, dass sie der Regelung der Verjährung gemäss OR Art. 60 betreffend den Schadenersatz entspricht.

Man muss allerdings zwischen der unechten Geschäftsführung, d.h. der (bösgläubigen) Geschäftsanmassung im eigenen Interesse des Geschäftsführers (OR Art. 423) und der echten Geschäftsführung, die (im vermeintlichen) Interesse des Geschäftsherrn geschieht, unterscheiden. Die erstere hat deliktischen Charakter – daher ist es gerechtfertigt, OR Art. 67 auf sie anzuwenden; die zweite ist eher vertraglicher Natur und untersteht daher der 10 jährigen Frist von OR Art. 127 (BGE 126 III 382).

4. Verjährung der Abtretungsklage

PatG, DesG und MSchG sehen die Abtretungsklage für denjenigen vor, dessen Recht auf eine Erfindung oder ein Kennzeichen usurpiert wurde, indem der Usurpator unberechtigt ein Patent erhalten oder die Eintragung einer Marke erreicht hat. Die Abtretungsklage muss vor Ablauf von zwei Jahren seit dem amtlichen Datum der Veröffentlichung der Patentschrift oder der Veröffentlichung der Eintragung der Marke oder des Design angehoben werden (PatG Art. 31 Abs. 1; MSchG Art. 53 Abs. 2; DesG Art. 34, Ziff. 2).

Wurde die Marke durch einen Agenten usurpiert, oder hat der Berechtigte seine Zustimmung zur Eintragung der Marke durch den Agenten zurückgezogen, so läuft die Frist seit Wegfall der Zustimmung (MSchG Art. 53 Abs. 2).

Laut PatG und DesG ist die Klage gegen einen bösgläubigen Beklagten an keine Frist gebunden. Da ein Usurpator schwerlich gutgläubig ist, stellt sich die Frage, ob die Verjährungs- oder Verwirkungsfrist bei Abtretungsklagen in Wirklichkeit gar nicht zur Anwendung kommt.

5. Verjährung der Vergütungsansprüche der Verwertungsgesellschaften

Wie wir vorne gesehen haben, hat das URG eine grosse Zahl gesetzlicher Lizenzen eingeführt, die Vergütungsansprüche gewähren (s. vorne, § 59 Ziff. 1. in fine). Diese Ansprüche können nur von Verwertungsgesellschaften wahrgenommen werden.

Zu Recht stellt das Bundesgericht diese Vergütungen den ordentlichen Lizenzgebühren gleich, die aus dem Gesichtswinkel der Verjährung wie periodische Forderungen gemäss OR Art. 128 Ziff. 1 behandelt werden. Die Verjährungsfrist beträgt daher fünf Jahre (BGE 124 III 370).

6. Stillstand und Unterbrechung der Verjährung

Stillstand und Unterbrechung der Verjährung folgen den Vorschriften von Art. 134 und 135 OR.

7. Verjährung der Strafklagen

Die Immaterialgütergesetze und das UWG enthalten fast keine besonderen Bestimmungen über die Verjährung der Strafklage. Demzufolge gelten die Verjährungsfristen gemäss StGB (ausgenommen ist das UWG, vgl. Art. 27 Abs. 3).

Das SIGB wurde 2002 revidiert (in Kraft seit Oktober 2002). Während gemäss dem aStGB Art. 70 Abs. 3 die Strafverfolgung in fünf Jahren verjährte, wenn die strafbare Tat mit Gefängnis oder Busse bedroht ist (was für die meisten immaterialgüterrechtlichen Delikte zutrifft), so tritt die Verjährung nunmehr erst nach siebeneinhalb Jahren ein (entsprechend der absoluten Verjährungsfrist nach aStGB).

Die Verfolgungsverjährung tritt nicht mehr ein, wenn vor Ablauf der Verjährungsfrist ein erstinstanzliches Urteil ergangen ist. Die neue Verjährungsfrist gilt nur für Straftaten, die nach dem Inkrafttreten des neuen Gesetzes verübt wurden (BGE 129 IV 39; für die Verfolgungsverjährung nach aStGB s. BGE vom 16. August 2001, sic! 2001, 754).

Da Straftaten gegen Immaterialgüterrechte nur auf Antrag verfolgt werden (sofern der Täter nicht gewerbsmässig handelt), ist die Antragsfrist bedeutungsvoll. Auch hier gilt die allgemeine Bestimmung des StGB, wonach das Antragsrecht nach Ablauf von drei Monaten seit dem Tag erlischt, an welchem dem Antragsberechtigten der Täter bekannt wird (StGB Art. 29; vgl. auch BGE 92 IV 75). Einzig das PatG gewährt dem Antragsberechtigten eine Frist von sechs Monaten, um diesem die Abklärung oft komplexer Sachverhalte zu ermöglichen (PatG Art. 81 Abs. 2).

8. Verwirkung der Zivil- und Strafklagen

Im Immaterialgüterrecht betrifft die Verwirkung weder das Immaterialgüterrecht noch das Immaterialgut, sondern sie beraubt den Berechtigten der Möglichkeit, seine Ausschliesslichkeitsrechte gegenüber Personen geltend zu machen, welche sich auf die Verwirkung berufen können (BGE 130 III 113).

Verfolgt der Inhaber eines Immaterialgüterrechtes den Dritten, welcher sich sein Recht angemasst hat, erst, nachdem er dessen Vorgehen während langer Zeit geduldet hat, so kann der Dritte die Verwirkung des Verfolgungsrechts des Inhabers geltend machen (BGE 127 III 357). Er wird sich auf den Grundsatz von Treu und Glauben berufen und anführen, der Inhaber habe durch seine Untätigkeit auf die Befugnis zur Geltendmachung des Rechtes verzichtet. Gemäss dem Bundesgericht muss die Verwirkung anerkannt werden, wenn der Dritte vernünftiger- und objektiverweise auf Grund des Verhaltens des Berechtigten annehmen konnte, dieser habe auf die Durchsetzung seiner Rechte verzichtet (BGE vom 21. Oktober 1997, JdT 1998, 349).

Der Dritte wird sich zudem darauf berufen, dass der Inhaber eines Immaterialgutes, welcher die dazugehörenden Rechte geltend machen will, Dritte, welche – oft ohne dies zu bemerken – in seinen Schutzbereich eindringen, auf diesen Umstand aufmerksam machen muss, sobald er davon Kenntnis erhält. Aber auch ohne Kenntnisnahme kann das Klagerecht verwirken – dann nämlich, wenn es der Verletzte unterlassen hat, das Erscheinen von verwechselbaren Kennzeichen auf dem Markt mit der gebotenen Sorgfalt zu überwachen (BGE vom 13. November 1998, sic! 1999, 134).

Im Allgemeinen hat sich das Bundesgericht jedoch für eine restriktive Anwendung des ZGB Art. 2 ausgesprochen (BGE 128 III 401) und die Verwirkung wegen verspäteter Ausübung eines Ausschliesslichkeitsrechtes nur bejaht, wenn der Inhaber die Verletzung seiner Rechte lange ohne Einspruch oder ohne anderen Ausdruck seines Willens, seine Ausschliesslichkeitsrechte zu wahren, geduldet hat, und wenn zudem der Rechtsverletzer einen wertvollen Besitzstand am umstrittenen Immaterialgut besitzt (BGE 117 II 575). In speziellen Fällen kann die Verwirkung allerdings schon nach einer eineinhalbjährigen Inaktivität des Berechtigten eintreten (BGE vom 21. Oktober 1997, JdT 1998, 350).

Die Verwirkung urheberrechtlicher Ansprüche ist gegenüber jedem Verletzer neu und konkret bezogen auf seine Situation zu prüfen (BGE 130 III 113); nur die offensichtlich missbräuchliche Ausübung eines Rechts kann seinem Schutz entgegenstehen. Die Verwirkung der sich aus dem Namensrecht ergebenden Ansprüche setzt grundsätzlich voraus, dass der Verletzte Kenntnis von der Verletzung seiner Rechte gehabt hat und dennoch untätig geblieben ist (BGE 128 III 353).

Das Recht, sich auf den Nichtgebrauch einer Marke zu berufen, ist verwirkt, wenn der Nichtgebrauch erst 25 Jahre nach der Wiederaufnahme des Gebrauchs geltend gemacht wird (BGE vom 4. April 2001, sic! 2001, 408).

Der Verwirkungseinwand entfaltet dann keine Wirkung, wenn über die Individualinteressen hinaus auch Allgemeininteressen verletzt sind – ausser (im Falle der Täuschungsgefahr der Allgemeinheit) das an und für sich widerrechtliche Zeichen habe sich in einem derartigen Ausmass eingebürgert, dass eine Verwechslungsgefahr praktisch ausgeschlossen ist (BGE 125 III 193).

20. Kapitel
Der Prozess im Bereich des Immaterialgüterrechts und des unlauteren Wettbewerbs

§ 67 Aktiv- und Passivlegitimation

Die Aktiv- oder Passivlegitimation ist eine der materiellen Voraussetzungen, um einen streitigen Anspruch geltend machen zu können. Das Fehlen dieser Voraussetzung macht die Klage unzulässig, berührt aber in keiner Weise den Bestand des klägerischen Anspruchs (BGE 114 II 345).

Der Kläger muss in seinem eigenen privaten Interesse klagen; das öffentlichen Interesse an der Verhinderung von Missbräuchen in einem bestimmten Wirtschaftsbereich reicht nicht aus (BGE 115 II 474).

Juristische Personen können auch zum Schutz ihrer eigenen Persönlichkeit oder Privatsphäre klagen (BGE 97 II 97).

Fraglich ist, ob ein Patentanwalt in eigenem Namen Beschwerde führen kann gegen eine Verfügung, die an die Patentinhaberin adressiert ist (Frage offen gelassen; BGE vom 22. Januar 2003, sic! 2003, 448).

1. Die Aktivlegitimation für Leistungsklagen

Der Richter muss von Amtes wegen prüfen, ob der Kläger klageberechtigt ist, auch wenn dies von der Gegenpartei nicht bestritten wurde (BGE 108 II 216).

Bei eingetragenen Immaterialgüterrechten ist die im Register eingetragene Person aktivlegitimiert. Gemäss diesem Grundsatz gewähren PatG, MMG, MSchG, URG und ToG die Aktivlegitimation dem Rechtsinhaber oder dessen Rechtsnachfolger. Hat sich z.B. eine juristische Person die Urheberrechte abtreten lassen, so ist sie aktivlegitimiert (BGE 100 II 167). Nach Massgabe eines neuen Bundesgerichtsentscheids (BGE vom 22. Januar 2003, sic! 2003, 448) kann unter Umständen auch der Vertreter des Patentinhabers befugt sein, die Rechte am Patent im eigenen Namen geltend zu machen und diesbezüglich eine Verwaltungsgerichtsbeschwerde einzuleiten.

Im Zusammenhang mit Herkunftsangaben sind Berufs- und Wirtschaftsverbände klageberechtigt, sofern sie nach Massgabe ihrer Statuten zur Wahrung der wirtschaftlichen Interessen ihrer Mitglieder befugt sind, sowie Organisationen von gesamtschweizerischer oder regionaler Bedeutung, deren statutarischer Zweck im Konsumentenschutz besteht (MSchG Art. 53 und 56 Abs. 1 lit. a und b).

Wenn sich ein Dritter eine technische Regel oder ein Kennzeichen unberechtigterweise aneignet und anschliessend eine Patentanmeldung einreicht oder eine Marke einträgt, so kann der wirklich Berechtigte die Abtretung des eingetragenen Rechtes verlangen.

Gemäss schweizerischem Recht kann der Lizenznehmer nicht gegen Verletzungen der ihm zur Nutzung überlassenen Immaterialgüter oder Immaterialgüterrechte vorgehen, da er keine dinglichen, sondern nur obligatorische (vertragliche) Rechte besitzt. Geht aber aus dem Vertrag hervor, dass der Lizenzgeber dem Lizenznehmer die ausschliessliche, vollumfängliche Nutzung seiner Rechte gewähren oder ihm die Pflicht zur Wahrung der Rechte übertragen wollte, ist dessen Aktivlegitimation zu bejahen (BGE vom 18. Dezember 1998, sic! 1999, 447).

Das neue Designgesetz gewährt dem exklusive Lizenznehmer das Recht, im eigenen Namen eine Leistungsklage bezüglich des lizenzierten Designrechts einzureichen (DesG Art. 35 Ziff. 4; für die anderen Immaterialgüter darf man wohl davon ausgehen, dass dieses Klagerecht auch anerkannt würde, sofern sich aus dem Lizenzvertrag nicht ein klarer Hinweis auf einen gegenteiligen Parteiwillen ergibt.

Laut UWG kann derjenige, welcher durch unlautere Handlungen in seiner Kundschaft, seinem Kredit oder beruflichen Ansehen, in seinem Geschäftsbetrieb oder sonst in seinen wirtschaftlichen Interessen bedroht oder verletzt wird, Unterlassungsklage einreichen (UWG Art. 9 Abs. 1 lit. a und b; BGE vom 8. September 2004, sic! 2005, 221). UWG Art. 10 erweitert den Kreis der Klageberechtigten und erklärt auch Kunden zu den gleichen Klagen legitimiert, falls ihre wirtschaftlichen Interessen bedroht oder verletzt werden. Unter gleichen Bedingungen wie im Markenrecht sind Berufs- und Wirtschaftsverbände klageberechtigt (UWG Art. 10 Abs. 2 lit. a; vgl. auch BGE 114 II 345) sowie in ihren wirtschaftlichen Interessen verletzte öffentlich-rechtliche Einheiten (UWG Art. 10 Abs. 2 lit. b und c; BGE 123 III 395; 124 IV 73).

2. Aktivlegitimation für Feststellungs- und Nichtigkeitsklagen

Laut den modernen Gesetzen steht die Feststellungsklage jedermann zu, der ein rechtliches Interesse nachweist (PatG Art. 74 und 28; MSchG Art. 52; Art. 61 URG; UWG Art. 9 Abs. 1 lit. c; DesG Art. 33; ToG Art. 10 Abs. 1; vgl. auch BGE 109 II 165 und 120 II 144).

Die Abklärung abstrakter Rechtsfragen kann nicht Gegenstand einer Feststellungsverfügung sein (RKGE vom 17. Juni 1997, sic! 1997, 398).

Der Inhaber der Marke, deren Gültigkeit in Frage gestellt ist, kann im Allgemeinen positive oder negative Feststellungsklage erheben.

Nach UWG Art. 9 Abs. 1 lit. c kann, «wer durch unlauteren Wettbewerb in seiner Kundschaft, seinem Kredit, seinem beruflichen Ansehen oder sonst in seinem wirtschaftlichen Interesse verletzt wird, die Widerrechtlichkeit der Verletzung gerichtlich feststellen lassen, wenn sich diese weiterhin störend auswirkt ... Dabei wirkt sich die Verletzung weiterhin störend aus, wenn lediglich der einmal geschaffene Störungszustand ohne effektive oder erneute störende Wirkung weiter anhält» (BGE vom 8. Juli 1997, sic! 1997, 592).

Angestellte oder Verwaltungsräte eines Marktteilnehmers sind nicht in eigenem Namen aus UWG klageberechtigt, da ihnen ein direktes wirtschaftliches Interesse an einer Klage fehlt. Sie können sich aber allenfalls auf die Bestimmungen über den Persönlichkeitsschutz berufen (Handelsgericht St. Gallen vom 14. März 2002 und vom 24. Januar 2003, sic! 2003, 609).

Die Feststellung kann sich auf die Gültigkeit eines Rechtes, das Vorliegen oder Fehlen einer Rechtsverletzung, das Vorliegen oder Fehlen eines Prioritätsrechtes oder dessen Voraussetzungen, das Vorliegen von Tatsachen zur Erteilung einer abhängigen Lizenz, das Vorliegen der Voraussetzungen für den Bestand eines geschützten Werks oder einer erfinderischen Tätigkeit usw. beziehen.

Die Feststellung kann sich auch auf die Verletzung oder Nichtverletzung eines ausländischen Immaterialgüterrechts beziehen (BGE 129 III 295).

Dauert die Verletzung fort und wächst der Schaden weiter, hat der Betroffene ein Interesse an der unverzüglichen Feststellung der Verletzung (BGE 114 II 253).

Grundsätzlich ist jedermann befugt, die Nichtigkeit einer Marke wegen Nichtgebrauch geltend zu machen, sofern er wegen des Bestehens der Eintragung der (nichtigen) Marke in der eigenen Verwendung des Zeichens behindert ist; ist dies nicht der Fall, ist auch die Aktivlegitimation nicht gegeben (BGE 125 II 206; BGE vom 15. Februar 1999, sic! 1999, 432).

Im Gegensatz zur Unterlassungsklage ist die Aktivlegitimation des Lizenznehmers zur Erhebung der Feststellungsklage im Allgemeinen unbestritten; er hat zweifellos ein eigenes Interesse an der Feststellung der Nichtigkeit des Patentes oder der Marke, die ihm ein Dritter entgegen hält, um ihn an der Fortführung seiner Tätigkeit zu hindern. Anders liegt der Fall des Lizenznehmers eines nichtigen Patentes, welcher Nichtigkeit des Patentes feststellen lässt, um sich von der Bezahlung der Lizenzgebühr zu befreien. Da der Lizenzvertrag zu einem besonderen Vertrauensverhältnis zwischen Lizenzgeber und -nehmer führt, würde es gegen Treu und Glauben verstossen, wenn der Lizenznehmer die vom Lizenzgeber erworbenen Kenntnisse dazu benutzen dürfte, um dessen Patent für nichtig erklären zu lassen. Wenn die Parteien (wegen ihrem Geschäftsumfang) dem Kartellgesetz unterstellt sind, wird dieser spezifische Gutglaubensschutz wohl den kartellrechtlichen Bestimmungen zu weichen haben (s. oben, § 54, Ziff. 3.3.1).

Bei Persönlichkeitsverletzungen durch die Medien hat der Betroffene ein ausreichendes rechtliches Interesse an der Feststellung der Rechtswidrigkeit der beanstandeten Publikation, auch nach Veröffentlichung eines Leserbriefes oder einer Antwort (BGE 119 II 97).

Juristische Personen können auch den Schutz ihrer eigenen Persönlichkeit oder Privatsphäre klageweise geltend machen (BGE 97 II 97).

3. Passivlegitimation

Passivlegitimiert ist, wer gegen eine gesetzliche Bestimmung verstösst oder an einer Rechtsverletzung mitwirkt. Juristische Personen können über ihre Organe zur Verantwortung gezogen werden; passivlegitimiert sind auch Angestellte, Arbeitnehmer oder Auftragnehmer einer juristischen Person, die bei der Ausübung ihrer Arbeit eine unerlaubte Handlung begehen.

Im Falle von unlauterem Wettbewerb kann die Klage gemäss UWG Art. 11 auch auf den Arbeitgeber ausgedehnt werden (BGE vom 4. September 2003, sic! 2004, 430).

Die weite Auslegung der Passivlegitimation rechtfertigt sich vor allem in Fällen unlauteren Wettbewerbs damit, dass jeder, der den Wettbewerb beinflusst oder beinflussen kann, für seine Handlungen auch gerade stehen soll.

Ist der Inhaber eines eingetragenen Immaterialgüterrechtes gleichzeitig der eigentliche Rechtsträger, so kann über seine Passivlegitimation für die Nichtigkeitsklage kein Zweifel bestehen.

Da im Immaterialgüterrecht die Übertragung eines Rechtes unabhängig von dessen Eintragung ist (vgl. vorne, § 48), stellt sich die Frage, ob sich die Nichtigkeitsklage gegen den früheren Eigentümer, welcher noch als Inhaber eingetragen ist, oder gegen den gegenwärtigen, noch nicht eingetragenen Eigentümer richten muss. PatG, MSchG und DesG lassen die Wahl zwischen beiden offen (PatG Art. 33 Abs. 3; MSchG Art. 17 Abs. 3; DesG Art. 14 Abs. 3 lit. b); wir empfehlen, diese Regel analog auch auf Topographien anzuwenden.

Im Urheberrecht kann gegen jeden, der sich auf ein Recht an einer schutzwürdigen Schöpfung beruft, auf Feststellung des Nichtbestandes dieses Rechtes geklagt werden. Dieser Grundsatz gilt auch für die anderen Bereiche, sofern der Eintrag im Register und das eigentliche Benutzungsrecht auseinander fallen, wobei in solchen Fällen auch Nichtigkeitsklage gegen den Benutzer des Rechtes erhoben werden kann (BGE 108 II 218).

Nicht passivlegitimiert ist der Transportunternehmer, welcher lediglich gefälschte Produkte in die Schweiz transportiert, jedoch in keiner Weise, nicht einmal fahrlässig, mit dem zu Grunde liegenden Importgeschäft oder der Herstellung der Ware zu tun hat (Cour de Justice Genf vom 19. November 1948, SJ 1949, 252).

Jedwelche Personen, Organisationen oder Verbände sowie Medien und Konsumentenorganisationen können z.B. durch Herabsetzung unlauteren Wettbewerb begehen (BGE 117 IV 193). Entspricht das unerlaubte Vorgehen der Politik eines Verbandes oder einer anderen Gruppe, so kann sich die Klage gegen jedes Mitglied richten, welches eine unerlaubte Handlung begeht (BGE 104 II 209). Der Beklagte muss nicht unbedingt ein Mitbewerber sein (BGE vom 4. September 2003, sic! 2004, 430).

4. Aktivlegitimation des im Ausland wohnenden Inhabers eines schweizerischen Rechtes

Der Inhaber eines Patentes, einer Marke, eines Design, der in der Schweiz keinen Wohnsitz hat und Partei in einem Verwaltungs- oder Gerichtsverfahren ist, muss einen in der Schweiz niedergelassenen Vertreter bestellen (PatG Art. 13; DesG Art. 18; MSchG Art. 42). Dies wird für alle Handlungen verlangt, von der Einreichung des Eintragungsgesuchs bis zur Klage auf Löschung des Rechts. Dies ist keine Beschränkung der Prozessfähigkeit, sondern der Aktiv- und Passivlegitimation.

Name und Adresse des Vertreters sind der Eintragungsbehörde und allenfalls der Gerichtsbehörde mitzuteilen (PatV Art. 24 Abs. 2 lit. a; MSchV Art. 9 Abs. 2 lit. a; DesV Art. 25 Ziff. 1 lit. d).

Der Vertreter wird nicht zum gesetzlichen Vertreter des Inhabers, sondern er besitzt nur die ausschliessliche Aktivlegitimation in dessen Namen. Er kann alle Schritte bei den Verwaltungsbehörden unternehmen und alle Verfügungen über die sich aus der Eintragung ergebenden Rechte vornehmen.

§ 68 Örtliche Zuständigkeit der Gerichte

1. Zivilprozess

1.1. Grundsätze[42]

Seit dem 1. Januar 2001 regelt das Gerichtsstandgesetz (GestG) die örtliche Zuständigkeit in innertschweizerischen Streitigkeiten. Dieses kommt in alle jenen Fällen zur Anwendung, wo kein internationales Verhältnis vorliegt (u. a. wo keine Partei, unbeachtet ihrer Nationalität, einen Wohnsitz ausserhalb der Schweiz hat und wo keine weiteren relevanten Tatsachen ausländischer Natur oder Ursprungs sind – BGE 131 III 76). Bis zum Inkrafttreten des GestG war die Regel von BV Art. 59 die (fast) sakrosankte Bestimmung, gemäss welcher sämtliche zivilrechtlichen Ansprüche am Wohnsitz des Beklagten erhoben werden mussten – abgesehen von (einigen) Ausnahmeregeln. Das GestG hält zwar am Grundprinzip fest, verla-

---

[42] Für eine detaillierte Zusammenfassung s. ISAAK MEIER, Zuständigkeit im Immaterialgüter- und Wettbewerbsrecht nach Gerichtstandsgesetz, in: sic! 2001, 377.

gert aber die Gewichtung insoweit, als der Wohnsitz (der natürlichen Person) resp. der Sitz (der juristischen Person) nur noch ordentlicher Gerichtsstand sind, wenn das Gesetz keinen anderen vorsieht (GestG Art. 3). Für die sachliche und funktionelle Zuständigkeit ist wie früher das kantonale Recht anwendbar.

Für Ansprüche aus Verletzung von Immaterialgüterrechten bringt das GestG eine wesentliche Klärung und Vereinheitlichung, indem es auf Klagen aus unerlaubter Handlung eine vierfache Wahlmöglichkeit vorsieht (GestG Art. 25), nämlich die Zuständigkeit am Wohnsitz oder Sitz der geschädigten Person (d.h. normalerweise des Klägers), oder an jenem der beklagten Partei (normalerweise des Täters) oder am Handlungsort oder am Erfolgsort, die ja, wie wir gesehen haben, oft nicht identisch sind – vor allem in Fällen von mittelbaren Verletzungen (s. oben, § 56, Ziff. 1), oder wenn ein durch ein Design oder Patent oder Urheberrecht geschütztes Objekt an einem Ort hergestellt oder eine verletzende Marke an einem Ort angebracht und an einem anderen im Verkehr gebracht wird, oder auch bei unlauteren Anschwärzungen oder unlauterer vergleichender Werbung (s. oben, § 61, Ziff. 6.1 und 6.7).

Für Klagen auf Feststellung der Nichtverletzung eines Schutzrechts (negative Feststellungsklage) gilt die Gerichtsstandsregelung für Verletzungsklagen (BGE 129 III 295).

Wenn eine Klage mehrere Parteien umfasst, so kann gegen alle an einem der zuständigen Gerichte vorgegangen werden (GestG Art. 7) – dies erlaubt eventuell, in Fällen indirekter Verletzung am Sitze eines Mittäters zu klagen (eine einfache Streitgenossenschaft, ein gewisser Zusammenhang zwischen den geltend gemachten Ansprüchen ist ausreichend). Diese Regel ist auch in Fällen mit Auslandbezug gemäss LugÜ Art. 6 anwendbar (BGE 129 III 80; BGE 129 III 25).

Die Widerklage (z.B. auf Feststellung der Nichtigkeit eines Schutzrechts) kann beim Gericht der Hauptklage (Verletzungsklage) erhoben werden (GestG Art. 6).

Für vorläufige Massnahmen ist eine erweiterte Zuständigkeit vorgesehen (GestG Art. 33; s. unten, Ziff. 2).

In internationalen Angelegenheiten (sofern eine Partei nicht in der Schweiz wohnhaft ist oder erhebliche Tatsachen mit Auslandbezug im Spiel sind) regeln das LugÜ und das IPRG die Zuständigkeit der schweizerischen Gerichtsbehörden (BGE 124 IV 73). IPRG Art. 2 bestätigt den Grundsatz des Gerichtsstandes am Wohnsitz des Beklagten, wie dies auch das LugÜ in Art. 2 tut.

Das 8. Kapitel des IPRG behandelt das Immaterialgüterrecht (vgl. hinten, § 72). Laut IPRG Art. 109 Abs. 1 sind für Klagen betreffend Immaterialgüterrechte in erster Linie die Gerichte am Wohnsitz des Beklagten zuständig; hat der Beklage keinen Wohnsitz in der Schweiz, so sind die schweizerischen Gerichte am Ort zuständig, wo der Schutz beansprucht wird (ausgenommen für Klagen betreffend die Gültigkeit oder die Eintragung von Immaterialgüterrechten im Ausland – s. unten, Ziff. 1.2). Es muss ein tatsächlicher Zusammenhang zwischen dem Schutzort, dem geltend gemachten Recht und seiner Existenz oder Verletzung vorliegen. Laut Bundesgericht entspricht im internationalen Bereich der Ort, wo der Schutz beansprucht wird, demjenigen, an welchem die Verletzung eines Immaterialgüterrechtes erfolgt ist (BGE 129 III 295). Der Gerichtsstand wird schon durch die blosse Verletzungsgefahr begründet (BGE 117 II 598).

Sofern der Verletzer der Beklagte ist (was der Normalfall sein dürfte), kann der Richter am Wohnsitz des Beklagten alle Klagen über die Verletzung eines Immaterialgutes entscheiden, unabhängig davon, ob sie ein schweizerisches oder ausländisches Immaterialgut betreffen oder ob deren Verletzung in der Schweiz oder im Ausland stattgefunden hat. Dadurch können alle Verletzungsklagen auf ein Gericht konzentriert werden, und der Betroffene ist nicht gezwungen, in allen Ländern, in welchen eine Verletzung vorgefallen ist, Klage zu erheben.

Für im Internet begangene Verletzungen ist nicht der Richter am Ort zuständig, wo der Access Provider oder der Server, der den Zugang zum Netz gewährt, sitzt, sondern der Richter am Ort, wo die verletzenden Daten eingegeben wurden (BGE vom 11. August 1999, sic! 1999, 635).

Bei mehreren Beklagten und wenn sich die Ansprüche im Wesentlichen auf die gleichen Tatsachen und Rechtsgründe stützen, ist ausschliesslich der zuerst angerufene Richter zuständig (IPRG Art. 109 Abs. 2– der jedoch nur für Verletzungsklagen gilt und nicht für Streitigkeiten über Bestand oder Eintragung eines Immaterialgüterrechts; BGE vom 13. November 1998, sic! 1999, 137; BGE 129 III 25).

Der Gerichtsstand gemäss IPRG Art. 109 ist nicht zwingend. Die Parteien können durch Vertrag oder Schiedsvereinbarung einen andern Gerichtsstand vereinbaren (vgl. hinten, § 69 Ziff. 3. und 4.).

Wenn einer der Mitglieder einer einfachen passiven Streitgenossenschaft einen Gerichtsstand vereinbart hat, können auch die anderen Genossen an diesem Ort belangt werden (BGE 129 III 80).

Können in Fällen mit internationalem Bezug gemäss dem LugÜ Gerichte mehrerer Staaten angerufen werden, so wird das später angerufene Gericht das Verfahren sistieren und sich gegebenenfalls für unzuständig erklären (LugÜ Art. 21, 22).

1.2. Klagen betreffend den Bestand des Rechtes

1.2.1. Schweizerische Streitfälle

Für Klagen bezüglich der Feststellung der Nichtigkeit von Immaterialgüterrechten oder deren Eintragung oder bei Anfechtung der Berechtigung des eingetragenen Inhabers, d.h. bei negativen Feststellungsklagen, ist der Richter am Wohnsitz oder Sitz des angeblich Berechtigten, der in diesen Fällen ja der Beklagte ist, zuständig (GestG Art. 3).

Analog sollte sich u.E. bei positiven Feststellungsklagen durch den Inhaber auf Feststellung des Bestandes des Rechtes oder dessen Inhaberschaft der Gerichtsstand am Wohnsitz des Inhabers oder Berechtigten befinden (da ja in diesen Fällen kein Beklagter vorhanden ist, der sich auf GestG Art. 3 berufen könnte). Erhebt der Inhaber gleichzeitig eine Unterlassungsklage, so hat er ohnehin die Wahlmöglichkeiten von GestG Art. 25 (s. unten, Ziff. 1.3.1).

Negative Feststellungsklagen, die denselben Anspruch und denselben Gegenstand betreffen wie entsprechende Verletzungsklagen (d.h. Klagen auf Feststellung der Nichtverletzung), sind bei dem für Verletzungsklagen zuständigen Gericht einzureichen (BGE 129 III 295, s. unten, Ziff. 1.3).

1.2.2. Internationale Streitfälle

Für die Feststellung des Bestehens oder der Gültigkeit der Eintragung eines Rechtes sieht das Lugano-Übereinkommen die ausschliessliche Zuständigkeit der Gerichte des Eintragungsstaates vor (LugÜ Art. 16 Ziff. 4). Dieser Gerichtsstand ist den Streitfällen über Bestand, Verfall oder Gültigkeit der Eintragung im Allgemeinen vorbehalten; für Fälschungen sowie für Fragen betreffend Inhaber oder Berechtigte einer Eintragung gelten die allgemeinen Bestimmungen des Lugano-Übereinkommens (EuGH vom 15 November 1983; Rec. 1983, 3663).

Angesichts der engen Auslegung des LugÜ Art. 16 Ziff. 4 durch den Europäischen Gerichtshof und der Tatsache, dass diese Bestimmung nur Rechte betrifft, welche Anlass zu einer Hinterlegung oder Eintragung geben, ist davon auszugehen, dass LugÜ Art. 16 Ziff. 4 auf Urheberrechte und verwandte Schutzrechte nicht anwendbar ist. (Im schweizerischen Recht deckt dagegen der Gerichtsstand «am Ort, wo der Schutz beansprucht wird» gemäss IPRG Art. 109 Abs. 1 auch die Urheberrechte und die verwandten Schutzrechte).

Ist bei grenzüberschreitenden Streitfällen um den Bestand eines Immaterialgüterrechtes oder um die Gültigkeit der schweizerischen Eintragung der Berechtigte in der Schweiz wohnhaft, so ist der Richter an dessen Wohnsitz zuständig (IPRG Art. 109 Abs. 1; BGE 129 III 25). Wohnt der Berechtigte im Ausland, so müssen Klagen über den Bestand des Rechtes beim Richter am Geschäftssitz des eingetragenen Vertreters oder nötigenfalls am Sitz der Registerbehörde vorgebracht werden (IPRG Art. 109 Abs. 3; BGE vom 24. August 1996, sic! 1997, 331; BGE 129 III 514).

Wenn ein Franzose einem Deutschen vorwirft, er habe sein Schweizer Patent verletzt, und der Deutsche das Patent angreifen will, so kann er es in der Schweiz tun – oder warten, bis ihn der Franzose wegen Verletzung in Deutschland oder in der Schweiz einklagt (s. unten, Ziff. 1.3.2) und dann die Nichtigkeit widerklageweise geltend machen.

1.2.3. Feststellung der Gültigkeit ausländischer Rechte

Gemäss eindeutigem Wortlaut des IPRG gibt es keinen schweizerischen Gerichtsstand für Klagen betreffend die Gültigkeit der Eintragung ausländischer Immaterialgüterrechte (IPRG Art. 109 Abs. 1 Satz 1; BGE 129 III 295).

Aufgrund einer älteren Rechtsprechung des Bundesgerichts ist jedoch der schweizerische Richter zur vorfrageweisen Prüfung der Gültigkeit eines ausländischen Patentes zuständig, wenn sich die Frage in einem Streit betreffend die Verpflichtungen der Parteien eines Lizenzvertrags stellt (BGE 66 II 179).

1.3. Klagen betreffend die Verletzung eines Rechtes oder wegen unlauteren Handlungen

1.3.1. Schweizerische Streitfälle

Wie wir schon gesagt haben, gibt das GestG dem Kläger in Art. 25 die Möglichkeit, die Klage an seinem Sitz oder an jenem seines beklagten Gegners einzureichen, oder am Handlungs- oder Erfolgsort (s. oben, Ziff. 1.1). Dies gilt auch für negative Feststellungsklagen, die denselben Anspruch und Gegenstand betreffen wie die entsprechende Verletzungsklage – d.h. Klagen auf Feststellung einer Nichtverletzung (BGE 129 III 295).

Als Ort, an welchem die Handlung begangen wurde, ist jeder Ort zu verstehen, an welchem eine Tätigkeit stattfand, die zur Begünstigung oder Auslösung der Verletzung eines schweizerischen Rechts geeignet war (z.B. die Verwendung oder Verwertung einer Erfindung, der Verkauf, Vertrieb, das Angebot oder die Nachahmung eines durch ein Ausschliesslichkeitsrecht geschützten Objektes). Auch die Tätigkeit des Anstifters oder Mittäters kann einen Gerichtsstand schaffen. Somit können auch Teilnehmer, welche durch im Ausland begangene Handlungen zu einer Verletzung in der Schweiz beigetragen haben, in der Schweiz eingeklagt werden (BGE 129 III 25).

Für die Bestimmung des Handlungs- bzw. Erfolgsortes ist auf die Behauptungen des Klägers abzustellen. Eine allfällige Bestreitung des Beklagten ist rechtsunerheblich. Ergibt sich die Zuständigkeit zugleich aus den zur Begründung des erhobenen Anspruchs vorgebrachten Tatsachen, so genügt die schlüssige Behauptung der die örtliche Zuständigkeit begründenden Tatsachen. Eines Nachweises bedarf es nicht (Handelsgericht Zürich vom 21. Januar 2000, sic! 2001, 140).

Bei Ehrverletzungen tritt das Ergebnis am Ort ein, wo Dritte die verletzenden Aussagen zur Kenntnis genommen haben (BGE 102 IV 38). Damit eine schweizerische Gerichtsbarkeit begründet wird, müssen die verletzenden Äusserungen ausdrücklich an Personen in der Schweiz gerichtet werden. Sofern sie nur in ausländischen Zeit- oder anderen Druckschriften enthalten sind, die auch in der Schweiz vertrieben werden, sind die schweizerischen Gerichte nicht zuständig (BGE 125 IV 177).

1.3.2. Internationale Streitfälle

Für Unterlassungsklagen bietet das Lugano-Übereinkommen einen Gerichtsstand am Wohnsitz des Verletzers (LugÜ Art. 2 Abs. 1) oder am Ort des Eintritts des schädigenden Ereignisses an (LugÜ Art. 5 Ziff. 3); dies IPRG, welches in erster Linie den Richter am Wohnsitz des Beklagten und entspricht dem subsidiär denjenigen am Ort der Beanspruchung des Schutzes zuständig erklärt (IPRG Art. 109 Abs. 2).

Wohnt in einem Fall mit internationalem Sachverhalt der für die Verletzung Verantwortliche in der Schweiz, so muss er hier verfolgt werden (LugÜ Art. 2, BGE 131 III 76). Andernfalls gilt der Gerichtsstand am Ort, wo das geschützte Recht verletzt wurde (BGE vom 21. August 1996, sic! 1997, 334), oder wo das schädigende Ereignis eintrat (LugÜ Art. 5, Ziff. 3). Wird in der Schweiz eine Klage gegen einem im Ausland wohnhaften Beklagten erhoben, kann der Kläger nicht zwischen vier Gerichtsständen wählen (BGE 131 III 76).

Sofern ein Ausländer klagt, steht diese Bestimmung an und für sich im Widerspruch mit TRIPS Art. 3, Ziff. 1 (s. unten, § 73, Ziff. 2.2), der das Prinzip der Inländerbehandlung, d.h. der Gleichbehandlung von Ausländern wie Inländern, festlegt. Jedoch ist diese Ausnahme im Lichte von PVÜ Art. 2, Ziff. 3 zulässig (zur PVÜ s. unten, § 73, Ziff. 2.1) (BGE 131 III 76).

Für widerrechtliche Verletzungen nicht sonderrechtlich geschützter Immaterialgüter wie Geheimnisse, Ausstattung und unlauterer Wettbewerb, wird der Gerichtsstand gemäss Art. 129 IPRG ermittelt (BGE 117 II 204). Gemäss dieser Bestimmung sind für Klagen wegen unerlaubter Handlung die Gerichte am Wohnsitz des Beklagten oder allenfalls am Ort seines gewöhnlichen Aufenthaltes oder seiner Niederlassung zuständig. Fehlen alle diese Anknüpfungen, so kann die Klage beim schweizerischen Gericht am Ort des Begehens der unerlaubten Handlung oder des Erfolgseintritts erhoben werden (BGE vom 21. August 1996, sic! 1997, 336; LugÜ Art. 5, Ziff. 3 – Ort des schädigenden Ereignisses).

Das schädigende Ereignis ist an dem Ort belegen, wo die Handlung unmittelbare, schädigende Folgen zeitigt, und nicht dort, wo einzig ein finanzieller Schaden festzustellen ist.

Besitzt eine ausländische Gesellschaft im Eintragungsland (z.B. Steuerparadies) lediglich einen Briefkasten, so gilt sie als in dem Land ansässig, wo sie ihren tatsächlichen Sitz, ihr Tätigkeitszentrum oder ihre Verwaltung hat (Cour de Justice Genf vom 6. November 1991, SMI 1993, 286).

1.4. Widerklagen

Widerklagen können am Ort der Hauptklage erhoben werden, sowohl im nationalen Verhältnis (GestG Art. 6) wie auch in internationalen Streitigkeiten (LugÜ Art. 6, Ziff. 3).

Als ausreichender Rechtszusammenhang gilt nicht nur die materielle Konnexität im engen Sinn, wo den beiden Klagen das gleiche Rechtsverhältnis oder die gleichen Tatsachen zu Grunde liegen, es genügt ein gewisser Zusammenhang zwischen den geltend gemachten Ansprüchen (BGE 129 III 80). In internationalen Sachverhalten müssen allerdings die Vorschriften von IPRG Art. 109 beachtet werden, sodass eine gewisse Konnexität nicht ohne weiteres zu einer Gerichtsstandsvereinheitlichung führt (BGE vom 13. November 1998, sic! 1999, 136).

1.5. Massgebliches Datum

Für die Wahl des Gerichtsstandes ist das Datum der Klageerhebung massgeblich. Nach Einreichung der Klage bleibt der Gerichtsstand bestehen, auch wenn der Beklagte den Wohnsitz oder den Ort der Niederlassung wechselt oder das Recht geändert wird (BGE 82 II 159).

1.6. Klagen bezüglich im Anstellungsverhältnis geschaffener Immaterialgüter

Im innerschweizerischen Verhältnis kommt GestG Art. 24 Ziff. 1 zur Anwendung, der die Gerichte am Wohnsitz/Sitz der beklagten Partei oder am Arbeitsort als zuständig erklärt.

In internationalen Verhältnissen kommt es darauf an, ob sich der Streit um den Bestand des Immaterialgüterrechts oder um dessen Verletzung durch eine der beiden Vertragsparteien oder um die Auslegung des Anstellungsvertrages (z.B. um den Umfang der vertraglichen oder gesetzlichen Vergütung für die schöpferische Leistung des Arbeitnehmers) handelt. In den zwei ersten Fällen kommen die oben besprochenen Bestimmungen zur Anwendung (s. oben, Ziff. 1.2.2. und 1.3.2.), im letzten Fall IPRG Art. 112/113, die bestimmen, dass für Klagen aus Vertrag die schweizerischen Gerichte am Wohnsitz des Beklagten oder, wenn ein solcher fehlt, am Orte seines gewöhnlichen Aufenthaltes oder seiner Niederlassung zuständig sind. Hat der Beklagte weder Wohnsitz noch Aufenthalt noch eine Niederlassung in der Schweiz, so kann am Erfüllungsort geklagt werden, wenn der Arbeitnehmer seine Leistung in der Schweiz zu erbringen hat.

2. Vorläufige Massnahmen

Für vorläufige Massnahmen (s. unten, § 70, Ziff. 2) sind die Gerichte an Ort, an dem die Zuständigkeit für die Hauptsache besteht, oder am Ort, wo die Massnahme vollstreckt werden soll, zuständig, und dies «zwingend» (GesG Art. 33)[43]. Da vorläufige Massnahmen sowohl vor wie auch nach Einleitung des Hauptverfahrens verlangt werden können, ist es möglich, auch noch nach Einleitung des Verletzungsprozesses Massnahmen vor einem anderen Gericht zu verlangen.

Sofern verschiedene vorsorgliche Massnahmen zwischen den gleichen Parteien verlangt werden, mag es eventuell sogar sinnvoll sein, die Verfahren vor verschiedenen Gerichten einzuleiten: z.B. ein Verfahren auf Unterlassung patentverletzender Aktivitäten am Fabrikationsort, und ein Verfahren auf Beschlagnahmung am Ort, wo die verletzenden Produkte gelagert werden (z.B. in einem Zollfreilager).

---

[43] Zum Problem der Zuständigkeit für vorsorgliche Massnahmen s. ISAAK MEIER, oben, Ziff. 1.1, Fn. 1.

3. Strafprozess

Die modernen Gesetze erklären lediglich, dass *«die Strafverfolgung Sache der Kantone»* ist (UWG Art. 27; URG Art. 63 Abs. 1; MSchG Art. 69). Das ToG schweigt sich darüber aus; da es bezüglich Zivilprozess auf das URG verweist, ist anzunehmen, dass das Gleiche auch für den Strafprozess gilt. Zur Bestimmung der Gerichtsstände in Strafsachen ist daher auf StGB Art. 346–351 zu verweisen.

Wurde ein Delikt über die Presse begangen (herabsetzende Äusserungen oder Werbung, UWG Art. 3 Abs. 1 lit. a–c), oder durch Patentberühmung (PatG Art. 82), so befindet sich der Gerichtsstand am Ort der Herausgabe der Druckschrift oder am Wohnsitz des Verfassers (StGB Art. 347; BGE 117 IV 364).

Ist der Ort der Herausgabe unbekannt, so sind die Behörden jenes Ortes zuständig, an welchem die Schrift gedruckt wurde; ist auch dieser Ort unbekannt, so ist die Behörde am Ort der Verbreitung zuständig (StGB Art. 347). Der letztere Gerichtsstand ist «ambulant», wodurch auch anonyme Schriften strafrechtlich verfolgt werden können (BGE 102 IV 38).

Wird jemand wegen mehrerer, an verschiedenen Orten verübter strafbarer Handlungen verfolgt, so sind die Behörden des Ortes, wo die mit der schwersten Strafe bedrohte Tat begangen wurde, auch für die Beurteilung der anderen Taten zuständig (StGB Art. 350 Abs. 1; BGE 114 IV 184).

§ 69 Sachliche und funktionelle Zuständigkeit der Gerichte

1. Zuständigkeit der kantonalen Gerichte

Die prozessrechtliche Souveränität der Kantone für die Festlegung der Verfahren bei Streitfällen über Immaterialgüter wird durch das Bundesrecht beschränkt.

Alle Immaterialgüterrechtsgesetze verlangen eine einzige kantonale Instanz zur Schlichtung von Zivilstreitigkeiten über Immaterialgüterrechte (PatG Art. 76; DesG Art. 37; MSchG Art. 58 Abs. 3; URG Art. 64 Abs. 3, gilt auch für ToG, siehe Art. 10). Das UWG enthält keine entsprechende Vorschrift und überlässt die Regelung somit den Kantonen. Wird die Klage wegen unlauterem Wettbewerb im Zusammenhang mit einer immaterialgüterrechtlichen Klage erhoben, so kann Erstere ebenfalls bei der einzigen kantonalen Instanz eingereicht werden (UWG Art. 12 Abs. 2). Ob eine genügende Konnexität besteht, entscheidet sich gemäss den in der Klageschrift genannten Ansprüchen.

Die Sondergesetze enthalten keine Hinweise auf die sachliche Zuständigkeit für Klagen betreffend die Übertragung von Immaterialgütern oder Immaterialgüterrechten. Deshalb müssen Klagen über Lizenzverträge oder andere Verfügungen über Immaterialgüter bei den für persönliche Ansprachen zuständigen Gerich-

§ 69 Sachliche und funktionelle Zuständigkeit der Gerichte

ten erhoben werden (Cour de Justice Genf vom 6. November 1991; SMI 1993, 286).

Wird ein Immaterialgüterrecht nebenfrageweise in einem ordentlichen Zivilverfahren in Frage gestellt, entscheidet der erstinstanzliche Richter (BGE 74 II 187).

Bei ausreichender Konnexität kann die Widerklage beim für die Hauptklage zuständigen Richter erhoben werden, sofern das Bundesrecht eine einzige kantonale Instanz vorsieht oder die Zuständigkeit des Gerichtes sich aus dem kantonalen Recht ergibt (s. oben, § 68 Ziff. 1.4.).

2. Zuständigkeit des Bundesgerichtes als Berufungsinstanz in Zivilsachen

2.1. Streitwert

Streitigkeiten über Immaterialgüter und unlauteren Wettbewerb sind vermögensrechtliche Zivilsachen. Deshalb ist grundsätzlich die Berufung nur zulässig, wenn der Streitwert wenigstens CHF 8000.– beträgt.

Im Immaterialgüterrecht ist die Berufung ohne Rücksicht auf den Streitwert zulässig, sofern es sich um Streitigkeiten über den Gebrauch einer Geschäftsfirma, den Schutz von Fabrik- und Handelsmarken, von Herkunftsbezeichnungen, über gewerbliche Auszeichnungen, Design, sowie über Erfindungspatente und Urheberrechte (OG Art. 45 lit. a; BGE 100 II 397).

Klagen über unlauteren Wettbewerb unterstehen OG Art. 46, auch wenn der Kläger keinen Antrag auf Schadenersatz, sondern lediglich auf Feststellung oder Unterlassung eines unlauteren Vorgehens stellt. Demzufolge muss der Streitwert für die Berufung beim Bundesgericht wenigstens CHF 8000.– betragen (BGE 112 II 283; 114 II 93). Betrifft die Klage jedoch ein Immaterialgüterrecht oder den Schutz von Firmen sowie zusätzlich unlauteren Wettbewerb, so ist die Berufung ohne Rücksicht auf den Streitwert zulässig.

2.2. Endentscheid, Vorentscheid und Zwischenentscheid

Die Berufung ist in der Regel erst gegen Endentscheide der kantonalen Gerichte zulässig (OG Art. 48 Abs. 1 und 2).

Ob ein Verfahren in materielle Rechtskraft erwächst, bestimmt sich nach dem kantonalen Prozessrecht. Eine Überprüfung dieser Frage findet im Berufungsverfahren nicht statt (BGE vom 13. September 2000, sic! 2001)

In immaterialgüterrechtlichen Ansprachen ist es im Interesse der Prozessökonomie oft angezeigt, dem Bundesgericht Vor- oder Zwischenentscheide vorzulegen, welche die Gültigkeit einer Eintragung oder den Bestand eines anderen Rechtes verneinen oder bejahen. Ein definitiver Entscheid in dieser Frage kann den Parteien ein umfangreiches Beweisverfahren mit kostspieligen Gutachten, beispielsweise über eine Patentverletzung, ersparen. OG Art. 50 lässt ausnahmsweise die Berufung gegen Vor- und Zwischenentscheide zu, wenn das Verfahren durch den Entscheid des Bundesgerichts praktisch gegenstandslos wird und «so ein bedeutender Aufwand an Zeit oder Kosten für ein weitläufiges Beweisverfahren erspart werden kann» (OG Art. 50 Abs. 1 a. E.; BGE 123 III 420).

Teilurteile können selbständig vor dem Bundesgericht mit Berufung angefochten werden, wenn die Berufungsbegehren in einem gesonderten Prozess geltend gemacht werden könnten, und deren Beurteilung für den Entscheid über die anderen Begehren präjudiziell ist (BGE 129 III 25; BGE vom 2. Juni 2005, 4 C. 101/2005).

Eine Berufung gegen ein Teilurteil über die Zuständigkeit für einen von mehreren Beklagten (subjektive Klagehäufung) ist zulässig, wenn der Umfang des Beweisverfahrens in erheblichem Mass davon abhängt, ob das Verfahren gegen alle oder nur einen Teil der Beklagten durchgeführt wird; dies ist hinsichtlich des ausländischen Herstellers angeblich patentverletzender Produkte der Fall (BGE 129 III 25, 155).

Entscheide betreffend vorläufige Massnahmen können nur mit der staatsrechtlichen Beschwerde angefochten werden (BGE vom 6. Juni 2003, sic! 2003, 984).

Gemäss OG Art. 87 Ziff. 1 ist gegen selbständig eröffnete Vor- und Zwischenentscheide über die Zuständigkeit die staatsrechtliche Beschwerde immer möglich, gegen andere Vor- und Zwischenentscheide nur, wenn sie einen nicht wiedergutzumachenden Nachteil bewirken können (OG Art. 87 Ziff. 2 – BGE vom 18. April 2001, sic! 2001, 822).

2.3. Tat- und Rechtsfrage

Das Bundesgericht ist nur befugt, die Verletzung von Bundesrecht unter Einschluss der Staatsverträge zu überprüfen (OG Art. 43 Abs. 1). Über in Anwendung von kantonalem Recht gefällte Entscheide kann es nicht befinden, auch wenn vorfrageweise Bundesrecht herangezogen wurde (BGE 123 III 399).

Die Berufung ist auch zulässig, wenn eine kantonale Instanz das vom schweizerischen internationalen Privatrecht vorgeschriebene ausländische Recht nicht angewandt hat oder zu Unrecht feststellt, die Ermittlung des ausländischen Rechtes sei nicht möglich (OG Art. 43a Abs. 1; BGE 127 III 461).

Hingegen sind ausländische materiell-rechtliche Ansprüche der Kognition des Bundesgerichts entzogen, so u. a. die Frage, ob sich aus dem ausländischen Recht ein Feststellungsinteresse betr. die Nichtverletzung eines ausländischen Immaterialgüterrechts ergebe (BGE 129 III 295).

«Das Bundesrecht ist verletzt, wenn ein in einer eidgenössischen Vorschrift ausdrücklich ausgesprochener und daraus sich ergebender Rechtssatz nicht oder nicht richtig angewendet worden ist» (OG Art. 43 Abs. 2). Diese Vorschrift betrifft auch die richterliche Lückenfüllung oder deren Unterlassung (ZGB Art. 1 Abs. 2 und 3; BGE vom 21. August 1996, sic! 1997, 334f.). In einem Gebiet wie dem Immaterialgüterrecht, das sich in einer ständigen Entwicklung befindet, ist es von Gutem zu wissen, dass der Richter zur Lückenfüllung verpflichtet sein kann.

Bundesrecht wird durch Feststellungen über tatsächliche Verhältnisse nur verletzt, wenn gegen bundesrechtliche Beweisvorschriften verstossen wurde (OG Art. 43 Abs. 3, z.B. ZGB Art. 8; vgl. BGE 122 III 32; 119 II 84). Zudem stellt die unrichtige rechtliche Beurteilung einer Tatsache eine Rechtsverletzung dar (OG Art. 43 Abs. 4; BGE 123 III 243). Bundesrecht ist auch verletzt, wenn die kantonale Instanz Tatsachen aus Versehen nicht in Betracht gezogen hat; ein Versehen liegt in diesem Sinne nur vor, wenn die Vorinstanz eine gewisse Aktenstelle übersehen oder nicht in ihrem wirklichen Wortlaufwahrgenommen hat, wenn z.B. ein Aktenstück unbeachtet geblieben ist, und deshalb eine tatsächliche Feststellung klar falsch ist (BGE vom 21. Juli 2003, sic! 2004, 115); eine Beweiswürdigung, die eher in eine Richtung zielt als in eine andere, ist kein Versehen in diesem Sinne (BGE 119 II 110).

Es ergibt sich aus Obigem, dass das Bundesgericht materiell keine Tatfragen, sondern nur Rechtsfragen überprüft. Im Immaterialgüterrecht ist allerdings die Grenze zwischen Tatfragen und Rechtsfragen oft schwierig zu ziehen.

Es gibt jedoch Feststellungen, die eindeutig zum Tatbestand gehören. Dies gilt für Tatsachen, die ohne weitere Denkarbeit als solche erkennbar sind, wie z.B. das Vorhandensein von geschriebenen oder bildlichen Darstellungen, die eine technische Regel, ein Muster, ein Modell oder ein Kennzeichen beschreiben oder darstellen (BGE vom 15. September 1975, SMI 1976, 41), oder betreffend für den Umfang der Benutzung einer Erfindung sowie bezüglich der Frage, ob die Erfindung Tatsachen beinhaltet, welche auf eine erfinderische Tätigkeit schliessen lassen (BGE 71 II 296). Zum Tatbestand gehören auch Feststellungen über Ansichten bestimmter Personen (BGE 118 II 62).

Ob Akten, Zeugenaussagen oder Meinungsumfragen geeignet sind, den hohen Grad an Bekanntheit und Anerkennung einer Marke zu beweisen und ob die kantonale Instanz diese Elemente zu Unrecht nicht berücksichtigt hat, ist eine Frage der Beweiswürdigung. Diese Erwägungen bleiben daher der Kognition des Bundesgerichts im Berufungsverfahren entzogen (BGE vom 6. November 2001, sic! 2002, 162).

Andere Sachbeziehungen bergen eindeutig Rechtsfragen in sich. So sind aufgrund ihres Inhaltes folgende Begriffe vom Bundesgericht als Rechtsbegriffe zu prüfen: die Erfindung, die Topographie, das literarische Werk, das musikalische oder künstlerische Werk, die Software, das Design, die Marke, die Ausstattung, das Geheimnis (als Begriff), die Verkehrsgeltung (BGE 79 II 316), die für ein Patent ausreichende erfinderische Tätigkeit (BGE 114 II 85), die Frage der Nichtigkeit eines Patentes (BGE 116 II 200), die Sittenwidrigkeit einer Erfindung oder Bezeichnung, die Qualitätsangabe, die Herkunftsangabe usw.

Zudem beurteilt das Bundesgericht die Frage, ob eine technische Regel dem Fachmann ohne weiteres naheliegt (BGE vom 18 Juli 2003, sic! 2004, 111) oder ob sie ausreichend offenbart wurde (BGE 68 II 393), die Verwechslungsgefahr zwischen Marken (BGE 122 III 383), die Verwechslungsgefahr zwischen verschiedenen Kennzeichen (Marken, Firmen usw., BGE 119 II 473) oder zwischen zwei Ausstattungen (BGE 70 II 110), die Eigenschaft der Herkunftsangabe als Angabe über Besonderheiten des Produktes, die ausreichende Verschiedenheit zweier Muster oder Modelle, die rechtliche Tragweite eines in der Markenklassifizierung verwendeten Ausdrucks (Radkappe, BGE vom 21. Dezember 1994, SMI 1995, 273), die objektive Auslegung eines Lizenzvertrages mit Bezug auf die verliehenen Rechte (BGE vom 29. April 1999, SJ 1999, 471).

In einzelnen Fällen bezieht sich das Bundesgericht auf die Meinung der Verwaltungsbehörden (BGE 117 II 192).

2.4. Besonderheiten des Patentprozesses

OG Art. 67 normiert für Streitigkeiten über Erfindungspatente eine Ausnahme von der Bindung des Bundesgerichts an die tatsächlichen Feststellungen der letzten kantonalen Instanz, indem er das BGer ermächtigt, zum technischen Sachverhalt eigene Feststellungen zu treffen und insbesondere diejenigen der Vorinstanzen zu überprüfen oder zu ergänzen. Eine derartige Überprüfung rechtfertigt sich aber nur, wenn die vorinstanzlichen Feststellungen ernsthaften Zweifeln unterliegen. Solche Zweifel heim Bundesgericht zu wecken ist dabei Sache der Partei, die den technischen Sachverhalt überprüft wissen will (BGE vom 31. Mai 2000, sic! 2000, 634).

Das Bundesgericht hat von dieser Befugnis nur zurückhaltend Gebrauch gemacht. Es betrachtet sie nicht als freie Überprüfungsgewalt und benutzt sie nur, wenn es der Ansicht ist, zur richtigen Auslegung technischen Sachverhaltes seien zusätzliche Informationen unentbehrlich (BGE vom 18. Juli 2003, sic! 2004, 111).

Eine Überprüfung rechtfertigt sich nur, wenn die vorinstanzlichen Feststellungen unklar oder widersprüchlich sind oder auf irrtümlichen Überlegungen beruhen, weil die Vorinstanz oder der im kantonalen Verfahren beigezogene Sachverständige von falschen Rechtsbegriffen ausgegangen sind oder sonstwie die technischen Fragen nicht richtig gestellt haben (BGE vom 31. Januar 2002, sic! 2002, 534).

Legt der Sachverständige seinem Gutachten neue Tatsachen zugrunde, so kann das Bundesgericht hierüber nötigenfalls weitere Beweismassnahmen treffen (OG Art. 67 Ziff. 2 Abs. 1).

In diesem Fall kann das Bundesgericht den vor der ersten Instanz tätig gewordenen Sachverständigen zu einer Ergänzung seines Gutachtens veranlassen oder einen oder mehrere neue Sachverständige bestellen oder einen Augenschein vornehmen. (BGE vom 11. April 2002, sic! 2002, 689).

Die Parteien können neue Tatsachen und Beweismittel über technische Verhältnisse vorbringen, wenn sie im kantonalen Verfahren nicht geltend gemacht werden konnten oder dazu kein Grund bestand (OG Art. 67 Ziff. 2 Abs. 2, BGE 123 III 485). Die Parteien können auch Parteigutachten einlegen, soweit dies die Verfahrungsregeln zulassen (BGE 89 II 156). Diese Bestimmung wird restriktiv ausgelegt (BGE vom 4. November 1997, sic! 1997, 203).

OG Art. 67 kommt auch zur Anwendung, wenn die Nichtigkeit eines Patentes durch Einrede oder Widerklage geltend gemacht wird (BGE vom 11. April 2002, sic! 2002, 689; BGE vom 31. Mai 2000, sic! 2000, 635).

OG Art. 67 ist nicht anwendbar, wenn die Vorinstanz die technische Frage mangels Fachkenntnis überhaupt nicht abgeklärt hat. In solchen Fällen ist die Sache zurückzuweisen, damit die Vorinstanz einen Sachverständigen beiziehen kann (BGE 125 III 29).

2.5. Liechtensteinische Entscheide

In Anwendung des zwischen der Schweiz und Liechtenstein geschlossenen Abkommens können liechtensteinische Zivil- und Strafentscheide über Patente beim Bundesgericht angefochten werden. (Vertrag vom 22. Dezember 1978 zwischen der Schweizerischen Eidgenossenschaft und dem Fürstentum Liechtenstein über den Schutz der Erfindungspatente, SR. 0232149514, Art. 11).

3. Zuständigkeit der Schiedsgerichte

Art. 5 des Interkantonalen Konkordates über die Schiedsgerichtsbarkeit sieht zwingend vor, dass Gegenstand eines Schiedsverfahrens jeder Anspruch sein kann, welcher der freien Verfügung der Parteien unterliegt, sofern kein Bundesgesetz etwas anderes vorsieht. Das IPRG enthält eine analoge Bestimmung: «Gegenstand eines Schiedsverfahrens kann jeder vermögensrechtliche Anspruch sein» (IPRG Art. 177; BGE 118 II 356).

Über die vermögensrechtliche Natur der Immaterialgüterrechte besteht kein Zweifel (nach einem Teil der Lehre mit Ausnahme der «droits moraux» der Urheber). Demzufolge kann die Beurteilung immaterialgüterrechtlicher Fragen einem Schiedsgericht übertragen werden; keines der Sondergesetze fordert die Unterstellung unter die ordentliche Gerichtsbarkeit (sinngemäss BGE vom 19. Mai 2003, sic! 2003, 826 – wenn in einem Geheimhaltungsvertrag eine Schiedsklausel alle mit dem Vertrag zusammenhängenden Streitigkeiten deckt, so fallen auch die aus der nachfolgenden Patentanmeldung sich ergebenden Klagen darunter).

Somit sind Schiedsgerichte zur Beurteilung aller immaterialgüterrechtlichen Fragen zuständig, sofern es sich nicht um verwaltungsrechtliche Belange handelt

(Streitfälle über die Eintragbarkeit eines Rechtes, die Bezahlung der Jahresgebühr usw.) oder das öffentliche Interesse betroffen ist (Enteignungs- und Zwangslizenzprobleme).

4. Zuständigkeit der Eidgenössischen Rekurskommission für geistiges Eigentum (RKGE)

Die RKGE ist die Beschwerdeinstanz gegen Entscheide des IGE.

Die Mitglieder der RKGE werden vom Bundesrat ernannt. Der Präsident ist vollamtlich beschäftigt (er wird aus den Direktoren des IGE gewählt), die anderen Richter (Rechts-, Patent- und Markenanwälte) werden nach Zeitaufwand bezahlt (PMMBl 1994, 14).

Der Sitz des Sekretariats der RKGE befindet sich beim IGE. Das Verfahren vor der Kommission ist schriftlich und kontradiktorisch. Die Beratungen sind öffentlich, sofern nicht das Interesse der Parteien oder des Staates den Ausschluss der Öffentlichkeit erfordert.

Die RKGE entscheidet Beschwerden gegen Entscheide des IGE in allen immaterialgüterrechtlichen Bereichen, d.h. betreffend Patente, einschliesslich der Verfügungen der Prüfungsstellen und Einspruchsabteilungen bei der Vorprüfung (PatG Art. 106 und 106a, PatV Art. 82 und 85), Marken (MSchG Art. 36 Abs. 1; RKGE vom 4. Dezember 2002, sic! 2003, 136), Design (PMMBl 1994, 13), Topographien (ToG Art. 17) und sogar im Urheberrecht, soweit das IGE als Aufsichtsbehörde über die Verwertungsgesellschaften amtet (URG Art. 74). In Forderungsprozessen ist die Angemessenheitsprüfung eines rechtskräftig genehmigten Tarifs nicht zulässig. Entsteht dem Nutzer durch eine Anordnung einer Kommission kein Nachteil, fehlt es ihm an einem schutzwürdigen Interesse (BGE vom 27. Oktober 2000, sic! 2001, 27). Zudem entscheidet die RKGE Beschwerden gegen Entscheide des Eidgenössischen Amtes für das Handelsregister über die Unzulässigkeit einer Firmenbezeichnung und des Namens von Vereinen oder Stiftungen (MSchG Art. 36 Art. 2).

Die Entscheide der RKGE können mit Verwaltungsgerichtsbeschwerde beim Bundesgericht angefochten werden (BGE vom 15. Dezember 1993, PMMBl 1994, 47).

Da die RKGE als richterliche Behörde im Sinne von Art. 105 Abs. 2 OG gilt, ist das Bundesgericht an deren Feststellungen zum Sachverhalt gebunden, ausser wenn diese offensichtlich unrichtig oder unvollständig sind oder unter Verletzung wesentlicher Verfahrensbestimmungen zustande kamen (BGE 129 III 225).

In einzelnen Bereichen ist der Entscheid der RKGE endgültig, nämlich:
– in markenrechtlichen Widerspruchsverfahren (MSchG Art. 36 Abs. 3 und Art. 31 ff.);
– bei der Vorprüfung von Patentanmeldungen (RKGE Art. 27 Verordnung).

§ 70 Verfahren

1. Beweisverfahren

1.1. Beweislast

Grundlage des Beweisverfahrens ist ZGB Art. 8: *«Wo das Gesetz es nicht anders bestimmt, hat derjenige das Vorhandensein einer behaupteten Tatsache zu beweisen, der aus ihr Rechte ableitet.»* Im Bereich der Immaterialgüterrechte ist auch ZGB Art. 9 oft zu beachten: *«Öffentliche Register und öffentliche Urkunden erbringen für die durch sie bezeugten Tatsachen vollen Beweis, solange die Unrichtigkeit ihres Inhaltes nicht nachgewiesen ist.»*

Wer Rechte aus einer behaupteten Tatsache ableitet, hat ihr Vorhandensein zu beweisen; resp. wer Ansprüche geltend machen will, muss die rechtsbegründenden Tatsachen beweisen (BGE 130 III 478; BGE 128 III 271).

Jede Partei, welche eine Tatsache geltend macht, ist zu deren Beweis berechtigt. Dieses Recht ergibt sich aus ZGB Art. 8. Das kantonale Recht regelt die Einzelheiten betreffend Beweise und Beweisführung (BGE 122 III 223). Der kantonale Richter muss nicht jedes Beweismittel zulassen. Dieses muss natur- und erfahrungsgemäss geeignet sein, die vorgebrachte Tatsache zu beweisen (BGE 123 III 40; BGE vom 13. September 2000, sic! 2000, 807).

Mit Bezug auf die Beweiskraft von Registern muss man genau darauf achten, was das Register beweisen soll oder kann – mit Bezug auf als durchgesetzt eingetragene Marken z.B. nur, dass deren Durchsetzung glaubhaft gemacht wurde – dies entbindet den Inhaber nicht der Pflicht, die Durchsetzung im Bestreitungsfalle beweisen zu müssen (BGE 130 III 478, s. oben, § 32, Ziff. 4).

Beinhaltet das Verfahren technische Fragen, so unterstützt die beweispflichtige Partei ihre Behauptungen häufig durch Gutachten. Die Pflicht zur (gemäss den kantonalen Prozessordnungen) ausreichenden Klagebegründung und -substanzierung kann nicht durch Beweisofferten erfüllt werden (BGE vom 22. August 1997, 4C.136/1997). Hingegen kann verlangt werden, dass auch die Gegenpartei zur Lösung des Streites nützliche Unterlagen vorlegt (vgl. oben, § 63 Ziff. 8.4.).

Schwierige Fragen ergeben sich dort, wo eine Partei die Feststellung der Nichtigkeit einer Marke oder die Gewährung einer Zwangslizenz mangels Gebrauchs fordert. Da eine negative Tatsache zu beweisen ist, kann die Beweisführung unüberwindbare Schwierigkeiten bereiten. In ständiger Rechtsprechung über den Beweis negativer Tatsachen verpflichtet das Bundesgericht in solchen Fällen die Gegenpartei, am Beweisverfahren mitzuwirken, indem sie z.B. den Beweis für das Gegenteil erbringt (BGE 119 II 306). Allerdings wendet das Bundesgericht diesen Grundsatz dann nicht an, wenn eine der Parteien im Genuss einer gesetzlichen

Vermutung steht; in einem solchen Fall hat die andere Partei sogar die negativen Tatsachen zu beweisen (BGE 102 II 111).

Bezüglich der Feststellung des Nichtgebrauchs der Marke hat das MSchG eine teilweise Umkehr der Beweislast eingeführt. Wer den Nichtgebrauch einer Marke geltend macht, hat dies lediglich glaubhaft zu machen, und die Gegenpartei hat den Beweis für den gesetzmässigen Gebrauch der Marke zu erbringen (MSchG Art. 12 Abs. 3 – s. auch oben, § 15, Ziff. 3.4).

Die Verkehrsdurchsetzung einer Marke kann mit allen zulässigen Beweismitteln glaubhaft gemacht werden; das IGE darf nicht auf einer demoskopischen Erhebung beharren (BGE 130 III 328).

Bei Verletzungsklagen muss der Kläger die Richtigkeit der seinen Anträgen zugrunde liegenden Tatsachen und Handlungen beweisen. Dieser Grundsatz gilt auch für Klagen aus unlauterem Wettbewerb (BGE 114 II 96; 102 II 286).

Das PatG sieht in gewissen Fällen eine Spezialregelung vor (PatG Art. 67 Abs. 2). Wenn die Verletzung eines Verfahrenspatents behauptet wird, so genügt es, wenn sie glaubhaft gemacht wird – der Kläger muss den Richter nicht überzeugen (BGE vom 21. Juli 2003, sic! 2004, 115 – s. oben, § 69, Ziff. 2.4).

Im Schadenersatzverfahren wegen ungerechtfertigten vorläufigen Massnahmen (s. dazu unten, Ziff. 2.9) hat die den Schadenersatz beanspruchende Partei zu beweisen, dass die Massnahme zu Unrecht angeordnet wurde (BGE vom 13. September 2000, sic! 2001, 38).

1.2. Beweismittel

Alle Zivilprozessordnungen sehen die Beweisführung durch Urkunden vor. Gegebenenfalls kann der Richter zudem eine Zeugeneinvernahme, einen Augenschein oder eine Expertise anordnen. Um die Wahrscheinlichkeit glaubhaft zu machen, kann die Partei, die sie anruft, auch private Rechtsgutachten und Bestätigungsschreiben vorlegen.

In Streitsachen über Geistesschöpfungen (Erfindungen, Urheberwerke, Design, Topographien von Halbleitererzeugnissen, Software) sind Expertengutachten von besonderer Bedeutung (BGE 117 II 466). Einzig vom Gericht angeordnete Expertisen sind beweiskräftig. Private Gutachten sind zulässig, werden aber lediglich als Parteivorbringen zugelassen (SMI 1990, 138). Sie müssen den Vorschriften über die Einreichung von Prozessschriften genügen (BGE 89 II 156).

Sofern zur Abklärung und zum Verständnis technischer Fragen besondere Kenntnisse benötigt werden (technische Erfindungen, Computerprogramme, aber auch gewisse künstlerische Schöpfungen wie Werbematerial, elektronische Musik etc.), muss das Gericht Fachpersonen beiziehen (BGE 125 III 32). Die technischen Tatsachenbehauptungen müssen von den Parteien so abgefasst sein, dass der Experte in der Lage ist, die Expertise auf Grund der Parteivorbringen auszuarbeiten (BGE vom 18. Dezember 1998, sic! 1999, 445).

Die Gerichte urteilen unabhängig von der Ansicht der (Gerichts-) Experten. Sie analysieren die rechtliche Tragweite der technischen Gutachten und befinden nach ihrer eigenen Meinung und Überzeugung (BGE 96 IV 97).

1.3. Wahrung geheimer Tatsachen

PatG Art. 68 und SortG Art. 40 enthalten eine Vorschrift, welche die Gerichte in allen Bereichen des Immaterialgüterrechts anwenden sollten.

Laut dieser Vorschrift sind Fabrikations- und Geschäftsgeheimnisse im Prozessverfahren zu wahren und Beweismittel, durch welche solche Geheimnisse offenbart werden könnten, dem Gegner nur insoweit zugänglich zu machen, als dies mit der Wahrung der Geheimnisse vereinbar ist (OG Zürich vom 9. Juli 2002, sic! 2003, 433).

2. Vorsorgliche Massnahmen

Alle Immaterialgütergesetze und das UWG sehen vorsorgliche Massnahmen vor (PatG Art. 77–80; MSchG Art. 59; URG Art. 65, gilt auch für das ToG; DesG Art. 38; SortG Art. 43–46; UWG Art. 14).

Die neuen Gesetze (DesG, MSchG, URG, ToG) übernehmen grundsätzlich ZGB Art. 28c; das UWG verweist ausdrücklich auf diesen Artikel. Macht eine Person glaubhaft, dass sie in ihrem Recht verletzt ist oder verletzt zu werden riskiert und dass ihr aus dieser Verletzung ein nicht leicht wiedergutzumachender Nachteil droht, so kann sie die Anordnung vorsorglicher Massnahmen beantragen (BGE vom 6. Juni 2003, sic! 2003, 984).

2.1. Gegenstand der vorsorglichen Massnahmen

Der Zweck der vorsorglichen Massnahmen ist ZGB Art. 28c Abs. 2 zu entnehmen; sie sollen u.a. verhindern, dass der Gesuchsteller, welcher vielleicht ein für ihn günstiges Schadenurteil erhalten wird, während des laufenden Verfahrens einen oft nicht leicht wiedergutzumachenden Nachteil erleidet (BGE 122 III 355), oder dass er in seiner Persönlichkeit verletzt wird (BGE vom 6. Juni 2003, sic! 2003, 984).

Die vorsorglichen Massnahmen sollten der voraussichtlich im materiellen Urteil noch anzuordnenden Sanktion entsprechen oder die Grundlagen dafür schaffen, ohne sie jedoch vorweg zu nehmen (SJ 1980, 343).

Die verschiedenen vorsorglichen Massnahmen werden im Gesetz nicht abschliessend aufgezählt («*insbesondere …*»); der Richter kann und muss sie den Besonderheiten jedes Falles anpassen (BGE vom 6. Dezember 1977, SMI 1984, 336). Auch die vorsorgliche Anordnung positiver Leistungen ist möglich (BGE vom 28. Mai 1999, sic! 1999, 665).

Der Gesuchsteller kann beantragen, dass dem Gesuchsgegner bis zur Fällung des materiellen Urteils verboten werde, eine gewisse Werbung zu verbreiten oder das umstrittene Objekt herzustellen, zu verkaufen usw. (BGE 97 I 481).

Die vorsorglichen Massnahmen sollen dem Gesuchsteller die vorläufige ausschliessliche Ausübung seiner bestrittenen oder verletzten Rechte ermöglichen. Zu diesem Zweck kann derjenige, welcher eine Verletzung seines Rechtes oder objektiv rechtswidrige Handlungen befürchtet, vom Richter u.a. folgende Verfügungen verlangen:
- die Unterlassung oder Beseitigung der Störung (PatG Art. 77 Abs. 1; SortG Art. 43 Ziff. 1; DesG Art. 38 Ziff. 2; MSchG Art. 59 Abs. 2; URG Art. 65 Abs. 2; ZGB Art. 28 c Abs. 2 Ziff. 1);
- die Wahrung des bestehenden oder des vor der Verletzung bestandenen Sachverhaltes (BGE 114 II 438);
- die Beweissicherung (PatG Art. 77 Abs. 1; MSchG Art. 59 Abs. 2; URG Art. 65 Abs. 2; DesG Art. 38 Ziff. 2 und ZGB Art. 28 c Abs. 2 Ziff. 2) – aber nur gegen jene Personen, die an den rechtswidrigen Handlungen teilgenommen hatten, nicht gegen unbeteiligte Dritte (BGE 122 III 236);
- die Ermittlung der Herkunft gefälschter oder rechtswidrig mit einem Kennzeichen versehener Gegenstände (MSchG Art. 59 Abs. 2; URG Art. 65 Abs. 2);
- die genaue Beschreibung der gefälschten Gegenstände oder Verfahren oder der zur Herstellung dieser Erzeugnisse dienenden Einrichtungen (PatG Art. 77 Abs. 1; MSchG Art. 28 Abs. 2);
- die Beschlagnahme der rechtswidrig hergestellten Gegenstände oder der zu deren Herstellung verwendeten Einrichtungen (PatG Art. 77 Abs. 1; DesG Art. 38, Ziff. 2).

2.2. Voraussetzungen für den Erlass vorsorglicher Massnahmen

2.2.1. Glaubhaftmachen der Rechtswidrigkeit

Wer vorsorgliche Massnahmen verlangt, muss glaubhaft machen, dass er das Opfer einer rechtswidrigen Handlung, entweder einer Verletzung eines Immaterialgüterrechts oder einer objektiv rechtswidrigen Handlung, z.B. unlauteren Wettbewerbes, ist oder dass er damit bedroht wird (BGE vom 27. Mai 1999, sic! 1999, 655).

Bei der Beurteilung der Wahrscheinlichkeit der Bedrohung verfügt der Richter über grossen Spielraum (BGE 99 II 344); die Wahrscheinlichkeit nimmt mit der Dauer der rechtswidrigen Handlung zu (SMI 1979, 129).

Im Rahmen der Glaubhaftmachung braucht der Richter nicht von der Richtigkeit der aufgestellten tatsächlichen Behauptungen überzeugt zu sein, sondern es genügt, dass ihm aufgrund objektiver Anhaltspunkte der Eindruck einer gewissen Wahrscheinlichkeit des Vorhandenseins der in Frage stehenden Tatsachen vermittelt wird, ohne dass er dabei die Möglichkeit ausschliessen müsste, dass die Verhältnisse sich anders gestalten könnten. Eine blosse Behauptung genügt für den Wahrscheinlichkeitsbeweis des Glaubhaftmachens nicht. Es bedarf des Belegs von Tatsachen, welche die glaubhaft zu machenden Tatbestände objektiv wahrscheinlich machen. Es ist deshalb nicht willkürlich, Belege für Tatsachen zu verlangen, aus denen abgeleitet werden kann, dass eine unbestrittene Marktverwirrung auf das Verhalten der Beschwerdegegnerin zurückzuführen ist (BGE vom 6. Juni 2003, sic! 2003, 984).

Die Verletzung muss nicht schon begangen sein; die Absicht, eine Rechtsverletzung zu begehen, genügt, sofern diese Absicht sich aus vorbereitenden Handlungen ableiten lässt; eine einzelne Zuwiderhandlung birgt grundsätzlich eine Wiederholungsgefahr in sich (BGE 118 II 372).

Damit das Rechtsschutzinteresse für vorsorgliche Unterlassungsansprüche bejaht werden kann, muss die drohende Verletzung konkreter sein als im Hauptsacheverfahren; insbesondere ist eine bloss abstrakte Wiederholungsgefahr nicht ausreichend (BGE 128 III 96).

Die aus der Eintragung einer Marke oder eines Patentes entstehende gesetzliche Vermutung darf nicht dazu dienen, denjenigen, welcher sich auf Nichtigkeit der Eintragung beruft, zu zwingen, seine Behauptungen voll rechtsgenüglich zu beweisen (BGE vom 17. November 1988, SMI 1990, 174 – s. oben, § 70, Ziff. 1.1).

Im Rahmen einer vorläufigen Massnahme ist der Bestand eines Markenrechts genügend glaubhaft gemacht, wenn die Marke zur Registrierung im Markenregister angemeldet worden ist (MSchG 13 Abs. 2 lit. e, Art. 59). Da Domainnamen jederzeit online übertragen werden können und dies den Markeninhaber benachteiligen kann, kann ein Veräusserungsverbot superprovisorisch, d.h. ohne Anhörung der Gegenpartei, angeordnet werden (RKGE vom 13. Juli 2000, sic! 2000, 804).

2.2.2. Nicht leicht wiedergutzumachender Nachteil

Der Gesuchsteller muss nicht nur die Rechtsverletzung, sondern auch den durch diese verursachten, nicht leicht wiedergutzumachenden Schaden glaubhaft machen.

Ein Schaden ist immer dann nicht leicht wiedergutzumachen, wenn Geld die Verletzung nicht aufwiegen kann.

Ein nicht leicht wiedergutzumachender immaterieller Schaden entsteht bei Nachahmung oder Fälschung von Kennzeichen, d.h. bei Verletzung der Firma, der Enseigne, der Marke oder Ausstattung, weil solche Zeichen verletzliche Rechtsgüter sind, da ihre Unterscheidungskraft durch das Auftreten gleichartiger oder gleicher Zeichen geschwächt und ihr Goodwill daher leicht vermindert oder sogar völlig vernichtet werden kann.

Unabhängig von der schwer einschätzbaren Erwerbseinbusse im Falle des Verkaufs gefälschter Waren durch einen Dritten beeinträchtigt ein solcher Verkauf den Handelswert der Produkte des Berechtigten, da deren Unterscheidungskraft herabgesetzt wird; dadurch entsteht ein praktisch nicht wiedergutzumachender Schaden (BGE 108 II 228).

Im Patentrecht kann man einen nicht leicht wiedergutzumachenden Schaden dann annehmen, wenn ein patentverletzendes Produkt billiger auf den Markt geworfen wird, da ohne weiteres davon ausgegangen werden kann, dass die Kunden das billigere Produkt kaufen werden (Handelsgericht Zürich vom 1. Juni 1977; SMI 1984 I 63).

In Hinblick auf Schadenersatz- bzw. Gewinnherausgabeansprüche liegt ein nicht leicht wieder gutzumachender Nachteil wegen Verschlechterung der Beweissituation dann nicht vor, wenn sich angesichts diverser Lizenzen der entgangene Gewinn ohne grössere Schwierigkeiten ermitteln liesse (Handelsgericht Zürich vom 24. Juli 2002, sic! 2003, 511).

Wenn ein Lizenzgeber nach Beendigung des Lizenzverhältnisses den renitenten (ehemaligen) Lizenznehmer durch vorläufige Massnahmen an der Weiterherstellung oder am Weiterverkauf der ehemaligen Lizenzprodukte hindern will, muss er den durch das Verhalten des Gegners drohenden nicht leicht wiedergutzumachenden Nachteil konkret behaupten und glaubhaft machen – der einfache Hinweis auf die entstehende Marktverwirrung genügt nicht (HG Zürich vom 12. November 2002, sic! 2004, 947).

2.2.3. Dringlichkeit

Dringlichkeit wird in den Immaterialgütergesetzen nicht ausdrücklich gefordert. Sie ergibt sich jedoch aus der Voraussetzung der unmittelbar drohenden Verletzung der Rechte des Gesuchstellers (Cour de Justice Genf vom 24. Februar 1984; SMI 1984, 245).

Die Dringlichkeit ergibt sich schon daraus, dass die vorsorglichen Massnahmen die Verletzung und den dadurch verursachten Schaden verhindern sollen. Kann vom Gesuchsteller nicht verlangt werden, dass er den Sachentscheid abwartet, so sind vorsorgliche Massnahmen dringend erforderlich (BGE 128 III 96).

Ein dringender Handlungsbedarf ist gegeben, wenn ein Fälscher Schritte unternimmt, um in den durch Ablauf eines Patentes bald «frei werdenden» Markt einzudringen, und damit rechnet, dass die gegen ihn gerichtete Klage nicht vor dem Auslaufen des Patentes entschieden sein wird und er den Markt mit den im Nachhinein rechtmässig gewordenen Produkten überschwemmen kann (BGE 106 II 66).

Eine gewisse Verzögerung vor dem Beantragen vorsorglicher Massnahmen ist kein Anzeichen für fehlende Dringlichkeit. Die Dringlichkeit kann durch die Verspätung sogar verschärft werden, wenn sich diese auf Grund von Verhandlungen zwischen den Parteien oder wegen Marktforschungen des Gesuchstellers ergeben hat, oder wenn sie darauf beruht, dass der Gesuchsteller anfänglich nicht sicher sein konnte, dass die rechtswidrigen Handlungen wirklich schädigend waren (BGE vom 28. November 1990, SJ 1991, 113).

2.3. Superprovisorische Massnahmen

Superprovisorische Massnahmen sind Massnahmen, welche auf Antrag des Gesuchstellers verfügt werden, ohne dass beklagte Partei Gelegenheit erhielt, zum Antrag Stellung zu nehmen.

Für superprovisorische Massnahmen müssen nicht nur die oben erwähnten Voraussetzungen erfüllt sein, sondern der Gesuchsteller muss zudem glaubhaft machen, dass eine Verletzung so unmittelbar bevorsteht, dass die Zeit nicht mehr ausreicht, um die Gegenpartei anzuhören (BGE 105 I 163) oder dass deren Anhörung die Massnahme ihrer Wirkung berauben würde.

Die Gefahr muss so dermassen akut sein, dass jede Verzögerung einen nicht wiedergutzumachenden Schaden verursachen, die Massnahmen wirkungslos machen oder dem Beklagten ermöglichen kann, die Massnahme zu umgehen, indem beispielsweise die rechtswidrige Ware dem Zugriff der schweizerischen Gerichtsinstanzen entzogen wird (BGE 106 Ia 4).

2.4. Schutzschrift

Die Schutzschrift dient dazu, sich gegen überraschende Gesuche um superprovisorische Massnahmen zu schützen. Sie wird bei einem oder mehreren Gerichten hinterlegt, bevor das Gesuch von der Gegenseite eingereicht wird, und sie dient dazu, dem voraussichtlich im Gesuch vorgebrachten Argument den Boden zu entziehen. Sie hat folgenden wesentlichen Inhalt: «Jedes Gesuch des Unternehmens X oder eines seiner Zweigbetriebe, den Verkauf des Produktes Y verbieten zu lassen, soll abgewiesen und in keinem Fall vor Anhörung der Briefschreiberin gutgeheissen werden.»

In der Schweiz nehmen einzelne kantonale Gerichte Schutzschriften entgegen. Laut Bundesgericht verletzt jedoch der Richter, der die Kenntnis- und Entgegennahme einer Schutzschrift verweigert, die verfassungsmässigen Rechte des Schutzschrifteinreichers nicht (BGE vom 3. Februar 1993, AJP 1993, 734; BGE 119 Ia 53).

Schutzschriften sollten u.E. berücksichtigt werden. Sie ermöglichen dem Richter, den Sachverhalt aus der Sicht beider Parteien zu würdigen, wodurch die Gefahr einer missbräuchlichen Inanspruchnahme vorläufiger Massnahmen durch bösgläubige Gesuchsteller verringert wird (Obergericht Luzern vom 3. September 2003, sic! 2004, 513).

2.5. Zweckmässigkeit und Verhältnismässigkeit der vorsorglichen Massnahme

Grundsätzlich darf der Richter dem Gesuchsgegner keine Einschränkungen auferlegen, die für den vorläufigen Schutz der vom Gesuchsteller glaubhaft gemachten Rechte nicht unentbehrlich sind. Dieser sogenannte Grundsatz der Verhältnismässigkeit muss jedoch richtig verstanden werden. Er bedeutet keineswegs, dass dann auf vorsorgliche Massnahmen zu verzichten ist, wenn beispielsweise die Existenz des Gesuchgegners (einer Gesellschaft oder eines Unternehmens) ernsthaft bedroht ist. Ist eine vorsorgliche Massnahme gerechtfertigt, so muss sie angeordnet werden, auch wenn sie für den Betroffenen schwerwiegende Folgen haben könnte (BGE 94 I 8).

Der Richter kann die vorsorgliche Massnahme widerrufen, wenn der Beklagte Vorkehrungen ergreift, durch welche das angestrebte Ziel erreicht werden kann. Der Richter besitzt diesbezüglich eine grosse Ermessensfreiheit (BGE 103 II 287). Wenn sich die tatsächlichen Voraussetzungen ändern, kann der Richter die Massnahme verändern oder aufheben (BGE 96 I 197).

2.6. Dauer der vorsorglichen Massnahme

Mit der Verfügung der vorsorglichen Massnahme muss dem Gesuchsteller auch eine Frist zur Einreichung der Hauptklage gesetzt werden (ZGB Art. 28e; BGE 124 III 74). Der Richter kann den Gesuchsteller von der Klageeinreichung befreien, wenn die durch die vorsorgliche Massnahme geschaffene Lage nicht verändert werden kann (BGE 88 I 11) (wenn z.B. die Massnahme der Beweissicherung dient, das Objekt beschreibt oder in einer anderen Feststellung besteht). Im Allgemeinen beträgt die Frist 30 Tage. Der Richter kann jedoch eine kürzere Frist ansetzen. Erhebt der Gesuchsteller innert der angesetzten Frist die Klage nicht, wird die Massnahme hinfällig.

Das kantonale Recht bestimmt, in welcher Form die Hauptklage erhoben werden muss. Normalerweise wird dies eine Klageeinreichung sein, eine Vorbereitungshandlung kann aber auch genügen.

2.7. Richterliche Zuständigkeit

Zur Frage der Zuständigkeit für vorsorgliche Massnahmen s. oben, § 68, Ziff. 2.

2.8. Sicherheitsleistung

Vorsorgliche Massnahmen können den Beklagten unter Umständen beträchtlich schädigen. Droht ein derartiger Schaden, kann der Richter vom Gesuchsteller eine Sicherheitsleistung verlangen. Laut ZGB, dessen Bestimmungen für Marken, Urheberrechte, Topographien und den unlauteren Wettbewerb gelten, muss die Gefahr einer Schädigung bestehen, damit der Richter eine Sicherheitsleistung verlangen kann (ZGB Art. 28d Abs. 3); laut PatG dagegen soll der Antragsteller «in der Regel zur Leistung einer angemessenen Sicherheit verhalten werden» (PatG Art. 79 Abs. 1). Dies gilt auch im SortG (Art. 44 Ziff. 1).

Auf Seiten des Klägers ersetzt die Leistung von Sicherheiten das Erfordernis der Glaubhaftmachung nicht. Der Beklagte kann seinerseits durch die Leistung von Sicherheiten nicht verhindern, dass vorsorgliche Massnahmen gegen ihn verfügt werden (BGE 106 II 66), ausser im Bereich des Sortenschutzes, wo bei Leistung einer angemessenen Sicherheit durch die Beklagte der Richter auf die Anordnung der Massnahme verzichten oder, wenn sie schon erteilt war, diese widerrufen kann (SortG Art. 44 Ziff. 2).

2.9. Schadenersatz für unbegründete Massnahmen

Erweist sich die vorsorgliche Massnahme als unbegründet oder wird sie nicht angeordnet (z.B. nach Blockierung der Ware durch die Zollbehörden, s. oben, § 65), so muss der Gesuchsteller den dem Beklagten dadurch entstandenen Schaden ersetzen (BGE vom 13. September 2000, sic! 2001, 38). ZGB Art. 28f stellt diesen Grundsatz auf, mildert die strikte Kausalität jedoch dahingehend, dass der Richter die Entschädigung verweigern oder nur eine Teilentschädigung zusprechen kann, wenn sich erweist, dass den Gesuchsteller kein oder nur ein leichtes Verschulden trifft. Laut Bundesgericht verstösst gegen einen (geschriebenen oder ungeschriebenen) Rechtssatz nur, wer völlig grundlos vorsorgliche Massnahmen zugesprochen erhält (BGE 105 II 143).

Als ungerechtfertigt gilt eine vorvorsorgliche Massmahme nicht schon dann, wenn sie später aufgehoben wird, sondern nur, wenn der materielle Anspruch des Gesuchstellers, zu dessen Gunsten die Massnahme angeordnet worden ist, keinen Bestand hat. Wurde keine Hauptklage durchgeführt, wo diese Frage geklärt wurde, muss sie im Schadenersatzverfahren vorfrageweise beantwortet werden (BGE vom 13. September 2000, sic! 2001, 38).

Der Gesuchsteller wird haftbar, wenn er die Hauptklage zur Bestätigung der vorsorglichen Massnahmen nicht fristgerecht erhebt. Das Gleiche gilt für denjenigen, welcher vorsorgliche Massnahmen aufgrund einer falschen oder wissentlich lückenhaften Darstellung der Tatsachen erlangt hat. Es wäre allzu einfach, wenn man ungestraft die Gutgläubigkeit des Richters, welcher zu diesem Zeitpunkt keine vollständige Untersuchung führen kann, missbrauchen und ihn dazu bewegen könnte, vorsorgliche Massnahmen aufgrund einer tendenziösen oder täuschenden Darstellung der Tatsachen zu erlassen (BGE 105 II 143).

Die Schadenersatzklage für ungerechtfertigte Massnahmen verjährt ein Jahr nach dem Tag, an welchem der Betroffene vom Schaden Kenntnis erhielt (OR Art. 60 Abs. 1).

2.10. Einschreiten der Zollverwaltung

Wie vorn erwähnt, sehen alle Immaterialgütergesetze (mit Ausnahme des PatG) das Einschreiten der Zollverwaltung auf Antrag einer beteiligten Partei vor (vgl. oben, § 65).

Verursacht die Zurückbehaltung durch die Zollverwaltung dem Inhaber oder Eigentümer der zurückbehaltenen Ware einen Nachteil, und wird dem Gesuch auf vorsorgliche Massnahmen nicht Folge geleistet, so hat derjenige, der die Zurückbehaltung beantragt hat, den Schaden zu ersetzen (MSchG Art. 72 Abs. 3; URG Art. 77 Abs. 3).

Wurden auf Grund der zollbehördlichen Beschlagnahmung vorsorgliche Massnahmen angeordnet, die sich im Nachhinein als unbegründet erweisen, so regelt die strenge Kausalhaftung der zollrechtlichen Bestimmungen der Spezialgesetze (MSchG Art. 72, Abs. 3; DesG Art. 49, Abs. 2; URG Art. 77, Abs. 3) nur den während der zollamtlichen Beschlagnahmung erwachsenen Schaden – für den während der weiteren Dauer der vorsorglichen Massnahmen entstandenen Schaden können die Haftungsbefreiungs- oder -minderungsgründe gemäss ZGB Art. 28 angerufen werden (BGE vom 13. September 2000, sic! 2001, 38; s. auch oben, § 63, Ziff. 7.1).

Achter Teil
Internationales Recht

21. Kapitel
Internationales Immaterialgüterrecht

§ 71 Grundlagen des internationalen Rechts

1. Die internationale Natur des Immaterialgüterrechts

Der Ausdruck «international» bezeichnet Sachverhalte oder Rechtsbeziehungen, welche sich auf mehr als ein Land erstrecken, weil entweder die Parteien verschiedenen Staaten angehören, oder weil der Sachverhalt mehrere Länder betrifft, oder weil der Erfolg einer Handlung in mehreren Ländern eintritt, oder weil die Handlung und das Ergebnis in zwei oder mehreren Ländern stattfinden.

Da Geisteserzeugnisse immateriell und ubiquitär sind (vgl. oben, § 5, Ziff. 1.2, § 8, Ziff. 3), sind sie potenziell international. Ihr internationaler Charakter tritt dann zutage, wenn sich in verschiedenen Ländern befindliche Personen ihretwegen miteinander in Kontakt treten. Da der Zweck eines Immaterialgutes im Allgemeinen dessen möglichst ausgedehnte, weltweite Verwertung und Benutzung ist, öffnet seine Schöpfung ein internationales und potenziell unbegrenztes Wirtschaftsfeld. Im Gegensatz zu den meistens bipolaren und somit linearen Vertragsverhältnissen sind Verträge betreffend Immaterialgüter meistens multipolar und erstrecken sich oft auf eine oder mehrere Regionen oder über den ganzen Erdball.

2. Begriff «internationales Immaterialgüterrecht»

Der Ausdruck «internationales Recht» kann im Zusammenhang mit Immaterialgütern drei verschiedene Bedeutungen haben. Er kann verstanden werden:
– im Sinne des vereinheitlichten materiellen Rechtes aufgrund einheitlicher Gesetze, die verschiedene Länder umfassen (Benelux-Markengesetz, EU-Reglemente, Verordnung über die Gemeinschaftsmarke, Europäisches Patentübereinkommen usw.);
– im Sinne von internationalen Abkommen, welche den Vertragsstaaten die Beachtung gewisser Mindestvorschriften vorschreiben und den Staatsangehörigen der Mitgliedstaaten in den anderen Mitgliedstaaten den gleichen Schutz wie den Inländern gewährleisten;
– im Sinne der nationalen Gesetze, welche für das eigene Land die Zuständigkeit ihrer eigenen Gerichte in internationalen Streitigkeiten, das auf Sachverhalte mit Auslandbezug anwendbare Recht, sowie die Anerkennung und Vollstreckung ausländischer öffentlicher Hoheitsakte regeln. Mit diesen letztgenannten Fragen befasst sich das internationale Privatrecht jedes Landes.

Wir werden im Folgenden vorerst kurz das schweizerische internationale Privatrecht im letztgenannten Sinne ausleuchten und dann einen Überblick über die wichtigsten internationalen Übereinkommen geben.

§ 72 Schweizerisches internationales Immaterialgüterprivatrecht

Das IPRG findet in allen Fällen mit relevantem Auslandbezug Anwendung. Dazu gehören Sachverhalte, in denen eine Partei (unbeachtet ihrer Staatszugehörigkeit) im Ausland Wohn- oder Geschäftssitz hat (BGE 131 III 76).

Das IPRG widmet sein 8. apitel dem Immaterialgüterrecht. Das Kapitel umfasst nur die drei Artikel 109–111. Dem Gesetzgeber ist das Kunststück gelungen, in diesen drei Artikeln die meisten grundsätzlichen Aspekte des internationalen Privatrechts für Immaterialgüter zu regeln.

IPRG Art. 109 befasst sich mit der Zuständigkeit der schweizerischen Gerichte, Art. 110 IPRG mit dem anwendbaren Recht und IPRG Art. 111 mit der Anerkennung ausländischer Entscheidungen in der Schweiz.

Weitere Bestimmungen ergänzen diese Vorschriften:

IPRG Art. 122 behandelt die Verträge über Immaterialgüterrechte, IPRG Art. 129 bestimmt die Zuständigkeit für Klagen aus unerlaubten Handlungen (beispielsweise wegen unlauterem Wettbewerb), IPRG Art. 136 bestimmt das anwendbare Recht im Bereich des unlauteren Wettbewerbs, und IPRG Art. 157 befasst sich mit dem auf den Namens- und Firmenschutz von Gesellschaften anwendbaren Recht.

Das Thema ist weitläufig und verdiente, in einer gesonderten Arbeit behandelt zu werden. Im Rahmen der vorliegenden Kurzdarstellung müssen wir uns mit einem stark gerafften und demzufolge bisweilen lückenhaften Überblick begnügen.

1. Zuständigkeitsregeln

Wir haben uns vostehend mit den IPRG Art. 109 und 129 befasst (vgl. oben, § 68, Ziff. 1.1., 1.2.2., 1.3.2.).

2. Das auf Immaterialgüter anwendbare Recht (mit Ausnahme von Firmen und Unternehmenskennzeichen)

2.1. Die gesetzliche Regel – das Territorialitätsprinzip

Gemäss IPRG Art. 110 unterstehen Immaterialgüter und die sich daraus ergebenden Ansprüche dem Recht des Staates, für den der Schutz beansprucht wird (BGE vom 7. November 2002, sic! 2003, 822). Dieser Staat wird nach den gleichen Kriterien wie für die Zuständigkeit ermittelt (vgl. oben, § 68 Ziff. 1.1.). Der schweizerische Gesetzgeber hat sich somit für die Entstehung, die Wirkungen und das Erlöschen von Immaterialgüterrechten für das Territorialitätsprinzip entschieden, was mit der überwiegenden internationalen Tendenz übereinstimmt (BGE 114 II 171).

Das Territorialitätsprinzip geht davon aus, dass eine Verbindung zwischen dem Immaterialgut und dem Recht des Ortes, wo dieses belegen (d.h. eingetragen) ist, besteht. Entstehung, Existenz, Umfang und Erlöschen der Immaterialgüterrechte unterstehen den Vorschriften des Landes, für welches der Schutz beansprucht wird (Schutzlandprinzip) (für eingetragene Immaterialgüter das Eintragungsland) (BGE vom 7. November 2002, sic! 2003, 822).

Das Recht des Schutzlandes bestimmt ausschliesslich, ob eine geistige Schöpfung ein schutzwürdiges Immaterialgut ist und welcher Kategorie von Immaterialgütern sie angehört (wird Software urheberrechtlich geschützt oder handelt es sich um eine Erfindung; kann eine Form als Marke und/oder als Modell und/oder als Werk der angewandten Kunst geschützt werden?).

2.2. Ausnahmen vom Territorialitätsprinzip

2.2.1. Ausländerschutz – Voraussetzung des Gegenrechts

Das ausländische Recht kann im Bereich der Immaterialgüter bedeutungsvoll sein, sobald Gegenrechtsbestimmungen zur Anwendung kommen. In zahlreichen Fällen erhalten Ausländer nur insoweit Schutz, als ihr nationales Recht den Angehörigen des gewählten Schutzlandes den gleichen Schutz gewährt wie seinen eigenen Bürgern.

2.2.2. Verweisung auf ausländische Eintragungen

2.2.2.1. Europäische Patente

Durch das europäische Patentamt in München aufgrund der EPÜ erteilte Patente haben in jedem Mitgliedstaat (und somit auch in der Schweiz) die gleichen Wirkungen und unterstehen den gleichen Regeln wie ein nationales Patent (EPÜ Art. 2 Abs. 2). Demzufolge geniesst ein nicht vom Schutzland erteiltes Patent die gleichen Rechte wie ein Schutzlandpatent; ein Patent «ausländischen Ursprungs» kann daher unter Umständen einem nationalen Patent vorgehen.

2.2.2.2. Sogenannte internationale Marken

Die Schweiz ist auch Vertragspartei des Madrider Abkommens von 1891 über die internationale Registrierung von Marken und des Protokolls von 1998 zum Madrider Abkommen über die internationale Registrierung von Marken. Gemäss diesen Abkommen ersetzt die internationale Eintragung einer Marke, für jene Länder, für die sie beansprucht wird, und welche Gegenstand einer Eintragung in einem Lande des Madrider Systems war, die Eintragung in jedem einzelnen Land. Eine einzige Anmeldung beim OMPI kann 52 nationale Eintragungen ersetzen. In einem solchen Fall tritt ein internationaler Verwaltungsakt aufgrund des Abkommens an die Stelle des nationalen internen Verwaltungsaktes. Allerdings hängt die internationale Marke in allen Belangen, welche nicht ihre Entstehung betreffen, für jedes Land vom betreffenden nationalen Markengesetz ab, insbesondere bezüglich Gültigkeit und Schutzumfang.

2.2.2.3. Telle-quelle Marke

Laut PVÜ Art. 6^{quinquies} darf für eine Marke, welche in einem Mitgliedstaat des PVÜ eingetragen wurde, die Eintragung durch die anderen Mitgliedstaaten nicht aus formellen Gründen verweigert werden, sofern sie mit der im Ursprungsland eingetragenen Marke identisch ist (siehe auch oben, § 14 Ziff. 3.1.10). Diesbezüglich zeitigt das Recht des Ursprungslandes Auswirkungen im Schutzland. Dessen Recht entscheidet dagegen über die Gültigkeit des Erwerbs und den Umfang des Rechts oder des Schutzes. Daher kann der ausländischen Marke der Schutz aus den gleichen Gründen verwehrt werden, die auch nationalen Anmeldungen entgegengehalten würden.

2.2.3. Verweisung auf dem ausländischen Recht unterstellte Tatsachen

2.2.3.1. Notorisch bekannte Marken

Die in einem der PVÜ angeschlossenen Land allgemein bekannte und einem bestimmten Unternehmen oder einer bestimmten Person zugeordnete Marke darf in einem anderen Land nicht von einem Dritten für gleiche oder gleichartige Güter in der gleichen oder in einer verwechslungsfähigen Darstellung monopolisiert werden (PVÜ Art. 6bis). Wird diese Marke zur Eintragung angemeldet, so wird diese verweigert oder, wenn die zweite Marke schon eingetragen wurde, gelöscht. So verschafft die PVÜ der im Ausland erworbenen Geltung im Inland volle Durchsetzung. Zur notorisch bekannten Marke s. oben, § 14, Ziff. 3.4.1.

2.2.3.2. Arbeitnehmererfindungen

Die Patentfähigkeit einer Erfindung untersteht dem für das Immaterialgut geltenden Recht. Hingegen wird die Frage des Eigentums oder der Verwertungsrechte an der Erfindung, d.h. die Frage, ob solche Rechte dem Arbeitgeber oder dem Arbeitnehmer zustehen, von dem auf den Arbeitsvertrag anwendbaren Recht geregelt (IPRG Art. 122 Abs. 3). Gemäss IPRG handelt es sich dabei grundsätzlich um das Recht des Staates, in dem der Arbeitnehmer gewöhnlich seine Arbeit verrichtet (IPRG Art. 121 Abs. 1).

Obgleich das IPRG lediglich die Erfindung erwähnt, sollte diese Regelung u.E. auf alle Arbeitsverträge angewendet werden, welche die Schaffung eines Immaterialgutes zum Inhalt haben.

2.3. Auswirkungen der Anwendung des Rechts des Schutzlandes

Macht ein ausländischer Kläger die Verletzung eines schweizerischen Rechts geltend, so wendet der mit der Klage befasste schweizerische Richter Schweizerrecht an, nämlich das Recht des Staates, wo der Schutz beansprucht wird. Als Schutzort wird der Ort bezeichnet, wo der Eingriff in das Schutzrecht stattfindet (BGE 129 III 25). Der Eingriff kann auch durch vorbereitende Handlungen im Ausland stattfinden (s. oben, § 56, Ziff. 1 und 3). Wird aber ein in der Schweiz wohnhafter Beklagter vom Inhaber eines ausländischen Rechts wegen dessen Verletzung belangt, so muss der am Wohnsitz des Beklagten zuständige Richter den Fall in Anwendung des betreffenden ausländischen Rechtes beurteilen (IPRG Art. 109 Abs. 1; BGE 129 III 295). Inhalt, Dauer, Schutzumfang und Gültigkeitsvoraussetzungen des eingetragenen Rechts unterstehen ausschliesslich den Gesetzen des Schutzlandes.

Der Schweizer Richter hat aber nicht nur die Immaterialgüterrechtsgesetze des Landes anzuwenden, wo der Schutz beansprucht wird. Gemäss IPRG Art. 13 umfasst die Verweisung auf ein ausländisches Recht alle Bestimmungen, die gemäss diesem Recht auf den Sachverhalt anwendbar sind, auch wenn sie öffentlichrechtlichen Charakters sind.

Für Schadenersatzansprüche sieht das IPRG eine Vereinfachung vor; die Parteien können «für Ansprüche aus Verletzung von Immaterialgüterrechten nach Eintritt des schädigenden Ereignisses stets vereinbaren, dass das Recht am Gerichtsort anzuwenden ist» (IPRG Art. 110 Abs. 2).

In der Praxis wird diese Regel wohl meistens toter Buchstabe bleiben, da sich die Parteien nur selten einigen werden, weil der Beklagte Zeit gewinnen oder in den Genuss des günstigsten Rechts kommen will.

3. Wahl des anwendbaren Rechts für Firmen und andere Unternehmenskennzeichen (Handelsname, Enseigne usw.)

3.1. Anwendbares Recht für eingetragene Unternehmenskennzeichen

Das IPRG schreibt die Anwendung des schweizerischen Rechts auf in der Schweiz begangene Verletzungen von Firmen oder anderen Unternehmensbezeichnungen von im schweizerischen Handelsregister eingetragenen Gesellschaften vor (IPRG Art. 157 Abs. 1). Diese Bestimmung ist das Gegenstück der markenrechtlichen Vorschrift über die Anwendung des Rechts des Schutzstaates (vgl. oben, Ziff. 2.3.). Wird die Firma oder die Enseigne eines im schweizerischen Handelsregister eingetragenen Unternehmens in der Schweiz verletzt, so wird der Schutz in diesem Staat beansprucht. Somit entspricht die Anwendung des schweizerischen Rechts dem Territorialitätsprinzip.

Für die Bildung, Gültigkeit und Eintragung von Gesellschaftsnamen oder Firmen schreibt das IPRG die Anwendung des auf die Gesellschaft anwendbaren Rechts vor, allenfalls des Rechts des Landes, wo sich deren tatsächliche Verwaltung befindet (IPRG Art. 155).

3.2. Anwendbares Recht für nicht eingetragene Unternehmenskennzeichen

Für nicht eingetragene Unternehmenskennzeichen kommt PVÜ Art. 8 zur Anwendung. Dieser gewährleistet den Schutz in allen der Pariser Verbandsübereinkunft beigetretenen Ländern (vgl. oben, § 38 Ziff. 4.2.). Als Konventionalrecht entfaltet diese Bestimmung in der Schweiz die gleichen Wirkungen wie die schweizerischen Gesetze (vgl. unten, § 73 Ziff. 2.1.).

Da nach internem schweizerischem Recht der Inhaber eines nicht eingetragenen Unternehmenskennzeichens keinen ausschliesslichen gesetzlichen Schutz geniesst, sondern sich mit dem Schutz vor Anmassung und anderer missbräuchlicher Benutzung gemäss UWG und ZGB Art. 29 begnügen muss (BGE vom 6. November 2001, sic! 2002, 162 – vgl. oben, § 28 Ziff. 3.; § 39 Ziff. 5.2.; § 61 Ziff. 6.2. und 6.4.), nahm der Gesetzgeber diese schweizerische Praxis logischerweise auch in das IPRG auf. Gemäss IPRG richtet sich der Schutz einer nicht im schweizerischen Handelsregister eingetragenen Gesellschaftsbezeichnung nach dem auf den unlauteren Wettbewerb oder auf die Persönlichkeitsverletzung anwendbaren Recht (IPRG Art. 157 Abs. 2 – s. unten, Ziff. 6). Wird aus Namensschutz geklagt (geschützt wird der Name der wirtschaftlich tätigen Persönlichkeit, und zwar unter den zwei Aspekten des persönlichen Interesses der Person und ihres Interesses an einem Immaterialgut mit eigenem Markt), so wird das anwendbare Recht gemäss IPRG Art. 133 oder Art. 139 bestimmt (BGE vom 7. November 2002, sic! 2003, 438).

Gemäss IPRG Art. 133 ist das Recht des gemeinsamen Aufenthaltes der beiden Parteien anwendbar; fehlt ein solcher, so kommt das Recht des Staates zur Anwendung, in dem die unerlaubte Handlung begangen wurde. Musste der Schädiger damit rechnen, dass der Erfolg nicht in dem Staat eintritt, in welchem die unerlaubte Handlung begangen wurde, so geht das Recht des Ortes, wo der Erfolg eintrat, dem Recht des *locus delicti* vor.

Wird durch die unerlaubte Handlung ein zwischen Schädiger und Geschädigtem bestehendes Rechtsverhältnis verletzt, gemäss welchem der Lizenznehmer z.B. zwar das Recht zum Gebrauch der Firma des Lizenzgebers in Werbung und Verkauf erhalten hat, zusätzlich aber unerlaubterweise die Firma des Lizenzgebers dadurch an sich zu reissen versucht, indem er sie in der Schweiz für sich selbst eintragen lässt, kommt das Recht zur Anwendung, welchem das Vertragsverhältnis unterstellt ist (IPRG Art. 133 Abs. 3).

IPRG Art. 139 bestimmt das Recht, welches für Persönlichkeitsverletzungen durch die Medien zur Anwendung kommt (vgl. unten, Ziff. 4. und 6.).

4. Das auf den unlauteren Wettbewerb anwendbare Recht

Laut dem schweizerischen Gesetzgeber muss das Gesetz gegen den unlauteren Wettbewerb im Interesse aller Beteiligten insbesondere ein korrektes Verhalten auf dem Markt gewährleisten. Es muss sich um ein Verhalten auf dem Markt, im wirtschaftlichen Konkurrenzkampf im weitesten Sinne, handeln (s. oben, § 61, Ziff. 1; BGE 126 III 198).

Das Verhalten der Wettbewerbsteilnehmer muss daher den Gesetzen jenes Staates unterstellt werden, in welchem das unlautere Verhalten seine Wirkung zeitigt, auch wenn die beteiligten Wettbewerbsteilnehmer eine gemeinsame ausländische Staatsangehörigkeit besitzen (IPRG Art. 136; BGE 126 III 198).

Gemäss IPRG unterstehen deshalb «Ansprüche aus unlauterem Wettbewerb ... dem Recht des Staates, auf dessen Markt die unlautere Handlung ihre Wirkung entfaltet» (IPRG Art. 136 Abs. 1). Es stellt sich die Frage, auf welche Weise die Wirkung des unlauteren Wettbewerbs ermittelt werden kann.

Ist ein Wettbewerbsteilnehmer Opfer einer unerlaubten Handlung, so tritt die Wirkung in dem Land (oder in den Ländern) ein, wo seine Stellung auf dem Markt beeinträchtigt oder sein Ruf bei der Kundschaft geschädigt wurde. Wurde der Konsument getäuscht oder durch unlautere Verkaufs- oder Werbemethoden behindert, so ist die Wirkung am Aufenthaltsort des Konsumenten eingetreten. Ist die Ordnung in einem bestimmten Markt beeinträchtigt, so gilt das Ergebnis des unlauteren Verhaltens als dort eingetreten.

Wenn die Verletzungen eines bestimmten Marktes oder bestimmter Konsumenten nur an einem einzigen Ort Wirkungen zeitigen, so ist die Wahl des anwendbaren Rechts unproblematisch. Im Konkurrenzkampf schädigt aber eine unlautere Handlung häufig die Interessen des betroffenen Unternehmers in mehreren Ländern (ein abfälliger Brief wird den potentiellen Kunden der beiden Konkurrenten in mehreren Ländern geschickt, oder eine täuschende Aufmachung wird in mehrere Länder exportiert). In diesem Fall entsteht die Interessenkollision in allen betroffenen Ländern, und die Handlungen des unlauteren Konkurrenten müssen im Lichte der Gesetze aller dieser Länder geprüft werden (BGE vom 22. August 1997, 4C.136/1997).

Erfolgt die Verletzung der Persönlichkeit des Konkurrenten (z.B. unnötig verletzende Werbung) durch die Presse, so tritt die Wirkung an allen Orten ein, wo die Zeitung vertrieben wird. Die Radio- und Fernsehwerbung wird am Ort des Empfangs wirksam, d.h. dort, wo die Werbebotschaft das Publikum erreicht.

Richten sich die unlauteren Handlungen ausschliesslich gegen die betrieblichen Interessen eines bestimmten Konkurrenten, so ist das Recht des Staates anzuwenden, wo sich die betroffene Niederlassung befindet (IPRG Art. 136 Abs. 2). Solche Handlungen haben keine direkten Auswirkungen auf den Markt oder das Publikum. Sie richten sich direkt gegen die betrieblichen Interessen eines bestimmten

Unternehmens. Deshalb ist dessen Heimatrecht anzuwenden. Es handelt sich hierbei meistens um Bestechung oder Abwerbung von Arbeitnehmern oder um Wirtschafts- oder Finanzspionage.

Neben den erwähnten Kriterien gewährt das IPRG die Möglichkeit, das auf eine unlautere Handlung anwendbare Recht aufgrund einer akzessorischen Anknüpfung zu wählen. Wird durch eine unlautere Handlung ein zwischen Schädiger und Geschädigtem bestehendes Rechtsverhältnis verletzt, so unterstehen die Ansprüche aus der unerlaubten Handlung dem auf dieses Rechtsverhältnis anwendbaren Recht (IPRG Art. 136 Abs. 3, der auf Art. 133 Abs. 3 verweist). Unter Umständen gilt diese besondere Anknüpfung bei der Begehung der unlauteren Handlung durch mehrere Täter nur für einen der Schädiger (BGE 117 II 204).

Voraussetzung für die Anwendung dieser akzessorischen Anknüpfung ist eine enge Verbindung und ein natürlicher Kausalzusammenhang zwischen der unlauteren Handlung und der Vertragsverletzung. Andernfalls ist die Anwendung der *lex contracti* auf die unlautere Handlung nicht gerechtfertigt. Die enge Beziehung wird angenommen, wenn z.B. ein Franchisenehmer das Kennzeichen des Franchisegebers auf seinen eigenen Namen einträgt. In diesem Fall untersteht die Rechtmässigkeit der Hinterlegung jenem Recht, dem der Lizenzvertrag unterstellt ist (falls ein solcher geschlossen wurde).

5. Das auf Verträge über Immaterialgüter anwendbare Recht

Gemäss IPRG untersteht der Vertrag grundsätzlich dem von den Parteien gewählten Recht (IPRG Art. 116 Abs. 1; BGE vom 22. Juli 2002, 4C.152/2002). Das gewählte Recht bestimmt auch das auf seine Wahl anwendbare Recht (IPRG Art. 116 Abs. 2; BGE vom 12. Januar 2000, 4C.234/1999). Die Rechtswahl kann von den Parteien jederzeit ausgeübt oder geändert werden (IPRG Art. 116 Abs. 3). Erfolgt die Rechtswahl nach Vertragsschluss, so wirkt sie auf den Zeitpunkt des Vertragsabschlusses zurück.

Beim Fehlen einer Rechtswahl untersteht der Vertrag dem Recht des Staates, mit dem er den engsten Zusammenhang besitzt (IPRG Art. 117 Abs. 1). Es gilt die Vermutung, ein solcher Zusammenhang bestehe mit dem Staat, in dem die Partei, welche die charakteristische Leistung erbringt, ihren gewöhnlichen Aufenthalt oder ihre Niederlassung hat. Als charakteristische Leistung in diesem Zusammenhang nennt das IPRG die Leistung des Veräusserers (und vergisst dabei, dass die Nichtbezahlung des Kaufpreises ebenso häufig zu Auseinandersetzungen führt wie die Nichtlieferung des Kaufgegenstandes) oder die Leistung der Partei, die eine Sache oder ein Recht zum Gebrauch überlässt (aber wenn der Gebraucher gegen die Pflicht zum Gebrauch der überlassenen Sache verstösst, besteht dann der engere Zusammenhang nicht mit ihm?) (IPRG Art. 117 Abs. 3).

Verträge über Immaterialgüter oder Immaterialgüterrechte, insbesondere Lizenzverträge, sind meistens komplex. Die Generalklausel des IPRG Art. 117 Abs. 1 könnte, sofern sie vernünftig ausgelegt wird, in jedem Fall zu einer sinnvollen Lösung führen. Leider hat der Gesetzgeber im Bestreben, die Schweizer Industrie zu begünstigen, ein Vertragswahlkriterium gewählt, welches den Eigenheiten des Immaterialgüterbereichs wenig Rechnung trägt und in Wirklichkeit häufig die schweizerische Partei eines Lizenzvertrages zu benachteiligen droht. Laut IPRG ist das Recht des Staates anwendbar, in welchem derjenige, der das Immaterialgut überträgt, seinen gewöhnlichen Aufenthalt hat (als ob die Schweizer nicht auch Lizenznehmer sein könnten!) (IPRG Art. 122 Abs. 1). Nur subsidiär ist die Rechtswahl, welche eine der Grundlagen des modernen internationalen Privatrechtes darstellt, anwendbar (IPRG Art. 122 Abs. 2).

Im Gegensatz zu einem Teil der Lehre sollte u.E. IPRG Art. 122 restriktiv angewendet werden. Nur diejenigen Vertragsklauseln, welche unter das Obligationenrecht fallen, sollten dem Recht des Rechtsinhabers unterstellt werden, die immaterialgüterrechtlichen Klauseln hingegen dem Recht des Landes, mit welchem der Vertrag am engsten zusammenhängt (im allgemeinen das Schutzland). In die erste Kategorie fallen alle Fragen bezüglich Abschluss, Gültigkeit, Erfüllung, Beendigung und Erlöschen des Vertrages; zur zweiten Kategorie gehören die Probleme des Erwerbs, des Verlustes, der Übertragung (einschliesslich der Form der Abtretung) und des Erlöschen des Immaterialgüterrechts (BGE vom 16. Oktober 1991, SMI 1992, 248).

Diese Unterscheidung ist wichtig für Anstellungsverträge, die auch Rechte an Immaterialgütern beinhalten.

Die Frage des anwendbaren Rechts wird kritisch, wenn der Vertrag Güter betrifft, welche nicht Gegenstand von Ausschliesslichkeitsrechten sind, wie z.B. Geheimnisse, Know-how, Franchise usw. In solchen Fällen sollte u.E. IPRG Art. 122 uneingeschränkt zur Anwendung kommen.

6. Das auf Verletzungen von Persönlichkeitsrechten anwendbare Recht

Gemäss übereinstimmender Lehre und Rechtsprechung ist die Verletzung der Persönlichkeit, einschliesslich der Verletzung des Rechts auf den Namen, eine unerlaubte Handlung; daher ist das anwendbare Recht nach den dafür geltenden Grundsätzen zu bestimmen (BGE vom 7. November 2002, sic! 2003, 822). Demzufolge kommt IPRG Art. 133 zur Anwendung. Es gelten somit die gleichen Grundsätze wie für die Verletzung einer nicht eingetragenen Geschäftsbezeichnung (als Sonderfall der Persönlichkeitsverletzung – s. oben, Ziff. 3).

Beeinträchtigt die Persönlichkeitsverletzung gleichzeitig den wirtschaftlichen Ruf des Unternehmens, so kommen die für den unlauteren Wettbewerb geltenden Regeln der Rechtswahl zur Anwendung (s. oben, Ziff. 4).

Hat die Persönlichkeitsverletzung öffentlichen Charakter, insbesondere bei Begehung durch Presse, Radio oder Fernsehen, und betrifft sie nicht hauptsächlich den wirtschaftlichen Ruf, so hat der Geschädigte die Wahl zwischen dem Recht am Ort seines gewöhnlichen Aufenthaltes, sofern der Schädiger mit dem Eintritt des Erfolgs in diesem Staat rechnen musste, oder dem Recht des Staates, in dem der Erfolg eintritt, sofern der Schädiger mit dem Eintritt des Erfolgs in diesem Staat rechnen musste, oder dem Recht des Staates, in dem der Schädiger seine Niederlassung oder seinen gewöhnlichen Aufenthalt hat (IPRG Art. 139 Abs. 1; BGE vom 7. November 2002, sic! 2003, 822).

Da Namensschutz ein Sonderfall des Persönlichkeitsschutzes ist, bestimmt sich das anwendbare Recht im internationalen Verhältnis nach den Kollisionsnormen über unerlaubte Handlungen. Die Frage, ob dabei der besondere Deliktstatbestand der Persönlichkeitsverletzung durch Medien nach Art. 139 Abs. 1 IPRG oder die allgemeine subsidiäre Deliktsnorm von Art. 133 IPRG anwendbar ist, kann offen bleiben, wenn beide Kollisionsnormen auf Schweizer Recht verweisen (BGE vom 7. November 2002, sic! 2003, 438).

Das Gegendarstellungsrecht untersteht nicht dem auf Persönlichkeitsverletzungen mit öffentlichem Charakter anwendbaren Recht, sondern dem Recht des Staates, in dem das Druckerzeugnis erschienen ist oder die Sendung verbreitet wurde (IPRG Art. 139 Abs. 2).

7. Anerkennung ausländischer Entscheidungen

Eine ausländische Entscheidung wird in der Schweiz unter drei Voraussetzungen anerkannt:
– die ausländische Behörde, welche die Entscheidung getroffen hat, musste zuständig sein (IPRG Art. 25 lit. a und Art. 26);
– die ausländische Entscheidung muss endgültig oder nicht mit einem ordentlichen Rechtsmittel anfechtbar sein (IPRG Art. 25 lit. b);
– die ausländische Entscheidung darf nicht offensichtlich dem schweizerischen Ordre public widersprechen (IPRG Art. 27).

Diese schweizerische Regelung entspricht den Bestimmungen des Lugano-Übereinkommens (LugÜ Art. 26 und 27).

Ausländische Entscheidungen über die Gültigkeit der Eintragung von Immaterialgüterrechten werden gemäss IPRG Art. 111 Abs. 2 nur anerkannt, wenn sie in dem Staat ergangen sind, für den der Schutz beansprucht wird, oder wenn sie dort anerkannt werden. Die schweizerische Anerkennung eines solchen Urteils hängt somit von dessen Wirkung im Schutzland ab. Dies gilt auch für die Beziehungen zu den Vertragsparteien des Lugano-Übereinkommens (LugÜ Art. 16 Ziff. 4).

Ist die Schweiz Schutzland, so stellt sich die Frage, ob sie ausländische Entscheidungen über Gültigkeit und Eintragung schweizerischer Immaterialgüterrechte anerkennen muss. Die Anerkennung kann verweigert werden, wenn laut IPRG die schweizerischen Gerichte ausschliesslich zuständig sind (vgl. oben, § 68, Ziff. 1.2.2.).

Laut der herrschenden Lehre und der Praxis des IGE werden die Entscheidungen von nationalen Schiedsgerichten (PMMBl 1976, 10) über die Gültigkeit schweizerischer Schutzrechte anerkannt (vgl. oben, § 69, Ziff. 3). Da der Sitz des Schiedsgerichts für den materiellen Entscheid nur wenig Bedeutung hat, sollten auch ausländische Schiedssprüche anerkannt werden.

Für Urteile betreffend Rechtsverletzungen besteht das IPRG auf der Beachtung von Art. 59 BV, d.h. dem Gerichtsstand am Wohnsitz des Beklagten (IPRG Art. 111 Ziff. 1 lit. a). Ein Urteil wird in der Schweiz anerkannt, wenn es im Wohnsitzstaat des Beklagten ergangen ist. Ein im Schutzland ergangenes Verletzungsurteil wird in der Schweiz nur anerkannt, wenn der Beklagte bei Erhebung der Klage keinen Wohnsitz in der Schweiz hatte (IPRG Art. 111 Ziff. 1 lit. b).

Allerdings wurde durch den Beitritt zum Lugano-Übereinkommen die Garantie von Art. 59 BV eingeschränkt. Für Ansprüche aus unerlaubter Handlung führt das Übereinkommen die Zuständigkeit der Gerichte am Ort ein, wo die schädigende Handlung erfolgt ist (LugÜ Art. 5 Ziff. 3; vgl. oben, § 69, Ziff. 1.3). Die geschädigte Partei hat somit die Wahl zwischen der Klage am Ort, wo der Schaden eingetreten ist, und der Klage am Ort, wo die schädigende Handlung erfolgt ist. In beiden Fällen ist die Anerkennung in jedem Vertragsstaat gewährleistet.

§ 73 Internationale Übereinkommen für Immaterialgüter

1. Ziel und Geltungsbereich der internationalen Übereinkommen

Wir haben am Anfang dieses Werkes eine ganze Reihe von multilateralen und bilateralen Übereinkommen für Immaterialgüter aufgezählt (vgl. oben, § 2, Ziff. 2. und 3.).

Welches sind die Voraussetzungen, damit diese internationalen Verträge oder Übereinkommen in der Schweiz direkt anwendbar sind? Erstens muss die Norm so genau definiert sein, dass sie direkt angewandt werden kann, d.h. ohne Rückgriff auf Binnengesetze, und somit Grundlage für eine konkrete Entscheidung bilden kann. Zweitens «ist erforderlich, dass eine allfällige Verletzung einer Bestimmung des Übereinkommens für den Bürger nachteilige Folgen haben könnte» (BGE 112 Ib 183, Pra 76/11).

Die Auslegung einiger diesbezüglicher Bundesgerichtsentscheide führt zum Schluss, dass die Bestimmungen eines Staatsvertrages direkt anwendbar sind, wenn:
– sich aus dem Vertrag oder seiner Entstehungsgeschichte nichts ergibt, was die direkte Anwendung ausschliessen würde (BGE 104 IV 175);

– und die direkte Anwendung der Vertragsbestimmung keinen Verstoss gegen einen Grundsatz des internen schweizerischen Rechts nach sich zieht (BGE 111 BV 201).

Die in diesem Paragraphen erwähnten internationalen Übereinkommen müssen den Angehörigen aller Mitgliedstaaten den gleichen gesetzlichen Schutz garantieren, den jeder Vertragsstaat seinen eigenen Staatsangehörigen gewährt (Inländerbehandlung; Gleichbehandlungsprinzip).
Das TRIPS Abkommen enthält die allgemeinen Prinzipien, d.h. die Verpflichtung der Mitgliedstaaten, den Staatsangehörigen der anderen Mitglieder die im TRIPS vorgesehene Inländerbehandlung und die Meistbegünstigung zu gewähren (TRIPS Art. 1, 3 und 4 – s. unten, Ziff. 2.2).

In der PVÜ und den daraus hervorgegangenen Vereinbarungen werden die Angehörigen der Nichtmitgliedstaaten denjenigen der Mitgliedstaaten gleichgestellt, sofern sie im Hoheitsgebiet eines Verbandslandes ihren Wohnsitz oder eine tatsächliche und nicht nur zum Schein bestehende gewerbliche- oder Handelsniederlassung haben (PVÜ Art. 2 und 3; Art. 1 und 2 Madrider Abkommen; Art. 3 Haager Abkommen).

Art. 4, 5 und 6 der Berner Übereinkunft und Art. II des Welturheberrechtsabkommens schützen sogar Werke von Nichtstaatsangehörigen eines Vertragslandes, wenn diese wenigstens zuerst in einem Vertragsland veröffentlicht wurden, d.h. wenn ein Vertragsland Ursprungsland ist (Appellationshof Bern vom 21. Mai 2001, sic! 2001, 613).

Aus internationalen Übereinkommen, welche nur Bestimmungen über die Stellung der Ausländer enthalten, können Schweizer keine unmittelbaren Rechte ableiten.

Wir nennen uns im Folgenden kurz die wichtigsten Übereinkommen, denen die Schweiz im Bereich der Immaterialgüter beigetreten ist. Wir beschränken uns allerdings darauf, einige wesentliche materiellrechtliche Bestimmungen zu erwähnen. Für weitere (ebenfalls knappe) Ausführungen verweisen wir auf unser «Manuel du droit suisse des biens immatériels».

2. Allgemeine Übereinkommen

2.1. Die Pariser Verbandsübereinkunft zum Schutze des gewerblichen Eigentums (PVÜ)

Die PVÜ ist die älteste internationale Übereinkunft zum Schutz der Immaterialgüter. Ende 2004 umfasste sie 169 Vertragsstaaten.

Die PVÜ sieht vorest den Grundsatz der Inländerbehandlung vor (PVÜ Art. 2 Ziff. 1).

Sie garantiert demjenigen, der in einem der Verbandsländer die Anmeldung für ein Erfindungspatent, eine Marke, ein Modell oder ein Muster vorschriftsgemäss hinterlegt hat, ein Prioritätsrecht für die Hinterlegung in den anderen Ländern (PVÜ Art. 4 lit. A). Die Prioritätsfrist beträgt sechs Monate für Marken, zwölf Monate für die anderen Immaterialgüter (PVÜ Art. 4 lit. C).

Die PVÜ hat für Patente, Muster, Modelle und Marken zahlreiche Mindestvorschriften festgesetzt, welche die Mitgliedstaaten zur Aufnahme entsprechender Bestimmungen in ihre Gesetze verpflichten.

2.2. GATT-Abkommen vom 15. April 1994 über die handelsbezogenen Aspekte des geistigen Eigentums

Das TRIPS-Abkommen (Agreement on Trade related aspects of Intellectual Property Rights, including Trade in Counterfeit Goods) betrifft alle Immaterialgüter, d.h. Patente, Design, Topographien von integrierten Schaltungen, technische und kommerzielle Geheimnisse, Marken, geographische Herkunftsangaben, Urheberwerke und Software. Verschiedene multilaterale internationale Abkommen (die im Folgenden besprochen werden) schaffen die Schutzgrundlage für solche Güter; sie wurden jedoch nicht von allen GATT-Mitgliedstaaten unterzeichnet und sie sehen keine wirksamen Mittel zur Durchsetzung der eingegangenen Verbindlichkeiten vor. Zudem schützen diese Abkommen einzig die Immaterialgüter. Das TRIPS-Abkommen hingegen bezweckt die Förderung und Regelung des internationalen Handels durch einen einheitlichen Schutz der Immaterialgüter. Für den Fall, dass sich ein Mitglied (Staat) nicht an das Abkommen hält, können wirtschaftliche Sanktionen gegen ihn ergriffen werden. Das TRIPS Abkommen festigt durch diese Zwangsmassnahmen das Bewusstsein der Parteien, dass der Schutz der Immaterialgüter ein Faktor des technischen Fortschrittes ist, weil er den Technologieaustausch zwischen den Ländern fördert und dadurch Investitionen und Arbeitsplätze schafft.

Ende 2004 gehörten 146 Staaten der TRIPS- Gemeinde an.

2.3. Übereinkommen zur Errichtung der Weltorganisation für geistiges Eigentum (OMPI oder WIPO)

Dieses Übereinkommen umfasst am meisten Vertragsländer (Ende 2004 waren es 182).

Das Übereinkommen bezweckt die Modernisierung und grössere Wirksamkeit der Verwaltung der im Bereich des Immaterialgüterschutzes entstandenen Übereinkommen.

Es beschäftigt ein internationales Büro, welches als Sekretariat der Organisation amtet. Sitz des OMPI und des internationalen Büros ist Genf.

Da dieses Übereinkommen keine materiellen Bestimmungen enthält, ist es für den Praktiker von vorwiegend theoretischem Interesse.

3. Internationale Übereinkommen im Bereich der Erfindungspatente

3.1. Übereinkommen zur Vereinheitlichung gewisser Begriffe des materiellen Rechtes der Erfindungspatente (Strassburger Übereinkommen)

Mit diesem Übereinkommen wurde 1963 ein erster Schritt zur Vereinheitlichung der nationalen Patentrechte getan. Es enthält einheitliche Regeln über die Voraussetzungen für die Patentfähigkeit von Erfindungen und den Umfang des Patentschutzes.

3.2. Vertrag über die internationale Zusammenarbeit auf dem Gebiet des Patentwesens (PCT)

Dieser Vertrag will in erster Linie die Vorbereitungsaufgaben zur Erteilung eines nationalen Patentes zentralisieren.

Die Patentanmeldung erfolgt bei einer einzigen Behörde, mit Rechtswirksamkeit in allen Vertragsstaaten, in welchen der Schutz beansprucht wird (PCT Art. 3 und 11).

2004 waren dem PCT 126 Staaten beigetreten.

3.3. Europäisches Patentübereinkommen (EPÜ)

Dieses Abkommen ist sehr erfolgreich. Es hat ein europäisches Patent geschaffen, welches nach einem einheitlichen zentralisierten Verfahren durch eine supranationale europäische Behörde erteilt wird (Europäisches Patentamt in München).

Auf verschiedene Bestimmungen des EPÜ wurde vorn im Zusammenhang mit der Patenterteilung verwiesen (vgl. oben, § 32, Ziff. 3.2., 5., 6.4., 7.2. und 8.2.).

4. Internationale Übereinkommen auf dem Gebiet der Fabrik- und Handelsmarken

Obgleich die Schweiz zahlreichen internationalen markenrechtlichen Übereinkommen beigetreten ist (vgl. oben, § 2, Ziff. 2.5.), befassen wir uns an dieser Stelle nur mit zwei Staatsverträgen, welche für den Schweizer Markeninhaber und -hinterleger von grosser praktischer Bedeutung sind; es handelt sich um das Madrider Abkommen und die EWG-Verordnung über die Gemeinschaftsmarke.

4.1. Madrider Abkommen über die internationale Registrierung von Marken, mit Protokoll von 1989 und Ausführungsreglement von 1992 (MMA)

Wir verweisen auf die ausführliche Besprechung der internationalen Registrierung (vgl. oben, § 34 Ziff. 10.). Dem Abkommen gehörten 2004 56 Staaten an, dem Protokoll 66 Staaten (davon sind ein grosser Teil auch Mitglieder des Abkommens).

4.2. EWG-Verordnung von 1994 über die Gemeinschaftsmarke (VGM)

Die Gemeinschaftsmarke deckt das ganze Gebiet der Europäischen Union. Sie hat einheitliche Wirkung für die gesamte Union und kann nur für das gesamte EU-Gebiet entstehen und übertragen werden oder erlöschen (VGM Art. 1 Ziff. 2). Gemeinschaftsmarken können nur Zeichen sein, die sich graphisch darstellen lassen. Die Form oder Aufmachung der Ware wird ausdrücklich erwähnt (VGM Art. 4).

Inhaber einer Gemeinschaftsmarke können die Angehörigen eines EU-Staates, der Verbandsländer der PVÜ und alle anderen natürlichen und juristischen Personen sein, welche ihren Wohnsitz oder Sitz oder eine tatsächliche und nicht nur zum Schein bestehende gewerbliche- oder Handelsniederlassung in einem EU- oder PVÜ-Land haben oder auch einem Land angehören, welches einem solchen EU- oder PVÜ-Land Gegenrecht gewährt (VGM Art. 5). Als Angehörige eines Mitgliedstaates der PVÜ können Schweizer Inhaber einer Gemeinschaftsmarke sein.

Die Gründe für die absolute oder relative Verweigerung der Eintragung der Gemeinschaftsmarke decken sich mit den im MSchG vorgesehenen Gründen.

Die durch die Gemeinschaftsmarke verliehenen Rechte entsprechen im allgemeinen den vom MSchG vorgesehenen Rechten. Dennoch unterscheidet sich die VGM in zahlreichen Einzelheiten vom MSchG. Deshalb sollten sich Schweizer, welche eine Gemeinschaftsmarke hinterlegen oder Ansprüche aus einer solchen Marke geltend machen wollen, von Sachverständigen beraten lassen.

4.3. Abkommen über die Klassifikation von Marken

Das Abkommen von Nizza über die internationale Klassifikation von Waren und Dienstleistungen für die Eintragung von Marken und das Wiener Abkommen zur Errichtung einer internationalen Klassifikation der Bildelemente von Marken sind ausnehmend praktisch ausgerichtet. Sie gewährleisten eine einheitliche internationale Beschreibung der durch Marken gekennzeichneten Güter.

5. Internationale Übereinkommen auf dem Gebiet der Herkunftsangaben und Ursprungsbezeichnungen

Die Notwendigkeit, Herkunftsangaben und Ursprungsbezeichnungen zu schützen, ergab sich erst allmählich, nachdem die ersten Schritte zum Schutz der übrigen Immaterialgüter unternommen worden waren.

5.1. Schutz durch PVÜ und TRIPS

Das PVÜ sieht in Art. 10 Sanktionen vor gegen die direkte oder indirekte Benutzung einer falschen Angabe über die Herkunft einer Ware oder die Identität des Herstellers, Fabrikanten oder Händlers.

Das TRIPS-Abkommen trägt der Entwicklung Rechnung und befasst sich besonders mit den geographischen Angaben. Es enthält drei Artikel über geographische Angaben. Art. 22 betrifft deren Schutz im Allgemeinen; Art. 23 und teilweise Art. 24 wollen den zusätzlichen Schutz der geographischen Angaben für Weine und Spirituosen gewährleisten.

5.2. Madrider Übereinkommen von 1891 betreffend das Verbot falscher Herkunftsangaben auf Waren

Dieses Übereinkommen hat an Interesse verloren, seit die Gesetze der meisten Mitgliedstaaten (34) den Angaben und Bezeichnungen einen Schutz gewähren, welcher weit über den dort vorgesehenen Schutz hinausgeht.

5.3. Internationales Abkommen von 1951 über den Gebrauch der Ursprungsbezeichnungen und Benennungen für Käse (Stresa)

Dieses Abkommen bezweckt den internationalen Schutz der Ursprungsangaben und Benennungen für aus Milch oder Rahm hergestellten Käse. Das Abkommen verwendet den Ausdruck «Benennung» für Käsenamen, welche nicht mehr die Herkunft, sondern die Herstellungsmethode bezeichnen, d.h. die Sachbezeichnungen geworden sind. Zu diesen Benennungen gehören leider auch die Namen Gruyère und Emmental.

Diesem Abkommen sind nur sechs Länder, darunter die Schweiz, Italien und Frankreich, beigetreten.

6. Internationale Übereinkommen auf dem Gebiet des Urheberrechtes und der verwandten Schutzrechte

Parallel zur Pariser Verbandsübereinkunft zum Schutz des sogenannten gewerblichen Eigentums (Patente, Marken, Muster und Modelle) entstand die Berner

Übereinkunft (1896) zum Schutz des sogenannten geistigen Eigentums (Werke der Literatur und Kunst).

Die Berner Übereinkunft enthielt zwingende materiellrechtliche Vorschriften, denen sich mehrere Staaten nicht unterziehen wollten; deshalb wurde 1952 ein Welturheberrechtsabkommen abgeschlossen, welches einen weniger zwingenden Mindestschutz einführte.

Die enorme Zunahme der kommerziellen Verwertung von Kunstwerken auf dem internationalen Markt in den letzten Jahrzehnten durch neue Kommunikationsmittel (Fernsehen, elektronische Datenträger) und durch neue Verwertungstechniken (Franchising, Merchandising) führte zu neuen internationalen Übereinkommen zum Schutz der ausübenden Künstler, der Hersteller von Tonträgern und der Sendeunternehmen, gegen die widerrechtliche Übernahme ihrer Leistungen, die organisierte Piraterie, das Abfangen über Satelliten gesendeter Programme.

6.1. Berner Übereinkunft von 1886 zum Schutz der Werke der Literatur und Kunst (BÜ)

Die BÜ umfasste 2004 159 Vertragsstaaten. Sie beruht auf dem Grundsatz der Inländerbehandlung. Die Vertragsstaaten müssen den Schöpfungen der Angehörigen der anderen Mitgliedstaaten den gleichen Schutz wie den Inländern gewähren. Diese Rechte dürfen nicht von Formvoraussetzungen abhängig gemacht werden, sie bestehen unabhängig vom Schutz des Werkes oder Urhebers im Ursprungsland (BÜ Art. 5 Ziff. 1 und 2).

Die BÜ enthält eine sehr ausführliche Definition des Ursprungslandes eines Werkes (BÜ Art. 4).

Die BÜ bestätigt das droit moral des Urhebers an seinem Werk und seine Befugnis, sich jeder Entstellung, Verunstaltung oder anderen Veränderung des Werkes zu widersetzen, welche seinen Ruf oder seine Ehre beeinträchtigen könnten. Damit jemand als am Werk berechtigter Urheber gilt, muss sein Name in üblicher Weise auf dem Werkstück angegeben sein (BÜ Art. 15).

Die Urheber haben das ausschliessliche Recht, die Übersetzung oder Vervielfältigung des Werkes in irgendeiner Form zu erlauben (BÜ Art. 8 und 9 Abs. 1; BÜ Art. 11 Abs. 1 und 2; Art. 11ter, öffentlicher Vortrag; Art. 12, Bearbeitung, wobei jede Aufnahme als Vervielfältigung gilt, BÜ Art. 9 Abs. 3).

6.2. Welturheberrechtsabkommen von 1952 (WUA)

Obgleich die Bestimmungen des WUA weniger zwingend sind als diejenigen der BÜ, zählt das Erstere weniger Mitgliedstaaten (75) als das Letztere (159).

Im Gegensatz zur BÜ, welche den Staaten verbietet, den Schutz von Bedingungen abhängig zu machen, regelt das WUA zwingend die Formalitäten, welchen die

Vertragsstaaten die Schutzgewährung unterstellen dürfen. Macht ein Staat den Schutz der Werke seiner Angehörigen oder der zuerst in seinem Staatsgebiet veröffentlichten Werke von Formalitäten abhängig, so hat er diese Anforderungen für jedes in einem der Mitgliedstaaten des WUA veröffentlichte oder von ihren Staatsangehörigen geschaffene Werk als erfüllt anzusehen, sofern das Werkexemplar das Symbol (in Verbindung mit dem Namen des Inhabers des Urheberrechts und der Jahreszahl der ersten Veröffentlichung trägt (WUA Art. III).

6.3. Internationales Abkommen von 1961 zum Schutz der ausübenden Künstler, der Hersteller von Tonträgern und der Sendeunternehmen (Abkommen von Rom, AR)

Die Rechte der ausübenden Künstler, der Hersteller von Tonträgern und der Sendeunternehmen entstehen und gelten unabhängig von den Urheberrechten (AR Art. 1).

Wie die BÜ und das WUA stützt sich das AR auf die Inländerbehandlung (AR Art. 2). Es war bis Ende 2004 von 79 Staaten ratifiziert. AR Art. 3 definiert die verwendeten Ausdrücke, insbesondere die durch das WUA begünstigten Personen, die Veröffentlichung, Vervielfältigung, Funksendung und Weitersendung. Im Gegensatz zur BÜ und zum WUA benützt das AR die Bezeichnung «Ursprungsland» nicht; da die geschützten Personen ausdrücklich genannt werden, erübrigt sich dieser Begriff.

Mehrere Artikel regeln den Schutz der ausübenden Künstler. Vor allem erhalten die Künstler kein ausschliessliches Verbotsrecht, sondern sie können lediglich gewisse Vorgehensweisen «untersagen» (AR Art. 7 Ziff. 1 Abs. 1).

Die Vorrechte der ausübenden Künstler erleiden zwei Ausnahmen, nämlich die Benutzung für eine private Benützung, für den Unterricht oder die Berichterstattung (AR Art. 15) sowie für den ganzen Filmbereich.

Das AR befreit die Angehörigen der Mitgliedstaaten, welche keine Formalitäten für die Gewährung des Schutzes von Tonträgern fordern, von der Erfüllung der Formalitäten in anderen Staaten, sofern die Tonträger oder Verpackungen das Kennzeichen (P) in Verbindung mit der Angabe des Jahres der ersten Veröffentlichung tragen. Zudem muss der Tonträger oder die Verpackung den Hersteller mit Hilfe seines Namens oder einer andern geeigneten Bezeichnung erkennen lassen (AR Art. 11).

6.4. Übereinkommen von 1971 von Genf zum Schutz der Hersteller von Tonträgern gegen unerlaubte Vervielfältigungen ihrer Tonträger (GÜ)

Dieses Übereinkommen vereinigt 74 Vertragsstaaten und richtet sich gegen die Tonträgerpiraterie. Die Piraterie tritt in zwei Hauptformen auf, nämlich als Vervielfältigung der ursprünglichen Aufnahme und deren Vertrieb ohne Einwilligung des Herstellers oder als heimliche Aufnahme musikalischer Darbietungen aus dem Äther oder aufgrund von Aufführungen im Konzert oder auf der Bühne.

Unter Vervielfältigung versteht das Übereinkommen jede Kopie eines Tonträgers, geschehe diese auf indirekte (Nachdruck oder Überspielung) oder direkte Weise (Aufnahme einer ab Platten oder Kassetten gesendeten musikalischen Darbietung). Es genügt, dass der Tonträger öffentlich zugänglich gemacht wird, auch ohne Gewinnabsicht.

Das Übereinkommen schützt die Hersteller von Tonträgern nicht direkt. Die Vertragsstaaten verpflichten sich nur, die Hersteller von Tonträgern, welche Angehörige anderer Vertragsstaaten sind, gegen die Herstellung von Vervielfältigungen, gegen deren Einfuhr zum Zweck der Verbreitung in der Öffentlichkeit sowie gegen eine derartige Verbreitung zu schützen (GÜ Art. 2).

6.5. Das Brüsseler Übereinkommen von 1974 über die Verbreitung der durch Satelliten übertragenen programmtragenden Signale (BrüÜ)

Nur 26 Staaten sind diesem Übereinkommen beigetreten. Es verpflichtet die Vertragsstaaten, angemessene gesetzliche Massnahmen zu treffen, um die Verbreitung von programmtragenden Signalen in ihrem Hoheitsgebiet oder von ihrem Hoheitsgebiet aus durch einen Verbreiter zu verhindern, für den diese Signale nicht bestimmt waren (BrüÜ Art. 2). Das Übereinkommen gilt nur in internationalen Beziehungen. Das Ursprungsunternehmen muss in einem anderen Vertragsstaat ansässig sein als der unbefugte Verteiler.

Um die Komplexität dieses Bereichs aufzuzeigen, nennen wir im Folgenden einige Tätigkeiten, welche nicht unter das Übereinkommen fallen. Dies trifft zu für die Weiterverbreitung der Signale durch einen befugten Verteiler oder für Signale, welche für den unmittelbaren Empfang durch die Allgemeinheit bestimmt sind; in einem solchen Fall sind Ursprungsunternehmen und Verteiler identisch. Weiter fällt nicht unter das Übereinkommen die Weitersendung aufgrund eines Erdsignals, welches seinerseits von einem geschützten Satellitensignal abgeleitet ist, welches von einem anderen Vertragsstaat ausgestrahlt wurde. Zudem ist der Schutz gegen unberechtigte Vervielfältigungen eingeschränkt für die Berichterstattung über Tagesereignisse, für Zitate usw. und in Entwicklungsländern für die Benutzung zu Unterrichtszwecken.

6.6. Das WIPO copyright Treaty von 1996 (WCT)

Das WCT ist 2002 in Kraft getreten. Ihm gehörten Ende 2004 52 Staaten an. Die Schweiz hat das WCT unterzeichnet, aber noch nicht ratifiziert.

Dieses Abkommen befasst sich vor allem mit dem Mindestschutz für Komputerprogramme und für gewisse Datenbanken, die als Geisteswerke anerkannt werden können. Es setzt auch Regeln fest für den Vertrieb, die Vermietung und die öffentliche Bekanntmachung von urheberrechtlich geschützten Werken.

6.7. Das WIPO Performances and Phonograms Treaty von 1996 (WPPT)

Auch dieses Abkommen ist parallel mit dem WCT 2002 in Kraft getreten. Es gehören ihm 49 Staaten an. Es hat sich, wie der Name sagt, zur Aufgabe gestellt, den Schutz der ausübenden Künstler und der Hersteller von Tonträgern zu vereinheitlichen.

7. Haager Abkommen von 1925 betreffend die internationale Hinterlegung der gewerblichen Muster und Modelle (HA)

Bis heute sind dem HA 42 Länder beigetreten. Aufgrund dieses Abkommens können die Angehörigen der Mitgliedstaaten durch eine einzige Hinterlegung den Schutz ihrer Muster oder Modelle (in der Schweiz: Design) in zahlreichen Ländern erhalten (Schweizer in allen Mitgliedsländern des HA).

Jede natürliche oder juristische Person, welche Angehörige eines Vertragsstaates ist, kann sich auf die Vorrechte gemäss HA berufen.

Einziger Zweck des HA ist die internationale Eintragung; wir verweisen auf unsere diesbezüglichen Ausführungen (vgl. vorne, § 35 Ziff. 7.).

8. Übereinkommen zum Schutz von Pflanzenzüchtungen

In der Anfangsphase der modernen Immaterialgütergesetze galten Pflanzenzüchtungen mangels regelmässiger Wiederholbarkeit nicht als patentfähig. Um diese dennoch zu schützen, wurde ein besonderes Schutzsystem entwickelt, das im Internationalen Übereinkommen zum Schutz von Pflanzenzüchtungen von 1961 (UPOV) einheitliche Regeln aufstellt. Die Schweiz hat dieses Abkommen in der Fassung von 1978 unterzeichnet, aber noch nicht ratifiziert.

Abkürzungsverzeichnis

a.a.O.	am angeführten Ort
Abs.	Absatz (= al.)
AGB	Allgemeine Geschäftsbedingungen
al.	alinéa (= Abs.)
aMSchG	altes Markenschutzgesetz (Bundesgesetz betreffend den Schutz der Fabrik- und Handelsmarken, der Herkunftsbezeichnungen von Waren und der gewerblichen Auszeichnungen)
aOR	altes Obligationenrecht
AR	Internationales Abkommen von Rom über den Schutz der ausübenden Künstler, der Hersteller von Tonträgern und der Sendeunternehmen
Art.	Artikel
ATF	Arrêts du Tribunal fédéral (= BGE)
Aufl.	Auflage
BAGE	Bundesamt für geistiges Eigentum
BB	Bundesbeschluss
BG	Bundesgesetz
BGE	Amtliche Sammlung der Entscheidungen des Schweizerischen Bundesgerichts (= ATF)
BIGA	Bundesamt für Industrie, Gewerbe und Arbeit
BLW	Bundesamt für Landwirtschaft
BRB	Bundesratsbeschluss
BrüÜ	Übereinkommen von Brüssel über die Verbreitung der durch Satelliten übertragenen programmtragenden Signale
BÜ	Berner Übereinkunft zum Schutz der Werke der Literatur und Kunst
BV	Bundesverfassung der Schweizerischen Eidgenossenschaft
CEUB	Übereinkommen zur Vereinheitlichung gewisser Begriffe des materiellen Rechts der Erfindungspatente (Strassburger Übereinkommen)
DesG	BG über den Schutz von Design vom 5. Oktober 2001
DesV	Verordnung über den Schutz von Design vom 8. März 2002
EHA	Eidgenössisches Amt für das Handelsregister
EJPD	Eidgenössisches Justiz- und Polizeidepartement
EK	Expertenkommission
EMKG	Edelmetallkontrollgesetz vom 20. Juni 1933
EMKV	Edelmetallkontrollverordnung vom 8. Mai 1934
EPA	Europäisches Patentamt
EPÜ	Übereinkommen über die Erteilung Europäischer Patente (Europäisches Patentübereinkommen)
Erw.	Erwägung

ESA	Ergänzendes Schutzzertifikat für Arzneimittel
EU	Europäische Union
EuGH	Gerichtshof der Europäischen Gemeinschaften
EWR	Europäischer Wirtschaftsraum
FS	Festschrift
GAFO	Gemeinsame Ausführungsordnung zum Madrider Abkommen über die internationale Registrierung von Marken und zum Protokoll zu diesem Abkommen
GATT	General Agreement on Tariffs and Trade (Allgemeines Zoll- und Handelsabkommen)
GEMA	Gemeinschaftsmarke
GestG	Gerichtsstandgesetz
GMVO	Verordnung über die Gemeinschaftsmarke
GRUR Int.	Zeitschrift für gewerblichen Rechtsschutz und Urheberrecht, internationaler Teil
GÜ	Übereinkommen von Genf zum Schutz der Hersteller von Tonträgern gegen unerlaubte Vervielfältigungen ihrer Tonträger
GV	Gebührenverordnung
HA	Haager Abkommen betreffend die internationale Hinterlegung der gewerblichen Muster und Modelle
HG	Handelsgericht
HRegV	Handelsregisterverordnung
IGE	Eidgenössisches Institut für Geistiges Eigentum
IGE-GebO	Gebührenordnung des Eidgenössischen Instituts für Geistiges Eigentum
INGRES	Institut für gewerblichen Rechtsschutz
IPC	Strassburger Abkommen über die internationale Klassifikation der Erfindungspatente
IPR	Internationales Privatrecht
IPRG	Gesetz über das internationale Privatrecht
IR-Marke	International registrierte Marke
JdT	Journal des Tribunaux (Lausanne)
KIG	Bundesgesetz über die Information der Konsumentinnen und Konsumenten (Konsumenteninformationsgesetz)
KOV	Verordnung des Bundesgerichts über die Geschäftsführung der Konkursämter
lit.	litera
LÜ	Lugano-Übereinkommen über die gerichtliche Zuständigkeit und die Vollstreckung gerichtlicher Entscheidungen in Zivil- und Handelssachen
LugÜ	Lugano-Übereinkommen über die gerichtliche Zuständigkeit und die Vollstreckung gerichtlicher Entscheidungen in Zivil- und Handelssachen
LMG	Bundesgesetz betr. den Verkehr mit Lebensmitteln und Gebrauchsgegenständen (Lebensmittelgesetz)
LMV	Verordnung über den Verkehr mit Lebensmitteln und Gebrauchsgegenständen (Lebensmittelverordnung)

MMA	Madrider Abkommen über die internationale Registrierung von Marken
MMG	Bundesgesetz über die gewerblichen Muster und Modelle (Muster- und Modellgesetz)
MMP	Protokoll zum Madrider Abkommen über die internationale Registrierung von Marken
MMV	Verordnung über die gewerblichen Muster und Modelle (Muster- und Modellverordnung)
MSchG	Bundesgesetz über den Schutz von Marken und Herkunftsangaben
MSchV	Markenschutzverordnung
Nizza-Abkommen	Abkommen von Nizza über die internationale Klassifikation von Waren und Dienstleistungen für die Eintragung von Marken
OG	Bundesgesetz über die Organisation der Bundesrechtspflege
OG	Obergericht
OMPI	Organisation Mondiale de la Propriété Intellectuelle (Weltorganisation für geistiges Eigentum)
OR	Bundesgesetz betreffend die Ergänzung des Schweizerischen Zivilgesetzbuches (Fünfter Teil: Schweizerisches Obligationenrecht)
PatG	Bundesgesetz betr. die Erfindungspatente (Patentgesetz)
PatV	Verordnung über die Erfindungspatente (Patentverordnung)
PBV	Verordnung über die Bekanntgabe von Preisen (Preisbekanntgabeverordnung)
PCT	Vertrag über die internationale Zusammenarbeit auf dem Gebiet des Patentwesens (Patent Cooperation Treaty)
PG	Patentgesetz
PMMBl	Schweizerisches Patent-, Muster- und Modellblatt
Pra	Die Praxis des Bundesgerichts
PVÜ	Pariser Verbandsübereinkunft zum Schutz des gewerblichen Eigentums
RBÜ	Revidierte Berner Übereinkunft zum Schutze von Werken der Literatur und der Kunst
R/EPÜ	Ausführungsordnung zum Übereinkommen über die Erteilung Europäischer Patente (Europäisches Patentübereinkommen)
Rec.	Recueil
RGE	Eidgenössische Rekurskommission für geistiges Eigentum
RKGE	Eidgenössische Rekurskommission für geistiges Eigentum
R/PCT	Ausführungsordnung zum Vertrag über die internationale Zusammenarbeit auf dem Gebiet des Patentwesens (Patent Cooperation Treaty)
SchKG	Bundesgesetz über Schuldbetreibung und Konkurs
SHAB	Schweizerisches Handelsamtblatt
sic!	Zeitschrift für Immaterialgüter-, Informations- und Wettbewerbsrecht
SIWR	Schweizerisches Immaterialgüter- und Wettbewerbsrecht
SJ	La semaine judiciaire

SMI	Schweizerische Mitteilungen über Immaterialgüterrecht
SortG	Bundesgesetz über den Schutz von Pflanzenzüchtungen (Sortenschutzgesetz)
SortV	Verordnung zum Sortenschutzgesetz
SR	Systematische Sammlung des Bundesrechts
StGB	Strafgesetzbuch
SZW	Schweizerische Zeitung für Wirtschaftsrecht
ToG	Bundesgesetz über den Schutz von Topographien von Halbleitererzeugnissen (Topographiegesetz)
ToV	Verordnung über den Schutz von Topographien von Halbleitererzeugnissen (Topographieverordnung)
TRIPS	Agreement on Trade-Related Aspects of Intellectual Property Rights (Abkommen über handelsbezogene Apekte des geistigen Eigentums)
UFITA	Archiv für Urheber-, Film-, Funk- und Theaterrecht
UPOV	Internationale Übereinkommen zum Schutz von Pflanzenzüchtungen
URG	Bundesgesetz betr. das Urheberrecht an Werken der Literatur und Kunst (Urheberrechtsgesetz)
URV	Verordnung über das Urheberrecht und verwandte Schutzrechte (Urheberrechtsverordnung)
UWG	Bundesgesetz gegen den unlauteren Wettbewerb
VGM	EWG-Verordnung über die Gemeinschaftsmarke
VKEV	Verordnung über Kosten und Entschädigungen im Verwaltungsverfahren
VO	Verordnung
VO/GEMA	Verordnung über die Gemeinschaftsmarke
VwVG	Bundesgesetz über das Verwaltungsverfahren
WIPO	World Intellectual Property Organization (Organisation mondiale de la propriété intellectuelle)
WSG	BG zum Schutz öffentlicher Wappen und andere öffentlicher Zeichen
WUA	Welturheberrechtsabkommen
ZGB	Zivilgesetzbuch
Ziff.	Ziffer

Bibliographie

der in deutscher oder englischer Sprache erschienenen Publikationen zum schweizerischen Immaterialgüterrecht.

Immaterialgüterrecht allgemein

ALDER DANIEL, Der einstweilige Rechtsschutz im Immaterialgüterrecht, Bern 1993.
ALTENPOHL MARTINA, Der urheberrechtliche Schutz von Forschungsresultaten, Bern 1987.
AUF DER MAUR ROLF, Introduction to Swiss Intellectual Property Law, Helbing & Lichtenhahn 1995.
BÄR ROLF, Das Internationale Privatrecht (Kollisionsrecht) des Immaterialgüterrechts und des Wettbewerbsrechts, in: Schweizerisches Immaterialgüter- und Wettbewerbsrecht I/1, Basel 1995, S. 87.
BAUDENBACHER CARL/SIMON JÜRG, Neueste Entwicklungen im europäischen und internationalen Immaterialgüterrecht, Bern 2004.
BERGER MATHIS, Die Immaterialgüterrechte sind abschliessend aufgezählt (numerus clausus), in: Kurer M. et al. (Hrsg.), Binsenwahrheiten des Immaterialgüterrechts – FS für Lucas David, Zürich 1996, S. 1.
BIRRER FRANZ, Das Verschulden im Immaterialgüter- und Wettbewerbsrecht, Freiburg 1970.
BLUM E. & CO., Beiträge zu Fragen des gewerblichen Rechtsschutzes – FS zum 100-jährigen Bestehen der Firma E. Blum & Co., Patentanwälte, Bern 1978.
BÖCKLI PETER, Insiderstrafrecht und Verantwortung des Verwaltungsrates, Zürich 1989.
BOLLINGER ERWIN, Die Regelung der Parallelimporte im Recht der WTO, in: sic! 1998, S. 541.
BRINER ALFRED, Das System der Pariser Verbandsübereinkunft, SMI 1988, S. 15.
BRÜGGER PAUL (Hrsg.), Homo Creator – FS für Alois Troller, Basel 1976.
BRUNNER EUGEN, Voraussetzungen für den Erlass vorsorglicher Massnahmen im gewerblichen Rechtsschutz, SMI 1989, Heft 1, S. 9.
BÜHLER LUKAS, Schweizerisches und internationales Urheberrecht im Internet, Freiburg 1999.
BURCKHARDT YVONNE, Die Verwertung von Leistungsschutzrechten, SMI 1995, Heft 2, S. 183.
CHIESA SPARTACO, Die vorsorglichen Massnahmen im gewerblichen Rechtsschutz gemäss der Tessiner Prozessordnung, SMI 1989, Heft 1, S. 27.
COTTIER THOMAS, The Role of Intellectual Property in International Trade Law and Policy, SMI 1992, Heft 1, S. 11.
COTTIER THOMAS, Das Problem der Parallelimporte im Freihandelsabkommen Schweiz-EG und im Recht der WTO-GATT, SMI 1995, Heft 1, S. 37.
DAVID LUCAS, Schweizerisches Werberecht, Zürich 1977.

DAVID LUCAS, Von der Vielfalt schweizerischer Prozessordnungen, SMI 1992, Heft 1, S. 27.
DAVID LUCAS, Hilfeleistung der Zollverwaltung zum Schutz des geistigen Eigentums, SMI 1995, Heft 2, S. 207.
DAVID LUCAS, Der Rechtsschutz im Immaterialgüterrecht, in: Schweizerisches Immaterialgüter- und Wettbewerbsrecht I/2, 2. nachgef. Aufl., Basel 1998.
DESSEMONTET FRANÇOIS, Schadensersatz für Verletzung geistigen Eigentums nach schweizerischem und französischem Recht, GRUR Int. 1980, S. 272 ff.
DESSEMONTET FRANÇOIS, Immaterialgüterrecht und Privatrecht, in: Schweizerisches Immaterialgüter- und Wettbewerbsrecht I/1, Basel 1995, S. 1.
DESSEMONTET FRANÇOIS, Intellectual Property Law in Switzerland, Stämpfli 2000
DIETRICH MARCEL/SAURER MARKUS, Ist eine Marke ein Markt? Marktabgrenzung bei selektiven Vertriebssystemen, in: sic! 2001, S. 593.
DIGGELMANN PETER, Strafbestimmungen bei Unterlassungsbegehren im Immaterialgüterrecht, SMI 1992, Heft 1, S. 23.
ERNST RENÉ, Die vorsorglichen Massnahmen im Wettbewerbs- und Immaterialgüterrecht, Zürcher Studien zum Verfahrensrecht, Zürich 1992.
FISCHER THEO, Schadenberechnung im gewerblichen Rechtsschutz, Urheberrecht und unlauteren Wettbewerb; Studien zum Immaterialgüterrecht, Bd. 3, Basel 1961.
FREY CONRAD, Die Rechtsnatur der Patentlizenz, Zürich 1977.
GHANDCHI JASMIN, Der Geltungsbereich des Art. 159 IPRG, Zürich 1991.
GROSSENBACHER ROLAND, Immaterialgüterrecht – Quo vadis? Entwicklungstendenzen im Immaterialgüterrecht, SMI 1990, Heft 2, S. 297.
HEINRICH PETER, Immaterialgüter sind geistiger Natur, in: Kurer M. et al. (Hrsg.), Binsenwahrheiten des Immaterialgüterrechts – FS für Lucas David, Zürich 1996, S. 9.
HESS-BLUMER ANDRI, Teilnahmehandlungen im Immaterialgüterrecht unter zivilrechtlichen Aspekten, in: sic! 2003, S. 95.
HILTY RETO M., Vorläufiger Rechtsschutz vor der Rechtsentstehung?, in: sic! 1997, S. 341.
HILTY RETO M., Lizenzvertragsrecht: Systematisierung und Typisierung aus schutz- und schuldrechtlicher Sicht, Bern 2001.
JOLLER GALLUS, Tagung: neueste Entwicklungen im europäischen und internationalen Immaterialgüterrecht, in: sic! 1998, S. 120.
KOHLER PATRICK, Vermögensausgleich bei Immaterialgüterrechtsverletzungen Rechtsvergleichung USA, Deutschland, Schweiz, Zürich 1999.
KOLLER BEAT, Der Know-how-Vertrag nach schweizerischem Recht, 2. Aufl., Zürich 1980.
KRECKE FLORINO, Verträge zwischen Stadtzürcher PR-Agenturen und ihren Kunden, Zürich 1992.
KURER MARTIN/RITSCHER MICHAEL/SANGIORGIO DIDIER/ASCHMANN DAVID (Hrsg.), Binsenwahrheiten des Immaterialgüterrechts – FS für Lucas David zum 60. Geburtstag, Zürich 1996.
LEHNER THOMAS, Die Einwirkung der aktienrechtlichen Fusion auf Verträge unter besonderer Berücksichtigung der Lizenzverträge, Zürich 1975.
LINIGER STEFAN, Immaterialgüterrechtliche Streitigkeiten vor internationalen Schiedsgerichten mit Sitz in der Schweiz, Bern 2002.

LOCHER FELIX, Das Internationale Privat- und Zivilprozessrecht der Immaterialgüterrechte aus urheberrechtlicher Sicht, Zürich 1993.

LUTZ MARTIN J., Die gesetzliche und vertragliche Sicherung von Geheimnissen, SMI 1985, Heft 2, S. 185.

LUTZ MARTIN J./HEINZELMANN WILFRIED, Staatsverträge im Immaterialgüterrecht, in: Schweizerisches Immaterialgüter- und Wettbewerbsrecht I/1, Basel 1995, S. 39.

MÄDER SIMON A., Die Anwendung des Lugano-Übereinkommens im gewerblichen Rechtsschutz, Bern 1999.

MARBACH EUGEN, Rechtsgemeinschaften an Immaterialgütern, Abhandlungen zum Schweizer Recht, Heft 508, Bern 1987.

MARBACH EUGEN, Hinweise zur geschichtlichen Entwicklung des Immaterialgüterrechts, in: Schweizerisches Immaterialgüter- und Wettbewerbsrecht I/1, Basel 1995, S. 27.

MEIER ISAAK, Zuständigkeit im Immaterialgüter- und Wettbewerbsrecht nach Gerichtsstandsgesetz, in: sic! 2001, S. 377.

MEILI THOBIAS, Der Schutz von Know-how nach schweizerischem und internationalem Recht – Anpassungsbedarf aufgrund des TRIPS-Abkommens? Bern 2000.

MEISSER DAVID J., Parallelimporte und Immaterialgüterrecht, in: sic! 1999, S. 524.

MEITINGER INGO, Die globale Rahmenordnung für den Schutz von Geschäftsgeheimnissen im TRIPS-Abkommen der WTO und ihre Auswirkungen auf die Rechtslage in der Schweiz, in: sic! 2002, S. 145.

MEITINGER INGO, Der Schutz des geistigen Eigentums in Freihandelsabkommen der EFTA mit Drittstaaten, in: sic! 2004, S. 192.

MOSER ANDRÉ/UEBERSAX PETER, Prozessieren vor eidgenössischen Rekurskommissionen, Basel 1998.

MÜLLER WOLFGANG, Immaterialgüterrecht in Liechtenstein, SMI 1994, Heft 1, S. 21.

NERTZ CHRISTOPH, Der Anspruch auf Zahlung einer angemessenen Vergütung bei rechtswidriger Benutzung fremder Immaterialgüterrechte (sog. Lizenzanalogie), Basel 1995.

NYFFELER FRANZ, Die Schutzschrift, SMI 1995, Heft 1, S. 83.

PEDRAZZINI MARIO M., Patent- und Lizenzvertragsrecht, 2. Aufl., Bern 1987.

PEDRAZZINI MARIO M., Die vertragliche Behandlung des Know-how, SMI 1989, Heft 2, S. 183.

PEDRAZZINI MARIO M./VON BÜREN ROLAND/MARBACH EUGEN, Immaterialgüter- und Wettbewerbsrecht, Bern 1998.

PRETNAR STOJAN, Die Ware als Grundlage der gewerblichen Schutzrechte und des Urheberrechts, in: Brügger P. (Hrsg.), Homo Creator – FS für Alois Troller, Basel 1976, S. 37.

PLETSCHER THOMAS, Mängel im Schutz des Geistigen Eigentums weltweit, SMI 1990, Heft 2, S. 313.

PLETSCHER THOMAS, Notwendige Differenzierungen bei Parallelimporten: Das Kind nicht mit dem Bade ausschütten!, in: sic! 1999, S. 484.

REHBINDER MANFRED/JIRECEK VLADIMIR, Tafeln zur Vorlesung Immaterialgüterrecht, 2. Auflage, Bern 1996.

RIEDO CHRISTOF, Zur Strafantragsberechtigung bei Eingriffen in Immaterialgüterrechte, insbesondere bei Patentrechtsverletzungen, in: sic! 2004, S. 549.

RITSCHER MICHAEL, Der strafrechtliche Schutz des geistigen Eigentums und des lauteren Wettbewerbs, ZStrR, Band 116, Heft 1, 1988, S. 26 ff.
RITSCHER MICHAEL/BEUTLER STEPHAN, Der Schutzvermerk im Immaterialgüterrecht, in: sic! 1997, S. 540.
RITSCHER MICHAEL/LUSTENBERGER MARCEL, Die Schutzschrift – zulässiges Verteidigungsmittel oder verpönte Einflussnahme? AJP 1997, S. 515 ff.
RITSCHER MICHAEL/SCHWEIZER MARK, Quellen des Immaterialgüter- und Wettbewerbsrechts, Marken, Kennzeichen, Urheberrecht, Design, Patente, Lauterkeit, Kartelle, Verfahren, Bern 2004.
ROPSKI GARY M./KURER MARTIN, Stars' Wars: Die Verkommerzialisierung von Berühmtheiten, SMI 1990, Heft 2, S. 279.
RÜETSCHI DAVID, Die Verwirkung des Anspruchs auf vorsorglichen Rechtsschutz durch Zeitablauf, in: sic! 2002, S. 416.
RÜST PAUL, Das «Panel» der Europäischen Uhren- und Schmuckmesse – Muster zur Beilegung von Streitigkeiten im gewerblichen Rechtsschutz, SMI 1986, Heft 1, S. 63.
RÜST PAUL/BRAUN ANDRÉ/LANZ CHRISTOPH, Die Praxis des PANELs an der «Basel/Europäischen Uhren- und Schmuckmesse», SMI 1992, Heft 1, S. 29.
RUTZ ALOYS, Die Schuldwährung der Ansprüche aus Immaterialgüterrechtsverletzungen, Freiburg 1962.
SAUBER THOMAS, Behinderung von Parallelimporten von Parfums und Kosmetika durch Vollzug der Gebrauchsverordnung zum Lebensmittelgesetz, in: sic! 1997, S. 503.
SCHLOSSER RALPH, Der Know-how-Vertrag, in: sic! 1998, S. 269.
SCHLUEP WALTER R., Wirtschaftsrechtliche Aspekte der Verleitung zum Vertragsbruch, in: Mélanges Joseph Voyame, Lausanne 1989, S. 241.
SCHMITZ GEORG, Ersatz immaterieller Schäden nach Vertragsrecht (Englisches, kanadisches und amerikanisches im Vergleich zum deutschen Recht), Fribourg 1980.
SCHNEIDINGER C., Der Leistungsschutz unter besonderer Berücksichtigung der technischen Leistung, St. Gallen 1977.
SEEMANN BRUNO, Persönlichkeitsvermarktung und virtuelle Realität – Unsterblichkeit im Recht und Rechner, in: sic! 1997, S. 259.
SIMON JÜRG, Technologiekooperation und -transfer nach Rio '92 – ein Überblick, in: Aktuelle Schweizerische Praxis, Heft 5/93, S. 640.
SIMON JÜRG, Vom Bundesamt für geistiges Eigentum (BAGE) zu einem Eidgenössischen Institut für Geistiges Eigentum (IGE) – Eine Momentaufnahme, in: Schweizerisches Immaterialgüter- und Wettbewerbsrecht I/1, Basel 1995, S. 143.
STAEHELIN ALESCH, Das TRIPs-Abkommen, Schriften zum Medien- und Immaterialgüterrecht 42, Bern 1997.
STAEHELIN ALESCH, Das TRIPS-Abkommen – Immaterialgüterrechte im Licht der globalisierten Handelspolitik, 2. Aufl., Bern 1999.
STIEGER WERNER, Konfliktvermeidung und alternative Konfliktlösung im gewerblichen Rechtsschutz, SMI 1996, Heft 1, S. 31.
STIEGER WERNER, Verjährung und Verwirkung im Immaterialgüterrecht, Stichworte pro memoria und Hinweise auf Neues, in: Aktuelle Schweizerische Praxis, Heft 5/93, S. 626.

STIEGER WERNER, Zur Beendigung des Lizenzvertrages nach schweizerischem Recht, in: sic! 1999, S. 3.
THOMANN FELIX H., Internet und Immaterialgüterrecht, SMI 1996, Heft 2, S. 201.
THOMANN FELIX H./BAUR GEORGES S., Immaterialgüter- und Wettbewerbsrecht (Nationales Recht und internationale Abkommen). Textausgabe mit Einleitung, Anmerkungen und Sachregister, 3. Auflage, Zürich 2000.
THOUVENIN FLORENT, Repetitorium Immaterialgüterrecht, Bern 2004.
TROLLER ALOIS, Der schweizerische gewerbliche Rechtsschutz, Basel 1948.
TROLLER ALOIS, Internationale Zwangsverwertung und Expropriation von Immaterialgütern, Basel 1955.
TROLLER ALOIS, Die mehrseitigen völkerrechtlichen Verträge im internationalen gewerblichen Rechtsschutz und Urheberrecht, in: Pointet P. J./Troller A. (Hrsg.), Studien zum Immaterialgüterrecht, Bd. 6, Basel 1965.
TROLLER ALOIS, Neu belebte Diskussion über das internationale Privatrecht im Bereich des Immaterialgüterrechts, 1977.
TROLLER ALOIS, Immaterialgüterrecht, 3. überarb. Aufl., Basel 1983.
TROLLER ALOIS/TROLLER PATRICK, Kurzlehrbuch des Immaterialgüterrechts, 3. völlig neubearb. und erw. Aufl., Basel 1989.
TROLLER KAMEN, Specific aspects of intellectual property disputes in arbitration – the Swiss perspective, in: Objective arbitrability, antitrust disputes, intellectual property disputes, Association Suisse de l'Arbitrage, 1994, S. 155.
TROLLER KAMEN, Industrial and Intellectual Property, in: International Encyclopedia of Comparative Law, Vol. III: Private International Law, Tübingen 1994.
TROLLER KAMEN, Sports Image Rights in Switzerland, in: Sports Image Rights in Europe, TMC Asser Press, The Hague 2005, S. 301.
TROLLER KAMEN, Das Sportbild – ein neuer Immaterialgut?, in: SpuRt 4/2004, S. 170.
VOGEL OSCAR, Besonderheiten des Immaterialgüterrechtsprozesses im Lichte der neueren Rechtsprechung, SMI 1993, Heft 1, S. 27.
VON BÜREN ROLAND, Der Übergang von Immaterialgüterrechten, in: Schweizerisches Immaterialgüter- und Wettbewerbsrecht I/1, Basel 1995, S. 171.
VON BÜREN ROLAND, Der Lizenzvertrag, in: Schweizerisches Immaterialgüter- und Wettbewerbsrecht I/1, Basel 1995, S. 225.
VON BÜREN ROLAND/LUKAS DAVID, Einleitung, in: Schweizerisches Immaterialgüter- und Wettbewerbsrecht I/2, Basel 1998.
VON BÜREN ROLAND/MARBACH EUGEN, Immaterialgüter- und Wettbewerbsrecht, 2. Aufl., Bern 2002.
VON GRAFFENRIED CHRISTOPH, Vermögensrechtliche Ansprüche bei Urheberrechtsverletzungen, Zürich 1993.
WEBER ROLF H., Informationstechnologie-Abkommen als Mosaikstein der Informationsgesellschaft, in: sic! 1997, S. 6.
WEBER ROLF H., Rechtliche Grundlagen für Werbung und Sponsoring, SMI 1993, Heft 2, S. 213.
WEGMANN PAUL FELIX, Immaterialgüterrecht und Liberalisierung des internationalen Handels im Wandel, in: sic! 2003, S. 775.
WIDMER BEAT, Vermögensrechtliche Ansprüche des Inhabers und des Lizenznehmers bei der Verletzung von Immaterialgüterrechten, in: Basler Studien zur Rechtswissenschaft, Basel 1985.

WILLI CHRISTOPH, Schutz fiktiver Figuren – Rechtsschutz fiktiver Figuren im Hinblick auf ihre Vermarktung, Bern 1996.
ZÄCH ROGER, Parallelimporte patentrechtlich geschützter Güter nach Massgabe des Kartellgesetzes. Rechtslage gemäss Kodak-Urteil und Revisionsvorschläge, in: sic! 2000, S. 275.
ZIMMERMANN PETER, Der Geist-Werkvertrag, Basel 1984.
ZÜRCHER JOHANN, Der Streitwert im Immaterialgüter- und Wettbewerbsrechtsprozess, in: sic! 2002, S. 493.

Designrecht

DAVID LUCAS, Kommentar zum schweizerischen Privatrecht – Markenschutzgesetz – Muster- und Modellgesetz, Basel 1994.
HEINRICH PETER, Schweizerisches Designgesetz, Haager Musterschutzabkommen, Zürich 2002.
HONSELL HEINRICH/VOGT NEDIM PETER/DAVID LUCAS, Markenschutzgesetz, Muster- und Modellgesetz, 2. Aufl., Basel 1999.
MELZER THOMAS, Das Haager Musterabkommen – Vorteile, Grenzen und Zukunft, SMI 1994, Heft 1, S. 43.
MÜLLER JÜRG, Prüfung der Geschmacksmusterfähigkeit durch das Bundesamt für geistiges Eigentum?, SMI 1986, Heft 1, S. 57.
MÜLLER JÜRG, Zum Schutzbereich des Designs, in: sic! 2001, S. 13.
PUGATSCH SIGMUND, Die Nachahmung ist durch Nebeneinanderhalten der Muster oder Modelle und nicht im Erinnerungsbild zu beurteilen, in: Kurer M. et al. (Hrsg.), Binsenwahrheiten des Immaterialgüterrechts – FS für Lucas David, Zürich 1996, S. 197.
QUAEDVLIEG ANTOON, Erfahrungen mit dem Schutz von Formen in den Niederlanden, SMI 1994, Heft 2, S. 135.
RITSCHER MICHAEL, Der Schutz des Design, Bern 1986.
RÜST PAUL, Das «Panel» der Europäischen Uhren- und Schmuckmesse – Muster zur Beilegung von Streitigkeiten im gewerblichen Rechtsschutz, SMI 1986, Heft 1, S. 63.
STUTZ ROBERT M., Das originelle Design: eigenartig genug, um individuell zu sein?, in: sic! 2004, S. 3.
WANG MARKUS, Die schutzfähige Formgebung. Eine Untersuchung der materiellen Voraussetzungen des muster-, urheber- und markenrechtlichen Schutzes von Warenformen (St. Galler Studien zum Privat-, Handels- und Wirschaftsrecht 54), Bern 1998.

Internetrecht

AUF DER MAUR ROLF/BÜRGI LOCATELLI KARIN, Verwertbarkeit von Internet Domainnamen, in: sic! 2001, S. 853.
BÄHLER KONRAD/LUBICH HANNES P./SCHNEIDER MARCEL/WIDMER URSULA, Internet-Domainnamen, Zurich 1996.
BLUM URS D., Domain Namen, in: 125 Jahre E. Blum & Co., Zürich 2003, S. 63.
BRINER ROBERT G., Haftung für Informationen auf Websites, in: sic! 2002, S. 231.

BURI UELI, Die Verwechselbarkeit von Internet Domain Names nach schweizerischem Firmen-, Marken-, Namens- und Lauterkeitsrecht, Bern 2000.
CEREGHETTI LEONARDO, Disclaimers und Haftungsfreizeichnungen im E-Commerce, in: sic! 2002, S. 1.
CHERPILLOD IVAN, Droit des marques et Internet, in: sic! 1997, S. 121.
EGLOFF WILLI, Rundfunk im Internet? Zur urheberrechtlichen Qualifikation von Simulcasting und Webcasting, in: sic! 2005, S. 96.
GUNTER PIERRE-YVES/PFROMM RENÉ, Internettelefonie: Plädoyer für die regulatorische Freiheit, in: sic! 2001, S. 304.
JOLLER GALLUS, Gemeinfreie Begriffe in Domainnamen?!, in: AJP 2002, S. 947.
JOLLER GALLUS, Zur Verletzung von Markenrechten durch Domainnames – eine Standortbestimmung, in: MarkenR 2000, S. 341.
JOLLER GALLUS, Domain Name Law and Practice in Switzerland, in: Domain Name Law and Practice: An International Handbook, Oxford 2005, S. 741.
MÄDER SIMON A., Schutz für Markeninhaber vor «cybersquatting» unter den Regeln der ICANN, in: sic! 2000, S. 487.
MEER MICHAEL A., «luzern.ch» und «montana.ch» – Zum Konflikt von Domain Names mit anderen Kennzeichen, in: Recht 2003, S. 73.
MENN CONRADIN, Internet und Markenschutz: Auf der Grundlage des schweizerischen Markenschutzgesetzes und unter Berücksichtigung der Uniform Dispute Resolution Policy, Bern 2003.
SENN MISCHA CHARLES, Werbung mit E-Mails, in: sic! 2002, S. 85.
WEBER ROLF H., Risikomanagement durch Einhaltung von IT-Sicherheitsstandards – Rechtliche Aspekte der Inkorporierung privater Normenkomplexe in unternehmerische Abläufe, in: sic! 2004, S. 181
WEBER ROLF H./SKRIPSKY MARTIN, Sniping bei Onlineauktionen, in: sic! 2003, S. 685.

Markenrecht

ALDER DANIEL, Hundert Jahre Markenrechtsprechung, in: Marke und Marketing, Bern 1990, S. 445.
ALTENPOHL MARTINA, Das neue Markenrecht als facettenreiches Marktinstrument, in: Aktuelle Juristische Praxis, Heft 5/93, S. 511.
ALTENPOHL MARTINA, Die Geschäftsfirmen, in: Honsell et al.: Basler Kommentar zum schweizerischen Privatrecht, OR II, Basel 2002.
ARNET RUTH, Die Formmarke, Zürich 1993.
ARNET RUTH, Markenschutz für Formen, in: sic! 2004, S. 829.
ASCHMANN DAVID, Wie werden Formmarken verwechselt?, in: sic! 2000, S. 571.
ASCHMANN DAVID, Beschreibende Inhalte von Kennzeichen, Zurich 2002.
BAUER FLORIAN, Die Agentenmarke, Berlin 1972.
BEIER FRIEDRICH-KARL/DEUTSCH ERWIN/FIKENTSCHER WOLFGANG, Die Warenzeichenlizenz, München 1963.
BELZ CHRISTIAN, Erfolgreiche Markenführung, in: Marke und Marketing, Bern 1990, S. 97.
BITZI BRUNO, Der Familienname als Marke, Bern 1972.
BLUM URS D., Softwareschutz durch das Markenrecht, in: Thomann F. H./Rauber G. (Hrsg.), Softwareschutz, Bern 1998, S. 163.

BLUMENTHAL CORSIN/TAUGWALDER GABRIELA, Zeichenähnlichkeit bei kombinierten Marken – neue Ansätze für die Beurteilung eines komplexen Problems?, in: sic! 2002, S. 407.

BOCK CHRISTIAN, Das EU-Markenrecht im internationalen Umfeld, SMI 1995, Heft 2, S. 191.

BOCK CHRISTIAN, Neuregelung der Vergabe von Internet Domain Names, in: sic! 1997, S. 267.

BOCK CHRISTIAN, Änderungen im nationalen Markenschutzrecht, in: sic! 1997, S. 229.

BOCK CHRISTIAN/BURI UELI, Kennzeichenrechtliche Probleme von Vanity Phone Numbers, in: sic! 2003, S. 579.

BODEWIG THEO, Wettbewerbsrechtliche Beurteilung des Franchising in der EG, in: Marke und Marketing, Bern 1990, S. 419.

BOHRER ANDREAS, Kennzeichenrechte und freier Warenverkehr im GATT, SMI 1994, Heft 2, S. 151.

BRAUCHBAR SIMONE, Die Verwicklung im Kennzeichenrecht; unter Berücksichtigung der Regelung in der Europäischen Union, Basel 2001

BRINER ALFRED, Marke und Marketing, in: Marke und Marketing, Bern 1990, S. 3.

BRINER ALFRED, Rechtsschutz der Marke aus dem Markenschutzgesetz, in: Marke und Marketing, Bern 1990, S. 295.

BRINER ROBERT, Zum Thema Doppeleintragungen von Marken und eine Bemerkung zur Übergangsbestimmung Art. 78 neues MSchG, SMI 1992, Heft 2, S. 181.

BRINER ROBERT G., Parallelimporte, in: Marke und Marketing, Bern 1990, S. 235.

BRUNNER EUGEN, Die Verwechslungsgefahr beurteilt sich nach dem Gesamteindruck unter Berücksichtigung des Adressatenkreises, Warenabstandes, Schriftbildes, Sinngehaltes und Bekanntheitsgrades – Und das Gesetz?, in: Kurer M. et al. (Hrsg.), Binsenwahrheiten des Immaterialgüterrechts – FS für Lucas David, Zürich 1996, S. 71.

BRUNNER EUGEN/HUNZIKER LAURA, Die Verwechslungsgefahr von Marken und das erhöhte Rechtsschutzbedürfnis des Markeninhabers im Marketing, in: Marke und Marketing, Bern 1990, S. 325.

BÜHLER GREGOR, Die freie Markenlizensierung, Eine Untersuchung nach marken-, lauterkeits- und produktehaftpflichtigen Gesichtspunkten, unter Berücksichtigung der Rechtslage der Europäischen Union, Basel 1996.

BÜHLER ROLAND, Grundlagen des materiellen Firmenrechts, Bern 1991.

BÜRLI ERIC, Die Übertragung der international eingetragenen Marke, Zürich 1970.

BURI UELI, Anmerkungen zu «Rytz.ch», in: sic! 1999, S. 280.

CELLI ALESSANDRO, Der internationale Handelsname, Zürich 1993.

CELLI ALESSANDRO, Internationales Kennzeichenrecht, München/Basel 2000.

DAVID LUCAS, Teilrevision des liechtensteinischen Markenschutzgesetzes, SMI 1986, Heft 2, S. 199.

DAVID LUCAS, Die Marke als Kennzeichen, in: Marke und Marketing, Bern 1990, S. 19.

DAVID LUCAS, Das Akronym im Firmen- und Markenrecht, SMI 1991, Heft 2, S. 329.

DAVID LUCAS, Kommentar zum schweizerischen Privatrecht – Markenschutzgesetz – Muster- und Modellgesetz, Basel 1994.

DAVID LUCAS, Anmerkung zu «Nikon/Nikkon», in: sic! 1999, S. 426.

ENGLERT CHRISTIAN, Bekannte Marken sind nicht ganz so bekannt wie berühmte, in: Kurer M. et al. (Hrsg.), Binsenwahrheiten des Immaterialgüterrechts – FS für Lucas David, Zürich 1996, S. 83.

FREI PRISCA, Nachweis der Verkehrsdurchsetzung im Verfahren vor dem Amt, SMI 1984, Heft 2, S. 183.

GLAUS URS, Die geographische Herkunftsangabe als Kennzeichen, Basel/Frankfurt am Main 1996.

GLAUS URS, Alle geographischen Herkunftsangaben sind schützenswert, in: Kurer M. et al. (Hrsg.), Binsenwahrheiten des Immaterialgüterrechts – FS für Lucas David, Zürich 1996, S. 89.

GORDON CLARA-ANN/BUTZ RALPH, Die Übertragung und Eintragung von Abwehrbefugnissen als wirksameres Sicherungsmittel im Rahmen einer markenrechtlichen Abgrenzungsvereinbarung?, in: sic! 2003, S. 486.

HEINRICH PETER/RUF ANGELIKA, Die Formmarke nach «Lego III», «Swatch-Uhrenarmband» und «Katalysatorträger», in: sic! 2005, S. 253.

HEINRICH PETER/RUF ANGELIKA, Markenschutz für Produktformen?, in: sic! 2003, S. 395.

HEINZELMANN WILFRIED, Der Schutz der berühmten Marke, Bern 1993.

HEINZELMANN WILFRIED, Es kann nicht auf dem Weg des UWG verboten werden, was das Kennzeichenrecht erlaubt, in: Kurer M. et al. (Hrsg.), Binsenwahrheiten des Immaterialgüterrechts – FS für Lucas David, Zürich 1996, S. 95.

HILTI CHRISTIAN, Firmenrecht, in: Schweizerisches Immaterialgüter- und Wettbewerbsrecht III, Basel 1996, S. 231.

HILTI CHRISTIAN, Der Schutz nicht registrierter Kennzeichen, in: Schweizerisches Immaterialgüter- und Wettbewerbsrecht III, Basel 1996, S. 455.

HILTI CHRISTIAN, Firmenrechtlicher Schutz kann nur bei firmenmässigem Kennzeichengebrauch des Verletzers in Anspruch genommen werden, in: Kurer M. et al. (Hrsg.), Binsenwahrheiten des Immaterialgüterrechts – FS für Lucas David, Zürich 1996, S. 101.

HONSELL HEINRICH/VOGT NEDIM PETER/DAVID LUCAS, Markenschutzgesetz, Muster- und Modellgesetz, 2. Aufl., Basel 1999.

INEICHEN MARKUS, Das urheberrechtlich geschützte Werk als Zeichen für Waren und Dienstleistungen, Bern 2002.

JANSKY JOHN, Warenzeichenlizenzvertrag, Köln 1964.

JENE-BOLLAG IRÈNE, Die Schutzfähigkeit von Marke und Ausstattung unter dem Gesichtspunkt des Freihaltebedürfnisses, Basel 1981.

JOLLER GALLUS, Verwechslungsgefahr im Kennzeichenrecht, Eine rechtsvergleichende Untersuchung der Anforderungen an die Unterscheidbarkeit von Kennzeichen im Marken-, Firmen-, Lauterkeits- und Namensrecht, Bern 2000.

JOLLER GALLUS, Zur Verletzung von Markenrechten durch Domainnames – eine Standortbestimmung, in: MarkenR 2000, S. 341.

KAMBLY OSCAR A., Das Image des Markenartikels, in: Marke und Marketing, Bern 1990, S. 277.

KÜNDIG RENATA, Die Zukunft der Marke, in: Marke und Marketing, Bern 1990, S. 255.

KUNZE GERD F., Die neueren Entwicklungen auf dem Gebiet des internationalen Markenschutzes, insbesondere: Das Protokoll betreffend das Madrider Markenabkommen für die internationale Eintragung von Marken vom 27. Juni 1989, in: Marke und Marketing, Bern 1990, S. 387.

LACK DANIEL, Privatrechtlicher Namensschutz (Art. 29 ZGB), Diss. Bern 1992.

LOCHER FELIX, Joint Recommendation concerning Provisions on the Protection of Well-Known Marks, in: sic! 1/2000, S. 41.

LUCHSINGER MARTIN, Die Rechtsprechung der Eidgenössischen Rekurskommission für geistiges Eigentum in markenrechtlichen Widerspruchssachen, in: GRUR 4/99, S. 325.

LUCHSINGER MARTIN, Dreidimensionale Marken, Formmarken und Gemeingut, in: sic! 1999, S. 195.

LUTZ MARTIN J./HILTI CHRISTIAN, Der Rechtsschutz der Marke ausserhalb des Markenrechts, in: Marke und Marketing, Bern 1990, S. 309.

MANSER FRANZ, Die Entartung von Marken zu Freizeichen, St. Gallen 1971.

MARBACH EUGEN, Die eintragungsfähige Marke, Bern 1984.

MARBACH EUGEN, Das neue Markenschutzgesetz. Die Übergangsbestimmungen, in: Aktuelle Schweizerische Praxis, Heft 5/93, S. 549.

MARBACH EUGEN, Markenrecht, in: Schweizerisches Immaterialgüter- und Wettbewerbsrecht III, Basel 1996, S. 1.

MARBACH EUGEN, Farben bilden Gemeingut, in: Kurer M. et al. (Hrsg.), Binsenwahrheiten des Immaterialgüterrechts – FS für Lucas David, Zürich 1996, S. 109.

MARBACH EUGEN, Die Exportmarke: eine rechtliche Standortbestimmung, in: sic! 1997, S. 372.

MARBACH EUGEN, Anmerkungen zu «Swissline», in: sic! 1999, S. 30.

MEISSER DAVID J., Diversifikation unter eingeführten Marken. Ein Anstoss des Marketing zur Entwicklung des Markenbegriffs, in: Marke und Marketing, Bern 1990, S. 149.

MEISSER DAVID J., Schutz und Gebrauch geographischer Bezeichnungen, SMI 1995, Heft 2, S. 215.

MEISSER DAVID J., Der gesunde Menschenverstand erlaubt die Beurteilung der Täuschungsgefahr, in: Kurer M. et al. (Hrsg.), Binsenwahrheiten des Immaterialgüterrechts – FS für Lucas David, Zürich 1996, S. 113.

MEISSER DAVID J., Herkunftsangaben und andere geographische Bezeichnungen, in: Schweizerisches Immaterialgüter- und Wettbewerbsrecht III, Basel 1996, S. 327.

MEISSER DAVID J., Staatsvertraglich geschützte Herkunftsangaben und Markenschutz, in: SZW 2000, Heft 1, S. 50.

MEISSER DAVID J./ALDER DANIEL/KNAAK ROLAND/MÜLLER JÜRG/PANCHAUD MARIANNE/RITSCHER MICHAEL, Beurteilung der Verwechslungsgefahr im Widerspruchsverfahren, SMI 1994, Heft 2, S. 167.

METZ MARTIN W., Die Pariser Verbandsübereinkunft, in: Marke und Marketing, Bern 1990, S. 369.

MONDINI ANDREA, Schwache Marken haben einen beschränkten Schutzbereich, in: Kurer M. et al. (Hrsg.), Binsenwahrheiten des Immaterialgüterrechts – FS für Lucas David, Zürich 1996, S. 119.

MONDINI ANDREA, Anforderungen an den Phantasiegehalt von Zeichen im Marken- und Firmenrecht – Divergenzen im Kennzeichenrecht?, in: sic! 1999, S. 519.

MÜLLER JÜRG, Aktuelle Fragen des Markenrechts, SMI 1984, Heft 2, S. 165.

MÜLLER JÜRG, Unterscheidungskraft, Freihaltebedürfnis, Verkehrsdurchsetzung, in: Marke und Marketing, Bern 1990, S. 201.
MÜLLER JÜRG, Zur markenrechtlichen Zulässigkeit von Parallelimporten (EFTA-Gerichtshof), in: sic! 1998, S. 115.
MÜLLER JÜRG, Zur markenrechtlichen Zulässigkeit von Parallelimporten (EuGH), in: sic! 1998, S. 505.
MÜLLER JÜRG, Anmerkungen zu «Feta Käse», in: sic! 1999, S. 287.
NIEDERMANN ANNE/SCHNEIDER MARTIN S., Der Beitrag der Demoskopie zur Entscheidfindung im schweizerischen Markenrecht: Durchgesetzte Marke – berühmte Marke, in: sic! 2002, S. 815.
NYFFELER FRANZ, Aktuelle immaterialgüterrechtliche Rechtsprechung des Bundesgerichts, in: Baudenbacher and Simon: Neueste Entwicklungen im europäischen und internationalen Immaterialgüterrecht, Basel 2003, S. 83.
PFORTMÜLLER HERBERT, Gebrauch durch den Lizenznehmer gilt als markenmässiger Gebrauch, in: Kurer M. et al. (Hrsg.), Binsenwahrheiten des Immaterialgüterrechts – FS für Lucas David, Zürich 1996, S. 125.
RAUBER GEORG, Das neue Markenrecht: Mittel gegen Parallelimporte?, in: Aktuelle Schweizerische Praxis, Heft 5/93, S. 537.
RAUBER GEORG, Die Verwechslungsgefahr beurteilt sich im Firmen-, Marken- und Lauterkeitsrecht nach den gleichen Grundsätzen und Massstäben, in: Kurer M. et al. (Hrsg.), Binsenwahrheiten des Immaterialgüterrechts – FS für Lucas David, Zürich 1996, S. 129.
REHBINDER MANFRED, Demoskopie als Beweismittel im Markenrecht, in: Marke und Marketing, Bern 1990, S. 355.
RITSCHER MICHAEL, Markenschutz durch Wettbewerbsrecht – Wettbewerbsschutz durch Markenrecht, in: Marke und Marketing, Bern 1990, S. 161.
RITSCHER MICHAEL, Beschaffenheitsangaben sind Bezeichnungen, bei welchen der gedankliche Zusammenhang mit der Ware (oder Dienstleistung) derart ist, dass ihr beschreibender Charakter ohne besondere Denkarbeit oder besonderen Phantasieaufwand zu erkennen ist, in: Kurer M. et al. (Hrsg.), Binsenwahrheiten des Immaterialgüterrechts – FS für Lucas David, Zürich 1996, S. 135.
RITSCHER MICHAEL, Anmerkung zu «Thermos (fig.)/Thermosteel (fig.)», in: sic! 1999, S. 426.
RITSCHER MICHAEL/BEUTLER STEPHAN, Anmerkung zu «Anne Frank», in: sic! 1997, S. 496.
RITSCHER MICHAEL/BEUTLER STEPHAN, Anmerkung zu «Butterverpackung», in: sic! 1997, S. 576.
ROHNER CHRISTIAN, Anmerkung zu «Budweiser», in: sic! 1999, S. 439.
ROHNER CHRISTIAN, Die notorisch bekannte Marke in der Schweiz, Bern 2002.
ROSENKRANZ AUGUST, Handbuch über die Markeneintragung, 2. Auflage, Zürich 1995.
RÜST PAUL, Das «Panel» der Europäischen Uhren- und Schmuckmesse – Muster zur Beilegung von Streitigkeiten im gewerblichen Rechtsschutz, SMI 1986, Heft 1, S. 63.
SANGIORGIO DIDIER, Für die Beurteilung der Verwechselbarkeit ist das Erinnerungsbild (nicht der gleichzeitige Vergleich) massgebend, in: Kurer M. et al. (Hrsg.), Binsenwahrheiten des Immaterialgüterrechts – FS für Lucas David, Zürich 1996, S. 141.

SAUBER THOMAS, Behinderung von Parallelimporten von Parfums und Kosmetika durch Vollzug der Gebrauchsverordnung zum Lebensmittelgesetz, in: sic! 1997, S. 503.
SAUBER THOMAS, Missbräuchliche Inanspruchnahme der Hilfeleistung der Zollverwaltung bei Parallelimporten am Beispiel des Parfum- und Kosmetikmarktes, SMI 1996, Heft 1, S. 23.
SCHLUEP WALTER R., Das Markenrecht als subjektives Recht, Basel 1964.
SCHLUEP WALTER R., Kollektiv- und Garantiemarken, in: Marke und Marketing, Bern 1990, S. 63.
SCHLUEP WALTER R., Das Widerspruchsverfahren im neuen schweizerischen Markenschutzgesetz, in: Aktuelle Schweizerische Praxis, Heft 5/93, S. 542.
SCHLUEP WALTER R., Markenschutzgesetz und Kartellgesetz, Bern 1965.
SCHLUEP WALTER R., Neues Markenrechtsgesetz und Kartellgesetz, in: sic! 1997, S. 16.
SCHNEIDER MARTIN, Anmerkungen zu «Kamillosan/Kamillan, Kamillon», in: sic! 1997, S. 50.
SCHNEIDER MARTIN, Schutzumfang der Marke – Zum Einfluss von Kennzeichnungskraft und Bekanntheitsgrad auf berühmte, bekannte, starke und schwache Marken, SMI 1996, Heft 3, S. 397.
SCHNYDER DONALD N., Die absoluten Ausschlussgründe sind nicht Gegenstand des Widerspruchsverfahrens, in: Kurer M. et al. (Hrsg.), Binsenwahrheiten des Immaterialgüterrechts – FS für Lucas David, Zürich 1996, S. 143.
SIMON JÜRG, Der Beitrag des Eidgenössischen Instituts für Geistiges Eigentum zum Schutz von Ortsnamen, ihrer Benützer und der Konsumenten – Das geplante Spezialregister für geographische Bezeichnungen landwirtschaftlicher Erzeugnisse, SMI 1996, Heft 2, S. 221.
SIMON JÜRG, Die springenden Raubkatzen – Europarechtlicher Begriff der markenrechtlichen Verwechslungsgefahr (EuGH), in: sic! 1998, S. 111.
SIMON JÜRG, Feta: Gattungsbezeichnung?, in: sic! 1999, S. 594.
STAEHELIN ALESCH, Anmerkungen zu «Beck/Beck's Stage», in: sic! 1997, S. 105.
STRAUB WOLFGANG, Mehrfache Berechtigung an Marken, Lizenzen, Rechtsgemeinschaften, Teilübertragungen, Pfandrechte, fiduziarische Übertragungen, Konzernmarken, Bern 1998.
STREULI-YOUSSEF MAGDA, Der Rechtsschutz gegen sog. Piratenmarken, SMI 1985, Heft 1, S. 27.
STREULI-YOUSSEF MAGDA, Die Formmarke, in: Marke und Marketing, Bern 1990, S. 47.
STREULI-YOUSSEF MAGDA, Dienstleistungsmarke, in: Aktuelle Schweizerische Praxis, Heft 5/93, S. 528.
STREULI-YOUSSEF MAGDA, Auch fremdsprachige Sachbezeichnungen können Gemeingut sein, in: Kurer M. et al. (Hrsg.), Binsenwahrheiten des Immaterialgüterrechts – FS für Lucas David, Zürich 1996, S. 149.
TREIS MICHAEL, Markenrecht und freier Warenverkehr – Bemerkungen zum HAG II-Urteil des EuGH, SMI 1991, Heft 1, S. 23.
TREIS MICHAEL, Bei Wort-Bild-Marken beurteilt sich die Verwechslungsgefahr primär nach dem Wortelement, in: Kurer M. et al. (Hrsg.), Binsenwahrheiten des Immaterialgüterrechts – FS für Lucas David, Zürich 1996, S. 155.

TROLLER ALOIS, Wesen und Unwesen der Marke, in: Hefermehl W. et al. (Hrsg.), FS für Philipp Möhring, München 1965, S. 291.

TROLLER KAMEN, Vorbenützung heisst Erstbenützung. Eine Studie zu Art. 14 Abs. 1 MSchG, in: Kurer M. et al. (Hrsg.), Binsenwahrheiten des Immaterialgüterrechts – FS für Lucas David, Zürich 1996, S. 163.

TROLLER PATRICK, Die Hausmarke – Verhältnis zur Firma, zum Handelsnamen, in: Marke und Marketing, Bern 1990, S. 33.

TROLLER PATRICK, Gedanken zum Einfluss des Eintragungsprinzips nach dem neuen Markenrecht auf den Schutz nicht eingetragener Marken, in: Aktuelle Schweizerische Praxis, Heft 5/93, S. 514.

TROLLER PATRICK, Reine Formmarken haben bezüglich der Form einen weiteren Schutzumfang als kombinierte Formmarken (z.B. Form-/Bildmarken oder Form-/Farbmarken), in: Kurer M. et al. (Hrsg.), Binsenwahrheiten des Immaterialgüterrechts – FS für Lucas David, Zürich 1996, S. 167.

TROLLER PATRICK, Kollisionen zwischen Firmen, Handelsnamen und Marken, Basel 1980.

VISCHER MARKUS, Die Befugnis, ein Erzeugnis in Verkehr zu bringen, erschöpft sich durch eine solche Handlung, in: Kurer M. et al. (Hrsg.), Binsenwahrheiten des Immaterialgüterrechts – FS für Lucas David, Zürich 1996, S. 173.

VON BÜREN ROLAND, Überschneidungen zwischen Markenschutz und Urheberrecht, in: Mélanges Joseph Voyaume, Lausanne 1989, S. 210.

VON BÜREN ROLAND/GASSER CHRISTOPH, Strategische und taktische Fragen bei der Schaffung und Hinterlegung neuer Zeichen, in: sic! 1997, S. 28.

VON BÜREN ROLAND/MARBACH EUGEN, Immaterialgüter- und Wettbewerbsrecht, Bern 2002.

WANG MARKUS, Die schutzfähige Formgebung. Eine Untersuchung der materiellen Voraussetzungen des muster-, urheber- und markenrechtlichen Schutzes von Warenformen (St. Galler Studien zum Privat-, Handels- und Wirschaftsrecht 54), Bern 1998.

WEBER MARTIN, Was nicht bekannt ist, kann nicht verwechselt werden, in: Kurer M. et al. (Hrsg.), Binsenwahrheiten des Immaterialgüterrechts – FS für Lucas David, Zürich 1996, S. 179.

WEIBEL BEAT, Anforderungen an eine Marke im Hinblick auf eine konzerninterne Lizenzierung, in: sic! 1999, S. 342.

WEINMANN CONRAD, Zahlen sind nicht unterscheidungskräftig, in: Kurer M. et al. (Hrsg.), Binsenwahrheiten des Immaterialgüterrechts – FS für Lucas David, Zürich 1996, S. 187.

WESTERHOFF JOHANNES, Die relativen Schutzvoraussetzungen der Marke, Köln 1975.

WILD PETER E., Die Hinterlegereigenschaft im neuen Markenschutzgesetz, in: Aktuelle Schweizerische Praxis, Heft 5/93, S. 524.

WILMS EGBERT, Die Verantwortung dem Verbraucher gegenüber, in: Marke und Marketing, Bern 1990, S. 137.

WILMS EGBERT F. J., Produkte- und Produzentenhaftung aus Marken oder ähnlichen Zeichen, Zürich 1984.

WIRZ JOST, Von Märkten und Marken, in: Marke und Marketing, Bern 1990, S. 287.

WITTMER HANS RUDOLF, Der Schutz von Computersoftware – Urheberrecht oder Sonderrecht?, Bern 1981.

WÜTHRICH KURT, Allgemeine Bemerkungen zum Beweisverfahren vor dem BAGE, insbesondere in Markensachen, SMI 1984, Heft 2, S. 177.
ZEHNDER CLEMENS, Die begleitende Marke, St. Gallen 1975.
ZIMMERLI ADRIAN, Der markenrechtlich erforderliche Zeichen- und Warenabstand, Zürich 1975.

Patentrecht

ADDOR FELIX/BÜHLER LUKAS, Die Patentierung menschlicher embryonaler Stammzellen, in: sic! 2004, S. 383.
ALDER RUDI, Der Schutzbereich europäisch erteilter Patente, in: sic! 1998, S. 249.
BALASS VALENTIN, Der Gerichtsexperte im Patentprozess aus der Sicht des technischen Sachverständigen, SMI 1985, Heft 2, S. 179.
BALASS VALENTIN, Erfindungshöhe, erfinderische Tätigkeit, Nichtnaheliegen (Korreferat), SMI 1986, Heft 2, S. 179.
BALASS VALENTIN, Nachmachung, Nachahmung, abhängige Erfindung, in: Kurer M. et al. (Hrsg.), Binsenwahrheiten des Immaterialgüterrechts – FS 100 Jahre PatG, Bern 1988, S. 295.
BALASS VALENTIN, Der Schutzbereich des Patents hängt von der Bereicherung der Technik ab, in: Kurer M. et al. (Hrsg.), Binsenwahrheiten des Immaterialgüterrechts – FS für Lucas David, Zürich 1996, S. 37.
BERTSCHINGER CHRISTOPH/GEISER THOMAS/MÜNCH PETER, Schweizerisches und Europäisches Patentrecht, in: Handbücher für die Anwaltspraxis, Band IV, Basel 2002.
BLUM RUDOLF E./PEDRAZZINI MARIO M., Das schweizerische Patentrecht, Bd. I, II und III, Bern 1957–1961.
BLUMER FRITZ, Formulierung und Änderung der Patentansprüche im europäischen Patentrecht, Diss. St. Gallen 1996.
BLUMER FRITZ, Schutzbereich und Stand der Technik im europäischen Patentrecht, in: sic! 1998, S. 3.
BORNER SILVIO, Nationale oder internationale Erschöpfung von Patenten?, in: sic! 1999, S. 476.
BRÄNDLI PAUL, Gegenwart und Zukunft des Berufsstandes der Patentanwälte aus der Sicht der Europäischen Patentorganisation, SMI 1988, S. 11.
BRINER ALFRED, Patentanspruch und Erfindung, in: Kernprobleme des Patentrechts: FS zum einhundertjährigen Bestehen eines eidgenössischen Patentgesetzes, Bern 1988, S. 115.
BRINER ALFRED, Patentansprüche sind nach Treu und Glauben auszulegen, in: FS für Lucas David, Zürich 1996, S. 19.
BRINER ROBERT G., Informatik-Erfindungen, in: Kernprobleme des Patentrechts: FS zum einhundertjährigen Bestehen eines eidgenössischen Patentgesetzes, Bern 1988, S. 179.
BRINER ROBERT G., Erfinder ist, wer die Erfindung gemacht hat, in: Kurer M. et al. (Hrsg.), Binsenwahrheiten des Immaterialgüterrechts – FS für Lucas David, Zürich 1996, S. 27.
BRUNNER EUGEN, Die schutzfähige Erfindung gemäss Art. 1 Abs. 2 PatG und ihre Beurteilung durch den Zivilrichter, SMI 1984, Heft 1, S. 7.

BRUNNER EUGEN, Der Gerichtsexperte im Patentprozess aus der Sicht des Richters, insbesondere das Verhältnis Richter und Sachverständiger im Prozess, SMI 1985, Heft 2, S. 171.
BRUNNER EUGEN, Der Sachverständige im Patentprozess aus schweizerischer Sicht, GRUR Int. 1987, S. 481 ff.
BRUNNER EUGEN, Der Patentverletzungsprozess, SMI 1994, Heft 2, S. 101.
BRUNNER EUGEN, Zur Anwendung von Art. 69 EPÜ und des Auslegungsprotokolls, SMI 1994, Heft 2, S. 129.
BRUNNER EUGEN, Der Patentnichtigkeitsprozess im schweizerischen Recht, SMI 1995, Heft 1, S. 7.
BRUNNER EUGEN, Der Schutzbereich europäisch erteilter Patente aus schweizerischer Sicht – eine Spätlese, in: sic! 1998, S. 348.
BRUNNER EUGEN, Schutzbereich und Einrede des freien Standes der Technik, in: sic! 1998, S. 428.
BÜRGI JOHANNES A./LANG CHRISTOPH G., Rettungsanker Patentrecht zum Schutz selektiver Vertriebssysteme in der Schweiz?, in: sic! 1999, S. 379.
BÜRGI JOHANNES, Anmerkung zu «Sammelhefter», in: sic! 1999, S. 443.
CALAME THIERRY, Öffentliche Ordnung und gute Sitten als Schranken der Patentierbarkeit gentechnologischer Erfindungen, Eine Untersuchung des Europäischen Patentübereinkommens und des Schweizerischen Patentgesetzes unter Berücksichtigung des internationalen Rechtsumfelds, Basel 2001.
COMTE JEAN-LOUIS, Unterschiedliche Anforderungen an schweizerische und europäische Patente, SMI 1989, Heft 2, S. 163.
COMTE JEAN-LOUIS, Internationale Harmonisierung des Äquivalenzbegriffs, SMI 1994, Heft 1, S. 7.
COMTE JEAN-LOUIS, Der Antragsteller kann nach seiner Wahl das Verfahren oder das Erzeugnis patentieren lassen, in: Kurer M. et al. (Hrsg.), Binsenwahrheiten des Immaterialgüterrechts – FS für Lucas David, Zürich 1996, S. 45.
COMTE JEAN-LOUIS, Internationale Erschöpfung der Patentrechte?, in: sic! 1999, S. 478.
DAVID LUCAS, Schadenersatz, in: FS 100 Jahre PatG, Bern 1988, S. 351.
FRAUENKNECHT ALOIS J., Patente – Quo Vadis? Antworten und Konsequenzen, in: sic! 2001, S. 715.
ENGLERT CHRISTIAN, Legitimation, Zuständigkeit, Kognition, in: Kernprobleme des Patentrechts: FS zum einhundertjährigen Bestehen eines eidgenössischen Patentgesetzes, Bern 1988, S. 279.
FREI ALEXANDRA, Patentfähig ist nur die Herbeiführung eines technischen Erfolgs mit technischen Mitteln, in: FS für Lucas David, Zürich 1996, S. 51.
FREI ALEXANDRA, Softwareschutz durch das Patentrecht, in: Thomann F. H./Rauber G. (Hrsg.), Softwareschutz, Bern 1998, S. 97.
GRASSI DAMIAN, Der Fachmann im Patentrecht, in: sic! 1999, S. 547.
GROSSENBACHER ROLAND, Die Schweiz und die PVÜ, in: Kernprobleme des Patentrechts: FS zum einhundertjährigen Bestehen eines eidgenössischen Patentgesetzes, Bern 1988, S. 389.
HEINRICH PETER, Schweizerisches Patentgesetz/Europäisches Patentübereinkommen, Zürich 1999.
HESS-BLUMER ANDRI, Teilnahmehandlungen im Immaterialgüterrecht unter zivilrechtlichen Aspekten, in: sic! 2003, S. 95.

HITLY RETO M., Der Schutzbereich des Patents, Basel, Köln u.a. 1990.
JENNY FELIX A./MOHNHAUPT DIETRICH, 10 Jahre Europäisches Patent, SMI 1987, Heft 2, S. 203.
KÄMPF ROGER, Die schutzfähige Erfindung gemäss Art. 1 Abs. 2 PatG und ihre Beurteilung im amtlichen Vorprüfungsverfahren, insbesondere durch die Beschwerdekammern, SMI 1984, Heft 1, S. 23.
KOLLER BEAT V., Der Know-how-Vertrag nach schweizerischem Recht, in: Zürcher Studien zum Privatrecht, Zürich 1979.
KÖNIG REIMAR, Der patentrechtliche Teilschutz, Mitt. 1993, S. 32 ff.
KÜCHLER REMIGIUS, Die Europäischen Patentübereinkommen aus schweizerischer Sicht, Bern 1974.
LANDERER HANS-PETER, Fragen des Schutzes des guten Glaubens im schweizerischen Patentrecht insbesondere der gutgläubige Erwerb, Winterthur 1955.
LUTZ MARTIN J., Die vorsorgliche Massnahme, in: Kernprobleme des Patentrechts: FS zum einhundertjährigen Bestehen eines eidgenössischen Patentgesetzes, Bern 1988, S. 321.
MEISSER DAVID J., Das Patentregister – Eine Gegenüberstellung zum Grundbuch, in: Kernprobleme des Patentrechts: FS zum einhundertjährigen Bestehen eines eidgenössischen Patentgesetzes, Bern 1988, S. 241.
MEISSER DAVID J./BOHREN DANIEL, Perpetuierter Patentschutz durch Formmarken?, SMI 1995, Heft 2, S. 225.
MENZL ANNA, Chemische Erfindungen, in: Kernprobleme des Patentrechts: FS zum einhundertjährigen Bestehen eines eidgenössischen Patentgesetzes, Bern 1988, S. 147.
MÜLLER JÜRG, Beweisrechtliche Aspekte im Patentprozess, in: Kernprobleme des Patentrechts: FS zum einhundertjährigen Bestehen eines eidgenössischen Patentgesetzes, Bern 1988, S. 309.
MÜLLER JÜRG, Art. 67 Abs. 2 PatG beschränkt sich auf die Festsetzung bundesrechtlicher Beweisanforderungen, in: Kurer M. et al. (Hrsg.), Binsenwahrheiten des Immaterialgüterrechts – FS für Lucas David, Zürich 1996, S. 55.
PEDRAZZINI MARIO M., Das neue europäische materielle Patentrecht, St. Gallen 1974.
PEDRAZZINI MARIO M., Der Rechtsmissbrauch im Patentrecht, in: Brügger P. (Hrsg.), Homo Creator – FS für Alois Troller, Basel 1976, S. 207.
PEDRAZZINI MARIO M., Die Gerichtsexpertise im Patentrecht, SMI 1985, Heft 2, S. 153.
PEDRAZZINI MARIO M., Die Entwicklung des Erfindungsbegriffes, in: Kernprobleme des Patentrechts: FS zum einhundertjährigen Bestehen eines eidgenössischen Patentgesetzes, Bern 1988, S. 21.
PEDRAZZINI MARIO M., Kritisches zu neueren patentrechtlichen Entscheiden, SMI 1989, Heft 2, S. 177.
REHBINDER MANFRED, Die Arbeitnehmererfindung, in: Kernprobleme des Patentrechts: FS zum einhundertjährigen Bestehen eines eidgenössischen Patentgesetzes, Bern 1988, S. 71.
RENTSCH RUDOLF A., Die Unkenntnis des Standes der Technik begründet keine erfinderische Tätigkeit, in: Kurer M. et al. (Hrsg.), Binsenwahrheiten des Immaterialgüterrechts – FS für Lucas David, Zürich 1996, S. 59.
RIEDO CHRISTOF, Zur Strafantragsberechtigung bei Eingriffen in Immaterialgüterrechte, insbesondere bei Patentrechtsverletzungen, in: sic! 2004, S. 549.

RITSCHER THOMAS/RITSCHER MICHAEL, Der fiktive Fachmann als Massstab des Nichtnaheliegens, in: Kernprobleme des Patentrechts: FS zum einhundertjährigen Bestehen eines eidgenössischen Patentgesetzes, Bern 1988, S. 263.
RITSCHER THOMAS, Abweichende Meinung zu «Kodak», in: sic! 1999, S. 145.
RÜEDE THOMAS, Schweizerisches Patentrecht in deutscher, französischer, italienischer und englischer Sprache in der Fassung vom 1. Januar 1996 – Entscheide von 1956–1995, 1996.
RÜEDE THOMAS, Schweizerisches Patentrecht, Patentgesetz in deutscher, französischer, italienischer und englischer Sprache in der Fassung vom 1. Januar 1996. Entscheide von 1956–1995 in Form von 780 Leitsätzen, Zürich 1996.
SCHACHENMANN BEAT, Begriff und Funktion der Aufgabe im Patentrecht, Zürich 1986.
SCHACHENMANN BEAT, Mehr als drei Entgegenhaltungen machen eine Erfindung, in: Kurer M. et al. (Hrsg.), Binsenwahrheiten des Immaterialgüterrechts – FS für Lucas David, Zürich 1996, S. 67.
SCHLUEP WALTER R., Werbung und Wettbewerb, in: Brügger P. (Hrsg.), Homo Creator – FS für Alois Troller, Basel 1976, S. 225.
SPOENDLIN KASPAR, Die sogenannte Vorbehaltserfindung (Art. 332 Abs. 2–4 OR), SMI 1984, Heft 1, S. 33.
SPOENDLIN KASPAR, Erfindung und Entdeckung, in: Kernprobleme des Patentrechts: FS zum einhundertjährigen Bestehen eines eidgenössischen Patentgesetzes, Bern 1988, S. 35.
STAMM OTTO A., Biotechnologische Erfindungen, in: Kernprobleme des Patentrechts: FS zum einhundertjährigen Bestehen eines eidgenössischen Patentgesetzes, Bern 1988, S. 159.
STIEGER WERNER, Pampers für den Team-Fachmann – Zur erfinderischen Tätigkeit und zum Durchschnittsfachmann – Anmerkungen zu BGE 120 II 71 ff. («Wegwerfwindeln»), SMI 1995, Heft 1, S. 63.
STIEGER WERNER, Windeln für den Teamfachmann!, SMI 1995, S. 63 ff.
STIEGER WERNER, Umfang der Rechtskraft bei Patentnichtigkeitsklage – «Sammelhefter», BGE vom 17. Juni 1998 mit Anmerkungen von Stieger, in: GRUR Int. 3/2000, S. 276.
STIEGER WERNER, «Kodak» – eine Momentaufnahme des Schnittbereichs von Immaterialgüter- und Kartellrecht aus helvetischer Sicht, in: sic! 2001, S. 89.
STOCKER BRUNO, Benutzungsrecht und Benutzungspflicht des Lizenznehmers bei technischen Lizenzverträgen, Luzern 1971.
STRAUS JOSEPH, Genpatente: Rechtliche, ethische, wissenschafts- und entwicklungspolitische Fragen (Beiheft 24), Basel 1997.
SUTTER KURT, Der bundesgerichtliche Begriff des «Erfinderischen», in: sic! 2004, S. 469.
THOMANN FELIX H., Patentrecht (Nationales Recht und int. Abkommen), Zürich 1978.
TROLLER ALOIS, Probleme der Arbeitnehmererfindung, SMI 1980, S. 99 ff.
TROLLER ALOIS, Erfindungshöhe, erfinderische Tätigkeit, Nichtnaheliegen, SMI 1986, Heft 2, S. 165.
VISCHER FRANK, Das IPR des Immaterialgüterrechtes unter besonderer Berücksichtigung des Patentrechtes, in: Kernprobleme des Patentrechts: FS zum einhundertjährigen Bestehen eines eidgenössischen Patentgesetzes, Bern 1988, S. 363.

VONARBURG JOSEF, Die Lehre von der patentbegründenden Wirkung des technischen Effekts, Freiburg 1965.
WALTER HANS PETER, Die Tatsachenprüfung durch das Bundesgericht im Patentprozess, SMI 1993, Heft 1, S. 9.
WICKIHALDER URS, Entwicklungen im Bereich der Patentierung von computergestützten Geschäftsmethoden, in: sic! 2002, S. 579.
WINTER WALTER, Einige pharmazeutische Gesichtspunkte betreffend gewerblichen Rechtsschutz und öffentliche Gesundheit, Basel 1965.
WIRTZ HEINRICH, Der Patentschutz biochemischer Verfahren, Freiburg–München 1967.

Urheberrecht

ALTENPOHL MARTINA, Erfindungen sind urheberrechtlich nicht schützbar, in: Kurer M. et al. (Hrsg.), Binsenwahrheiten des Immaterialgüterrechts – FS für Lucas David, Zürich 1996, S. 203.
ALTENPOHL MARTINA, Zur Zulässigkeit des Parallelimportes von urheberrechtlich geschützen Produkten, in: sic! 1998, S. 145.
ASCHMANN DAVID, Fünf Jahre Verwertung von Leistungsschutzrechten in der Schweiz, in: sic! 1999, S. 364.
AUF DER MAUR ROLF, Schmale Brücke zwischen Geld und Geist. Das neue Urheberrechtsgesetz im Überblick, in: Aktuelle Schweizerische Praxis, Heft 5/93, S. 554.
AUF DER MAUR ROLF, Teile von Werken sind urheberrechtlich geschützt, in: Kurer M. et al. (Hrsg.), Binsenwahrheiten des Immaterialgüterrechts – FS für Lucas David, Zürich 1996, S. 211.
AUF DER MAUR ROLF/KELLER CLAUDIA, Privatkopie: Ein wohlerworbenes Recht? – Eine Schrankenbestimmung als Spielball sich wandelnder Interessen, in: sic! 2004, p. 79.
BIERI-GUT MARIANNE, Nachlizenzierung von parallelimportierten Ton- und Tonbildträgern? – Umgehung der internationalen Erschöpfung im Urheberrecht?, in: sic! 1999, S. 496.
BLICKENSTORFER KURT U., Der Sourcecode-Escrow, in: Thomann F. H./Rauber G. (Hrsg.), Softwareschutz, Bern 1998, S. 211.
BLUM URS D., Softwareschutz durch das Markenrecht, in: Thomann F. H./Rauber G. (Hrsg.), Softwareschutz, Bern 1998, S. 163.
BREM ERNST, Der urheberrechtliche Vergütungsanspruch, St. Gallen 1975.
BREM ERNST, Übersetzungsrecht und Recht des Übersetzers, in: Schweizerische Vereinigung für Urheberrecht (Hrsg.), FS 100 Jahre URG, Bern 1983, S. 209.
BREM ERNST, Das Verhältnis der Berner Übereinkunft zu anderen völkerrechtlichen Verträgen, in: FS 100 Jahre Berner Übereinkunft, Bern 1986, S. 99.
BREM ERNST, Das Kunstwerk dient keinen materiellen Zwecken, in: Kurer M. et al. (Hrsg.), Binsenwahrheiten des Immaterialgüterrechts – FS für Lucas David, Zürich 1996, S. 217.
BRINER ROBERT G., Offene Fragen beim Schutz von Software nach dem URG-Entwurf vom 18. Dezember 1987, SMI 1988, S. 53.
BRINER ROBERT G., Ausgewählte Grundprobleme des Softwareschutzes im neuen URG, SMI 1993, Heft 1, S. 205.

BRINER ROBERT G., Vertraglicher Regelungsbedarf beim abhängigen Schaffen von Computerprogrammen im Lichte des neuen URG, in: Aktuelle Schweizerische Praxis, Heft 5/93, S. 576.

BOCK CHRISTIAN, Rechtssetzung im Internet, in: sic! 1998, S. 555.

BRÜGGER PAUL, Die Rolle der Berner Übereinkunft in der schweizerischen Rechtsprechung, in: Schweizerische Vereinigung für Urheberrecht (Hrsg.), FS 100 Jahre Berner Übereinkunft, Bern 1986, S. 133.

BRÜGGER PAUL, Private Nutzungsfreiheit?, in: Schweizerische Vereinigung für Urheberrecht (Hrsg.), FS 100 Jahre URG, Bern 1983, S. 325.

BURCKHARDT YVONNE, Die Vermögensrechte der ausübenden Künstler und Künstlerinnen gemäss Art. 33 Abs. 2 und Art. 35 URG, S. 165.

CADUFF MELCHIOR, Die urheberrechtlichen Konsequenzen der Veräusserung von Computerprogrammen, Bern 1997.

CHERPILLOD IVAN, Geltungsbereich, in: Schweizerisches Immaterialgüter- und Wettbewerbsrecht II/1, Basel 1995, S. 3.

CHERPILLOD IVAN, Schranken des Urheberrechts, in: Schweizerisches Immaterialgüter- und Wettbewerbsrecht II/1, Basel 1995, S. 231.

CHRIST THOMAS CORNELIUS, Das Urheberrecht der Filmschaffenden, Basel 1982.

CHRISTEN FELIX, Die Werkintegrität im schweizerischen Urheberrecht, Bern 1982.

DAVID LUCAS, Die Baukunst im Urheberrecht, in: Schweizerische Vereinigung für Urheberrecht (Hrsg.), FS 100 Jahre URG, Bern 1983, S. 263.

DAVID LUCAS, Die Werkbegriffe der Berner Übereinkunft und des schweizerischen Urheberrechtsgesetzes, in: Schweizerische Vereinigung für Urheberrecht (Hrsg.), FS 100 Jahre Berner Übereinkunft, Bern 1986, S. 181.

DESSEMONTET FRANÇOIS, Inhalt des Urheberrechts, in: Schweizerisches Immaterialgüter- und Wettbewerbsrecht II/1, Basel 1995, S. 153.

DESSEMONTET FRANÇOIS, Schutzdauer, in: Schweizerisches Immaterialgüter- und Wettbewerbsrecht II/1, Basel 1995, S. 281.

DREIER THOMAS, Der Schutz von Mikrochips: Internationale Entwicklung und Regelung im Entwurf der III. Expertenkommission zur Revision des schweizerischen Urheberrechtsgesetzes vom 18. Dezember 1987, SMI 1988, S. 37.

DUMONT PIERRE-HENRI/MEIER DIETER, Schulterschluss zwischen Urheberrechtsgesellschaften, in: sic! 1999, S. 362.

EFFENBERGER JULIUS, Urheberrechte von Angehörigen öffentlicher Hochschulen, Am Beispiel der ETH Zürich, unter besonderer Berücksichtigung der Computer programme (Beiheft 18), Basel 1995.

EGLOFF WILLI, Urheberrecht und Urhebervertragsrecht in der audiovisuellen Produktion, in: sic! 1998, S. 14.

EGLOFF WILLI, Sonderregelung des Parallelimports in der Audiovision?, in: sic! 1999, S. 487.

EGLOFF WILLI, Rechtsgemeinschaften an verwandten Schutzrechten, in: sic! 1999, S. 539.

EGLOFF WILLI, Die EU-Richtlinie zur Harmonisierung des Urheberrechtsschutzes und das schweizerische URG, in: sic! 739.

FLECHSIG NORBERT P., Rechtspolitische Überlegungen zum Urheberstrafrecht in Deutschland, Österreich und der Schweiz, Bern 1982.

FRANK RICHARD, Die Entwicklung der Rechtsprechung zum URG, in: Schweizerische Vereinigung für Urheberrecht (Hrsg.), FS 100 Jahre URG, Bern 1983, S. 109.

FREI ALEXANDRA, Softwareschutz durch das Patentrecht, in: Thomann F. H./Rauber G. (Hrsg.), Softwareschutz, Bern 1998, S. 97.

GASSER CHRISTOPH, Der Eigengebrauch im Urheberrecht, Abhandlungen zum schweizerischen Recht, Bern 1997.

GAUCH PETER/TROLLER ALOIS, Der Verlagsvertrag, in: Das Obligationenrecht – Kommentar zum schweizerischen Zivilgesetzbuch, Zürich 1976.

GENTHE BARBARA, Der Umfang der Zweckübertragungstheorie im Urheberrecht, Reihe II – Bd. 264, Frankfurt am Main und Bern 1981.

GERMANN CHRISTOPHE, Meinungsfreiheit in Zeiten der «Blockbusters»? – Das neue Filmgesetz und die kulturelle Vielfalt in der Informationsgesellschaft – Das neue Filmgesetz und die kulturelle Vielfalt in der Informationsgesellschaft, in: sic!, S. 481.

GLATTFELDER HANS, Die Spruchpraxis der Schiedskommission für die Verwertung von Urheberrechten, in: Schweizerische Vereinigung für Urheberrecht (Hrsg.), FS 100 Jahre URG, Bern 1983, S. 87.

GOVONI CARLO, Die Bundesaufsicht über die kollektive Verwertung von Urheberrechten, in: Schweizerisches Immaterialgüter- und Wettbewerbsrecht II/1, Basel 1995, S. 365.

GOVONI CARLO, Der urheberrechtliche Schutz von Computerprogrammen, in: Aktuelle Schweizerische Praxis, Heft 5/93, S. 569.

GOVONI CARLO, Herausforderungen der Informationstechnologien an das Urheberrecht, in: sic! 1997, S. 603.

GROSSENBACHER ROLAND, Die schweizerische Beteiligung an den Revisionsarbeiten von 1886–1984, in: Schweizerische Vereinigung für Urheberrecht (Hrsg.), FS 100 Jahre Berner Übereinkunft, Bern 1986, S. 69.

GROSSENBACHER ROLAND, Die URG-Revisionen von 1922/1955 und die Revisionsarbeiten bis 1983, in: Schweizerische Vereinigung für Urheberrecht (Hrsg.), FS 100 Jahre URG, Bern 1983, S. 15.

GROSSENBACHER ROLAND/REHBINDER MANFRED, Schweizerisches Urhebervertragsrecht, Bern 1979.

GUT BALZ A., Rechtsgeschäftliche Verfügung über Urheberrechte an Markenbasiskonzepten, Bern 2001.

HÄUPTLI MATTHIAS, Vorübergehende Vervielfältigungen im schweizerischen, europäischen und amerikanischen Urheberrecht, Basel 2004.

HEFTI ERNST, Die geschichtliche Entwicklung des Urheberrechts und die Entstehung des Urheberrechtsgesetzes von 1883, in: Schweizerische Vereinigung für Urheberrecht (Hrsg.), FS 100 Jahre URG, Bern 1983, S. 1.

HEFTI ERNST, Die Tätigkeit der schweizerischen Verwertungsgesellschaften, in: Schweizerisches Immaterialgüter- und Wettbewerbsrecht II/1, Basel 1995, S. 463.

HEFTI ERNST, Schwerpunkte und Neuerungen des Verwertungsrechts, in: Aktuelle Schweizerische Praxis, Heft 5/93, S. 584.

HILTI RETO M., Die Verwertung von Urheberrechten in Europa, Basel 1995.

HILTI RETO M., Die Bedeutung des Ursprungslandes in der Berner Übereinkunft, in: Schweizerische Vereinigung für Urheberrecht (Hrsg.), FS 100 Jahre Berner Übereinkunft, Bern 1986, S. 201.

HILTI RETO M., Der Verlagsvertrag, in: Schweizerisches Immaterialgüter- und Wettbewerbsrecht II/1, Basel 1995, S. 517.

HILTI RETO M., Der Schutz von Computerprogrammen – nationale und internationale Normen auf dem Prüfstand des Internets, in: sic! 1997, S. 128.
HILTI RETO M., Anmerkung zu «Live Dance», in: sic! 1997, S. 458.
HILTI RETO M., Die Behandlung gemeinfrei gewordener Werke angesichts der Schutzfristverlängerung im neuen Urheberrecht, in: Aktuelle Schweizerische Praxis, Heft 5/93, S. 594.
HILTI RETO M., Anmerkung zu «Logo I und II», in: sic! 1999, S. 633.
HOEREN THOMAS, Was können wir von der Schweiz lernen? – Das URG und die Verwertung digitaler Rechte aus deutscher Sicht, in: sic! 1998, S. 447.
HOFFET FRANZ, «Sammelrevers für Musiknoten». Anmerkungen zum Entscheid der Wettbewerbskommission vom 1. September 1997, in: sic! 1998, S. 224.
HUBMANN HEINRICH, 100 Jahre schweizerisches Urheberrecht – von aussen betrachtet, in: Schweizerische Vereinigung für Urheberrecht (Hrsg.), FS 100 Jahre URG, Bern 1983, S. 417.
HYZIK MICHAEL, Das neue «private» Urheberrecht für das digitale Umfeld, in: sic!, S. 107.
HYZIK MICHAEL, Differenzgebühren für im Ausland zu billig lizenzierte Ton- und Tonbildträger, in: sic! 1999, S. 490.
HYZIK MICHAEL, Zur urheberrechtlichen Situation der Filmmusik (Schriften zum Medien- und Immaterialgüterrecht 52), Bern 2000.
INEICHEN MARKUS, Das urheberrechtlich geschützte Werk als Zeichen für Waren und Dienstleistungen, Bern 2002.
ISENEGGER URS, Die urheberrechtlichen Probleme bei der Weiterübertragung von Sendungen, Zürich 1983.
JENNY RETO M., Zum Verletzerzuschlag im schweizerischen Urheberrecht, in: sic! 2004, S. 651.
KÄLIN URS PETER, Die Urheberrechte der Sendung und der Kabelverbreitung in der Berner Übereinkunft und im schweizerischen Recht, in: Schweizerische Vereinigung für Urheberrecht (Hrsg.), FS 100 Jahre Berner Übereinkunft, Bern 1986, S. 293.
KARNELL GUNNAR, Die Problematik der Inländerbehandlung im Rahmen der neuesten Urheberrechtsentwicklung, insbesondere mit Blick auf ein Zusatzprotokoll zur Revidierten Berner Übereinkunft (RBÜ), SMI 1993, Heft 2, S. 251.
KUMMER MAX, Die Entgrenzung der Kunst und das Urheberrecht, in: Brügger P. (Hrsg.), Homo Creator – FS für Alois Troller, Basel 1976, S. 89.
KUMMER MAX, Der Werkbegriff und das Urheberrecht als subjektives Privatrecht, in: Schweizerische Vereinigung für Urheberrecht (Hrsg.), FS 100 Jahre URG, Bern 1983, S. 123.
KURER MARTIN, Die Geistesschöpfung muss konkretisiert und realisiert sein, um Schutz zu geniessen, in: Kurer M. et al. (Hrsg.), Binsenwahrheiten des Immaterialgüterrechts – FS für Lucas David, Zürich 1996, S. 229.
LARESE WOLFGANG, Die Stellung des Arbeitgebers angestellter Urheber in der Berner Übereinkunft und in der Schweiz, in: Schweizerische Vereinigung für Urheberrecht (Hrsg.), FS 100 Jahre Berner Übereinkunft, Bern 1986, S. 333.
LAUX CHRISTIAN, Vertragsauslegung im Urheberrecht: Zur Kritik der Zweckübertragungstheorie im schweizerischen Urheberrecht, Bern 2003.
LEHMANN BEAT/SCHWEIZER RAINER J., Informatikrecht – Droit de l'informatique, Zürich 1988.

LEHMANN BEAT/SCHWEIZER RAINER J., Datenschutz – Droit de la protection de données, Zürich 1988.
LERCH FRANZISKA/VOGEL STEFAN, Zulässigkeit des Imports audivisueller Werkexemplare im Lichte der Wirtschaftsverfassung – Eine kritische Auseinandersetzung mit dem neuen Art. 12 Abs. 1bis URG und der vom Ständerat beabsichtigten Nachfolgeregelung, in: sic! 2003, S. 414.
LOCHER FELIX, Das Internationale Privat- und Zivilprozessrecht der Immaterialgüterrechte aus urheberrechtlicher Sicht, Zürich 1993.
LÜCK GERT, Rechtsschutz und Vertragsgestaltung bei Computer-Software aus Schweizer Sicht, SMI 1986, Heft 1, S. 17.
LÜCK GERT, Urheberrecht im EDV-Bereich, in: Schweizerisches Immaterialgüter- und Wettbewerbsrecht, II/2 zweiter Teil: Halbleiter- Topographieschutz, Basel 1998, S. 349.
LUTZ MARTIN J., Der Schutzumfang des Urheberrechts, in: Schweizerische Vereinigung für Urheberrecht (Hrsg.), FS 100 Jahre URG, Bern 1983, S. 173.
LUTZ MARTIN J., Der Erhaltungsanspruch des Architekten am Bauwerk ist dem Nutzungsinteresse des Eigentümers grundsätzlich unterzuordnen, in: Kurer M. et al. (Hrsg.), Binsenwahrheiten des Immaterialgüterrechts – FS für Lucas David, Zürich 1996, S. 235.
LUTZ MARTIN J., Die Rechte am Film in der Berner Übereinkunft und in der Schweiz, in: Schweizerische Vereinigung für Urheberrecht (Hrsg.), FS 100 Jahre Berner Übereinkunft, Bern 1986, S. 317.
LUTZ MARTIN J., Computersoftware. Der Schutz der industriellen Leistungen im neuen Entwurf zum Urheberrechtsgesetz, SMI 1988, S. 65.
LUTZ MARTIN J./RITSCHER MICHAEL, Computersoftware im Prozess, SMI 1986, Heft 2, S. 157.
MACCIACCHINI SANDRO, Die unautorisierte Wiedergabe von urheberrechtlich geschützten Werken in Massenmedien, in: sic! 1997, S. 361.
MACCIACCHINI SANDRO, Urheberrecht und Meinungsfreiheit, Untersucht am Gegenstand der Verwendung urheberrechtlich geschützter Werke in der Berichterstattung der Medien, Bern 2000.
MEIER DIETER, Urheberrechtliche Zuordnung sogenannter Programmpakete, in: sic! 1/2000, S. 59.
MEYER EMANUEL, Neuere Entwicklungen im Informations- und Datenbankrecht, in: sic! 1998, S. 340.
MEYER EMANUEL, Softwareschutz – heute und morgen, in: sic! 1998, S. 527.
MEYER EMMANUEL A., Urheberrecht im Wandel der neuen Technologien – wo bleibt die Schweiz?, in: sic! 1999, S. 355.
MOSIMANN PETER, Die verwandten Schutzrechte, in: Schweizerisches Immaterialgüter- und Wettbewerbsrecht II/1, Basel 1995, S. 297.
MÜLLER JOHN HENRY, Die Ausgestaltung des Leistungsschutzrechts der ausübenden Künstler, der Hersteller von Tonträgern und der Sendeunternehmen in der internationalen konventionsrechtlichen Entwicklung, Basel 1974.
MUTTENZER RENÉ, Die Beschränkungen des Urheberrechts zugunsten von Kunst und Wissenschaft, in: Schweizerische Vereinigung für Urheberrecht (Hrsg.), FS 100 Jahre URG, Bern 1983, S. 337.
NATER BRUNO, Der künstlerische Leistungsschutz, Zürich 1977.

NEFF EMIL F./ARN MATTHIAS, Urheberrecht im EDV-Bereich, in: Schweizerisches Immaterialgüter- und Wettbewerbsrecht, II/2 erster Teil: Urheberrechtlicher Schutz der Software, Basel 1998, S. 1.

NESTLE BARBARA M., Der Abschluss von Shrink-Wrap und Online-Software-Lizenzverträgen, in: sic! 1999, S. 219.

NOBEL PETER, Leitfaden zum Presserecht, Ringier Reihe Kommunikation Bd. 1, 2. Aufl., Zofingen 1984.

PEDRAZZINI MARIO M., Über den Leistungsschutz der Interpreten, der Ton- und Tonbildträgerhersteller und der Sendeunternehmen, SSJ Jg. 111 H. 1, Basel 1977.

PEDRAZZINI MARIO M., Das Schweizerische Urheberrecht und die internationalen Urheberrechtsabkommen – ein Rückblick, in: Schweizerische Vereinigung für Urheberrecht (Hrsg.), FS 100 Jahre URG, Bern 1983, S. 33.

PEDRAZZINI MARIO M., Das droit moral der Berner Übereinkunft in der Schweiz, in: Schweizerische Vereinigung für Urheberrecht (Hrsg.), FS 100 Jahre Berner Übereinkunft, Bern 1986, S. 233.

PEDRAZZINI MARIO M., 100 Jahre Berner Übereinkunft: «Vom Wunsch geleitet, die Rechte der Urheber zu schützen ...», SMI 1986, Heft 2, S. 157.

PEUKERT ALEXANDER, DRM: Ende der kollektiven Vergütung?, in: sic! 2004, S. 749.

PURTSCHERT JÜRG, Der Schutz des unmittelbaren Ergebnisses einer Arbeits- oder Unternehmensleistung, Freiburg 1974.

RAUBER GEORG, Der urheberrechtliche Schutz von Computerprogrammen, Bd 17: Eine problemorientierte Untersuchung des Werkbegriffs nach schweizerischem und internationalem Urheberrecht, Zürich 1988.

RAUBER GEORG, Lauterkeitsrechtlicher Softwareschutz (Allgemeine und softwarespezifische Gedanken zu Art. 5 lit. c UWG), in: Thomann F. H./Rauber G. (Hrsg.), Softwareschutz, Bern 1998, S. 59.

REHBINDER MANFRED, Die Beschränkungen des Urheberrechts zugunsten der Allgemeinheit, in: Schweizerische Vereinigung für Urheberrecht (Hrsg.), FS 100 Jahre URG, Bern 1983, S. 353.

REHBINDER MANFRED, Die Beschränkung des Urheberrechts zugunsten der Allgemeinheit in der Berner Übereinkunft, in: Schweizerische Vereinigung für Urheberrecht (Hrsg.), FS 100 Jahre Berner Übereinkunft, Bern 1986, S. 357.

REHBINDER MANFRED, Schweizerisches Urheberrecht, 3. Auflage, Bern 2000.

REINHART BEAT, Die Einordnung der Bearbeitung ins schweizerische Urheberrecht, in: Schweizerische Vereinigung für Urheberrecht (Hrsg.), FS 100 Jahre URG, Bern 1983, S. 223.

REINHART BEAT, Die Schutzfristregelung der Berner Übereinkunft und ihre Bedeutung für die Schweiz, in: Schweizerische Vereinigung für Urheberrecht (Hrsg.), FS 100 Jahre Berner Übereinkunft, Bern 1986, S. 255.

RENOLD MARC-ANDRÉ, Dégradation et restauration des oeuvres d'art exposées sur le domaine public: questions de droit d'auteur, in: sic! 2003, S. 204.

RIKLIN FRANZ, Das Verwertungsgesetz von 1940, in: Schweizerische Vereinigung für Urheberrecht (Hrsg.), FS 100 Jahre URG, Bern 1983, S. 45.

RITSCHER MICHAEL, Der Schutz des Design, Bern 1986.

RITSCHER MICHAEL, Vergleichende Werbung – die neue EU-Richtlinie im Vergleich mit dem schweizerischen Recht, in: sic! 1998, S. 261.

ROHNER JÜRG, Der Herausgebervertrag, Zürich 1980.

RUCHTI JÜRG, Wahrnehmung der Aufführungsrechte durch die SSA, in: sic! 1999, S. 694.
RÜDLINGER KATHARINA, Der Urheber im Arbeitsverhätlnis aus rechtsvergleichender Sicht, Basel 1995.
RUIJSENAARS HEIJO, Zur Vergänglichkeit von «ephemeren Aufnahmen», in: sic! 1999, S. 505.
SCHWENNINGER MARC, Zur Frage eines Bestimmungsrechts über die vervielfältigten Werkexemplare im schweizerischen Urheberrecht, Bern 1999.
SENN MISCHA CHARLES, Aspekte der rechtlichen Beurteilung satirischer Äusserungen, in: sic! 1998, S. 365.
SENN MISCHA CHARLES, Rechte an «Schriften», in: sic! 2003, S. 191.
SOMMER BRIGITTE I./GORDON CLARA-ANN, Individualität im Urheberrecht – einheitlicher Begriff oder Rechtsunsicherheit?, in: sic! 2001, S. 287.
SPOENDLIN KASPAR, Zur Rechtsnatur und Bemessung der urheberrechtlichen Vergütung, in: Schweizerische Vereinigung für Urheberrecht (Hrsg.), FS 100 Jahre URG, Bern 1983, S. 377.
SPOENDLIN KASPAR, Urheberrechtsschutz für Computer-Software, SMI 1986, Heft 1, S. 7.
STAUB ROGER, Leistungsstörungen bei Urheberrechtsverträgen, Bern 2000.
STAUFFACHER WERNER, «SMCC» – die vier schweizerischen Urheberrechtsgesellschaften und das mulitmediale Zeitalter, in: sic! 1998, S. 510.
STAUFFACHER WERNER, Das Folgerecht – erneute Forderung bei der Revision des URG, in: sic! 1999, S. 526.
STEIGER-HERMS GUDRUN, Zum Urheberrecht an Bühnenwerken, in: Schweizerische Vereinigung für Urheberrecht (Hrsg.), FS 100 Jahre URG, Bern 1983, S. 289.
STEINER ADRIAN, Urheberrechtliche Schutzfähigkeit der Zirkus- und Variétékunst, Basel 1998.
STERN HERMANN J., Sende- und Weitersenderecht, in: Schweizerische Vereinigung für Urheberrecht (Hrsg.), FS 100 Jahre URG, Bern 1983, S. 187.
STIEGER WERNER, Das Urheberrecht schützt nur die Form. Eine überholte Binsenwahrheit, in: Kurer M. et al. (Hrsg.), Binsenwahrheiten des Immaterialgüterrechts – FS für Lucas David, Zürich 1996, S. 243.
STÖCKLI JEAN-FRITZ, Urheberrecht und Arbeitsrecht, in: Schweizerische Vereinigung für Urheberrecht (Hrsg.), FS 100 Jahre URG, Bern 1983, S. 157.
THIEME HANS, Zur Entstehung des internationalen Urheberrechts aus dem Kampf gegen den unerlaubten Büchernachdruck, in: Schweizerische Vereinigung für Urheberrecht (Hrsg.), FS 100 Jahre Berner Übereinkunft, Bern 1986, S. 1.
THOMANN FELIX H., Grundriss des Softwareschutzes, Zürich 1992.
THOMANN FELIX H., Softwareschutz durch das Urheberrecht, Bern 1998.
THOMANN FELIX H., Internationaler Urheberrechtsschutz und Verwertung von Urheberrechten auf dem Internet, in: sic! 1997, S. 529.
THOMANN FELIX H., Die Eurovertäglichkeit der Softwareschutz-Regelung gemäss dem revidierten URG, in: Aktuelle Schweizerische Praxis, Heft 5/93, S. 563.
THOMANN FELIX H., Softwareschutz durch das Urheberrecht, in: Thomann F. H./Rauber G. (Hrsg.), Softwareschutz, Bern 1998, S. 1.
THOMANN FELIX H./RAUBER GEORG (Hrsg.), Softwareschutz, Bern 1998.

THURNEYSEN JOHANN RUDOLF, Juristische Inaugural-Dissertation De Recusione Lobrorum Furtiva, zu Teutsch: Vom unerlaubten Bücher-Nachdruck, in: Schweizerische Vereinigung für Urheberrecht (Hrsg.), FS 100 Jahre Berner Übereinkunft, Bern 1986, S. 13.

TROLLER ALOIS, Vorentwurf der Expertenkommission für ein schweizerisches Bundesgesetz betreffend das Urheberrecht leitende Ideen, München 1972.

TROLLER ALOIS, Urhebervertragsrecht, insbesondere der Verlagsvertrag, in: Schweizerische Vereinigung für Urheberrecht (Hrsg.), FS 100 Jahre URG, Bern 1983, S. 145.

TROLLER ALOIS, Der Mindestschutz der Berner Übereinkunft im Verhältnis zum Schutzumfang im geltenden und geplanten schweizerischen nationalen Urheberrecht, in: Schweizerische Vereinigung für Urheberrecht (Hrsg.), FS 100 Jahre Berner Übereinkunft, Bern 1986, S. 143.

TROLLER ALOIS, Das Urheberrecht und die Gerechtigkeit, in: FS für Georg Roeber, Berlin 1973, S. 655.

TROLLER PATRICK, Literatur und Urheberrecht, in: Schweizerische Vereinigung für Urheberrecht (Hrsg.), FS 100 Jahre URG, Bern 1983, S. 239.

UCHTENHAGEN ULRICH, Die Urheberrechtsgesellschaften in der Schweiz, in: Schweizerische Vereinigung für Urheberrecht (Hrsg.), FS 100 Jahre URG, Bern 1983, S. 73.

UCHTENHAGEN ULRICH, Die Berner Übereinkunft und die Entwicklungsländer, in: Schweizerische Vereinigung für Urheberrecht (Hrsg.), FS 100 Jahre Berner Übereinkunft, Bern 1986, S. 115.

UCHTENHAGEN ULRICH, Die wirtschaftliche Bedeutung des Urheberrechts, SMI 1987, Heft 2, S. 207.

UHL MARKUS, Gutgläubiger Erwerb von Nichtberechtigten wird nicht geschützt, in: Kurer M. et al. (Hrsg.), Binsenwahrheiten des Immaterialgüterrechts – FS für Lucas David, Zürich 1996, S. 257.

ULMER EUGEN, Gedanken zur schweizerischen Urheberrechtsreform, in: Brügger P. (Hrsg.), Homo Creator – FS für Alois Troller, Basel 1976, S. 189.

VISCHER FRANK, Urheberrecht und bildende Kunst, in: Schweizerische Vereinigung für Urheberrecht (Hrsg.), FS 100 Jahre URG, Bern 1983, S. 251.

VON BÜREN ROLAND, Überschneidungen zwischen Markenschutz und Urheberrecht, in: Mélanges Joseph Voyaume, Lausanne 1989, S. 21.

VON BÜREN ROLAND, Der Werkbegriff, in: Schweizerisches Immaterialgüter- und Wettbewerbsrecht II/1, Basel 1995, S. 53.

VON BÜREN ROLAND, Der Urheber, in: Schweizerisches Immaterialgüter- und Wettbewerbsrecht II/1, Basel 1995, S. 125.

VON BÜREN ROLAND/LUKAS DAVID, Urheberrecht, in: Schweizerisches Immaterialgüter- und Wettbewerbsrecht II/1–2, Basel 1998.

VON BÜREN ROLAND, Rechtsübergang und Zwangsvollstreckung, in: Schweizerisches Immaterialgüter- und Wettbewerbsrecht II/1, Basel 1995, S. 205.

VON GRAFFENRIED CHRISTOPH, Vermögensrechtliche Ansprüche bei Urheberrechtsverletzungen, in: Aktuelle Schweizerische Praxis, Heft 5/93, S. 599.

VON GRAFFENRIED CHRISTOPH, Schadenersatz und Gewinnherausgabe sind als fiktive Lizenzen zu berechnen, in: Kurer M. et al. (Hrsg.), Binsenwahrheiten des Immaterialgüterrechts – FS für Lucas David, Zürich 1996, S. 225.

VON PLANTA ALESSANDRA, Ghostwriter, in: Schriften zum Medien- und Immaterialgüterrecht, Bern 1998.
VON WERDT NICOLAS, Kopierschutz für Computerchips unter besonderer Berücksichtigung des Bundesgesetzes über den Schutz von Topographien von Halbleitererzeugnissen vom 9. Oktober 1992, in: Thomann F. H./Rauber G. (Hrsg.), Softwareschutz, Bern 1998, S. 187.
VOSSELER PETER, Was bringt das künftige URG im Bereich der Tonträger?, in: Aktuelle Schweizerische Praxis, Heft 5/93, S. 581.
WANG MARKUS, Die schutzfähige Formgebung. Eine Untersuchung der materiellen Voraussetzungen des muster-, urheber- und markenrechtlichen Schutzes von Warenformen (St. Galler Studien zum Privat-, Handels- und Wirschaftsrecht 54), Bern 1998.
WEHRLIN MARC, Film: ein Werk mit komplexen Problemen, in: Schweizerische Vereinigung für Urheberrecht (Hrsg.), FS 100 Jahre URG, Bern 1983, S. 307.
WIDMER BEAT, Vermögensrechtliche Ansprüche von Inhaber und Lizenznehmer bei der Verletzung von Immaterialgüterrechten unter besonderer Berücksichtigung des Urheberrechts, SMI 1985, Heft 1, S. 7.
WILD GREGOR, Urheberrechtsschutz der Fotografie, in: sic! 2005, S. 87.
WITTMER HANS RUDOLF, Der Schutz von Computersoftware – Urheberrecht oder Sonderrecht?, Bern 1981.
WITTWEILER BERNHARD, Die Auswirkungen der Berner Übereinkunft auf die schweizerische Urheberrechtsgesetzgebung, in: Schweizerische Vereinigung für Urheberrecht (Hrsg.), FS 100 Jahre Berner Übereinkunft, Bern 1986, S. 157.
WITTWEILER BERNHARD, Zu den Schrankenbestimmungen im neuen Urheberrechtsgesetz (exkl. Eigengebrauch), in: Aktuelle Schweizerische Praxis, Heft 5/93, S. 588.
WYLER BARBARA, Der strafrechtliche Schutz des Urheberrechts, in: Schweizerische Vereinigung für Urheberrecht (Hrsg.), FS 100 Jahre URG, Bern 1983, S. 401.
WYLER BARBARA, Die Gleichbehandlung in- und ausländischer Urheber in der Schweiz, in: Schweizerische Vereinigung für Urheberrecht (Hrsg.), FS 100 Jahre Berner Übereinkunft, Bern 1986, S. 219.

Unlauterer Wettbewerb

ASCHMANN DAVID, Ein Unterlassungsbegehren muss so formuliert sein, dass das Verbot ohne nochmalige materielle Prüfung vollstreckt werden kann, in: Kurer M. et al. (Hrsg.), Binsenwahrheiten des Immaterialgüterrechts – FS für Lucas David, Zürich 1996, S. 287.
BARROT ALEX, Die Abwerbung von Arbeitskräften, Bern 1973.
BAUDENBACHER CARL, Lauterkeitsrecht, Kommentar zum Gesetz gegen den unlauteren Wettbewerb, St. Gallen/Berlin/Basel 2001.
BERTI STEPHEN, Der Erlass vorsorglicher Massnahmen ohne vorgängige Anhörung der Gegenpartei stellt eine äusserst einschneidende Massnahme dar, in: Kurer M. et al. (Hrsg.), Binsenwahrheiten des Immaterialgüterrechts – FS für Lucas David, Zürich 1996, S. 263.
BEUTLER STEPHAN, Vergleichende Werbung – die neue EU-Richtlinie im Vergleich mit dem schweizerischen Recht, in: sic! 1998, S. 261.
BOCK CHRISTIAN/BURI UELI, Kennzeichenrechtliche Probleme von Vanity Phone Numbers, in: sic! 2003, S. 579.

BÜRGI JOHANNES/LANG CHRISTOPH, Momentaufnahme des Lauterkeitsrechts, in: Recht 1998, Heft 6, S. 237.
CELLI ALESSANDRO, Der internationale Handelsname, Zürich 1993.
DAVID LUCAS, Schweizerisches Werberecht, Zürich 1977.
DAVID LUCAS, Werbe- und Vertriebsrecht, Zürich 1981.
DAVID LUCAS, Beweislastumkehr bei Tatsachenbehauptungen in der Werbung, in: Aktuelle Schweizerische Praxis, Heft 5/93, S. 616.
DAVID LUCAS, Schweizerisches Wettbewerbsrecht, 3. Aufl., Bern 1997.
DAVID LUCAS, Schweizerisches Wettbewerbsrecht, 3. überarbeitete Aufl., Bern 1997.
DAVID LUCAS/REUTTER MARK A., Schweizerisches Wertberecht, Zurich 2001.
DEUTSCH E., Wettbewerbstatbestände mit Auslandsbeziehung, Stuttgart 1962.
DÜRINGER MICHAEL, Radio- und Fernsehwerbung: unter besonderer Berücksichtigung ihrer Funktion als Finanzierungsinstrument der elektronischen Medien, Diss., Rechtswissenschaftliche Fakultät der Universität Zürich 1995.
FRIEDRICH PETER, Aggressive Werbemethoden in der Schweiz und deren lauterkeitsrechtliche Beurteilung, Zürich 1993.
GALLI GIANCARLO, Die Bedeutung der Absicht bei Wettbewerbsverstössen und der Verletzung von Immaterialgüterrecht, Basel 1991.
GEISER THOMAS/KRAUSKOPF PATRICK/MÜNCH PETER, Schweizerisches und europäisches Wettbewerbsrecht, Bd. IX, Basel 2004.
GUBLER ANDREAS, Der Ausstattungsschutz nach UWG, Bern 1991.
GUYET JACQUES, Lauterkeitsrecht. Die weiteren Spezialklauseln (Art. 4–8 UWG), in: Schweizerisches Immaterialgüter- und Wettbewerbsrecht V/1, 2. erw. Aufl., Basel 1998, S. 197.
GUYET JACQUES, Wettbewerbsverwaltungsrecht (Art. 16–22 UWG), in: Schweizerisches Immaterialgüter- und Wettbewerbsrecht V/1, 2. erw. Aufl., Basel 1998, S. 285.
GUYET JACQUES, Wettbewerbsstrafrecht (Art. 23–27 UWG), in: Schweizerisches Immaterialgüter- und Wettbewerbsrecht V/1, 2. Aufl., Basel 1998, S. 303.
HANGARTNER YVO, Selektive Vertriebssysteme als Problem des Wettbewerbsrechts, in: sic! 2002, S. 321.
HÜBSCHER BARBARA/RIEDER PIERRE, Die Bedeutung der «Essential facilities» – Doktrin für das schweizerische Wettbewerbsrecht, in: sic! 1997, S. 439.
IVANOV DANIEL, Rechtsgüterschutz und Rechtsgut des Bundesgesetzes gegen den unlauteren Wettbewerb, Bern 2003.
LEUPOLD MICHAEL, Wettbewerbsverbot bei der Unternehmensübertragung, Basel 1995.
MARTI HANSPETER, Die werbliche Selbstkontrolle der Schweiz, SMI 1989, Heft 2, S. 197.
MATT PETER C., Das Transparenzgebot in der deutschen AGB-Rechtsprechung: ein Mittel zur Aktivierung von Art. 8 UWG?, Basel 1997.
MAX DIETRICH HUBERT, Sittenverstoss bei Ausnutzung nicht geschützter gewerblicher Leistungen, Göttingen 1975.
MESSERLI BEAT, Bemerkungen zum BGE i.S. Rubik's Cube, SMI 1984, Heft 2, S. 191.
MESSERLI BEAT, Unlauterer Wettbewerb durch systematische Annäherung an fremde Ausstattungen, SMI 1988, S. 29.
MÜLLER JÜRG, Lauterkeitsrecht. Einleitung und Generalklausel (Art. 1–2 UWG), in: Schweizerisches Immaterialgüter- und Wettbewerbsrecht V/1, 2. erw. Aufl., Basel 1998, S. 1.

MÜLLER JÜRG, Rechtsfindung im Lauterkeitsrecht, in: sic! 2003, S. 301.
PEDRAZZINI MARIO M., Die Verleitung zum Vertragsbruch nach dem neuen UWG, SMI 1991, Heft 2, S. 349.
PEDRAZZINI FEDERICO A./PEDRAZZINI MARIO M., Unlauterer Wettbewerb UWG, 2. Ed., Bern 2002.
PEDRETTI RENÉ, Wettbewerb und Zugabewesen, Bern 1969.
PFENNINGER ERNST, Schutz und Standort der Ausstattung im schweizerischen gewerblichen Rechtsschutz, Zürich 1971.
RAUBER GEORG, Lauterkeitsrecht. Klageberechtigung und prozessrechtliche Bestimmungen (Art. 9–15 UWG), in: Schweizerisches Immaterialgüter- und Wettbewerbsrecht V/1, 2. erw. Aufl., Basel 1998, S. 239.
RAUBER GEORG, Lauterkeitsrechtlicher Softwareschutz (Allgemeine und softwarespezifische Gedanken zu Art. 5 lit. c UWG) in: Thomann F. H./Rauber G. (Hrsg.), Softwareschutz, Bern 1998, S. 59.
RIKLIN FRANZ, Strafrechtliche Aspekte der Anwendung des neuen UWG auf Medienschaffende, in: Aktuelle Schweizerische Praxis, Heft 5/93, S. 620.
RITSCHER THOMAS, Die Tatsache, dass Entscheidungen oder Massnahmen sinnwidrig sind, schliesst nicht immer aus, dass jene gefällt und diese getroffen werden, in: Kurer M. et al. (Hrsg.), Binsenwahrheiten des Immaterialgüterrechts – FS für Lucas David, Zürich 1996, S. 271.
ROSENTHAL DAVID, Das auf unerlaubte Handlungen im Internet anwendbare Recht am Beispiel des Schweizer IPR, in: AJP 1997, S. 1348.
SABBADINI FABIO, Werbung für Waren und Dienstleistungen durch nicht autorisierte Händler. Rechtliche Überprüfung der Verwendung von fremden Immaterialgütern in der Werbung, in: sic! 2000, S. 770.
SAXER URS, Die Anwendung des UWG auf ideelle Grundrechtsbetätigungen: Eine Problemskizze, in: Aktuelle Schweizerische Praxis, Heft 5/93, S. 604.
SEEMANN BRUNO, Persönlichkeitsvermarktung und virtuelle Realität – Unsterblichkeit im Recht und Rechner, in: sic! 1997, S. 259.
SENN MISCHA C., Kommerzielle Äusserungen im Schutze der Meinungsäusserungsfreiheit, in: sic! 1999, S. 111.
STREULI-YOUSSEF MAGDA, Unlautere Werbe- und Verkaufsmethoden (Art. 3 UWG), in: Schweizerisches Immaterialgüter- und Wettbewerbsrecht I/1, Basel 1995, S. 79.
STREULI-YOUSSEF MAGDA, Anmerkung zu «Four Micro-ondes», in: sic! 1998, S. 498.
SUTTER GUIDO, Das Lockvogelverbot im UWG, Bern/Stuttgart/Wien 1993.
TROLLER KAMEN, Das internationale Privatrecht des unlauteren Wettbewerbs, Freiburg 1962.
TROLLER PATRICK, Kollisionen zwischen Firmen, Handelsnamen und Marken, Basel 1980.
VON BÜREN BRUNO, Kommentar zum Wettbewerbsgesetz, Zürich 1957.
VON BÜREN ROLAND/LUKAS DAVID, Wettbewerbsrecht, in: Schweizerisches Immaterialgüter- und Wettbewerbsrecht V/1, Basel 1998.
WALTER HANS PETER, Das Wettbewerbsverhältnis im neuen UWG, SMI 1992, Heft 2, S. 169.
WEBER ROLF H., Rechtliche Grundlagen für Werbung und Sponsoring, SMI 1993, Heft 2, S. 213.

WIDMER PETER, Die einmalige Verletzung eines Unterlassungsanspruchs impliziert Wiederholungsgefahr und begründet die Wiederholungsvermutung, in: Kurer M. et al. (Hrsg.), Binsenwahrheiten des Immaterialgüterrechts – FS für Lucas David, Zürich 1996, S. 277.

WYLER JÜRG, Vergleichende Werbung gemäss neuem Wettbewerbsrecht in der Schweiz, in: Aktuelle Schweizerische Praxis, Heft 5/93, S. 612.

Sachverzeichnis

A

Abonnementsfernsehen 246
Abtretung von Immaterialgütern,
 siehe Übertragung
Abtretungsklage 376, siehe auch
 Abtretung
– eingetragene Design 257
– eingetragene Marken 234
– Patente 226
Abwerbung von Arbeitnehmern,
 siehe Arbeitnehmer
Abzahlungskäufe, Informationspflicht
 369
Ähnliche Produkte, siehe Marke,
 Verwechslungsgefahr
Aktivlegitimation 397 f.
Analogieverfahren
– erfinderische Tätigkeit, und 54
Anmeldung von
– Design, siehe Design, Eintragung
– Marken, siehe Marke, Eintragung
– Patenten, siehe Patenteintragung
– Sorten, siehe Sortenschutz,
 Eintragungsverfahren
– Topographien, siehe Topographie,
 Eintragung
Anschwärzung, siehe Herabsetzung
Anspruch, siehe Patentanspruch
Anweisungen an den menschlichen Geist
 22, 41, 42
Anwendungserfindung, siehe Erfindung
Äquivalente, Erfindung 52
Arbeitsbedingungen, Nichteinhaltung 367
Arbeitnehmer als Schöpfer 224 f.
– Computerprogramme 252
– Erfindung 230 F.
– eidgenössische Kartenwerke 252
– Geheimnis 260
– Herrschaft über das Werk, und 224 f.,
 251 f.

– Design 258 f.
– Treuepflicht 224 f., 260, 363 f.
– Urheber 251
Arbeitnehmererfindung 230 f., siehe auch
 Arbeitnehmer als Schöpfer
– Arbeitsvertrag 230
– Auftrag 230
– Treuepflicht 224 f., 260
Arbeitsergebnis eines Dritten,
 siehe Leistungen
Architektur
– Urheberrecht 142
– Verträge 306
Arrest, siehe Beschlagnahmung
Arzneimittel, Schutzzertifikate 204
Ästhetische Wirkung, siehe Urheberrecht,
 Design
Aufgabenstellung
– Erfindung 47
Auskunfterteilung
– Klage auf 381 f.
Ausländische Entscheidungen,
 Anerkennung 436 f.
Ausschliesslichkeitsrechte
– Anwartschaft 27
– Immaterialgüter, und 26
– Marken 74
– unvollkommene, 27 f., 175 ff.
 – Ausstattung 177 f.
 – Geheimnis 175 f.
 – Handelsname 178
– Know-how 176 f.
Ausstattung
– Begriff 25, 28, 177 f.
– technisch unentbehrliche Form,
 und 180
– Unterscheidungskraft 178
– unvollkommenes Ausschliesslich-
 keitsrecht 28, 175
– Verpackung, und 177
– Zwangsvollstreckung 311

Ausübende Künstler 150f., 249f., 254
- gesetzliche Definition 249
- Rechte an der Darbietung 249f.

B

Ballett 149
Bearbeitung von Werken 134f.
Bekanntheitsgrad, Marke, *siehe* Marke,
  bekannte
Belastung von Immaterialgütern,
  siehe Übertragung
Benützungszwang
- Marken 275
- Patente 275
- Sortenbezeichnung 59
Beratertätigkeit
- Immaterialgüter, und 171f.
Bereich der Technik, *siehe* Technik
Berichte zum Tagesgeschehen,
  siehe Berichterstattung
Berichterstattung, Werk 140
Berufung ans Bundesgericht,
  siehe Bundesgericht
Berühmte
- Firma 73f.
- Marke 80f.
Beschaffenheitsangaben
- Herkunftsbezeichnungen 126f.
- Marken 103f.
Beschlagnahmung
- Klage auf 378ff.
- strafrechtliche 390f.
- vorsorgliche Massnahmen 418
Beschreibung der Erfindung,
  siehe Erfindung
Beschwerde
- Handelsfirma, Eintragung 215
- Marke, Eintragung 213
- Patent, Eintragung 202
Besitz der Immaterialgüter 28ff.
- Schutz 28f.
- Übertragung 29f.
Beständigkeit, *siehe* Sortenschutz
Bestechung
- Arbeitnehmern, von 363

Bewegungsmarken 67
Beweislast 415f.
- Register, öffentliche 194f.
Beweisverfahren, *siehe* Beweislast
Bezeichnung, *siehe* Marke,
  Kennzeichen
Bild, Recht am eigenen 246f.
Bildzeichen 64, 92
Briefwechsel, Urheberrecht 139f.
Buchhaltungssystem, Patentfähigkeit 41
Buchstaben als Marken 66
Bundesgericht, Berufung 409ff.
- Patentstreit 412f.
BÜ 442f.

C

Chips, *siehe* Halbleiter
Choreographie, Werkcharakter 149
Computer, *siehe* Computerprogramm
Computerprogramm
- Änderung 248
- Anwenderprogramme 154
- Arbeitnehmer als Urheber 252
- Bearbeitung 248
- Begriff 22f., 153f., 247f.
- Beschränkungen des Urheberrechtes 248
- Dauer, *siehe* – Schutzdauer
- Eigengebrauch 248
- Entschlüsselung 248
- Erlöschen 273
- Fachmann 154
- Individualität 154
- Lizenz 302f.
- Maschinenprogramme 154
- Objektprogramme 154
- Parallelimporte 277
- Patente 155
- Quellprogramme 153
- Schutzdauer 32, 273
- schutzfähige Programme 154ff.
- Sicherheitskopie 247
- Urheberrecht 26, 154ff.
- Verletzung 339
- Vermietung 248

– Wiedergabe 247
– Zwangsvollstreckung 309 f.

D

Darstellung eines Werkes,
  siehe Werkexemplare
Dauer, *siehe* Schutzdauer
Design
– Arbeitnehmer als Schöpfer 258
– ästhetische Funktion 162 f.
– ästhetische Form 162
– Ausstattung, und 167 f.
– Begriff 21 f., 161 ff.
– Berechtigte 258
– Besitz 28 ff.
– Dauer, *siehe* – Schutzdauer
– Eigenartigkeit 165
– Eintragung, *siehe* Design, Eintragung
– Erschöpfung des Rechts 276 ff.
– Formmarke, und 168 f.
– Funktion, technische 163
– Gebrauchsmuster 167
– Gebühren 217, 273
– gesetzliche Definition 161 f.
– gewerbliche Herstellung 166 f.
– gleichzeitige Schöpfung 193
– Hinterlegung, *siehe* Muster, Eintragung
– Lizenzen, Eintragung 216
– Miteigentum 258
– Neuheit
  – formelle 164
  – materielle 165
– Nichtigkeit 269
– Nützlichkeitszweck 163
– parallele, Konflikt 193
– Recht auf das 257
– Schadenersatz 382
– schöpferische Tätigkeit 162, 165
  – materielle Neuheit, und 165
– Schutzdauer 33, 271
– sittenwidrige 167
– strafrechtliche Vorschriften 388
– technisch bedingte Form 163 f.
– Territorialität 35, 164

– Verkauf, *siehe* – Übertragung
– Verletzung 335 f.
– Verlust des Rechts 271, 275 ff.
– Werke der angewandten Kunst, und 168
– Zollverwaltung, Hilfeleistung 391
– Zwangsvollstreckung 309
Design, Eintragung 191, 215 ff.
– Änderung 216
– Beschwerde 216
– Gebühren 217
– Gesuch, Form 215
– internationale 217
– Lizenzen 216, 302
– Prüfung 216
– Rechtsvermutung, und 191, 194, 265
– Übertragung 285
– Verlängerung 216
– Vertreter 217
– Wirkung 190
Dienstleistungen
– Herkunftsbezeichnungen 123 f.
Domainnamen 95
– Verwechslungsgefahr 95, 98
Dringlichkeit, vorsorgliche Massnahmen 420 f.
Droit moral, *siehe* Urheberrecht
Durchgesetzte Marken, *siehe* Marke, durchgesetzte

E

Eidgenössisches Institut für Geistiges Eigentum (IGE) 187 f.
Eidgenössische Rekurskommission für geistiges Eigentum,
  siehe Rekurskommission
Eigenartigkeit, Design 165
Eigengebrauch, Urheberrecht 244 ff.
Eigennamen, *siehe auch* Gleichnamigkeit
– Firma 97 f.
– Marke 64, 97
Eigentum, geistiges 18
Einmaligkeit, statistische, Urheberrecht 133 f.

Sachverzeichnis

Eintragung im Register 192 ff., 197 ff.
– Beweislast 194 f.
– Entstehung des Rechtes an Immaterialgütern, und 28, 190 ff.
– europäische Patente 188 f.
– Gemeinschaftsmarke 189 f.
– rechtsvollendender Formalakt 190
– Schutzdauer 31 ff., 271 ff.
– Sortenbezeichnung 207
– Sortenschutz 207 f.
Enseigne
– Begriff 24 f.
– Eintragung 215
Entdeckung und Erfindung 39 f.
Enteignung von Immaterialgütern 311
EPÜ 200, 202 f., 204, 440
Erfinder
– Auftrag 230
– Benennung 226
– Recht auf das Patent 226
Erfinderische Tätigkeit 48 ff.
– Äquivalente 52
– Aufgabenstellung 52
– Beweisanzeichen (Indizien) 51 f.
– Nichtnaheliegen 50 ff.
– technischer Fortschritt 51
– Überwindung von technischen Vorurteilen 51
Erfindung
– abhängige 53 f.
– Analogieverfahren 54
– Anweisungen an den menschlichen Geist 22, 41 f.
– Anwendungserfindung 53
– Äquivalente 52
– Arbeitnehmererfindung, *siehe* dort
– Aufgabenstellung 47, 52
– Ausschluss von der Patentierung 55 f.
– Begriff 39
– Benützung 40 f.
– widerrechtliche, *siehe* Verletzung
– Beschreibung, *siehe* Patent, – Beschreibung, – Anspruch
– Besitz 29
– Definition 42 f.
– Entdeckung, und 39 f.

– Fachmann 43, 47, 48 ff.
– Fortschritt, technischer 51
– Geistesschöpfung, und 22 f., 39
– gemeinsame 229
– gesetzliche Definition 42 ff.
– gewerbliche Anwendbarkeit 42, 47 f.
– gleichzeitige 192
– identische 46, 192
– Kombinationserfindung 53
– Nachahmung, *siehe* – Verletzung
– Mitbenützung 228 f.
– Miterfinder 229
– Neuheit 45 f.
– Nichtnaheliegen 50 ff.
– Öffentlichkeit 44
– Offenkundigkeit 44
– Parallelerfindung 192
– patentfähige, *siehe* Patentfähigkeit
– Regel, technische 46 f.
– sittenwidrige 56
– Stand der Technik 43 f., 46
– Tätigkeit, erfinderische 48 ff.
– Technik, Bereich der 40 f.
– therapeutische 56
– Übertragungserfindung 53
– Vorurteile, technische, Überwindung von 51
– widerrechtliche Benützung, *siehe* Verletzung
– Verletzung 325 ff.
– Wiederholbarkeit, Grundsatz der 47
– Zwangsvollstreckung 308 f.
– zweite Indikation 54
Erinnerungsbild, Markenschutz 90
Erlöschen, Sortenschutz 273
Erschöpfung 276 ff.
– Computerprogramme 278
– internationale Transaktionen, und 276 f.
– Marken 277 f.
– Patente 277 f.
– Topographien 276
– Urheberrecht 276 ff.
Ersitzung von Immaterialgütern 19
Erteilung, Sortenschutz 207
EU und Immaterialgüter 318 ff.

484

Europäisches Patent 188 f., 200 f., 227
– zuständige Behörde 188 f.
Experte und Fachmann, *siehe auch* Fachmann 48 ff., 383
Expertise, Beweismittel 383, 416 f.

F

Fabrikmarke, *siehe* Marke
Fachmann 43, 48 ff.
– Beschaffenheitsangaben 104
– Computerprogramme 146, 148
– Erfinder, und 47, 49, 48 ff.
– Erfindung 50
– Experten, und 50 f.
– Patent, Auslegung 198, 266, 326 f.
– Topographien 158
Familienname, *siehe* Eigenname, Gleichnamigkeit
Farbe, Verwendung als
– Marke 64
Festellungsklage 375 f.
– Aktivlegitimation 398 ff.
– Feststellungsinteresse 375
– Passivlegitimation 400 f.
– Zuständigkeit der Gerichte 401 ff., 408 f.
Film
– Schutz als Kunstwerk 147 f., 253
Firma 94 ff.
– Berechtigte 237 f.
– berühmte 73 f.
– beschreibende Angaben 105 f.
– Eigennamen 97 f.
– Eintragung 214 f.
– gleichnamige 97 f.
– irreführende 97 f., 112 f.
– Verletzung 334 f.
– Verwechslungsgefahr 94 f.
Form, dreidimensionale und Marke
– vom Markenschutz ausgeschlossene 107 ff.
Form, innere, *siehe* Werk
Form
– Urheberrecht, und 130 f.

Form, schutzunfähige
– Ausstattung 180 ff.
– Design 163
– Marke 107 ff.
– Natur des Produktes 109 f.
Form, technisch bedingte 110 f.
– Design 163
– Formmarke 93
Formalakt, rechtsvollendender 190
Formmarke 65
– Design, und 168 f., 180 ff.
Forschungsverträge 307
Fortschritt, technischer, *siehe* Technischer Fortschritt
Fotografie, Werke der 146 f.
– Verträge 306
Franchising 172 f.
– Verträge, betreffend 303 f.

G

Gebrauch
– Design 257 ff.
– Erfindung, der 227 f.
– – Eigengebrauch 228
– – Prüfung und Analyse, zur 228
– – Treuepflicht des Arbeitnehmers 231
– Herkunftsbezeichnungen, von 237
– Marken, von 74, 76 ff., 234 f., 268 f.
– – Dritte 75, 78 f., 234
– – Hinterlegung, vor der 233
– – mangelnder Gebrauch 81 f., 275 f.
– – Nichtgebrauch als Nichtigkeitsgrund 268
– – Patente, *siehe* – Erfindung
– – Topographien 261 f.
– – Urheberrecht 241 ff.
– – Beschränkungen 244 ff.
– – Computerprogramme 247 ff.
– – Eigengebrauch 244 ff.
– – verwandte Schutzrechte 249 ff.
– – widerrechtlicher, *siehe* Verletzung
Gebrauchsgraphik, als Werk 143 f.
Gebrauchsmuster 167
Gebrauchszwang, *siehe* Benützungszwang

485

Geistiges Eigentum, *siehe* Eigentum
Geheimnis 175 f.
- Arbeitnehmer als Schöpfer 260
- Besitz 28 f.
- Definition 28, 175 f.
- Fabrikationsgeheimnisse 176
- Geschäftsgeheimnisse 176
- Know-how 176 f.
- Lizenz 295
- Recht auf das 259
- Schutz 259 ff., 363 f.
- Übertragung 285
- Verletzung, Verleitung 363 f.
- Werkvertrag 260
- Zwangsvollstreckung 311
Geistesschöpfung 15 ff., 131 f.
- technische 22 f.
- künstlerische 131 f.
Gemeingut, Zeichen im 102 ff.
Gemeinschaftsmarke 189 f.
Genugtuung, Immaterialgüter-
   verletzungen 386 f.
Geographische Angaben,
   siehe Herkunftsangabe
Gerichtsstand, *siehe* Zuständigkeit
Gesamteindruck, Marke 88 f.
Geschäftsbedingungen, missbräuchliche
   368 f.
Geschäftsfirmen, *siehe* Firma
Geschäftsführung ohne Auftrag,
   siehe Schadenersatzklage
Geschichte
- internationalen Abkommen, der
   10 ff.
- gewerblichen Rechtsschutzes, des 9 f.
- schweizerischen Immaterialgüter-
   rechts, des 12 ff.
Gesetzliche Lizenz, *siehe* Zwangslizenz
Gewerbliche Anwendbarkeit einer
   Erfindung 47 f.
Gewinnherausgabe, *siehe* Schadenersatz
Ghostwriter, Urheberrecht 240
Glaubhaftmachen, 77
Gleichnamigkeit
- Firmen 97
- Marken 97 f.
- Verwechslungsgefahr 96 f.

H

Halbleiter, *siehe* Topographie
Haftung
- Übertragung von Immaterialgütern
   282 f.
Handbücher, *siehe* Computerprogramm
Handelsname 24 f., 178
- Berechtigte 238 f.
- Definition 178
- Firma, Unterscheidung zur 182
Herabsetzung
- irreführende Angaben 351
- unlauterer Wettbewerb 349 ff.
Herausgabe des widerrechtlichen
   Gewinns, *siehe* Schadenersatz
Herkunft
Herkunftsangabe 121 ff.
- Berechtigte 237
- Beschaffenheitsangaben 126 f.
- delokalisierende Zusätze 124
- Dienstleistungen, und 123 f.
- Einzelmarke 125 f.
- Firma 125 f.
- geographische Fantasienamen 126
- internationale Abkommen 441 f.
- irreführende geographische Angaben
   124 f.
- «schweizerisch» 127
- Verletzung 333 f.
- Weinbau, im 124
Herrenlose Sachen und Immaterialgüter
   18 f.
Hinterlegung, *siehe* Eintragung
Hoheitszeichen, *siehe auch* Wappen
Hologramme 66
Homogenität, *siehe* Sortenschutz

I

Idee
- erfinderische 327
- Konkretisierung im Werk 129 f.
- Schutz 20
- Schutz durch Urheberrecht 130
- technische, Schutz 327

– Werbung, in der, Schutz durch Urheberrecht 145 f.
Identität
– von Marken und/oder Waren 84
IGE 187 f.
Immaterialgüter
– Ausschliesslichkeitsrechte, eigentliche und unvollkommene 26 ff.
– Befristung 31 ff.
– Besitz 28 f.
– Eintragung im Register, *siehe* dort
– Entstehung der Immaterialgüterrechte 30 f.
– Erwerb 18 f.
– EU, Vertrag von Rom 318 ff.
– Garantie bei Veräusserung 288 f.
– geistige Natur 16 f.
– Haftung bei Übertragung 282 f.
– herrenlose 18 f.
– Numerus clausus 20 ff.
– Persönlichkeitsrecht 17 f.
– Rechtsobjekt, als 15 f., 20 ff.
– res incorporales, als 16 f.
– territoriale Grenzen 33 ff.
– Übertragung 275 ff.
– Ubiquität 28 f.
– Verfügung über Immaterialgüter 281 ff.
– Verkauf, *siehe* – Übertragung
– Verletzung des Immaterialgüterrechts 19 f.
– Verpfändung 283
– Zwangsvollstreckung 308 ff.
Importe, *siehe auch* Parallelimporte
– Erschöpfung der Rechte 276 ff.
Indikation, zweite
– Patentfähigkeit 63
Individualität des Werkes 132 ff.
– ausübende Künstler 135, 150
– Baukunst 142
– Bearbeitungen 134
– Choreographien 149
– Computerprogramme 154 f.
– Filmkunst 147 f.
– Fotografien 146 f.
– Interpreten 135
– Musik 141
– Design 167

– Nachbarrechte 150
– Originalität, und 132
– Topographien 156
– verwandte Schutzrechte 149
– Werbung, in der 145
– Werk im Allgemeinen 131
– Werke der angewandten Kunst 142
Informatik, *siehe* Computerprogramm
Inhaltsverzeichnis, Werk 281
INN (International Nonproprietary Names) 103
Integrierte Schaltungen, *siehe* Topographien
Interessen, geschützte 25
– Kennzeichen 33
– materielle 25
Internationale Marke
– Begriff 76, 429
– Eintragung im Register 76
– Rechtserwerb 76
– Schutzumfang 76
Internationales Privatrecht 428
– Anerkennung ausländischer Entscheide 436
– anwendbares Recht 428 ff.
  – Arbeitnehmererfindung 430
  – Firma 431
  – Handelsname 431
  – Marken 429
  – Persönlichkeitsrechte 435
  – Territorialität 429 f.
  – unlauterer Wettbewerb 433
  – Verträge 434
– Zuständigkeit der Gerichte 428
Internationales Recht
– Immaterialgüter, der 427 f.
Internationale Übereinkommen 5, 10, 437 ff.
– betreffend Herkunftsbezeichnungen 441
– betreffend Marken 440
– betreffend Design 445
– betreffend Patente 439 f.
– betreffend Sortenschutz 446
– betreffend Urheberrecht 442 f.
– betreffend verwandte Schutzrechte 443 f.

Interpreten, *siehe auch* Ausübende Künstler 150, 249, 254

K

Karten, eidgenössische 252
Kataloge als Werk 140
Kennzeichen, *siehe auch* Marke
– Begriff 23 f.
– geschützte Interessen 25
– personengebundene 23 f.
– Unternehmenskennzeichen 24 f.
Kino, *siehe* Film
Klage
– Nichtigkeit, auf,
  siehe Nichtigkeitsklage
– Unterlassung, auf,
  siehe Unterlassungsklage
Kleider, als Werk 143
Kleinkredite 369
Know-how
– Begriff 176
– Lizenz 300
Kollektive Verwertung der Urheberrechte,
  siehe Verwertungsgesellschaften
Kollektivmarke, *siehe* Marke
Kombinationserfindung 53
Kommission für Lauterkeit in der
  Werbung, *siehe* Lauterkeitskommission
Konkurs, *siehe* Zwangsvollstreckung
Konsumentenschutz 343 ff.
– Information 369 ff.
  – Abzahlungskäufe 369
  – Kleinkredite 369
  – Preisbekanntgabe 370
Konzernmarke 71
Kopie, *siehe* Sicherheitskopie
Künstler, ausübende, *siehe* Interpreten

L

Lauterkeitskommission, Schweizerische 347, 349, 361
Lebensmittel, Täuschungen 353

Lehre, technische, Schutz 22
Leistungen
– Beratertätigkeit 171
– Schutz 171 ff., 344, 364 ff.
– Übernahme ohne eigenen Aufwand 366
– ungehörig erworbene, Benützung 365
– verwandte Schutzrechte 171
Lizenz, *siehe auch* Lizenzvertrag
– ausschliessliche 293
– Computerprogramme 302
– Design 302
– einfache 293
– Geschäftsgeheimnisse 300
– Know-how 300
– Marken 301
– Patent 299
– Topographien 303
– Urheberrecht 302
– Zwangslizenz 298 ff.
Lizenz, gesetzliche 298
Lizenzgebühren 295
Lizenzvertrag 292 ff., *siehe auch* Lizenz
– Beendigung 297
– Gebühren 295 f.
– Gegenstand 292
– Know-how 300
– Pflichten des Lizenzgebers 294
– Pflichten des Lizenznehmers 296
– Rechtsnatur 293
– Wirkung 294
– Zwangslizenz 298
Lockvogelpreise 360
Logo, *siehe* Einseigne
Lugano-Übereinkommen 402 ff., 405 f.

M

Madrider Übereinkunft 440
Marke
– Abgrenzung des Gebrauchs 302
– Abkommen, internationale 441
– Abtretung 286 f.
– Ähnlichkeit, *siehe* Verwechslungsgefahr

- allgemein bekannte, *siehe* – bekannte Marke
- ältere 86
- Anmeldung, *siehe* Marke, Eintragung
- Aufmerksamkeit des Verbrauchers, *siehe* Verwechslungsgefahr
- Auskunftserteilung, Klage auf 381
- Begriff 23, 61
- bekannte 72, 93, 430
- Benützung, *siehe* Gebrauch, Marke
- Berechtigte 236
- berühmte 73, 80, 86, 93
    - Verwechslungsgefahr, und 86, 93
- Beschaffenheitsangaben 102 ff.
- beschreibende 102 ff.
- Besitz 29
- Bildzeichen 64, 92
- Buchstaben, bestehende, aus 66
- Dauer, *siehe* – Schutzdauer
- Definition, gesetzliche 62, 74
- degenerierte 102, 106
- Dienstleistungsmarke 84
    - Verwechslungsgefahr 86
- dreidimensionale 64 f.
- durchgesetzte 72, 79
- Eintragung, *siehe* Marke, Eintragung
- Einzelmarke 71
- Erinnerungsbild 90
- Enteignung 311
- Erschöpfung des Rechts 276 ff.
- Fachmann 104, 111
- Familiennamen 64, 95 ff.
- farbige 64
- Firma 73, 94 ff., 182
- Formen, schutzunfähige 107
- Formmarke 65, 93, 180
- Funktion 62 f.
- Garantiefunktion 63
- Gebrauch 74, 76 ff., 234 f., 268 f.
- Gebühren 213, 273
- Gemeinschaftsmarke 189 f.
- Gemeingut 101, 102
- Geruchsmarke 66
- Gesamteindruck, Verwechslungsgefahr 90 f.
- gleiche oder gleichartige Zeichen oder Produkte 90 f.
- Handelsname, und 182
- Herkunftsbezeichnung, 121 ff.
- Herkunftsfunktion 25, 61
- Hersteller, Identifizierung 25, 62
- Hinterlegung, *siehe* Marke, Eintragung
- Identifizierung des Herstellers 66
- Identität 83
- Individualisierungsfunktion 62
- internationale, *siehe* Internationale Marke
- irreführende, *siehe* – täuschende
- Klangmarke 66
- Kollektivmarke 71
- kombinierte 66, 93
- Konzernmarke 71
- Kundenkreis 90
- Lizenz 301 f.
- Namen, *siehe* – Familiennamen
- Nichtgebrauch 81, 276
    - Folgen 81, 276
    - Rechtfertigung 82
- Nichtigkeit 268
- notorische, *siehe* – bekannte
- Parallelimporte, *siehe* – Erschöpfung des Rechts
- Qualitätsvorstellung 25, 62
- Recht an der Marke
    - Erwerb 233
    - Verlust 81, 275 ff.
    - Wiederaufleben des Rechtes 81
- Rechte aus der Marke 233 ff.
- Schadenersatz 382 ff.
- Schutzdauer 33, 83, 271
- schutzunfähige
    - absolute Ausschlussgründe 102 ff.
    - relative Ausschlussgründe 83 ff.
- schwache Zeichen 90
- Serienzeichen 68, 94
- Sinngehalt 91
- sittenwidrige 113
- Slogan 64
- strafrechtliche Bestimmungen 388 ff.
- täuschende 111 f.
- Telle-quelle-Marke 67, 430
- Territorialität 35
- Titel von Büchern, Zeitschriften und Zeitungen 64

489

Sachverzeichnis

- Tonmarke 66 f.
- Übertragung 286
- Unternehmenskennzeichen 70
- Unterscheidungskraft 88 f., 90 f.
- Verkauf, *siehe* – Übertragung
- Verletzung 331 ff.
- Verwechslungsgefahr 83 ff., 86 ff.
  - Ähnlichkeit der Ware 87 f.
  - massgeblicher Verkehrskreis 90 f.
- Werbespruch, *siehe* Slogan
- Wortmarke 63 f.
- Zahlen, bestehend aus 66
- Zollverwaltung, Hilfeleistung 391 f.
- Zwangsvollstreckung 309

Marke, Eintragung im Register 74 ff., 191 f., 209 ff., 233 f.
- Akteneinsicht 212
- Berechtigte 209, 236
- Beschwerde 213
- Dauer 82
- Erwerb des Rechtes an der Marke, und 74 ff.
- Gebühren 213, 273
- Gemeinschaftsmarke 189 f.
- Gesuch 210
- internationale 214
- Nichtigkeit 268 f.
- Prüfung 210 f.
- Rechtsvermutung, und 194 f., 265
- Verlängerung 212
- Vertreter 213
- Weiterbehandlung bei Fristversäumnis 213
- Widerspruch 211 f.
- Wirksamkeit 191 f., 193, 265

Marke, internationale, *siehe* Internationale Marke

Massnahme, vorsorgliche, *siehe* Vorsorgliche Massnahme

Melodie, als Werk 141

Merchandising
- Begriff 173
- Verträge 304 f.

Miteigentum
- Erfindung 229
- Urheberwerk 252 f.

Miturheber 252 f.

Modeschöpfung, Schutz 143

Musik
- Melodie 141
- Schutz als Werk 141

N

Nachahmung
- Design 335
- Erfindung 325 ff.
- Leistungen 365
- Marken 331 ff.
- mittels klinischer Verfahren, ohne eigenen technischen Aufwand 366 ff.
- Prototypen 366 f.

Nachbarrechte 150 ff.
- Ausübende Künstler 150
- Interpreten 150
- Phonogramme, Hersteller von 151
- Schutzdauer 32, 273
- Sendeunternehmen 151 f.
- Strafrechtlicher Schutz 388 ff.
- Verletzung 339.
- Videogramme, Hersteller von 151
- Zwangsvollstreckung 308

Naheliegen, *siehe* Nichtnaheliegen

Name
- geographischer, *siehe* Geographische Angabe, Herkunftsangabe
- Marke *siehe* Eigennamen, Gleichnamigkeit
- Unterscheidungskraft, *siehe* Marke, Eigennamen

Naturkräfte
- Erfindung, und 39
- technische Geistesschöpfungen, und 22

Neuheit, Erfindung 45 ff.
- formelle 45 f.

Neuheit, Design
- formelle 165
- materielle 164

Neuheit, Sortenschutz 57

Neuheit, Topographie 158

Nichtgebrauch, *siehe* Gebrauch

Nichtigkeit 265 ff.
– Design 269 f.
– Einrede 376
– Marken 268 f.
– Patente 227, 265 ff.
  – Teilnichtigkeit 266 f.
– Sortenschutz 270 f.
– Topographien 270
Nichtigkeitsklage 376, *siehe auch* Nichtigkeit
– Aktivlegitimation 398 ff.
– Passivlegitimation 400 f.
Nichtnaheliegen, Erfindung 46, 50 ff.
– erfinderische Tätigkeit, und 51 f.
Nizzaer Abkommen 441
Numerus clausus der geschützten Immaterialgüter 20 ff.
Nützlichkeitszweck
– Werk 21, 137
Nutzung, *siehe* Gebrauch
Nutzzweck
– Immaterialgüter 21

O

Offenkundigkeit der Erfindung 48 f., 51 f.
Öffentliche Ordnung
– dagegen verstossende Erfindung 55 f.
– dagegen verstossendes Zeichen 114 f.
Originalität, *siehe auch* Individualität
– Design 164 f.
– Werke 132 ff.

P

Pantomimen, Schutz 149
Parallelimporte 276 ff.
Pariser-Verbandsübereinkunft (PVÜ) 438
Parodie, Urheberrecht 241
Patent, *siehe auch* Erfindung, Patentfähigkeit
– abhängiges 53
– Abtretungsklage 226
– Analogieverfahren 54

– Anmeldung, *siehe* Patentanmeldung
– Anspruch, *siehe* Patentanspruch
– Anweisungen an den menschlichen Geist 22, 41
– Äquivalente 52
– Aufgabenstellung 47, 52
– Auslegung 197
– Begriff 197
– Benützung, *siehe* Gebrauch
– Berechtigte 229
– Berufung ans Bundesgericht 412
– Beschreibung der Erfindung 197
– Dauer, *siehe* – Schutzdauer
– Definition 197
– Eigentumsübertragung, *siehe* – Übertragung
– Eintragung im Register, *siehe* Patentanmeldung, Patenterteilung
– Enteignung 311
– Entstehung des Patentrechts 187, 190, 192, 194
– Erfindung, *siehe* dort
– Erschöpfung 276 ff.
– Experte 48 f., *siehe auch* Fachmann
– Fachmann, *siehe* dort
– Feststellungsklage, *siehe* dort
– Gebühren, *siehe* Patenterteilung
– Inhalt 197 f.
– Jahresgebühren, Fristen 273
– Lizenzen 299 f.
– Nachahmung, *siehe* Verletzung
– Neuheit 45 ff.
– Nichtigkeit 227, 265 ff.
– Oberbegriff 198
– Offenkundigkeit, öffentlich zugänglich 44, 56
– Priorität 195
– Recht auf das Patent 226
– Rechte aus dem Patent 227
– Rechtserwerb 191
– rechtswidrige Benützung, *siehe* Verletzung
– Schadenersatz 382 ff.
– Schutzdauer 31 f., 271
– Schutzumfang 326 f.
– Schutzzertifikate für Arzneimittel 204

491

- Stand der Technik 42, 43 f.
- Strafbestimmungen 388 ff.
- Teilverzicht 198
- Territorialität 33 f.
- Übertragung des Eigentums 284 ff.
- Umwandlung 201
- Verkauf, *siehe* – Übertragung
- Verletzung, *siehe auch* Verletzung 325 ff.
- Verlust des Rechts 271, 275 ff.
- Verpfändung 284
- Wiedereinsetzung in den früheren Stand 273
- Zwangsvollstreckung 308

Patentanmeldung
- Einspruchsverfahren 199
- Form 199
  - EPÜ 200
  - PatG 199
  - PCT 200
- Kollision schweizerische-internationale 201
- Recherche zur nationalen Patentanmeldung 202
- Teilverzicht 198 f.
- Vorprüfung
  - EPÜ 202 f.
  - PatG 202
  - PCT 203

Patentanspruch 197 f.
- Änderung 198
- Auslegung 198
- Beschreibung, und 197
- Definition 197

Patenterteilung 191, 197 ff.
- Änderungen 204
- EPÜ 188
- Form 197 ff.
- Fristen 206
- Gebühren 207, 273
- Lizenzen 204
- PCT 200
- Vertreter
  - EPÜ 205
  - PatG 205
- Vorprüfung, *siehe* Patentanmeldung
- Wirksamkeit 191, 194, 265

Patentfähigkeit 40, 42 ff.
- Aufgabenstellung 47
- Ausschluss 56
- Entdeckung 39
- Erfindungshöhe 48 ff.
- Merkmale 42 ff.
- Mosaikbetrachtung des Standes der Technik 40
- Verfahren der Chirurgie 56
- Verfahren der Diagnostik 56
- zweite Indikation 54

PCT 440
Pflanzenzüchtungen, *siehe* Sortenschutz
Plagiat, Werke 9, 241, 337, 348
Pläne 365
Positionsmarken
«post sale confusion» 357
Preisangabe 369 ff.
- Abzahlungsgeschäfte 369
- Dienstleistungen 371
- Kleinkredite 369
- vergleichende 372

Priorität
- Design 257
- Marken 196, 233
- Patente 195
- Sortenschutz 196

Programmiersprache, *siehe* Computerprogramm
Publikation der Urteile, *siehe* Urteile
PVÜ 438

Q

Qualitätsvorstellung, Marke 62

R

Radio- und Fernsehsendungen, *siehe* Verwandte Schutzrechte
Rechtsfragen, Berufung ans Bundesgericht 409 f.
Rechtsgüter, Begriff 15
Rechtsobjekt, *siehe* Immaterialgüter

Rechtsvermutung aus Eintragung von Immaterialgüterrechten 190, 194, 265
Rechtsvollendender Formalakt 190
Regel, technische 40
Registereintragung, *siehe* Eintragung im Register
Rekurskommission, eidgenössische 187, 414
Reportagen, *siehe* Berichterstattung
Reverse Engineering, *siehe* Topographie
Rezepte, urheberrechtlicher Schutz 144

S

Sachbezeichnungen
– Firma 105
– geographische Angaben, als 126 f.
– Marke 103 ff.
Schaden, *siehe auch* Schadenersatz
Schadenersatz 382 ff.
– Auskunftpflicht des Beklagten 387 f.
– Genugtuung 386
– Gewinnherausgabe 386
– Rechnungslegung 387
– Schadensberechnung 384 f.
– tort moral, *siehe* Genugtuung
– Verschulden 382
    – adäquater Kausalzusammenhang 383
– vorsorgliche Massnahmen 423
– Zollverwaltung 424
Schiedsgerichtsbarkeit 413 f.
Schmiergelder 363
Schnittblumen 233
Schöpferische Tätigkeit 223 f., *siehe auch* Schöpfung
Schöpfung, *siehe auch* Arbeitnehmer als Schöpfer, schöpferische Tätigkeit, 16, 131, 223 ff.
– geistige künstlerische 21, 131
– geistige technische 22 f.
– Werk 131
Schutzdauer der Exklusivrechte 31 ff., 271 f.

Schutzlandprinzip 34
Schutzrechte, verwandte, *siehe* Verwandte Schutzrechte
Schutzschein, *siehe* Sortenschutz
Schutzschriften 421
Schutzzertifikate für Arzneimittel 204
Schweiz. Ursprungsbezeichnung
– Firma 127
– Zusammenhang mit Uhren, im 127
Sendeunternehmen, verwandte Schutzrechte 151, 250, 255
Serienmarken 68, 94, 175
Sicherheitskopie
– Computerprogramme 248
– Werke 246
Sinngehalt, Marke 90
Skizzen, Urheberrecht 129
Slogan, Marke 64
Software, *siehe* Computerprogramm
Solisten, *siehe* Ausübende Künstler
Sorte, *siehe* Sortenschutz
Sortenbezeichnung 58
– Eintragung 207
– Verletzung 330
Sortenschutz 56 ff.
– Berechtigte 232 f.
– Berützungspflicht 59
– Beständigkeit 57 f.
– Eintragungsverfahren 207 f.
– Erlöschen 273
– Erteilung 207
– Homogenität 58
– Internationales Übereinkommen (UPOV) 446
– Nachahmung 329
– Neuheit 57
– Nichtigkeit 270 f.
– Pflanzenzüchtungen 56 f.
– Priorität 196
– Rechte auf 232
– Rechte aus 232 f.
– Registrierung 192 f.
– Schnittblumen 233
– Schutzschein 207
– Übertragung 287
– Verletzung 329
– Vermehrungsmaterial 59

493

- Verwendung von Marken 59
- Verzicht 275
Sprachwerk 139
Staatsverträge, *siehe* Internationale Übereinkommen
Stand der Technik 43 f.
Stil 131
Strafrechtliche Sanktionen 388
- Verjährung der Klage 394 f.
- Zuständigkeit der Gerichte 407

T

Täuschung, unlauterer Wettbewerb 351, 362
Tat- und Rechtsfrage, Berufung ans Bundesgericht 409 f.
Technik und Erfindung 22, 40, 53
Technische Lehre Schutz, 22
Technische Zeichnungen, *siehe* Werk
Technischer Fortschritt
- erfinderische Tätigkeit, und 51
Technisches Vorurteil, Überwindung, Erfindung 51
Telle-quelle-Marke 67
Territorialität 33 f., 429 ff.
- Ubiquität der Immaterialgüter 28
- unlauterer Wettbewerb 345
Tests, vergleichende 360
Titel, akademische 113
Titel von Büchern, Zeitschriften und Zeitungen, Schutz
- literarisches Werk, als 139
- Marke, als 63
Tonträger
- verwandte Schutzrechte 151, 250, 254
- Verwendung von Werken 246
Topographien
- Auskunftserteilung, Klage auf 381
- Banalität 157
- Begriff 23, 156
- Berechtigte 263
- Eintragung, *siehe* Topographien, Eintragung
- Fachkreise 158
- Festlegung 157

- Gebühren, *siehe* Topographien, Eintragung
- geistiger Aufwand 158
- gleichzeitig geschaffene 193
- Individualität 157
- Kategorien, geographische 159
- Neuheit 158
- Nichtigkeit 270
- Recht, auf die 261 f.
- Rechtsausübung, Beschränkungen der 262
- reverse Engineering 262
- Schadenersatz 382
- Schutz, Entstehung 159, 261
- Schutzdauer 32, 272
- Strafrechtliche Bestimmungen 388
- Übertragung 285
- Verletzung 340
- Zollverwaltung, Hilfeleistung 391
- Zwangsvollstreckung 310
Topographien, Eintragung 191, 218
- Auswirkungen auf den Schutz 210
- Fachmann 158
- Gebühren 219, 273
- Lizenz 303
- Prüfung der Anmeldung 218
- Register, Öffentlichkeit 219
- Vertreter 219

U

Übereinkommen, internationale, *siehe* Internationale Übereinkommen
Übersetzungen, Werkscharakter 134
Übertragung 281 ff.
- Design 285
- Geheimnisse 285
- Haftung 282 f.
- Immaterialgüter 281 ff.
- Marken 285
- Patent 284 f.
  - Eigentumsvorbehalt 285
- Form 284
- Sortenschutz 287
- Topographien 285
- Urheberrecht 286 f.

Übertragungserfindung 53
Unclean hands 345, 348
Unerlaubte Handlungen, *siehe* Verletzung
Unlauterer Wettbewerb 343 ff.
– Arbeitsbedingungen, Nichteinhaltung 367 f.
– Arbeitsergebnis, Verwertung des 344 f., 364 ff.
– Berufsbezeichnungen, Verwendung unzutreffender 354
– Bestechung 363
– Dritte, Schutz von 349
– Geheimnisschutz 261
– Geheimnisverletzung 363
– Herabsetzung 350 f.
– Interessen, geschützte 343 f.
– irreführende Aufmachung 351
– irreführende oder unrichtige Angaben 351
– Kleinkredite 363
– Konsumentenschutz 343, 348
– Konkurrenten 348
– Lauterkeitskommission, Schweizerische 347, 349
– Lebensmittel 353
– Leistungsschutz 344, 364
– Lockvogelpreise 360
– missbräuchliche Geschäftsbedingungen 368
– Schadenersatz 382 ff.
– Schmiergelder 363
– strafrechtliche Sanktionen 388 ff.
– Täuschung 353, 362
– Territorialität 345 f.
– Transparenz 345
– Treu und Glauben 344 f.
– unzutreffende Titel, Verwendung 354
– Verbraucher 348
– Verkaufsmethoden, aggressive 361
– Vertragsverletzungen
  – Verleitung zu 362
– Verwechslungsgefahr 354
  – «post sale» 357
– Warentests 360
– Werbung, vergleichende 359
– Wettbewerbe 360 f.
– wirtschaftlicher Wettbewerb 343

Unterlassungsklage 377
– Beseitigung des rechtswidrigen Zustandes 378
Unternehmen
– Firma 24
– Handelsname 24
– Kennzeichen 24, 73, 94
– Marke 74
– Verwechslungsgefahr 95
Unterscheidungskraft
– Ausstattung 180
– Firmen 94 f.
– Marken 83 f.
Urheber 250, *siehe auch* Urheberrecht
– Gemeinschaftswerk 252
– Miturheber 252
– Persönlichkeitsrecht 240
– Urheberbenennung, Anspruch auf 240
Urheberrecht, *siehe auch* Werk 129 ff.
– absolutes Recht 239 f.
– Allgemeinheit, Interessen der 243
– angewandte Kunst 142
– Architekturwerke 142
– ausübende Künstler, *siehe* Verwandte Schutzrechte
– Auskunftserteilung, Klage auf 381
– Baukunst 142
– Beschlagnahmung nachgemachter Werke 378 f.
– Beschränkungen der Rechtsausübung 244 f.
– Choreographien 149
– Computerprogramme, *siehe* dort
– Dauer, *siehe* – Schutzdauer
– Definition, gesetzliche 129
– Eigengebrauch 244
– Einmaligkeit, statistische 133
– Entwürfe, Skizzen 142
– Erbfolge 240
– Erschöpfung 276 ff.
– Filmwerke 147 f., 253
– Form und Inhalt 130
– gesetzliche Lizenz 338
– Ghostwriter 240
– Ideen 129
– Individualität 132 ff., 262 f.
– Internationale Abkommen 442

495

Sachverzeichnis

- Kartenwerke, eidgenössische 252
- Kochrezepte 144
- kollektive Verwertung,
  siehe Verwertungsgesellschaften
- Lizenz 302
- Nachahmung 337
- Nachbarrechte, siehe Nachbarrechte
- Parfum 144
- Parodie 241
- Persönlichkeit des Urhebers 132, 240
- Persönlichkeitsrechte 240
- Plagiat 9, 241, 337
- Privatgebrauch 244 f.
- Pseudonym 240
- Rückrufsrecht 243
- Schadenersatz 382
- Schutz 136 f.
- Schutzdauer 32 f., 271
- sinnliche Wahrnehmbarkeit 130
- Skizzen 142
- Sport 132
- Stil, und 131
- strafrechtliche Sanktionen 388 ff.
- Übergangsrecht 138
- Übertragung 281 ff., 286 f.
- Verlagsvertrag, siehe dort
- Verletzung 336 ff., siehe auch Verletzung
- Verlust des Rechts 276
- verwandte Schutzrechte, siehe dort
- Verwirkung der Klagen 395 ff.
- Werkexemplar 243 f.
- Zitate 245
- Zollverwaltung, Hilfeleistung 391
- Zwangslizenz, siehe – gesetzliche Lizenz
- Zwangsvollstreckung 309 f.

Ursprungsbezeichnung,
  siehe Herkunftsangabe

Urteile
- Veröffentlichung 380

V

Variationen, als Werk, siehe Werke, zweiter Hand

Verantwortlichkeitsmarke 69
Verhaltensregeln, siehe Anweisungen an den menschlichen Geist
Verhältnismässigkeit, vorsorgliche Massnahmen 422
Verjährung 392 ff.
- Abtretungsklage 393 f.
- Feststellungsklage 392 f.
- Gewinnherausgabe 393
- Schadenersatzklage 393
- Strafklage 394 f.
- Unterlassungsklage 392 f.
- Verwertungsgesellschaften 394
Verlagsvertrag 288 ff.
- Beendigung 291 f.
- Freiexemplare 291
- Gegenstand 288
- Honorare des Verlaggebers 291
- Pflichten des Verlaggebers 289 f.
- Pflichten des Verlegers 291 f.
- Übergabe des Werkes 289
Verletzung
- Computerprogramme 324
- Design 335 f.
- Firma 334 f.
- Geheimnis 363 f.
- Herkunftsbezeichnung 333 f.
- Immaterialgüter 19 f.
- Marken 331 ff.
- Warenverfälschung 331
- Name 82
- Patente 325 ff.
- Entfernung des Patentzeichens 328
- Mittäterschaft 328 f.
- Nachahmung 326
- Nachmachung 326
- Strafrechtliche Sanktionen 388
- Schadenersatz 382 ff.
- Sortenschutz 330
- Topographien 340 f.
- Urheberrecht 336 ff.
- Architektenrechte 338
- Fälschung (Nachmachung – Nachahmung) 337
- Plagiat 337
- Verschulden 382 f.
- Verwandte Schutzrechte 339

496

- Verwertungsgesellschaften 340
- Zollverwaltung, Hilfeleistung 391 f.
Verletzungsklagen 375 ff.
- Zuständigkeit 401 ff.
- Vermehrungsmaterial
  siehe Sortenschutz
Vermietung, Computerprogramme 248
Veröffentlichung des Urteils 380 f.
Verpfändung von Immaterialgütern 282
- Form 283
Vertrag, Verleitung zu Verletzung oder Auflösung 362 f.
Verwandte Schutzrechte 149 ff.
Verwechslungsgefahr 83, 86 ff.
- Design 335 f.
- Domainnamen 95
- Firma 94 ff.
- Gleichnamigkeit 97 ff.
- Marken 83 ff.
  - ältere Marke 86
  - berühmte 93
  - Bildmarke 92
  - Eigennamen 97
  - Erinnerungsbild 89
  - Formmarken 93
  - Gesamteindruck 89
  - Gleichartigkeit 84 f., 87
  - kombinierte Marke 93
  - Kundenkreis 90
  - massgeblicher Verkehrskreis 90
  - notorische 93
  - Schriftbild 84
  - schwaches Zeichen 88
  - Serienzeichen 91
  - Sinngehalt 91
  - Verwechslungsabsicht 91
  - Wortklang 89
- «post sale confusion» 357 f.
- unlauterer Wettbewerb 354 ff.
Verwertungsgesellschaften, Urheberrechte 246, 253 f.
- Rechtsverletzungen 340
Verwirkung 395 f.
Verzicht auf Immaterialgüterrechte 274 f.
VGM 440 f.

Vorprüfung
- Marken 210 f.
- Patente 202 f.
Vorsorgliche Massnahmen 417 ff.
- Dauer 422
- Dringlichkeit 420 f.
- Rechtswidrigkeit 418 f.
  - schwer wiedergutzumachender 419 f.
- Schadenersatz 423
- Schutzschriften 421
- Sicherheiten 422
- superprovisorische 421
- Verhältnismässigkeit 422
- Wahrscheinlichkeitserfordernis 418 f.
- Zollverwaltung, Hilfeleistung 424
- Zuständigkeit 407 f.

W

Wappen
- Hoheitszeichen, Schutz 115 f.
- Verwendung als Marke 115 f.
Ware
- Ausstattung und Marke 25, *siehe auch* Ausstattung
- Dienstleistung, Gleichartigkeit 91 f.
- Fälschung 333
- Form 109 f.
- Herkunftsangaben 123
Weinbau, Herkunftsbezeichnungen 124
Weiterbehandlung bei Fristversäumnis
- Marken 213
- Patente 206 f.
Weitersendung 242
Werbetexte, *siehe* Werbung
Werbung
- anlehnende 359
- bezugnehmende 359
- irreführende 351 ff.
- Lockvogelpreise 360
- vergleichende 359 f.
- Verträge 305
- Werbeidee, Urheberrecht 145
- Programm 145 f.
- urheberrechtlicher Schutz 145

497

Werk, *siehe auch* Urheberrecht
– abgeleitetes, *siehe* – zweiter Hand
– Abtretung, *siehe* Übertragung
– akustisches 141
– amtliche Dokumente 138
– Änderung 242 ff., 289 f.
– angewandte Kunst 142 f.
  – akustisches 141
  – Design, und 168
  – Architektur 142
  – Verträge 306 f.
– ästhetisches 21
– audiovisuelles, *siehe* – Filmkunst
– Ausführung, *siehe* – Konkretisierung
– Ausstellung 243
– Ballet, *siehe* – Choreographie
– Bearbeitung 242
– Begriff 24, 129 ff.
– Berichterstattung 140
– Beschlagnahmung 380
– Besitz 28 f.
– Briefe 139 f.
– Choreographie 149
– Computerprogramm 153 ff., *siehe auch* dort
– Definition, *siehe* – Begriff
– editio princeps 139
– Eigengebrauch 244 ff.
– Einmaligkeit, statistische 133 f.
– Einteilung 139 ff.
– Erschöpfung des Rechtes 276 ff.
– Erstausgabe, *siehe* – editio princeps
– Fälschung 337
– Fernsehsendung 148
– Film 147 f.
– Form, innere und äussere 130 f.
– fotografisches 146 f.
– Gartengestaltung 142
– Geistesschöpfung 131 f.
– gemeinsame Schöpfung 252 f.
– gemischtes 136, 253
– graphisches 143 f.
– Idee 129 f.
– Individualität 132 ff.
– Inhaltsverzeichnis 140
– Innenarchitektur 142
– Inszenierung 149

– Integrität 240
– Interpretation 135
– Inverkehrbringen von Exemplaren 242
– Kleider 143
– Kochbücher und -rezepte 144
– kollektive Verwertung, *siehe* Verwertungsgesellschaften
– Konkretisierung der Idee 130
– Landkarten 142
– Lizenz, *siehe* Urheberrecht
– Melodie 141
– Modeschöpfung 143
– musikalisches 141
– Nachahmung 337
– Neuheit, objektive 138
– Nützlichkeitszweck 137
– Originalität, *siehe* – Individualität
– Pantomime 149
– Parfums 144
– Persönlichkeitsrecht des Urhebers 240 f.
– Plagiat 9, 337, 347
– Pläne 142
– Publikation, *siehe* – Veröffentlichung
– Reportage, *siehe* – Berichterstattung
– Rückrufrecht 243
– Sammelwerke 136
– schöpferische Tätigkeit 131 f.
– Schutz 136 f.
– Schutzdauer 32, 139, 272 f.
– schutzunfähiges 138
– Sendung, *siehe* – Wiedergabe
– Sicherheitskopie 245
– sittenwidriges 138
– sportliche Tätigkeit 132, 149
– Sprachwerk 139
– Stil 131
– Tagebuch 139 f.
– Teilwerke 130
– Titel 139
– Tonträger 246
– Übertragung des Rechts am 286 f.
– unvollendetes 134
– Variation 241
– Veränderungen 241
– Verkauf, *siehe* Übertragung

- Verlust 244
- Veröffentlichung 241
- Wahrnehmbarkeit 24, 137
- Werbung 145 f.
- Werkexemplar, Recht am 242
- Werksintegrität 240
- Werkteile 134
- wissenschaftliches 140
- Zerstörung 244
- Zitate 245
- Zugang 243
- Zwangsvollstreckung 309 f.
- zweiter Hand 134 f.

Werke der angewandten Kunst 142 ff.
- Design, und 168

Werke der Baukunst (Architektur) 142
- Vertrag 306 f.

Werkexemplare 242
- Beschlagnahmung 379 f.
- Verletzung des Zutrittrechts 338
- Zerstörung 379 f.

Widerklage
- Zuständigkeit der Gerichte 409 f.

Widerspruch, Markenanmeldung 211 f.
Wiedereinsetzung in den früheren Stand, Patente 273
Wiederholbarkeit der technischen Regel, Patente 47
Wissenschaftliches Werk 140
Wortmarke 63 f.
WUA 443

Z

Zahlen als Marke 66
Zeichnungen, technische, *siehe* Werk
Zitate, Wiedergabe 245
Zollverwaltung, Zurückbehaltung rechtswidriger Artikel 391
- vorsorgliche Massnahmen 424
- Schadenersatz 424

Zuständigkeit 401 ff.
- Bundesgericht 409 ff.
- Eidgenössische Rekurskommission 414
- Feststellungsklage 403 ff.
- Gerichtsstandsvereinbarung 403
- internationale Streitfälle 402 f., 405 f., 407
- kantonale Gerichte 408 f.
- örtliche 401 ff.
- sachliche 408 f.
- Schiedsgerichte 413 f.
- Strafklagen 408
- Verletzungsklage 405 f.
- vorsorgliche Massnahmen 407 f.
- Widerklage 406 f.

Zwangslizenz 298 f.
Zwangsvollstreckung 308 ff.
Zwecktheorie
- Urheberrechtsübertragung 287

Zweite Indikation, erfinderische Tätigkeit 54